de Gruyter Studienbuch

Harald Burger
Mediensprache

Harald Burger

Mediensprache

Eine Einführung in Sprache
und Kommunikationsformen
der Massenmedien

Mit einem Beitrag von Martin Luginbühl

3., völlig neu bearbeitete Auflage

Walter de Gruyter · Berlin · New York

♾ Gedruckt auf säurefreiem Papier,
das die US-ANSI-Norm über Haltbarkeit erfüllt.

ISBN 3-11-017353-0

Bibliografische Information Der Deutschen Bibliothek

Die Deutsche Bibliothek verzeichnet diese Publikation in der Deutschen
Nationalbibliografie; detaillierte bibliografische Daten sind im Internet über
http://dnb.ddb.de abrufbar.

Printed in Germany
Satz: Werksatz Schmidt & Schulz GmbH, 06773 Gräfenhainichen
Druck und buchbinderische Verarbeitung: WB-Druck, Rieden/Allgäu
Umschlaggestaltung: Hansbernd Lindemann, Berlin

Inhalt

1 Kommunikationstheoretische Merkmale

1.1 Massenkommunikation

Wer Kommunikationsformen und -Prozesse beschreibt, die einen irgendwie „gemachten", womöglich technischen Charakter haben, ist leicht versucht, die zu beschreibende Kommunikation an dem zu messen, was man gemeinhin als Urform von Kommunikation betrachtet: der Interaktion face-to-face. Ein solches Verfahren kann heuristisch von Nutzen sein, doch sollten sich damit nicht ungeprüft Wertungen und Vorurteile in die Beschreibung einschleichen. Eine Kommunikation, die in vielfacher Hinsicht weit abliegt von der face-to-face-Kommunikation, ist deshalb nicht von vornherein als weniger „echt", weniger „tiefgehend" etc. zu diskreditieren.

Wir wollen im Folgenden auf einige Aspekte hinweisen, die die Besonderheit von Massenkommunikation ausmachen, freilich nur soweit sie sprachlich unmittelbare Folgen haben. Damit werden zugleich die kommunikativen Gründe dafür erkennbar, dass sich medienspezifische Verwendungen von Sprache herausgebildet haben.

In der Publizistikwissenschaft wird der Begriff „Massenkommunikation" – immer noch im Anschluss an Maletzkes Definition von 1963 – z. B. so eingegrenzt (Kunczik/Zipfel 2001, 50):

> „Im Massenkommunikationsprozeß werden
> 1. Inhalte, die im überwiegenden Maße für den kurzfristigen Verbrauch bestimmt sind (…),
> 2. in formalen Organisationen mittels hochentwickelter Technologien hergestellt und
> 3. mit Hilfe verschiedener Techniken (Medien)
> 4. zumindest potenziell gleichzeitig einer Vielzahl von Menschen (disperses Publikum), die für den Kommunikator anonym sind,
> 5. öffentlich, d. h. ohne Zugangsbegrenzung,
> 6. in einseitiger (Kommunikator und Rezipient können die Positionen nicht tauschen, die Beziehung zwischen ihnen ist asymmetrisch zugunsten des Kommunikators) und
> 7. indirekter Weise (ohne direkte Rückkoppelung)
> 8. mit einer gewissen Periodizität der Erzeugung
> 9. kontinuierlich angeboten."

Der Begriff der „Masse" ist zwar im Terminus selbst noch enthalten, in den gängigen Definitionen jedoch weicht er zunehmend differenzierten Formulierungen. Das Publikum wird nicht mehr als gestaltlose Masse gesehen, sondern als Geflecht unterschiedlichster Teil-Publika mit unterschiedlichen Interessen, die ihre Medienbedürfnisse durch aktive (oder auch zufällige) Selektion befriedigen. Medientheorie ist heute ein beliebtes Feld von Theoretikern[1] aus den verschiedensten Bereichen (Philosophie, Literatur- und Kunstwissenschaft, Filmwissenschaft, Linguistik u. a.).[2] Ein Medium wird dabei grundsätzlich verstanden als „Vermittler" von Kommunikation (im Gegensatz zur face-to-face-Kommunikation, die keiner Vermittlung bedarf). Zur *Vermittlung* von Information kommt bei bestimmten Medien auch die *Speicherung* von Information hinzu. Damit kann das Medium auch als eine Erweiterung des menschlichen Körpers mit seinen beschränkten Sinnen, eine Erweiterung der Sinneswahrnehmungen, aufgefasst werden. „Primäre" Medien sind z. B. Boten, die physisch eine Nachricht von einem Ort an einen anderen transportieren. Sobald die Informationsvermittlung über technische Mittel stattfindet, spricht man von „sekundären" Medien. Sekundäre Medien wären dann z. B. Schreibwerkzeuge, vom Bleistift bis zur Schreibmaschine. Massenmedien schließlich mit den oben genannten Merkmalen, die über den Aspekt der bloßen technischen Vermittlung hinausgehen, gelten als „tertiäre Medien". (Dabei benötigt die Presse technische Hilfsmittel nur bei der Produktion, während die elektronischen Medien sowohl bei der Produktion als auch bei der Rezeption technische Hilfsmittel voraussetzen.) Die sog. „Neuen Medien" (E-Mail, Chat, Websites etc.), die gegenwärtig geradezu inflationär erforscht werden[3], sind in ihrer Stellung zu den „klassischen" Massenmedien erst noch zu bestimmen (vgl. Kap. 14). Einerseits entwickeln sie sich zu „Paraphänomenen" der Massenmedien, andererseits weisen sie selbst in mancher Hinsicht bereits Züge von massenmedialer Kommunikation auf. Dass ein Medium weit mehr ist als ein technisches Mittel zur Informationsvermittlung, dass das Medium die Umwelt des Menschen, die Gesellschaft im weitesten Sinn beeinflusst, wird in der Geschichte der Medien augenfällig.

Massenkommunikation weicht in verschiedener Hinsicht von sonstigen, insbesondere alltäglich-personalen Kommunikationsformen und Kommunikationsgewohnheiten ab. Das macht einerseits die Faszination der Massenmedien aus, wird aber andererseits von Journalisten und Rezipienten als Dilemma erlebt, freilich auf je eigene Weise.

Die Perspektiven von Produzent und Rezipient unterscheiden sich beträchtlich. Bei sprachwissenschaftlichen Untersuchungen von Medientex-

---

1 Da der Text eine Vielzahl von Personenreferenzen („Theoretiker", „Moderator") enthält, verzichte ich um der Lesbarkeit willen auf geschlechtergerechte Handhabung der generischen Formen (wie TheoretikerInnen, Moderatorinnen/Moderatoren u. ä.).

2 Es sei hier nur global auf die aktuelle medientheoretische Diskussion verwiesen, die den Massenmedien ihren Ort in der Systematik und Geschichte aller Medien zuweist und die bereits in verschiedenen Sammelbänden und Übersichtsdarstellungen dokumentiert ist (z. B. Kloock/Spahr [Hrsg., 1997], Leschke [2003], Helmes/Köster [Hrsg., 2002], Schanze [Hrsg., 2002], Weber [Hrsg., 2003]).

3 Vgl. bereits die Sammelbände Lobin (Hrsg., 1999), Kallmeyer (Hrsg., 2000), Thimm (Hrsg., 2000), Kleinberger Günther/Wagner (Hrsg., 2004) u. a.

ten muss man stets Klarheit darüber haben, aus welcher Perspektive der Analysierende seine Beobachtungen macht. Diese Forderung zu begründen, ist ein weiteres Ziel der folgenden kommunikationstheoretischen Überlegungen. In der Terminologie folge ich hier dem Sprachgebrauch in der Kommunikationswissenschaft.

Ein erstes Problem ergibt sich schon mit der Frage, was überhaupt ein massenmedialer Text sei, ob z. B. die Bilder des Fernsehens, die Geräusche beim Radio auch ein Element von „Text" seien. Diese Frage wird in Kap. 3 diskutiert.

Für eine umfassende linguistische Analyse von massenmedialen Texten genügt es aber nicht, den Text selbst, das „Produkt", zu betrachten. Vielmehr muss das Produkt in Relation zu verschiedenen für den Kommunikationstyp konstitutiven Faktoren gesehen werden. Hier sollen nur die wichtigsten angesprochen werden, womit zugleich einige der von Kunzcik/Zipfel gegebenen Begriffsbestimmungen erläutert und differenziert werden können.

1.2 Die Kommunikatoren

Der „Kommunikator" (in allgemein-kommunikationstheoretischem Sprachgebrauch der „Sender" einer Botschaft) ist in den Medien keine einheitliche und keine leicht zu bestimmende Größe. Ob die Journalisten mit Namen (oder Kürzeln) unterzeichnen, hängt von der Art der Zeitung und der Textsorte ab. Aber auch bei einem namentlich unterzeichneten Artikel kann man sich nicht darauf verlassen, dass der Text zur Gänze oder wenigstens überwiegend von diesem Autor stammt. Der sprach- und literaturwissenschaftlich gängige Begriff des „Autors" wird damit zu einem medienspezifischen Problem (vgl. Kap. 4).

Obwohl die Presse durch den Gesetzgeber nicht auf vergleichbar strikte Grundsätze (Ausgewogenheit etc.) verpflichtet ist wie die öffentlich-rechtlichen Rundfunkanstalten, ist der Pressejournalist doch auch in vielfältiger Weise institutionell eingebunden und in seiner Autonomie eingeschränkt: Er ist Mitglied einer Redaktion und damit deren internen Normen unterworfen; die Redaktion ist verantwortlich gegenüber dem, der die Zeitung finanziert, der damit den Rahmen des Sagbaren bestimmen kann usw. Was der Journalist schreibt und wie er es schreibt, ist also nicht in sein Belieben gestellt. Das sieht man sehr schnell, wenn jemand einmal diesen normativen Rahmen durchbricht. Günter Wallraff[4], der sich als „Hans Esser" in die Redaktion von BILD hat aufnehmen lassen, um die Praktiken des Blattes unter

---

4 „Der Aufmacher – Der Mann, der bei BILD Hans Esser war", Köln ²1982.

die Lupe zu nehmen, sucht anfangs nach Themen und Darstellungsmög-
lichkeiten, die gegen den Strich der üblichen BILD-Texte laufen. Doch wird
ihm das rasch abgewöhnt. Die Disziplinierung geht bis ins sprachlich-lexi-
kalische Detail. Auch wenn man den Wallraff-Reportagen nicht in allen Einzelheiten Glauben schenken will, so zeigen die Beispiele mindestens soviel
in aller Deutlichkeit: BILD verwendete damals ein „standardisiertes" Vokabular und eine entsprechende Phraseologie; Terminologien anderer Prove-
nienz waren nicht zugelassen, und die dem Springer-Konzern nahe stehenden Kreise verließen sich darauf, dass auch sprachlich ihre Interessen
vertreten wurden. Der Eindruck sprachlicher Uniformität hat sich bis heute
gehalten. Der Kommunikator ist also in BILD wie auch sonst in der Boulevardpresse nicht ein Individuum, dessen Meinungen in den Texten erscheinen und dessen Individualstil man beschreiben könnte, sondern im Prinzip
ein austauschbarer Texter, der Artikel nach festen Mustern und Spielregeln
abfasst, dies auch dann, wenn er seinen Namen unter den Artikel setzt. Der
unbestreitbare Vorteil dieser Praxis liegt darin, dass die Texte der Boulevardpresse ein Höchstmass an „Verständlichkeit" aufweisen (kurze Sätze,
einfache Syntax, kein elitäres Vokabular usw.). In anderen Zeitungen ist der
Spielraum des Redakteurs und Korrespondenten einerseits größer, andererseits aber auf andere Art wieder eingeschränkt durch den Druck der Agentursprache.

Bei Radio und Fernsehen stellt sich das Problem des Kommunikators
anders, insofern hier häufig die Person desjenigen, der den Text verfasst, und
desjenigen, der ihn dem Publikum präsentiert, nicht identisch sind. Als Beispiel nehme man die „Tagesschau" der ARD. Die Texte werden von der Redaktion produziert. Diese ist also aus der Perspektive der Produktion
primärer Kommunikator. Dem Rezipienten übermittelt wird der Text aber
durch den Sprecher, der somit als sekundärer Kommunikator gelten kann.
Aus der Perspektive des Rezipienten ist die Reihenfolge (und Rangfolge)
umgekehrt: primär ist für ihn der Sprecher, und die Redaktion als eigent-
licher Produzent tritt meist nicht ins Bewusstsein. Das galt für die ARD-
„Tagesschau" der ersten Jahrzehnte in besonders hohem Maße, weil der
Sprecher dort eine quasi ritualisierte Funktion hatte. „In der Anfangszeit erschien der Sprecher wie ein entpersönlichter, abstrakter Sachverhalt, wie
eine perfekt distanzierte Sprechmaschine vor grauem, dann nach Einführung des Farbfernsehens, vor lichtgrünem Hintergrund." (Straßner
1982, 36) Auf die Zuschauer wirkte er als Instanz, die die Objektivität der
Nachrichten garantiert. „Die Folge war, den „Tagesschau"-Sprecher als offiziellen, quasi als Sprecher der Bundesregierung anzusehen (...)" (ebd. 37).
Seit der Einführung des „dualen Rundfunksystems" (mit der Zweiteilung in
öffentlich-rechtliche und private Anbieter) sind die Rollen der Sprecher fle-
xibler geworden, auch bei den öffentlich-rechtlichen Sendern – was in

schwacher Form sogar bei der ARD-„Tagesschau" zu beobachten ist. Je
nach Rundfunkanstalt haben Sprecher bei Nachrichtensendungen von Radio und Fernsehen mehr oder weniger Kompetenz, die ihnen überantwor-
teten Texte noch in Details zu verändern. Renommierte Sprecher können es
sich leisten, die Texte „sprechbarer" zu machen, ihren eigenen Lesegepflo-
genheiten anzupassen.

In Sendungen, die von einem „Moderator" (vgl. Kap. 10) geprägt sind,
ist die Größe „Kommunikator" noch schwerer dingfest zu machen: Je nach
Typ der Sendung ist der Moderator mehr auf der Seite der Textverfasser oder
mehr auf jener der Textpräsentatoren. Da er u. U. Live-Statements einholt,
Interviews führt, aber auch vorher gestaltete Sendungsteile (Filmberichte
etc.) präsentiert, wird er mit Texten anderer Kommunikatoren „beliefert".
Was der Rezipient dann sieht oder hört, ist ein Netz von Kommunikatoren,
mit einem Hauptkommunikator und vielen „Nebenkommunikatoren". Aus
der Perspektive des Produzenten mag sich das ganz anders ausnehmen: Hier
ist es vielleicht ein Redaktionsteam, das sich als „Hauptkommunikator"
auffasst.

1.3 Die Rezipienten

Wenn es schon schwierig ist zu sagen, wer in der Massenkommunikation der
Sender ist, so ist es noch weit schwieriger zu sagen, mit wem der Kommunikator eigentlich kommuniziert. In der publizistischen Forschung werden
die „Rezipienten" (Empfänger) mit dem Titel „disperses Publikum" charakterisiert, einem Terminus, der anzeigt, dass es sich um eine sehr diffuse Größe
handelt (vgl. oben Kunzcik/Zipfel 2001, 50). (Dabei wurde der Begriff kreiert, um den noch diffuseren Begriff der „Masse" zu ersetzen!) „‚Dispers'
meint, dass das Medienpublikum aus einer räumlich und zeitlich verstreuten
Vielzahl von Personen besteht." (Süss/Bonfadelli 2001, 314)

Das heißt auch, dass zwischen den Individuen, die das Publikum bilden,
keine Gemeinsamkeit bestehen muss, außer dass sie dem Medium zugewandt sind. (Dass sie dem Medium gleichzeitig zugewandt sind, gilt nur für
die elektronischen Medien, und auch nur dann, wenn sie nicht von Spei-
chermöglichkeiten Gebrauch machen.) Die Kommunikationswissenschaft-
ler haben in zahlreichen empirischen Studien ein deutlicheres Bild von diesen anonymen Rezipienten gewonnen – über die bloße Registrierung von
Einschaltquoten hinaus: Welche Gruppen der Bevölkerung interessieren
sich für welches Medium und für welche Bereiche des jeweiligen Mediums?
Was erwartet der Rezipient von den einzelnen Medien? Wie nutzt er die Medien? Was macht er mit den Medien? usw. Dies alles sind Fragen, die eine
Umkehr der Forschungsperspektive gegenüber den Anfängen der Massen-

kommunikationsforschung anzeigen[5]: Man fragt nicht mehr nur danach, was die Medien mit dem Rezipienten machen, sondern auch danach, wie der Rezipient mit den Medien umgeht, und man kümmert sich auch um diejenigen, die bestimmte Medien *nicht* nutzen, sowie um deren Gründe.

Die Einführung des dualen Rundfunksystems hat quantitativ und qualitativ bedeutende Änderungen der Nutzungsgewohnheiten mit sich gebracht, die insgesamt in Richtung einer stärkeren Spezialisierung der Nutzung gehen. Wer sich mehr für Information interessiert, favorisiert die öffentlich-rechtlichen Sender, während die privaten Anbieter eher für Unterhaltung zuständig sind, obwohl die Rezipienten auch hier informative Anteile erwarten. Ferner: „Das Fernsehen wird zu Lasten anderer Medien und Aktivitäten stärker genutzt; gleichzeitig deutet sich eine Stagnation beim Radio und eine geringere Nutzungszeit bei Tageszeitungen an. Die Vervielfachung der Fernsehanbieter hat zu einer Fragmentierung des Publikums geführt und eine individualisierte Programmwahl (Individualisierung) begünstigt." (Süss/Bonfadelli 2001, 324) Beim Fernsehen zeichnet sich mit dem Zapping zwischen der Vielzahl der Kanäle eine „flüchtigere" Rezeptionsform ab. Man weiß inzwischen auch einiges über den Umgang der verschiedenen Altersgruppen mit den Medien und über die Relevanz von Familie, Peers und Schule für den Medienkonsum.

Um die Frage der sprachlichen und sozialen „Bedeutung" von Medientexten für verschiedene Publika geht es Fiske (1987, 62 ff.). Er zeigt (im Anschluss an Stuart Hall), dass verschiedene Gruppen von Personen (die durch unterschiedliche Faktoren konstituiert werden werden) als „active audience" unterschiedliche „Lesarten" von Medientexten produzieren, dass sie u. U. Lesarten produzieren, die der „dominanten", von den Produzenten intendierten oder favorisierten Lesart diametral entgegenlaufen können[6].

In Deutschland ist man mit einem größeren Projekt methodisch noch einen Schritt weitergegangen, als dies in vorhergehenden Untersuchungen der Fall war: Man hat die Kommunikation von Fernsehzuschauern (Paare und Erwachsene mit Kindern) daheim vor dem Fernsehapparat aufgenommen und analysiert (Holly/Püschel/Bergmann [Hrsg.] 2001). Die Ergebnisse zeigen ein sehr differenziertes Bild davon, wie sich Zuschauer das im Fernsehen Angebotene „aneignen" (der Begriff „Medienaneignung" betont die aktive Rolle des Rezipienten noch stärker als derjenige der „Nutzung", wie er in der publizistischen Forschung gängig ist). Die unmittelbare Reaktion auf das Gesehene und Gehörte ist zwar nur die erste Phase im Prozess

---

5 Vgl. zum ganzen Problemkomplex Süss/Bonfadelli (2001, 313 ff.).
6 Zur Diskussion des Konzepts der „Lesarten" im Rahmen der Cultural Studies vgl. Hepp (1998, 117 ff.), insbesondere zum Status der „favorisierten Lesart" und der „reading formations".

der Aneignung (später folgen weitere Bearbeitungen in Gesprächen, am Arbeitsplatz oder im Restaurant usw.), aber sicherlich eine sehr wichtige und symptomatische Phase. Als Beispiel muss hier die Aneignung von Nachrichten genügen, wozu Klemm (in Holly/Püschel/Bergmann [Hrsg.] 2001, 169) zusammenfassend schreibt: „Die Zuschauer informieren sich wechselseitig oder unterstützen sich beim Verstehen der Nachrichten, demonstrieren ihr Wissen, handeln Interpretation und Bewertungen aus, lästern und scherzen vergnüglich über politische Akteure oder kritisieren diese aufgrund ihres Vorwissens und stabiler Vorurteile, beziehen explizit Stellung zu aktuellen Themen und entwickeln immer wieder sehr eigenwillige Perspektiven und Fragestellungen, mit denen sie die Nachrichteninhalte in ihre Erfahrungswelt übertragen." Insbesondere der letzte Punkt zeigt sich durchgehend durch das ganze Datenmaterial. Zentral für den Vorgang der Aneignung ist es, das Gesehene mit den eigenen lebensweltlichen Erfahrungen in Verbindung zu bringen. Bei den Unglücken und Katastrophen ist z. B. zu sehen, dass die Zuschauer das Ereignis einerseits auf sich beziehen („das hätte auch uns passieren können"), andererseits aber auch die Möglichkeit haben, es von sich weg zu schieben („zum Glück ist es mir nicht passiert"). Ein kleines Beispiel für einen typischen Aneignungsvorgang (ebd., 162 f. [7]):

Die Kommunikation bezieht sich auf eine Passage im „Heute Journal", in der über französische Atombombentests auf dem Muroroa-Atoll berichtet wird.

Sabine	gibts doch gar ne mann
Daniel	die franzosen sin bescheuert und nationalistisch das müsstest de doch mittlerweile wissn
Sabine	wir könn trotzdem nach frankreich fahrn dies jahr fahrn
Daniel	ja
Sabine	hm
Daniel	ja nee aber in solchn beziehungn da hakts dann irgendwo aus weesste
Sabine	ja brauchst nich so hoch redn

[Transkription von mir vereinfacht, H. B.]

Die Reaktion ist bei beiden Beteiligten sehr emotional. Daniel formuliert drastisch seine Einstellung gegenüber den Franzosen. Sabine schaltet von dieser sehr generellen Ebene um auf die ihrer persönlichen Interessen (der Urlaub in Frankreich). „Die Empörung über das politische Ereignis wird somit in ihrer Relevanz für das eigene Alltagshandeln eingestuft." (ebd., 162) Nebenbei vollzieht sich auch noch ein kleinerer Beziehungskonflikt zwischen den beiden.

---

7 Vgl. auch Klemm (2000, 298 ff.) unter dem Titel „Politik im Wohnzimmer: Zur kommunikativen Aneignung von Fernsehnachrichten".

Die Zuschauer beziehen nicht nur reales Geschehen – wie in den Fernsehnachrichten – auf sich selber, sondern ebenso fiktionales. Z.B. äußern sie sich zu einer Geschichte über eine Familie, deren Sohn ertrunken ist („Im Namen der Liebe"), mit einem hohen Maß an Empathie (ebd. 95):

Andrea	dasn horrortrip – das ä einziger alptraum
Robert	[zustimmend] hmm
Andrea	ich würd kaputt gehn dran
Robert	kann dir ja jederzeit passiern sowas

In Bezug auf die Rezipienten kann eine Unterscheidung wichtig werden, die die Motivation des Rezipienten und das Verhältnis des Kommunikators zum Rezipienten betrifft: Jeder, der eine Zeitung liest, eine Sendung hört oder anschaut, ist ein „effektiver" Rezipient, gleichgültig ob er das Medienprodukt nur zufällig oder ganz bewusst und absichtlich wahrnimmt. Demgegenüber kann man als „intendierte Rezipienten" jene Rezipientengruppe bezeichnen, die vom Kommunikator explizit oder implizit anvisiert wird. (Ob diese Rezipienten erreicht werden, ob der intendierte zum effektiven Rezipienten wird, hängt dann von vielen, zum größten Teil außerlinguistischen Faktoren ab.) Mir scheint es richtig, mit dem in der Linguistik gängigen Terminus „Adressat" den vom Sender intendierten Empfänger zu bezeichnen, und nicht primär den „effektiven" Rezipienten. Der effektive Rezipient ist aus linguistischer Perspektive dann von Interesse, wenn man sich – wie oben ausgeführt – mit Fragen der Medienaneignung befasst, während der intendierte Rezipient, der Adressat, für die Frage eine Rolle spielt, warum ein Kommunikator sein Produkt – den Medientext – gerade so und nicht anders gestaltet.

Für den Kommunikator bei Radio und Fernsehen besteht eines seiner kommunikativen Probleme darin, dass er sich zwar auf den intendierten Rezipienten einstellt, aber prinzipiell mit Zufallsrezipienten rechnen muss. Als „Zufallsrezipient" kann man denjenigen bezeichnen, der sich dem Medium in einer unspezifischen Weise zuwendet, der einfach probeweise einschaltet, ohne sich schon auf eine bestimmte Sendung festgelegt zu haben. Bei der Presse ist das Problem durch die Gratiszeitungen virulent geworden, die man im Zug, Tram usw. vielleicht aus Langeweile aufgreift, ohne sich dem Medium mit voller Aufmerksamkeit zuzuwenden.

Damit, dass man dem Zufallsrezipienten einer Sendung einredet, er sei ein Adressat, ist er wohl noch nicht zum Weiterhören oder -sehen motiviert. Wenn eine Sendung beginnt mit „Lieber Hörer, Sie haben jetzt das Radio eingeschaltet, um XY zu hören…", so kann das kontraproduktiv sein. Wer tatsächlich nur aus Langeweile den Sender eingeschaltet hat, ist vielleicht ob dieser Unterstellung beleidigt und schaltet weiter. Im optimalen Fall kann der Zufallsrezipient – eben „zufällig" – auch Adressat der Sendung sein und sich dann tatsächlich angesprochen fühlen.

Wie der Kommunikator seinen intendierten Rezipienten definiert, das
kann unmittelbare Folgen für die Sprache der Sendung haben. Es ist trivial
(obwohl keineswegs immer realisiert), dass man sich in einer Sendung für
Kinder einer anderen Sprache bedienen sollte als in einer Sendung für Erwachsene. Weniger trivial ist, dass bestimmte Kultursendungen einen ganz
engen Kreis von intendierten Rezipienten definieren. Das zeigt sich im Text
durch sachliche Präsuppositionen, die nur ein Publikum mit bestimmten
Vorkenntnissen zu realisieren vermag, und durch das Sprachregister, in dem
Fachvokabular und Jargon dominieren. Solche Sendungen, die vom Kommunikator als Sendungen für „Minoritäten" konzipiert sind, exkommuni-
zieren alle diejenigen, die über die entsprechenden Voraussetzungen nicht
verfügen.

Ein Beispiel ist der „Literaturclub" des Schweizer Fernsehens DRS (ein
Pendant zum inzwischen abgesetzten „Literarischen Quartett" im ZDF).[8]
Es handelt sich um eine Talkshow, mit einem Moderator, zwei Kritikern und
einem Gast sowie einem Präsenzpublikum. Ein „Spezifikum der Diskussion
im Literaturclub ist die ungeheure Menge an literatur- und geisteswissen-
schaftlichem Wissen, die von den Diskutierenden eingebracht wird. Von
Adorno über Virginia Woolf, Dornröschen bis zu Eminem wird auf alles
Bezug genommen, was irgendwie der Charakterisierung der präsentierten
Literatur und ihrer Beurteilung dienlich sein könnte." (Gugger, im Druck)
In einer Sendung sagt z. B. der Literaturkritiker Peter Hamm:

> und da umarmt er [der Protagonist] das Pferd dieses Eiswagens, man sieht sofort
> Nietzsche in Turin vor sich, mit dem geschlagenen Droschkengaul
> (Gugger, im Druck)

Selbst im Kreis der intendierten Rezipienten wird es nur wenige geben, die
„sofort Nietzsche in Turin vor sich sehen".

Die Kommunikatoren (insbesondere die Redakteure) machen sich in
der Regel ein bestimmtes Bild von ihren Rezipienten, und nach diesem Bild
gestalten sie ihre Texte. Dass die Vorstellungen, die sich die Redakteure von
den Erwartungen der Rezipienten machen, nicht mehr sind als Konstrukte,
die mit der Realität häufig nicht übereinstimmen, ist verschiedentlich gezeigt worden (z. B. Freund 1990 am Beispiel vom Wissenschaftssendungen
oder Spieß 1992 für Wirtschaftsmagazine).

---

8 Kirchner (1994, 145) sagt von der Sendung „Literatur im Gespräch" (ZDF) in Bezug auf
   das Jahr 1987: Die Sendung „wendet sich an Zuschauer, die über literarisches Vorwissen
   verfügen, und die bereit sind, die durch die alles dominierende Moderatorin gefällten Urteile kritiklos zu akzeptieren. Diese Urteile, die als belegbare Thesen verkleidet werden,
   sind durchwegs Geschmacksurteile. Die Ansprache des Publikums funktioniert hier als
   desintegratives Element, sie klammert Zuschauer mit mangelnder Sachkenntnis aus." Andere damalige Literaturmagazine werden aber von Kirchner bedeutend besser bewertet.

Einen Zugang zu Medientexten, der von vornherein die Perspektivik von Kommunikatoren und Rezipienten in Rechnung stellt, wählen konstruktivistische Theorien. Massenmediale Textsorten, in der Terminologie dieser Forschungsrichtung „Gattungen" genannt, werden dort nicht primär als Texte oder Texttypen, sondern als kognitive Größen aufgefasst.[9] Die Rezipienten ihrerseits entwickeln etwas wie „natürliche Kategorien".

Bei der Befragung von Fernsehzuschauern (Rusch 1993) ergaben sich insgesamt etwa 500 verschiedene Bezeichnungen. Dabei hat jeder einzelne Zuschauer etwa 50 verschiedene Bezeichnungen zur Verfügung. Interessant auch für eine linguistische Untersuchung ist dabei nicht die Liste selbst, sondern eher die Kriterien, nach denen die Zuschauer Kategorien bilden, und die Cluster, zu denen die Kategorien zusammengeordnet werden. Z. B. sind für die Zuschauer die Gratifikationen wichtig, die sie von den Sendungstypen beziehen (Spannung, Betroffenheit), weniger die formalen und strukturellen Merkmale von Sendungen.

Die „klassische" Vorstellung von geschriebenen Texten, die Planungs- und Revisionsprozesse bei der Textbildung annimmt, die auch mit einer raum-zeitlichen Diskontinuität zwischen Produktions- und Rezeptionssituation rechnet, trifft auf die Presse bis zu einem gewissen Grade noch zu. Demgegenüber ist in den elektronischen Medien der „live"-Aspekt zu einem entscheidenden Güte-Kriterium von Texten geworden, d. h. die tatsächliche (oder auch nur fiktive) Simultaneität von Produktion und Rezeption, bei der der Text nicht mehr oder nur noch partiell planbar ist, bei der auch keine Nachbearbeitung mehr möglich ist.

1.4 Richtung der Kommunikation

Aus der Perspektive des Journalisten besteht das hauptsächliche Dilemma der Massenkommunikation darin, dass sie sich prinzipiell nur in einer Richtung vollzieht („Einweg-Kommunikation"). Der Rezipient hat keine Möglichkeit, unmittelbar zu reagieren und damit die Kommunikation, deren Gelingen oder Misslingen, zu beeinflussen. Für den Kommunikator bedeutet dies, dass er kein unmittelbares Feedback hat, dass er im Augenblick der Produktion nicht wissen kann, wie der Text „ankommt". Mit der Entwick-

---

9 Schmidt/Weischenberg (1994) verstehen Gattungen als „Schemata (…), die es dem individuellen Aktanten erlauben, im Umgang mit Medien Invarianzbildungen mit intersubjektiver Geltung produzierend und rezipierend vorzunehmen" (220). In der öffentlichen Kommunikation über Mediengattungen (z. B. der Programmpresse, im Vorspann zu Sendungen usw.) finden sich Bezeichnungen wie „,Krimi', ,Quiz', ,Sportreportage' oder auch ganz einfach ,Serie' oder ,Sendung'. Sie bilden sozusagen die allgemeinsten Kerne von Bezeichnungen für Medienschemata" (222).

lung der „Begleitprogramme" jedoch hat man die Figur eines Moderators
kreiert, der den Rezipienten als Partner begleitet und so zu ihm spricht, als
wäre er ganz privat und individuell anwesend (vgl. 10.2). Diese fiktive Form
direkter Kommunikation, die (seit Horton/Wohl 1956) als „parasozial" bezeichnet wird, dominiert heute weite Teile des Radioprogramms und hat
auch das Fernsehprogramm, vor allem in den Morgen-Sendungen, beeinflusst. Auf Seiten der Rezipienten unterstützt dies vermutlich eine generelle
Disposition des Rezipienten: Gemäß den in Holly/Püschel/Bergmann
(Hrsg., 2001) beschriebenen Beobachtungen reagieren die Rezipienten so
auf das Fernsehprogramm, „als könnten die Fernsehakteure sie hören und
verstehen; sie inszenieren Kommunikation" (59). Das gilt nicht erst, seit es
Begleitprogramme gibt, und es gilt nicht nur für Begleitprogramme, sondern
vor allem auch für Unterhaltungssendungen und Serien, doch unterstützt die
kommunikative Struktur der Begleitprogramme diese Art von Rezipienten-
verhalten. Holly/Püschel/Bergmann sprechen von „Parainteraktion" (und
„Pseudokommunikation" – ohne dass sie diese Begriffe negativ verstanden
wissen wollen, z. B. 59). Ein Beispiel dafür (Baldauf, in Holly/Püschel/Berg-
mann [Hrsg., 2001], 71), bei dem in der Fernsehszene ein Kammerjäger eine
Scheune betritt:

[TV:]
Kammerjäger   halloho

[Zuschauer:]
Maria   hallochen (lacht auf) wo seid ihr niedlichen tierchen
Yvette   (schrickt auf)
Andrea   or nee also mutti (schüttelt sich) (lacht) wie kannst du nur
Maria   (lacht)

[TV:]
Kammerjäger   seid ihr alle da?

[Zuschauer:]
Maria   jaha hier sind wir

[Transkription von mir vereinfacht, H. B.]

Die Rezipienten richten sich einerseits direkt an den Akteur im Fernsehen
(den „Pseudo-Adressaten") und inszenieren damit andererseits eine
„Show" für diejenigen, die mit ihnen vor dem Fernsehapparat sitzen (die
wirklichen Adresssaten) (Baldauf, ebd. 72).

Die Medien versuchen darüber hinaus auf vielfältige Art, die technisch
bedingte Beschränkung zu unterlaufen und mindestens Surrogate von Zwei-
wegkommunikation zu entwickeln. Für die gegenwärtige Situation charakteristisch ist die Anreicherung der „traditionellen" Verfahren durch die Möglichkeiten, die die „neuen Medien" bieten und die die neuen Medien – in
dieser Funktion – zu Paraphänomenen der Massenmedien machen. Ich

zähle die gängigsten Verfahren auf – solche, die schon länger gängig sind, und diejenigen, die erst durch die neuen Medien aufgekommen sind:

(1) Presse

Pressetexte weisen die raum-zeitliche Diskontinuität zwischen Produktions- und Rezeptionssituation auf, die für geschriebene Texte allgemein charakteristisch ist. Daher ist dort seit langem die für Schriftlichkeit typische Möglichkeit der Leserreaktion in Form von „Leserbriefen" gegeben. Diese traditionelle Form wird weiterhin gepflegt und ist in vielen Zeitungen ausgebaut zu einer eigentlichen „Seite des Lesers", einem „Forum" oder Seiten mit ähnlichen Titeln. Bei manchen Zeitungen kann man Leserbriefe nun auch als E-Mail schicken. Die „Luzerner Zeitung" beispielsweise unterscheidet die herkömmliche Post von der E-Mail durch zwei verschiedene Symbole (eine Feder für ‚Post', die Computermaus für ‚E-Mail'). Interessant wäre zu sehen, ob sich die Texte auf die Dauer auch sprachlich voneinander unterscheiden. (Bisher habe ich keine solche Tendenz feststellen können. Möglicherweise werden etwaige saloppe Formulierungen oder Orthographie- und Flüchtigkeitsfehler von der Redaktion stillschweigend korrigiert, wie es auch bei Leserbriefen der Fall ist.)

Daneben werden auch explizit Stimmen von Rezipienten eingeholt, z. B. in Form von Straßen-Umfragen mit Bild der Befragten. Z. B. steht in „20 Minuten" unter einem redaktionellen Artikel „Sars: Gemischte Gefühle in der Stadt" die Frage
HABEN SIE ANGST VOR DER GEFÄHRLICHEN LUNGENSEUCHE?
und Kurzantworten dazu von 5 Befragten im Alter zwischen 17 bis 21.

Neuerdings werden zunehmend die neuen Medien genutzt, um die Leser zu aktivieren.

Die Gratispresse z. B. (vgl. 8.4.3) bietet verschiedene Wege der Interaktion an, z. B. „20 Minuten":

(a) Mehrmals pro Ausgabe wird eine E-Mail-Umfrage lanciert. Z. B. ist an einen Artikel „Keine gefährlichen Schüsse" ein Kästchen angehängt:

> @ FORUM
> www.20min.ch
> Zürcher Polizisten zu schnell?
> (3. 4. 2003)

Mit einem Kästchen „@Feedback" werden in der Rubrik „webpage" die Ergebnisse einer solchen Umfrage vermittelt (mit Kuchendiagramm), z. B. zu einer Umfrage zum Irakkrieg:

Krieg schon gewonnen?
US-Truppen haben Saddams Hauptpalast in Bagdad gestürmt. Von Saddam
selbst fehlt aber weiterhin jede Spur. Für 1072 Teilnehmer (76 %) unserer Umfrage bedeutet dies darum noch nicht den endgültigen Sieg für die Alliierten.
Gesamtteilnehmer: 1410.
(9. 4. 2003)

(b) Aufforderung zur „Diskussion" im „Webcenter-Forum":

Sei es der Beschluss der USA zur Produktion von Mini-Atombomben (…) oder
die neu entstandene Drogenszene am Zürihorn. Der News-Fluss erzeugt dut-
zende von Themen, welche die Gemüter erhitzen. Im Webcenter-Forum haben
Sie Gelegenheit, Ihre Meinung zum Tagesgeschehen kundzutun. Täglich erstellt
die Webcenter-Redaktion mehrere Topics. Sie können im Forum aber nicht nur
Ihre Meinung dazu publizieren, sondern sich auch zu bereits vorhandenen Statements äußern. Nicht selten entstehen so spannende Diskussionen, die sich
über mehrere Tage hinziehen. [usw.] (30. 5. 2003)

(2) Radio und Fernsehen

Der Rezipient wird in die Kommunikationssituation hereingeholt. Das
kann freilich immer nur durch Stellvertreter geschehen. Dafür gibt es folgende hauptsächliche Möglichkeiten:

(a) Die Vertretung des Rezipienten wird durch ein Publikum im Studio oder
in den Räumlichkeiten, wo z. B. eine Unterhaltungssendung stattfindet (z. B.
eine Stadthalle), übernommen. Bei den großen Unterhaltungsshows hat das
Publikum vor allem die Funktion, Feedback zu demonstrieren, zu klatschen
und zu lachen. Wenn es das einmal versäumt, wenn es sozusagen das Stichwort verpasst, geniert sich der Showmaster nicht, das Feedback zu verlangen. In verschiedenen Unterhaltungssendungen wird versucht, den bloß re-
aktiven Charakter dieser Rezipientenrolle zu durchbrechen und wenigstens
einen Teil der Rezipienten zu aktiven Mitspielern zu machen. Ein prominentes Beispiel dafür ist die „Saalwette" (früher „Publikumswette") in „Wetten, dass…", die sich seit den Zeiten Frank Elstners mit leichten Modifikationen bis heute hat behaupten können. Das Publikum war und ist durch
solche Initiativen offenbar hochgradig motivierbar. Ein Beispiel aus der
Frühgeschichte der Sendung:

[Elstner liest Wettvorschläge des Publikums vor:]
Also – erster Wettvorschlag: „Wetten, dass Sie keinen Kandidaten finden, der
eine – originelle Wette hat – ich meine, dass er nicht immer 20 oder mehr Leute
für eine Wette gebraucht." Ah, das ist eine hübsche Geschichte.
Man wirft uns ein bisschen vor, dass zum Schluss immer so der große Auflauf
kommt, nich. – 70 Nonnen, es waren nur 50 verlangt, es kamen 70, das hat mir
besonders Freude gemacht
(…)

[Später, als die Wetten am Publikum „getestet" werden:]

Dann die Geschichte mit dem Kandidaten, ich glaube das hat man mir hier nur
eingegeben, um mal einen Appell an alle, die im Saal sitzen, zu richten, dass man
von uns nich immer verlangt, dass wir 100 oder 200 Menschen bringen."
(11.12.1982)

Diese Form der Aktivierung engagiert auch und gerade Rezipienten, die
nicht im Saal anwesend sind, und eröffnet damit einen neuen Handlungs-
und Kommunikationskreis (vgl. 1.5).

(b) In bestimmten Typen von Sendungen ist ein Studiopublikum konstitutiv
für das kommunikative Geschehen. Ein interessantes Beispiel dafür war die
„Telearena"[10] des Deutschschweizer Fernsehens, eine Sendung, die enormen
Erfolg hatte und von anderen Sendern nachgeahmt wurde („Spielraum"
ZDF, „Telearena" VARA [Holland], „Agora" Radio-Télévision Suisse Romande). Ein für die Sendung verfasstes Bühnenstück diente jeweils dazu, die
Diskussion anzufeuern. Stück und Diskussion waren ineinander verfloch-
ten, dadurch dass den Teilen des Stückes jeweils Diskussionsblöcke folgten.
Die Diskussion wurde geleitet von einem Moderator (bei den Nachfolge-
sendungen waren es z. T. mehrere), das große Diskussionspublikum war in
mehreren Blöcken um den Moderator herum angeordnet. Bei der Auswahl
der Diskussionsteilnehmer wurde darauf geachtet, dass ein breites Spektrum von Meinungen zu einem Thema (z. B. „Sucht", „Alkohol", „Auto")
vertreten war, dass also die Gesamtheit der Rezipienten sich vertreten sah.
Eine Groß-Diskussion dieser Art war ein Novum im Bereich der Typen von
Diskussionen, sie erfordert ihre eigenen gesprächsstrukturellen Regeln. In
diesem Format hat der Sendungstyp nicht überlebt, wohl weil die Moderatoren als „Dompteure" mit ihrer Aufgabe schlicht überfordert waren. Eine
„abgespeckte" Form hat sich aber bis heute halten können, die Deutschschweizer Sendung „Arena" (zur Gesprächsstruktur dieser Sendung vgl.
Luginbühl 1999), die im August 2003 ihr zehnjähriges Jubiläum feierte.

Gegenwärtig sind es vor allem „Bürgersendungen" des Fernsehens[11], in
denen Zuschauer zu Wort kommen und z. B. ihre Kritik an Missständen in
ihrer Region äußern können (z. B. beim Bayerischen Fernsehen die Sendungen „Jetzt red i" und „Bürgerforum live").

(c) Die Vertretung des Rezipienten wird durch einen einzelnen geleistet, der
durch ein subsidiäres Medium – das Telefon – in die Sendung hereingeholt
wird. Das Telefonieren in dieser Funktion, das „Phone-in", ist vor allem
beim Radio heutzutage ein nahezu obligatorisches Element der Sendungs-
gestaltung, insbesondere im Rahmen der Begleitprogramme. Während es

---

10 Die Geschichte dieses Experiments ist dokumentiert durch Inderbitzin 1984.
11 Zu solchen Sendungen, ihren Chancen und ihren Grenzen, vgl. Burger 1989.

anfänglich eher eine Domäne der Lokalradios war, die von Anfang an einen wesentlichen Teil ihrer Aktivitäten (neben Musik und Werbung) im unmittelbaren „Hörerkontakt" sahen, ist es heute auch aus den Programmen der öffentlich-rechtlichen Sender nicht mehr wegzudenken. Verschwunden sind, soweit ich sehe, die gänzlich experimentellen Formen der Anfänge des Phone-in, als man Open-end-Sendungen veranstaltete, bei denen Hörer in der Nacht endlose Gespräche mit dem Moderator führen konnten, völlig ohne Rücksicht auf die „öffentliche" Situation, ohne Rücksicht darauf, ob das Gespräch außer den Beteiligten auch sonst noch jemanden interessieren könnte. Heute ist der Telefon-Dialog weitgehend ritualisiert und er zeigt durchwegs ein kommunikatives Paradox: Wenn er „programmgemäß" funktionieren soll, muss er kurz sein und hochgradig ritualisiert; andererseits soll er soviel kommunikative „Nähe" bringen wie eben möglich.

(d) Eine neue Dimension der Rezipientenbeteiligung hat sich eröffnet mit dem sog. „Reality TV" (vgl. Kap. 7), bei dem nicht-professionelle Teilnehmer sich selbst „spielen" oder ihren Alltag dem massenmedialen Publikum als „Ereignis" anbieten.

(e) Gästebücher zu TV-Sendungen:
Elektronische „Gästebücher" sind zu den neuen Medien zu zählen. Zu vielen Sendungen gibt es inzwischen Gästebücher. Im Unterschied zu herkömmlichen, meist privaten Gästebüchern hat das elektronische Gästebuch u. a. die folgenden Merkmale (vgl. Diekmannshenke 1999, 2000):

- Es ist grundsätzlich öffentlich.
- Der „Gastgeber" muss nur die Internet-Seite zur Verfügung stellen, im übrigen muss er nicht in Erscheinung treten.
- Der „Gast" ist eher ein „Flaneur" als jemand, der speziell zu gerade dieser Veranstaltung eingeladen wurde.
- Die Kommunikationsform ist komplex: Der Schreibende wendet sich an den Gastgeber, kann sich aber auch explizit an andere Schreibende (oder an sonstige Personen) wenden; implizit wendet er sich immer auch an alle potenziellen Leser des Gästebuchs.
- Wie andere Kommunikationsformen im Internet weist auch das Gästebuch eine Tendenz zu „mündlichen" Stilformen auf.

Ein Gästebuch, das alle Merkmale eines Para-Phänomens zur Sendung aufweist, ist z.B. dasjenige zur psychologischen Beratungssendung „Lämmle live" (SWR, mit der Vorgängersendung „Kennwort live"), in der die Psychologin Brigitte Lämmle in jeweils ca. zehnminütigen Gesprächen Anrufern Hilfe zu leisten versucht.[12] Das Gästebuch enthält Einträge mit

---

12 Zur Sendung Genaueres unter 1.6, vgl. auch Burger (2001c und 2002).

unterschiedlichen Adressierungen. In Frage kommen als Adressaten Frau
Lämmle, die Anrufer aus der Sendung sowie Schreiber vorangegangener
Einträge im Gästebuch selbst. Grundsätzlich aber sind – infolge des öffent-
lichen Charakters dieser Kommunikationsform – immer auch alle Leser des
Gästebuchs (potenziell) angesprochen. Die Texte sind also grundsätzlich
mehrfachadressiert. Explizit ist dies im folgenden Eintrag realisiert:

> Anny, Samstag, 14. Juli 2001
> Hallo Brigitte,
> erstmal kurz zu manchen hier. Ist ziemlich geistlos, was ihr hier schreibt, aber
> ich reg mich nicht weiter auf und denke mir meinen Teil. (...)

Einerseits richtet sich der Eintrag an *Brigitte*, andererseits an die anderen
Schreibenden des Gästebuchs („was *ihr* hier schreibt").

Als Fortsetzung und Erweiterung des Gästebuchs bietet sich ferner die
E-Mail-Kommunikation von Schreibern untereinander an, die dann ihrerseits nicht mehr öffentlich ist.

Es ergibt sich also ein interaktives Netzwerk, das sich verschiedener
Möglichkeiten der neuen Medien bedient:

GÄSTEBUCH

e-mail

Zum Problem der Adressierung seien nur zwei Aspekte herausgegriffen:

(1) Viele Schreiber gehen davon aus, dass sie mit dem Gästebuch eine Möglichkeit haben, direkt an Frau Lämmle zu gelangen. Da es sehr schwierig ist, in die Sendung als Anrufer „hineinzukommen", wird das Gästebuch als ein Weg angesehen, Frau Lämmle als Therapeutin zu gewinnen:

> Siggi, Montag, 2. Juli 2001
> Liebe Brigitte,
> wie kann ich mich von Dir persönlich beraten lassen?
> Du hast doch eine Praxis?
> Schreibe mir bitte, wie soll ich mich auf Deine Warteliste eintragen?
> Vielen Dank
> Siggi

Dabei ist es ja keineswegs von vornherein klar, ob Frau Lämmle als „reale" Adressatin der Einträge überhaupt in Frage kommt und ob sie auch für Antworten zur Verfügung steht. So wird denn immer wieder gefragt, ob Frau Lämmle die Gästebuch-Eintragungen liest. Einer der sich anscheinend bei der Redaktion per E-Mail erkundigt hat, sagt, dass Brigitte das Gästebuch grundsätzlich nicht zur Kenntnis nehme. Da es merkwürdigerweise keine FAQ-Seite gibt, erstaunt es nicht, wenn die Frage von den Schreibenden immer neu gestellt und beantwortet wird.

Fast immer wenden sich die Schreibenden an Frau Lämmle mit der Anrede „Du" und dem Vornamen „Brigitte", so wie sie es aus der Sendung kennen. Auch dies zeigt, dass sie sich einem – illusorischen – Gefühl der direkten und zweiseitigen Kommunikation hingeben. Faktisch jedoch handelt es sich in Bezug auf den Kommunikationsstrang Gästebuch-Schreiber → Frau Lämmle um Einweg-Kommunikation. (Wenn man es für denkbar hält, dass Frau Lämmle das Gästebuch gar nicht zur Kenntnis nimmt, dann wird hier Kommunikation von den Schreibenden sogar nur unterstellt. Wer die Einträge dann tatsächlich zur Kenntnis nimmt, das sind die anderen Teilnehmer des Gästebuchs.)

(2) Die Schreibenden beziehen sich häufig aufeinander. Dabei bleibt die grundsätzliche Öffentlichkeit der Einträge natürlich erhalten, und die Schreibenden sind sich dessen durchaus auch bewusst, wie etwa der folgende Eintrag exemplarisch zeigt:

> Ruth, 3. März 2001
> Für Nadir, den Klugen
> und für alle, die meinen, zum (sich) ändern sei es schon zu spät

Die Funktionen und die Effekte dieser Adressierungen sind vielfältig. Häufig zu beobachten und auch aus anderen Gästebüchern bekannt ist, dass ein Eintrag ein ganzes Diskussionsforum eröffnen kann. Dabei reichen die Themen von durchaus ernsthaften strittigen Punkten bis hin zu Klatschgegenständen, wie etwa der Kleidung von Frau Lämmle. Ein linguistisch interessanter Aspekt ist der offenkundige Zusammenhang zwischen der Sprache von Frau Lämmle und derjenigen der Schreiberinnen. Frau Lämmles therapeutisches Konzept basiert in sprachlicher Hinsicht u. a. auf einer extensiven Verwendung von „Bildern", von metaphorischen Deutungen der Probleme (vgl. Burger 2001c). In den Einträgen des Gästebuchs werden Frau Lämmles Metaphern thematisiert und diskutiert, aber nicht nur dies: Auch die Schreibenden selber produzieren Metaphern und stellen sie der öffentlichen Debatte anheim:

> Ruth, 3. März 2001
> Für Nadir, den Klugen
> und für alle, die meinen, zum (sich) ändern sei es schon zu spät
>
> Das falsche Muster!
> Eins rechts, eins links –
> so strickte ich meinen Pullover.
> Eins rechts, eins links –
> so strickte ich mein Leben.
> Die rechten Maschen waren angenehm,
> die linken Maschen warfen mich aus dem Gleichgewicht,
> die tun mir noch heute fast körperlich weh.
> Natürlich braucht man beide Maschen
> um ein Muster zustande zu bringen.
> Aber wenn die linken Maschen überwiegen,
> drohen Dich umzubringen,
> dann wechselt man am besten das Muster!
> Zwei rechts, ein links –
> so stricke ich heute meinen Pullover.
> Zwei rechts, eins links –
> so stricke ich heute mein Leben – und langsam merke ich, daß mir das Leben wieder gefällt.

Das Bild wird begeistert aufgenommen, obwohl (oder weil!) es inhaltlich keine konkreten Lebensbezüge hat, z. B.:

> Nisi, 4. 3. 01
> Hallo, liebe Ruth! Ein herzliches Dankeschön für Dein „Strickmuster" von gestern! ist ein sehr hilfreicher Gedanke, der auch Mut macht! Nur – die an den „Rhythmus" gewöhnten Finger sind sooo schwerfällig und wollen immer wieder HEIMLICH das alte Muster „durchsetzen"!
> Lieber Gruß, Nisi.

Das Bild vom *Strickmuster*, von den linken und den rechten Maschen, erlaubt es offenbar jedem, der sich angesprochen fühlt, es mit den eigenen Lebenserfahrungen „aufzufüllen".

Praktiziert werden solche Verfahren in den verschiedensten thematischen Bereichen der elektronischen Medien, in Sportsendungen, Gesundheitssendungen, Musiksendungen oder Serien.

Für informationsbetonte Sendungen des Fernsehens hat die Studie von Bruns/Marcinkowski (1997, 145 ff.) ergeben, dass es insbesondere die Morgen- und Mittagsmagazine sind, in denen Zuschauerbeteiligung realisiert wird, während die klassischen Informationssendungen (vor allem Nachrichtensendungen) davon wenig Gebrauch machen. Besonders die privaten Anbieter favorisieren bereits im Untersuchungszeitraum 1986 bis 1994 die heutzutage allgegenwärtige Form des „Gewinnspiels".

Ein aktuelles Beispiel für eine Kumulation von Verfahren der Rezipientenbeteiligung bietet der private Sender DSF (Deutsches Sport-Fernsehen), mit der zweistündigen Sendung „Doppelpass", bei der Experten über Fußball diskutieren. Das Gespräch findet in der Hotelhalle des Airport Hotels Kempinski in München statt und vollzieht sich in Restaurant-Ambiente. Eine Live-Band spielt zur Eröffnung und Beendigung der Gesprächssequenzen, die zwischen zwei Werbeblöcken stattfinden.

Die Zuschauer können auf verschiedenen Ebenen aktiv werden:

– als „Studio"-Publikum, das allerdings nur Feedback zu liefern hat
– per E-Mail; die E-Mails werden vorgelesen bzw. zusammengefasst
– per Fax
– per Telefon, entweder nach dem Modell des Live-Phone-in, oder als aufgezeichnetes Gespräch mit einem Redakteur
– mittels „TED"-Umfrage[13]: Die Fragen werden dabei so gestellt, dass die Zuschauer sie mit „ja" oder „nein" beantworten können. Für die beiden möglichen Antworten stehen zwei unterschiedliche Telefonnummern zur Auswahl. Die Resultate sollen einen Meinungstrend zum Tagesthema ergeben.
– über die Homepage und das Gästebuch.

1.5 Kommunikationskreise

Dass die Vorstellung von „Einweg-Kommunikation" für die heutigen Medien zu einfach ist, sollte deutlich geworden sein. Ein anderer Faktor trägt zur Komplikation bei: Sobald dialogische Elemente im Medientext auftreten, wird das Bild von der Kommunikationssituation komplex. Denn die am Dialog beteiligten Personen sprechen nicht nur miteinander, sondern immer auch im Hinblick auf das zuhörende/zuschauende Publikum. Um diese Komplexität begrifflich fassen zu können, verwendet man die Metapher von „Kommunikationskreisen".

---

13 TED: Abkürzung für „Teledialog".

Strukturell sind also zwei „Kommunikationskreise" zu unterscheiden: der „innere Kreis" des dialogischen Geschehens und der „äußere Kreis" der Beziehung zwischen den Dialogteilnehmern des inneren Kreises und dem Publikum. Man spricht dann von einer „Doppeladressierung" der Kommunikation, die im inneren Kreis stattfindet. Man kann dies auch eine „Brechung" der Kommunikation im inneren Kreis auf den äußeren Kreis hin nennen.[14] Bei dialogischen Formen in der Presse ist die Simultaneität der Kreise in ein zeitliches Nacheinander zu konvertieren (vgl. 6.2).

A und B   = Teilnehmer im inneren Kreis
R   = Rezipienten

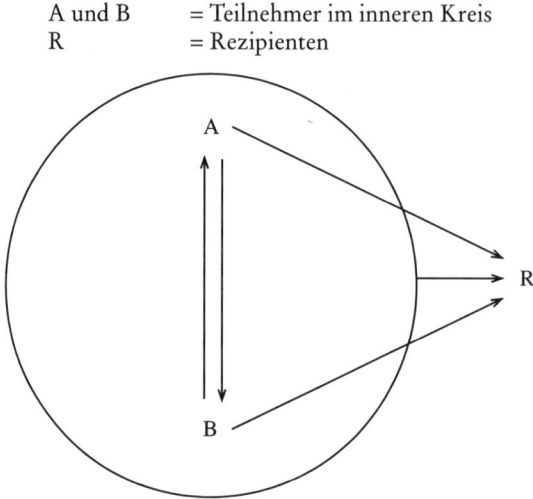

Bei Sendungen mit Studiopublikum muss man sogar drei Kommunikationskreise und eine dreifache Adressierung ansetzen: vom inneren Kreis (mit seiner internen Adressierung) auf den ersten äußeren Kreis (das Studiopublikum) und zugleich auf den zweiten äußeren Kreis hin (das Publikum vor dem Radio- oder Fernsehapparat). In einem gewissen Maß ist auch das Verhalten des ersten äußeren Kreises auf den zweiten äußeren Kreis hin adressiert: Das Studiopublikum weiß, dass es (zeitweise) auch gehört und gesehen wird, und verhält sich entsprechend.

Das ergibt die folgende komplexe Struktur:

A, B, C   = Teilnehmer im inneren Kreis
SP   = Studiopublikum
R   = Rezipienten

---

14 Eine andere gebräuchliche Terminologie ist diejenige von „primären/sekundären/tertiären Diskursebenen" (z. B. Bondi Paganelli 1990, 45 ff.). Hier entspricht dem inneren Kreis die „sekundäre", dem äußeren Kreis die „primäre" Ebene usw. Diese Terminologie ist also ganz vom Rezipienten her konzipiert.

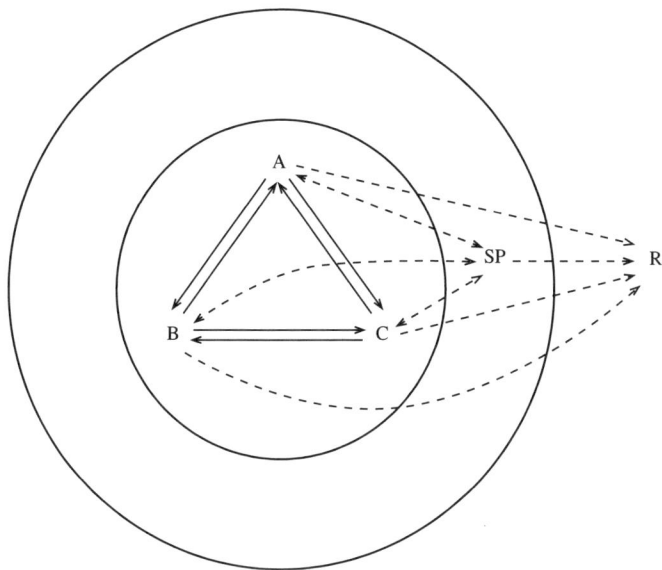

In ihrer Talkshow macht Ilona Christen die Mehrfachadressiertheit bereits durch die Begrüßung explizit:

> C (on:) Hallo und herzlich willkommen hier im Studio – – (*Christen läuft ein und bleibt im Publikum stehen, das Publikum applaudiert immer wieder, was sie zu kurzen Pausen zwingt*) Danke dass Sie gekommen sind – Ich begrüße Sie zu Hause – danke Ihnen – – – Soviel Applaus kann man ja gar nicht aushalten – Ich danke vielmals, wirklich ganz herzlichen Dank – Man kanns ab und zu wirklich gut gebrauchen. Mein Thema heute: Vollmond, die Nacht der Schlafwandler und Werwölfe.
> (RTL, 3.5.1995)

„hier im Studio" – „Sie zu Hause", das ist unmissverständlich. Ebenso unmissverständlich die kürzere Formulierung in der folgenden Eingangspassage:

> C Ihnen allen herzlich willkommen hier im Studio – (*Christen läuft ein und bleibt im Publikum stehen, das Publikum applaudiert immer wieder, was sie zu kurzen Pausen zwingt*) – Ich danke Ihnen, dass Sie gekommen sind – danke, dass Sie eingeschaltet haben – – Mein Talkthema heute: Neurodermitis.
> (RTL, 1.6.1995)

Die einen sind ins Studio „gekommen", die anderen haben „eingeschaltet".

Beim Fernsehen ist also die Existenz und Wirksamkeit der Kommunikationskreise häufig offensichtlich. Auch in einer Fernseh-Nachrichtensendung kann ein und derselbe Moderator sich deutlich und unmissverständlich in beiden Kreisen bewegen. Im äußeren Kreis wendet er sich visuell und verbal unmittelbar an den Zuschauer, dann kann er sich, bei einem Live-Gespräch etwa mit einem Studiogast oder einem Korrespondenten an einem anderen Ort in einem anderen Studio, ebenso klar dem Interviewpartner im inneren Kreis zuwenden. Und natürlich ist es völlig klar, dass er das Gespräch im inneren Kreis zuhanden des Zuschauers im äußeren Kreis führt. Doppel- oder Mehrfachadressiertheit kann in unterschiedlichen Formen und mit unterschiedlichen Funktionen realisiert sein.[15]

Für die professionellen Moderatoren ist die Mehrfachadressiertheit in der Regel kein Problem, auch nicht für mediengewohnte Politiker, die sich die damit gegebenen Möglichkeiten der Selbstdarstellung zunutze machen – wenn etwa beim Interview der interviewte Politiker bei einer Aussage, die er hervorheben möchte, nicht den Interviewer anschaut, sondern den Rezipienten, indem er direkt in die Kamera blickt. Zum Problem werden kann die Mehrfachadressiertheit z. B. beim Phone-in, bei dem ein Hörer bzw. Zuschauer plötzlich an die Öffentlichkeit tritt:

Das Hörertelefon kann unter dem Aspekt der Kommunikationskreise als Versuch gesehen werden, eine direkte Beziehung zwischen dem äußeren und dem inneren Kommunikationskreis herzustellen. Tatsächlich entsteht dadurch aber eine besonders vertrackte Brechung: Für den Hörer, der telefoniert, ergibt sich zunächst eine direkte kommunikative Beziehung zum Kommunikator; da dieser Dialog aber gesendet wird, nehmen alle anderen Rezipienten dies als einen inneren Kommunikationskreis wahr; der telefonierende Hörer seinerseits weiß, dass das Gespräch gesendet wird, und verhält sich entsprechend; und da er nicht als Experte oder Politiker auftritt, sondern als „einer wie du und ich", hat er gleichzeitig die Rolle des stellvertretenden Rezipienten und eines Kommunikators zu erfüllen. Das ist eine schwierige Situation, deren „schizoider" Charakter sich noch verstärkt, wenn es um private, ja intime Themen geht (vgl. 1.6).

Umgekehrt stellt das Telefonieren mit dem Hörer auch für den Moderator (oder den Experten, der dem Hörer Auskünfte geben soll) ein Risiko dar: Er kann nicht im voraus wissen, wer und was ihn erwartet. Das Gespräch ist nur bis zu einem gewissen Grad planbar. Aus diesem Grund hat man die in den Anfängen des Phone-in noch praktizierten „offenen Kanäle", bei denen der Hörer unkontrolliert „auf Sendung" kommen konnte, weitestgehend wieder aufgegeben und „Filter" eingebaut, durch die Anrufer, die aus irgendeinem Grund für ungeeignet gehalten werden, bereits in einer Vorselektion eliminiert werden (z. B. eine Telefonredaktion, die die Anrufer vorsortiert und später die geeigneten „einspielt").

---

15 Vgl. Petter-Zimmer (1990), Wilhelm (1995, 137ff.), Kühn (1995).

Man kann sich vorstellen, dass sich durch die Kombination verschiedener dialogischer Elemente noch mehr als drei Kommunikationskreise erzeugen lassen, und gelegentlich wird das auch realisiert. Die Berliner Talkshow „Freitagnacht" (mit Lea Rosh) beispielsweise hatte eine solche hochgradig komplexe Kommunikationsstruktur.[16] Hier ist ein (erster) innerster Kreis (mit den zentralen Kontrahenten) zunächst umgeben von mehreren „kleinen Satelliten-Runden" von geladenen Gästen (zweiter Kreis), die „an passender Stelle" aktiviert werden, sodann von einem Studiopublikum (dritter Kreis), dessen Mitglieder fallweise zu Wort kommen können; Zuschauerbeteiligung ist per Telefon möglich (vierter Kreis), und schließlich findet das ganze Ereignis vor den Fernsehzuschauern (fünfter Kreis) statt.

1.6 Kommunikative Funktionen

Bei Texten, die unter den Bedingungen von Öffentlichkeit realisiert werden, untersteht der öffentlichen Debatte auch die Frage, welche kommunikative Funktionen die Texte haben können und sollen, ob sie beispielsweise Meinungen bilden dürfen oder nicht, ob sie pädagogisch wirken sollen oder nicht usw. In der Linguistik sind seit Karl Bühler und Roman Jakobson Typologien von sprachlichen Funktionen[17] erarbeitet worden, die insbesondere in der Textlinguistik und Pragmatik eine zentrale Rolle spielen. (Eine Anwendung auf Pressetextsorten wird in 8.2 diskutiert.) Die linguistischen Terminologien sind mit entsprechender journalistischer Begriffsbildung nicht durchwegs kompatibel, aber doch immerhin vergleichbar. Aus journalistischer Perspektive (und mit journalistischer Terminologie ausgedrückt) sind es vor allem zwei funktionale Dichotomien, die diskutiert werden: (1) das Verhältnis von Information und Meinungsbildung, (2) das Verhältnis von Information und Unterhaltung. Bezüglich des ersten Punktes sind die Verhältnisse relativ klar und durch medienrechtliche Regelungen festgeschrieben: In der Presse ist seit dem 19. Jahrhundert (vgl. 2.2.6) Meinungsbildung eine selbstverständliche Funktion insbesondere im Bereich der Politik geworden. Der Leser erwartet von „seinem" Blatt Orientierung und Hilfestellung. Dass Zeitungen meinungsbildend sein sollen und dürfen, ist allerdings nur so lange garantiert, wie die Pluralität der Standpunkte gegeben ist und nicht im Zuge der zunehmenden Pressekonzentration zum Verschwinden gebracht wird. Die öffentlich-rechtlichen Rundfunkanstalten sind demgegenüber auf „Ausgewogenheit" verpflichtet. D. h. Meinungsbildung ist

---

16 Die Talkshow ist analysiert in Hess-Lüttich (1993).
17 Vgl. die Übersicht über die verschiedenen vorliegenden Typologien bei Züger (1998, 15 ff.).

zwar punktuell akzeptiert, aber die Pluralität der Meinungen und Richtungen muss in einem Sendegefäß wie einer Haupt-Nachrichtensendung grundsätzlich vertreten sein.

In der aktuellen medienwissenschaftlichen Diskussion spielt der zweite
Gegensatz eine weitaus größere Rolle. Was mit „Unterhaltung" gemeint
sein kann und wie das Verhältnis von Unterhaltung zu Information beschaf-
fen sei bzw. sein solle, das ist eine gegenwärtig weitgehend offene Frage.[18]
Einerseits ist „Unterhaltung" bzw. „unterhaltend" ein differentielles Merkmal von Medienprodukten (bzw. Gattungen von Medienprodukten), das sie
von „informierenden" Texten abhebt, andererseits ein Aspekt der Rezeption des Medienangebotes. Dabei kann es durchaus passieren, dass eine als
„unterhaltend" konzipierte Fernsehsendung vom Rezipienten gar nicht als
unterhaltend erlebt wird.[19] Nach Auffassung der Produzenten (und wohl
auch des Publikums) soll Unterhaltung nicht nur in den als „Unterhaltungssendungen" deklarierten Programmen stattfinden, sondern auch In-
formationsprogramme müssen hochgradig unterhaltend sein, wenn sie ihr
Publikum finden sollen. Aus linguistischer Perspektive ist „Unterhaltung"
der „phatischen" Sprachfunktion eng verwandt (vgl. 10.2.1), umfasst aber
doch ein weiteres und vageres funktionales Spektrum.[20] Im Kontext der
„Cultural Studies" wird Unterhaltung als ein Aspekt von „Medienaneignung" (vgl. 1.3) gesehen. Die Rezipienten gewinnen zweierlei Arten von
„Vergnügen" aus der Aneignung von Medienprodukten: Einerseits erweitern sie ihre Rollenkompetenz, womit sie sich selbst und andere besser zu
verstehen lernen, andererseits „wird Vergnügen dadurch vermittelt, dass
man sich selbst in den Texten wiederfinden bzw. einen persönlichen Bezug
herstellen kann, d. h. ‚eigene in fremden Geschichten' [nach Mikos] wieder-
erkennt" (Giegler/Wenger 2003, 120). Unterhaltung in diesem Sinne geschieht weniger in der solitären Medienrezeption, als vor allem im gemeinsamen Fernseh-Erlebnis, als entspannende „gemeinsame Tätigkeit", aber
mit der Möglichkeit zum „inneren Rückzug" (ebd. 125).

---

18 Eine Reihe von möglichen Standpunkten sind in Früh/Stiehler (Hrsg., 2003) versam-
    melt, mit einem starken Akzent auf der „triadisch-dynamischen Unterhaltungstheorie"
    Werner Frühs.
19 Zu möglichen Diskrepanzen, die sich daraus ergeben, dass Unterhaltung in unter-
    schiedlichen Dimensionen der Medienkommunikation verortet wird, vgl. Brosius (2003,
    77).
20 In Burger (1990, 41) wurde vorgeschlagen, „Unterhaltung" als eine spezifisch mediale
    Sprachfunktion dem Kanon der Sprachfunktionen hinzuzufügen. Hrbek (1995) ist die-
    sem Vorschlag gefolgt. Volkmer (2000, 42) weist ebenfalls auf die Nähe von Unterhal-
    tungsfunktion und phatischer Funktion hin (in der Terminologie von Brinker als „Kon-
    taktfunktion" bezeichnet). Angesichts der sehr unterschiedlichen Konzeptionen von
    „Unterhaltung" im Bereich der Kommunikationswissenschaft scheint es mir derzeit
    nicht mehr (oder: noch nicht) ratsam, den Begriff für die Medienlinguistik adaptieren zu
    wollen.

1.7 Öffentlich – privat

Ein zentraler Faktor und zugleich ein zentrales Problem der heutigen Medien ist das Verhältnis von Öffentlichkeit und Privatheit. Massenmediale Texte sind zwar definitionsgemäß „öffentlich", doch heißt das nicht, dass auch die Inhalte und Kommunikationsformen dem entsprechen, was man herkömmlich von Kommunikation in der Öffentlichkeit erwartet. Meyrowitz wies bereits 1985 auf diese Entwicklung hin: „Die elektronischen Medien geben ein ganzes Spektrum von Informationen preis, die einst auf private Interaktionen beschränkt waren. Sie „enthüllen" Informationen, die früher nur zwischen Menschen ausgetauscht wurden, die sich „von Angesicht zu Angesicht" gegenübertraten." (deutsche Übersetzung 1987, 78) Wenn es nur um die Inhalte geht, gilt dies genauso für die Boulevardpresse, die intimste Details aus dem Privatleben von Stars, Politikern usw. an die Öffentlichkeit bringt. Hinsichtlich der Kommunikationsformen bleibt die Presse aber grundsätzlich öffentlich. Demgegenüber finden sich in Radio und Fernsehen neben den im traditionellen Sinn öffentlichen Formen auch und wohl zunehmend solche, die die Grenze zwischen öffentlich und privat deutlich verschieben. Als Beispiel kann man Beratungssendungen nennen, bei denen Anrufer ihre sehr persönlichen, z. T. intimen Probleme an einen Experten herantragen. Zum Beispiel können Hörer in der Radio-Sendung „Nachtgespräche" des Bayrischen Rundfunks 2 ihre ganz privaten Schwierigkeiten und Sorgen bekannt geben, manchmal zu einem Rahmenthema wie „Einsamkeit" wie im folgenden Ausschnitt (9.5.99):

D = Katja Doubeck, Beraterin
A = Anruferin

D   Katja Doubeck, guten Abend?
A   Ja, guten Abend. – –
D   Thema Einsamkeit
A   hm
D   (ahmt Anruferin nach) hm
A   (NERVÖS LACHEND) Ja
D   Sind Sie ein einsamer Mensch?
A   Ja, ich/ – was heißt einsam. Ich/ mir fällt es sehr schwer – eh jetzt nach –

| | soundsoviel Jahren, also wir haben vierundvierzig geheiratet – so lange |
| D | hm |

| A | verheiratet gewesen. Mein Mann ist jetzt Pflegestufe drei seit einem Jahr |
| D | hm |

| A | Ist bei mir in der Wohnung und wird auch betreut, aber ich hab eben keinen |
| D | hm |

A   Ansprechpartner mehr, gell, und das ist – gleichbedeutend also wie einsam
D   Ja ja, man kann auch zu zweit einsam sein. Man kann sogar SEHR einsam
    sein zu zweit, nicht?
A   Ja, also ich bin genau das Gegenteil von der – Dame, die/ die Sie jetzt eben
    interviewt haben.
D   Ja
A   Ich bin eben nicht gewöhnt gewesen, alleine zu sein. Ich hab die ganzen vier
    Jahrzehnte – mit meinem Mann alles eh getragen und ERtragen und eh –
    eben gelebt, ja
D   Ja

A   Wir sind ne große Familie, fünf Kinder – (UNVERST.)
D   Sind alle aus dem Haus?

A   Die sind alle aus dem Haus und mehr oder weniger sehr weit weg.
D   hm
A   Wir stehen natürlich in – Kontakt. Wir sind eine Familie, die sich – auch mag

    untereinander, die sich liebhaben. Und umso schwerer ist es dann, wenn –
D   hm

A   man halt – eh sein Frühstück alleine einnehmen muss – – alles planen muss
D   hm

A   alleine, was mein Mann mir vi/also mein Mann hat mir sehr, sehr viel
D   hm
A   abgenommen – weil ich selber auch eh nicht gesund bin.
D   hm

A   Und das kommt eben alles dann auch – (UNVERST.)
D   kommt vieles plötzlich zusammen, nicht?

A   hm hm (+)
D   und belastet einen sehr.
A   Ja, sehr
D   Und in dem Stadium und in dem Zustand leben Sie jetzt seit einem Jahr?
A   Ja. Also ich hab wirklich eh Depressionen bekommen.
D   hm

Die Anruferin findet in der Beraterin den ganz privaten Kontakt, den sie im
realen Leben nicht mehr hat („Aber ich hab eben keinen Ansprechpartner
mehr, gell, und das ist – gleichbedeutend also wie einsam"), und dies unter
den Bedingungen massenmedialer Öffentlichkeit.

Noch extremer ist diese Grenzverschiebung zu beobachten in der Fernsehsendung „Lämmle live" (vgl. 1.4).

Es wird großer Wert darauf gelegt, die ‚Beratung' gerade nicht als typische psychologische Beratung oder gar als Psychotherapie erscheinen zu
lassen.

Auf der Webseite des SWR 2001 (www.swr.de/laemmle-live) findet sich
die folgende Selbst-Definition:

> „Lämmle live" ist eine Sendung, die Menschen Hilfe in außergewöhnlichen Le-
> benssituationen geben möchte.
> Wenn Menschen Probleme in der Partnerschaft, in der Familie, im Beruf oder
> mit sich selbst haben, können sie bei uns anrufen.
> Die Diplompsychologin und Familientherapeutin Brigitte Lämmle bespricht
> mit den Anrufern deren Probleme, erarbeitet mit ihnen Perspektiven zur Ver-
> änderung oder macht ihnen gegebenenfalls Mut zu einem ersten Schritt in Rich-
> tung einer professionellen Psycho-Therapie.

Diese vorsichtige Formulierung wird noch weiter eingeschränkt dadurch,
dass gesagt wird, was die Sendung nicht leistet:

> „Lämmle live" ist keine Therapiesendung, das Gespräch mit Brigitte Lämmle
> kann keine Therapie ersetzen, sondern die Sendung ist Lebensberatung zur
> Selbst- und Fremdhilfe.

Von allem Anfang an wurde die Sendung – als sie noch einen Moderator hatte, der inzwischen „weggefallen" ist – von diesem z. B. als „Lebenshilfe" kategorisiert („Zeit für *Lebenshilfe* bei uns in Südwest drei", 9.12.
1995).

Diesem Konzept widerspricht aber, dass die Probleme der Anrufer, die
selektiert werden, keineswegs nur unter Kategorien wie „Lebenshilfe" sub-
sumiert werden können. Vielfach handelt es sich um schwerwiegende
psychiatrische Krankheitsbilder: Magersucht, Depression, Suizidalität. Demgegenüber sind die harmloseren „Lebenshilfe"-Probleme – z. B. die Abituri-
entin, der die Eltern verbieten, mit ihrem Freund in die Ferien zu verreisen –
eher in der Minderzahl.

Die angebotenen „Lösungen" sind entsprechend je nach Fall unterschiedlich: Teils ist das Ende des Gesprächs auch das Ende der Beratung,
teils werden Folge-Aktivitäten initiiert: Die Mitarbeiter am Telefon vermitteln eine eigentliche psychotherapeutische Behandlung oder sonstige Hilfs-
möglichkeiten.

Eine psychologische Beratung außerhalb der Medien gilt als extrem privat. Frau Lämmle – und das ganze Team – tut alles, um für die Anrufenden
die Illusion der intimen Zweiersituation zu schaffen. Schon in der Ankündigung hieß es in einer frühen Sendung dieses Formats:

> „Neunzig Minuten ist sie ganz alleine für Sie da, Brigitte Lämmle" („Kennwort
> live" 9.12.1995)

Die Formulierung suggeriert eine Ausschließlichkeit der kommunikativen
Ausrichtung, bei der Frau Lämmle sich „ganz alleine an Sie", den individuellen und privaten Anrufer, wendet. Mit *Sie* richtet sie sich aber, wie immer
im Medium Fernsehen, gleichzeitig an die Zuschauer als disperses Publi-

kum, also an die mediale Öffentlichkeit. In der Doppeldeutigkeit dieses *Sie*
kondensiert die ganze Paradoxie der Situation.

Intimität suggeriert Frau Lämmle auch durch ihr nonverbales Verhalten. Gestisch und mimisch ist sie ganz auf die – nur akustisch anwesende –
Anruferin zentriert. Ihre Stimme hat eine große Bandbreite der Modulation,
je nachdem ob sie sich empathisch der Stimme der Anrufenden angleicht
oder ob sie in einer direktiven Phase mit Verve die Führung ergreift.

Eine Absicherungsmaßnahme, um die Offenbarung des höchst Privaten
in der Öffentlichkeit zu ermöglichen, besteht in der Versicherung, dass bestimmte Aspekte des Privaten geschützt bleiben. Die Familiennamen werden nicht genannt. Die Vornamen werden „anonymisiert" (d. h. verändert,
wie Frau Lämmle hier und da zu erkennen gibt). Die Anrede mit Vornamen
zieht zwanglos, wenn auch nicht zwingend, einen weiteren Aspekt der Intimität nach sich: das Duzen, das von den meisten Anrufenden kommentar-
los praktiziert wird. Für die Sendung selbst ist die Anonymität zwar gesichert, doch sind sich die Anrufenden oft nicht sicher, ob sie nicht von
Verwandten oder guten Bekannten identifiziert werden können oder ob
nicht jemand im Haus „mithört". Z. B. ergeht es so einer Anrufenden, die
von ihrer Enkelin erpresst wird:

A = Anruferin
L = Frau Lämmle

A   (SEHR LEISE) n Haus, (LAUTER) ich will ned, ich weiß ned, ob se ned
    mithört, weil sie weiß, dass ich die Sendung immer guck, und do denk ich
    mol, dass sie vielleicht auch zuschaut, und ich möchte ned, dass sies erfahrt,
    was soll ich mache – –
L   du möchtest nicht, dass sie erfährt, dass du hier angerufen hast
A   ja, möchte ich nicht
L   wovor hast du Angst?
A   vor ihr
(18. 11. 2000)

Natürlich funktioniert auch „Lämmle live" nach dem Prinzip der Vorselektion der Anrufenden durch eine Redaktion, die dann der Moderatorin auch
Vorinformationen über die Anruferin und ihr Problem liefert.

1.8 Raumzeitliche Konstellation Kommunikator – Text – Rezipient

Pressetexte weisen, wie gesagt, die raum-zeitliche Diskontinuität zwischen
Produktions- und Rezeptionssituation auf, die für geschriebene Texte charakteristisch ist. Für das materielle Medium ist eine weitere Verkürzung der
zeitlichen Abstände zwischen Textproduktion, Druck, Auslieferung und
Lektüre wohl kaum mehr denkbar. Die Online-Versionen der Zeitungen

hingegen können sich gegenüber den gedruckten Ausgaben den Vorteil verschaffen, dass sie ihre Informationen in kurzen Abständen „updaten".

Bei den elektronischen Medien ist das Verhältnis komplizierter. Auch hier ist der Normalfall, dass Produzent und Rezipient räumlich getrennt sind. Diese strikte Trennung wird in solchen Sendungen „symbolisch" außer Kraft gesetzt, in denen „Stellvertreter" der Rezipienten aktiviert werden (s. o. 1.5). Bei Hörertelefonen im Fernsehen sieht man oft das materielle Telefon als „Ersatz" für den nur akustisch in der Szene anwesenden Zuschauer.

Gegenüber diesen noch relativ einfachen räumlichen Relation sind die möglichen zeitlichen Verhältnisse weitaus komplexer. Konstant ist auf den ersten Blick die Simultaneität von „Ausstrahlung" und Rezeption. Doch lässt sich auf Seiten des Rezipienten durch die Mittel der Aufzeichnung (Tonband, Videorecorder) die Rezeption vom Sendezeitpunkt weg verschieben. Vom Produzenten her gesehen ergeben sich im Wesentlichen folgende Arten von Zeit-Relationen (vgl. auch 13.3.1):

(1) Der Text kann irgendwann produziert und zu einem späteren Zeitpunkt unverändert gesendet werden; d. h. zwischen Produktion und Rezeption besteht Diskontinuität (wie bei einem Radio-Feature). In diesem Fall handelt es sich um eine „Non-live"-Sendung.

(2) Der Text wird zeitgleich („live") mit der Ausstrahlung produziert (wie bei vielen Unterhaltungssendungen, aber auch bei Live-Interviews in Nachrichtensendungen). Aus Rezipientenperspektive kann man sagen: zeitlich mit der Rezeption.

(3) Die Sendung wird unter live-Umständen aufgezeichnet und später gesendet. Das wird als „live on tape" bezeichnet. Für die Phase der Produktion heißt das vor allem, dass die Aufnahme nicht durch Pausen unterbrochen wird und dass die Beteiligten wissen, dass keine nachträglichen Bearbeitungen vorgenommen werden. Beispielsweise wird die Schweizer Politdiskussion „Arena" jeweils am Freitag Abend aufgezeichnet und ca. 2 Stunden später ausgestrahlt (Luginbühl 1999, 114). Der Grund dafür ist, dass die Sendung von der Programmstruktur her im Anschluss an die zweite Hauptnachrichtensendung („10 vor 10") positioniert ist, aber mit Rücksicht auf den Terminkalender der zum Teil hochkarätigen Gäste nicht so spät durchgeführt werden kann.

(4) Eine Mischung von live und non-live, für die es meines Wissens keinen eingebürgerten Terminus gibt, liegt dann vor, wenn die Bilder aufgezeichnet werden, der Text aber live gesprochen wird. Das ist häufig der Fall bei Nachrichtensendungen (besonders bei Blöcken von Kurznachrichten innerhalb größerer Nachrichtenformate) oder bei Sportsendungen wie Übertragungen

von Leichtathletik-Events. Hier finden auf dem Platz gleichzeitig verschiedene Ereignisse statt. Einerseits müssen also die Höhepunkte, z. B. die Final-Läufe, tatsächlich live gesendet und kommentiert werden, andererseits müssen Ereignisse, die simultan damit ablaufen, u. U. in geraffter Form „nachgeholt" werden. So entsteht ein für den Zuschauer kaum zu entflechtendes Gemisch von live und non-live-Formen. Dass es sich um eine partiell fiktive „Authentizität" handelt, bemerkt man vielleicht erst, wenn man auf einen anderen Sender umschaltet, der das gleiche Ereignis überträgt, wo aber gerade andere Bilder zu sehen sind (vgl. 7.2.1).

Bei den Leichathletik-Meetings „Golden League" sind die Zeitpläne der Fernsehübertragung und der Veranstaltung zwar soweit wie irgend möglich aufeinander abgestimmt, doch bleibt immer ein Rest von nicht live zu Vermittelndem. So mussten beim Zürcher Meeting (16. 8. 2002) die 100 m Vorläufe der Männer nachträglich eingespielt werden, da sie schon vor Beginn der Fernsehübertragung stattgefunden hatten. Der Live-Kommentar, der das Finale 100m vorbereitet, lautet dann so:

> [Bilder live] das ist er – der große Favorit Maurice Greene – – er hat bereits in den Vorläufen gezeigt was er drauf hat, diese Vorläufe sehen Sie jetzt dann gleich – zwei Vorläufe heute abend – der Start in dieser Serie musste sich verdient werden und zwar von den Stars,
> [Bilder non-live] da sehen Sie diesen ersten von zwei Vorläufen mit Daniel Dubois dem Schweizermeister – Maurice Greene auf Bahn vier in diesem ersten Vorlauf, die drei Schnellsten der beiden Serien kamen direkt weiter plus die zwei Zeitschnellsten und es wurde sehr eng das können wir jetzt schon verraten, Greene natürlich der klare Favorit in diesem ersten Vorlauf – aber aufgepasst – – Greene auf Bahn vier – nicht so gut weggekommen – Fredericks der dritte von links – ausgezeichnetes Rennen für Frankie Fredericks den Namibier, er ist wieder da der Altmeister mit vierunddreißig Jahren hat er diesen Vorlauf gewonnen in zehnnullsechs Coby Miller Maurice Greene ebenfalls qualifiziert für den A-Lauf oder den Final wie Sie wollen
> (SF DRS, 16. 8. 2002)

„da sehen Sie" weist deiktisch auf die Bilder der Aufzeichnung, „kamen direkt weiter" – das ist ein Rückblick und zugleich eine Vorausdeutung. Innerhalb der kurzen Szene versucht der Kommentator doch noch eine gewisse Spannung aufzubauen („das können wir jetzt schon verraten", wenige Sekunden später verrät er es: nicht der Favorit hat gewonnen, aber der Favorit ist immerhin qualifiziert).

(5) Der Text kann als geschriebener vorproduziert sein und zeitgleich mit der Rezeption vorgelesen werden (wie es beim Verlesen von Radionachrichten oder bei den Sprechermeldungen in Fernsehnachrichtensendungen der Fall ist). Dieser Fall ist im journalistischen Sprachgebrauch terminologisch nicht vorgesehen, sondern wird auch als ein Fall von „live" eingeschätzt. Aus linguistischer Perspektive ist er jedoch besonders aufschluss-

reich, weil er die prekäre Situation der elektronischen Medien zwischen Mündlichkeit und Schriftlichkeit illustriert (vgl. Kap. 6).

Während vorproduzierte Texte alle Möglichkeiten der Text-Planung, der Text-Revision usw. bieten, was sogar in gewissem Maße für die Nachbearbeitung von dialogischen Texten gilt, sind live-Texte nur noch partiell planbar. Die Kommunikatoren haben gerade diesen Aspekt als werbewirksam erkannt und suggerieren dem Rezipienten, dass „live" mit Werten wie „spontan" und „authentisch" zu verknüpfen sei. So ist der „live"-Aspekt in den elektronischen Medien zu einem entscheidenden Güte-Kriterium, geradezu zu einem „Mythos" geworden.

Ob es sich um eine live-Sendung handelt oder nicht, ist für den Rezipienten in vielen Fällen nicht auszumachen. Da live Gesendetes im Allgemeinen als attraktiver eingestuft wird, ist den Kommunikatoren auch nicht unbedingt daran gelegen, eine „Konserve" als solche kenntlich zu machen.

2 Historische Aspekte

2.1 Grundsätzliches und Forschungsgeschichtliches

Wenn man sich mit der Geschichte der Medien befasst, dann werden drei grundsätzliche Aspekte deutlich, die auch und besonders für die Massenmedien gelten:

1. Die Entwicklung der Medien vollzieht sich nicht linear. Nicht immer wird ein Medium durch ein anderes, „neues" abgelöst oder verdrängt. Das gibt es zwar – wie z. B. die Schallplatte durch die CD ablöst wurde –, ist aber zumindest in der jüngeren Geschichte der Massenmedien eher der Ausnahmefall als die Regel. Die Regel ist vielmehr, dass sich durch die Einführung eines neuen Mediums das ganze Mediensystem umstrukturiert. Das neue Medium muss sich nach und nach seine Position sichern und seine Funktion definieren. Dabei übt es Druck auf die „alten" Medien aus, die sich infolgedessen funktionell umgruppieren. Bei einem neuen Medium ist keineswegs von Anfang an klar, wozu es gut ist, wozu es dienen kann. Es ist auch nicht unbedingt klar, ob es sich eher als privates Medium oder als Massenmedium eignet. Für das Telefon prognostizierte man in den Anfängen eine ganze Reihe potenzieller Funktionen, darunter z. B. die Übertragung von Opern in einzelne Haushalte, was uns heute – in Kenntnis der faktischen Entwicklung – gänzlich abwegig erscheint. Entsprechend ist auch nicht von Anfang an vorherzusehen, in welcher Weise sich Neues und Altes letztenendes zueinander positionieren werden.

2. Ein neues Medium bedeutet nie nur die Einführung einer neuen Technologie, sondern immer auch eine Neustrukturierung der Wahrnehmung wie auch der sozialen Umwelt. Das ist von Medientheoretikern wie Marshall McLuhan oder Joshua Meyrowitz überzeugend, wenn auch im einzelnen vielleicht überzeichnet, nachgewiesen worden.[1]

3. Die Muster, insbesondere auch die sprachlichen Muster, die das neue Medium einsetzt, lehnen sich zunächst an die der alten Medien an. Der Prozess

---

1 Holly (1996) diskutiert den Begriff des „Mediums" und kommt zu einer Definition, die den materiell-technischen Aspekt in den Vordergrund rückt: „Medien werden hier aufgefaßt als materiale Hilfsmittel, die räumliche-zeitliche Beschränkungen natürlicher Kommunikationsmittel erweitern können." (12) Diese Konzeption ist im Rahmen seines begrifflichen Systems zur Abgrenzung von verwandten Begiffen vertretbar, wird aber den Erkenntnissen der neueren Medientheorie zur Komplexität und Reichweite des Konzepts „Medium" nicht gerecht. Eine Diskussion dieser vielschichtigen Problematik geht über die Ziele meines Buches hinaus.

der Emanzipation von den Vorbildern kann dann u. U. sehr lange dauern und in kleinen Schritten erfolgen.

Aus linguistischer Perspektive lassen sich an der Geschichte der Massenmedien insbesondere der erste und der dritte Aspekt illustrieren, während der zweite eher ein Forschungsfeld der Soziologie, Kommunikationswissenschaft und allgemeinen Medientheorie darstellt.

Zu den frühen deutschen Zeitungen liegen die Resultate von linguistischen Forschungsprojekten vor.[2] Über die spätere Geschichte der Zeitungen wissen wir in linguistischer Hinsicht nur wenig.[3]

Auf den ersten Blick trivial ist die Tatsache, dass Zeitungen geschichtlich zurückverfolgt werden können, dass sie in Archiven dokumentiert, also jedermann auch in ihrer historischen Dimension zugänglich sind, während Radio und Fernsehen dieser Dimension weit gehend entbehren. Für sprachwissenschaftliche Untersuchungen hat dies aber folgenschwere Konsequenzen: Bei der Zeitung können wir verfolgen, wie und warum sich bestimmte Formen gegenüber anderen durchgesetzt haben, wie sich Stile verändern, kurz: Wir können den Jetztzustand als Resultat eines langen Entwicklungsprozesses begreifen. Bei Radio und Fernsehen – obwohl sie noch über keine lange Geschichte verfügen – sind wir auf weite Strecken auf den Jetztzustand angewiesen. Muckenhaupt (1994, 83, Anm. 2) beklagt die desolate Situation in Deutschland: „In einem der besten Archive, der Dokumentationsabteilung des ZDF, werden Nachrichtensendungen erst seit 1981 vollständig archiviert. Aus den Jahren 1970 bis 1981 ist keine einzige Nachrichtensendung erhalten. (…) Noch unbefriedigender ist die Situation bei der ARD. Aus den Gründerjahren der *Tagesschau* gibt es offenbar kein einziges Sendungsbeispiel mehr."

In jüngster Zeit gibt es in der Schweiz Bemühungen, das Archivmaterial von Radio und Fernsehen auf modernen Datenträgern zu sichern und der Öffentlichkeit zugänglich zu machen. „Memoriav Verein zur Erhaltung des audiovisuellen Kulturgutes der Schweiz" hat hier – in Zusammenarbeit mit dem Schweizer Fernsehen DRS und der Télévision Suisse Romande TSR – eine Pionierrolle übernommen. In einer ersten Phase konnten die Aufzeichnungen der Schweizer Wochenschau (1940 bis 1975) und der Schweizer „Tagesschau" (1957 bis 1989) sowie des französischsprachigen „Téléjournal" (1981 bis 1990) erfasst werden. Ein großer Teil vor allem des ältesten Materials vermittelt die Sendungen ohne Ton. Der Text ist nur als Manuskript der Sprecher erhalten. Text-Bild-Verhältnisse zu studieren, ist auf diese Weise nur in äußerst beschränktem Rahmen möglich. Außerdem sind die Sendun-

---

2 Vgl. Schröder (1995), Fritz/Straßner (Hrsg., 1996), zusammenfassend Straßner (1997a, 36 ff.).

3 Für die italienischen Zeitungen vgl. aber Hrbek (1995).

gen in der Regel nicht integral erhalten. Insgesamt erlaubt der erhaltene Bestand aber eine einigermaßen kontinuierliche Analyse und Rekonstruktion der Entwicklung. (Eine erste größere Auswertung dieses Materials liegt vor in Luginbühl/Schwab/Burger 2004.)

Im Übrigen finden sich in den Archiven von Radio und Fernsehen vor allem Dokumente von besonders geglückten „Sternstunden" des Mediums bzw. von besonders wichtigen Ereignissen.

Ich behandle zunächst einige Phasen der Geschichte der Zeitung – des ersten wirklichen Massenmediums –, bis zu dem Punkt, an dem Zeitungen grosso modo eine ähnliche Struktur und Funktion haben wie in unserer Zeit. Sodann greife ich exemplarisch eine Station aus der Frühgeschichte der audiovisuellen Medien heraus.

2.2 Die Zeitung vom 17. bis 19. Jahrhundert

2.2.1 Die Anfänge

Zeitungen im heutigen Sinn müssen die folgenden Merkmale erfüllen (die teils den in 1.1 beschriebenen allgemeinen Merkmalen von „Massenkommunikation" entsprechen, teils spezifisch für das Medium Zeitung sind): Sie erscheinen regelmäßig („Periodizität"), sie sind allgemein zugänglich („Publizität"), sie vermitteln jüngstes Gegenwartsgeschehen („Aktualität"), in thematischer Hinsicht kennen sie keine grundsätzlichen Beschränkungen („Universalität"), sie werden gewerbsmäßig vertrieben und werden durch die Drucktechnik vervielfältigt. Als erste Zeitungen, die diesen Merkmalen wenigstens grosso modo gerecht werden, gelten die deutschen Zeitungen „Aviso" (Wolfenbüttel) und „Relation" (Strassburg) von 1609. Wenig später erschienen dann auch Zeitungen in den Niederlanden (1618), Frankreich (1620), England (1621), der Schweiz (1622) und Italien (1634).

Dass die Definitionsmerkmale nicht im strikten heutigen Sinn zu verstehen sind, zeigt sich allein schon daran, dass es sich bei den ersten Zeitungen um Wochenzeitungen handelt. Damit und natürlich durch die vergleichsweise langen Übermittlungswege (s. u.) der Nachrichten selbst ist der Aspekt „Aktualität" von vornherein eingeschränkt.[4] Ebenso kann von thematischer „Universalität" in den ersten Zeitungen wenn überhaupt, so nur sehr eingeschränkt die Rede sein (s. u.).

---

4 „Lagen Anfang des 17. Jahrhunderts in drei von vier Fällen noch zwei bis vier Wochen
   zwischen Ereignis und Bericht, so berichteten die Medien Ende des 18. Jahrhunderts
   schon in einem Viertel nach maximal einer Woche. Nachrichten, die einen Monat alt
   waren, machten hingegen nur noch zehn Prozent aus." (Stöber 2000, 69)

Die Frontseite einer Zürcher Wochenzeitung (Abb. 1) für den Beginn des Jahres 1635 (Zeitung Post) illustriert das Selbstverständnis der damaligen Zeitung. Sie berichtet von „denckwürdigen vnd namhafften Geschichten" von verschiedenen Orten, damit die Leser daraus den „Weltlauff" entnehmen können. Ein Anspruch auf Aktualität wird nicht explizit erhoben. Das an den „günstigen Leser" gerichtete Gedicht spezifiziert die „Geschichten" nur insofern, als sie „frölich" oder „trawrig" sind.

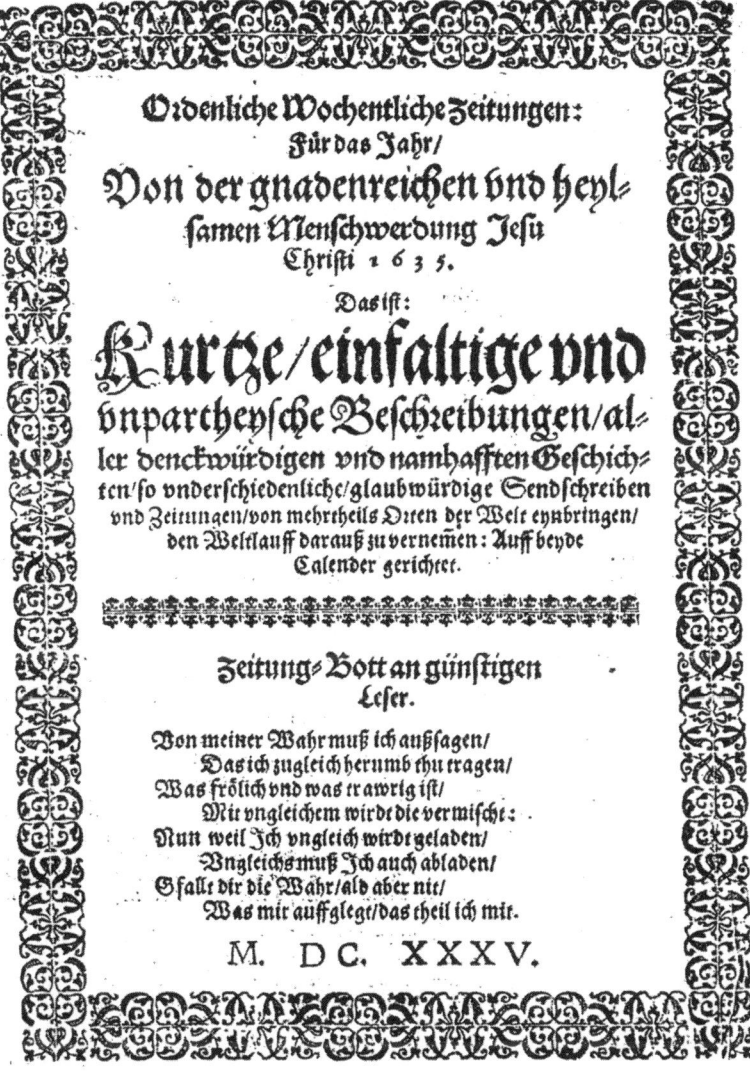

Abb. 1: Zeitung Post 1635

Eine Frontseite (Abb. 2) zum Jahresbeginn 1673 (Montagszeitung, Zürich) ist schon deutlich spezifischer: Die Aktualität der Berichte wird hervorgehoben („under ganz frischem Dato"), und die „Welt-Händel" werden nach ihren wichtigsten inhaltlichen Bereichen klassifiziert (Frieden/Krieg, zu Wasser/zu Lande, innerhalb des Gedichtes: Schlachten zu Lande und zu Wasser, Ereignisse von den Höfen usw.).

Abb. 2: Montagszeitung 1673

Der technische Aspekt – der bereits hoch entwickelte Buchdruck – allein sagt noch nicht viel über die Inhalte und die Funktionen des Massenmediums aus. Wie bei allen Medien ist natürlich das Sagbare durch die medialtechnischen Bedingungen – in diesem Fall die schriftliche und massenhafte Verbreitung – bestimmt. Aber wichtiger für das Medium als Massenmedium sind die konkreten äußeren Bedingungen der Informationsgewinnung, der Übermittlung wie auch der Rezeption, also Produktion und Rezeption gleichermaßen. Und dadurch wird auch die sprachliche Gestaltung weit gehend determiniert. Ich nenne im Folgenden einige Punkte, die in Bezug auf die externen Bedingungen der frühen Zeitungen relevant sind.

2.2.2 Externe Bedingungen

2.2.2.1 Autoren, Schreiborte und Übermittlungswege

Es sind keine hauptamtlichen Journalisten, sondern Kaufleute, Verwaltungsleute, Kanzleischreiber, Politiker, Geistliche, die vor Ort Informationen sammeln und in „Korrespondenzen" den Zeitungen zukommen lassen. Das Netz der Korrespondenten und der Korrespondenzorte wird im Laufe des 17. und 18. Jahrhunderts immer dichter und der Radius vergrößert sich kontinuierlich. Schröder ermittelt für „Aviso" und „Relation" 1609 19 bzw. 22 Korrespondenzorte (Schröder 1995, 60f.). Die Zürcher Zeitung von 1780 hat bereits 61 Korrespondenzorte (Zogg 1998, 30). Dabei ist der Ort, an dem sich der Schreiber befindet („Korrespondenzort"), nicht immer identisch mit dem Ort des berichteten Ereignisses („Ereignisort"). Die Korrespondenten erhalten ihrerseits Nachrichten aus einem bestimmten „Einzugsgebiet", bei der Wiedergabe dieser Nachrichten handelt es sich also um „Fremdberichterstattung" – eine frühe Form intertextueller Relationen (vgl. Kap. 5). Schröder (1995, 187) ermittelt für die ersten Zeitungen einen hohen Anteil von Fremdberichterstattung (55 bzw. 62 %).

Die Zeitungen konnten sich auf ein bereits ausgebautes System von Nachrichtenübermittlung durch Botendienste und Postlinien[5] abstützen, das zunächst in nicht-gedruckter handschriftlicher Form existierte und bereits mit dem Namen „Zeitung" operierte. Die Höfe und die Handelshäuser waren die hauptsächlichen Abnehmer dieser Nachrichten. Lange Zeit konnten sich die geschriebenen Zeitungen noch neben dem neuen, gedruckten Medium behaupten, da sie – im Gegensatz zur gedruckten Zeitung mit ihrem Anspruch auf Öffentlichkeit – einen internen, geschlossenen Kommunikationskreis bedienten.

Die sprachlichen Vorbilder der gedruckten Zeitungen sind äußerst heterogen (s.u.), so heterogen wie der Kreis der Nachrichtenschreiber. Die

---

5 Vgl. Schröder (1995, 4 und 10ff.); Stöber (2000, 15ff.).

Zeitung ist also ein überaus deutliches Beispiel dafür, wie ein neues Medium seine strukturellen und sprachlichen Muster in einem lang dauernden Prozess entwickelt.

2.2.2.2 Informationsgewinnung

Die Korrespondenten konnten Informationen meist nur *von außen* gewinnen, d. h. sie konnten nur über den beschränkten Bereich berichten, der ihnen zugänglich war. D. h. wer wann wo war, von wo wohin reiste, wer wen traf, wer mit wem Verhandlungen führte, in Kriegszeiten: wer mit wie viel Mann wo wie lange gegen wen kämpfte und mit welchem Resultat. Über Inhalte und Ablauf von Verhandlungen erfuhren sie in der Regel nichts, nur die Resultate konnten sie vermitteln, etwa die aus den Verhandlungen resultierenden Schriftstücke, beispielsweise Verträge. Auf diese Weise entsteht ein Bild von der *Oberfläche* der Ereignisse, das *punktuell* Fakten vermittelt, die wenig innere Kohärenz haben. Kausalitäten werden kaum hergestellt.

Die Zensurbehörden[6] beschränkten den Rahmen dessen, was überhaupt in einer Zeitung gedruckt werden durfte. So erklärt es sich möglicherweise, dass in den frühen deutschen wie auch schweizerischen Zeitungen kaum etwas über Lokalpolitik und lokale Ereignisse zu erfahren ist.[7] Erst um die Mitte des 19. Jahrhunderts entstand eine eigentliche Lokalberichterstattung. Das Bedürfnis nach lokaler Berichterstattung hätte schon viel früher bestanden, insbesondere in den großen Städten, und es ist auch nicht anzunehmen, dass andere Informationskanäle dieses Defizit kompensiert hätten (so Wilke 1984, 150). Den Mechanismus der Zensur in Bayern in der ersten Hälfte des 19. Jahrhunderts beschreibt Breil (1996) im Detail am Beispiel der Augsburger „Allgemeinen Zeitung". Es gab Vor- und Nachzensur. Der Zensor, der ein Ministerialbeamter war, „bekam jeweils die Bürstenabzüge, d. h. die Korrekturblätter der Zeitungsausgaben, vorgelegt, sah sie durch, strich Missliebiges an und unterschrieb das Exemplar nach erfolgter Zensur." (Breil, 130) Nachzensur hatte u. U. Rügen zur Folge und verpflichtete zum Widerruf. Selbst lexikalische Detail-Änderungen wurden verlangt, z. B. diese:

„ursprünglich	Änderungen durch den Zensor
Antichambres	Bureaux
Lakai	Unterbeamter
Lügen	Erdichtungen
(...)	
Wahnsinn	Gemütsverwirrung
unklug	unvorsichtig

---

6 Zu den Formen der Zensur sowie den Unterschieden zwischen der Aufsicht durch Kirche, kaiserliche Institutionen, Territorialherren und Städte vgl. Stöber (2000, 95 ff.).
7 Stöber (2000, 103 f.) nennt verschiedene Motive für die Zensurpraxis in den Städten, darunter z. B. die Sorge um die äußere und die innere Sicherheit.

das Joch   die Herrschaft
verderblich   verhängnisvoll"
(Breil, 135)

Zensur – bzw. das positive Gegenbild: die „Pressefreiheit" – spielte in den
Ländern Europas und Amerikas eine unterschiedlich große Rolle, und auch
die zeitliche Entwicklung ist sehr unterschiedlich verlaufen. 1841 wurde die
preußische Zensurgesetzgebung gelockert, und damit wurde die Entstehung einer „Meinungspresse" ermöglicht (s. u.). Die Pressefreiheit wurde in
der Folge allerdings weder auf einen Schlag noch in linearer Weise zunehmend realisiert, sondern Phasen wie die des Ersten Weltkriegs oder der NS-
Zeit bedeuteten einen Rückfall in Zensurpraktiken, wie es sie vorher noch
nicht gegeben hatte.

2.2.2.3 Thematische Aspekte

Wenn man von externen Faktoren wie der Zensur absieht, so sind die sog.
„Nachrichtenwerte" (wie „Überraschung", „Personalisierung", „Negativis-
mus") ausschlaggebend dafür, welche Art Informationen in einem Massenmedium vermittelt werden. Die Diskussion um diesen publizistischen Begriff kann hier nicht nachgezeichnet werden (vgl. etwa Wilke 1984, 13 ff.).
Wichtig ist aber zu sehen, dass die Kriterien dafür, was „wert" ist, in eine
Zeitung aufgenommen zu werden, kulturell und historisch unterschiedlich
sein können (zum historischen Wandel im deutschen Sprachraum – am Beispiel von Hamburger Zeitungen – vgl. Wilke 1984).

Was wert ist, in die Zeitung aufgenommen zu werden, entscheidet sich
aufgrund kultureller und sozialer Einschätzungen, die damals von den dominierenden Schichten geteilt wurden. Wichtig, berichtenswert ist das, was
in der Politik passiert, an den Höfen, bei den hohen Vertretern der Kirchen.
Anfangs des 17. Jahrhunderts machen politische Themen mehr als die Hälfte
der Zeitung aus, gefolgt von militärischen Themen und der Berichterstattung von den Höfen. Die letztere nimmt im Lauf des 17. Jahrhunderts deutlich zu (Gieseler/Schröder in Fritz/Straßner 1996, 46). Heute spricht man
von „Hofberichterstattung" in einem metaphorischen Sinn, damals handelte
es sich um ganz reale Hofberichterstattung. Im 19. Jahrhundert ist eine Diversifikation der Zeitungsthemen zu registrieren (Wilke 1984, 124 ff.), Wirtschaft, Recht, Soziales, Kultur und auch Sensationelles sind Bereiche, die zu-
nehmen, während der Anteil von Politik (inklusive Militärischem) abnimmt.
Die Themen der Zeitung rücken „näher" an den Rezipienten heran: „Und
zwar geographisch (Inlands- und Lokalberichterstattung), thematisch (weniger staatsbezogene, mehr gesellschaftsbezogene Nachrichten, mehr Sensationelles und mehr Kriminalität) und auch dem sozialen Status der Hand-
lungsträger nach (mehr Nicht-Elite)." (Wilke 1984, 235 f.)

2.2.2.4 Rezeption der Zeitung

Die Zeitungen zu Beginn des 17. Jahrhunderts hatten eine durchschnittliche Auflage von ca. 350 Exemplaren (Schröder 1995, 5). Um 1800 aber hatte der „Hamburgische Unpartheiische Correspondent", die damals auflagenstärkste Zeitung der Welt, bereits eine Auflage von mehr als 50.000 Exemplaren (Stöber 2000, 113). Adressaten waren zunächst die Höfe, Adlige, Juristen, aber auch höher gestellte Personen auf dem Lande. Da die Zeitungen oft von mehreren Personen gemeinsam gekauft bzw. genutzt wurden und da sich bereits in den ersten Zeiten Lesezirkel herausbildeten, ist der Kreis der tatsächlichen Rezipienten weit größer als derjenige der Käufer. Man schätzt für die Zeit vor dem Dreißigjährigen Krieg eine Leserschaft von 24.000 bis 60.000 Personen (Schröder 1995, 6).

Über die konkreten Umstände der individuellen Lektüre wissen wir wenig, aber aus den Texten kann man immerhin erschließen, dass sich die Leser nach dem vorwiegend geographischen Kriterium in der Zeitung zu orientieren hatten. Die Herkunftsorte der Korrespondenzen ermöglichten ein gewisses Maß an Vorsortierung durch den Leser. Wer sich aber für bestimmte Themen interessierte, musste notgedrungen die ganze Zeitung daraufhin durchsuchen. Tendenziell war wohl eher die „Ganzlektüre" die Regel als gezieltes Suchen bestimmter Teile der Zeitung (was als „selektive Lektüre" zu bezeichnen wäre).

2.2.3 Struktur der Zeitung

Die externen Bedingungen determinieren weitgehend die Struktur der Zeitungstexte. Aus dem Prinzip der Korrespondenz leitet sich das für die damaligen Zeitungen primäre Gliederungsprinzip ab: Der Ort, von dem aus berichtet wird, bestimmt die Makroeinheiten der Zeitung. Unter einem Ort finden sich dann u. U. verschiedene Briefe verschiedener Korrespondenten. Schröder (1995, 55) unterscheidet drei Gliederungsebenen:

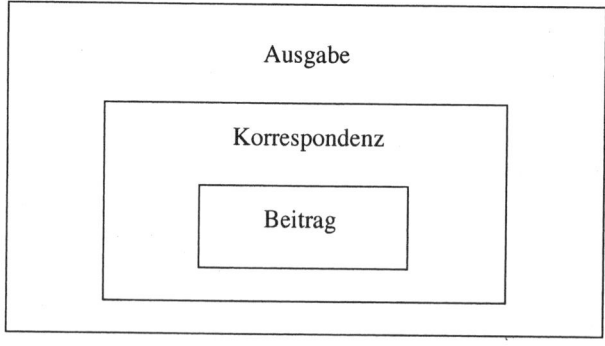

Ein Beispiel für eine Korrespondenz[8] (bei der ich die Beiträge nummeriert habe):

Auß Wien vom 1. Dito.
(1) Herr Doctor Berchthold Keys. Raht ist nach dem Land ob der Ens verräißt / die Keyserlichen Rahtschläg mit den Bawren ernstlich fortzusetzen. (2) Auß Polen hat man / daß auff den 16. passato die Königliche Begräbnuß / und auff den 20. die Königliche Krönung gewiß fort gehen solle / die werbungen gehen starck fort. (3) Den 7. seind die 4. loblichen Herren Landständ allhier widerumb zusammen kommen / die thun sich wegen der eynquartierung der Soldaten / biß solche in ein rechte ordnung gebracht wird / sehr bemühen / Märhen muß 16. Regiment verpflegen / in gleichem auch Steyrmarck zu underhaltung der Kriegsmacht contribuieren.
(Zeitung Post, Nr. 9, 1633)

Die „Beiträge" sind innerhalb der Korrespondenz nicht immer klar voneinander abgegrenzt. Indizien, die aber nicht obligatorisch realisiert werden, sind z. B.:

– Die grafische Gestaltung: Der neue Beitrag ist durch einen Absatz vom vorhergehenden getrennt.
– Die thematische Gliederung: Verschiedene „Ereignisse" lassen sich thematisch abgrenzen. Erleichtert wird diese Art der Abgrenzung durch die Nennung eines neuen Ereignisortes („Auß Polen hat man …", so in 2).
– Bestimmte formelhafte Wendungen oder Sätze (wie der von mir kursiv gesetzte Satz) können das Beitragsende anzeigen:

Auß Frankreich
Paris / vom 28. Jan. 7. Feb.
[…] Es gehet ein Rede / ob solten unser Bevollmächtigte von Charleville wider zuruck kommen und die Friedens-handlungen in Engelland angestellet werden / *es hat aber diß noch keine gewißheit.*
(Montags-Zeitung, Nr. 7, 1676)

Die Aufbauprinzipien der Zeitung bleiben bis in die Anfänge des 19. Jahrhunderts im Wesentlichen unverändert (vgl. auch Wilke 1984, 104, zum „Hamburgischen unpartheyischen Correspondenten" von 1796). Das wichtigste Ordnungsprinzip bleibt die Herkunft der Texte. Diese werden dann allenfalls grob geordnet nach Inland/Ausland. Relevanzkriterien spielen allenfalls insofern eine Rolle, als von den hauptsächlichen Meldungen noch eine Sammelkategorie „Vermischte Meldungen" als weniger wichtig abge-

---

8 Die folgenden Beispiele aus Schweizer Zeitungen entnehme ich fürs 17. Jahrhundert der „Zeitung Post" und der „Montags-Zeitung" (nach Zogg 1998) sowie fürs 18. und 19. Jahrhundert der „Neuen Zürcher Zeitung" bzw. ihrer Vorläuferin, der „Zürcher Zeitung" (seit 1780).

setzt wird. Innerhalb eines Briefes aus dem Ausland werden die Beiträge
nach dem „und-dann-Prinzip" aneinandergereiht. Der Schreiber berichtet
dies und das, was er für berichtenswert hält. Ein Beispiel vom Ende des
18. Jahrhunderts (ich habe die Beiträge durch * voneinander abgesetzt):

> Frankreich
> Paris, vom 9. Aprill. Der Hof hat durch einen Kourrier die Nachricht erhalten,
> daß die grosse Kauffahrteyflotte von St. Domingue zu Ferrol und Korunna
> glücklich eingelaufen sey: 70. bis 80. Schiffe haben sich von derselben getrennt
> und sind durch die Strasse nach Marseille gegangen. * Indessen die englischen
> Blätter von dem Glück der brittischen Waffen in Indien so viel zu sagen wissen,
> will man hier Nachricht haben, Hyder Aly habe die Engländer gänzlich ge-
> schlagen, 4 000. derselben getödet, und den General Munro samt der ganzen Ar-
> tillerie und Bagage gefangen genommen. Man hat aber gute Ursache zu glauben,
> dieses Gerüchte werde sich so wenig als die so oft angekündigte Eroberung von
> Madraß, bestätigen. * Auf der Insel St. Kristoph sind uns 20. Schiffe zu 300. bis
> 400. Tonnen, mit Zucker, Mund- und Kriegsvorrath befrachtet, in die Hände ge-
> fallen. * Zu London schmeichelt man sich, der Friede mit den Amerikanern
> werde bald geschlossen seyn; hier zu Paris aber schmeichelt man sich natürlich
> des Gegentheils.

Im folgenden Text bringt der Schreiber immerhin die Ereignisse am Korrespondenzort (Genua) mit denjenigen aus Lissabon (wovon er durch einen
Brief erfahren hat) in einen inhaltlichen Zusammenhang („Kälte'):

> Italien
> Genua, den 3. April. Seit 1709 hatten wir keine so grosse Kälte als dieses Jahr.
> Das Feld hat viel gelitten: Zu Novi sind die Oelbäume bis in die Wurzeln erfro-
> ren. Von Lisabon wird geschrieben, daß als diesen Winter der Schnee auf
> 2. Schuh hoch gefallen war, das Volk dieses unerhörte Phänomene für die An-
> kündigung des jüngsten Tags angesehen habe, und aus der Stadt geflohen sey.
> Man hat viel Mühe gehabt, es wieder in die Stadt zu bringen. (…)
> (Zürcher Zeitung, 17. 4. 1782)

Erst Ende des 19./Anfang des 20. Jahrhunderts setzen sich dann die Gliede-
rungsverfahren durch, die im Wesentlichen auch heute noch für die Presse
relevant sind („Thematische und formale Gliederung, spartenbildende und
inhaltliche Haupt- und Zwischenüberschriften, Schriftgröße und Fettdruck
als Auszeichnungsschriften, Trennungsstriche." Wilke 1984, 105).

2.2.4 Sprache der Texte

Zur Syntax und Lexik, aber auch zu pragmatischen Aspekten der Sprache,
finden sich ausführliche Studien in Fritz/Straßner (Hrsg., 1995). Generell
lässt sich Folgendes sagen: Durch den Beruf kommt in sprachlicher Hinsicht
jeweils derjenige sprachliche Bereich zur Geltung, der für die Korrespondenten auch im beruflichen Alltag von Wichtigkeit ist. Dadurch ergeben
sich sprachliche Einflüsse von der Kanzleisprache, der Juristensprache, der

Sprache des Handels, eventuell auch der Sprache der Literatur. Die genauen
Abhängigkeiten sind aber noch nicht im einzelnen erforscht. Gloning (in
Fritz/Straßner 1996, 196 ff.) macht eine Abhängigkeit von der Kanzlei- und
Geschäftssprache wahrscheinlich. Doch ist diese wohl nur partiell. Beispielsweise dominieren in der Syntax nicht die von der Kanzleisprache her
geläufigen „Schachtelsätze", sondern die in der Stilistik oft als „Ketten-
sätze" [9] bezeichneten Formen von Satzgefügen, bei denen der gesamte Ne-
bensatzkomplex dem Hauptsatz folgt:

> In Summa das ansehen ist nicht anderst als eines grossen erschröcklichen Höl-
> lenschlundes / und wolte Gott / daß die Zuseher sich darob nur so weit verbes-
> serten / daß sie nicht ihrer vil solches zu ihrem Vortheil brauchten / die verlas-
> sene arme Baurenhäuser zubestälen / in deme die Einwohner mit Jammer nach
> den Kirchen lauffen / und Gott wegen ihrer Sünden um verzeihung bitten / da-
> mit sie nicht von den Flammen verzehrt werden möchten.
> (Montags-Zeitung Nr. 8, 1676)
> [Der vollständige Text ist in 2.2.5 abgedruckt.]

Auf den Hauptsatz folgt ein *dass*-Satz, dem seinerseits *dass*-Satz untergeordnet ist. Diesem ist ein Infinitivsatz untergeordnet (*zubestälen* ‚zu be-
stehlen'), diesem wiederum ein Relativsatz (*in deme* …) und dem Relativsatz schließlich ein *damit*-Satz.

Die Quellensituation der Korrespondenzen hat zur Folge, dass Redewiedergabe eine große Rolle spielt. Man findet in den frühen Zeitungen im
Wesentlichen schon die Ausprägungen, die wir auch heute kennen, aber in
einer anderen Verteilung: „wortlautbezogenes" Zitieren nimmt nur einen
relativ kleinen Raum ein (nach Schröder 1995, 187 etwa ein Fünftel der Fälle
von Redewiedergabe).

Im Wortlaut zitiert werden z. B. Dokumente, wie das kaiserliche Dekret
im folgenden Beispiel:

> **Extract auß Ihr Keys. Majest. Proposition Decret eröffnet** [Fettdruck im Ori-
> ginal]
> im Landtag den 7. Januarij 1633.
> Erstlichen begeren Ihr Keys. Majest. daß die loblichen Landständ vom eyngang
> dises Jahrs / auff fünff Monat lang zu eynquartierung / verbesserung und be-
> stärckung deß von dero Kriegsheer / in diß Land ankommenden Volcks / die
> notwendige verpflegung und underhaltung an Gelt und Proviant / gutwillig
> uber sich nemmen / un den ohnfehlbarlich räichen. 2. Weiln Ihr Majest. zu wi-
> der ergäntzung dero sehr abkommenen Artillerey wesen 400. Pferd zu erkauf-
> fen / verordnen / daß die loblichen Ständ hierzu 400. Fuhrknecht / durch mit-
> tel eines Undherthanen oder Wäisen / von jeder Herrschaft / so sich auff das
> Fuhrwerck verstehen / mit genugsamer anglüb und ohne außtretungen / gegen
> billicher Monatlichen Besoldung zu dienen / stellen / und auch under dessen /

---

9 Demske-Neumann (in Fritz/Straßner 1996, 78 ff.) spricht, in Anlehnung an Admoni,
   von „abperlenden Satzgefügen".

sonst von 30. in 40. Ross zusammen gebracht / sampt den Knechten mit futer
und mahl verpflegen und underhalten lassen wöllen. 3. […]
(Zeitung Post, Nr. 9, 1633)

Das Dekret ist nicht im vollen Wortlaut wiedergegeben, sondern nur als
„Extract", wobei man nur spekulieren kann, ob es sich hier um bewusste
Selektion des Übermittlers bzw. des Zeitungsproduzenten handelt oder ob
Platzmangel der simple Grund für die Kürzung ist. Die Syntax des Textes
im 2. Punkt hat nicht (wie sonst in den Briefen) die Struktur von „Ketten-
sätzen" (s. o.), sondern – nach Art des Kanzleistils – diejenige von „Schach-
telsätzen", bei denen untergeordnete Sätze in übergeordnete eingeschoben
sind, womit ein hohes Mass an Komplexität (und Schwerverständlichkeit)
erzeugt wird.

Viel häufiger aber sind komprimierende Formen der Redewiedergabe,
nach diesem Muster:

Jn verfertigung vnd siegelung der Friedensartickel / haben Jhr Kön. Mayst. an
die Stendt begehrt / jhr zu gehorsam auff ein zeit nicht predigen zu lassen / welches sie dann zugesagt […]
(Aviso 1699, nach Gieseler/Schröder in Fritz/Straßner 1996, 58)

Ein Merkmal von Pressetexten, das aus heutigen Zeitungen nicht wegzudenken ist, fehlt in den Zeitungen des 17. Jahrhunderts weitgehend: die thematischen Überschriften. In anderen publizistischen Gattungen der Zeit,
z. B. den in der Regel halbjährlich erscheinenden und auf Verkaufsmessen
feilgebotenen „Messrelationen"[10], sind sie jedoch durchaus schon vertreten.
In den Zeitungen werden Überschriften im Sinne der heutigen themenbe-
zogenen Schlagzeilen erst in der zweiten Hälfte des 19. Jahrhunderts üblich.
Die Neue Zürcher Zeitung (NZZ) hat 1890 Schlagzeilen auf der Frontseite
(es gab damals täglich, außer sonntags, zwei Ausgaben, „Erstes" und „Zweites Blatt"), z. B.:

- Verhandlungen des zürcherischen Kantonsrathes (29. Januar 1890, Erstes
  Blatt)
- Der Bund als Eisenbahnaktionär (3. Februar 1890, Erstes Blatt)
- Die Ansprüche der Sozialdemokraten (5. Februar 1890, Erstes Blatt)
- † Karl Anton Ludwig v. Orelli (10. Februar 1890, Erstes Blatt)
- Die Nationalratswahlen im Kanton Freiburg (30. Oktober 1890, Erstes Blatt)
- Tessiner Parteistimmen (30. Oktober 1890, Erstes Blatt)

Der Zürcher Tages-Anzeiger hat seit seiner Gründung 1893 solche Schlagzeilen, z. B.:

---

10 „Die Nachrichten der Messrelationen stammten von Korrespondenzpartnern, wurden
   ‚Neuen Zeitungen' entnommen, oder von Postmeistern, Kaufleuten und Reisenden berichtet. Die Messrelationen waren durchschnittlich 100 Seiten stark." (Stöber 2000, 51)

- Was wir wollen! (2. März 1893, Gründungsnummer)
- Die Lösung der Wohnungsfrage in Zürich (Ein sozialpolitischer Vorschlag) (17. April 1893)
- Neue Verfügungen im Militärwesen (31. Mai 1893)
- Militärische Rundschau (2. Juni 1893)
- Zur Notlage der Landwirtschaft (6. Juni 1893)
- Eidgenössisches Sängerfest in Basel (10. Juli 1893)
- Unser Beschwerdegang (26. August 1893)

2.2.5 Unterhaltende Beiträge

Schon die Zeitungskritiker der 17. Jahrhunderts rügen den unterhaltenden Aspekt der Zeitungen. Sie meinen aber damit etwas Grundsätzlicheres, als wir es heute tun, wenn wir Informations- und Unterhaltungsaspekte von Medien einander gegenüberstellen (vgl. 1.6). Für die zeitgenössischen Kritiker (die es im 17. Jahrhundert durchaus schon gab) dienten die Zeitungen per se zur Unterhaltung, ungeachtet der spezifischen Thematik. Aber die Zeitungen des 17. Jahrhunderts weisen durchaus schon Texte unterhaltenden Charakters im heutigen Sinne auf, obwohl die Bereiche der „soft news" und „spot news" (vgl. 8.2) erst im 18. Jh. zu breiterer Geltung kommen.

(a) Soft news

Klatsch und Tratsch liest man schon in den frühen Zeiten, vorzugsweise von den Höfen:

> Auß Brüssel vom 26. Januarij.
> Des Königs Bruder hat allhie sein kurtzweil mit dem Schlitten fahren / darzu sich das Frawenzimmer auch gern eynläßt. Der Graff von Merode / der vom Wallstein allhie ankomen / laßt sich auch darbey brauchen.
> (Zeitung Post, Nr. 8, 1633)

Auch Kuriosa – die in den Flugblättern[11] des 15. und 16. Jahrhunderts eine wichtige Rolle spielten – finden Eingang in die Zeitungen:

> Auß Teutschland.
> Cölln / vom 23. Decemb. 2. Jan. 1676.
> Die Lütticher Briefe vom 30. Decemb. berichten vil selzame Sachen / als namlich / daß man in Frankreich drey mit Blut trieffende Sonnen solle gesehen haben / und daß im Lüttichischen sich des Nachts ein grosser feuriger Ochse habe zu viler tausend Zusehern verwunderung herfür gethan [...]
> (Montags-Zeitung, Nr. 1, 1676)

---

11 Dabei dienten Bilder als Blickfang. „Die Bilder sollten zum Kauf anreizen. Beliebte Blickfänger waren Bilder von Monstrositäten, schrecklichen, wilden Tieren, die in Europa nicht vorkamen, und andere Bilder sensationellen Inhalts." (Stöber 2000, 36)

(b) Spot news

Große Naturereignisse, Naturkatastrophen, aber auch kriegerische Ereignisse bieten Gelegenheit, das narrative Konzept des „Augenzeugenberichtes" für die Zeitung zu etablieren.
Der Bericht über einen Vulkanausbruch sieht z. B. so aus:

> Auß Italien.
> Neapoli / vom 18. 28. Jan.
> Es hat nun einige Tage hero unser benachbarte Berg Vesuvius / ein erschröcklich Spectacul mit häuffigem außwerffen klein zerribener Aeschen / Sand / Rauch und Flammen / von sich gegeben / so daß der Rauch / als ein Nebel den Lufft verfinstert / bey Nachts zeit erscheinet der Schlund des Bergs in seinem ganzen Becirck mit einer erschöcklichen Feuer-Flamme umgeben und erfüllet / neben der allgemeinen Forcht / werden die benachbarte Einwohner / und die so in selbiger Gegend Landgüter haben / von der außgestreuten Aschen und Sand so einiger Orten halben Schuh dick liget / wie auch von denen kleinen brennenden Steinen / deren vil mit Schwefel / oder andern / gleich dem geschmelzten Eisen oder Erz behänget sind / sehr beschädiget. In Summa das ansehen ist nicht anderst als eines grossen erschröcklichen Höllenschlundes / und wolte Gott / daß die Zuseher sich darob nur so weit verbesserten / daß sie nicht ihrer vil solches zu ihrem Vortheil brauchten / die verlassene arme Baurenhäuser zubestälen / in deme die Einwohner mit Jammer nach den Kirchen lauffen / und Gott wegen ihrer Sünden um verzeihung bitten / damit sie nicht von den Flammen verzehrt werden möchten.
> (Montags-Zeitung Nr. 8, 1676)

Der Bericht enthält bereits typische Merkmale einer Reportage, wie wir sie heute kennen: Die Perspektive ist diejenige des Berichtenden, der selbst „vor Ort" dabei gewesen ist und die Szenerie in lebhaften Farben schildert („so dass der Rauch als ein Nebel den Lufft verfinstert", „mit einer erschöcklichen Feuer-Flamme umgeben" usw.). Der Vergleich mit dem „erschröcklichen Höllenschlund" und die moralischen Erwägungen am Ende markieren allerdings eine deutliche mentalitätsgeschichtliche Differenz zu vergleichbaren heutigen Texten.

Auch wenn der Schreiber nicht selber Augenzeuge gewesen ist, versucht er, den Eindruck zu vermitteln, dass er so nahe wie möglich am Geschehen dran war:

> Auß Teutschland.
> Hamburg / vomm 29. Decemb. 8. Jan.
> Gleich jetzo kommen Leuthe die Elbe herauf / welche berichten / daß das hohe Wasser einige Dämme im Kettinger Land eingerissen / und damit grossen Schaden gethan hette […]
> (Montags-Zeitung, Nr. 2, 1676)

Die Formulierung im Präsens mit der adverbialen Formulierung „gleich jetzo" soll zeigen, dass der Berichterstatter selbst mit den Leuten gesprochen hat, die ihrerseits Augenzeugen waren.

In späteren Zeiten wird dann die Schilderung kriegerischer Ereignisse eine wichtige Domäne von Augenzeugen-Reportagen. So im folgenden Text aus „Amerika", den die Neue Zürcher Zeitung abgedruckt:

Amerika. Immer noch bildet das furchtbare Gemetzel bei Friedrichsburg das Thema aller Zeitungen. Es war eine Schlachtgrube, in welcher Tausende und aber Tausende durch ein fünffaches Artillerie- und Infanteriefeuer nieder-gemäht wurden, ohne nur Gelegenheit zu haben, ihre Gewehre abzudrücken. (...)
„In dem Augenblick, wo sich die erste Division der Feinde exponirte, brach das mörderische Feuer los. Aus den Schießgräben, aus den Batterien auf beiden Ter-rassen und aus den auf der obern Terrasse nach rechts hin bis zum Fluß aufge-stellten, die Flanke der Sturmkolonnen bestreichenden Batterien donnerte ohne Unterbrechung Salve auf Salve. Das Loos der Truppen die in solchem Feuer vorrückten, läßt sich besser vorstellen als schildern. Ueber die Ebene marschir-ten sie vorwärts. Sie wurden buchstäblich in Schwaden niedergemähet. Die ex-plodirenden Bomben rissen breite Lücken in ihre Reihen, die sofort wieder ge-schlossen wurden. Mindestens fünfzehn Minuten – fünfzehn Ewigkeiten – drangen sie in dem Höllenfeuer vorwärts mit von Sekunde zu Sekunde sich lich-tenden Reihen. Schon haben sie fast den Fuß der Anhöhe erreicht, als Brigade auf Brigade feindlicher Infanterie sich auf dem Kamm erhebt und auf kurze Di-stanz Kleingewehrsalven unter sie feuert. Es war ein grauenvoller Anblick. Die Grenze der menschlichen Ausdauer war erreicht. Unter dem Jubelgeschrei des Feindes wich die Heldenschar zurück. Sechstausend Mann stark war sie in den Kampf gezogen; spät am Abend sagte mir General French, daß er nur noch fünf-zehnhundert Mann habe!"
(Neue Zürcher Zeitung, 8.1.1863)

Der Augenzeuge vermittelt die Fiktion des Unmittelbar-Dabeiseins, inso-fern man ihn mitten im Schlachtgetümmel zu sehen vermeint. Er bedient sich aus dem gängigen Arsenal sprachlich-literarischer Mittel der Span-nungserzeugung: Die Schilderung blendet sich in den entscheidenden Au-genblick des Geschehens ein. Der Augenzeuge bekennt seine Sprachnot („... läßt sich besser vorstellen als schildern"). In kurzen Sätzen wird das sich steigernde Entsetzen beschworen, mit lexikalischer Steigerung („fünf-zehn Minuten – fünfzehn Ewigkeiten"), mit Aspekt-Wechsel vom erzäh-lenden Präteritum zum Präsens (u. Perfekt) bei der Peripetie („Schon haben sie ... erreicht, als Brigade auf Brigade ... sich ... erhebt"), dann wieder Wechsel zurück ins Präteritum und Abschluss mit einem resümierenden Satz aus dem „Interview" mit dem General.

Die Funktion des Augenzeugenberichtes ist dort besonders gut er-kennbar, wo in einem längeren Artikel zunächst verschiedene briefliche Mitteilungen zusammengefasst werden und dann dem Augenzeugen das Wort gegeben wird:

(...) Mittlerweile erzählen Briefe aus Burgos, die sich in der französischen Quotidienne, und, aus derselben, im Moniteur vom 16. befinden, wie am 6. die

provisorische Junta, in Begleit des königl. französ. Kommissärs, H. von Martignac, und am 9. des H. Herzogs von Angouleme königl. Hob. zu ermeldtem Burgos, unter lautem Jubel der Einwohner eingerückt war. „Ich sah" (bemerkt ein Augenzeuge) „wie viele derselben, um das Gefühl ihres Glücks und ihres Danks auszudrücken, das Zeichen des Kreuzes machten, und eine Frau hört' ich überlaut rufen: Euch hat Gott gesandt; Er kömmt in Eurer Mitte! Man hatte ein prächtiges Geleit organisirt, um dem Prinzen entgegen zu gehn. Zwölf Mann von hohem Wuchse eröffneten den Zug; auf sie folgten Gruppen von Tänzern, und auf diese mehrere Waffenherolde und Offiziere, welche eine Person (un personnage?) umgaben, die den König von Spanien vorstellte."
(Neue Zürcher Zeitung, 24. 5. 1823)

Von der „Nachrichtenperspektive" wird umgeschaltet zur Perspektive desjenigen, „der dabei war", der sagen kann: „Ich habe gesehen und gehört, was die Leute gesagt und getan haben."

2.2.6 Information und Meinungsbildung

Schon die frühen Zeitungen enthalten bewertende Elemente, meist Adjektive oder adverbiale Fügungen folgender Art (Hervorhebungen von mir, HB):

Auß Erfort vom 13. Decembris 1632.
Montags ist die Königin nach Hall und Pommern / und Herr Reichs Cantzler nach der Armee verräißt / wann solche geschworen / weiter etwas zu versuchen / und macht sich Hertzog Bernhard durch sein Fleiß bei den Soldaten *sehr beliebt.*
(Zeitung Post, Nr. 2, 1633)

Auß Teutschland.
Wien / vom 3.13. Febr.
Auß Polen hat man / daß am 31. des verwichenen Monats der Königliche Einzug zu Crackau *prächtig* gehalten […]
(Montags-Zeitung, Nr. 7, 1676)

Schröder (1995, 161) bezeichnet als „Kommentierung" alle „einordnenden, beurteilenden und erklärenden Passagen", „in denen nach der Form der Darstellung Folgerungen des Berichterstatters, eigene Überlegungen oder Stellungnahmen von anderen Personen die Grundlage der Berichterstattung bilden". Ungefähr ein Drittel aller Beiträge in „Aviso" und „Relation" enthalten eine Kommentierung in diesem Sinn.

Es gibt auch schon sehr früh explizitere bewertende Stellungnahmen der Berichterstatter (Bewertung von mir kursiv gesetzt):

Auß Franckfurt vom 19. Dito.
Hertzog Ludwig Pfaltzgraff Friderichs Gn. des Königs in Böheim Bruder ist zum Administrator in der Pfaltz verordnet / aber es gehet in der Pfaltz noch *armselig* zu / *Gott wölle es alles besseren.*
(Zeitung Post, Nr. 7, 1633)

Im Vordergrund steht aber die informationsbetonte Berichterstattung über Ereignisse, und eine solche fordern auch Pressekritiker wie Kaspar Stieler:

> Denn man lieset die Zeitungen darüm nicht / daß man daraus gelehrt und in beurtheilung der Sachen geschickt werden / sondern daß man allein wissen wolle / was sich und dar begiebet.
> (Stieler 1695, 27)

Ende des 18. Jahrhunderts werden die Meinungsäußerungen der Berichterstatter häufiger, z. B.:

> Frankreich.
> Saint Malo, vom 4. Jenner
> Ehre und Glorie Herrn Necker! Man will uns für die 6. verflossene Monate die Miethe unsrer Schiffe bezahlen. Diese richtige Zahlung bringt das stärkste Zutrauen zu Wege, besonders wenn man sich der letztern Kriege erinnert.
> (Zürcher Zeitung, Nr. 6, 1780)

Der Herr Necker, der die Miete der Kriegsschiffe bezahlen will, wird so überschwänglich gepriesen, dass man die Bewertung kaum anders als ironisch auffassen kann.

In den 40er Jahren des 19. Jahrhunderts kann man (nach Püschel 1994) in Teilen des deutschen Sprachraums einen grundlegenden Wandel ansetzen: den Übergang von der Nachrichtenpresse zur Meinungspresse, und dies wegen der 1841 erfolgten Lockerung der preußischen Zensurgesetzgebung. In England hatte dieser Wandel schon früher stattgefunden, in Italien ist er – ähnlich wie in Deutschland – im Lauf des 19. Jahrhunderts zu registrieren (vgl. Hrbek 1995). Jetzt entwickeln sich Kommentare zur eigenen Textsorte und parallel dazu auch Leserbriefe. Bei Leserbriefen (Püschel 1993) ist zunächst noch keine klare Trennung von (externen) Texten und redaktionellen Beiträgen vorhanden. Im Gegensatz zu heute sind Leserbriefe meist anonym, vermutlich weil man der neuen unzensurierten Freiheit noch nicht recht traute. Die Schreiber – so Püschel 1993 und 1994 – operieren mit Mustern der Rhetorik (des rhetorischen Redeschemas), mit den vier partes orationis (exordium, narratio, argumentatio, peroratio), sie verwenden einen elaborierten Wortschatz, eine z. T. blühende Metaphorik und ausgefeilte Syntax, kurz: Sie sind „in ihrem Sprachgebrauch einem klassischen Ideal verpflichtet" (Püschel 1993, 84). Eine ähnliche Orientierung an der klassischen Rhetorik registriert Hrbek (1995, 197 ff.) sowohl für die Kommentare als auch für die ersten Leserbriefe in italienischen Zeitungen des 19. Jahrhunderts.

2.2.7 Stilistische Vorbilder

Die Darstellung von Unglücken und Verbrechen orientiert sich, bei entsprechender beruflicher Orientierung und Vorbildung des Briefschreibers, an existierenden literarischen Gattungen. Der folgende Text, der 1782 in der

„Zürcher Zeitung" unter „Vermischte Nachrichten" erschien, erinnert eher
an eine Kleistsche Novelle als an sonstige Zeitungstexte:

> In einem Wirthshaus im Eisenburger Komitat in Ungarn kam am 12. Februar
> ein Fremder, begehrte von dem Wirth ein eigenes Zimmer, welcher ihm aber
> kein anderes, als das von seinem abwesenden Sohn geben konnte. Der Fremde
> schläft, von der Reise ermüdet, ruhig, als der nach Haus kommende Sohn ihn
> störte, und ihn in die gemeine Wirthsstube hinabzugehen zwingt. Gegen 1. Uhr
> kommt der Wirth, mit Vorsatz den Fremden zu tödten, hinauf, und schneidet
> seinem eignen Sohn die Gurgel ab, legt das Messer neben ihn, als wenn Selbst-
> mord wäre begangen worden, und zählt hierauf ruhig in seiner Stube das ihm
> Abends von dem Fremden aufzubewahren übergebene Geld. Beym Eintritt in
> die Gaststube des Morgens erblickte er den eben erwachenden Gast, rennt hin-
> auf an das Bett, worinn er den Fremden zu schlafen geglaubt, und fällt bey Er-
> blickung seines noch röchelnden Sohnes todt darnieder.
> (Zürcher Zeitung, 24. 4. 1782)

Es sind häufig eigentliche Erzählungen, die da präsentiert werden, Erzählungen mit beinahe literarischem Anspruch, mit einem hohen Anteil an Ex-
pressivität, auch mit der Absicht, Spannung zu erzeugen und den Leser in
Atem zu halten. So liest man noch im 19. Jh. Texte dieser Art:

> Deutschland
> In dem badischen Ort Istein hat sich ein grauenerregender Mord ereignet.
> Vor 17 Jahren hatten sehr arme Eltern ihr einziges Töchterchen einer englischen
> Familie zur Erziehung anvertraut. Die Eltern erfuhren nichts mehr von dem
> Schicksal der Tochter. Da kam am 24. Dez. v. J., dem Weihnachtsabend, eine Dame
> nach Istein, wies sich beim Bürgermeister als jene Tochter aus und ging dann, ohne
> sich zu erkennen zu geben, zu ihren Eltern, um ein Nachtlager bittend. Sie erhielt
> ein Strohlager gegen das Versprechen von Fr. 5. Da nun die Alte sah, daß die Dame
> viel Geld bei sich trug, machte sie ihrem Mann den Vorschlag, den Gast zu er-
> morden. Der Mann wollte davon nichts wissen, die Frau suchte ihn deshalb zu
> entfernen und schickte ihn fort, Branntwein zu holen. Jetzt warf sich die Alte über
> das Mädchen her und schnitt ihr die Kehle ab. Sie hatte ihre eigene Tochter er-
> mordet, die 30–40,000 Fr. bei sich hatte, um damit am h. Christtag ihre Eltern zu
> überraschen. Der Mann fiel in Wahnsinn, die Mörderin ist im Gefängniß.
> (Neue Zürcher Zeitung, 8. 1. 1863)

Man beachte neben den sonstigen narrativen Techniken vor allem die Tem-
pus-Wahl: Perfekt und Präsens „umrahmen" die im Präteritum [Plusquam-
perfekt] erzählte Geschichte: „… hat sich ereignet … hatten … erfuhren …
fiel in Wahnsinn, die Mörderin ist im Gefängniß".

Briefe sind – neben anderen Zeitungen – die Hauptquelle des Journalisten noch bis ins 19. Jahrhundert. Die vordergründig bloß „technische" Tatsache der brieflichen Übermittlung von Informationen hat unmittelbare
Konsequenzen auch im sprachlichen Bereich: Die Strukturmodelle von
Briefen prägen die Textgestalt der Zeitungstexte[12].

---

12 Hrbek (1995, 194) weist auch für die italienischen Zeitungen darauf hin, dass „sich der
   persönliche Briefstil besonders gut für Reportagen" eignet.

So ist es ganz selbstverständlich, dass die Schreiber *ich* sagen dürfen, dass sie ihren Gefühlen, Vermutungen, Bewertungen Ausdruck geben (auch wenn es sich nicht um Augenzeugen handelt):

> Soeben vernehme *ich*, daß Fürst Gortschakoff den Baron Budberg in einer telegraphischen Depesche beauftragt hat, über die Angelegenheit die Ansicht der französischen Regierung zu erforschen.
> (Neue Zürcher Zeitung, 8.1.1863)

> Ein aus Jamaika angekommenes Paquetboot, welches am 18. Februar von da absegelte, bringt die Nachricht mit, daß am 3ten dieses in Kingston, der Hauptstadt dieser Insel, eine schrekliche Feuersbrunst entstanden ist, wodurch 84. Häuser und Magazine im Rauch aufgegangen sind. *Zum Glücke*, daß der Brand nicht weiter um sich griff. – Der Konvoy von Lisabonn und Oporto ist *glücklich* in Portsmouth eingetroffen.
> (Zürcher Zeitung, London, vom 5. April; 17.4.1782)

> Die Newyorker Presse fordert zu Volksversammlungen und Sturmpetitionen auf. Wird dieß das *schauerliche* Ereignis weniger *schauerlich* machen?
> (Neue Zürcher Zeitung, 8.1.1863)
> [Hervorhebungen von mir sind kursiv gekennzeichnet, H.B.]

Hochgestellte Persönlichkeiten werden – was einem professionellen Journalisten späterer Zeit die Haare zu Berge stehen ließe – mit den devoten Formeln von Briefen an höher Gestellte behandelt:

> Den 15. dieses hoffen wir des Großfürsten und der Großfürstin von Rußland königliche Hoheiten hier bey uns zu haben.
> (Zürcher Zeitung, 17.4.1782)

Auf ein anderes, nicht minder wichtiges Vorbild verweist die frequente Verwendung von Fußnoten. Sie dienen dazu, auf andere Quellen zum gleichen Ereignis zu verweisen, falls die zitierte Quelle unglaubwürdig ist, usw. Die dabei verwendeten textlinguistischen Mittel verweisen deutlich auf das Genre der wissenschaftlichen Abhandlung („vgl. auch oben" u. Ä.).

2.2.8 Professionalisierung und ihre sprachlichen Folgen

Der Journalismus wird zum Hauptberuf an der Wende vom 18. zum 19. Jahrhundert. Zunächst ändert sich dadurch nur wenig im stilistischen Bereich. Die modellbildende Kraft der belletristischen Vorbilder ist so stark, dass es eines mühsamen Prozesses der Emanzipation bedarf, bis der Journalist seine eigenen stilistischen Wege findet. Bis in die jüngste Zeit gibt es ja Journalisten – vor allem im Ressort „Kultur" –, die sich primär als Schriftsteller verstehen, und das nicht nur in der Presse, sondern selbst in den elektronischen Medien.

Die Professionalisierung des Berufs bringt nach und nach eine neue Einschätzung der Rolle und Bedeutsamkeit der journalistischen Persönlichkeit mit sich. In den Anfängen wird kein Wert darauf gelegt, zu sagen, wer den Artikel verfasst hat. Die Schreiber der Briefe bleiben i. Allg. ungenannt.

Wenn hingegen eine andere Zeitung als Quelle für den Artikel fungiert, wird
sie natürlich angegeben. Im Übrigen genügt das Augenzeugenprinzip, bei
dem nur von Belang ist, dass der Schreiber dabei war, nicht aber, wer der
Schreiber ist.

Im 19. Jahrhundert wird die Anonymität des Journalisten zum Thema
hitziger politischer Diskussionen.

> Im Jahre 1850 stellte in der französischen Volksvertretung der Legitimist de Tin-
> guy den Antrag: es sollte jeder Zeitungs-Aufsatz politischen, filosofischen, reli-
> giösen Inhalts von seinem wirklichen Verfasser unterzeichnet werden. Im Na-
> men der Linken erklärte Lavergne das Einverständnis mit dieser Forderung
> unter der Voraussetzung, daß die Unterschrift die einzige Beschränkung der
> Preßfreiheit sei, und die Versammlung erhob mit 313 Stimmen gegen 281 Stim-
> men diesen Antrag zum Gesetz. Es war ein weiser Beschluß. Seine Unzuträg-
> lichkeiten werden weit überwogen von den Vortheilen, die er verheißt.
> (Wuttke 1875, 61)

Wuttke beklagt 1875 den seiner Meinung nach desolaten Zustand der deutschen Presse, vor allem im Bereich der Stilistik, und den Hauptgrund dafür findet er in der Anonymität, die in Deutschland immer noch vorherr-
sche:

> Auch stehen bereits die französischen Zeitungsschreiber, trotz der Gedrückt-
> heit des Staatslebens, an Feinheit, Gewandtheit und Geschick über den deut-
> schen, die sich nicht scheuen, Plumpes, Ungeschicktes und Unüberlegtes in die
> Welt hinauszusenden. Dieses große Deutschland mit seinen tausend Zeitungen
> besitzt nicht einen einzigen berühmten Zeitungsschreiber, wohl aber erfreut es
> sich einer Unzahl in den Zeitungen herumstümpernder Gesellen.
> Die Namenlosigkeit der Zeitungsaufsätze thut dem Verderben unseres Zei-
> tungswesens wesentlichen Vorschub. Sie sollte so sehr als thunlich einge-
> schränkt werden. Werthvolles und Werthloses muß der Leser durcheinander
> verschlucken. Wie viel schöne Zeit verdirbt er sich über all dem Schund, den er
> nicht ansehen würde, wüßte er, wer sein Verfasser ist. Lauter namenlose, lauter
> einzelne Aufsätze bekommt er vor die Augen, die wenigstens beim ersten An-
> blick für sein Urtheil keinen Zusammenhang mit einem ihm bereits entgegen-
> getretenen Verfasser haben. Höchstens an die oft genug beliebig geänderten
> Korrespondenzzeichen kann er sich halten. Wären die Aufsätze unterzeichnet,
> so würde unser Volk bald lernen, zwischen guten und schlechten Zeitungs-
> schreibern einen Unterschied zu machen; die ersteren müßten steigen, die an-
> deren sinken.
> (Wuttke 1875, 61)

In der neueren Mediengeschichte haben sich unterschiedliche Praktiken
herausgebildet. Als ganz selbstverständlich gilt in der Presse, dass wichtige
redaktionelle Texte namentlich unterzeichnet werden, ferner ausführlichere
Korrespondentenberichte etc. Im Übrigen aber hat jede Zeitung, oder mindestens jeder Zeitungstyp, eigene Spielregeln entwickelt (vgl. 4.2). Die Professionalisierung des Journalisten lässt sich gut daran ablesen, dass sich im
Laufe der Zeit Modelle für den sprachlichen Umgang mit den Quellen her-

ausbilden, zunächst vor allem für die Bearbeitung von Artikeln anderer Zeitungen. Diese Modelle sind bis heute stilbildend geblieben.

Im folgenden Artikel aus der Mitte des 19. Jahrhunderts sind die wichtigsten Mittel der deutschen Sprache, die für die Bearbeitung von Fremdtexten in Frage kommen, bereits in einer Weise verwendet, wie sie auch heute noch (allerdings mit Abweichungen im einzelnen) verwendet werden könnten (vgl. damit den unter 1.2.3. zitierten Text aus dem 17. Jh. und Kap. 4.2): redaktionelle Zusammenfassung, direktes Zitat (in Anführungszeichen), zusammenfassend-kürzende Wiedergabe in indirekter Rede. Es beginnt mit der Nennung des Themas („die englischen Eisenbahnzustände"), das sogleich an die Interessen des einheimischen Publikums angeknüpft wird:

8.1.1863
Eine Stimme aus England

Der „Daily Telegraph" vom letzten Mittwoch gibt über die englischen Eisenbahnzustände Aufschlüsse, die gewiß auch dem schweizerischen Publikum in diesem Augenblick zur Belehrung dienen können. Nach den Angaben dieses Blattes ist der Betrag, der in den Eisenbahnen des vereinigten Königreichs steckt, nahezu halb so groß als die Nationalschuld, und nach den Staatsschuldscheinen sind es die Eisenbahnpapiere, in welchen wahrscheinlich das größte Vermögen des Landes liegt.

Dann folgt ein wörtlich zitiertes Stück des Originals:

„Und doch ist es eine ausgemachte Sache, daß die letztere Art von Kapitalanlagen die am allerwenigsten einträgliche ist. Mit andern Worten: hätten sämmtliche Aktionärs wie Ein Mann ihr Geld in Grundbesitz oder in Fonds gesteckt, so würden sie, ganz abgesehen von allen Krisen, einen weit größern Zins beziehen und ihre Titel würden auch auf dem Geldmarkt mehr Werth haben. (…)"

Der nächste thematische Schritt wird wieder durch einen zusammenfassenden Redebericht eingeleitet, und nach dem Doppelpunkt folgt indirekte Rede im Konjunktiv. Abweichend von heutiger Praxis gleitet das indirekte Zitat im Konjunktiv allmählich in indikativisches Zitieren hinüber, ohne dass durch Anführungszeichen klar gemacht würde, ob wörtlich zitiert wird oder nicht.

Das englische Blatt sucht dann seinem Publikum die Interessen ganz besonders an's Herz zu legen: Es lasse sich da nicht von einer verfehlten Spekulation reden, deren Schaden der Spekulant auf sich tragen möge; denn alles Volk sei am Schicksal der Eisenbahngesellschaften direkt interessirt; diese seien einerseits freilich auch Handelsleute und müssen als solche wie alle andern Handelsleute, je nach dem Erfolg ihres Geschäfts, stehen oder fallen, ohne von der Staatsgesellschaft Hülfe erwarten zu können; anderseits aber dienen sie dem Publikum unmittelbar als die Träger einer sehr wichtigen Lebensaufgabe und in dieser Hinsicht sei es von der höchsten Bedeutung für das Land, daß sie für ihre Zeit und ihr Kapital einen entsprechenden Ersatz erhalten. Die Gesellschaften haben ein Recht, den Schutz des Publikums zu verlangen, so gut hinwieder das

Publikum berechtigt ist, sich gegenüber den Gesellschaften sicher zu stellen. (…)

Unter solchen Umständen schließt das englische Blatt, sollte das Publikum nicht vergessen, sondern vielmehr tief beherzigen, daß die Interessen der reisenden Klasse und diejenigen der Eisenbahnaktionäre keineswegs einander widerstreiten, sondern bis auf einen gewissen Punkt vollkommen einig gehen. (…)

Den Abschluss bildet ein in zwei Punkte gegliedertes Resümee des Journalisten, das implizit auf die Relevanz der Vorgänge in England für die Situation im eigenen Land hinweist:

Bezeichnend in dieser Anschauung des englischen Blattes ist zweierlei: erstens, daß trotz der schlimmen Stellung der englischen Bahnen auch nicht von ferne der Gedanke an einen Staatsstreich auftaucht; zweitens, daß die Erstellung von Konkurrenzbahnen à la London-Brighton als das Spiel von Spekulanten erklärt wird, nämlich von Leuten, die sich ebenso wenig um die Dividenden des Aktionärs als die Erleichterung des Publikums, desto mehr aber um die Kreirung einträglicher Eisenbahnstellen für sich und ihre Freunde bekümmern. (Neue Zürcher Zeitung, 8. 1. 1863)

2.3 Neue subsidiäre Medien

Ein von außen kommender Impuls, der das Gesicht und auch die Funktionen des Mediums Zeitung entscheidend verändert, der den Nachrichtenfluss beschleunigt und die Professionalität unterstützt, ist die Erfindung des Telegrafen (1833) und des Telefons (1860). Es sei hier nur noch auf die Auswirkungen der Telegrafie eingegangen.

Wuttke (1875) beschreibt anschaulich die radikalen Veränderungen, die der Telegraf im Zeitungswesen bewirkt. Es setzt eine ökonomisch bedingte Konzentration im Nachrichtenwesen ein (die bis heute noch keinen Abschluss gefunden hat, s. u.):

Ein Telegrammengeschäft anzufangen setzt noch ganz andere Mittel voraus, als die Herausgabe einer Zeitung. Sonst niemand als eine große Geldmacht ist im Stande, den erforderlichen Aufwand zu tragen. Denn es gehört dazu eine weite Verzweigung in „Stationen“; eigne Berichterstatter muß es in den Regierungssitzen, in den wichtigsten Hafenplätzen und für alle großen Börsen bestellt haben, die ihm das Neueste zutelegrafiren, das es in der nächsten Stunde nach allen Richtungen weiter austrägt. Belangreiches, was jedermann am Orte sieht oder erfahren kann, vermag das Telegrammengeschäft nur dadurch sofort, worauf es doch hauptsächlich ankommt, zu erhalten, daß daselbst jemand vorhanden ist, der auf der Stelle die betreffende Nachricht ihm gibt. (Wuttke 1875, 131)

Die wirtschaftlichen Aspekte haben dann unmittelbar sprachlich-stilistische Konsequenzen:

Weil das Telegrafiren noch so theuer berechnet wird, faßt man die Nachricht so kurz als möglich, überspringt also Zwischenworte, übergeht Nebensächliches.

Zu dem ausdrücklich Telegrafirten muß das nach des Absenders Meinung leicht
zu Ergänzende hinzugedacht werden. Der Empfänger füllt die unvollständige
Kunde aus.
(Wuttke, ebd.)

Die Verkürzung der sprachlichen Formulierungen kann zu Missverständ-
nissen führen, manche Telegramme sind geradezu unverständlich. Für noch
gefährlicher hält Wuttke die Verkürzung im Inhaltlichen:

(…) es blitzen den Zeitungen gar nicht selten abgerissene Nachrichten zu, die
mit den vorangegangenen Kunden durchaus nicht in Einklang zu bringen, in
ihrer Plötzlichkeit überraschen und wie sie ohne Auseinandersetzung, ohne Erläuterung gegeben sind, manchmal halb unverständlich erscheinen, gemeinlich
aber verwirren und falsche Vorstellungen erwecken. Eine bloße Angabe der
Sache ohne nähere Ausführung, mehr eine bloße Ueberschrift als einen Bericht
liefert in der Regel das Telegramm. Nun läuft dasselbe aber um Tage den umständlichen Benachrichtigungen zuvor. Ist jedoch einmal der gewöhnliche Leser vom Ausfall einer Angelegenheit unterrichtet, so erlischt in der Regel sein
Antheil an ihrem Verlauf und das Wie des Hergangs kümmert ihn nicht weiter.
Die vollendete Thatsache allein drückt sich seinem Geiste ein. Er gewinnt dem-
zufolge kein rechtes Verständniß der betreffenden Dinge, ja, was noch schlimmer ist, er wird oftmals zu falscher Beurtheilung verleitet.
(Wuttke, ebd.)

Hier werden Probleme angesprochen, die bis zum heutigen Tage Grund-
probleme der Nachrichtenvermittlung geblieben sind: die punktuelle, auf
das jeweils Neueste ausgerichtete Information erschwert das Begreifen von
übergreifenden Zusammenhängen, von Kausalbeziehungen zwischen Ereignissen. Die „Neuigkeit" wird ein Wert an sich, sie prägt das Bewusstsein
des Rezipienten, auch wenn die Meldung sich nachträglich als falsch oder
nur halb-wahr herausstellt.

Stets hat das Telegramm die bestimmende Wirkung des *ersten Eindrucks* für
sich. Nicht immer vermögen nachhinkende Auseinandersetzungen diese abzuschwächen. Ehe sie gelesen werden können, ist schon das allgemeine Urtheil
nach einer gewissen Seite hin eingenommen. Sie werden, wenn sie überhaupt
noch beachtet werden, mit ungläubigem Gemüth aufgenommen. Der eigentliche Bericht wird durch das vorlaufende Telegramm zu der Bedeutungslosig-
keit eines Nachtrags herabgedrückt.
(Wuttke 1875, 138)

In den Anfängen der neuen Technologie werden die telegrafisch übermit-
telten Texte als „Telegramme" hervorgehoben, und sie stechen durch ihre
Kürze von den übrigen Artikeln deutlich ab. Noch 1883 liest man in der
NZZ einen solchen Telegramm-Block:

Telegramme

Panama, 27. Februar. Der Delegirte des Papstes in Chile weigert sich, den von
der Regierung ernannten Erzbischof von Santiago anzuerkennen. Die Regierung bestand auf ihrem Rechte und der Vertreter des Papstes erhielt seine Pässe.

Paris, 27. Februar. Der Anarchist Metayer ist gestern in Brüssel gestorben, ohne
eine Enthüllung zu machen.

Madrid, 27. Februar. Der „Correo" publiziert einen Brief aus Xeres, der sagt, die
revolutionäre Bande der schwarzen Hand zähle 7000 Affilirte. Der Prozeß gegen die Internationalen wird Mitte März beginnen.

London, 27. Febr. Im Unterhaus wurde ein Amendement Parnells, das die
irische Politik der Regierung tadelt, mit 133 gegen 15 Stimmen abgelehnt.
(Neue Zürcher Zeitung, 1883)

Die Meldungen sind zwar kurz, doch sind die Sätze vollständig ausformuliert. Sie weisen nicht die Merkmale dessen auf, was wir heute als „Tele-
gramm-Stil" bezeichnen würden (elliptische Formulierungen mit Auslassung von Artikeln usw.).

Die neuen Medien kommen der Kommerzialisierung der Nachrichten-
zulieferung entgegen, wie sie mit den Nachrichtenagenturen einsetzt
(Gründungsdaten: 1835 Agence Havas in Paris, 1848 Associated Press in
New York, 1849 Wolffs Telegraphisches Büro in Berlin, 1851 Reuter in London).

Die Agenturen sind zunächst auf die Vermittlung von Handelsnach-
richten beschränkt, dehnen ihren Wirkungskreis aber im Laufe der Zeit bis
zu den heutigen vielfältigen Funktionen aus.

Gegen Ende des 19. Jahrhunderts wird die Zeitung dann zum Massen-
kommunikationsmittel in dem Sinn, wie wir es heute verstehen: für jedermann verfügbar, billig, täglich erhältlich, rasch und weltweit informierend
etc.

Für die Sprache hat dies, global gesagt, zur Folge:

Die Zeitung entwickelt sich weg von den älteren Medien, insbesondere
vom Buch, und bildet selbständige Produktions- und Rezeptionsformen
aus. Dies führt insbesondere zu neuen Ausprägungen von „Schriftlichkeit"
(vgl. Kap. 6), die die traditionellen Vorstellungen vom Schreiben und Lesen
gründlich umkrempeln: Während Bücher in mühevoller Formulierungs-
arbeit, in verschiedenen Phasen der Planung und Realisierung zustande
kommen, wird der Journalist zum Inbegriff des „Schnellschreibers", desjenigen, der ein Produkt verfertigt, das explizit für einmaligen Gebrauch bestimmt ist. Und der Rezipient ist nicht – wie beim Buch – darauf verpflichtet, mit voller Aufmerksamkeit zu lesen, er kann sorglos blättern, einzelnes
herausgreifen, anfangen und wieder aufhören, wann und wo er will. Schließlich wird er das Blatt im Regelfall nicht aufheben und sammeln, sondern
wegwerfen oder zweckentfremdet weiterverwenden.

2.4 Zwischen Film und Fernsehen: die Wochenschau

Angesichts der oben geschilderten Archivlage gibt es bisher noch keine linguistisch orientierte Geschichte der audiovisuellen Medien. Ich möchte hier nur einen mediengeschichtlich besonders symptomatischen Fall herausgreifen: die „Wochenschau", und zwar am Beispiel der Schweizer Filmwochenschau, die gut dokumentiert ist (zur Deutschen Wochenschau vgl. Muckenhaupt 1994, 84f.).[13]

Die Wochenschau ist ein audiovisuelles Informationsmedium, das entstand, als es das Radio schon gab, aber noch nicht das Fernsehen, und das in den Anfängen des Fernsehens noch einige Jahre neben diesem existierte, bis es vom Fernsehen verdrängt wurde. Wir haben hier einmal den Fall, dass ein Medium durch ein neues Medium nicht nur zu einer funktionalen Veränderung gezwungen, sondern gänzlich ersetzt wurde. Die Wochenschau wurde im Kino gezeigt, und man kann sich natürlich fragen, ob es sich überhaupt um ein Medium sui generis handelt oder nur um eine bestimmte Ausprägung des Mediums „Kinofilm". Von der Funktion her ist die Wochenschau jedenfalls näher mit Presse, Radio und dem späteren Fernsehen verwandt als mit (fiktionalen) Spielfilmen. Dennoch lehnt sie sich in ihren technischen und dramaturgischen Verfahren stark an den Kinofilm an. Sowohl im Hinblick auf ihre historische Stellung als auch auf ihre Machart könnte man sie als ein „Übergangsmedium" bezeichnen.

Wie im Film weist der Anfang jeder Wochenschau grafische und akustische Elemente auf, die gleich bleibend die Wochenschau ankündigen. Als grafische Zeichen sieht man „Schweizer Wochenschau" und das Signet, und gleichzeitig hört man Fanfaren als Jingle. Das Ende wird durch das Schriftelement „Ende" signalisiert.

Die Musik spielt eine große Rolle: Sie ist dem Charakter des jeweiligen Beitrags angepasst und dient oft zur Dramatisierung und Emotionalisierung. Beim Bericht über das Lauberhornrennen [Skirennen] (Nr. 416, 20. 1. 1950) wird zu Bildern von einem Skifahrer auf der Abfahrt Marschmusik eingespielt, zum Sturz eines Fahrers hört man Musik, die zu Slapstick-Szenen passen würde. Die Bilder bedienen sich der Techniken des Films und sind aufwändig produziert. Das Bild hat oft einen Eigenwert, der nicht auf Visualisierung von Sensationellem beruhen muss. So ist bei einem Treffen von Staatsmännern von Interesse, wie sie aussehen, ohne dass sie etwas sagen müssen, z. B. in folgendem Beitrag („Gäste", Nr. 418, 3. 2. 1950):

---

13 Im Bundesarchiv Bern sind fast alle Ausgaben der Schweizer Filmwochenschau von 1940 bis 1975 – insgesamt 1651 Nummern mit ca. 9000 Beiträgen – integral erhalten und zugänglich. Anregungen zu den folgenden Ausführungen verdanke ich der Arbeit von Gerber (2002).

Musik Geräusche	Bild	Text
Marsch, leise werdend, bis nur noch der Sprecher zu hören ist	Ein Mann befestigt Landkarten an einer Wand. (Schnitt) Konferenz-Saal	Die Treuhandschaft über Somaliland und das internationale Regime von Jerusalem sind die wichtigsten Traktanden der sechsten Tagung des Treuhandschaftsrates der Vereinigten Nationen
Im Hintergrund französischer Sprecher, aber nicht verständlich	Kameraschwenk auf den französischen Botschafter. Nahaufnahme: Er spricht, aber ohne dass man O-Ton hört	die ihre Arbeiten unter dem Vorsitz des französischen Botschafters Roger Gabeau in Genf begonnen hat.
	Der Amerikaner mit Kopfhörern	Einige Portraits: der amerikanische Delegierte Francis B [unverständlich]
	Burnes, er spricht, ohne dass man ihn hört	Sir Alain Burnes, Großbritannien
	Belgier, rauchend	Monsieur Pierre Ritmans, Belgien
	Ingles, mit Kopfhörern	Doktor Ingles, Philippinen
	Chinese, mit Kopfhörern	Der Vertreter Nationalchinas,
	leerer Stuhl, auf dem Tisch Kärtchen mit der Aufschrift „USSR"	gegen den Sowjetrussland durch Fernbleiben protestiert

Außer dem Gag mit dem leeren Stuhl wird hier nichts gezeigt, was in einer heutigen Nachrichtensendung ohne jeden Kommentar gezeigt werden könnte.

Später wird dann ein offizieller Besuch vorgeführt:

Musik Geräusche	Bild	Text
Militärische Bläsermusik	Devidas Ghandi und der indische Gesandte gehen der Kamera entgegen. Hauseingang	In Begleitung des indischen Gesandten in Bern, Minister De Sahib,

Musik Geräusche	Bild	Text
Musik leise im Hintergrund	Ghandi schüttelt Petitpierre, der nur von hinten zu sehen ist, die Hand	machte Devidas Ghandi, der Sohn des großen Mahatma Ghandi, einen Besuch bei Bundespräsident Petitpierre.
Musik ganz leise.	De Sahib bittet die beiden anderen Platz zu nehmen. Kein Ton, doch eindeutige Gesten. Die setzen sich umeinen Tisch	Der sympathische Vertreter der in junger Freiheit aufstrebenden Republik war zum ersten Mal in der Schweiz,
	Sie sprechen miteinander, kein O-Ton	wo der Name seines edlen Vaters unvergessen bleiben wird.
Musik lauter, Schlusstusch	Nahaufnahme von Ghandi, er nickt zustimmend und hört konzentriert zu	

Die Text-Bild-Bezüge sind minutiös geplant.

Von der Zeitung übernommen ist die Nummerierung der Ausgaben (die von 1 bis 1651 reicht).

Im Vergleich mit Presse, Radio und dem frühen Fernsehen lassen sich eine Reihe von Ähnlichkeiten und Unterschieden aufzeigen:

Wie im Fernsehen geht es um Ereignisse der jüngsten Vergangenheit. Doch kann nur in sehr eingeschränktem Masse „Aktualität" angestrebt werden. Das Radio war damals das aktuellste Medium, und auch die Presse konnte aktueller sein als die Wochenschau. Damit ist auch der „Nachrichtenwert" der Beiträge ein anderer als in den tagesaktuellen Medien: Es müssen Themen präsentiert werden, die entweder von so großer Bedeutung sind, dass sie auch nach Tagen noch berichtenswert sind, oder deren Bedeutung gar nicht in der Aktualität liegt, sondern die beispielsweise von kultureller, wissenschaftlicher oder pädagogischer Relevanz sind.

Die Bilder sind – wie in den Anfängen des Fernsehens – mehrheitlich „gestellt", da das Filmen mit schweren Kameras damals eine sehr mühsame und kostspielige Sache war. Wenn es sich um Aufnahmen der originalen Ereignisse handelt, dann vor allem bei vorhersehbaren Ereignissen, deren Aufnahme planbar ist (wichtige Sportereignisse oder Staatsbesuche). Beim Skirennen konnte nur an wenigen Stellen eine Kamera positioniert werden, und so ist es ein glücklicher Zufall (für den Kameramann), wenn die Kamera auch einmal einen Sturz festhält.

O-Ton wird (aus technischen Gründen) selten vermittelt. Ausnahmen bilden Ansprachen von Ministern u. dergl. Der kommentierende Text wird im Over gesprochen, den Kommentator selbst sieht man nicht im Bild.

Der Kommentator hat verschiedene Funktionen:

- Er macht klar, was man im Bild sieht, und kommentiert das Geschehen.
- Er bemüht sich, das Ereignis so weit wie möglich verständlich zu machen.
- Vielfach bietet er eine überhöhende und oft emotionalisierende Interpretation des Ereignisses durch rhetorische Mittel und eine expressive Intonation.

Strukturelle Funktionen hat der Kommentator nicht – im Gegensatz zu den späteren Fernsehmoderatoren. Dies ergibt sich aus der inneren Struktur der einzelnen Ausgabe: Die Beiträge sind in sich abgeschlossen. Bezüge zwischen den Beiträgen werden in der Regel nicht hergestellt. Das entspricht der damals schon gängigen Praxis bei den Radionachrichten. Wenn doch einmal Kohärenz zwischen Beiträgen hergestellt wird, dann geschieht dies durch die Titel, z. B.:

> Das Unglück am Monte Rosa
> … und auf der Furka
> (Nr. 434, 25. 5. 1950)

Im Gegensatz zu Radionachrichten gibt es auch keine Bezüge zwischen den aufeinander folgenden Wochenschauen, ein Nachrichtenkontinuum im gleichen Medium wird nicht hergestellt.

Die Titel sind nach dem Muster der Presse-Schlagzeilen formuliert, wobei bereits beide Haupttypen vorkommen, die heute üblich sind (vgl. 5.1.1): Einerseits thematische Titel als Kondensat des Textes:

> Das Unglück am Monte Rosa
> (Nr. 434, 25. 5. 1950)

Andererseits aber auch schon mit rhetorischen Mitteln gestaltete, z. B. verrätselte Titel:

> Zutritt nicht verboten [Beitrag über die Brissago-Inseln]
> (Nr. 427, 7. 4. 1950)

Bei den Titeln finden sich nicht selten Ausrufzeichen als Mittel der Steigerung:

> Wieder Kriegsgefangene!
> (Nr. 441, 25. 7. 1950)

Die aufmerksamkeitserregenden rhetorischen Mittel, das Neugierigmachen auf den folgenden Beitrag kann im Kino-Kontext nicht denselben Sinn haben wie in der Zeitung. In der Zeitung sollen solche Mittel zur Lektüre ge-

rade dieses Artikels anregen, also zur Selektion, während der Kino-Zu-
schauer keine Möglichkeit der Selektion hat, da er dem Angebotenen, in der
Reihenfolge, wie es angeboten wird, „ausgeliefert" ist. Hier ist offensichtlich ein Stilprinzip aus einem bestehenden Medium importiert, ohne dass
auch die Funktionen mit-importiert werden können.

Die Sprache der Over-Texte ist stark an der Schriftlichkeit (vgl. Kap. 6)
orientiert, und zwar einer elaborierten Schriftlichkeit mit deutlich rhetorischem Charakter.

Ein zusammenhängendes Beispiel (ein Beispiel etwas anderer Art findet
sich in Kap. 9.3.1):

Musik Geräusche	Bild	Text
Bläser und Perkussion, in Anlehnung an Hufgetrappel	Ansicht von Scuol im Winter; Jungen, die durchs Dorf rennen und Schlitten hinter sich herziehen.	In Scuol, im Unterengadin, stürmen jedes Jahr an einem bestimmten Wintertage, die Knaben durch das Dorf
Querflöte leise im Hintergrund	Ein Mädchen, das unter einem Torbogen mit einem Sack wartet. Herumstürmende Jungen. Ein Junge steckt das Birnenbrot in seinen Sack.	wo unter den großen Torbogen die Mädchen warten, um das Pan Grond, das große Birnenbrot zu verteilen.
Heiter-beschwingte Musik. Lärm der Kinder	Volle Säcke werden auf Schlitten geladen, Mädchen und Jungen rennen und hüpfen durch das Dorf.	
Musik wird abgedreht	Kinder kommen zu einem Haus. Mädchen, das ihr Brot einem Jungen übergibt.	Nicht aufs Geratewohl geben die Mädchen ihre Pan Gronds her.
	Zoom auf Brot	Wer ein Brot erhält, ist ein Auserwählter
	Junge nimmt das Brot und geht zu den anderen Jungen.	und gilt für die kommenden Jugendfeste als Kavalier der Spenderin.
	Ältere Frau schaut lachend aus dem Fenster.	Wie freundlich ist dies alte Dorf mit seinen Kindern!

Musik Geräusche	Bild	Text
	(Nahaufnahme) Tasse, in die Kakao gegossen wird	Kaum sind die Brote gesammelt, gibt es auch schon ein Fest.
	Blickwinkel der Kamera weitet sich auf einen Tisch mit Kindern, die trinken, essen und lachen.	Jede Schulklasse wird in einem Elternhause zum Zvieri eingeladen, wo die Kinder mit Strömen von Kakao und
	Eine Mutter bringt eine Schale mit Pan Grond-Scheiben herbei. Nahaufnahme von Brotscheiben. Kinder greifen zu.	den dicksten Scheiben Pan Grond mit Leichtigkeit fertig werden.
Heitere Musik	Nahaufnahmen von Kindern, die genüsslich schmausen.	
	Junge, der ein Mädchen anspricht. Das Mädchen kichert etwas beschämt.	Hier zeigt sich auch, wer ein rechter Kavalier ist
	Ein weiterer Junge, der zwei Mädchen im Arm hält und dem einen etwas ins Ohr flüstert, sie lächelt peinlich berührt.	und ob die auf Brot gebauten Freundschaften Aussicht auf Bestand haben.
	Blick auf ein Haus. (Schnitt) Blick durch das Fenster. Man sieht innen Kinder vor dem Fenster.	Nach dem Schmaus führen die neuen Pan Grond Ritter
	Kinder steigen auf ihre Schlitten.	ihre Damen zum Schlitteln.
	Blick auf zwei ältere Menschen, die aus geöffnetem Fenster das Treiben beobachten.	Und wenn jeder so viele Spenderinnen mitführt als er Brote erhielt
	Entgegenkommende Kinder auf Schlitten, im	zeugen die verschieden beladenen Schlitten deut-

Musik Geräusche	Bild	Text
	Vordergrund ein Junge allein auf einem Schlitten und zwei Mädchen auf einem Schlitten.	lich für die Laune der Mädchen von Scuol.
Schluss-Tusch	Ansicht von Kindern, die an Häusern vorbei schlitteln.	

(„Pan Grond", Wochenschau Nr. 415, 13.1.1950)

Das Ereignis ist nicht „news" in dem Sinne, dass es unerwartet wäre, denn es kehrt „jedes Jahr" wieder. Das Datum wird nicht genannt („an einem bestimmten Wintertage"). Generalisierende Formulierungen unterstreichen den über-zeitlichen Charakter des Ereignisses („Wer ein Brot erhält, ist ein Auserwählter"). Das Tempus ist durchgehend Präsens (mit Ausnahme des „erhielt" gegen Ende, das aber das gegenwärtig Geschehende gegen das soeben Erzählte absetzt). Die Sprache wirkt recht altertümlich. Zunächst in der Lexik („Kavalier der Spenderin", „ein rechter Kavalier", „Schmaus", „Ritter"), womit wohl ein leicht humoristischer Ton erzeugt werden soll, aber auch in der Morphologie (die Dative „Wintertage", „Elternhause"), die wohl schon damals nur noch in geschriebenen Texten vorkamen. Zur rhetorischen Überhöhung trägt der heutzutage pathetisch wirkende Ausrufsatz bei („Wie freundlich ist dies alte Dorf mit seinen Kindern!"), ebenso die hyperbolischen („Strömen von Kakao") und metaphorischen Formulierungen („die auf Brot gebauten Freundschaften"). Die Text-Bild-Korrespondenzen sind außerordentlich präzise.

Insgesamt war die Wochenschau ein Zwischending zwischen einem kurzen Kinofilm und einem modernen Informationsmedium. Das frühe Fernsehen konnte an dieses Medium anknüpfen. Nach wenigen Jahren der Koexistenz verdrängte das neue Medium das alte. Das Fernsehen hatte unbestreitbare Vorteile gegenüber der Wochenschau: Es war räumlich nicht an den Kinosaal gebunden und konnte schon von Anfang an größere Aktualität realisieren. Damit war das Ende der Wochenschau besiegelt.

3 Der Medientext

3.1 Objekt der Medienlinguistik

Objektbereich der Medienlinguistik sind alle Arten von Texten, die in den Massenmedien angeboten werden. Auf einer sehr allgemeinen Ebene – über der Ebene der Textsorten – lassen sich diese Texte in „Bereiche" gliedern (ich verwende diesen Terminus, um die in der Textlinguistik bereits besetzten Termini „Texttyp", „Textklasse" zu vermeiden):

- Journalistische Texte
- Fiktionale Texte
- Anzeigen (ohne Werbung)
- Werbetexte
- Sponsoring-Texte
- Rezipienten-Texte

Dazu einige vorläufige Präzisierungen (ausführlichere Erörterungen zu einigen dieser Bereiche finden sich in den entsprechenden Kapiteln):

Die Textbereiche spielen in den verschiedenen Medien eine unterschiedliche Rolle, mit Ausnahme der von Journalisten verfassten Texte, die überall als das Zentrum des Mediums gelten.

Journalistische und fiktionale Texte pflegt man in Radio und Fernsehen als „Programm" zusammenzufassen.

Fiktionale Texte sind in der Presse und im Radio weniger wichtig als im Fernsehen, wo die Soaps und Spielfilme einen beträchtlichen Anteil der Sendezeit ausmachen. In der Presse gibt es z. B. Comics, in beschränktem Ausmaß auch noch Fortsetzungsromane, die früher aber einen viel prominenteren Platz einnahmen (man denke daran, dass manche berühmte Romane zuerst in Zeitungen publiziert wurden), in den Feuilletons finden sich gelegentlich auch Gedichte und Kurzgeschichten.

In den Zeitungen nimmt der Anzeigenteil großen Raum ein. Hier ist der Bereich der privaten Anzeigen klar zu scheiden von Werbeanzeigen. Als private Anzeigen gelten Todesanzeigen, Hochzeitsanzeigen, Kontaktanzeigen usw., also Texte, die zwar im Massenmedium publiziert werden, sich aber entweder nur in beschränktem Masse an ein öffentliches Publikum richten bzw. die bewusst Privates öffentlich machen (Geburtswünsche z. B.). Sie fallen nicht in die Verantwortung der Redaktion, wohl aber unterliegen sie in gewissem Masse den von der Zeitung gesetzten Normen oder passen sich den dort üblichen Gepflogenheiten an. Anzeigen dieser Art findet man in beschränktem Ausmaß auch in den Lokalradios, z. B. als Phone-ins mit Angeboten von Hörern.

Werbetexte und Sponsoring-Texte behandle ich in diesem Buch nicht. Mit Sponsoring-Texten sind explizite Hinweise auf die Institution gemeint, die eine Sendung sponsort („Die folgende Sendung widmet Ihnen XY")[1].

Rezipienten-Texte sind nur partiell als eigenständiger Textbereich anzusehen. Ich meine damit solche Texte, die von Rezipienten verfasst oder gesprochen sind, als Reaktion auf den journalistischen Bereich oder als Ergänzung dazu. Die klassische Ausprägung dieses Bereichs in der Presse ist der Leserbrief (dazu immer noch grundlegend Bucher 1986).

Leserbriefe haben in Relation zum redaktionellen Teil unterschiedliche Eigenständigkeit:

Unmittelbar abhängig sind solche Leserbriefe, die eine direkte Reaktion auf einen journalistischen Text darstellen, sei es dass sie auf dessen Inhalt oder dessen Formulierung reagieren. Stärkere Eigenständigkeit haben solche Briefe, die einen Kommentar zu einem Thema von aktueller und öffentlicher Bedeutung geben, der sich zwar auf das Nachrichtenkontinuum, nicht aber auf einen bestimmten Artikel bezieht. Texte dieser Art stehen sozusagen „in Konkurrenz" zu den von Journalisten verfassten Texten zur Thematik.

Leserbriefe „zweiter Stufe" beziehen sich ihrerseits wieder auf vorher erschienene Leserbriefe und eröffnen damit eine eigene Linie der Kommunikation, die sich neben der journalistischen Kommunikation abspielt.

Von den Journalisten selbst werden Leserbriefe als Fremdtexte markiert (als „Seite des Lesers", „Forum" o. ä.) und metakommunikativ als von den journalistischen Texten abgegrenzt.

Ein anderer Typ von Rezipienten-Text ist das Phone-in. Dieses ist allerdings in aller Regel kein selbständiges Programmelement, sondern wird für das Programm auf vielfältige Art funktionalisiert (vgl. 1.4, 7.5, 11.3.2).

3.2 Semiotische Elemente

Die Presse übermittelt ihre Texte auf dem optischen „Kanal", das Radio auf dem akustischen und das Fernsehen optisch und akustisch. Die Zeichen-Typen, die auf diesen Kanälen transportiert werden, sind die folgenden:

---

1 „Das Sponsoring (...) stellt eine eigenständige Finanzierungsform neben den Rundfunkgebühren, der Werbung und den sonstigen Einnahmen dar. (...) Dabei stellt sich der finanzielle Beitrag des Sponsors – anders als der Preis für eine Werbeschaltung – nicht allein als Gegenleistung für zwei kurze Nennungen dar. Vielmehr soll er den Imagegewinn abgelten, der den Sponsor an der allgemeinen Wertschätzung des von ihm unterstützten Sendung und des von ihm unterstützten Programms teilhaben lässt. (...)" (von La Roche/Buchholz 2000, 418 f.)

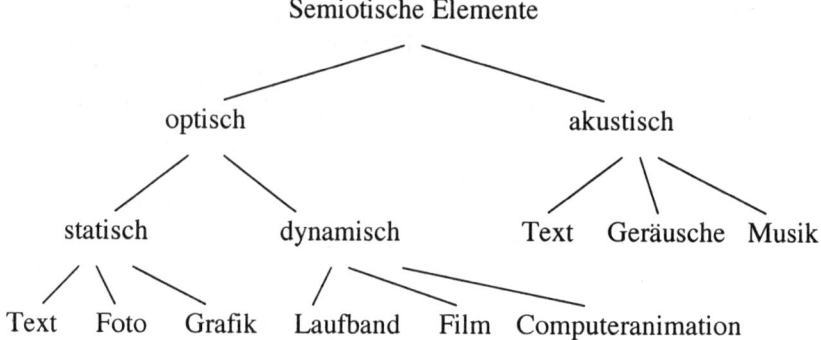

Eine wichtige neuere Entwicklung ist die zunehmende Bedeutung geschriebener verbaler Textelemente innerhalb des Fernseh-„Bildes" (vgl. 6.3).

Gesprochenen verbalen Text gibt es in verschiedenen Ausprägungen von sog. „Tönen", insbesondere Original-Ton/Studio-Ton. Beim O(riginal)-Ton hört man die Stimme in ihrem originalen Umfeld, z. B. in einem Flüchtlingslager, mit allen dazugehörigen Geräuschen. Der Studio-Ton ist demgegenüber abgeschirmt gegenüber fremden Geräuschen, „neutral", typischer Radio- oder Fernseh-Ton.

Ein grundlegendes Problem, das auch terminologische Konsequenzen hat, ergibt sich aus der Aufstellung der semiotischen Elemente: Welche dieser Elemente gehören zum „Medien-Text"? Dazu gibt es kontroverse Auffassungen (vgl. dazu Stegu 2000). Am einen Pol findet sich die eher „asketische" Meinung, dass von „Text" nur im verbalen Bereich gesprochen werden könne, am anderen die sehr weitherzige Auffassung, dass alles, was in gedruckter oder elektronisch gesendeter Form vom Rezipienten wahrgenommen werden kann, den „Text" ausmache. Die zweite Auffassung würde implizieren, dass nicht nur visuelle Elemente, sondern beispielsweise auch Geräusche bei Original-Ton Element des Textes sind. Eine asketisch-sprachzentrierte Eingrenzung von Text scheint mir angesichts der vielfältigen semiotischen Verflechtungen der Elemente in heutigen Medienprodukten wenig sinnvoll zu sein. Andererseits wird man auch nicht alle zufälligen Elemente, die transportiert werden, zum Text rechnen wollen.[2]

Ganz eindeutig hingegen scheint mir, dass das Bild beim Fernsehen und auch in der Presse ein integraler Bestandteil des Gesamttextes ist. Dies geht

---

2 Stegu (2000) argumentiert gegen die Auffassung, dass auch Bilder zum „Text" gerechnet werden können, mit dem Argument, eine Legende „referiere" auf das zugehörige Bild, so wie man in gesprochener Kommunikation mit Sprache auf Wirklichkeit referiere. Das scheint mir angesichts des hochgradig konstruktiven Charakters von Pressefotos und Medien-Bildern generell wenig plausibel.

nur schon daraus hervor, dass oft ein Text nicht ohne das Bild und noch häufiger ein Bild nicht ohne den Text interpretierbar ist (vgl. 13.3).
Ein Kompromissvorschlag wäre:

alles das als *Element des Medientextes* aufzufassen,
was vom Produzenten als solches beabsichtigt ist und vom Rezipienten als solches wahrgenommen wird bzw. wahrgenommen werden kann.

Die Grenzen sind natürlich schwer zu ziehen. Beispielsweise sind technisch bedingte störende Geräusche bei der Übermittlung eines Telefongesprächs aus einem Kriegsgebiet nicht als solche beabsichtigt, aber sie können durchaus eine indexikalische Qualität gewinnen (z.B. ‚Reporter befindet sich in schwer zugänglichem Gebiet auf gefährlicher Mission‘).
Bei Geräuschen ist nach der Geräuschquelle zwischen zwei Typen zu unterscheiden, die sich semiotisch verschieden verhalten:

- Die Quelle des Geräuschs befindet sich innerhalb der Szene (dies nennt man mit der Terminologie der Narratologie „intradiegetisch“). Solche Geräusche können in den Bereich des Zufälligen, nicht Intendierten gehören, sie können aber auch intentional produziert sein.
- Die Quelle des Geräuschs befindet sich außerhalb der Szene („extradiegetisch“), d.h., dass das Geräusch vom Produzenten der Szene beigegeben wird, um sie in einer bestimmten Weise zu charakterisieren (z.B. dramatisierende Geräusche beim Kriminalfilm vor einer entscheidenden Wendung)

Ähnliches gilt für Musik: Musik kann sowohl intra- als auch extradiegetisch vorkommen. Intradiegetisch wäre etwa die Musik, die von einer in der Szene (vielleicht zufällig) anwesenden Musikkapelle stammt, oder natürlich die Musik einer Konzert-Übertragung. Extradietische Musik wird bei Radio und Fernsehen in den verschiedensten Funktionen eingesetzt. Eine Verwendung, die besonders deutlich den „Text“-Charakter solcher Musik-Verwendung zeigt, ist Unterlegung von Nachrichtenblöcken durch Hintergrund-Musik, die während des gesprochenen Textes leiser, zwischen den Text-Abschnitten lauter zu hören ist. Dies ist ein Verfahren, dass von Lokalradios gern praktiziert wird, aber auch in Nachrichtensendungen der öffentlich-rechtlichen Sender zu beobachten ist. Musik dient in diesen Fällen einerseits als dramatisierendes Element, andererseits aber auch als makrostrukturelles Kohärenzmittel, insofern der ganze Text-Block dadurch zusammengehalten wird.
Wie soll man also terminologisch verfahren? Man braucht einerseits einen Terminus für den (herkömmlichen) verbalen Text-Begriff, andererseits für das hybride Medien-Gebilde, das aus den genannten semiotischen Elementen besteht. Es wurden dazu verschiedene Vorschläge gemacht. Sandig (2000) und

Stöckl (2004) sprechen von „Sprache-Bild-Text", Schmitz (2003) von „Text-Bild-Gefüge", wobei aber jeweils nur die beiden Komponenten verbaler Text und Bild inbegriffen sind. Wenn man so weit gehen will, auch akustische Komponenten wie Musik einzubeziehen, benötigt man einen noch weiteren Terminus. Für die Zwecke dieses Buchs verwende ich für den semiotisch erweiterten Text-Begriff den Terminus „Medien-TEXT", oder kurz TEXT, wenn es für die Abgrenzung von bloß-verbalem „Text" nötig ist.

3.3 Abgrenzungsprobleme – Übergangsbereiche

Man könnte sich, um eine klare und praktikable Abgrenzung zu bekommen, darauf verständigen, dass „Textbereiche/Textsorten der Massenmedien" ein Bereich sei, der journalistische Texte einschließt und der fiktionale Texte ebenso wie Werbung ausschließt. Dies aus der Überlegung heraus, dass Presse, Radio und Fernsehen als Institutionen einerseits selber Texte produzieren – die wir dann Texte der Massenmedien nennen würden – und andererseits Texte vermittelnd vorführen, für die sie nicht Urheber und auch nicht verantwortlich sind. Diese klare Abgrenzung lässt sich aber heute nicht bzw. nicht mehr halten. Dafür einige Beispiele:

Schon ein Spielfilm ist nicht mehr derselbe, wenn er vom Kino ins Fernsehen transponiert wird. Nicht nur ist die Rezeptionssituation und damit die Aneignung durch den Rezipienten eine grundlegend andere – nämlich eine Situation, die sich durch alle Merkmale alltäglichen Fernsehkonsums auszeichnet –, sondern auch der Film selber bleibt nicht unverändert (zu den Transformationen vgl. Garncarz 1992).

Theater im Fernsehen wurde zwar anfangs als Fremdkörper empfunden, als nicht „fernsehgerecht". Doch schon Anfang der 60er Jahre finden sich gleitende Übergänge von der originären Bühnenaufführung, die live übertragen wird, über die ohne Publikum aufgezeichnete Adaptation bis zu der ins Fernsehstudio verlagerten Aufführung (vgl. Seibert 1990).

Bei der Werbung ist der Versuch einer Grenzziehung zum „journalistischen" Bereich noch schwieriger. Zwar sind wir als heutige Rezipienten in der Mehrzahl der Fälle in der Lage, zwischen Werbung und anderen Medientexten zu unterscheiden, doch gibt es bereits Grenzbereiche, bei denen das kaum mehr möglich ist. Werbung ist im Fernsehen in das „Programm" eingedrungen und hat sich ihm in einer Art Mimikry assimiliert (vgl. Wyss 1998). Umgekehrt ist bis ins sprachliche Detail hinein, z. B. in der Phraseologie (vgl. Burger 1991) zu beobachten, wie journalistische Texte sich Praktiken der Werbung aneignen, ganz zu schweigen von der Tatsache, dass das Fernsehen in zunehmendem Masse für die eigenen Produkte Werbung macht (vgl. 5.3.1).

Die Abgrenzung von redaktionellem Text und Rezipiententext scheint unproblematisch zu sein. Doch sieht man bereits bei den Leserbriefen – von den Phone-ins ganz zu schweigen –, dass dies bei näherer Betrachtung keineswegs der Fall ist. BILD beispielsweise weist den Lesern metakommunikativ einen Status zu, der sie über die bloßen Einsender von Briefen hinaushebt, durch eine rote Überschrift

Leser schreiben in BILD

(statt: „Leser schreiben *an* Bild", wie es der Realität näher käme).

Nicht alle Leserbriefe, die eingesendet werden, erscheinen in der Zeitung, und die Briefe erscheinen meistens nicht so, wie sie vom Autor geschrieben wurden. Im einzelnen kann die Redaktion auf vielfältige Art Einfluss nehmen auf den Leser-Text:

a) In Bezug auf den Primärtext kann die Redaktion
   - aus der Menge der eingegangenen Texte diejenigen auswählen, die unter journalistischen Aspekten wie Aktualität, Relevanz, Verständlichkeit etc. geeignet erscheinen,
   - die für die Veröffentlichung vorgesehen Texte kürzen oder auch
   - in mehr oder minder starkem Maß bearbeiten.

Auswählen und Kürzen – das sind die offiziell bekannt gegebenen Rechte der Redaktion. Damit rechnet man als Schreiber, und auch die Leser werden das für selbstverständlich halten. Weniger selbstverständlich ist das Umformulieren. Das kommt bei jeder Zeitung vor, natürlich dort, wo offensichtliche Fehler, Unverständliches zu verbessern ist. In der Boulevardpresse können Leserbriefe in einem Masse bearbeitet erscheinen, dass der Verfasser seinen Text kaum mehr wiedererkennen wird.

b) In Bezug auf das Erscheinungsbild des Leserbriefs in der Zeitung werden zahlreiche Verfahren praktiziert, die den Leserbrief an den journalistischen Teil assimilieren. Dass es sich auch und gerade hier um eine Transformation des Primärtextes handelt, fällt dem Leser in der Regel gar nicht auf. Hier wären zunächst die grafischen Aspekte, Layout usw., zu nennen, die den Leser-Text dem visuellen Bild der Zeitung einverleiben.

Linguistisch von größerer Relevanz sind die verbal-textuellen Maßnahmen, die den Text in die Zeitung integrieren.

   - Hinzufügen einer Überschrift, die den Praktiken der Zeitung entspricht. Dabei findet oft Textmaterial Verwendung, das aus dem Brief selbst stammt und für die Überschrift reformuliert wird, doch kann der Titel auch ganz von der Redaktion formuliert werden.
   - Eventuell die Herstellung der Referenz, sofern es sich um eine Reaktion auf einen vorhergehenden Zeitungstext handelt (metasprachlicher Hinweis auf den „Prätext").

In BILD heißt es z. B. unter der roten Überschrift und über den einzelnen
Leserbriefen:

> Zu: Will uns Schröder ewig regieren?
> [Leserbrief]
> Zu: Schlachthof der Wale
> [Leserbrief]
> usw.
> (BILD 27. 8. 2003)

– Strukturierte Anordnung der Briefe: Sofern zum gleichen Vorgänger-
text bzw. Thema mehrere Stellungnahmen vorliegen, werden die
Briefe häufig nicht einzeln, sondern als Ensemble mit unterschiedlichen Positionen dargeboten. Auch das erfolgt nach journalistischen
Prinzipien, z. B. dem Pro- und Contra-Prinzip oder Kontrast-Prin-
zipien, z. B.:

> **Armee für den Frieden – und bei Krisen**
> Meinungen zur Umverteilungsinitiative
> (BLICK 27. 10. 2000)

Dadurch können für den Leser intertextuelle Bezüge entstehen, die von den
Autoren in dieser Weise nicht beabsichtigt waren.

Die Verzahnung von redaktionellem und Leser-Text wird von manchen
Zeitungen aber noch weiter getrieben. (Hier ist beispielsweise der schweizerische BLICK sehr viel aktiver und einfallsreicher als BILD.)

Zwei Drittel einer Leserbrief-Seite (rot als „LESER" betitelt) nimmt ein
„Artikel" ein mit fetter Überschrift und Dachzeile (1. 10. 2003):

> Cannabis-Legalisierung
> **„Hanfsteuer brächte Geld in die Kassen"**

(Die fette Überschrift entstammt wörtlich – nur um den Artikel „*Die* Hanf-
steuer" gekürzt – dem ersten Leserbrief.)

Eine Art Lead enthält einen redaktionellen Text:

> Der Nationalrat ist auf die Revision des Betäubungsmittelgesetzes nicht ein-
> getreten. Somit bleibt Kiffen weiterhin strafbar. Die Diskussion um Entkrimi-
> nalisierung und Langzeitschäden von Cannabis-Konsum beschäftigt auch
> BLICK-Leserinnen und -Leser: Eine Mehrheit von ihnen befürwortet eine kon-
> trollierte Freigabe.

Dann folgen in 5 Spalten die Leserbriefe jeweils mit einer Überschrift, die
entweder wörtlich oder leicht gekürzt oder auch reformuliert aus dem Brief
entnommen ist, z. B.:

> HILFT BEI SCHMERZEN „Ich kiffe seit 20 Jahren etwa drei Joints pro Tag,
> aber erst am Abend und an den Wochenenden (…). Ich habe die Erfahrung ge-
> macht, dass das Kiffen, wenn man es im normalen Rahmen macht und mit der
> ‚Dosis‘ nicht übertreibt, für vieles eine positive Wirkung hat. Zum Beispiel bei
> Schmerzen aller Art und bei Appetitlosigkeit oder bei Stresssituationen. (…)"

Leserbriefe erscheinen also als eingebettet in das Ganze der Zeitung und in einen redaktionellen Gesamttext, der die Leserbriefe behandelt wie beliebige andere Arten von Fremdtexten (von „Prätexten", die nur als zu bearbeitendes Material dienen). Dass es sich um Fremdtexte handelt, ist bei BLICK durch die Anführungszeichen indiziert.

Damit ist dem Versuch, Leserbriefe vom redaktionellen Text abzugrenzen, teilweise der Boden entzogen.

Neben diesen grundsätzlichen Problemen nimmt sich das folgende, im engeren Sinne linguistische Abgrenzungsproblem harmlos aus: Ein alter Streitpunkt der Textlinguistik ist die Frage, ob Gesprächsformen auch zu dieser Disziplin zu rechnen seien.

Zumindest für die Massenmedien halte ich es für unausweichlich, dialogische Texte ebenfalls als „Medien-Texte" zu begreifen. Als Beispiel kann man das „Presseinterview" heranziehen, bei dem vor allem zwei Punkte für eine Einschätzung als Medientext sprechen (Genaueres dazu in 8.3.5):

(a) Presseinterviews sind immer, wenn auch in unterschiedlichem Grade, „verschriftlicht", d. h. lexikalisch, syntaktisch und textlinguistisch bearbeitet. Dabei gibt es so stark bearbeitete Formen, dass die dialogische Primärsituation im neuen Kontext nahezu verschwindet.

(b) Das Interview ist als originär mündliche Form im Kontext des schriftlichen Mediums von vornherein markiert. Aufgrund dieses Sonderstatus hat es in der Presse in der Regel eine komplementäre Funktion zu anderen Textsorten, vor allem dem Bericht, und es definiert sich in seiner Texthaftigkeit im Kontrast zu diesen.

Abgrenzungsprobleme ergeben sich nicht nur zwischen den Bereichen potenzieller Medientexte, sondern auch in Bezug auf den Umfang des ganzen Objektbereichs. Hier ist in erster Linie das Internet als „neues Medium" zu nennen. Das Internet ist primär kein Massenmedium im oben (1.1) definierten Sinn, es beeinflusst aber die „alten" Medien in vielfacher Hinsicht (vgl. 1.4 und 14). Insbesondere für die von den alten Medien schon seit langem angestrebte Durchbrechung der Ein-Weg-Kommunikation in Richtung auf Interaktivität liefert das Internet neue Möglichkeiten.

Früher war es möglich, zwischen der massenmedialen Kommunikation selbst und der „Folgekommunikation" (Zuschauerpost, Leserbriefe etc.) eine einigermaßen klare Grenze zu ziehen. Das ist infolge der Verdichtung von interaktiven Verfahren, insbesondere durch das Internet, nur noch teilweise der Fall.

4 Intertextualität

4.1 Grundbegriffe

Für die linguistische Beschaffenheit heutiger Medientexte, z. B. für die Unterscheidung medialer Textsorten, ist ein zentraler Faktor ihre auf weite Strecken „intertextuelle" Konstituiertheit. Damit ist gemeint, dass ein Medientext seinerseits auf Texten basiert, und dies oft in einer für den Rezipienten schwer erkennbaren, oft gar nicht durchschaubaren Weise. Um zu verstehen, was mediale Intertextualität ist und in welcher Weise sie sich auswirkt, müssen (mindestens) die folgenden „Schichten" – um es in einer geologischen Metapher auszudrücken – von Texten unterschieden werden:

A Der *aktuelle Text*, der *Medien-TEXT*

Der Medien-TEXT (vgl. Kap. 3) ist das publizierte, von Redakteuren („Autoren") erstellte Medienprodukt, das der Rezipient wahrnimmt.

B Die *Textproduktion*

Hinter dem aktuellen Text stehen die verschiedenen redaktionsinternen Verfasser, die an der Textproduktion beteiligt sind, und entsprechend verschiedene Versionen im Verlauf der Textproduktion.

C Die *Textgeschichte*

A und B haben eine Vorgeschichte, die ich als „Textgeschichte" bezeichne und die für die Textkonstitution der Ebenen A und B ausschlaggebend ist. Verschiedene Akteure (Politiker – Sprecher von Parteien, Verbänden, Firmen – Verfasser von schriftlichen Communiqués derselben Institutionen – Redakteure von Agenturen und sämtlicher Medien) liefern zu unterschiedlichen Zeitpunkten mündliche und schriftliche Texte, die sich auf zum Teil komplexe Weise zu einer „Textkette" zusammenschließen, die im aktuellen Text mündet (wobei dieser natürlich auch nur einen „Intertext" in der nicht abschließbaren Kette von Texten darstellt). Die Textgeschichte ist also nicht dasselbe wie die Textproduktion (z. B. die Produktion einer konkreten „Tagesschau"-Sendung) der Ebene B, aber sie beeinflusst die Textproduktion maßgeblich.

Statements und Interviews rechnen wir zur Ebene C. Mit einem gewissen Recht könnten solche Statements und Interviews, die speziell für eine Sendung produziert wurden, auch zu B gezählt werden. Da die Hintergründe im Einzelfall aber oft nicht rekonstruierbar sind, ist es einfacher, diese Textelemente einheitlich zu behandeln.

D Die *Rezipienten-Lesart*

Der Text „im Kopf des Rezipienten", die individuelle „Lesart" des Medientextes durch den Rezipienten ist nicht einfach dasselbe wie der Medien-
TEXT. Da es sich hier eben um individuelle Konstrukte jedes einzelnen Rezipienten handelt, bietet sich dafür der Terminus „Lesart" (engl. „reading")
statt des Terminus „Text" an.

Die Ebene D ist nicht Gegenstand dieses Buches. Dass aber die Lesart
im Kopf des Rezipienten nicht ohne weiteres mit dem von den Produzenten intendierten Text deckungsgleich ist, gilt grundsätzlich für alle Arten
von Texten (für Medientexte vgl. z. B. Fiske 1987, Kap. 6 und Luginbühl et
al. 2002, Kap. 6).

Die Texte aller drei Ebenen folgen ihren eigenen Regularitäten, so dass
Brüche, Diskrepanzen, Inkongruenzen zwischen ihnen auftreten können
und meist auch tatsächlich auftreten.

Die Texte der Ebenen B und C sind „Prätexte" in Bezug auf den Medien-TEXT.

Die diachrone Reihenfolge ist also:

C ⇒ B ⇒ A ⇒ D.

Dass der aktuelle Medientext intertextuell konstituiert ist, hat Konsequenzen für einige grundlegende Konzepte, die wir mit Begriffen wie „Text" und
„Textproduktion" verbinden:

(a) Die wichtigste Konsequenz ist wohl die, dass der „Autor" eines Me-
dientextes nicht unseren gängigen Vorstellungen entspricht. Für eine große
Zahl von Medientexten ist kein konkreter Autor festzumachen und entspre-
chend ist auch die Verantwortlichkeit für den Text nicht einer bestimmten
Person zuzuschreiben.[1] Dies gilt u. U. auch dann, wenn der Text von einem
Autor namentlich „gezeichnet" ist.

Die Medien indizieren in der Mehrzahl der Fälle irgendeine Art von Autorschaft. In der Presse kommen die folgenden Typen vor: voller Name des
Redakteurs, Kürzel des Redakteurs, Agenturkürzel (AP, SDA usw.), Kombination von Agentur- und Redakteurkürzel, als Spezialfall Name des Le-
serbriefschreibers. Bei den Regionalzeitungen findet man Kürzel, die nicht
einem Redakteur im Impressum zuzuordnen sind, wie *eing.* (für „einge-
sandt", d. h. von einem externen Schreiber der Redaktion übermittelt) oder

---

1 Die Problematik wurde von schon von Bell (1991, 34 ff.) formuliert, doch hielt er immer
  noch an verschiedenen, voneinander abgrenzbaren Instanzen der Textgeschichte und
  Textproduktion fest. Bucher (1999a) spricht von „Mehrfachautorenschaft". Dieser Terminus könnte suggerieren, dass sich wenigstens mehrere individuelle Autoren dingfest
  machen lassen. Diese Vorstellung entspricht aber nicht der u. U. verworrenen Realität der
  Textgeschichte.

auch phantasievolle Buchstabenkombinationen, die von keinem Rezipienten aufgeschlüsselt werden können, der nicht über Insiderwissen verfügt. In einer Regionalzeitung, die in Luginbühl et. al. (2002, 178) untersucht wurde, war beispielsweise immer wieder das Kürzel *-tur* zu finden. Die Nachfrage beim zuständigen Redakteur ergab, dass man damit allgemein Agenturmeldungen markieren wollte. Solche Kürzel haben eine reine Alibifunktion – sie suggerieren Transparenz, wo in Wirklichkeit keine ist.

In Radio und Fernsehen können die Sprecher ihre Namen selbst bekannt geben, der Moderator kann den Beitrag eines folgenden Berichts mit dem Namen des Berichtenden ankündigen (nach dem Schema „Aus Brüssel berichtet XY:" oder elliptisch „Aus Brüssel XY:"), oder die Namen werden im Vorspann oder Abspann mitgeteilt. Im Fernsehen kommen häufig „Inserts" (Schrift-Einblendungen) hinzu, die den Namen des im On Sprechenden angeben. In vielen Fällen bleibt dabei aber unklar, ob der Sprechende den Beitrag auch selbst verfasst hat oder ob er ihn nur verliest.

Nach Luginbühl et al. (2002, 45 ff.) weisen die Printmedien am meisten Signale der Autorschaft auf (ca. 90 %), bei Radio und Fernsehen sind es noch ca. zwei Drittel der Texte. Das sieht nach einem in der Regel hohen Maß an Transparenz aus. Wenn man aber bedenkt, dass „Autor" in den Medien eine hochkomplexe Größe ist und dass hinter den Namen und Kürzeln oft schwer entwirrbare Produktionsvorgänge stehen, dann ist mit solcher Art von „Transparenz" dem Rezipienten wenig gedient. Auch wenn es sich nicht nur um Augenwischerei handelt wie bei den erwähnten Kürzeln der Regionalblätter, bleibt die wirkliche Praxis für den Rezipienten undurchschaubar. Allerdings zeigt eine Rezipientenbefragung (in Luginbühl et al. 2002, 188), dass die Mehrzahl der interviewten Personen sich nicht für die Autorschaft interessiert und dass man bei den elektronischen Medien gar nicht auf die entsprechenden Angaben achtet.

(b) Das einzelne Medienprodukt, der Medien-TEXT, ist zwar formal als singuläres Phänomen abgrenzbar. Von der Produktion her gesehen, ist es aber nur eine Phase in einer Kette von Texten, die (in z.T. schwer entwirrbaren Verläufen) aufeinander basieren. Es ist gewissermaßen eine Folge des zufälligen Beobachterstandpunkts, wenn ich gerade diese Phase und nicht z.B. eine spätere im Nachrichtenkontinuum wahrnehme. Die intertextuelle Vorgeschichte hat für den aktuellen Text zur Folge, dass produktionsbedingte Brüche im Text (vgl. Perrin 1999) oft nur oberflächlich, wenn überhaupt, gekittet werden.

(c) Intertextualität ist ein umfassenderes Konzept als das des „Zitierens". Dass in den Medien viel zitiert wird, ist nichts Neues. Bemerkenswert ist hingegen, dass die Medien einen Umgang mit Prätexten zeigen, der mit herkömmlichen Formen der „Redewiedergabe" wenig gemeinsam hat (s.u.).

Zitate werden vielfach nicht transparent gemacht. Die Fälle, in denen die Redewiedergabe formal markiert wird, bekommen dadurch ein besonderes Gewicht und spezifische Funktionen. Damit nimmt das Verhältnis von Medientext und Prätext neue, bisher wenig thematisierte Ausprägungen an.

Wenn ein formales Indiz für intertextuelle Bezüge vorhanden ist, spreche ich von „Intertextualitätssignal".

(d) Die Texte, auf denen die Medientexte basieren, sind ihrerseits häufig wieder Medientexte oder Texte, die für das Medium produziert wurden (z. B. Interviews, Pressekonferenzen). Das ist umso wichtiger, als sich die Medien zunehmend selbstreferenziell verhalten, sich also „jeweils in ihrer eigenen Welt" bewegen, sich auf sich selbst beziehen, ihre Themen „aus der Beobachtung wiederum der Medien" gewinnen (Sarcinelli, nach Steyer 1997, 84).

Nach unserer Zürcher Untersuchung (Luginbühl et al. 2002, 73) basieren 43,3 % der Texte aller Medien auf medialer Primärinformation, beispielsweise Medienkonferenzen. Nimmt man die Agenturtexte gesondert, so sind es dort sogar 62 %.

Es sind drei hauptsächliche Typen von Intertextualität[2] zu unterscheiden, die für die Massenmedien relevant sind:

diachrone, synchrone und *typologische* Intertextualität.

4.1.1 Diachrone Intertextualität

Diachrone Intertextualität liegt dann vor, wenn sich der Medientext in irgendeiner Form auf einen oder mehrere vorhergehende Texte bezieht. Alle vorhergehenden Texte heißen „Prätexte". In Bezug auf einen Prätext sind alle späteren, darauf basierenden Texte „Posttexte".

Diachrone Intertextualität umfasst also einerseits alle Formen des herkömmlich so genannten „Zitierens", andererseits aber auch verdeckte, nicht durch Intertextualitätssignale angezeigte intertextuelle Bezüge.

---

2 Fiske (1987, 108 ff.) schlägt eine andere Typologie vor, die auf seinem spezifischen Verständnis von „Medientext" basiert. Er unterscheidet „horizontale" und „vertikale" Intertextualität. „Horizontal relations are those between primary texts [d. h. den Medientexten] that are more or less explicitly linked, usually along the axes of genre, character, or content." Der vertikale Typ meint Relationen zwischen dem Medientext als „primärem" Text und „sekundären" und „tertiären" Texten. Als sekundär fasst Fiske – ihrerseits wiederum meist massenmediale – Texte auf, die sich explizit auf den primären Text beziehen, z. B. Pressekritiken von Fernsehsendungen. Tertiär sind Texte der Rezipienten, die den primären Text fokussieren, z. B. Leserbriefe, aber auch alltägliche Kommunikation über den primären Text, wie sie in ethnographischen Studien untersucht wird.

Für mediale Textgeschichten sind unter linguistischem Aspekt zwei Arten von Umschlagpunkten („Substitutionen") von besonderer Bedeutung:

(1) der Übertritt eines Textes in ein anderes Medium,
(2) der Übertritt von einer schriftlichen in eine mündliche Form und vice versa.

Ein typisches Beispiel für (1) wäre der Übertritt des Agenturtextes in einen Zeitungstext. Dabei erfährt der Prätext zumindest eine „Einpassung" in die entsprechende Medientextsorte, mit allen visuellen (Layout) und sprachlichen Konsequenzen.

Für (2) kann man als Beispiel das Presseinterview nennen. Hier ist die Originalsituation (in der Regel) eine mündliche, in der ein face-to-face-Interview oder ein telefonisches Interview stattfindet. Für den Pressetext wird der ursprünglich mündliche Text dann verschriftet (vgl. 6.2).

Es bietet sich an, im ersten Fall von „medialer Substitution" zu sprechen. In der linguistischen Fachliteratur wird jedoch auch der zweite Fall als ein Wechsel des „Mediums" bezeichnet. Diese begriffliche Überschneidung ist für Analysen der Massenmedien verwirrend. Ich verwende daher das Adjektiv „medial" nur für den ersten Fall (vgl. 6.1).

Um den Verlauf einer Textgeschichte genauer fassen zu können, kann man innerhalb der diachronen Intertextualität eine weitere begriffliche Unterscheidung vornehmen:

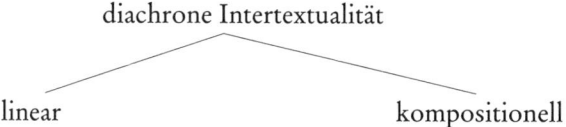

diachrone Intertextualität

linear   kompositionell

„Lineare" Intertextualität liegt dann vor, wenn ein Text verschiedene Stadien durchläuft und dabei als „derselbe" identifizierbar bleibt. Hier kann man wieder Presseinterviews als Beispiel nehmen: Der Prätext – die Originalsituation – wird verschriftlicht, wobei er in der Regel beträchtliche Transformationen erfährt, und mit den Merkmalen der Textsorte „Presseinterview" als Medientext publiziert. Dennoch soll der gedruckte Text den Prätext – und nichts anderes – „wiedergeben".

Ein Sonderfall der linearen Intertextualität liegt dann vor, wenn ein Text durch die Textgeschichte hindurch zwar als „derselbe" erkennbar bleibt, aber durch andere Texte „angereichert" wird. Ein typisches Beispiel ist das Pressecommuniqué als Prätext, das weitgehend unverändert zum Medien-TEXT wird, wobei dieser aber durch zusätzliche Textelemente, beispielsweise Reaktionen von Verbänden oder Politikern, ergänzt wird.

Von „kompositioneller" Intertextualität soll dann gesprochen werden, wenn der Medientext nicht eingleisig auf einen Prätext rückführbar ist, sondern auf zwei oder mehr Prätexte zurückgeht. Ein häufiges Beispiel dafür ist die Genese eines Medientextes auf der Basis von Texten verschiedener Agenturen.

Es ist selbstverständlich, dass diese Kategorien unscharf sind und gleitende Übergänge aufweisen. So kann es z. B. durchaus fraglich sein, ob ein Text während der Textgeschichte tatsächlich als derselbe erkennbar bleibt, wenn die Anreicherungen ein solches Ausmaß annehmen, dass sie den Prätext dominieren. Generell lässt sich bei angereicherten Formen nur dann von linearer Intertextualität sprechen, wenn ein Prätext als klar dominant gegenüber den anderen zu betrachten ist.

In einem mehrjährigen Projekt haben wir in Zürich die Textgeschichte eines großen Korpus von Texten aller Medien untersucht (vgl. Luginbühl et al. 2002) und dabei die immense Bedeutung des intertextuellen Faktors festgestellt.

Ich gebe zunächst ein Beispiel für die Unterschiedlichkeit der Wege, die ein und derselbe Prätext durch die Medien hindurch nehmen kann (vgl. Burger 2001b, 34 ff.):

Ausgangspunkt ist eine Pressekonferenz. Auf dieser Basis wird eine Agenturmeldung verfasst, die in die Presse gelangt. Demgegenüber arbeitet das Fernsehen in erster Linie mit Statements, die z. T. anlässlich der Pressekonferenz erhoben wurden.

Ein Text der Regionalpresse sieht dann so aus:

Des einen Freud, des andern Leid
<u>Bern erteilt Novartis eine befristete Bewilligung für gentechnisch veränderten Bt-Mais</u>
sda. Der gentechnisch veränderte Bt-Mais von Novartis darf in der Schweiz als Lebens- und Futtermittel verwendet werden. Die Bundesämter für Gesundheit und Landwirtschaft stufen ihn als gesundheitlich unbedenklich ein. Die gestern bekanntgegebene Zulassung erntete Zustimmung wie auch Protest.
Bei der Zulassung handle es sich nicht um eine verspätete Geschenkaktion für Novartis, sagte Urs Klemm, Vizedirektor des Bundesamts für Gesundheit in Bern. Die Bewilligung sei mit strengen Deklarationsvorschriften verbunden und auf fünf Jahre limitiert. Zudem besteht ein Aussaatverbot.
Risiko „praktisch gleich null"
(…) [Es folgen kontroverse Stellungnahmen von Verbänden und Firmen]
(Anzeiger von Uster, 7. 1. 98)

[In der gleichen Ausgabe der Zeitung finden sich noch ausführlicher kommentierende Berichte, die z. T. wiederum auf ergänzenden Agenturmeldungen basieren, ohne dass dies im einzelnen gekennzeichnet ist.]

Der Text ist nahezu identisch mit der zusammenfassenden Agentur-Meldung, die kurz nach fünf Uhr erschien. Es finden sich nur winzige stilistische Änderungen („sowohl Zustimmung als auch Protest" → „Zustimmung wie auch Protest"). Aus „Konsumentinnen und Konsumenten" wird „Konsumenten". Das ist nach Auskunft von Redakteuren selbstverständliche Praxis: das geschlechtsspezifische Splitting wird beim Kürzen „geopfert".

Auch der Zwischentitel „Risiko praktisch gleich null" wird übernommen.

Dominant ist die Perspektive (zum Begriff „Perspektive" vgl. 8.3.4) der Bundesämter. Auch bei den Stellungnahmen kommt eine leichte Gewichtung (Bewertung) zugunsten der Befürworter hinein. Der Satz der SDA (Schweizerische Depeschenagentur)

> Von den Bundesratsparteien wertete *einzig* die SP den Entscheid als „verantwortungslos".

wird wörtlich in die Zeitung übernommen.

Die einzige Zusatzleistung der Zeitung ist die Überschrift. Durch das Sprichwort werden die beiden Seiten, die beiden Perspektiven als völlig gleichwertig dargestellt. Wobei zu bedenken ist, dass *der eine*, der Freude hat (wie es auch im Text heißt), vor allem die Firma Novartis ist, und dass *die anderen* die große Menge der Verbraucher- und Umweltorganisationen ist.

Der intertextuelle Weg von der Agenturmeldung zum Zeitungstext ist eindeutig der „linearen" Intertextualität zuzuordnen. Die im Zeitungstext und vorher in der Agenturmeldung geschaffene Realität ist weitgehend ein selektives Abbild der Pressekonferenz bzw. der als Reaktion auf die Pressekonferenz verfassten (bzw. gesprochenen) Texte. Durch die Überschrift – und nur durch diese – wird diese Realität aber im Medientext auf eine bestimmte Weise gewichtet und bewertet.

Demgegenüber ist der „Tagesschau"-Bericht (Tagesschau, SF DRS, 6.1. 1998) nahezu gar nicht abhängig von Agentur-Meldungen. Ein Reporter war bei der Pressekonferenz und hat seine eigenen Informationen verarbeitet. Dass eine Pressekonferenz das Ausgangsereignis ist, wird im Bericht explizit gesagt, allerdings erst etwa in der Mitte des Textes („Künftig, so wurde an der Pressekonferenz erklärt, wird es einen Grenzwert geben …").

M1 = Peter Wyss (Bericht)
UK = Urs Klemm, Bundesamt für Gesundheit
AE = Arthur Einsele, Novartis Seeds

Vorankündigung:

> M   Genmais zugelassen. Der gentechnisch veränderte Mais darf in der Schweiz verwendet werden. Kritik von der Umwelt- und Konsumentenorganisation.

Bericht:

M Guten Abend meine Damen und Herren. Gentechnisch veränderter Mais ist in der Schweiz zugelassen, für Mensch und Vieh. Das Bundesamt für Gesundheit, BAG, und die Eidgenössische Forschungsanstalt für Nutztiere, RAP, *befinden*, der Mais Bt 176 des Basler Pharmakonzerns Novartis sei unbedenklich als Lebens- und Futtermittel. Die Einfuhr ist vorerst für fünf Jahre erlaubt. Erich Wyss.

M1 Unter dem Namen Ciba Seeds wurde der Genmais in den USA schon angebaut, bevor es Novartis überhaupt gab. *Die amerikanischen Bauern lie-ßen sich überzeugen*, denn die Pflanzen schützen sich selbst vor dem Mais-Zünzler, ein Schädling der regelmäßig einen Teil der Ernte zerstört. Ab heute darf dieser Mais trotz Bedenken von Umwelt- und Konsumenten-schützern auch in der Schweiz verkauft werden.

UK Ich kann ihnen *versichern, dass unser Bewilligungsverfahren strenger ist als das der EU*, dass wir diese Argumente sehr ernsthaft geprüft haben, aber zum Schluss gekommen sind, dass die Risiken verträglich sind, dass wir also diesen Mais bedenkenlos zulassen können.

M1 Obwohl der Bt Mais *gesundheitlich unbedenklich* ist, müssen alle Lebens- und Futtermittel, in denen er einmal enthalten sein wird, deklariert werden.

UK Unsere *Deklarationsvorschriften sind ebenfalls die strengsten*, die es gibt. Auch die Zusatz- und Hilfsstoffe müssen deklariert werden. Wir verfügen auch, zusammen mit dem kantonalen Vollzug, über das nötige Instrumen-tarium, um diese Vorschriften durchzusetzen.

M1 Jedes Produkt, das auch nur Spuren von gentechnisch veränderten Orga-nismen enthält, muss heute mit GVO gekennzeichnet werden. Künftig, so wurde an der Pressekonferenz erklärt, wird es einen Grenzwert geben, un-ter dem dies nicht mehr nötig ist. Künftig wird auch nicht mehr bei jeder neuen Zulassung eines GVO-Produktes die Presse eingeladen, die Bewilli-gungen, zehn sind zurzeit hängig, werden dann nur noch auf amtlichen Kanälen publiziert.

M Novartis ist über den Entscheid des Bundesamtes erfreut, die Gentechgeg-ner, -gegnerinnen aber gar nicht. Die Deklarationspflicht mache die Sache überhaupt nicht besser, sagt die Stiftung für Konsumentenschutz.

Es folgen Statements der Gegner. Den Abschluss – ohne Abmoderation – macht aber ein beruhigendes Statement des Novartis-Vertreters:

AE Wir kennen diese Ängste, und ich nehme die Ängste enorm ernst, ich glaube ein Problem liegt darin, dass man dem Konsumenten noch viel zu wenig erzählen konnte, was wir eigentlich mit diesen gentechnisch verän-derten Pflanzen lösen, also dass wir *dem Bauern ein Problem lösen*, dass er auch *ökologischer seine Landwirtschaft machen kann*. Ich glaube, man müsste *mehr von dieser Seite sprechen*. Umgekehrt werden Pflanzen, die eben dann *in ihrem Gehalt anders* sind, sicher in Zukunft *dem Konsumen-ten mehr direkten Nutzen* bringen.

Der Bericht enthält keine explizite Perspektivierung. Aber implizit ist eher die Linie der offiziellen Stellen vertreten: Diese „befinden …". Das Verb ist in der Bedeutung ‚für etw. halten, erachten' in Duden GW als <gehoben> markiert, es hat in diesem Kontext eine leicht ironische Nuance. Aus den eingebetteten Statements des Behördenvertreters geht hervor, dass „Bewilligungsverfahren" und „Deklarationsvorschriften" die „strengsten" in Europa sind. Die amerikanischen Bauern waren schon früher der Meinung (sie „ließen sich überzeugen"), dass Genmais unbedenklich ist.

Auch durch die Anordnung der verschiedenen Perspektiven bekommt der Bericht einen leichten Touch Richtung Befürworter, ohne dass Moderator und Reporter selber klar Position beziehen. Nur an einer Stelle ist dies anders: „Obwohl der Bt Mais gesundheitlich unbedenklich ist" – hier übernimmt der Reporter die Wertung der Bundesämter, ohne sie als deren Wertung zu kennzeichnen. Vermutlich war das unbeabsichtigt, eine bloße Fahrlässigkeit im Zitierverfahren.

Am späteren Abend greift die Nachrichtensendung „10 vor 10" das Thema ausführlich auf, verwendet wiederum zahlreiche Statements von Vertretern der Behörden und der Firmen, bettet diese aber ganz anders in den redaktionellen Text ein:

S   = Sprecher
UK   = Urs Klemm, BAG
STB = Stephan Baer, Baer AG
AXP = Arthur Xavier Perroud, Nestlé
Insert: <Gen-Offensive-2>

Vorankündigung:

> M'in Guten Abend. Die Gentechnologie ist auf dem *Vormarsch.* Bern gibt grünes Licht für den Genmais von Novartis. Die Konsumenten *zittern,* die Migros gibt sich machtlos, Nestlé *applaudiert.*

Anmoderation und Bericht:

> M'in Zuerst kam das Soja, heute gabs die offizielle Zulassung für den Mais. Genveränderte Nahrungs- und Futtermittel sind auf dem *Vormarsch,* die *Gen-Offensive* läuft. und die *Rituale* sind eingeübt. Das Bundesamt für Gesundheit prüft und *stempelt* den neuen Gentech-Novartismais als gesundheitlich unbedenklich. Die Gegnerschaft ist empört und spricht von einem *Kniefall* vor der Wirtschaft. Über genveränderte Nahrungsmittel, Opposition und was uns die Zukunft bringt, der Bericht von Christina Karrer.

> S   Hier entsteht, was sich später als Mais entfaltet, als genmanipulierter Mais. Was in Amerika gang und gäbe ist, gibt es nun auch in der Schweiz, für den Genmais von Novartis hat das Bundesamt für Gesundheit grünes Licht gegeben.

UK Si könne bi käim Läbensmittel Risike usschliesse, wenn si Poulet ässe oder irgendöppis, gönn si au gwüssi Risike ii. Eh mir halte das Risiko für verträtbar, die Läbensmittel sind sicher.[3]

S Novartis der Agrar- und Chemiemulti *reibt sich schon die Hände.*

UK Das wird wältwit en en Durchbruch ha, sodass in wenige Joor, i würd säge, mol zwänzig bis drissig Prozänt vo dene Maispflanzige werde mit so Bt Mais eh dur/gmacht werde.[4]

S Der Genmais wird vor allem zu Tiernahrung verarbeitet und *gelangt so über das Fleisch in die menschliche Nahrungskette.* Doch der Genmais ist erst der erste Schritt in Richtung Genfood, weitere genmanipulierte Nahrungsmittel folgen.

Die Redaktion nimmt hier eindeutig die Perspektive der Gegner ein. Und mit der Perspektivik sind deutliche Bewertungen verbunden: Dramatisierung in den Schlagzeilen, Kampf-Metaphorik, Abwertung der offiziellen Position als Ritual, unkommentierte Zitierung der Gegner („Kniefall vor der Wirtschaft"), sarkastische Abwertung von Novartis („reibt sich die Hände"), Anspielung auf BSE („gelangt ... in die Nahrungskette"). Dass die Anspielung auf BSE gezielt gemacht ist, lässt sich durch die Sendung „Schweiz aktuell" (Inlandsendung vor der „Tagesschau") belegen: Dort hat ein Interviewter ausführlich auf die potenzielle Parallele hingewiesen; es liegt also eine deutliche intertextuelle Verknüpfung zwischen den Sendungen vor.

Dann folgen wieder gegensätzliche Statements. Das vorletzte Statement eines Nestlé-Vertreters lautet:

AXP Eh mer hei weder feschtgschtellt, dass sich eh dass d Verchäuf zuegnoh hei, no hei si abgnoh. Mit andere Wort, werde sich i de Schwiiz vermuetlich d Erfahrige beschtätige, wo mir in Ängland oder in Holland hei, dass de Konsumänt das mit de Ziit ganz als normal akzeptiert, und dass es keinerlei Reaktione git, vo dr Art, wo si jetzt aagschproche hend. Immer meh landwirtschaftlichi Rohstoff wärde genetisch *veränderet* si, wärde genetisch *verbesseret* si, und es isch abzgsch, dass in ab/dass in e paar Jaar zunähmend grössere Prozäntsatz, vo de Nahrigssmittel, wo mir uf e Markt eh irgend eh aso (UNVERST.) wärde enthalte vo genetisch *manipulierte*, vo genetisch *verbesserete* Pflanze.[5]

---

3 Hochdeutsche Übersetzung:
   Sie können bei keinem Lebensmittel Risiken ausschliessen, wenn sie Hühnchen essen oder irgendwas, gehen Sie auch gewisse Risiken ein. Wir halten das Risiko für vertretbar, die Lebensmittel sind sicher.

4 Hochdeutsche Übersetzung:
   Das wird weltweit einen Durchbruch haben, sodass in wenigen Jahren, ich würde sagen, mal zwanzig bis dreissig Prozent der Maispflanzungen mit so einem Bt. Mais gemacht werden.

5 Hochdeutsche Übersetzung:
   Wir haben weder festgestellt, dass sich äh dass die Verkäufe zugenommen haben, noch haben sie abgenommen. Mit anderen Worten werden sich in der Schweiz vermutlich die

S   Gentech *unser täglich Brot*, eine Realität schon bald auch in der Schweiz?

STB   Das chönnti eso sii, das isch äi Möglichkeit, es git aber natürli au die an-
      der Möglichkeit. Dass gwüssi befürchteti Risike läider sich bewahrheite
      würdet, und denn würd wahrschiinli es radikaals Umdänke stattfinde.[6]

Der Nestlé-Vertreter korrigiert sich zweimal: Statt „genetisch manipuliert"
formuliert er „genetisch verbessert", wie es wohl der Sprachregelung für die
Außenkommunikation der Firma entspricht. Der Reporter fasst das Statement ironisch zusammen mit einer Bibel-Anspielung. Den Abschluss macht
das Statement eines Gegners (Vertreter einer kleinen Firma, die keine gen-
manipulierten Produkte vertreiben will).

Im Text finden sich keine Hinweise auf die Ausgangssituation bzw. die
Originalsituationen zusätzlich eingeholter Stellungnahmen, und auch die
Bilder des Berichtes lassen keine eindeutigen Rückschlüsse zu auf die Situationen, in denen die „Stimmen" erhoben wurden. (Allenfalls geben die Bilder Hinweise auf die Orte, an denen die Aufnahmen gemacht wurden, z. B.
ein Supermarkt oder ein Büro.) Die klare Perspektivierung ergibt sich einerseits aus der Selektion der Stimmen, andererseits und vor allem durch die
redaktionellen Texte, die die Stellungnahmen der Vertreter von Behörden
und Firmen in einen wertenden Kontext einbetten.

Sowohl im „Tagesschau"-Bericht als auch im Bericht von „10 vor 10"
ist eine für das Fernsehen charakteristische Form der diachronen Intertextualität zu registrieren: Die Berichte setzen sich aus Prätexten verschiedenster Genese und einem Moderationstext zusammen. Intertextualitätssignale
sind zwar vorhanden, lassen aber nicht eindeutig den intertextuellen Weg erkennen. Die Realität, die auf diese Weise im Text entsteht, ist in hohem
Masse ein Konstrukt aus heterogenen Bestandteilen.

Ein zentraler Aspekt ist das „Bewerten" von Personen, Sachverhalten,
Ereignissen, über die berichtet wird.[7] Hier stellt sich heraus, dass Bewertungen oft durch die Textgeschichte hindurch weitergegeben werden, ohne

---

Erfahrungen bestätigen, die wir in England oder Holland haben, dass der Konsument
das mit der Zeit als ganz normal akzeptiert und dass es keinerlei Reaktionen gibt von der
Art, die Sie jetzt angesprochen haben. Immer mehr landwirtschaftliche Rohstoffe werden genetisch verändert sein, sie werden genetisch verbessert sein, und es ist abzusehen,
dass in ab/ dass in ein Paar Jahren zunehmend grössere Prozentsätze der Nahrungsmit-
teil, die wir auf dem Markt [...] enthalten werden von genetisch manipulierten, von genetisch verbesserten Pflanzen.

6   Hochdeutsche Übersetzung:
    Das könnte so sein, das ist eine Möglichkeit, es gibt aber natürlich auch die andere Mög-
    lichkeit. Dass gewisse befürchtete Risiken leider sich bewahrheiten würden, und dann
    würde wahrscheinlich ein radikales Umdenken stattfinden.

7   Zum Begriff des „Bewertens" vgl. Luginbühl et al. 2002, 81 ff.; dort findet sich auch die
    relevante Fachliteratur.

dass dies im aktuellen Text noch erkennbar wäre. Im obigen Beispiel ist es einigermaßen durchsichtig, woher die jeweiligen Bewertungen stammen (offizielle Stellen, Interessenvertreter). Demgegenüber zeigt das folgende Beispiel (nach Luginbühl et al. 2002, 89f.) ein – wenig spektakuläres, dafür aber sehr gängiges – Verfahren. Es handelt sich um ein Beispiel für eine Textkette, in der positive Bewertungen aus einem Prätext übernommen wurden und sich so als Spur fortsetzen. Die Krankenkasse Helsana führte am 22. August 1997 eine Medienkonferenz durch, in der sie die für das Jahr 1998 geplanten Erhöhungen der Krankenkassenprämien bekannt gab. Die Agenturen SDA und AP veröffentlichten an diesem Tag fünf Meldungen zu diesem Thema, am nächsten Tag berichteten alle neun von uns untersuchten Tageszeitungen über diese Erhöhungen. (In den von uns untersuchten elektronischen Medien wurde nicht über diese Ankündigung berichtet.) Das Ausmaß der Prämienerhöhung wird in den Agenturmeldungen überwiegend implizit positiv bewertet (Bewertungen unterstrichen):

> „Einzig der Kanton Neuenburg muss eine zweistellige Erhöhung hinnehmen." (SDA, 22. 8. 97, 9:09 Uhr)
> „Nur Neuenburg muss eine zweistellige Erhöhung hinnehmen." (SDA, 22. 8. 97, 12:32 Uhr)
> „Bei den Zusatzversicherungen sind nur etwa 20 Prozent der 1,42 Mio. Helsana-Versicherten von einer Prämienerhöhung betroffen." (SDA, 22. 8. 97, 12:32 Uhr)
> „In 15 von 45 Regionen sollen die Prämien überhaupt nicht angehoben werden und in weiteren acht Regionen um höchstens vier Prozent. Damit liegen mehr als die Hälfte der Prämienregionen unter dem Durchschnitt von 4,3 Prozent. […] der Kanton Neuenburg muss als einziger eine zweistellige Erhöhung hinnehmen." (AP, 22. 8. 1997, 12:15 Uhr)

Implizit werden hier Einstufungsergebnisse formuliert: Die jeweiligen Prämienerhöhungen werden als gering oder als Einzelfälle beschrieben und somit wird die Prämienrunde als Ganze positiv bewertet. Fragt man sich, wo diese Bewertungen herrühren, so wird man im Pressecommuniqué der Krankenkasse fündig. Dort heißt es:

> „Dabei kommt es in einem Drittel der insgesamt 45 Prämienregionen zu Nullrunden. […] Weitere acht Prämienregionen erfahren in der Grundversicherung eine Anpassung bis höchstens vier Prozent. Damit liegen mehr als die Hälfte der Prämienregionen unter dem Durchschnitt von 4,3 Prozent. […] Einzig der Kanton Neuenburg muss eine zweistellige Erhöhung hinnehmen. […] Bei den Zusatzversicherungen haben 80 Prozent der Versicherten keine Prämienerhöhung."

Die Formulierungen der Agenturen stammen also – z. T. sogar wörtlich – aus dem Pressecommuniqué der Krankenkasse, und zwar ohne dass dies irgendwie markiert wird. Die Agentur-Formulierungen setzen sich dann in den Formulierungen der Tageszeitungen fort.

Insgesamt bietet sich folgendes Bild:

(a) Bewertungen im Medien-TEXT gehen oft auf den allerersten Prätext zurück, z. B. eine Medienkonferenz.

(b) Die Medien bewerten eher implizit als explizit. (Explizit sind Bewertungen dann, wenn sie mit eindeutig bewertenden Ausdrücken – Lexemen, Phraseologismen usw. – operieren, implizit dann, wenn der bewertende Charakter der Äußerung über Implikationen, eventuell auch außersprachliches Wissens usw. erschlossen werden muss.)

(c) Explizite Bewertungen kommen vor allem dann vor, wenn die Journalisten von einem gesamtgesellschaftlichen oder doch weitreichenden Konsens über den zu bewertenden Gegenstand ausgehen können. Im folgenden Beispiel wird mit „Beruhigungspille", „kann nicht darüber hinwegtäuschen …" sowie den Anführungszeichen bei „nur" explizit und implizit bewertet, weil der Journalist sich solidarisch weiß mit dem „Volk" und dessen „Zorn":

> **Was nächste Woche Schlagzeilen machen wird**
> Prognose: Frau Dreifuss wird den Volkszorn mit dem Hinweis zu besänftigen suchen, die Prämien stiegen in der Grundversicherung im Schnitt „nur" um rund sieben Prozent. Diese *Beruhigungspille kann aber nicht darüber hinwegtäuschen* (…)
> (SonntagsZeitung 28. 9. 1997)

(d) In den elektronischen Medien werden die Bewertungen, die in den redaktionellen Text-Teilen vorgenommen werden, meist durch O-Ton-Statements von Politikern, Interessenvertretern usw. „abgesichert"[8]. Man vergleiche dazu das obige Beispiel von „10 vor 10".

(e) Bewertungen werden häufig durch Metaphern und Phraseologismen vorgenommen. Diese sind zwischen impliziten und expliziten Formen des Bewertens einzuordnen: Implizit sind sie, insofern die Bewertung nicht „wörtlich" erfolgt; explizit, weil die bewertende Komponente bei Phraseologismen meist lexikalisiert ist und weil neu gebildete Metaphern im Journalismus meist an bekannte, konventionelle Metaphern mit festen Bewertungen angeschlossen sind.

Im folgenden Beispiel (genauer dazu Burger 2001b) ist wiederum eine Medienkonferenz Ausgangspunkt der Textgeschichte. Es geht um die überraschende Fusion der Pharma-Firmen Sandoz und Ciba zum neuen Giganten „Novartis". Der Bericht in der „Basler Zeitung" übernimmt weitgehend die Perspektive der „Novartis-Väter" (= Krauer und Moret). Im visuellen Zen-

---

8 Der Begriff „Absicherung" ist im Sinne von Josef Klein verwendet, vgl. Luginbühl et al. (2002, 95 ff.)

trum steht ein großes Foto mit der Legende: „Die Novartis-Väter ...“ Es
wirkt wie die Aufnahme von einer Familienfeier. In einem metonymischen
Hin und Her zwischen den Personen, den „Vätern“, und den Firmen wird
die Annäherung beschrieben. Zentral ist dabei die Metapher des „Weges“,
die Personen und Firmen „gehen zusammen“ als „zwei ebenbürtige Partner“. Die Weg-Metapher ist hinsichtlich der Bewertung zunächst offen,
durch den Kontext wird aber unmissverständlich klar, dass es ein „guter“
Weg ist, der zurückgelegt wurde, und dies wird durch ein Zitat (in indirekter Rede) von Krauer bestärkt:

> Der kleine Spaziergang über den Rhein sei aber ein gewaltiger Schritt.

Die Metapher vom *Schritt* ist kognitiv durch viele ähnliche Metaphern gestützt (man denke nur an den Phraseologismus „Schritt in die richtige Richtung“).

Es sind also nicht Menschen wie Du und ich, die hier agieren, sondern
starke Persönlichkeiten, die in gigantischen Dimensionen denken und handeln. Beschworen wird schließlich auch die Metapher vom *survival of the
fittest*:

> Moret wies gleich zu Beginn darauf hin, dass das Zusammengehen nicht aus
> einer Krise heraus, sondern aus einer *Position der Stärke* erfolge. (...) Krauer
> zum Schluss: „Im raschen Wandel gut zu sein, reicht nicht aus. *Nur die Besten
> werden es schaffen.* Novartis ist der Ausdruck dieses Willens.“

Der Verfasser übernimmt mit der (Fremd-)Perspektive, aus der heraus die
Prätexte geschrieben bzw. gesprochen wurden, auch die Bewertung des Ereignisses.

Demgegenüber gibt der Zürcher „Tages-Anzeiger“ (8.3.1996, Frontseite) dem Vorgang eine zumindest leicht andere metaphorische Bewertung.
Zwar heißt es in der Unterzeile auch eher bewundernd „Neuer Schweizer
Riese weltweit ganz vorn“, doch beginnt dann der Text mit einer nuancier-
teren Formulierung:

„Ciba und Sandoz haben einen beispiellosen Coup gelandet“. Der Phraseologismus *einen Coup landen* ist mit zumindest leichter negativer Bewertung lexikalisiert (Duden 11 ‚ein meist kriminelles, kühn angelegtes Unternehmen erfolgreich durchführen‘), wodurch das Ereignis einen Akzent von
leichter Anrüchigkeit erhält.

Innerhalb des einzelnen Mediums selber sind deutliche Unterschiede zu
registrieren. So enthält das Nachrichtenmagazin „10 vor 10“ (SF DRS, die
zweite Abend-Nachrichtensendung) mehr Phraseologie und stärker wertende Phraseologie als die konservativere „Tagesschau“ (SF DRS).

Durch eine Analyse der Textgeschichte lässt sich beobachten, dass Formulierungen bestimmter Akteure, die in Prätexten eine stark bildliche
Phraseologie oder sonstige auffällige rhetorische Elemente verwenden, eine

besonders große Chance haben, durch die Medien hindurch zitiert zu werden.

Ein krasses Beispiel ist die Textgeschichte eines Interviews, das Bundesrat (= Minister) Leuenberger einer Schweizer Illustrierten (Schweizer Familie, 3. 7. 1997) gab. Es enthielt eine längere Passage, die sich mit Blocher, dem bekanntesten populistischen Schweizer Politiker (zur Zeit selbst Bundesrat) befasst:

L   = Bundesrat Leuenberger
SF = Schweizer Familie

L   (…) Blocher hat mit seiner letzten Rede die Ebene der helvetischen Streitkultur verlassen. Ganz eindeutig.

SF Was heisst das?

L   Er hat Geister geweckt, die sehr gefährlich sind. Er beschimpfte, ja verleumdete die Intellektuellen. Jetzt erhält der Schriftsteller Adolf Muschg Drohpakete. Blocher ist daran schuld. Er geht bewusst nur haarscharf am Antisemitismus vorbei. Blocher ist der *Brandstifter*. Wenn diese Spirale weiterdreht, kann er nachher die Hände nicht mehr in Unschuld waschen. Wir alle sind aufgerufen, den Brand zu löschen, den er gelegt hat.

[später:]

SF Was halten Sie von Blochers Vorschlag, dass die Reichen spenden sollen?

L   Das ist eine Blenderei – bei einem Vermögen von 1,2 Milliarden Franken (…)

SF Würden Sie einzahlen?

L   Nein. Der Bundesrat unterstützt das offizielle Projekt und nicht die *Schaumschlägerei* Blochers.

Diese Passage wird von der Schweizerischen Depeschenagentur (SDA) zwei Tage vor dem Erscheinen der Illustrierten auszugsweise publiziert:

Bundesrat Moritz Leuenberger wirft Christoph Blocher *Brandstiftung* und *Schaumschlägerei* vor. In einem Interview mit der „Schweizer Familie" sagte Leuenberger, Blocher sei in seiner Berner Rede vom 21. Juni nur haarscharf am Antisemitismus und am Aufruf zur Gewalt vorbeigegangen. „Wenn diese Spirale weiterdreht, kann er nachher die Hände nicht mehr in Unschuld waschen", sagte Leuenberger. „Wir alle sind aufgerufen, den *Brand* zu löschen, den er gelegt hat." Der Zürcher SVP-Nationalrat habe bewusst Geister geweckt, die sehr gefährlich seien, sagte Leuenberger. (…)
Zu Blochers Vorschlag, die Reichen sollten spenden, sagte Leuenberger, dies sei angesichts eines Vermögens von 1,2 Milliarden Franken eine Blenderei. Zur Frage, ob er selber einzahlen werde, erklärte Leuenberger: „Nein. Der Bundesrat unterstützt das offizielle Projekt und nicht die *Schaumschlägerei* Blochers." (SDA, 1. 7. 1997)

Schon hier werden die zwei Metaphern „Brandstiftung" und „Schaumschlägerei" prominent am Anfang zitiert. Davon ist die erste negativ konnotiert, weil *Brandstiftung* im wörtlichen Sinn sachgegeben negativ bewertet ist, und die zweite – *Schaumschlägerei* – ist mit der negativen Bewertung bereits als Metapher lexikalisiert. (Duden GW hat zu *Schaumschläger* folgenden Eintrag: ‚(abwertend) jemand, der (besonders aus Geltungsdrang) bestimmte Qualitäten oder Fähigkeiten vortäuscht, die er in Wahrheit gar nicht besitzt‘.)

Aus dem Agenturtext wird dann in den Zeitungen z. B.

„Brandstiftung und Schaumschlägerei"
sda. Bundesrat Moritz Leuenberger (Bild) wirft Christoph Blocher Brandstiftung und Schaumschlägerei vor. [Das Weitere entspricht fast der ganzen SDA-Meldung, mit minimalen Kürzungen und Änderungen]
(Der Bund, Bern, 2.7.1997)

Brandstifter Blocher
Bern. SDA. Bundesrat Moritz Leuenberger wirft Christoph Blocher Brandstiftung und Schaumschlägerei vor. (…) „Wenn diese Spirale weiterdreht, kann er nachher die Hände nicht mehr in Unschuld waschen", sagte Leuenberger. Zu Blochers Vorschlag, die Reichen sollten spenden, meinte Leuenberger, dies sei angesichts eines Vermögens von 1,2 Milliarden Franken eine Blenderei.
(Basler Zeitung, 2.7.1997)

Der augenfälligste und linguistisch am klarsten fassbare Fall von Intertextualität ist das „Zitat" (Genaueres dazu in 4.2).

4.1.2 Synchrone Intertextualität

Mit „synchroner" Intertextualität sind alle Relationen, die zwischen dem Medien-TEXT und anderen Texten zur gleichen Zeit bestehen, gemeint.

In einem Bericht auf der Frontseite wird zum Beispiel ein Interview zitiert:

Der Verwaltungsratspräsident der neuen Schweizer Fluggesellschaft, Pieter Bouw, sagt jedenfalls in einem Interview mit der „NZZ am Sonntag", dass AA für die Swiss eine gute Lösung sein könnte. (NZZ am Sonntag, 24.3.2003)

Das Interview selbst findet sich in der gleichen Zeitung. Typischerweise sind ein Bericht und ein Kommentar auf der gleichen Zeitungsseite intertextuell aufeinander bezogen, oder ein Bericht und eine Karikatur mit einer Legende.

Es kann auch eine Meldung auf der Front-Seite mit einem ausführlicheren Bericht im Inneren der Zeitung verknüpft sein. So heißt es auf der Frontseite der „SonntagsZeitung":

Pieter Bouw, der Verwaltungsratspräsident der neuen Airline, hat die ehemaligen Crossair-Piloten aufgefordert, ihm eine Liste der Forderungen zuzustellen. (7.4.2002)

Im Inneren des Blattes folgt dann der Bericht mit einer nur leicht veränderten Formulierung:

Verwaltungsratspräsident Pieter Bouw hat die Piloten aufgefordert, ihm eine Liste ihrer Forderungen zukommen zu lassen, was diese auch getan haben.

In der Boulevardpresse beschränkt sich der „Aufmacher" auf der Frontseite oft auf eine Schlagzeile mit einer Art Lead oder einem Minimum an Fließtext, womit die Neugier geweckt wird auf den „eigentlichen" Text, den man dann einige Seiten weiter hinten findet. (Der Minimalfall ist der „Meldungsanreißer", der u. U. nur aus einem elliptischen Satz besteht, vgl. Kap. 14.) Dies ist allerdings ein Grenzfall zu einer „intratextuellen" Relation (s. 4.1.4).

Ähnliches gibt es auch innerhalb einer Nachrichtensendung im Hörfunk oder Fernsehen: Interviews beziehen sich auf Meldungen; Filmberichte oder Reportagen beziehen sich auf Sprechermeldungen usw. Für die elektronischen Medien ist der Begriff *synchron* wegen der Kanalbedingungen nicht im strikt zeitlichen Sinne („gleichzeitig') zu verstehen, da beispielsweise ein Bericht und ein zugehöriger Kommentar natürlich nicht synchron, sondern nacheinander gesendet werden. Mit *synchron* ist in diesen Medien gemeint, dass sich der Medientext auf andere Texte in der gleichen Sendung (z. B. einer Nachrichtensendung) bezieht.

Einen terminologisch schwer zu fassenden Grenzfall stellt der folgende, in den heutigen Medien immer häufiger anzutreffende Intertextualitätstyp dar, der in der Presse besonders deutlich fassbar wird:

Die Texte von Nachrichtenagenturen werden insbesondere von kleineren Zeitungen, nicht zuletzt auch von der Gratispresse, heutzutage als fertige Versatzstücke genutzt, die mit marginalen Veränderungen tale quale abgedruckt werden. So kann der Fall eintreten, dass in zwei oder mehr verschiedenen Zeitungen gänzlich oder partiell identische Texte erscheinen, die auf dem gleichen Prätext basieren. Identische oder partiell identische Textgeschichten führen also dazu, dass sich synchron Relationen zwischen Texten verschiedener Zeitungen ergeben, ohne dass dies von den für die Medientexte Verantwortlichen in irgendeiner Weise beabsichtigt wäre. Man wird diesen Fall am ehesten als „zufällige" (nicht-intendierte) – wenn auch häufige und für die heutige Presse charakteristische – Form von synchroner Intertextualität charakterisieren müssen, gegenüber allen anderen, „echten" Formen, die als „intendierte" gelten können.

4.1.3 Typologische Intertextualität

Dies ist die für Texte aller Art wichtige Relation zwischen dem Text und der Textsorte, der er zuzuordnen ist.

Es erscheint mir sinnvoll, diese Kategorie von den beiden erstgenannten abzusetzen, da sie – je nach Perspektive – sowohl diachrone als auch synchrone Aspekte hat. Unter diachroner Perspektive könnte man sagen, dass der Medientext in der Nachfolge zahlloser Prätexte der gleichen Textsorte steht und insofern eine Reihe gleichartiger Texte fortsetzt. Unter synchroner

Perspektive folgt der Textproduzent einem textkonstituierenden Schema, z. B. einem Muster des „Erzählens" von Nachrichten (vgl. 9.3).

Beispiele für diese Art von Intertextualität werden in verschiedenen Kapiteln diskutiert.

4.1.4 Inter- und intratextuelle Relationen

Neben den intertextuellen Relationen spielen für Medientexte (wie für die meisten anderen Texte auch) Relationen eine Rolle, die innerhalb des Textes selber wirksam sind und die man als „intratextuell" bezeichnen kann.

Eine intratextuelle Relation besteht z. B. zwischen der Überschrift, dem Lead und dem Haupttext eines Zeitungsberichtes. Wenn es sich um eine mehrteilige Überschrift handelt (mit Hauptzeile/Oberzeile/Unterzeile), gehen die Zeilen bestimmte Relationen zueinander und jeweils auch zum Text ein.

Beim Fernsehen werden wichtige und äußerst vielfältige intratextuelle Relationen zwischen Text- und Bildebene konstituiert (vgl. 13.3).

Die intratextuellen Relationen werden im einzelnen in Kap. 5 behandelt. Hier sei nur auf die Schwierigkeiten hingewiesen, die sich für die Abgrenzung von Intra- und Intertextualität ergeben. Man denke an die folgenden Fälle:

- Auf der Frontseite steht die Schlagzeile und ein kurzer Anriss, der eigentliche Artikel mit einer neuen Schlagzeile, Lead und Haupttext im Inneren. Wie verhalten sich die Texte auf den verschiedenen Seiten zueinander?
- Schlagzeilen bei Fernsehnachrichten wird man problemlos als intratextuelles Element auffassen, sofern sie unmittelbar am Anfang der Sendung präsentiert werden. Wie steht es aber mit allen Trailern, Teasern, die der Sendung vorausgehen und die vieles mit Schlagzeilen gemeinsam haben?

Die letzteren Phänomene werden in Kap. 5 besprochen, zusammen mit den eindeutig intratextuellen Relationen.

4.2 Das Zitat

Wir wollen uns im Folgenden mit einem Ausschnitt aus dem Bereich der intertextuellen Phänomene näher beschäftigen, der bereits am aktuellen Text leicht erfassbar ist und der gut geeignet ist, die Praktiken verschiedener Medien miteinander zu kontrastieren: dem Zitat. Das Zitat ist der sozusagen klassische Fall von diachroner Intertextualität, der auch in der linguistischen Fachliteratur am meisten Beachtung gefunden hat (vgl. etwa die neueren Arbeiten von Breslauer 1996, Steyer 1997, Marinos 2001). Im Folgenden werden zunächst einige (ausgewählte) Grundbegriffe des Zitierens vorgestellt und anschließend werden Aspekte des medienspezifischen Zitierens behandelt. (Einen Überblick über alle relevanten Formen des Zitierens gibt Marinos 2001, 128 ff.)

4.2.1 Grundbegriffe

4.2.1.1 Zitat

Mit „Zitat" ist ein relativ eng begrenzbares Phänomen gemeint.

Es setzt voraus, dass zwei zeitlich getrennte Kommunikationssituationen voneinander abgrenzbar sind und dass sich ein Sprecher/Schreiber der zweiten Situation (S II) auf etwas in der ersten Situation (S I) Gesagtes/Geschriebenes bezieht. Beim schriftlichen Zitat kann es sein, dass die Kommunikationssituationen bzw. unser Wissen darüber sich auf wenige Elemente reduziert (z. B. Autor, Enstehungszeit usw.). Dass für mediale Textproduktion Begriffe wie „Schreiber" und „Sprecher" allerdings zu relativieren sind, wurde bereits gesagt (vgl. 4.1).

Mit der Annahme zweier Kommunikationssituationen ist nicht impliziert, dass der Sprecher/Schreiber von S II ein anderer sein muss als der von S I – man kann auch sich selber zitieren. Im Gegensatz zu vageren intertextuellen Verfahren wie Allusionen oder Paraphrasen setzt das Zitat die Bezugnahme auf einen klar identifizierbaren Textausschnitt in S I („Bezugsausdruck" in der Terminologie von Steyer 1997, nach E. Gülich) voraus.

Das Zitat ist also klar abzugrenzen von Phänomenen der typologischen Intertextualität, bei der nicht Bezüge auf individuelle Texte, sondern auf Textsorten, Genres usw. vorliegen. Wenn z. B. ein Nachrichtenbeitrag zu einem Raubüberfall – auf der Ebene des verbalen Textes, der Bilder und der Geräusche – aufgemacht ist wie ein Ausschnitt aus einem Krimi, so handelt es sich nicht um ein Zitat, sondern um einen Fall von typologischer Intertextualität.

4.2.1.2 Direkte/indirekte Rede

Die konventionalisierten Mittel des Deutschen, um Zitate zu indizieren, sind „direkte" und „indirekte" Rede. (Die Unterschiede auf grammatischer, lexikalischer, grafischer Ebene – Indikativ/Konjunktiv, unterschiedliche Personalpronomina, Anführungszeichen usw. – können hier nicht referiert werden, man konsultiere dazu eine der gängigen Grammatiken des Deutschen oder die oben angegebene Literatur). Hinzu kommen weniger konventionalisierte Möglichkeiten, in denen das ursprünglich Gesagte nur zusammenfassend, überblicksmäßig wiedergegeben wird. Hier kann man von „Redebericht" sprechen. (Die erlebte Rede ist ein Sonderfall, der gewisse syntaktische Merkmale mit den beiden anderen Zitierweisen gemeinsam hat, der aber nur in modifizierter Weise als Form des „Zitierens" aufgefasst werden kann.)

Dabei ist direkte Rede nicht das Gesagte selbst, sondern auch eine Wiedergabe von Gesagtem. (Es ist also sinnlos zu sagen, auf der Bühne redeten die Personen in direkter Rede. Sie geben nicht Rede wieder, sondern sie reden einfach, ihre Rede ist die Rede selbst.)[9]

Direkte und indirekte Rede unterscheiden sich prinzipiell im Hinblick auf das Verhältnis der beiden involvierten Kommunikationssituationen: Während bei direkter Rede die Situationen klar getrennt werden, werden bei indirekter Rede die Situationen „vermischt", d. h. die jeweiligen Anteile sind nicht eindeutig abgrenzbar. Bei der indirekten Rede ist einerseits nicht eindeutig, was tatsächlich wörtlich gesagt wurde, und andererseits kann der Zitierende Anteile von sich in den Text einbringen, indem er bestimmte Elemente umformuliert, ergänzt usw.

Erzähltheoretisch kann man das auch so ausdrücken:

In beiden Fällen liegt eine „Polyphonie" vor, d. h. dass mehrere „Stimmen" im Text vorhanden sind, nämlich der Erzähler und die Stimmen, die der Erzähler wiedergibt. Bei direkter Rede nun gibt der Erzähler die „Verantwortung" für das Gesagte an eine andere Stimme ab, während er bei indirekter Rede die Verantwortung auch für den wiedergegebenen Text behält.

Der Begriff „Verantwortung" wird in der Erzähltheorie metaphorisch gebraucht, insofern bei fiktionalen Texten von einer Verantwortlichkeit z. B. gegenüber der Wahrheit des Gesagten nicht die Rede sein kann. Bei Me-

---

9 Die in Grammatiken zu findenden Charakterisierungen sind häufig irreführend, z. B.:

> In der direkten (wörtlichen) Rede wird eine Äußerung wörtlich angeführt, d. h. so, wie sie tatsächlich gemacht wird. Die Beziehung zwischen dem Sprecher, dem Urheber der Äußerung, und dem Hörer ist direkt und unmittelbar.
> *Hans behauptet: „Davon habe ich nichts gewusst."*
> In der indirekten (berichteten) Rede dagegen wird eine Äußerung (ein Gedanke, eine Überlegung u. Ä.) mittelbar wiedergegeben, von ihr wird berichtet:
> *Hans behauptet, dass er nichts davon gewusst habe.*
> (Duden Grammatik 1998, S. 164)

Hier sind mehrere Punkte unklar:
– Wer ist der „Urheber der Äußerung"? (Hans oder der Schreiber der kursiven Passage?)
Wer ist der „Hörer" (der Adressat der ursprünglichen Äußerung oder derjenige, an den sich der Schreiber richtet?)
Verkannt wird hier, dass auch in Alltagskommunikation bei Redewiedergabe immer zwei Kommunikationssituationen in Rechnung zu stellen sind, also zwei Sprecher, zwei Hörer in den jeweiligen Situationen. Wenn ich jetzt sage „Herr Schröder behauptet ...", dann bin ich der Sprecher in der jetzigen Situation, und ich gebe wieder, was Herr Schröder in einer früheren Situation gesagt hat.
In beiden Fällen handelt es sich um „Vermittlung" von Gesagtem, in beiden Fällen wird vom Gesagten „berichtet".

dientexten hat der Begriff einen deutlich realistischeren Aspekt: Hier ist der Textverfasser verantwortlich dafür, wie er die Rede eines anderen wiedergibt, ob wörtlich oder nicht, ob mit eigener Wertung oder nicht. Diese Verantwortlichkeit hat durchaus auch juristische Aspekte, wie immer wieder Fälle zeigen, bei denen eine zitierte Person gegen ein Medium klagt, weil sie falsch zitiert worden sei.

4.2.1.3 Slipping

Als „Slipping" kann man den Übergang von der indirekten zur direkten Rede oder umgekehrt innerhalb eines Satzes bezeichnen (Rath 1996).

[Mehrere der folgenden Beispiele beziehen sich auf den Skandal um den Schweizer Botschafter in Berlin, Thomas Borer, der eine Affäre mit einer Visagistin namens Djamile Rowe gehabt haben soll.]

> Auf der anderen Seite reagiere Borer sehr emotional auf Ungerechtigkeiten und persönliche Anwürfe, „vor allem, wenn es um seine Frau geht". (SonntagsZeitung, 7. 4. 2002)

Der Konjunktiv in „reagiere" zeigt zunächst an, dass es sich um indirekte Rede handelt, die Anführungszeichen markieren den Übergang zur direkten Rede.

4.2.1.4 Teil-Zitat

Von „Teil-Zitat" (oder „Fragment-Zitat") kann man sprechen, wenn innerhalb einer narrativen Passage oder innerhalb von indirekter Rede nur eine syntaktisch unselbständige Phrase zitiert wird.

In der Presse lässt sich das Teil-Zitat mühelos und eindeutig durch Anführungszeichen realisieren.

Beim Radio und Fernsehen ergeben sich aber Probleme der Kennzeichnung und der eindeutigen Identifizierbarkeit. In (nur-)gesprochener Sprache sind Teil-Zitate weniger leicht kenntlich zu machen als in geschriebener. Syntaktisch vollständige Äußerungen können hingegen unproblematisch durch die üblichen Indizien direkter Rede signalisiert werden (redeeinleitendes, allenfalls auch redeausleitendes Verb, Indikativ in der zitierten Rede), wie hier (in einer Fernseh-Sprechermeldung):

> Vor dem Parlament in Brüssel zeigte sich Ministerpräsident Tindemanns bewegt ob der zahlreichen Hilfsangebote für die Flüchtlinge aus Kolwezi. Tindemanns sagte: „Es gibt also in dieser grausamen Welt noch Platz für das Gefühl, dass wir eine Schicksalsgemeinschaft sind. Allen jenen, die ihre Hilfe angeboten haben, danke ich", schloss Tindemanns.
> (Tagesschau, SF DRS, 22. 5. 1978)

Das Teil-Zitat hingegen muss innerhalb einer syntaktischen Einheit als selbständige Passage hervorgehoben werden. Das bietet Schwierigkeiten, weil das bequeme grafische Mittel der Anführungszeichen kein direktes phonetisches Pendant hat. Wohl kann man z. B. durch eine deutliche Pause vor dem Zitat und durch intonatorische Absetzung des Zitats von der Umgebung den Wechsel der Sprechebene andeuten – und diese Mittel sind auch weitgehend konventionalisiert und werden in diesem Sinne verstanden –, doch sind die paraverbalen Mittel weitaus störungsanfälliger und labiler als das entsprechende grafische Zeichen. Vor allem ist das Ende der zitierten Passage nicht mit gleicher Deutlichkeit abzusetzen wie der Anfang, z. B. in diesem Radio-Text:

> Die Entlassung des Vorstandschefs der Bundesagentur für Arbeit, Gerster, ist nach Ansicht des nordrhein-westfälischen Wirtschaftsministers Schartau gerechtfertigt. Im Westdeutschen Rundfunk sprach Schartau von einem – so wörtlich – Schrecken ohne Ende, wenn Gerster im Amt geblieben wäre. Dies hätte den Reformprozess immer wieder auf die Diskussion um den Vorstandschef gelenkt, so Schartau. (WDR, 26.1.2004)

Es ist anzunehmen, dass das Teil-Zitat nur aus der phraseologischen Formulierung „Schrecken ohne Ende" (Teil der längeren sprichwortartigen Formulierung *Lieber ein Ende mit Schrecken als ein Schrecken ohne Ende*) besteht. Rein grammatisch gesehen, könnte aber auch der folgende *wenn*-Satz noch dazugehören, da der Konjunktiv „geblieben wäre" auch in der wörtlichen Formulierung vorkommen könnte. Der nächste Satz hingegen ist durch den Konjunktiv eindeutig als indirekte Rede identifizierbar, da im Originaltext der Indikativ zu erwarten wäre („hat ... gelenkt").

Im günstigsten Fall kann eine Kombination verbaler und paraverbaler Mittel das Teil-Zitat eindeutig machen:

> In der Sowjetunion ist der Arzt Michael Stern aus der Haft entlassen worden. Stern war 1974 – wegen passiver Bestechung und Betrugs, wie es hieß, zu 8 Jahren Arbeitslager verurteilt worden. Die Strafe ist nun vom Obersten Gericht der Ukraine herabgesetzt worden. Zwar sei das Urteil seinerzeit zurecht ergangen, schrieb die Sowjetische Agentur TASS. Doch sei das Strafmaß jetzt aus Erwägungen der sozialistischen Menschlichkeit herabgesetzt worden. Zudem habe man dem Alter und dem Gesundheitszustand Sterns Rechnung getragen, erklärte TASS. Für die Haftentlassung Sterns hatten sich Ärzte in zahlreichen Ländern eingesetzt.
> (Radionachrichten DRS, 22.3.1977)

Durch die nicht-syntaktische Pause vor „wegen", das deutliche Überspielen der syntaktischen Schnittstelle vor *wie* und die ebenso deutliche Pause nach „hieß", in Kombination mit der verbalen Formel „das heißt", die das Zitat nachträglich markiert, wird das Teil-Zitat klar isoliert und als solches herausgehoben. Auch bei den weiteren – nunmehr indirekten – Zitaten ist, wie der zweimalige Verweis auf die Quelle suggeriert, anzunehmen, dass es sich um ein weitgehend wörtliches Zitat handelt.

Eine gänzlich unmissverständliche Zitierweise wie „Zitat ... Zitat Ende"
ist am Radio selten zu hören, weil sie pedantisch wirkt.

Abgesehen von diesen Schwierigkeiten der akustischen Realisierung des
Teil-Zitats ist auch zu bedenken, dass für die Radio-Redakteure nicht selten
unklar ist, wie weit ein Zitat tatsächlich reicht. Denn bereits die Agenturen
liefern bei Meldungen zum gleichen Thema und auf der Basis der gleichen
Originaläußerungen verschiedene Varianten von in Anführungszeichen stehenden Teil-Zitaten, hinsichtlich Umfang und auch hinsichtlich lexikalischer Besetzung (vgl. Straßner 1982, 180f.).

In Meldungen über Äußerungen des südafrikanischen Premierministers
zu bevorstehenden Wahlen in Namibia beispielsweise zitierten die Agenturen jeweils zentrale Passagen oder Begriffe des Premiers. Bei einer Agentur
heißt es „interne Führer", bei einer anderen „interner Prozess zur Wahl von
Führungskräften", bei einer dritten „ein interner Vorgang um Führer zu
wählen (...)". (Straßner, ebd.)

4.2.1.5 Redesignalisierende Verben

Für alle Formen des Zitierens spielen die „redesignalisierenden" Verben
(und eventuell andere sprachliche Mittel, s. u.) eine wichtige Rolle. (Häufig
spricht man auch von „redeeinleitenden" Verben. Doch ist dieser Terminus
u. U. irreführend, weil der Ort, an dem das Verb auftritt, nicht festgelegt ist.
Es kann vor oder nach dem Zitat stehen oder auch in das Zitat eingeschoben sein.)

Durch diese Verben kann das Zitierte neutral dargestellt, es kann aber
auch bewertet werden. Man vergleiche das neutrale Verb *sagen* mit dem
Verb *behaupten*, mit dem – zusätzlich zum bloßen Zitieren – signalisiert
wird, dass der Wahrheitsgehalt des Zitierten fraglich ist:

> M: (over): (STIMME EINES JUGOSLAWISCHEN MILITÄROFFIZIERS,
> *marschierende Soldaten machen das V-Zeichen*) Jugoslawische Truppen,
> die sich aus dem Kosovo zurückziehen. Die Armeeführung *behauptet*, sol-
> che Verschiebungen hätten nichts mit den verstärkten Angriffen der Nato
> zu tun. Die Nato würde mit ihren Angriffen den Rückzug aber erschweren
> – und verzögern. – (*Leichen, die auf einem Feld begraben werden*) Mit wel-
> cher Brutalität jugoslawische Truppen im Kosovo *offenbar* wüten, zeigt
> dieses Amateurvideo, das die Nato veröffentlicht hat. Die Männer des Dor-
> fes Isbitscha seien im April systematisch ermordet worden. Solche Massen-
> erschießungen seien im Zuge der ethnischen Säuberungen nichts Außerge-
> wöhnliches – sagt die Nato.
> (Tagesschau, SF DRS, 16.5.1999)

Die jugoslawische Armeeführung *behauptet* etwas; wie es aber in Wirklichkeit („offenbar" signalisiert eine vorsichtige Zustimmung des Moderators)
ist, zeigt das Amateurvideo.

Als gänzlich unglaubwürdig werden im folgenden Beispiel Djamile Rowes Äußerungen (hier als indirekte Rede im Indikativ zitiert) dargestellt, dadurch dass das Verb *behaupten* nominalisiert ist und das Nomen *Behauptung* noch verstärkt wird durch das Adjektiv *absurd*:

> Der gleiche Gradias kam in der Sendung „Akte 02" von Sat 1 mit der absurden Behauptung, dass die Frau im fraglichen Auto gar nicht Djamile war. (SonntagsBlick, 5.5.2002)

Das redesignalisierende Verb kann auch paraverbale Elemente des ursprünglich Gesagten wiedergeben: X *jammerte, schrie* …

Englische Zeitungen verzichten – zugunsten von *to say* (allenfalls *to tell*) – weitgehend auf eine Variation der redesignalisierenden Verben und nehmen damit eine hochgradige Stereotypie der Redeeinleitung in Kauf. Damit vermeidet man einen wertenden Eingriff des zitierenden Textes und demonstriert durchwegs „neutrale" Berichterstattung. Im Deutschen ist in diesem Bereich das variierende Verfahren die Regel, zumindest in der Presse.

Auch bei der Redesignalisierung zeigt sich der Unterschied zwischen direkter und indirekter Rede. Während bei direkter Rede das redesignalisierende Verb eindeutig dem Erzähler zuzuordnen ist, sind bei der indirekten Rede die Anteile des Erzählers und des ursprünglichen Sprechers nicht immer klar auseinanderzuhalten. Im soeben zitierten Beispiel ist es klar, dass die „absurde Behauptung" eine Formulierung des Erzählers ist. Auch im oben (4.1.1) besprochenen Text aus der „Tagesschau" (SF DRS, 6.1.1998) ist das Verb *befinden* mit seiner leicht ironischen Nuance der Redaktion zuzuschreiben.

Wenn es aber z.B. heißt „X ärgerte sich darüber, dass niemand ihn ernst genommen habe", dann kann das auf zweierlei Weise gelesen werden. Entweder hat X nur gesagt „Niemand hat sich um mich gekümmert." – und das „ärgert sich" ist Interpretation des Erzählers, die ganz auf seine Rechnung geht, oder X hat gesagt „Ich finde es ärgerlich …" (o.ä.) – dann ist „ärgerte sich" eine Reformulierung von etwas, was X mit ähnlichen Worten selbst gesagt hat.

Bei Teil-Zitaten stellt sich das Problem, wem die Einbettung der Phrase zuzuschreiben ist, z.B.:

> Dörfler Detlev Thurau weigert sich trotzig, das graue Haus seiner Eltern schön zu schminken: Er fühlt sich seit der Wende „verraten und verkauft". (Der Spiegel 40/2000, 68)

Hat er gesagt „Ich fühle mich verraten und verkauft" (was relativ wahrscheinlich ist, da die Paarformel – außer mit *sein* – vor allem im Kontext von Verben wie *sich fühlen* vorkommt)? Oder ist „fühlt sich" Interpretation des Verfassers?

4.2.1.6 Die Quelle des Zitats

Ein weiterer konstituierender Faktor des Zitierens ist die „Quelle" (= Sprecher/Schreiber der Situation I) des zitierten Textes. Hier ist zunächst wichtig, wer die Quelle ist. Es kann sich um eine Person, eine Institution oder eine anonyme Instanz handeln.

Die Anonymität kann verschiedene Ausprägungen haben. Z.B. wird nur die Funktion der Person, nicht aber ihr Name genannt:

> [Die weiblichen Flight Attendants der Swissair sollen neue Uniformen erhalten, bei denen hohe Stiefel mit Absätzen vorgesehen sind.]
> „Wir sind doch nicht auf dem Laufsteg; ausserdem sind solche Stiefel auf Langstreckenflügen völlig unpraktisch", bemerkt eine Angestellte der Swissair. (NZZ am Sonntag, 31.3.2002)

Oder es wird auf formelhafte Ausdrücke zurückgegriffen, die suggerieren, dass der Journalist seine Quelle kennt, aber nicht nennen möchte:

> Trotz Cortis* Beteuerung, beim Projekt nur als Vermittler zu fungieren, berichten *gut informierte Quellen*, dass Corti bei seinem Amerikaaufenthalt vor einer Woche auf Investorensuche war. (SonntagsZeitung, 17.3.2002)
> [* Swissair-Chef]

Ein Indiz für den Boulevardstil ist beispielsweise, dass Personen, die als Quelle eines Zitats fungieren, oft nur mit Vornamen genannt werden, besonders wenn es sich um Lifestyle-Themen oder Sport handelt. In der Affäre um den Schweizer Botschafter Borer wird Borer meist mit vollem Namen genannt, seine angebliche Geliebte aber nur mit Vornamen oder Vorname + abgekürztem Familiennamen:

Überschriften:

> **Botschafter Thomas Borer und Djamile R. verkehrten bereits seit letztem Dezember miteinander**
> **Die Partyszene war Zeuge**

Fließtext:

> „An dieser Geschichte ist nichts Wahres", schimpfte *Botschafter Thomas Borer* am Ostersonntag, nachdem SonntagsBlick die Liaison publik gemacht hatte. (…) Dabei ist die Wahrheit schon längst öffentlich. Berlins Partyvolk tratscht gerne darüber. Vorgestern in der Disco „Shark Club" in der Nähe des Gendarmenmarktes, Berlin-Mitte. Einsam schwingt ein Transvestit auf der Tanzfläche seine Hüften. In der Kuschellounge sitzen Geschäftsleute und nippen am Champagnerglas. Hier guckte *Thomas Borer* am 15. Dezember 2001 tief in die braunen Augen von *Djamile*. „Er hat sich mir als Thomas vorgestellt", sagt die Visagistin. „Ich wusste nicht, dass er der Schweizer Botschafter ist." (…) (SonntagsBlick, 7.4.2002)

Für die Medien sind als Quelle auch andere Medien relevant. Zitiert werden sie mit Vorliebe, wenn man sich vom anderen Medium distanzieren möchte.

Die „NZZ am Sonntag" berichtet zwar über die „Affäre Borer", setzt sich aber von den Medien ab, die um der Sensation willen auch Nicht-Verbürgtes berichten:

> Eines dieser Gerüchte hat bereits am Freitag in die Presse gefunden: Borers Ehefrau Shawne Fielding sei schwanger gewesen, habe aber eine Woche nach Beginn der Kampagne gegen ihren Mann einen Abort erlitten. Präzise Quellen dafür waren in keiner der Zeitungen zu finden, die das Gerücht als Nachricht druckten. (NZZ am Sonntag, 14. 4. 2002)

4.2.2 Formen und Funktionen medialen Zitierens

4.2.2.1 Direkte Rede

Bei der direkten Rede wird unterstellt, dass der Prätext unverändert, also „wortwörtlich" wiedergegeben wird – was faktisch durchaus nicht der Fall sein muss (s. unten), bei indirekter Rede rechnet der Rezipient von vornherein mit Änderungen (z.B. Kürzungen, Umformulierungen ...). Wörtlichkeit hat eine Reihe von Konsequenzen:

„Bei wörtlichem Zitieren werden nicht nur Inhalte, sondern auch Formulierungen übernommen. Sie ‚transportieren' Merkmale des Zitatspenders [...] in die neue Umgebung des zitierenden Textes [...] und gehen – ebenso wie die Angaben zu Autor und Erscheinungsjahr – in die Interpretation des Zitats ein. Zu diesen Merkmalen gehört die sprachlich-stilistische Gestaltung des Textes, seine Textsorten- und Domänenzugehörigkeit, sein Alter etc. Sie eröffnen vor allem bei Kontrastbildungen Wirkungsmöglichkeiten, über die sinngemäße Zitate und Verweise so nicht verfügen." (Jakobs 1999, 95)

Die direkte Rede ist die „markierte" Zitierform, d. h. es werden ihr spezifische Funktionen zugeschrieben, die bei der indirekten Rede schwächer oder gar nicht ausgeprägt sind. Die indirekte Rede ist dann sozusagen die Default-Form des Zitierens.

Die hauptsächlichen Funktionen der direkten Rede sind:

- Signalisieren, dass das Gesagte so und nicht anders gesagt wurde.
- Die Aufmerksamkeit auf die sprachliche Form des Gesagten lenken (Stil, Textsorte usw.); beim Zitieren mündlicher Prätexte kann durch Beibehaltung typisch sprechsprachlicher Elemente die Mündlichkeit der Originalsituation evoziert werden.
- Emotionen des ursprünglichen Sprechers mittransportieren.

Diese Funktionen finden sich auch außerhalb der Medien. In den Medien kommt noch eine zentrale weitere Funktion hinzu:

- Signalisieren, dass der Journalist „dabei war", als das Zitierte gesagt wurde.

Diese verschiedenen Aspekte werden in der journalistischen Literatur oft unter dem Titel „Authentizität" zusammengefasst. Mit diesem Hochwert-

begriff wird diese Form des Zitierens zugleich zu einem Gütezeichen journalistischer Arbeit stilisiert (vgl. dazu Luginbühl 2004).

Einige Beispiele aus BILD und BLICK sollen diese Funktionen illustrieren und darüber hinaus noch weitere, die spezifisch für die Boulevardpresse sind:

1) Der Zitierte hat das, was er sagt, explizit zu BILD (und niemand anderem!) gesagt. Das Zitat hat also „exklusiv"-Charakter:

Gefährlichster Islamist darf bei uns bleiben

**Köln – Er nannte die Demokratie ein „Krebsgeschwür". Er rief öffentlich
zum Mord auf. Er predigte Hass. Er saß vier Jahre hinter Gittern!**
Trotzdem darf der berüchtigte Islamistenführer Metin Kaplan (50) in Deutsch-
land bleiben! (…) Politiker reagierten mit Empörung. *Bayerns Ministerprä-
sident Edmund Stoiber (CSU) zu BILD*: „Es ist ungeheuerlich: Auf der einen
Seite verhandeln wir mit der Türkei über einen EU-Beitritt. Auf der anderen
Seite kann ein Schwerverbrecher dorthin nicht abgeschoben werden." (…)
(BILD, 28. 8. 2003)

Im folgenden Text ist das „exklusiv"-Zitat weniger drastisch als die Reformulierung des Journalisten („Jetzt soll es Schwarzarbeitern richtig an den
Kragen gehen!" statt „auf Schwarzarbeiter muss … Druck ausgeübt werden"):

Schwarzarbeit
Jetzt jedes Wochenende Razzia.

Jetzt soll es Schwarzarbeitern richtig an den Kragen gehen! Politiker von
CDU, FDP und Grünen fordern, dass Fahnder auch samstags und sonntags gegen Schwarzarbeiter ausrücken! Unions-Fraktionsvize Bosbach zu BILD: „Wir
brauchen Flächen deckende Razzien auch am Wochenende – auf Schwarzarbeiter muss kontinuierlich Druck ausgeübt werden!" Seite 2.
(BILD, 23. 8. 2003)

Im nächsten Text wird suggeriert (aber nicht explizit gesagt), dass der Zitierte seine Äußerung gegenüber BILD gemacht hat. Die im Zitat bereits
vorhandene pointierte Formulierung mit „Gosse" und „ganz, ganz unten"
verstärkt drastisch den Gegensatz zum „reifen Millionär":

Das Luder und ihr Lebensretter aus Liebe
**Hier planscht Ex-Sex-Star Sibylle Rauch glücklich mit ihrem reifen Mil-
lionär**

Glücksburg. Da hockt eine gekurvte Blondine auf einem Gummi-Etwas in der
Ostsee. Hinter ihr ein seriöser, älterer Herr. Lebensrettung nennt man so was …
Denn die Dame war weiter unten, als Fische tauchen können. Und der ältere
Herr erzählt: „Ich habe Sibylle aus der Gosse geholt. Sie war ganz, ganz unten".
ER ist **Dr. Erwin Jürgensen** (66), Millionär und Prokurist einer Medizinfirma.
SIE ist Sibylle, **Sibylle Rauch** (42, „Eis am Stiel"), einst Pornostar der 80er.
(BILD, 26. 8. 2003)

Das folgende Zitat, das die zitierte Person – ohne dass das explizit gesagt würde – gegenüber dem BLICK-Journalisten geäußert hat, evoziert durch die sprechsprachliche Routineformel („Ich bitte Sie!") die mündliche Originalsituation:

> [Es geht um den Mord an drei Frauen aus der Dominikanischen Republik, die in einem Cabaret gearbeitet haben. Der Besitzer des Cabarets wird befragt.] Zudem ärgert ihn, dass seine Cabarets und das Rotlicht-Milieu in Zusammenhang gebracht werden. Kulaç entsetzt: „Ich bitte Sie! In unseren Cabarets gibt es doch keine Prostitution. Da wird nur getanzt und getrunken." (BLICK, 20. 10. 2000)

2) Das Zitierte ist offensichtlich eine verkürzte, pointierte Reformulierung dessen, was in der Originalsituation gesagt wurde.

Der Reporter war höchstwahrscheinlich nicht bei der Gerichtsverhandlung anwesend, sondern hat die Vorlage aus anderen Quellen. Die Zuspitzung der Formulierung („alles Lüge") ist hier also kaum dem Original zuzuschreiben, sondern ist „Leistung" des Journalisten:

Mutter steckt Baby in heißen Backofen

> New York – Amerikas fieseste Mutter muss für 25 Jahre ins Gefängnis. Melissa Wright (27) hatte ihr 18 Monate altes Baby in den heißen Backofen gesteckt. Das Kind überlebte mit schwersten Verbrennungen, weil der Vater die Schreie hörte. Die Mutter vor Gericht: „Das Kind fiel mir aus dem Arm in den Ofen, die Klappe ging von ganz alleine zu." Der Richter: „Alles Lüge! Sie waren eifersüchtig, weil der Vater dem Baby mehr Zuneigung schenkte als Ihnen."
> (BILD, 27. 8. 2003)

3) Der Journalist hat möglicherweise gehört, was die zitierte Person gesagt hat, weil er vor Ort war. Es ist aber viel wahrscheinlicher, dass er die Äußerung z. B. aus einer Fernsehübertragung bezogen hat.

US Open: Martina sauer auf Williams-Schwestern

> Nach ihren Absagen für die gestern gestarteten 123. US Open stehen Venus und Serena Williams im Kreuzfeuer der Kritik. Tennis-Legende Martina Navratilova lästert: „Sie haben in einem Jahr mehr Turniere abgesagt als ich in meiner ganzen Karriere."
> (BILD, 26. 8. 2003)

4) Der Reporter war sicher nicht dabei, als die Äußerung gemacht wurde. Entweder hat er später davon gehört oder er hat sie einfach erfunden. Das lapidare Zitat und das redeeinleitende Verb „stammelte" werden als Ausdruck höchster Emotionalität eingesetzt.

Mutter schneidet ihrer Tochter Kopf ab

> Eine Mutter (31) aus Nürnberg rief ihren Freund (47) an, stammelte: „Ich habe das Baby getötet." Die Kripo fand die Leiche von Romeo (10 Monate) im Laufstall. Die Mutter hatte den Kopf mit einem 30 Zentimeter langen Brotmesser abgetrennt. Sie sitzt in Haft, Motiv unklar.
> (BILD, 23. 8. 2003)

5) Das Zitat ist eine Art Zusammenfassung vieler einzelner Zitate („erzählte allen"), die der Journalist nicht selbst gehört hat, sondern die er – aus welchen Quellen auch immer – zusammengestellt und in eine einzige Formulierung kondensiert hat:

Einmal Boss sein
Arbeitsloser stellt 100 Leute ein
Von ILKA ROXIN
Nürnberg – Ein einfacher Kfz-Mechaniker wollte gern mal Chef sein – und wurde zum Superschlitzohr!
Uwe V. (37) war gerade arbeitslos. Er mietete eine Halle in Amberg (Bayern), druckte ein Schild: „Tina's Autohaus" (Tina heißt seine Frau). Dann stellte er 100 Leute ein, 40 davon schickte das Arbeitsamt. (…). Schönheitsfehler: Autos gab's keine im Autohaus. Denn der Unternehmer hatte gar keinen Vertrag mit einem Hersteller. Mitarbeiterin Anette S. (35): „Wir mussten im Schichtbetrieb unsere eigenen Autos polieren. Oft standen 20 Leute um einen Wagen herum. Zum Üben, wie der Chef sagte." Schnell wollte der Möchtegern-Unternehmer expandieren, erzählte allen: „Ich erbe 75 Millionen Euro, schaffe Arbeitsplätze. Ich baue ein Autohaus für 5 Millionen Euro, stelle noch mal 150 Leute ein." (…) Doch weil der Boss die Traumgehälter nicht zahlen konnte, flog alles auf. (…)
(BILD, 23. 8. 2003)

6) Der wohl einzige Fall, bei dem man annehmen kann, dass eine Boulevardzeitung wortwörtlich zitiert, liegt – aus leicht vorstellbaren Gründen – dann vor, wenn eine andere Zeitung die Quelle ist.

Der „SonntagsBlick" zitiert z. B. die NZZ, um den eigenen Vermutungen besondere Glaubwürdigkeit zu verleihen. Dabei hebt der zitierende Journalist die sprachliche Formulierung der NZZ („Vergangenheitsform") hervor, was natürlich nur bei wortwörtlichem Zitieren der Fall ist. Bemerkenswert ist an dem Text, dass er in einer Phase der Berichterstattung über den „Fall Borer" geschrieben wurde, in der die Medien „reflexiv" über die Berichterstattung „der Medien", d. h. vor allem der jeweils anderen Medien berichten.

Inzwischen mehren sich in der Schweiz kritische Stimmen gegen den Botschafter in Berlin. Mit ungewöhnlicher Härte urteilte gestern die gewöhnlich zurückhaltende „Neue Zürcher Zeitung". [Es folgen mehrere Zitate.] Nicht weniger hart für Borer ist, dass die NZZ seine Leistung als Botschafter in Frage stellt: „Negativ zu Buche schlug, dass mit wachsender Zahl von Society-Auftritten verschwamm, wem diese Diplomatie nützen sollte: der Schweiz oder ihrem ersten Diener in Deutschland. Die Werbung für das Land war oft primär Werbung für den mit Selbstbewusstsein und Geltungsdrang gesegneten Botschafter. Selten las man in deutschen Medien so häufig, die Schweiz sei altmodisch und bünzlig, wie in der Zeit, als das Ehepaar für sich in Anspruch nahm, ein modernes und aufgeschlossenes Land zu repräsentieren." Auffallend ist, dass die NZZ die Vergangenheitsform benutzt, während sie über den Schweizer Botschafter in Berlin schreibt. Will sie sagen, dass Borers Zeit als Botschafter abgelaufen ist?
(SonntagsBlick, 7. 4. 2002)

BILD verwendet Zitate aus anderen Zeitungen, wenn sie sich – wie im ersten Fall – von der Drastik der Formulierung her oder – wie im zweiten Fall – von der thematischen Relevanz her besonders eignen:

> **Rau: „Das Schlafzimmer geht keinen etwas an!"**
> Frankfurt/M. – Bundespräsident Johannes Rau hat nach dem Rauswurf von Hamburgs Innensenator Schill dazu aufgerufen, die Privatsphäre von Politikern zu respektieren. „Ein Tabu sollten wir – wie die Vorgänge in Hamburg uns mahnen – besonders einhalten: Das Schlafzimmer geht keinen etwas an", *sagte Rau der „FAZ"*.
> (BILD, 23. 8. 2003)

> **Politiker fordern**
> **Kinderlose sollen weniger Rente kriegen**
> Von CHRISTOPH SCHMITZ
> Berlin – Weniger Rente für Kinderlose! Mit diesem Vorstoß hat Saarlands Ministerpräsident Peter Müller die Renten-Debatte neu angeheizt. *Der CDU-Politiker in der „Rheinischen Post"*: „Alles, was mit Kindererziehung zu tun hat, ist zukunftssichernd. Wer Kinder erzieht, muss bei der Rente einen Vorteil davon haben im Vergleich zu demjenigen, der das nicht tut." (…)
> (BILD, 27. 8. 2003)

Sehr gut zeigt sich die Funktionalität der direkten Rede bei Sportberichten oder Sportreportagen über Sieg oder Niederlage von „Helden" der Sportszene. Im Moment des Siegs und der Niederlage steht die Emotionalität der Person im Vordergrund. Der Reporter kann nicht in die Person hineinsehen, aber er kann sie sprechen lassen oder ihr Worte in den Mund legen, die ihre Gemütslage offen legen. Zugleich kann er die Bewertung der Leistung dem Helden selbst übergeben, was besonders bei Niederlagen ein geschicktes Verfahren ist.

Die Skifahrerin Sonja Nef, bei einem Weltcuprennen als Favoritin gehandelt, erbringt nicht die erwartete Leistung:

> Sonja Nef ist im Ziel einfach nur enttäuscht. Artig entschuldigt sie sich bei den Zuschauern dafür, „dass ich nicht meine Leistung gebracht habe". (Tages-Anzeiger, 14. 2. 2003)

Aber die direkte Rede kann noch mehr: Sie ermöglicht es dem Journalisten, die Fahrt der Skifahrerin sozusagen „live" zu verfolgen, indem er ihr Worte in den Mund legt, die er zweifellos nicht gehört haben kann:

> Und dann, nach knapp 30 Sekunden: „Nein, nicht schon wieder!" (ebd.)

4.2.2.2 Original-Zitate in Radio und Fernsehen

Für Radio und Fernsehen kommt eine Form des Zitierens hinzu, die für diese Medien zentral ist: das „Original-Zitat" (abgekürzt „O-Zitat"), beim Radio als Original-Ton-Zitat (abgekürzt „O-Ton-Zitat"), beim Fernsehen als Original-Ton-Bild-Zitat („O-Ton/Bild-Zitat"). Das Original-Zitat kann nicht als direkte Rede aufgefasst werden. Es wird zwar technisch reproduziert, doch wird es vom Erzähler als „das Gesagte selbst" präsentiert und vom Rezipienten auch so wahrgenommen. Bei der direkten Rede sind der Prätext und der zitierende Text auf ein und derselben semiotischen Ebene (geschriebene oder gesprochene Sprache) integriert. Demgegenüber behält das O-Zitat die akustischen und visuellen Aspekte der Situation, aus der es stammt, und wird gerade nicht in die Studio-Situation integriert. Außerdem wird die direkte Rede durch konventionalisierte grammatikalische und lexikalische Mittel indiziert, während das beim O-Ton nicht der Fall ist.

Das O-Zitat suggeriert maximale Authentizität, insofern der Rezipient den Eindruck hat, den Sprechenden „selbst" mit „seinen eigenen Worten" zu hören bzw. zu sehen. Vom linguistischen Standpunkt ebenso wichtig ist aber die Tatsache, dass auch die O-Zitate auf verschiedenste Art und mit unterschiedlichsten Effekten in den zitierenden Text eingebettet werden.

Beim Radio ist seit langem der sog. „gestaltete" (oder „gebaute") Bericht gängig, bei dem der redaktionelle und der O-Ton-Text auf sehr artifizielle Weise ineinander verwoben sein können (vgl. Kap. 9.1.2). Trotz der immer elaborierteren Schnittmöglichkeiten ist diese Vertextungsart in Fernseh-Informationssendungen weitaus seltener. Der Hauptgrund dafür mag sein, dass das Umschalten von Original-Bild/Ton auf redaktionellen Off-Text weitaus auffälliger ist als das analoge Verfahren beim Radio. Dennoch gibt es auch beim Fernsehen eine ganze Bandbreite von Realisierungsformen zwischen einer nur thematischen Verknüpfung von O-Zitat und redaktionellem Text bis hin zu sehr präzisen lexikalischen und sogar syntaktischen Passungen, zwischen schwächer und stärker in den neuen Text integrierten O-Zitaten.

Die Einbettung des Zitats in den neuen Kontext ist die eine Seite des Problems. Die andere Seite ist die Frage, welche Rolle die originale Situation für die Funktion des Zitates spielt. Die originale Situation mit all ihren außersprachlichen Komponenten kann für das Medium attraktiver oder weniger attraktiv sein. Je nachdem wird man mehr oder weniger Wert darauf legen, die Situation selbst erkennbar zu machen. Bei O-Zitaten von Kriegsschauplätzen sind Kriegsgeräusche, beim Fernsehen visuelle Elemente wie Panzer, rauchende Gebäude usw. nahezu obligatorisch. Bei Gesprächen, die vom Medium selbst inszeniert werden, ist die Situation in der Regel wenig relevant. Da das Fernsehen aber Bilder braucht, werden typisierte Situationen kreiert. Man kann hier von „Standard-Visualisierungen" (vgl. 13.3.2) sprechen. Wenn von Erhöhung der Krankenkassenprämien die Rede ist, werden Patienten in Krankenhäusern gezeigt; wenn es um die Rentenversicherung geht, sieht man alte Leute auf Parkbänken usw. Das gilt auch für die Original-Situationen vieler Zitate. Bei Berichten über neue „Erfolge" bei der Genmanipulation an Tieren oder Pflanzen werden die Forscher am liebs-

ten in Labor-Umgebungen gezeigt, an zweiter Stelle trifft man sie auch in
Büros. Prototypisch ist der Anfang eines Beitrags über den „kopflosen
Frosch" (TeleZüri, 20.10.1997). In der Anmoderation wird gesagt, dass
nach Dolly und Polly britische Wissenschaftler nun einen Frosch ohne Kopf
als Organspender gezüchtet hätten. Dann beginnt der Bericht (das Filmmaterial stammt mit Sicherheit von einer Agentur):

Nach der Anmoderation sieht man den Forscher in seinem Labor:

S = Sprecher

S   (off:) (*Slegg im Labor*) Die neueste Schreckensmeldung aus einem engli-
     schen Labor: Der Wissenschaftler Jonathan Slegg (*Kaulquappen im Labor*)
     an der Bath Universität – züchtet (*Kaulquappen*) Kaulquappen ohne Köpfe.
     In einem Interview sagt er –

S   (over, Slegg on:) Das Gen für das Wachstum von Kopf und Gliedmaßen –
     könnte auch bei Menschen ausgeschaltet werden.

S   (off:) (*Slegg bei der Arbeit im Labor*) Die schreckliche Vision – ein Men-
     schenrumpf – als Organbank.

Dann wird übergeleitet zu Stellungnahmen zweier Zürcher Wissenschaftler.
Der erste sitzt im Büro. Der zweite ist da, wo er eigentlich hingehört, nämlich im Labor.

Standardsituationen sind auch Autofahrten, bei denen der Interviewte
beim Fahren interviewt wird. Vielfach hat das Verfahren keine andere Funktion, als Dynamik zu suggerieren bei einer Thematik, die sonst wenig Dynamik hergibt.

Das „Statement" ist ein Grenzfall des O-Zitates (dazu Genaueres bei
Häusermann 1996). Das Statement hat (beinahe) keinen eigenen kommunikativen Kontext, sondern dient von vornherein nur dazu, in der Nachrichtensendung ausgestrahlt zu werden. Der visuelle Kontext (Büro, irgendein
Zimmer, ein computergenerierter Hintergrund etc.) vermittelt minimale,
wenn überhaupt irgendeine zusätzliche Information. Bei Pressekonferenzen ist etwas mehr kommunikativer Kontext gegeben, aber auch hier wird
die Stellungnahme von vornherein für die Verwertung in einem Medium abgegeben.

Ein Spezialfall des O-Zitates im Fernsehen liegt dann vor, wenn eine zitierte Person nur über Telefon spricht und man in der Sendung die Person
im Off hört und im On ein Foto der Person (eventuell mit Telefonhörer) zu
sehen ist. In diesem Fall ist die zitierte Person sozusagen gesplittet in einen
dynamisch-akustischen und einen statisch-visuellen Teil.

Das O-Zitat hat in den elektronischen Medien weitgehend diejenigen
Funktionen (bzw. kann sie haben), die sonst der direkten Rede zugeschrieben werden, besonders in geschriebenen Texten.

4.2.2.3. Unterschiede zwischen den Medien

In quantitativer Hinsicht bestehen große Unterschiede zwischen der Presse
(und den Agenturen) auf der einen, den elektronischen Medien auf der anderen Seite:
    Dies zeigt sich z. B. in unserem Zürcher Korpus (vgl. Luginbühl et al.
2002). Bei den Agenturen und der Presse ist die indirekte Rede die meist-
genutzte Form der Redewiedergabe (22 % bzw. 13 % der gesamten Textmenge), beim Radio und Fernsehen sind es die O-(Bild-)Töne (15 % bzw.
17 %). Hinter den O-Tönen folgt beim Radio wie beim Fernsehen die indirekte Rede (in beiden Fällen 13 %). Die direkte Rede hat in den elektronischen Medien einen verschwindend geringen Anteil.
    Insgesamt jedoch sind die Anteile der Redewiedergabe an der gesamten
Textmenge in allen Medien (inklusive Agenturen) sehr hoch:

Agenturen	49 %
Presse	44 %
Radio	46 %
TV	38 %

Nach der Untersuchung von Huber (2003) zu den Deutschschweizer Sonntagszeitungen ergeben sich keine nennenswerten Unterschiede zwischen
den einzelnen Zeitungen beim Anteil der Redewiedergabe an der Gesamt-
textmenge. Bei allen drei Zeitungen liegt er bei gut einem Viertel. Und alle
drei Zeitungen setzen Redewiedergabe mehr ein beim Skandalthema „Borer" als beim seriösen Thema „Swiss", was sich aus der starken Personalisierung des Skandalthemas leicht erklären lässt. Ein klarer Unterschied ergibt sich jedoch zwischen der Verwendung der direkten Rede bei der „NZZ
am Sonntag" (10 %) und dem Boulevardblatt „SonntagsBlick" (18 %).
    Da bei Radio und Fernsehen das O-Zitat die Funktionen übernimmt,
die sonst der wörtlichen direkten Rede zugeschrieben werden, ist die direkte
Rede im herkömmlichen Sinn, wenn sie überhaupt benötigt wird, anders
funktionalisiert.
    Beim Fernsehen hat nach meinen Beobachtungen die direkte Rede ihren
Platz vor allem in Sprechermeldungen und Kurzberichten von Nachrichtensendungen. Eine typische Verwendungsweise zeigt sich im folgenden
Beispiel (Tagesschau, SF DRS, 13. 2. 1998):

> M'in (on:) Die Bundesratsparteien wollen keinen Sozialstaat auf Pump. Dies
>   brachten sie an den traditionellen von-Wattenwyl-Gesprächen mit dem
>   Bundesrat zum Ausdruck.
>
> S   (off:) (von-Wattenwil-Gesprächsrunde) Die Bundesratsparteien wollen
>   bei den Sozialversicherungen einen Ausbau der Leistungen nur akzep-
>   tieren, wenn gleichzeitig die Finanzierung gesichert ist. Dies erklärte
>   (Durrer mit Mikrofonen) CVP-Präsident Adalbert Durrer heute nach
>   Abschluss der von-Wattenwil-Gespräche. Der Bundesrat will sich am

Mittwoch an einer Sondersitzung (*Villiger und Cotti*) mit diesem Thema befassen.

„Die Bundesratsparteien wollen keinen Sozialstaat auf Pump" – das ist aller Wahrscheinlichkeit nach nicht direkte Rede, sondern zusammenfassender Redebericht, wie man der nachgestellten redesignalisierenden Formel (*brachten ... zum Ausdruck*) entnehmen kann. Die Formulierung selbst ist so gut wie sicher aus der Agentur-Meldung (SDA 13. 2. 1998) übernommen, wo sie von der Redaktion als Überschrift gesetzt wurde.

Hingegen dürfte der einleitende Satz des Kurz-Berichtes („Die Bundesratsparteien wollen bei den Sozialversicherungen ...") tatsächlich wörtliche Wiedergabe des von Durrer Gesagten sein. Indizien dafür sind das verbum dicendi „erklärte", die genaue zeitliche Situierung („heute nach Abschluss ...") sowie das Bild von Durrer und der Pressekonferenz.

Aufschlussreich ist der Vergleich mit der Meldung zum gleichen Thema in der späteren Nachrichtensendung „10vor10" (SF DRS) vom gleichen Tag:

S   (off:) (MUSIK, *Bundesräte und Parteipräsidenten in lockerem Gespräch*, „Sozialversicherung") Die Bundesratsparteien wollen die Sozialversicherungen nur dann ausbauen, wenn gleichzeitig die Finanzierung gesichert ist. (*Gesprächsrunde*) Dies ist das Ergebnis der traditionellen von-Wattenwil-Gesprächen mit dem Bundesrat. (*Bundesräte*) Der Bundesrat will sich am nächsten Mittwoch an einer Sondersitzung mit dem Thema Sozialversicherung befassen.

Hier ist nicht mehr erkennbar, dass der erste Satz ein wörtliches Zitat von Durrer war. In der Informationsverdichtung der Meldung kommt es darauf (nach Meinung der Redaktion) auch nicht mehr an, vielmehr steht die Tatsache im Vordergrund, dass der ursprüngliche Satz Durrers die Ergebnisse der Verhandlungen auf den Punkt brachte.

Mit der funktionalen „Schwächung" der direkten Rede geht eine Annäherung an die indirekte Rede einher. In vielen Texten hat man den Eindruck, dass direkte und indirekte Rede nur noch stilistische Varianten sind:

M   (on:) Das Sozialversicherungssystem der Schweiz hat sich bewährt, meint Bundesrätin Ruth Dreifuss. Es dränge sich kein grundlegender Umbau auf. Bundesrätin Dreifuss – hat heute – über die erste Klausursitzung orientiert, die der Bundesrat zum Thema – Sozialversicherungen – abgehalten hat.

S   (off:) (*Dreifuss an der Pressekonferenz*) Vor den Journalisten sagte Frau Dreifuss, dass über einen Aus- oder Abbau der Sozialwerke noch nicht entschieden sei. Klar sei aber die Finanzierung.
(Tagesschau, SF DRS, 19. 2. 1998)

Die Anmoderation beginnt mit direkter Rede („hat sich bewährt") und wechselt dann zur indirekten Rede („dränge sich auf"; und weiter zum Redebericht: „hat über ... orientiert"). Der Bericht beginnt unmittelbar mit indirekter Rede. Die direkte Rede zu Anfang soll wohl die Kernaussage hervorheben, ohne dass eine Abstufung der Wörtlichkeit intendiert ist.

Rest-Domäne der direkten Rede sind verbale Teil-Zitate, die im Prinzip funktionieren wie im Radio (s. o. 4.2.1.4), mit dem einzigen Unterschied, dass das gesprochene Teil-Zitat durch ein schriftliches Insert gestützt und als Zitat eindeutig gemacht werden kann (s. 6.3.).

4.2.2.4. Gesprochenes vs. geschriebenes Zitat

Verbaler Text erscheint im Fernsehen primär als phonisch realisierte („gesprochene") Sprache, also auf dem akustischen Kanal, sekundär auch als grafisch realisierte („geschriebene") Sprache auf dem visuellen Kanal (vgl. 6.3). Die Verwendung geschriebener Sprache ist tendenziell zunehmend, und damit werden auch die Möglichkeiten des verbalen Zitierens (noch) vielfältiger. Die Prätexte können ihrerseits wieder phonisch oder grafisch realisiert sein. Beispielsweise ist der Prätext ein Ausschnitt aus einem Telefongespräch oder einer Tonbandaufnahme eines face-to-face-Interviews (beides rein akustisch) oder aber ein Ausschnitt aus dem face-to-face-Interview (mit seinen akustischen und visuellen Komponenten). Entsprechend ergibt sich für den Fernseh-Post-Text eine Vielzahl von Möglichkeiten:

Zitat im Fernsehen	Prätext
O-Bild-Ton	
O-Ton	
O-Bild	mündlich
redaktioneller Text ON	
redaktioneller Text OFF	schriftlich
Schrift im Bild	
Mischformen	

Man kann im Hinblick auf die Nutzung der Kanäle durch verbale Zitate drei
Möglichkeiten unterscheiden:

1. Nur gesprochenes Zitat
2. Nur geschriebenes Zitat
3. Kumulierung beider Kanäle

Der erste Fall ist der herkömmliche und unauffällige Normaltyp.

Der zweite Fall kommt gelegentlich vor, meist aber als deutlich mar-
kiertes Verfahren, wie im folgenden Beispiel:

In einem Beitrag aus „Schweiz aktuell" (SF DRS, 14. 7. 1997) geht es um
Gentechnik und Landwirtschaft. Die Schweizer Firma Baer zieht ihr Pro-
dukt Yasoja vom Markt zurück, weil festgestellt wurde, dass in den Yasoja-
Produkten gentechnisch verändertes Soja-Eiweiß enthalten ist. Das wäre an
sich legal, aber die Firma selbst ist gegen Genmanipulation. Am Schluss des
Beitrags heißt es dann:

> S   (off:) *(Baer Lieferwagen mit Aufschrift „Natürlich schmeckt's besser")* Die
> Firma Baer hofft, dass sie schon in einem Monat ihr Yasoja – ohne gen-
> technisch veränderte Soja liefern kann.

Die (bewusst doppeldeutige) Aufschrift auf dem Lieferwagen (ein Fall von
„intradiegetischer" Verwendung von Schrift, vgl. 6.3.1) wird hier zitiert als
ironischer Kontrast zum vorangegangenen Beitrag und als relativierender
Kommentar zum Sprechertext.

Der dritte Fall, die Kumulierung, ist in heutigen Fernsehnachrichtensendungen häufig anzutreffen. Ein Beispiel aus „10 vor 10" (SF DRS, 12. 9. 97):

Text	*Bild*
(M im On:) Kann der Konsument die Zulassung von gentechnisch veränderter Soja in der Schweiz juristisch anfechten? Ja, könnte man meinen – denn der Konsument ist ja betroffen von der Gentech-Soja. Nein – der Konsument kann keine Beschwerde einlegen – sagt das Bundesgericht, mit dieser Begründung.	Moderator Icon: Hand mit Reagenzglas, „Gen-Soja"
(S im Off:) Zwar hat an sich jeder Konsument ein Interesse daran, dass keine gesundheits-gefährdenden Produkte auf den Markt kommen. Dies allein begründet aber keine hinreichende persönliche Betrof-fenheit.	Bilder vom Bundesgericht; darüber der folgende Text: „Zwar hat an sich jeder Konsument ein Interesse daran, dass keine gesundheitsgefährdenden ([...])Produkte auf den Markt kommen. Dies allein begründet aber keine hinreichende persönliche Betroffenheit."

Text	Bild
(M im On:) Weil also alle gleich betroffen sind, ist keiner speziell betroffen, deshalb kann auch keiner klagen – so räsoniert das Bundesgericht. Darum haben die obersten Richter das Klagerecht aus formal-juristischen Gründen – abgelehnt. Dies – obwohl sie eine Gesundheits-gefährdung durch Gentech-Nahrung nicht vollends ausschließen.	Moderator Icon: Hand mit Reagenzglas, „Gen-Soja"
(S im Off:) Die von den Beschwerdeführern geltend gemachten allfälligen Gesundheits-gefährdungen sind zwar aufgrund zukünftig besserer Erkenntnisse nicht gänzlich auszuschließen, jedoch zur Zeit nicht belegt und unbestimmter Natur.	Bild wie vorher, Text: „Die von den Beschwerdeführern geltend gemachten allfälligen Gesundheitsgefähr-dungen ([…]) sind zwar aufgrund zukünftig besserer Erkenntnisse – nicht gänzlich auszuschließen, jedoch zur Zeit nicht belegt und unbestimmter Natur."

Hier ist der geschriebene Text vollständig identisch mit dem gesprochenen, mit Ausnahme der Auslassungszeichen, die ihn als genuin schriftlichen aus-weisen und für die im gesprochenen Text kein Äquivalent (z. B. eine Pause) vorhanden ist.

Dass es sich beim gesprochenen Text um ein wörtliches Zitat aus der (schriftlichen) Begründung des Bundesgerichtes handelt, wird erst durch den geschriebenen Text klar.

Der Zweck der kumulativen Zitierweise ist klar: es soll strikte Wört-lichkeit in einem Rechtsfall vermittelt werden. Das wortwörtliche Zitieren erlaubt dem Moderator eine umso deutlichere (ironische) Distanzierung von den Überlegungen des Bundesgerichts („… so räsoniert das Bundesge-richt"). Das Beispiel ist relativ einfach strukturiert. Beispiele für komplexere Relationen mündlich/schriftlich, die durchaus zur alltäglichen Formulie-rungspraxis von Fernsehredakteuren gehören, finden sich in 6.3.

4.2.2.5 Bild- und Musikzitat

Entsprechend unserem weiten Begriff von „Fernseh-TEXT" müssen auch Bild-Zitate und Musik-Zitate (eventuell auch Zitate von solchen Geräu-schen, die nicht als Musik gelten können) in das Konzept von „Fernsehzitat" einbezogen werden. Für literaturwissenschaftliche, kunst- und filmwissen-schaftliche Arbeiten ist ein solch weitgefasster Zitat-Begriff selbstverständ-lich. Für den Fernseh-Text ist aber nicht die Tatsache als solche, dass auch

Bilder oder Geräusche zitiert werden können, von Interesse, sondern das weitergehende Postulat, dass Bild- und Geräuschzitate als integrale Bestandteile des Fernseh-Textes zu begreifen seien.

Ich gebe drei Beispiele für unterschiedliche Ausprägungen semiotisch komplexer Zitate in Nachrichtensendungen:

(a) Bild-Zitat

Im folgenden Beispiel (Tagesschau, SF DRS, 16.5.1999) werden innerhalb des Fernseh-Bildes Ausschnitte aus einem Video eines Amateurs gezeigt, die von der Nato bereits zitiert wurden und nun in dieser „Tagesschau" als Zitat übernommen werden. Der over-Text ist weitgehend ein in indirekter Rede vermitteltes Zitat der Nato (wohl von Solana, der anschließend im On erscheint). An der entscheidenden Stelle, an der das Amateurvideo vorgeführt wird, findet sich jedoch ein Satz der Redaktion („Mit welcher Brutalität jugoslawische Truppen im Kosovo offenbar wüten, zeigt dieses Amateurvideo, das die Nato veröffentlicht hat"). Die deiktische Formulierung („dieses Amateurvideo") macht das Bild-Zitat als solches erkennbar.

S = Sprecher
JS = Javier Solana

M'in (on:) (*im Studio, Insertbild: Kampfjet,* <54. Kriegstag>) Die Nato greift im Kosovo weiter an. Letzte Nacht hat sie Ziele im Süden und im Südosten der Provinz bombardiert. Momentan – gelten die Angriffe in erster Linie serbischen Bodentruppen im Kosovo.

S (over:) (STIMME EINES JUGOSLAWISCHEN MILITÄROFFIZIERS, *marschierende Soldaten machen das V-Zeichen*) Jugoslawische Truppen, die sich aus dem Kosovo zurückziehen. Die Armeeführung behauptet, solche Verschiebungen hätten nichts mit den verstärkten Angriffen der Nato zu tun. Die Nato würde mit ihren Angriffen den Rückzug aber erschweren – und verzögern. – – (*Leichen, die auf einem Feld begraben werden*) Mit welcher Brutalität jugoslawische Truppen im Kosovo offenbar wüten, zeigt dieses Amateurvideo, das die Nato veröffentlicht hat. Die Männer des Dorfes Isbitscha seien im April systematisch ermordet worden. Solche Massenerschießungen seien im Zuge der ethnischen Säuberungen nichts Außergewöhnliches – sagt die Nato.

JS (on:) (*JS am Rednerpult,* <Javier Solana, Generalsekretär NATO>) /and it takes roughly twelve hours, thirteen hours/

S (over:) (VERMUTLICH ÜBERSETZUNG DES NICHT HÖRBAREN TEXTES) Unter den Flüchtlingen gibt es fast keine Dreißig- bis Sechzigjährigen. Erst nach diesem Krieg wird die Grausamkeit des serbischen Vorgehens ersichtlich werden.

JS (on:) /whatever we said – is well checked

S off: (*Flüchtlinge an einer Grenze*) Wenig Männer – dafür viele Frauen und Kinder überschritten wieder die Grenze nach Mazedonien. Etwa sechshundert Vertriebene waren es heute Sonntag.

(b) Zweikanal-Zitat

In einem Bericht der „Tagesschau" (SF DRS, 6.7.1997) geht es darum, dass
die AHV (die schweizerische Rentenversicherung) 50 Jahre alt geworden
sei. In der Anmoderation wird explizit ein Zitat angekündigt:

M   (on:) (…) Blenden wir fünfzig Jahre zurück – Originalfilme der Schwei-
     zer Filmwochenschau.

S   (off:) (MUSIK, ORIGINALTON, <Das Volk hat JA gesagt, Schweizer Film-
     wochenschau>, *Passanten, Abstimmungsplakate*) Mit achthundertvier-
     und(UNVERST.)tausendeinhundertneunundachtzig Ja gegen zweihun-
     dertsechzehntausend und neunundsiebzig Nein – hat das Schweizervolk
     am sechsten Juli beschlossen – eine wirksame Hilfe für die Alten und Hin-
     terbliebenen aufzubauen. – (3 sec) (*Solothurn*) In Solothurn – seinem Hei-
     matort – gab der hervorragendste Kämpfer für die Alters- und Hinter-
     bliebenenversicherung (*Stampfli bei der Stimmabgabe*) seine Stimme
     ab – der Vorsteher des Volkswirtschaftsdepartementes – Bundesrat Wal-
     ter Stampfli.

Es folgen dann, unterbrochen durch Zwischenmoderation, verschiedene
Original-Ausschnitte aus der Wochenschau. Das Zitat beansprucht den
akustischen und den visuellen Kanal, so dass man von „Zweikanal-Zitat"
sprechen kann. Jetzt-Moderation („Blenden wir fünfzig Jahre zurück") und
zitierte Wochenschau von damals sind klar getrennt, so dass auch im weiteren Bericht das Hin und Her zwischen Jetzt und Damals immer verständlich bleibt.

(c) Bild/Musik-Zitat

Im folgenden Beispiel („Tagesschau", SF DRS, 4.10.1998) wird auf der Bild-
Seite ein Werbespot der Firma Swisscom zitiert, ohne dass dies im Sprecher-
Text ausdrücklich angekündigt würde. (Der Text spricht zwar von „Aktie",
doch im Kontext von „Börse" und nicht von Werbung.) Kurz nach Beginn
des Sprecher-Textes wird der verbale Text dann auch noch mit der Original-
Musik des Spots unterlegt:

Ton	*Bild*
(M im On:) Die Swisscom und das eidgenössische Finanzdepartement geben grünes Licht für die größte Aktienausgabe in der Schweizer Wirtschaftsgeschichte. 22 Millionen Swisscom-Aktien – das Interesse ist groß, 420.000 private Anleger haben bereits ihre Kaufabsicht angemel-det. Swisscom geht definitiv an die Börse.	Moderator [oben links:] <Swisscom Die blaue Aktie>

Ton	Bild
Sie geben sich siegessicher, Toni Reis, Chef der Swisscom und Direktor Ulrich Gygi vom eidgenössischen Finanzdepartement heute in Zürich. Trotz Börsenturbulenzen wollen sie den Gang der Swisscom an die Börse durchziehen. (...)	Mehrere Männer kommen die Rolltreppe herauf, gehen in Zimmer hinein.
(Gygi im On:) Es gibt aus unserer Sicht keinen äh Grund jetzt diese Transaktion nicht zu machen. Die Telecom-Aktien haben bei diesen äh Schwankungen an der Börse sehr gute Ergebnisse gezeigt und haben praktisch nur sehr wenig an Preisen eingebüßt.	Gygi [Insert:] <Ulrich Gygi, Eidgenössische Finanzverwaltung>
(S im Off:) Insgesamt sollen 22 Millionen Swisscom-Aktien (*Spotmusik* beginnt im Hintergrund) ausgegeben werden, das sind 30% des gesamten Aktienkapitals. Die von der Swisscom vorgesehene Preisspanne beträgt 330–410 Franken pro Aktie. Zu optimistisch?	[Werbespot:] <Die blaue Aktie. Swisscom> Ein Mann stürzt aus einem Hauseingang, rennt über die Straße und bahnt sich einen Weg durch einen Strom von blauen Menschen. [Insert: <Ausgabepreis: 330–340 Fr.>] Er steigt in ein Taxi und dieses fährt los. Ein Finger wählt eine Nummer auf einem Handy. Ein Mann telefoniert in einer Kabine, seine Augen werden groß vor Erstaunen. Sein Blick folgt ungläubig einem Gerät, das aussieht wie ein UFO, das sich jedoch als eine Satellitenschüssel entpuppt.

Hier ist zweierlei bemerkenswert: Erstens die Tatsache, dass in einem Nachrichtenbericht ein Bild- (und partiell auch Ton-) Zitat eines Werbespots vorkommt. Zweitens das semiotische und thematische „Splitting" der verbalen und der Bild-Ebene. Beide Ebenen beziehen sich zwar auf den gleichen Gegenstand (Swisscom-Aktie), aber sie tun es in unterschiedlichen thematischen Bezügen und unterschiedlichen Genres (Bericht vs. Werbespot). Die Bild-Ebene als Zitat zu verstehen, ist nur demjenigen Rezipienten möglich, der den Werbespot kennt. Wer ihn nicht kennt, wird allenfalls eine typologische intertextuelle Anspielung auf Werbung generell wahrnehmen. Was den Effekt des Splittings betrifft, so könnte man ihn in einer Relativierung des Werbe-Optimismus durch den leicht kritischen redaktionellen Text sehen. Der Medien-TEXT und seine Funktion kommt offenkundig nur durch das Zusammenspiel der Ebenen zustande.

(d) Komplexe Zitat-Mischung

Wie im Beispiel (a) wird auch im folgenden TEXT (Tagesschau, SF DRS,
18. 8. 1998) ein anderes audiovisuelles Medium zitiert, in diesem Fall der
Spielfilm. Während aber im Beispiel (a) der zitierende und der zitierte TEXT
klar getrennt bleiben, ist das hier nur partiell der Fall. Im Bericht geht es um
eine Auktion in London, bei der James Bond-Utensilien versteigert wurden.
Nach der Anmoderation wird ein Stück eines Bond-Filmes gespielt (zitiert),
mit allen semiotischen Elementen des Originals (Sprache, Bilder, Geräusche,
Musik). Dann folgt der Text des Sprechers im Off, akustisch unterlegt mit
der Original-Filmmusik. Im Bild sieht man den Hut aus dem Film (aber aus
der Originalsituation herausgelöst und im Rahmen der Auktion gezeigt);
auf der Bild-Seite also kein Zitat, sondern eine „normale" Visualisierung des
Bericht-Gegenstandes. Dann wieder ein Stück Sprecher-Text, und diesmal
ist sowohl auf der akustischen wie der optischen Ebene der Film „Goldfin-
ger" zitiert. Einerseits sind hier Bild und Ton „gesplittet", andererseits sind
auf der Ton-Ebene Sprecher-Text und Filmmusik ineinander integriert.

Ton	*Bild*
(M im On:) (…) Bei Christies in London ist ein Los 007-Utensilien unter den Hammer gekommen.	Moderator
Film-Geräusche, dann Bond: Hm – Beluga – das hebt die Stimmung	Filmausschnitt aus „Im Dienste ihrer Majestät": Bond schlägt Gegner zusammen, wendet sich dann einem Buffet mit Kaviar zu und probiert den Kaviar
(S im Off:) Um ein Haar hätte es Bond schon bei seinem dritten Einsatz erwischt. In „Goldfinger" wirft der Bösewicht diesen Hut gegen James. Im Hut ist ein Metall- band versteckt und damit wird problem los geköpft. 50'000 Franken wurden dafür bezahlt.	Hut wird auf Auktion gezeigt
(S'in im Off, Filmmusik im Hintergrund:) Vor allem Action-Fans kommen in Bond- Filmen immer wieder auf ihre Rechnung. Selten gibt es soviel Feuerwerk, Zerstö- rungen und Tote wie in den Bond-Movies.	Filmausschnitt aus „Tomorrow never dies" mit viel Action

Wenn man in dieser Weise den Medien-TEXT als ein hybrides Gebilde aus verschiedenen semiotischen Dimensionen betrachtet, so ist es nahe liegend – weil mit gängigem Sprachgebrauch vereinbar –, die Bezugnahme auf einen vorhergehenden verbalen Text, auf Bilder, auf Musik und Geräusche als „Zitat" zu bezeichnen. Termini wie „Redewiedergabe" oder „Reformulierung" wären dann den verbalen Aspekten des Zitierens vorzubehalten.

5 Intratextualität

Intratextuelle Bezüge (zur Definition vgl. 4.1.4) werden in der Presse durch verbale und grafische Elemente hergestellt. Bestimmte Mittel, wie z. B. die Schlagzeilen, haben sich im Lauf der Pressegeschichte als geeignet herausgestellt, Intratextualität zu indizieren. Demgegenüber ist es bei Radio und Fernsehen eine Hauptaufgabe des Moderators, solche Bezüge zu schaffen. Wenn man von „Intratextualität" spricht, meint man zunächst ein strukturelles Phänomen. Die Funktionalität dieses Phänomens kann je nach Medium sehr verschieden sein, wie wir an den Schlagzeilen sehen werden.

5.1 Schlagzeilen und Lead in der Presse

Schlagzeilen weisen durch Position und Formulierung eine relative Selbständigkeit in Pressetexten auf. Funktional sind sie einerseits direkt an den Leser adressiert: Sie sollen die Aufmerksamkeit erregen und zugleich dem Leser erleichtern, seinen „Leseweg" durch die Zeitung zu finden. Andererseits sind sie intratextuell mit dem Lead und dem Haupttext verknüpft.

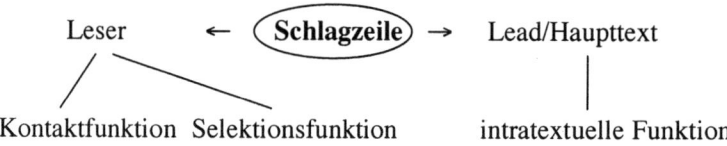

Wegen des intratextuellen Aspektes behandle ich die Schlagzeilen in diesem Kapitel. Dabei kommen auch Gesichtspunkte zur Sprache, die nicht ausschließlich mit Intratextualität zu tun haben.

Der „Lead" (Vorspann) ist im Vergleich mit der Schlagzeile funktional eindeutiger bestimmbar: Er bietet eine Kurzfassung des Inhalts des eigentlichen Artikels („Fließtext"), ist also primär durch seine intratextuelle Funktion definiert. Allerdings sind hier deutliche Wandlungen im Gange.

5.1.1 Schlagzeilen

In den Printmedien hat sich ein vielfältig variierbares Zusammenspiel von Schlagzeile bzw. komplexen Überschriften und Textabschnitten in verschiedenen Schrifttypen und Größen herausgebildet. Der an das jeweilige Muster „seiner" Zeitung gewöhnte Leser kann sich auf diese Weise rasch orientieren und seine Lektüre beliebig mehr oder weniger vertiefen. Doch haben sich die Konventionen in den letzten zwanzig Jahren verändert.

Im Zusammenhang mit der generellen Veränderung der „Leserführung" (vgl. Kap. 2 und 8) haben in der seriösen Presse die Schlagzeilen an Bedeutung eher noch gewonnen, während der Lead an Bedeutung verloren hat. Für die „Navigation" des Lesers durch die Zeitung hindurch sind Schlagzeilen allerdings nur noch eines unter verschiedenen Mitteln (vgl. Kap. 14).

Zur Produktion bzw. Textgeschichte ist bemerkenswert, wie die Zeitungen mit dem Angebot der Agenturen umgehen. Die von den Agenturen gelieferten Schlagzeilen haben zwei Funktionen: Einerseits sollen sie den Kunden die Selektion erleichtern und müssen deshalb inhaltsorientiert sein, andererseits stellen sie bereits einen Vorschlag für eine in der Zeitung verwendbare Schlagzeile dar (Struk 2000, 203). Es zeigt sich jedoch, dass die Zeitungen überwiegend eigene Formulierungen vorziehen (die z.T. technischen Gründe sind bei Struk 2000, 204 referiert). Ferner sind die Autoren des Textes und der Schlagzeile oft nicht dieselben. Die Schlagzeile wird auf der Basis des Textes nachträglich formuliert. Insofern haben sie von der Textgeschichte her einen anderen Status als der Text selber.

Die Terminologie in linguistischen Arbeiten ist schwankend. Als Oberbegriff wird entweder „Überschrift" oder „Schlagzeile" gewählt. In manchen Arbeiten wird „Schlagzeile" nur für die Hauptüberschrift der Frontseite verwendet. Ich verwende demgegenüber im Folgenden „Schlagzeile" dann, wenn es sich um ein Element *eines* Gesamttextes handelt (also den üblichsten Fall), „Überschrift" hingegen als Oberbegriff für „Schlagzeile"

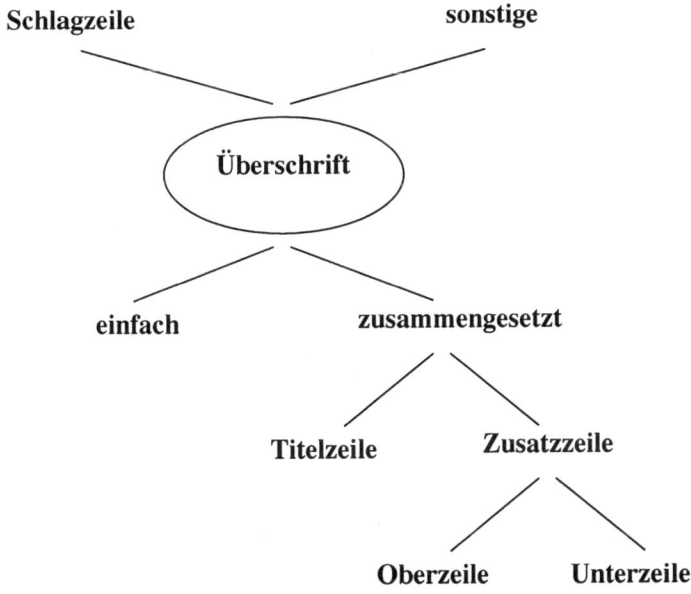

und alle übrigen Fälle, die mit dem Gebrauch des Wortes kompatibel sind (z. B. Überschriften von Rubriken usw.).

Schlagzeilen sind in ihrer Struktur und Funktion gut erforscht.[1] Ich erwähne daher nur die wichtigsten sprachlichen Merkmale.

(a) Einfache vs. zusammengesetzte Schlagzeile

Die komplexen Schlagzeilenstrukturen mit Oberzeile und Unterzeile sind in den Abonnementszeitungen seltener geworden.

Die Frankfurter Allgemeine Zeitung (FAZ) z. B. hat nur einfache oder zweizeilige Schlagzeilen, während die Süddeutsche Zeitung bei wichtigen Artikeln auch dreizeilige Schlagzeilen verwendet.

„Klassische" Verteilungen der Zeilen bei einer komplexen Schlagzeile sehen z. B. so aus:

Bei 2 Zeilen:

Kompromiß zur Ost-Erweiterung
Europäisches Parlament und Regierungen einig über Finanzierung
(FAZ, 9. 4. 2003)

Die Schlagzeile formuliert den thematischen „Kern" des Textes, die Unterzeile gibt bereits eine Spezifizierung der Faktenlage.

Bei 3 Zeilen:

<u>Gipfeltreffen mit Regierungschef Abbas in Jerusalem</u>
Israel verspricht Palästinensern Erleichterungen
Premier Scharon kündigt an, Gefangene freizulassen und die Abriegelung der Autonomiegebiete zu lockern [Unterzeile auf einer Zeile]
(Süddeutsche Zeitung, 1. 6. 2003)

Die Oberzeile nennt den Anlass, die äußeren Umstände, die Schlagzeile das Hauptresultat der Verhandlungen, die Unterzeile konkretisiert in einem ersten Schritt die Schlagzeile.

D. h. es gibt „logische" intratextuelle Bezüge zwischen den Elementen der komplexen Schlagzeile (sowie zwischen diesen und dem Lead und dem Fließtext): Relationen wie allgemein – speziell, abstrakt – konkret, Grund – Folge usw.

Die Boulevardpresse demgegenüber hat häufig zu einem Artikel mehrere, teils unterschiedlich große, teils nahezu gleichwertige Schlagzeilen, u. U. mit Farbkontrasten (bei BILD z. B. schwarze Schrift auf weißem oder gelbem Hintergrund, weiße oder rote Schrift auf schwarzem Hintergrund,

---

1   Z. B. Sandig (1971), Brand (1991), Oberhauser (1993).

verschiedenfarbige Balken usw.), die aber meist nicht die semantischen Relationen aufweisen, wie sie für Schlagzeile, Oberzeile, Unterzeile üblich sind, sondern sich oft zu einer Kurzfassung des Textinhalts ergänzen, z. B.:

> Tatort-Star freiwillig im Gefängnis
> **Falsches Mord-Geständnis**
> Aus Liebe zu seiner krebskranken Frau
> (BILD, 26. 8. 2003)

(b) Syntax

Man kann die Struktur der Schlagzeile infolge ihrer relativen Selbständigkeit zunächst intern analysieren, da sie ja durch Formulierung und Position eine relative Selbständigkeit aufweist.

Hinsichtlich der Syntax (vgl. Sandig 1971) waren früher elliptische Konstruktionen charakteristisch (bei denen leicht rekonstruierbare Funktionswörter wie Artikeln, Hilfsverben usw. weggelassen werden, aber auch Elemente, die für ein vollständiges Verstehen nötig wären („Konzert abgesagt" – wer hat es abgesagt? Wo, wann hätte es stattfinden sollen? usw.). Das Prinzip der „Ökonomie", das früher für Schlagzeilen maßgebend war, scheint immer weniger relevant zu sein. Für Boulevardzeitungen galt das Prinzip von Anfang an nicht zwingend, da die Schlagzeile zunächst die Aufmerksamkeit des potenziellen Käufers wecken sollte und Kürze daher ein nachgeordnetes Kriterium war.

Die Untersuchung der Schlagzeilen einer Woche (Woche 12, 2003) ergab, dass bei der KRONE mehr als die Hälfte der Schlagzeilen vollständige Sätze sind, während BILD und BLICK mehr Ellipsen aufweisen.

Die Abonnementszeitungen haben sich teilweise dem Verfahren der Boulevardpresse angeschlossen. Hier ergibt sich also eine gewisse „Konvergenz" der Pressetypen (vergleichbar der Konvergenz im dualen Rundfunksystem, vgl. 9.2.4). Statt elliptischer Schlagzeilen werden vielerorts vollständige Sätze (die nach Bedarf auch zweizeilig gesetzt sind) verwendet.

Z. B. hat z. T. die FAZ oft lange Schlagzeilen:

> **Die Union ist am Zug – und tut sich schwer**
> Die SPD kann sich beim Steuerkompromiß erstmals seit langem zurücklehnen und mit Schadenfreude zuschauen / Von Manfred Schäfers
> [Die Unterzeile erstreckt sich in einer Zeile über 6 Text-Spalten des Berichts]
> (FAZ, 9. 4. 2003)

In der Gratis-Zeitung „20 minuten" (s. 8.4.3) finden sich auf wenigen Seiten (am 26. 5. 2004) z. B. die folgenden Schlagzeilen:

> Xaver Pfister bleibt im Amt
> Alkohol stört den Schlaf

Dornach: Vandalenakte bereiten Polizei Sorgen
Kasernensanierung ist „im Fahrplan"
Mc Donald's will die Igel besser schützen
Dargebotene Hand: Alle 20 Sekunden ruft jemand an
Fans wünschen alten Modus zurück
Prinz Morientes greift zum vierten Mal nach der Krone
Mulder sucht wieder nach Ausserirdischen

Diese Schlagzeilen sind einteilig oder zweiteilig. Sie sind in jeder Hinsicht
vollständige Syntagmen oder sie enthalten nur kleinere Ellipsen (z. B. fehlende Artikel). Auffällig ist zumal, dass sogar *ist* nicht eingespart wird, was
früher eine Selbstverständlichkeit war.

Da die Gratis-Zeitung sonst auf Kürzest-Artikel spezialisiert ist, sind
die relativ langen Schlagzeilen besonders signifikant.

(c) Lexik und Phraseologie

Die Boulevardpresse verwendet – im Gegensatz zu den Abonnementszeitungen – in den Schlagzeilen mit Vorliebe stark emotionale Lexik und
Phraseologie, drastische Metaphorik, Augenblickskomposita und umgangs-
sprachlich-saloppes Vokabular. Dafür bietet jede Ausgabe zahllose Beispiele, so dass ich hier auf Belege verzichte. Allerdings unterscheiden sich
die Boulevardzeitungen Deutschlands, Österreichs und der Schweiz in dieser Hinsicht deutlich. Am extremsten in diesen Belangen ist, soweit ich sehe,
BILD, während KRONE (Österreich) und BLICK (Schweiz) sich wesentlich gemäßigter präsentieren.

Der Unterschied zwischen den Typen von Presseorganen ist seit den
Anfängen der Boulevardpresse vorhanden und hat sich seither nicht wesentlich eingeebnet.

Diachrone Untersuchungen zu dieser Frage gibt es meines Wissens
noch nicht.

(d) Semantisches Verhältnis Schlagzeile – Fließtext

In Handbüchern der Journalistik, aber auch in linguistischen Arbeiten findet man die Aussage, dass Schlagzeilen den Inhalt des Artikels in Form eines
Konzentrats wiedergeben oder das „Thema" des Artikels formulieren. Das
ist aber keineswegs immer der Fall. Neben solchen „thematischen" Schlagzeilen gibt es zumindest noch zwei weitere Typen, die je nach Zeitung und
Zeitungstyp unterschiedlich häufig sind:

Schlagzeilen in Bezug auf den Fließtext

(1) Thematische Schlagzeilen   (2) Rätsel-Schlagzeilen   (3) Zitat-Schlagzeilen

Die bisher gegebenen Beispiele gehören überwiegend dem Typ (1) an. Ein
Beleg für (2) ist der folgende:

Millionen in den Kamin schreiben
[Lead:] Zurück zur alten Schreibweise – das wäre teuer. Alle Lehrbücher müssten korrigiert werden. Dies würde allein bei den Lehrmittelverlagen leicht Kosten von zehn Millionen Franken verursachen.
(Tages-Anzeiger, 10. 8. 2004)

Ohne den Lead würde man die Schlagzeile wohl kaum verstehen. Wenn man
den Lead gelesen hat und somit weiß, was das Thema des Artikels ist, wird
sie als bewusst doppeldeutig durchschaubar.[2]

Die Schlagzeile formuliert eine Art „Rätsel", das dann im Lead und
Fließtext aufgelöst wird.

Solche „Rätsel"-Schlagzeilen finden sich vor allem im Bereich von Meldungen und Berichten zu Soft news, besonders häufig aber auch bei kommentierenden Texten. Bei Kommentaren handelt es sich häufig um Metaphern, deren Sinn sich erst bei der Lektüre des Fließtexts erschließt. Z.B.:

In den Schredder
[Kommentar zur „Liste der durch die gesetzlichen Krankenkassen erstattungs-
fähigen Arzneimittel"]
(FAZ, 9. 4. 2003)

An der Weggabelung
[Kommentar zur Pisa-Studie]
(FAZ, 9. 4. 2003)

Während man sich beim ersten Beispiel sehr rasch denken kann, was denn
da „in den Schredder" gehört, also als unbrauchbar bewertet wird, braucht
es beim zweiten mehr gedanklichen Aufwand – also genauere Textlektüre –,
um den präzisen Sinn der Metapher zu verstehen.

In der Boulevardpresse, wo – wie gesagt – metaphorische Schlagzeilen
häufig sind, wird in der Regel alles getan, um dem Leser eine langwierige
„Enträtselung" der Metapher zu ersparen, z.B. in einem Artikel mit dieser
Schlagzeile:

Der rote Hai hat neue Kiemen

Diese Schlagzeile wird ergänzt durch eine zweite, gleich prominente:

Geht Schumi die Luft aus?

sowie durch Bilder vom Rennwagen Schumachers mit Legende.

Der Gefahr, dass ein Leser die Metapher nicht versteht, wird durch verschiedene Maßnahmen vorgebeugt: Zunächst werden Leser, die die Seite
BILD SPORT aufschlagen und sich für Formel 1 interessieren, ohnehin wis-

---

2 Im Phraseologismus *etw. in den Kamin schreiben* ‚etw. als verloren betrachten' [Duden
   11] wird das Verb *schreiben* wörtlich genommen, insofern es an Recht*schreibung* angeknüpft wird.

sen, dass mit „roter Hai" Schumachers Ferrari gemeint ist. Wenn sie es nicht
wissen, wird es implizit durch das Bild erschließbar und durch den Text
vollends geklärt. Die „Kiemen" werden sowohl in der Bild-Legende als im
Fließtext erklärt:

> [Legende:]
> Bis zu 140 Grad wird der Ferrari-Motor auf dem Hungaroring heiß. Deswegen
> haben die „Roten" die Kiemen (5 Schlitze) auf den Seitenkästen noch einmal
> vergrößert.

Dass „Kiemen" Schlitze sind, wird gesagt und gezeigt: Von der Legende
geht ein Pfeil zu den im Bild gut sichtbaren Schlitzen.

> [Fließtext:]
> (…) 1:0 für Montoya. Obwohl Schumis roter Hai mit neuen Kiemen angreift,
> um den 6-Punkte-Vorsprung auf Montoya zu vergrößern. Für das Hitze-Ren-
> nen bekam der Ferrari an den Seitenkästen neue, extrabreite Luftschlitze. Die
> Mega-Kiemen sollen die Glutluft (Motor bis zu 140 Grad heiß) aus dem „Hai"
> wirbeln. (…)
> (BILD, 23. 8. 2003)

(3) Der dritte Typ von intratextueller Relation entsteht dadurch, dass ein
Stück des Fließtextes in der Schlagzeile zitiert wird. Meist handelt es sich dabei bereits im Fließtext um ein Zitat, z. B.:

> **„Ein massiver Konflikt in der Sache"**
> SPD und Grüne einigen sich auf einen Kompromiß im Streit über den Bau des
> Metrorapid / Von Peter Schilder
> [Text:] DÜSSELDORF, 8. April. Die rot-grüne Koalition in Nordrhein-West-
> falen hat eine schwere Krise überstanden. (…) So sagte Steinbrück am Dienstag,
> daß „zu keinem Zeitpunkt die Koalition auf der Kippe gestanden habe". Aber
> er gab zu, es handle sich „um einen massiven Konflikt in der Sache" (…).
> (FAZ, 9. 4. 2003)

Als Leser versteht man die Schlagzeile nicht unmittelbar, doch bereits die
Unterzeile bringt erste Klärung. Zudem nimmt man aufgrund der Lese-
erfahrungen mit Anführungszeichen an, dass es sich bei der Schlagzeile um
ein markantes Zitat handelt, das sich im Innern des Textes finden wird. Dass
das Zitat grammatisch leicht verändert ist, entspricht der üblichen Praxis bei
Zitat-Schlagzeilen.

Die intratextuellen Relationen zwischen Schlagzeile und Fließtext (und
anderen Elementen) sind also in der Regel semantisch unproblematisch und
bieten keine Verstehensprobleme. Bei den „Rätsel"-Schlagzeilen zeigt sich
die potenzielle Mehrfachfunktion der Schlagzeile: Die Verrätselung soll die
Aufmerksamkeit auf den Artikel lenken, bei den Abonnementszeitungen
also die Selektion steuern, und zugleich dazu motivieren, den Artikel selbst
zu lesen, also den intratextuellen Bezug zu realisieren.

Allerdings ist es u. U. auch eine Frage der Vor-Informiertheit des Lesers,
ob eine Schlagzeile für ihn rätselhaft ist oder nicht.

5.1.2. Lead

Ursprünglich hat der Lead (auch „Vorspann" genannt) keine andere als eine vor-orientierende Funktion. Er soll den Fließtext in komprimierter Form repräsentieren und damit dem eiligen Leser eventuell die Ganzlektüre ersparen. Insofern ist der Lead gänzlich „abhängig" vom Haupttext, er hat Existenzberechtigung nur durch seine intratextuelle Beziehung zum Haupttext.

Nun wird aber die klare formale Strukturierung des Berichts in Überschrift – Lead – Fließtext nicht nur durch die Boulevardpresse aufgeweicht, sondern auch durch die Abonnementszeitungen im ganzen deutschen Sprachraum, allerdings mit unterschiedlich starker Ausprägung. Während die Überschrift eine obligatorische Konstituente des Berichts – und überhaupt aller Presseartikel – bleibt, ist der Lead heutzutage nicht mehr obligatorisch.

Weglassen oder Beibehalten des Lead haben vielfach Auswirkungen auf die Struktur der Schlagzeile, gelegentlich auch auf den Beginn des Fließtextes. Man hat den Eindruck, dass manche Zeitungen sich um eine spezifische neue Mischung bemühen. Die Abgrenzungskriterien für die einzelnen Elemente werden zunehmend vager. Beispielsweise ist die Position des Autornamens oder Agenturkürzels oder des Ortes kein klares Kriterium mehr. In manchen Zeitungen, beispielsweise der „Neuen Zürcher Zeitung", leiten diese Elemente den Fließtext ein, stehen also nach Überschriften und Lead. Andernorts, z. B. in der „Süddeutschen Zeitung", wird der Lead durch den Ortsnamen und der Fließtext durch den Autornamen eingeleitet.

Die Schweizer Zeitungen sind in dieser Hinsicht konservativer als viele deutsche und österreichische. Die gegenwärtige Situation mögen einige zufällig herausgegriffene Beispiele vom April 2003 illustrieren:

Die „Süddeutsche Zeitung" setzt den Lead nur bei längeren Artikeln ein. In allen Ressorts finden sich Leads, mit Ausnahme des Feuilletons und des Sports.

Die „Frankfurter Allgemeine Zeitung" verzichtet gänzlich auf den Lead. Die Überschriften sind meist zweiteilig.

Auch die Klagenfurther „Kleine Zeitung" verzichtet auf den Lead, baut dafür aber die Überschriften aus. Außer einer Hauptzeile gibt es eine Unterzeile, die ihrerseits wieder zweigeteilt sein kann, mit einem ausformulierten Satz als zweitem Teil:

> **Bush macht auf Israeli Druck**
> Hauch von Hoffnung auf Frieden: US-Präsident lobt Palästinenser-Premier, der die Hamas-Terroristen zum Gewaltverzicht bewegen will.
> (31.5.2003)

Dass es sich strukturell eher um eine Unterzeile als um einen Lead handeln soll, ergibt sich aus der grafischen Anordnung über die ganze Breite des (mehrspaltigen) Artikels und aus der elliptischen Formulierung (Weglassung der Artikel).

Die „Berliner Morgenpost" hat auf der Frontseite keinen Lead, im Gegensatz zum Innenteil bei längeren Artikeln. Die Überschriften auf der Frontseite sind nur einzeilig, bieten also keine Kompensation für den Lead.

Die „Neue Zürcher Zeitung" hält sich bei längeren Artikeln an die konventionelle Praxis.

Sehr aufwendig ist die Leserführung gestaltet in „Der Bund" (Bern). Hier finden sich zweiteilige Überschriften und Lead, und zusätzlich ist in der Unterzeile oft ein Teil fett hervorgehoben.

Die „Basler Zeitung" praktiziert bei namentlich gezeichneten Artikeln ein nicht sehr durchsichtiges Misch-Verfahren: Zusätzlich zur Hauptzeile gibt es eine unterstrichene, oft mehrere Sätze umfassende Formulierung, die grafisch als Unterzeile positioniert ist, aber funktional meist einem Lead entspricht. Dann beginnt der Text mit gefetteter Ortsangabe. Nach einigen Sätzen wird dann der Text unterbrochen durch den Autornamen. (Oder der Ortsname wird erst hier aufgeführt „Von Heiko Flottau, Amman".) Auf diese Weise entsteht optisch der Eindruck, dass der erste Abschnitt eine Art Lead sei. Inhaltlich und textlinguistisch aber erfüllt er meist die Kriterien des herkömmlichen Leads nicht, z. B.:

Dreifache Angst vor kurdischen Minderheiten
<u>Iraks Nachbarn beobachten mit Sorge, was mit den irakischen Kurden passiert. Denn von deren künftigem Status hängt auch das Verhalten der kurdischen Minderheiten in der Türkei, in Syrien und Iran ab. Die Türkei fürchtet, dass die Region in einem Meer von Konflikten versinkt.</u>

In der Türkei kursiert folgender Witz: Ein Kurde und ein Lase, das heisst ein Bewohner der östlichen türkischen Schwarzmeerregion, sind zum Tod verurteilt. Nach seinem letzten Wunsch gefragt, antwortet der Kurde: „Ich will noch einmal meine Mutter sehen." Danach wird die gleiche Frage dem Lasen gestellt, der ohne zu zögern antwortet: „Ich will, dass der Kurde seine Mutter nicht mehr sieht." Der Lase, der seinen letzten Wunsch opfert, damit der Kurde seinen Wunsch nicht erfüllt bekommt, könnte ein Prinzip der türkischen Politik verkörpern: Lieber soll die ganze Türkei im Meer versinken, als dass man den Kurden auch nur einen Zoll breit nachgibt.

Von Jan Keetman, Istanbul
Die bei weitem grösste kurdische Minderheit lebt in der Türkei (...).
(11. 4. 2003)

Der abgegrenzte Textanfang ist eher ein Einstieg in eine Reportage als ein Lead, der die W-Fragen in Bezug auf den Fließtext formuliert. Und tatsächlich wird die gleiche makrostrukturelle Praxis auf eigentliche Berichte wie auf Reportagen angewendet. Eine Reportage mit dem Titel „Warten auf Masud, der den Garten bewässert" enthält als „Pseudo-Lead" – wie man dieses Element benennen könnte – einen typischen szenischen Einstieg („Der alte blinde Mönch schlurft in seiner schmutzigen schwarzen Kutte durch den kühlen Palisadengang [...]).

Ein deutliches Symptom für die sich wandelnde Funktion des Lead ist das folgende Beispiel:

Adecco kann die Wogen etwas glätten

Der Personalvermittler hat jedoch in einzelnen Ländern Unterschlagungen festgestellt.

Glattbrugg. – Mit einem Befreiungsschlag hat der Verwaltungsrat von Adecco gestern versucht, das verlorene Vertrauen wieder zurückzugewinnen. Und es ist ihm auch teilweise gelungen. Der Aktienkurs jedenfalls stieg am Freitag um 14 Prozent.

Erste Abklärungen hätten keine Hinweise auf Unregelmässigkeiten ergeben, welche „für das Gesamtunternehmen von finanzieller Bedeutung" wären, schrieb das Unternehmen in einer Mitteilung. Gleichzeitig räumte Adecco aber ein, dass es in gewissen Ländern der Nordamerika-Division Fälle von „Unterschlagung und Unregelmässigkeiten" auf Filialebene gegeben habe. Es geht also offenbar nicht um „Luftbuchungen" wie bei den Skandalkonzernen Enron oder Parmalat, sondern um Verfehlungen einzelner lokaler Mitarbeitender. „Das ist zwar nicht gut, kann aber vorkommen", kommentiert Analyst Matthias Egger von der Bank Pictet. Trotz der vorangegangenen Negativschlagzeilen habe das Unternehmen bisher auch kaum Kunden verloren. (...) Der weltgrösste Personalvermittler war in den letzten Wochen stark unter Druck geraten, weil er wegen nicht näher definierter Unregelmässigkeiten die Veröffentlichung des Geschäftsberichtes verschieben musste. *(odm) Seite 23* (Tages-Anzeiger, 31. 1. 2004, Frontseite)

Grafisch ist der zweite Satz („Der Personalvermittler ...") als Lead gesetzt. Er ist aber ohne die Schlagzeile nicht verständlich, durch „jedoch" ist er – als Kontrast zur Schlagzeile – syntaktisch-semantisch an diese geknüpft. Auch wenn man den Satz als Unterzeile auffassen würde, wäre diese Art der Verknüpfung ungewöhnlich. Schlagzeile und „Lead" zusammen vermitteln jedoch eine komprimierte Form des Haupttextes, allerdings nur, wenn der Leser die Vorgeschichte (die im letzten Satz des Haupttextes rekapituliert wird) kennt. Sonst bleibt die Schlagzeile „Adecco kann die Wogen etwas glätten" rätselhaft. Worauf sich die Metapher „die Wogen glätten" bezieht, was die „Wogen" sind und wie sie „geglättet" werden, das wird erst durch den Haupttext klar. Der „Lead" bringt nur einige konkretisierende Stichwörter, die aber das „Rätsel" nicht vollständig auflösen können.

5.2 Intratextualität in Radio und Fernsehen

5.2.1 Typen von Intratextualität

Während bei der Presse der Text – entsprechend den Regeln der Schriftlich-keit – planbar ist, also beliebige Möglichkeiten intratextueller Verbindungen erlaubt, ist dies bei den elektronischen Medien nur partiell der Fall.

Die Möglichkeiten des Moderators, dem Rezipienten am Anfang einer Sendung vorstrukturierende, orientierende Informationen zu geben, hän-gen davon ab, in welchem Maß der Ablauf der Sendung vorhersehbar ist, und dies wiederum ist eine Folge der Unterscheidung von non-live- und live-Sendungen. Nur bei non-live Sendungen ist der Moderator bis ins De-tail über den Ablauf vorinformiert und kann seine Informationen entspre-chend weitergeben. Bei live-Sendungen – auch wenn sie noch so präzise ge-plant sind – bleibt ein Rest an Unvorhersehbarkeit des Ablaufs.

So kann z.B. bei einer live-Gesprächssendung der Moderator zwar das Thema und mögliche Aspekte des Themas vorausschicken, nicht aber den Ablauf völlig im Voraus planen. Dies wird in der folgenden Einführung zu einem Radiogespräch, das die Funktion von Lebensberatung hat, ganz deut-lich:

Moderator = Richard Schmidmeier, Psychiater und Psychotherapeut

M   Grüß Gott und guten Abend, meine lieben Zuhörerinnen und Zuhörer.
     Unser Thema heute – ist Ihnen sicher auch bekannt. Streit der Generatio-
     nen – Alt gegen Jung – oder Jung gegen Alt. Mein Name ist Richard
     Schmidmeier. Ich bin Psychiater und Psychotherapeut. – Die Probleme
     gibts von beiden Seiten. Da sind die jetzt alt gewordenen Eltern – die sich
     darüber beklagen, dass die KINDER sich zu wenig um sie KÜMMERN –
     zu wenig Rücksicht nehmen – zu wenig dankbar sind. Und die sogenann-
     ten Kinder – eigentlich erwachsene Menschen mit eigenen Kindern – die an
     ihren Eltern verzweifeln. Da beklagt man sich über Intoleranz – Engstir-
     nigkeit – fühlt sich moralisch unter Druck gesetzt. Und dann gibts die alten
     Menschen, die preisgünstig und pflegeleicht untergebracht sind im Alten-
     heim – und die nur am Heiligen Abend mal kurz besucht werden. Das
     Thema ist offensichtlich alt. Wir kennen schon in der Bibel/ – da sollen wir
     die Alten ehren, haben wir gelernt. Gleichzeitig hören wir vom Pfarrer in
     der Trauung – wir sollen die Eltern verlassen und beim Partner bleiben.
     Kennen Sie das Problem? Haben Sie auch einen Generationenkonflikt? Ich
     würde gerne hier am Radio mit Ihnen drüber reden – und mit Ihnen drü-
     ber diskutieren. Sie werden sehen, allein schon das Reden hilft. Und – wir
     finden sicher gemeinsam eine Idee – einen Trost – eine Lösung – um Sie zu
     erleichtern, um Ihnen zu helfen. Rufen Sie uns an. Unsere Telefonnummer
     ist null acht neun für München – dann – einundfünfzig acht einundfünfzig.
     Ich wiederhole nochmal – null acht neun für München – einundfünfzig acht
     einundfünfzig. Ich freue mich auf unser Gespräch.
     (Nachtgespräche, BR, 2. 5. 1999)

Der Moderator nennt das Thema „Streit der Generationen" und entfaltet es
in verschiedene potenzielle Sub-Themen. Ob die Anrufer darauf anspringen
oder ob sie eigene Sub-Themen anbieten werden, das ist nicht vorhersehbar.

Im weiteren Verlauf der Sendung wird dann jeweils das Thema als strukturierendes Element nur noch in Erinnerung gerufen, wie in diesem Beispiel
zum Thema „Einsamkeit":

D = Moderatorin Katja Doubeck
I = Anruferin Ingeborg

D Einsamkeit unser Thema. Und unsere nächste Hörerin. Guten Abend?
I Guten Abend. Mein Name ist Ingeborg.
D Ich grüsse Sie.
I Ich bin einundfünfzig Jahre alt.
D Ja
I Ich bin ein Single.
D Hm
I Und ich fühl mich eigentlich SEHR wohl.
D DAS ist erfreulich. Das hören wir immer gerne. (lacht) Als Single fühlen Sie
sich wohl?
(Nachtgespräche, BR, 9.5.1999)

Bei völlig oder weitgehend vorproduzierten Sendungen hingegen können
auch die elektronischen Medien mit „Schlagzeilen" operieren.

Die Schlagzeile hat in einem akustischen (bzw. audiovisuellen) Medium
semiotisch und kommunikativ gesehen einen ganz anderen Status als im grafischen Medium. Man spricht dennoch (in einem primär metaphorischen
Sinn) auch hier von „Schlagzeile".

Die Funktion des Aufmerksamkeit-Erregens, ebenso wie die Steuerung
der Selektion, ist im akustischen Bereich weniger realisierbar als im grafischen: Der unmittelbare Zusammenhang zwischen Schlagzeile und zugehörigem Text ist im grafischen Medium gewährleistet, im akustischen bzw.
audiovisuellen kann jedoch eine zeitliche Lücke dazwischen liegen, die den
Aufmerksamkeitseffekt u. U. wieder zunichte macht. In den akustischen
Medien muss der Rezipient warten, bis die Meldung, die ihn allenfalls interessiert, wirklich kommt.

Im akustischen Medium ist daher der primäre Sinn der Schlagzeile
sicher zunächst einmal die Vorstrukturierung und Vorinformation.

5.2.2 Schlagzeilen im Radio

Es gibt im Radio Sendungen, bei denen nur die Funktion des Vorstrukturierens intendiert ist, wie etwa mit dieser nüchternen Anmoderation:

Weibl. Stimme: Es ist acht Uhr. (MUSIKSIGNET).
Männl. Stimme: *NDR eins Niedersachsen (MUSIKSIGNET). Aktuell.* (*MIT
MUSIK UNTERLEGT), (MUSIKSIGNET)

M   Mit Stefan Netzeband. Guten Morgen. Heute ist Mittwoch, der neunund-
    zwanzigste Oktober. Die Schlagzeilen. Elf von dreizehn Bergleuten über-
    leben im russischen Unglücksstollen. Greenpeace besetzt Förderturm am
    Atommülllager Gorleben. Dornumer beklagen Tricks bei Anträgen für
    Windräder. Luftlandebrigade Oldenburg übt für neue Afghanistan-Mission.
    Flüchtlingsrat kritisiert geplante Verschärfung der Abschiebepraxis in Nie-
    dersachsen. Und, Amateure und Profis des VWL Wolfsburg scheitern im
    DFB Pokal. Das Wetter örtlich Frost, später einzelne Schauer, bis acht Grad.
    (NDR 1, 29.10.2003, 8.00 Uhr)

Interessant ist hier immerhin, dass auch diese wenig spektakulären Formulierungen sich an das Vorbild der Presse-Schlagzeilen anlehnen. Zwar handelt es sich um ganze Hauptsätze, doch sind die typischen Ellipsen der
Presse-Schlagzeile (Auslassung von Artikeln) auch hier zu finden:

    besetzt [den/einen] Förderturm
    [Der] Flüchtlingsrat kritisiert [die] geplante Verschärfung

Im folgenden Beispiel ist in der ersten („Halbe Sache") der durchwegs zwei-
teiligen Schlagzeilen der erste Teil als Rätsel formuliert, das dann im zweiten Teil (halbwegs) aufgelöst wird:

S   Sieben Uhr, Schweizer Radio DRS, Morgenjournal. – – – (4 sec, JINGLE)
    Am Mikrofon Friedrich Schneider und Kurt Jordi. Die Übersicht.

    Halbe Sache. Ein jugoslawischer TEILabzug aus Kosovo genügt der Nato
    nicht. Sie bombardiert weiter.
    Radikale Vertreibung. Laut einem US-Bericht sind neunzig Prozent der
    Kosovo-Albaner aus ihren Wohnungen vertrieben worden.
    Schweizer Hilfe für Flüchtlinge. Chefbeamte erkunden die Lage in den ma-
    zedonischen Flüchtlingscamps.
    Und Platz acht für die Eishockey-Nati. Die Schweiz beendet die WM mit
    einer null zu drei Niederlage gegen die USA.
    Das Wetter heute Dienstag den elften Mai. Auf der Alpennordseite oft stark
    bewölkt und zeitweise Regen. In den Alpen und im Süden zum Teil sonnig
    und meist trocken. Höchsttemperaturen im Norden um achtzehn, im Sü-
    den um vierundzwanzig Grad. –
    (Radio DRS, Morgenjournal, 11.5.1999)

Die ganze Auflösung ergibt sich erst aus dem Beitrag selbst:

S   = Sprecher
DV = Daniel Voll
A   = Madeleine Albright

S   Die Nato hat in der Nacht wieder zahlreiche Ziele in Jugoslawien aus der
    Luft angegriffen. Bombardiert wurden auch Ziele in Belgrad. Politiker der
    Allianz machten gleichzeitig klar, dass der Nato der angekündigte Teilab-
    zug der jugoslawischen Soldaten und Polizisten aus Kosovo NICHT ge-
    nügt. Aus Brüssel, Daniel Voll.

DV Als Erste reagierte US-Außenministerin Madeleine Albright. Sie habe da-
    von reden gehört, dass Milosevic die Hälfte seiner Truppen aus dem Ko-
    sovo zurückziehen wolle.

A   I have just heard a report that he was going to withdraw HALF his forces uh
      from uh Kosovo. If there ever was a definition of a half measure, that is it.

DV   Eine halbe Sache sei für die Nato allerdings kein Anlass, ihre Bombardie-
      rungen auf Jugoslawien einzustellen – meint die Außenministerin der füh-
      renden Macht der Nato – und wurde von Allianzpartnern sekundiert. Zum
      Beispiel dem deutschen Staatssekretär im Außenministerium, Günther Ver-
      heugen.

Die „halbe Sache" ist ein übersetztes Zitat aus der Stellungnahme Madeleine
Albrights („half measure"). Hier zeigt sich ein Ansatz zum Versuch, etwas
den Printmedien immerhin Analoges auch im audiovisuellen Medium zu
verwirklichen: Aufmerksamkeit zu wecken und gleichzeitig bereits zu informieren.

5.2.3 Schlagzeilen im Fernsehen

Das Fernsehen hat gegenüber dem Radio die zusätzliche Möglichkeit, auch
auf der Bild-Seite eine Vorschau zu geben, Dies kann, wie im folgenden Beispiel, einerseits durch Ausschnitte aus den Berichten geschehen, andererseits durch Schrift-Inserts, die den ersten Teil der verbalen Schlagzeile wiederholen und damit Redundanz erzeugen („Terrorangst" usw.).

Text	Bild
(SENDUNGS-MELODIE) M (on:) Guten Abend und herzlich will- kommen beim Nachtjournal. Erst nach und nach wird klar in Europa, was der Terror-Anschlag von Madrid eigentlich bedeutet. Al Kaida ist offenbar da, – und hat es geschafft, die spanische Regierung zu kippen. Die Unsicherheit, die Angst bekommt jetzt auch Deutschland zu spüren. Unsere Themen. (GESAMTE MODERATION MIT MUSIK UNTERLEGT)	Totale, Kamera fährt an den Moderator heran, bis er nah im Bild ist. Im Hinter- grund eine nächtlich beleuchtete Groß- stadt. Insert: Logo RTL Nachtjournal und <Christof Lang>.
S (off:) Terrorangst. Wie die Regierung Deutschland vor Anschlägen schützen will. (ZISCHEN) Machtwechsel. Wie es den Terroristen gelang, die spanische Regierung wegzu- bomben. (ZISCHEN)	Patrouillierende Polizisten an einem Flughafen. <Terrorangst> Unten ist das aktuelle Datum eingeblendet. Helfer arbeiten in den explodierten Waggons. <Machtwechsel> Unten Datum.

| Elektronik-Ohr. Wie gut Computer-programme Gesprochenes auf den Bildschirm bringen. (DIE SCHLAGZEILEN SIND MIT MUSIK UNTERLEGT) | Ein Mann mit Mikrofon vor einem Computer-Bildschirm. Neben der Tastatur drei Software Pakete. <Elektronik-Ohr> Unten Datum. |

(RTL Nachtjournal, 16.3.2004)

Die Schlagzeilen sind meist nach einem durchgehenden rhetorisch-stilistischen Prinzip aufgebaut. Hier ist es ein Kompositum, das das thematische Stichwort liefert, gefolgt von einem mit „wie" eingeleiteten Satz, der eine komprimierte Formulierung des Inhalts der Meldung enthält (sprachlich erinnert diese Art der Formulierung an Überschriften aus älteren Texten z. B. der Barockzeit).

Bei den Komposita ist bemerkenswert, dass es sich teils um lexikalisierte Ausdrücke (*Machtwechsel*, wohl auch *Terrorangst*), teils um Ad-hoc-Bildungen (*Elektronik-Ohr*) handelt. Die Bilder sind Kurz-Ausschnitte aus den Bildern der Meldung.

Ähnliche sprachliche und bildliche Verfahren gibt es auf allen Sendern. Ein Beispiel von SF DRS (Tagesschau, 6.1.2000; Stichwort kursiv):

Massenkarambolage. Dreißig Fahrzeuge krachen auf der A2 im Kanton Luzern ineinander. Mindestens zwölf Personen werden verletzt.

Kampfansage. Sunrise läutet mit neuen Tiefpreisen ein neues Wettrennen um die Gunst der Telefonkunden ein.

Kuchenkönige. Am Dreikönigstag werden Zigtausende von Königen gebraucht. Sie sind bissfest und aus Plastik, aber nicht aus dem Morgenland.

Die sprachliche Struktur ist vergleichbar. Die Komposita weisen die gleichen Bildungsmodelle auf (lexikalisiert: *Massenkarambolage, Kampfansage*, Ad-hoc-Bildung: *Kuchenkönige*). Der zweite Teil besteht aus Hauptsätzen (einem oder zwei).

Anders sehen die Schlagzeilen in älteren Ausgaben der „Tagesschau" von SF DRS (Ort kursiv) aus, z. B. (9.1.1974):

Genf. Die zwölf OPEC-Staaten beschließen, die Rohölpreise bis zum ersten April zu blockieren. Bis dahin soll eine langfristige Preispolitik ausgearbeitet werden.

Zürich/Frankfurt/Tokio. Der Dollarkurs zeigt nach der leichten Entspannung der Erdölkrise wieder sinkende Tendenz.

Washington. Außenminister Henry Kissinger reist am Donnerstag zu neuen Nahostverhandlungen nach Israel und Ägypten.

Bern. Der Bundesrat verzichtet auf weitere Sonntagsfahrverbote. Die übrigen Beschränkungen bleiben aber bestehen.

Hier dominiert die nüchterne, der Presse entlehnte Formulierung mit Nennung des Ortes und einer knappen Inhaltszusammenfassung.

Die Entwicklung geht also von einer wenig rhetorischen zu einer rhetorisch stilisierten Formulierung und von bildloser zu bebilderter Vermittlung in neuerer Zeit.

5.3 Zwischen Inter- und Intratext

5.3.1 Programmverbindungen

Das heutige Fernsehen bietet nicht nur sein Programm und Werbeblöcke, sondern in zunehmendem Masse auch Verbindungselemente der Programmteile („Programmverbindungen", vgl. Hickethier/Bleicher [Hrsg., 1997]), erzähltheoretisch gesprochen: „Vorausdeutungen" auf später zu Sendendes, die immer mehr Eigenwert und eigene Gestalt gewinnen. Im journalistischen Sprachgebrauch spricht man von „On-Air-Promotion" und meint damit die Art von Werbung, mit der der Sender auf dem eigenen Kanal seine eigenen Sendungen und sich selbst als Sender bewirbt. Das reicht von bloßen Ankündigungen bis zu eigentlichen Spots, die unverkennbar den Charakter von Werbung haben. Je nachdem in welchem Masse man diesen Verbindungsspots einen textuellen Eigenwert zusprechen will, handelt es sich um intra- oder intertextuelle Verbindungen. Zur oben beschriebenen Form der „diachronen" Intertextualität, an die man anknüpfen könnte, ergibt sich aber ein wichtiger Unterschied: Bei den Programmverbindungen ist der Basis-Text (die eigentliche Sendung) zwar aus der Perspektive der Produktion ein Prätext, in der Wahrnehmung des Rezipienten jedoch ist er nicht ein „Prätext", sondern ein „Posttext". Auch von den eben genannten Formen von Intratextualität weichen die Programmverbindungen ab: Im Gegensatz zu den „Schlagzeilen" liegen zwischen der Ankündigung und der angekündigten Sendung u.U. größere Zeitabstände, so dass es nicht mehr unproblematisch ist, von „ein und demselben" Text zu sprechen.

(a) Intertextuelle Verweise durch Moderation

Eindeutig intertextuellen (und nicht intratextuellen) Charakter haben Verweise, die durch den Moderator einer Sendung vorgenommen werden, mit denen er spätere Sendungen ankündigt.

Da auch eine Magazinsendung nur in einem gewissen Rahmen Hintergründe, Kommentare etc. vermitteln kann, werden besonders aktuelle oder wichtige Themen in anderen Sendungen als Hauptthema noch einmal aufgegriffen. In diesen Fällen ist es selbstverständlich Aufgabe des Moderators, dem Hörer die Verknüpfung der zusammenhängenden Sendungen zu erleichtern.

Bei deutschsprachigen Nachrichtensendungen finden sich solche intertextuellen Verweise eher spärlich, während z. B. die Moderatoren des französischen Fernsehens damit sehr freigebig umgehen:

- Verweis auf die Sendung, die sich an die Nachrichten anschließt:

Et puis sur ce thème de la „mal-bouffe", dès ce soir sur France 2, après cette
émission, les envoyés spéciaux nous proposeront une enquête passionante, je
crois chez [M...], c'est le géant américain de chimie qui possède le plus grand la-
boratoire (...) Vous le verrez – impressionnant.
(Journal, France 2 16.9.1999)

Dieser Verweis erfolgt nicht etwa am Ende der Sendung, sondern unmittelbar im Anschluss an den entsprechenden Bericht. Charakteristisch für den
Stil der französischen Moderation ist auch die sehr emotionale Art des Wer-
bens für die jeweilige Sendung (*passionante* – *impressionant*).

- Verweis auf das weitere folgende Programm und die Nachrichtensendungen von morgen:

Dans un instant, la météo d'Alain Giopétrais, suivi d'irrisistible tandem Michel
Zérogo et Toni Azzi dans „La cage aux folles", à 22.30 h le film „Les rois fenê-
tres donnant sur le jardin" avec Annie Girardot. Et puis demain à 13 h Jean Pierre
Pernud. Quant à moi, j'aurais le plaisir de vous retrouver demain à 20 h – très
bonne soirée à tous.
(Journal, TF 1, 17.8.1999)

(b) Spots als Verweise auf Programmelemente

Ambivalent hinsichtlich Inter- und Intratextualität sind hingegen Spots, die
auf spätere Programmelemente verweisen:
    Durch diese Sendungselemente entsteht ein dichtes intra-/intertextuel-
les „Gitter" über den gesamten Programmfluss. Die Entwicklung dieser
Formen ist im Fluss, die Erscheinungsformen ändern sich beinahe von Tag
zu Tag.
    Die Terminologie in diesem Bereich ist noch sehr uneinheitlich. Auch
die Sender selbst weichen in ihrer terminologischen Praxis voneinander ab.
Man kann – ohne dass hier eine endgültige Terminologie möglich wäre –
mindestens die folgenden, aus linguistischer Perspektive zu differenzieren-
den Typen von Programmwerbung unterscheiden (Lerch, 2003):

Bumper: weist vor der Werbepause auf die Fortsetzung der laufenden Sendung
hin
Teaser: macht wenige Minuten vor der Sendung auf diese aufmerksam
Trailer: kündigt eine nicht unmittelbar folgende Sendung an

Daneben – und meist mit der Programmwerbung kombiniert – erscheinen
Formen von Senderwerbung, die beispielsweise folgendermaßen unterschieden werden können:

Ident: ein Spot, der das Image der Sendeanstalt hervorhebt; er operiert mit Bildern und Musik, bei manchen Sendern wird ganz auf Sprache verzichtet oder Sprache ist auf ein Minimum reduziert.

Passage: Spot, der vor und nach der Werbeunterbrechung platziert wird, um die Werbung – wie es rechtlich erforderlich ist – als solche kenntlich zu machen.

Merchandising-Spot: Der Sender macht für sich Werbung, indem er auf ein Produkt aufmerksam macht, mit dem er sich in Verbindung bringt.

Lerch (2003) hat bei zwei Sendern aus dem dualen Fernsehsystem in Deutschland (ARD und SAT.1) einen Tag lang die gesamte On-Air-Promotion aufgezeichnet (10. April 2002, von 5.30 Uhr morgens bis 1.10 Uhr nachts).

Der öffentlich-rechtliche und der private Sender unterscheiden sich deutlich. Schon quantitativ wird erkennbar, dass der private Sender den Programmverbindungen (noch) mehr Bedeutung beimisst als der öffentlich-rechtliche (74 min vs. 25 min, auf den gesamten Tag bezogen). Aber auch qualitativ sind die Unterschiede beträchtlich: Die voice-over-Stimme hat bei SAT.1 eher emotionalisierenden Charakter (sie unterstützt die emotionalen Aspekte der Sendung), während sie bei ARD stärker objektivierend und informierend wirkt. SAT.1 legt mehr Wert auf Dialoge. Dabei werden oft amüsante artifizielle Dialoge zwischen Figuren des Primärtextes und der voice-over-Stimme konstruiert. Die Informationsdichte der semiotischen Elemente ist bei SAT.1 größer als bei ARD.

Dabei ergibt sich für SAT.1 folgende typische Abfolge der unterschiedlichen Spots (Lerch, 14)[3]:

Wiederaufnahme der Sendung nach dem Werbeblock

Sendung S1	Bumper für S1	Trailer für S2/ Ident/ Merchandising-Spot	Passage A	Werbeblock	Passage A	Trailer für S3/ Ident/ Merchandising-Spot	Sendung S1

Programmablauf →

Beginn einer neuen Sendung nach dem Werbeblock

Sendung S1	Teaser für S2	Trailer für S3/ Ident/ Merchandising-Spot	Passage A	Werbeblock	Passage A	Trailer für S4/ Ident/ Merchandising-Spot	Sendung S2

Programmablauf →

3   Erläuterung: „Wird die Sendung (S) von einem Werbeblock unterbrochen, so strahlt SAT.1 bei Formaten wie Daily Talks oder Gerichtssendungen regelmässig einen Bumper aus, der auf die Sendungsfortsetzung verweist. Daran anschliessen können sich ein Trailer zu einer anderen Sendung und/oder die Senderwerbeformen Ident bzw. Merchandising-Spot. Direkt vor und nach der Werbepause erscheint dieselbe Passage, die als Trenner zum redaktionell bearbeiteten Programm operiert. Bevor SAT.1 die Sendung wieder aufnimmt, werden zumeist mindestens ein weiterer Trailer und/oder ein Ident bzw. Merchandising-Spot platziert. Programm- und Senderwerbung können also eng nebeneinander stehen." (Lerch, 14)

Die Spots, die das Programm verbinden, stellen meist einen „Schnelldurchlauf" durch die Referenzsendung dar, wobei die Chronologie nicht mit dem „Original" übereinstimmen muss. Der Trailer ist die längste der untersuchten Formen, aber mit durchschnittlich 20 sec Dauer immer noch äußerst kurz. Damit der Zuschauer die verknappte und gleichzeitig (durch visuelle und akustische Elemente) verdichtete Information verstehen kann, führt meist eine voice-over-Stimme durch den Spot.

Ein durchschnittlicher Trailer bei ARD sieht so aus:

Kinderärztin Leah: Am seidenen Faden (ARD)

Text	Sprechende		Ton	Bild
			Trailermelodie	gr. Senderlogo vor türkisem Hintergrund
			Trailermelodie	Logo-Auflösung und Einblendung einer sich nach 1. bewegenden Bildleiste in der Bildmitte vor türkisfarbenem Hintergrund mit kleineren und 2 größeren Bildern [Ärztin Leah [Ä.L.] im Profil, durch Gang schreitend]. 2. Bild vergrößert sich auf Bildschirmgröße.
			andere Melodie	Ä.L. im Kittel, schreitet durch Gang und krempelt Ärmel hoch.
Wir müssen die Kinder holen. – SoFORT –	Schauspielerin [Ärztin]	on	dto.	Ärztin im Kittel
Kaiserschnitt!	Schauspielerin [Ärztin]	on	dto.	Operationssaal: 3 Ärzte in grüner OP-Kleidung, Augen von Ä.L. blicken nach r.
Zwei Frühgeburten	Sprecherin	over	dto.	Baby liegt im Brutkasten.
auf der Intensivstation.	Sprecherin	over	dto.	Ä.L. mit Arzt [A.] hinter Spitalinstrumenten
Wie geht's den Zwillingen?	Schauspielerin [Ärztin Leah]	on	dto.	Ä.L. fragt A. und zieht sich Kittel an.

Text	Sprechende		Ton	Bild
Ein Leben	Sprecherin	over	dto.	Ä.L. vor Brutkasten
am seidenen Faden.	Sprecherin	over	dto.	Ä.L. streichelt Baby.
Haben sie noch eine reelle Chance?	Schauspielerin [Ärztin Leah]	on	dto.	Ä.L. und A. im Gang
			dto.	Kopf von Ä.L.
Kinderärztin Leah, – Donnerstag, – 23 Uhr.	Sprecherin	over	dto.	Ä. nickt und geht weg, Ä.L. wendet sich zur Seite.

Bei SAT.1 spricht der Trailer den Zuschauer direkt an (Adressierungen kursiv):

[Die Quizshow:]

S   (off:) Wenn *Sie* jetzt alles doppelt sehen, liegts nicht an *Ihren* Augen. Sat eins verdoppelt *Ihren* Feierabend. [...]

[FilmFilm:]

S   (off:) (...) Erleben *Sie* Frühlingsgefühle – im ‚FilmFilm'!

[Donnerstagabend:]

S   (off:) *Ihr* Donnerstagabend – in Sat eins: [...]

[Zwei bei Kallwass:]

S   (off:) Und morgen sehen *Sie* bei Angelika Kallwass: [...]

Diese Adressierung kann wie in den obigen Beispielen durch den Over-Sprecher vorgenommen werden, sie kann aber auch – und das ist ein für SAT.1 charakteristisches Verfahren – durch eine Person aus der Sendung selbst erfolgen. Bei einer moderierten Sendung ist dies der Moderator.

[Nur die Liebe zählt:]

S   (off:) Ab dem 28. April ist Kai Pflaume wieder euer Komplize in Sachen Liebe.

Pflaume (on:) Meldet euch, denn ‚Nur die Liebe zählt' kommt wieder!

S   (off:) (...) Bewerbt euch und macht den Traum vom Glück wahr!

Zunächst wird die Sendung angekündigt, mit ihrem Moderator, dann erscheint der Moderator selbst und fordert zum Mitmachen auf, anschließend wiederholt bzw. variiert die Over-Stimme die Aufforderung. Dieser Wechsel zwischen der Trailer-Stimme und der Stimme, die eigentlich zur Sendung gehört, ist noch nicht besonders auffällig. Kommunikationstheoretisch interessant wird das Verfahren aber dann, wenn bei Filmen, Soaps usw. eine Person aus dem Film sich an die Zuschauer wendet bzw. zu wenden scheint:

[FilmFilm:]
MR = Schauspielerin Meg Ryan
S   (off:) Es ist wieder Zeit für Schmetterlinge im Bauch.
MR   (on:) Glauben Sie an die Liebe?
S   (off:) Wir schon!

Die Schauspielerin stellt innerhalb der Primärsituation eine Frage an einen im Spot weggeschnittenen Gesprächspartner. Die Over-Stimme gibt die Antwort in der Sekundärsituation, wobei das den Zuschauer einschließende „wir" auf den äußeren Kommunikationskreis hindeutet.

Hier ergibt sich eine artifizielle Verdopplung der Situationen bzw. der Kommunikationskreise: die Primärsituation (die Sendung selbst) vs. die (von der Rezeption her frühere!) Sekundärsituation des Trailers. In der Sekundärsituation wendet sich ein Sprecher aus Situation I nicht an seinen eigentlichen Partner, sondern an die Adressaten der Situation II. Aus der bloßen intratextuellen Verknüpfung wird eine komplizierte kommunikative Konstellation:

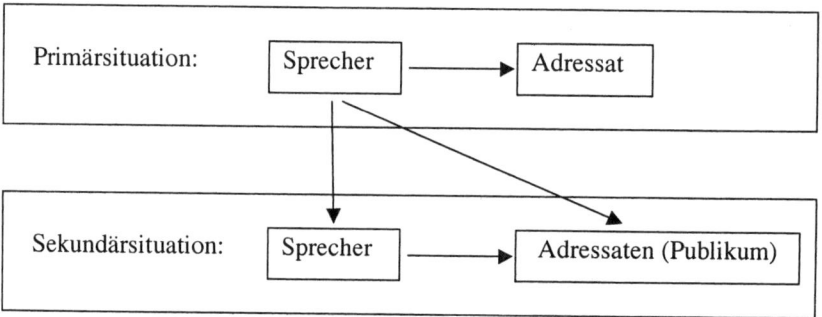

Das Verfahren der „Vermischung" der beiden Situationen wird bei SAT.1 auch außerhalb der Adressierungsverfahren kultiviert und führt dann zu witzigen Collagen:

[Inspektor Rolle:]
S   (off:) Ein skurriler Wessi
Rolle   (on:) Rolle, ja
S   (off:) Ein pfiffiger Türke
Orkan (on:) Ich bin der Orkan
S   (off:) Und ein smarter Ossi
Karsten (on:) Karsten
Mann   (off:) Na, das ist ja ne Klassecrew!
S   (off:) Unser Geheimtipp in Sachen Krimi.
Frau 1 (on:) Uah!
Frau 2 (on:) Das ist ja fabelhaft!
Rolle   (on:) Korrekt!

Rolle wird von einem Sprecher im Over vorgestellt („Ein skurriler Wessi").
Rolle (in einer Filmszene, also der Primärsituation) bestätigt das sozusagen.
Eigentlich ist die Äußerung aber an eine Person in der Primärsituation gerichtet. Das gilt auch für „Na, das ist ja ne Klassecrew!". Aber in der Primärsituation bezieht sich die Äußerung im Primärtext nicht auf die Präsentation
des neuen Teams rund um Inspektor Rolle. „Durch seine Platzierung im
Anschluss an die Teamvorstellung wird indes (…) das Zitat zu einem ironischen Kommentar umgewandelt. Dieselbe Ironisierung erkennen wir im
Lob „Das ist ja fabelhaft!", das sich nun auf den im Over formulierten Geheimtipp bezieht. Zudem ist sie in der darauf folgenden Bestätigung „Korrekt!" zu erkennen, die – lustigerweise – wiederum vom Inspektor selbst
stammt." (Lerch 54)

Unter textlinguistischen Aspekten ist bemerkenswert, dass Kohärenz in
erster Linie über die Sprache erzielt wird, nicht über die visuellen Elemente.
Man konstruiert aus Over- und On-Passagen einen (einigermaßen) kohärenten Text, während auf dem visuellen Kanal durchaus Brüche in Kauf genommen werden.

Bei Nachrichtensendungen zeigt sich die Nähe der Programmverbindungen zu der intratextuellen Form der Schlagzeilen sehr deutlich. Texte
und Bilder sind bei Trailer, Teaser und Schlagzeilen z. T. dieselben. Doch
kündigen die drei Formen nicht immer dieselben Themen an. Z. B.:

Trailer:

Text	Bild
M (off): Unsere Themen um Viertel vor sieben: Geiselnahme in Landeszentralbank. Ein Unbekannter hat am Nachmittag einen Geldtransporter überfallen, nahm drei Geiseln und verschanzte sich in der Landeszentralbank in Aachen.	Bewaffneter Scharfschütze stützt sein Ge-wehr auf das Autodach, während er die Bank im Visier hat; zwei Polizisten und geparkte Streifenwagen
Russische Duma gewählt. Die Kommu-nisten bleiben stärkste Fraktion, knapp dahinter auf Platz zwei steht überraschen-derweise die sogenannte Kremlpartei hinter Präsident Jelzin und Ministerpräsi-dent Putin.	Parlament und Parlamentsabgeordnete. Schwenk auf Monitorbildschirm, der russische Karten und Stimmresultate an-zeigt. Jelzin erhält Blumen von einer Frau und unterschreibt in einem Buch, das ihm ein Mann reicht.
Schlimmste Befürchtungen. Nach der Überschwemmungskatastrophe rechnen	Verwüstete Häuser und Schlammwasser, das eine Strasse zum Fluss macht, halb ein-

die Behörden nun mit 25.000 Toten, manche sind unter mit bis zu 7 Meter hohen Schlammmassen begraben.	gestürztes Haus, Menschen laden Särge auf einen Lastwagen.
Q ist tot. Der Tüftler des berühmtesten Top-Agenten der Welt, James Bond, muss zukünftig von einem anderen gespielt werden, der 85jährige Brite Desmond Llewelyn kam gestern Nachmittag bei einem Autounfall ums Leben. Das und mehr gleich in den Nachrichten.	Filmszene aus James Bond Streifen: 007 und Q kommen in ein Zimmer, der Assistent von Q arbeitet am neuen Wagen, während James Bond und Q etwas besprechen. Moderator.

(RTL Aktuell, 20.12.1999)

Teaser:

> Gleich bei RTL-Aktuell: Ein schwer bewaffneter Mann hält sich mit drei Geiseln in der Landeszentralbank in Aachen verschanzt.
> Und: Bei den Parlamentswahlen in Russland schneidet die regierungsnahe Partei „Einheit" überraschend gut ab.
> (*Dieselben Bilder wie im Trailer*)

Hinzu kommt ein neuer Hinweis:

> Chirurgen, die Babys noch vor der Geburt das Leben retten, feiern derzeit Erfolge (*Chirurgen bei Operation. Hand tupft Babyarm ab. Angezogenes, liegendes Baby, das in die Kamera schaut.*)

Bei den Schlagzeilen werden dann wiederum zwei Themen aus dem Trailer aufgegriffen (nur eines aus dem Teaser):

> Geiseldrama in Aachen. Bewaffneter Gangster verschanzt sich mit zwei Frauen und einem Mann in der Landeszentralbank in Aachen.
> (<Geiseldrama in Aachen> *Bilder wie im Trailer*)
>
> Venezuela in Not. Behörden befürchten bis zu 25.000 Tote nach Überschwemmungskatastrophe, internationale Hilfe angelaufen.
> (<Venezuela in Not> *Überschwemmtes Dorf. Zwei Männer mit Mundschutz reichen einen Sack mit einer Leiche weiter.*)
>
> Auszeichnung für den Adler. Martin Schmitt wird zum Sportler des Jahres.
> (<Auszeichnung für den Adler> *Martin Schmitt beim Springen und in Grossaufnahme bei Gespräch mit junger Frau*)

Trailer und Schlagzeilen sind zweiteilig gestaltet. Auf den elliptischen ersten Teil folgen parataktisch längere Formulierungen. Doch während sie im Trailer vollständig ausformuliert sind, finden sich in den Schlagzeilen die typischen Ellipsen von Artikeln („[…] Bewaffneter Gangster" usw.).

Das „Verbinden" von Programmelementen kann auf der optischen Ebene sehr eindrücklich durch das Verfahren des „Screen Splittings", der Aufspaltung des Bildschirms in autonome Teilflächen, realisiert werden. Es kann dann, insbesondere bei Teasern, die Funktion haben, den Abspann der vorangegangenen Sendung mit dem Teaser der folgenden Sendung zu kombinieren. Die Verteilung der Elemente kann horizontal (links/rechts) oder vertikal (oben/unten) vorgenommen werden.

Der Teaser hat noch mehr als der Trailer die Funktion, den Zuschauer trotz der Werbeunterbrechung „bei der Stange zu halten". Er muss also Spannung erzeugen, die erst nach der Werbung aufgelöst wird.

Das kann durch narrative Mittel geschehen, bei Gesprächssendungen, besonders den Daily Talks, auch durch einen Zusammenschnitt von möglichst emotionalen Äußerungen einzelner Teilnehmer:

[Britt:]

Britt	Hattet ihr Sex?
Älterer Mann 1:	Was soll dat denn hier noch?
Britt:	Ich will wissen, ob ihr [wird unterbrochen von:]
Älterer Mann 1:	Mit mit der noch Sex? Mit der alten Nudel da?
Jüngerer Mann:	Weißt du, wie die Zunge von, von nem alten Mann ausschaut, du vollgefressener Blutegel? – Ja, ohne Scheiß, he!
Älterer Mann 2:	Und ich sagte: ‚Gib mir das Geld, ich brauch das für' [wird unterbrochen von:]
Ältere Frau:	Du? Du hast von meiner Rente gelebt – dreieinhalb Jahre lang mit deinem Köter! Weißt du, was?
Älterer Mann 2:	Was? Deine Rente? Ich hab von dir nicht einen Pfennig gesehen!
Britt	Trinkt er viel?
Jüngere Frau:	Ja, sehr viel.
Britt	Wieviel?
Jüngere Frau:	Ja, so zehn Halbe am Tag.
Älterer Mann 2:	Hast du die Dose gesehen?
Britt	Hans, bist du jetzt mal ruhig!
Älterer Mann 2:	Und ich hab nicht gesagt, dass du sie hast!

Es handelt sich um einen Zusammenschnitt von Außerungen, die zu unterschiedlichen Zeitpunkten der Sendung von verschiedenen Personen gemacht werden. Das Ziel „liegt wohl einzig und allein darin, durch den Transport der hoch gehenden Emotionen das Interesse des Rezipienten zu wecken. Die vermittelten Eindrücke sollen für sich stehen, müssen also weder von einer Over-Stimme in einen Rahmen gesetzt noch einem festen Thema zugeordnet werden. Auf die Vermittlung von grundlegenden Informationen, die z.B. die Gäste oder das behandelte Thema vorstellen, wird verzichtet. Allein die Skizzierung der intensiv ausgetragenen Beziehungskonflikte soll genügen, den Zuschauer dazu zu bewegen, weiter zu schauen." (Lerch 60f.)

5.3.2 Weitere Grenzbereiche

Bei Gesprächssendungen vom Typ der Phone-ins finden sich andere, zusätzliche Formen von Bezügen: Ein Anrufer kann sich z. B. auf einen vorhergehenden Anruf beziehen. Man kann diese Bezüge als „intertextuell" charakterisieren, wenn man jeden einzelnen Dialog mit einem Anrufer als Texteinheit auffasst, andererseits als „intratextuell", wenn man die ganze Sendung als Einheit betrachtet (was sie in mancher Hinsicht durchaus ist). In der Radiosendung „Nachtgespräche" (BR2), die beratenden Charakter hat, ist dies immer wieder der Fall. Ein Beispiel (9. 5. 1999):

D = Beraterin Katja Doubeck
A = die fünfte Anruferin

D   Katja Doubeck. Guten Abend?
A   Hallo?
D   Ja, hallo?
A   (UNVERST.) – Eh ich rufe aus Halle an
D   Ja
A   Eh *ich wollte mich eigentlich zu der Dame äußern, die eh eh vorletzte war,*
      glaub ich, die mit ihrem pflegebedürftigen Mann – zusammenlebt. Und da/
D   Ja   Ja
A   eh *Sie gaben den Tipp, etwas aufzuschreiben. Und da kann ich nur sagen,*
      das ist was ganz Tolles. Ich hab als meine Mutter starb/ mein Mann starb
D   Ach! (*lacht*)
A   vorher, dann meine Mutter
D   hm
A   Und dann war ich alleine
D   hm
A   und dann hab ich angefangen zu schreiben
D   hm
A   Meine Kinderzeit, ich hatte auch sehr viele Fotos – und eh – ja, und alles, was
      ich so erlebt habe. Und inzwischen (LACHEND) sind das für meine Kinder
      spannende Bücher.
D   Das glaub ich
A   Ich hab sie binden lassen und es sind vierundzwanzig Stück.
      Und jetzt schreib ich – das als Tagebuch weiter. – Das hat mir sehr geholfen –
D   Ich bin beeindruckt (LACHT)
A   Das war sehr hilfreich
D   War hilfreich für Sie, um mit dem Zustand des Alleinseins
      klarzukommen

A knüpft explizit an den Anruf einer vorhergehenden Anruferin an, ohne auf dessen Inhalt einzugehen, bezieht sich dann inhaltlich auf die Reaktion der Moderatorin („Tipp …") und führt diesen Diskurs weiter durch das Erzählen eigener einschlägiger Erfahrungen.

Ein Spezialfall, der aber in der heutigen Medienpraxis keinesfalls selten zu beobachten ist, ergibt sich dann, wenn ein Politiker oder sonstiger Prominenter in verschiedenen Sendungen bzw. von verschiedenen Medien zu immer dem gleichen aktuellen Anlass befragt wird. Der Befragte spricht mehr oder weniger immer „denselben" Text, allenfalls mit wechselnden Akzentuierungen. Im folgenden Interview-Ausschnitt (Echo der Zeit, Radio DRS, 21. 8. 1998 – es handelt sich hier um eine Hintergrundsendung zu den Abendnachrichten) wird dies ausnahmsweise einmal metakommunikativ explizit gemacht. Der Schweizer Bankenpräsident wird zu einem aktuellen Entscheid befragt, zu dem er sich am gleichen Tag schon verschiedentlich geäußert hat. Er gibt nicht nur die Antworten, sondern sagt auch, dass er sie schon früher gegeben hat (die entsprechenden Stellen sind kursiv hervorgehoben). Dem Zuhörer, der nicht schon früher Nachrichten gehört hat, nützen diese ständigen Verweise auf das, was er schon vorher gesagt, überhaupt nichts. Im Gegenteil, sie irritieren und vermitteln den sicher berechtigten Eindruck, der Interviewte sei das ständige Befragtwerden leid und wolle dieses Interview nun so rasch wie möglich hinter sich bringen.

ML = Michelle Laubscher
HM = Hans Meier, Bankenpräsident

M   Die Nationalbank steht beim Deal der Großbanken mit den jüdischen Klägern abseits. Wir fragen nach Gründen UND wir haben erste Reaktionen.

S   Die Schweizerische Nationalbank beteiligt sich also NICHT an der sogenannten Globallösung, welche die Großbanken mit den jüdischen Klägern in den USA getroffen haben. Im vierzigköpfigen Bankrat haben sich die Gegner, vor allem Politiker, Gewerkschafter und Nationalbankvertreter, durchgesetzt. Die Forderung nach einer Wiedergutmachungsgeste der Nationalbank für ihre Goldgeschäfte im Zweiten Weltkrieg ist damit freilich nicht vom Tisch. Das Nein der Nationalbank zum Bankendeal. Michelle Laubscher im Gespräch mit Bankenpräsident Hans Meier.

ML Herr Meier, wie ist jetzt dieser Entscheid von heute zu werten? Sind die Großbanken selber schuld, dass sie die Kastanien aus dem Feuer geholt haben für die Nationalbank.

HM Ich seh überhaupt keine Schuldfrage, *ich eh habe klar gesagt*, wir begrüßen, dass es gelungen ist, den Vergleich – primär zwischen den Banken und den Sammelklägern abzuschließen, eh wir haben auch mit Genugtuung davon Kenntnis genommen, dass weitere Bereiche EINgeschlossen wurden, in letzter Stunde, im Interesse offensichtlich aller Beteiligten und eh das ist EINE Sache, die Frage, ob sich eine offizielle Institution wie die Nationalbank in DIESER Situation an den KOSTEN des Vergleiches beteiligen soll, ist eine ANDERE Frage. Und *da hab ich Ihnen die Gründe gesagt*, weshalb die Nationalbank eh zum Schlusse gekommen ist, sie wolle das NICHT tun.

ML Welches war das WICHTIGSTE Argument GEGEN diese Beteiligung?

HM Das Argument, das wichtigste vielleicht war unsere Überzeugung, *wie ich das heute gesagt habe*, dass eh der Vergleich im Rahmen der Privatwirtschaft eh bleiben solle. Dass WIR mit einer Beteiligung ihm einen offiziellen

Charakter gegeben hätten, der nach unserer Überzeugung NICHT im Gesamtinteresse des Landes liegt.

ML   Und welches war das wichtigste Argument FÜR die Beteiligung?

HM   Ich habe keine Argumente für die Beteiligung gesucht (RÄUSPERT SICH).

ML   Aber aus dem Bankrat kamen ja welche.

HM   *ICH habe ihnen wiederholt gesagt heute*, dass ich nicht über den Bankrat eh referieren kann.

ML   Nun besteht ja trotz allem ein gewisser Handlungsbedarf, der Bergier-Gold-Zwischenbericht hat ja ergeben, dass die Nationalbank hundertzwanzig Kilogramm – Opfergold entgegennahm aus Deutschland von der Reichsbank. Sie sagen jetzt, man wolle abwarten auf den Schlussbericht, – da lassen sie sich doch wieder vorwerfen, man zögert und man schiebt hinaus.

HM   Nein, sie haben mich nicht richtig verstanden. *Ich habe gesagt*, wir haben zum Zwischenbericht Bergier AUSführlich Stellung genommen, und AUSführlich begründet, weshalb dieser Zwischenbericht uns NICHT Anlass gebe zu weiteren Maßnahmen, das ist die EINE Sache. Und *heute habe ich gesagt*, dass wenn dann der SCHLUSSbericht einmal vorliege, die ÖFFENTLICHE Schweiz, zu der wir uns zählen, eine Würdigung und in die Zukunft weisende Schlüsse vornehmen müsse.

ML   Also Sie fürchten sich nicht, dass diese Devise, die wir schon lange haben, abwarten auf diesen Schlussbericht, dass das auf die Nationalbank zurückschlagen würde.

HM   Ich weiß nicht, was das Zurückschlagen bedeuten sollte. Meine Auffassung war IMMER, dass wir uns die Zeit nehmen müssen, um – diese sauberen Abklärungen zu machen. Eh ich bedaure, wie viele andere, dass man das eh fünfzig Jahre NICHT gemacht hat, aus Gründen, die – *wie ich heute sagte*, hier nicht zur Diskussion stehen. Ich bin überzeugt, dass es richtig ist, JETZT zu sagen, diese Zeit steht uns zur Verfügung, die müssen wir uns nehmen, wenn wir uns nicht dem Vorwurf aussetzen wollen, dass dann eben auch DIESE Arbeit nicht solide gemacht sei, und ich möchte immerhin auch erwähnen, *wie ich das heute gesagt habe*, dass EIN Zweck des Holocaust Fonds, eben der ist, eh diese Zeitspanne eh zu überbrücken beziehungsweise eben eh für rasche eh Linderung menschlicher Not zu sorgen.

ML   Das war Bankratspräsident Hans Meier befragt von Michelle Laubscher. Hans Meier ist übrigens morgen Gast in der Samstagsrundschau um elf Uhr dreißig auf Schweizer Radio DRS 1.

Der Interviewte thematisiert eine intertextuelle Kette und – soweit es seinen eigenen „Text" betrifft – auch die intratextuellen Bezüge, die zwischen den verschiedenen Befragungen entstehen.

5.4 Das Zusammenspiel von inter- und intratextuellen Bezügen

Inter- und intratextuelle Bezüge können beim gleichen TEXT wirksam und in gleicher Weise für die Textkonstitution wirksam sein. Das zeigt sich sehr gut am Beispiel des Presseinterviews. Ein beliebiges Beispiel (Abb. 3) mag das illustrieren:

MEDIEN
FERNSEHEN

Catherine Mühlemann/«Wir holen anderswo Publikum»

Die Programmreferentin des Schweizer Fernsehens muss SF 2 auf Erfolgskurs bringen.

CATHERINE MÜHLEMANN: «In zwei bis drei Jahren soll SF 2 selbsttragend sein.»

Catherine Mühlemann

Programmkalkül

Nach der Mittelschule studierte die 31-jährige Bernerin Catherine Mühlemann Germanistik, Medienwissenschaft und Staatsrecht. Beim Schweizer Fernsehen arbeitete sie zuerst als Medienreferentin des Fernsehdirektors, seit dem 1. September als dessen Programmreferentin. In dieser Funktion nimmt sie direkten Einfluss auf den Programmablauf von SF 1 und SF 2 sowie die Ausstrahlungszeiten von Sendungen.

FACTS: Frau Mühlemann, das Schweizer Fernsehen DRS verlor 1997 zum zweiten Mal hintereinander Zuschauer. Herrscht Panik?
CATHERINE MÜHLEMANN: Falsch. Im Hauptabend-Programm von SF 1, dem wichtigsten Teil, konnten wir mit 35,8 Prozent Marktanteil unsere Position halten. Die Konkurrenz wächst; es herrscht ein Verdrängungskampf. In dieser Situation ist ein stabiler Marktanteil ein Erfolg.
FACTS: SF 2 profitiert wie Schweiz 4 und S plus vor allem vom Sport.
MÜHLEMANN: Der Sport bedient ein Massenpublikum. SF 2 muss aber auch mit einem gezielten Angebot ein jüngeres Publikum erreichen – und das ist nie ein Massenpublikum.
FACTS: Ein Problem haben Sie mit den Jugendsendungen, die nur zwischen 10 000 und 20 000 Zuschauer erreichen.
MÜHLEMANN: Die absoluten Zahlen sind tief, weil das Zielpublikum «Kinder und Jugendliche» nur rund 130 000 Personen umfasst, die heterogen zusammengesetzt sind und sich auf viele Sender verteilen. Aber wir werden diese Vorabend-Programme verbessern.
FACTS: Wie?
MÜHLEMANN: Unsere Eigenproduktionen wie «Schlips» und «Zebra» wurden im Herbst einfach vom ersten ins zweite

Programm verschoben. Das hat sich nicht bewährt. Jetzt suchen wir bis im Sommer nach neuen Lösungen.
FACTS: Die Werbung ist ungenügend.
MÜHLEMANN: Die Werbegesellschaft Publisuisse garantiert ihren Kunden, dass die Spots eine bestimmte Anzahl von Zuschauern erreichen. Das junge Publikum ist zehnmal kleiner als das Publikum aller Altersklassen zusammen. Also dürfen die Quoten zehnmal kleiner sein. Trotzdem sind die Werte von SF 2 noch zu klein, wir sind erst vier Monate auf Sendung. Weil wir die richtigen Zielgruppen erreichen, ist es allerdings möglich, dass sich SF 2 in zwei bis drei Jahren selber trägt.
FACTS: SF 1 und SF 2 konkurrenzieren sich. Magazine wie MTW verlieren Publikum wegen der Spielfilme auf SF 2.
MÜHLEMANN: Ihre Beobachtung stimmt nur teilweise. Wir haben in den letzten vier Monaten im Hauptabend von den andern Sendern Publikum weggeholt, gesamthaft zwei bis drei Prozent.
INTERVIEW: ROLF HÜRZELER

FOTOS: BEATRICE LANG, MARCEL STUDER

Abb. 3: FACTS 5/1998, 106

Die Textgeschichte von mündlicher Primär- zu schriftlicher Sekundärsituation ist der *diachron-intertextuelle* Aspekt (vgl. 6.2). *Typologische Intertextualität* entsteht dadurch, dass das Interview als typischer „Pressetext" aufgemacht ist und als solcher sofort erkennbar ist. Er hat eine Überschrift, mit Unterzeile. Der Interview-Text wird nach Art von Cluster-Texten (vgl. 8.4.2) ergänzt durch das *Bild* der Interviewten mit einer *Legende* und durch einen *Kasten*, der eine Kurzbiographie der Interviewten bietet. *Synchrone Intertextualität* ergibt sich daraus, dass das Interview nähere Informationen zu einem Bericht auf der gleichen Seite zum gleichen Thema vermittelt (vgl. 6.2).

Intratextualität zeigt sich in verbalen Bezügen zwischen Interviewtext und Überschrift: Die Überschrift ist ein reformuliertes – typischerweise also nicht wörtliches – Zitat (durch Anführungszeichen als solches gekennzeichnet) aus dem Interviewtext: „Wir holen anderswo Publikum" (Überschrift) gegenüber „Wir haben in den letzten vier Monaten im Hauptabend von den andern Sendern Publikum weggeholt" (Interview). Auch die Bild-Legende enthält ein Zitat aus dem Interview-Text, wobei wiederum nicht wörtlich zitiert wird: „In zwei bis drei Jahren soll SF 2 selbsttragend sein." (Legende) Demgegenüber der Interview-Text: „(…) ist es allerdings möglich, dass sich SF 2 in zwei bis drei Jahren selber trägt."

6 Mündlichkeit und Schriftlichkeit

6.1 Linguistische Konzepte und Termini

Ein in den letzten Jahrzehnten viel diskutiertes Thema in verschiedenen Bereichen der Linguistik (Textlinguistik, Pragmatik, aber auch in den systembezogenen Bereichen Syntax oder Morphologie) ist das Verhältnis von „Mündlichkeit" und „Schriftlichkeit". Mit diesem Gegensatz werden sehr unterschiedliche Phänomene überdacht. Gängig geworden ist die Unterscheidung von „medialer" und „konzeptioneller" Mündlichkeit/Schriftlichkeit (nach Koch/Oesterreicher 1994). Was mit dem „medialen" Aspekt gemeint ist, ist weitgehend klar: das Kriterium bezieht sich auf die phonische bzw. grafische Realisierung der Sprachzeichen. Dies ist eine einfache Dichotomie, und es ist immer entscheidbar, ob ein Text phonisch, mit Lauten (das heißt zugleich akustisch), oder grafisch, mit Schriftzeichen (das heißt zugleich visuell), realisiert ist. Mit „Konzeption" hingegen war ursprünglich eine Skala zwischen den Polen „Nähe" und „Distanz" (und verwandten Begriffen) gemeint. In diesem Sinn kann ein „medial" mündlicher Text „konzeptionell" schriftlich sein, wenn er die Merkmale von Distanz-Kommunikation aufweist. So ist eine Sprechermeldung in Fernsehnachrichten ein konzeptionell schriftlicher Text, obwohl er gesprochen wird, also phonisch realisiert wird.

In der heutigen Diskussion ist der Begriff der „Konzeption" sehr diffus geworden. Mir scheint es für die Analyse von Medientexten sinnvoll, unter „Konzeption" einige soziolinguistische, stilistische und psycholinguistische Variablen zu subsumieren, die für Medientexte besonders relevant sind:

- „formell/informell" (betrifft Kontext und Stil)
- „schriftsprachlich/umgangssprachlich" (betrifft Stil, berührt sich mit arealen Aspekten)
- „spontan/vorbereitet" (betrifft Sprachproduktion).

Ohne dass wir hier auf die theoretische Diskussion eintreten können, ist es evident, dass in einer Beschreibung massenmedialer Phänomene der Terminus „medial" für das gemeinte Phänomen unpassend bzw. irreführend, weil schon anderweitig besetzt ist. Mangels eines handlichen alternativen Terminus spreche ich im Folgenden jeweils von phonischer/grafischer Realisierung eines Textes. Wenn keine Verwechslung möglich ist, verwende ich synonym damit die Ausdrücke „gesprochen/geschrieben", da diese kaum eine andere Interpretation zulassen. Der Terminus „medial" bezieht sich in meiner Darstellung auf die Massenmedien generell bzw. auf das jeweilige Massenmedium, z. B. die Presse.

Die Ausdrücke „mündlich/schriftlich" hingegen sind ohne zusätzliche
Bestimmungen vieldeutig und werden daher nur in Verbindung mit „konzeptionell" und ähnlichen Präzisierungen verwendet.

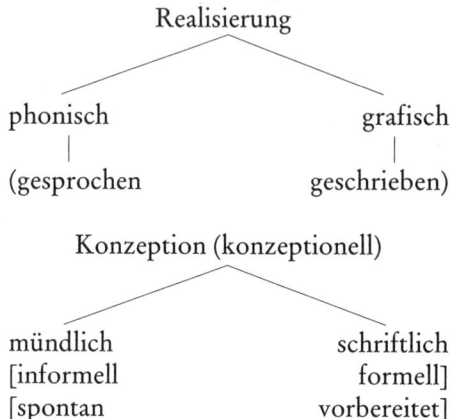

In den Massenmedien sind die Verhältnisse in diesem Problembereich besonders komplex, so dass man mit der bloßen Gegenüberstellung von „medial" und „konzeptionell" ohnehin nicht auskäme.

Eine Unterscheidung, die spätestens seit Ong (1982) gängig geworden
ist (vgl. dazu auch Dürscheid 2004, 60 ff.), ist diejenige von „primärer" und
„sekundärer" Oralität. Die sekundäre Oralität ist durch die elektronische
Technologie (Telefon, Radio usw., also nicht nur die eigentlichen „Massenmedien") induziert.

Die sekundäre Oralität ist nach Ong „der primären Oralität sowohl bemerkenswert ähnlich, als auch unähnlich. Wie die primäre Oralität entwickelte sich auch die sekundäre aus einem starken Gruppensinn, denn die
Konzentration auf ein gesprochenes Wort formt die Hörer zu einer Gruppe,
einem wirklichen Publikum, wohingegen das Lesen eines geschriebenen
oder gedruckten Textes die Individuen auf sich selbst zurückwirft. Aber die
sekundäre Oralität schafft einen Sinn für unendlich größere Gruppen als
diejenigen, die wir von der primären Oralität her kennen – McLuhans ‚glo-
bales Dorf'." (Ong 1982, 136).

Ob diese Einschätzung in Bezug auf die heutigen Massenmedien heute
noch haltbar ist, müsste in medientheoretischem Rahmen diskutiert werden
(ebenso wie die offensichtlich krasse Fehleinschätzung des Fernsehens bzw.
seiner Zukunftsperspektiven durch McLuhan), was hier nicht geleitet werden kann. Der Begriff „sekundäre Oralität" ist zu diffus und nicht trennscharf genug für die Darstellung der Verhältnisse in den elektronischen Massenmedien. Ich verzichte daher im Folgenden auf diesen Terminus.

Für die Zwecke meiner Darstellung beziehen sich die Begriffe „primär"
und „sekundär" auf die konkrete Textgeschichte von Medientexten, nicht
auf die kulturgeschichtlichen Phasen. Ich spreche daher von „primär/se-
kundär gesprochenen/geschriebenen Texten", um eine Verwechslung mit
der Ong'schen Terminologie zu vermeiden. Es ergeben sich damit die folgenden Möglichkeiten von primär/sekundär:

	gesprochen	geschrieben
primär	+	+
sekundär	+	+

D. h. zugleich: es sind alle Kombinationen möglich: primär gesprochen – sekundär geschrieben, primär geschrieben – sekundär gesprochen usw.

Für den Rezipienten ist Sprache in Radio und Fernsehen immer gesprochene Sprache (mit Ausnahme von Schrifteinblendungen beim Fernsehen). In welcher der genannten Ausprägungen aber die gesprochene Sprache realisiert ist, ist für den Rezipienten meist nicht entscheidbar: ob ein
geschriebener Text wörtlich vorgelesen wird, ob der gesprochene Text auf
der Basis von schriftlichen Stichworten ad hoc formuliert ist, ob der Text
auswendig gelernt wurde oder ob er ganz „spontan" formuliert ist – all das
ist dem Zugriff des Rezipienten entzogen. Der einzige deutliche (aber auch
nicht eindeutige) Hinweis wird dann gegeben, wenn man beim Fernsehen
einen Sprecher mit dem Blatt sieht, von dem er abliest. Da man aber normalerweise dem Sprecher nicht aufs Blatt schauen kann, weiß man auch
dann streng genommen nicht, wie wörtlich der Text abgelesen wird. Oft
haben die Moderatoren noch Blätter vor sich, schauen aber nur so kurz darauf, dass sie in dieser kurzen Zeit gar nicht ablesen könnten. Dies ist ein Indiz dafür, dass auch dieser Hinweis nicht eindeutig ist.

Die weitgehende Unentscheidbarkeit des Kriteriums ist nicht einfach
technisch bedingt, sondern wird vom Kommunikator und dessen profes-
sioneller Attitüde systematisch gefördert: Gewandte Journalisten können
Texte so ablesen (bzw. die schriftlichen Texte schon so konzipieren), dass sie
mindestens so klingen, als wären sie nur nach Stichworten formuliert. Und
umgekehrt können sie „frei" reden „wie gedruckt". Wenn wir im Folgenden
Zuordnungen zu treffen versuchen, so orientieren sich diese an Indizien, die
sich bei einer linguistischen Analyse der Texte ergeben.

Die Problematik des Verhältnisses zwischen den verschiedenen Be-
griffspaaren in sich und untereinander zeigt sich am deutlichsten in der
Presse und im Fernsehen. Im Radio sind die Verhältnisse einfacher. Ich versuche im Folgenden, die wichtigsten Konstellationen zu beschreiben.

6.2 Dialog in der Presse

Pressetexte sind grafisch realisiert, und ihre Rezeptionsweise ist das Lesen. Natürlich kann man einen Zeitungsartikel jemandem vorlesen, damit verändert man aber die heute für die Presse normale Kommunikationsform. (In den Anfängen der Zeitung, als von einer allgemeinen Alphabetisierung noch keine Rede sein konnte, war es hingegen durchaus üblich, dass die Zeitung in sozialen Gruppen von einem Schriftkundigen mündlich vermittelt wurde.)

In der „Textgeschichte" (vgl. 4.1) sind nun aber vielfältige Möglichkeiten von phonisch realisierten Primärtexten zu beobachten (Pressekonferenzen, Reden von Politikern, Parlamentsdebatten, aber auch Äußerungen von nicht-offiziellen Akteuren, von sog. Betroffenen usw.). Die sprachlichen Probleme und Möglichkeiten, die sich daraus ergeben, haben wir in 4.2 besprochen.

Neben solchen meist punktuellen Substitutionen hat sich ein Typus als eigentliche Pressetextsorte etabliert: das „Presseinterview". Hier zeigt sich exemplarisch, dass die Unterscheidung von primärer und sekundärer Oralität im Rahmen des Massenmediums der Differenziertheit der Verhältnisse nicht gerecht werden kann.[1]

Die Primärsituation ist (in der Regel) entweder eine face-to-face-Situation oder eine telefonische Kommunikation. Der in der Primärsituation gesprochene Text wird im grafischen Medium den Bedingungen eines grafisch realisierten, fürs Lesen bestimmten Textes unterworfen. Bei dieser Transformation werden (in der Regel) solche Merkmale des Mündlichen getilgt, die beim Lesen stören würden: Satzabbrüche, die keinen offensichtlichen rhetorischen Effekt haben; unnötige Wiederholungen, Versprecher usw. Andererseits werden aber bestimmte, für gesprochene Sprache besonders typische Merkmale, wie z. B. Abtönungspartikel, häufig beibehalten, um einen Rest von mündlicher „Atmosphäre" auch in den schriftlichen Text hinüberzutransportieren.

Auf diese Weise entsteht ein grafisch realisierter Text, der „konzeptionell" teils mündlich, teils schriftlich ist, bzw. auf einer Skala zwischen konzeptueller Mündlichkeit und Schriftlichkeit irgendwo im Mittelfeld liegt:

Konzeptionelle	....	Konzeptionelle
Mündlichkeit	*Presseinterview*	Schriftlichkeit

---

1 Der Unterscheidung von „Text" und „Diskurs" (z. B. Dürscheid 2003) folge ich nicht, weil in Medientexten monologische und dialogische Elemente in vielfältiger Weise verwoben sind (vgl. Burger 1999).

Auch in der geschriebenen Form erfüllt die Textsorte die formalen Merkmale eines Dialogs. Die kommunikative Konstellation, die dem Leser geboten wird, besteht meist aus dem einfachen Gegenüber von Interviewer und Interviewtem, seltener aus mehreren Interviewern bzw. mehreren Interviewten. So ergibt sich auch im grafischen Medium eine Art von „innerem Kommunikationskreis".

Dieser wird in der Regel durch einen einleitenden redaktionellen Text auf den „äußeren Kommunikationskreise" gerichtet, der sich aus dem Verhältnis von Kommunikator (Redaktion) und Rezipient (Leser) ergibt. Damit wird der primär gesprochene, sekundär geschriebene Text nun „tertiär" in das Medium und dessen Regeln eingebettet.

I   primär gesprochene Originalsituation

↓

II Transformation in sekundär geschriebenen Text
    zwischen konzept. Mündlichkeit und Schriftlichkeit

↓

III Einbettung in das grafische Medium Presse

Im Gegensatz zu Radio und Fernsehen sind die beiden Kommunikationskreise nicht simultan realisiert, sondern in einem zeitlichen Nacheinander. Der Dialog im inneren Kreis wird damit zu einem Prätext für den in der Zeitung abgedruckten Text (den Medien-TEXT), und dieser bildet mit dem Rezipienten den äußeren Kreis. Wie bei den elektronischen Medien jedoch vollzieht sich die Ausrichtung auf den äußeren Kommunikationskreis bereits dialogintern, insofern die Gesprächspartner sich der medialen Gerichtetheit ihres Gesprächs bewusst sind und sich damit „doppeladressiert" verhalten.

Ferner ist das Verhältnis Kommunikator – Rezipient in der Presse prinzipiell unidirektional, vom Kommunikator auf den Rezipienten gerichtet, da letzterer nicht unmittelbar reagieren kann (auch nicht durch subsidiäre Mittel wie das Phone-in bei Radio und Fernsehen). Von „Kommunikationskreis" zu sprechen, ist hier also nur in einem potenziellen Sinne zutreffend, insofern der Kreis nur als „zerdehnte Kommunikation" durch Leserbriefe und redaktionelle Reaktionen darauf realisiert werden kann. Zudem ist der redaktionelle Text in der Regel nicht ausdrücklich, sondern nur implizit (wie in der Presse üblich) an den Leser gerichtet.

Ein Beispiel für einen Grenzfall des Interviews, an dem die gesamte Problematik deutlich wird (Tages-Anzeiger, 16. 7. 2004): Der Text hat eine Schlagzeile

Harald Schmidt ist der Meister

und einen Lead:

> Der Bayrische Stand-up-Comedian Michael Mittermeier (39) über echte und
> falsche Komiker, Neid und Respekt, Amerika und Cannabis.

Mehr als ein Drittel des Artikels macht ein Foto Mittermeiers aus, mit der
Legende

> Mittermeier: „Man wird als Comedian geboren. Oder eben nicht."

Eine Art Oberzeile „Getroffen" weist darauf hin, dass eine Begegnung stattgefunden hat zwischen Mittermeier und einem Journalisten, der den Komi-
ker befragt (Stufe I). Das Gespräch wird aber nicht als Dialog wiedergegeben, sondern als Monolog Mittermeiers, „Aufgezeichnet von Thomas Wyss"
(Stufe II). Dieser Text ist formal ein Monolog, tendiert insofern eher zu einer
konzeptionell schriftlichen Situation. Doch ist vom ursprünglichen Dialog
einiges aufbewahrt, z. B.:

> Tagesform? So was darfs bei der Comedy nicht geben. Die Leute haben Geld be-
> zahlt, die haben eine 120 %-Show zu kriegen. Und zwar jeden Abend, scheiss-
> egal ob ich krank oder gesund bin oder ob meine Oma gestorben ist.

Hier hat der Interviewer vermutlich das Stichwort „Tagesform" gegeben,
auf das der Interviewte reagiert. Die informelle Anrede im folgenden Ausschnitt ist ein ähnliches Indiz:

> Aber stell dir vor, ich würde zweieinhalb Stunden Hardcore-Politsatire brin-
> gen – die Leute gingen weinend nach Hause. Ich hätte mich und das Publikum
> betrogen.

Außerdem sind zahlreiche Elemente beibehalten, die zunächst für spontan
gesprochene Sprache allgemein, dann aber für Mittermeiers Diktion im besonderen charakteristisch sind. Ein kurzer Ausschnitt aus dem Text muss als
Beleg genügen:

> Sich selbst sein ist alles. *Schliesslich wird man als Comedian geboren. Oder eben
> nicht.* Leider haben das viele Leute noch nicht begriffen, gerade beim Fernse-
> hen. Deshalb veranstalten sie solchen Mist wie die Comedy-Casting-Starsearch-
> Geschichte – das einzige Happening, bei dem ich guten Gewissens sagen kann,
> ‚ich hab nicht einen lustigen Menschen auf der Bühne gesehen'. Ich würde nie-
> mals, niemals einen Kollegen schlecht machen. Aber das sind keine Kollegen.
> Das sind Nullnasen, die in kurzer Zeit Kohle machen und berühmt werden wol-
> len. Sie fallen zweimal doof um und kriegen eine eigene TV-Show. Eine bittere
> Entwicklung.
> Als ich vor 18 Jahren anfing, da stieg ich auf die Bühne, um mich selbst zu ver-
> wirklichen. Das klingt blöd, war aber so. Da gabs keine Missgunst, wies heute
> üblich ist. Man freute sich, wenn dem Kollegen eine gute Nummer gelang. Un-
> ter den älteren Kollegen (...) ist dieser Respekt zum Glück geblieben. Da ist kein
> Neid am Laufen. Wenn ich einen Kollegen sehe, denke ich oft voller Bewunde-
> rung ‚Buah, ist das ne geile Nummer, ich möchte auch so eine schreiben'. Noch
> krasser ists bei *Harald Schmidt. Er ist der Meister*, da brauchen wir gar nicht
> drüber debattieren. Es gibt keinen, der alles so perfekt beherrscht wie er (...).

Und gerade weil er auch mal einen Polenwitz macht, kommt das eben so gut rüber. Dass es gerade ein Schweizer war, der ihn verjagt hat ... den Rest verkneif ich mir jetzt.

Schon die bloße grafische Umsetzung des Gesprochenen zeigt an, dass Umgangssprachliches als solches transportiert werden soll: Entgegen den orthographischen Regeln werden morphologisch zusammengezogene (klitische) Formen (*wies, ists*) oder solche mit Elisionen (*hab, verkneif*) nicht mit Apostroph geschrieben. Kurzformen der gesprochenen Sprache (*drüber, rüber*) bleiben erhalten. Lexeme wie *Mist, Nullnasen, doof, blöd, krass, scheissegal* (im vorhergehenden Zitat) oder Phraseologismen wie *Kohle machen, Da ist kein Neid am Laufen*, auch die Interjektion *Buah* deuten auf eine informelle Stilebene, auf Nähe-Kommunikation. Auch syntaktische Erscheinungen der spontan gesprochenen Sprache sind nicht auf die schriftsprachliche Norm hin revidiert („*da* brauchen wir gar nicht *drüber* debattieren" – die Fernstellung von *da* und *drüber* und das fehlende *zu* beim Infinitiv).

Die Einbettung ins Medium Presse (Stufe III) findet in charakteristischer Weise statt: Durch die Gliederung in Überschriften, Lead, Text und Foto mit Legende. Sowohl Schlagzeile als auch Foto-Legende sind intertextuell mit dem Haupttext verknüpft, in beiden Fällen handelt es sich um ungefähre Zitate (vgl. die kursiv hervorgehobenen Stellen im obigen Ausschnitt) aus dem Text von Mittermeier (typischerweise in Anführungszeichen, obwohl es keine wortwörtlichen Zitate sind).

6.3 Schrift im Fernsehen

Heutige Fernseh-Bilder weisen oft eine Vielzahl semiotischer Elemente auf (vgl. Kap. 3 und 13). Eine immer prominentere Rolle nehmen dabei die Zeichen ein, die ursprünglich dem Medium fremd waren bzw. die nur zufällig im Medium erschienen: die Schriftzeichen. (Im Folgenden verwende ich Kategorien und einige Beispiele aus Burger/Luginbühl [im Druck].)

Dabei sind grundsätzlich zwei Verwendungsweisen von Schrift zu unterscheiden: solche Zeichen, die innerhalb der gefilmten Situation auftreten und in ihr selbst enthalten sind, und solche, die von außen (elektronisch) hinzugefügt werden. Mit gängiger narratologischer Terminologie kann man die ersteren als „intradiegetisch" bezeichnen, die letzteren als „extradiegetisch". Die extradiegetischen bezeichne ich, unabhängig von ihrer Funktion, als „Inserts".

Die extradiegetischen Texte unterliegen einem Zwang zur Kürze, wie sie durch das beschränkte Bild-Format und die von der Redaktion vorgegebenen Richtlinien bedingt ist. Auf diese Weise erfolgt – unauffällig, aber wirksam – eine Integration der schriftlichen Elemente in das Medium. Inserts sind eben keine Transkriptionen von gesprochenen Texten, selbst wenn sie diese „wiedergeben", sondern ein funktionales Element des Fernseh-TEX-TES und damit den Bedingungen des Mediums unterworfen.

Die intradiegetischen Texte spielen in der Regel für die Relation Mündlichkeit/Schriftlichkeit keine Rolle, da sie als selbständige visuelle Elemente unabhängig von gesprochenem Text auftreten. Ich gehe dennoch kurz auf sie ein, um den Unterschied zu den extradiegetischen zu verdeutlichen.

[Die Schriftelemente werden bei den folgenden Beispielen durch <...> markiert.]

6.3.1 Intradiegetische Texte

Nicht alle Schriftelemente, die in der „Originalsituation" zu sehen sind, sind für das gefilmte Ereignis relevant. Wenn etwa in einem Beitrag über Kosovo-Flüchtlinge Menschen zu sehen sind, die vor einem Reisebus stehen, und auf diesem Bus die Aufschrift <Rüttimann Neuplan> zu lesen ist (Tagesschau, SF DRS 8. 4. 1999), oder wenn in einem anderen Bericht über Flüchtlinge aus dem Kosovo ein Flugzeug mit der Aufschrift <AVIOIM-PEX> zu sehen ist (Swiss News, Tele 24, 19. 5. 1999), so müssen diese Informationen nicht ohne Wirkung bleiben (Werbung und product placement), sie bleiben aber für das Ereignis, über welches berichtet wird, irrelevant, und das heißt auch: sie sind „zufällig" im Bildmaterial enthalten. Neben einer breiten Übergangszone, bei der dieses Kriterium schwer entscheidbar ist, gibt es aber häufig eindeutige Fälle: geschriebene Text-Elemente, die für das Ereignis relevant sind und die mit großer Wahrscheinlichkeit absichtlich gefilmt wurden.

Zu nennen sind hier Gebäudebeschriftungen, Schilder und Wegweiser, Plakate, Transparente von Demonstranten und schließlich auch Zeitungsartikel, die als Abbildung gezeigt werden.

Ein Beispiel für ein Schild:

In einem Beitrag der „Tagesschau" (SF DRS) vom 16. Juni 1999 ist ein Schild mit der Aufschrift <BFF Empfangsstelle> (BFF = Bundesamt für Flüchtlinge) zu sehen, der Sprecher sagt: „Die Bundesempfangsstelle am Nachmittag. Der heutige Ansturm konnte bewältigt werden, aber [...]."

Die gefilmten Gebäudebeschriftungen haben einerseits die Funktion, die Authentizität des Gezeigten zu betonen, indem durch die Gebäudebeschriftung die „Echtheit" des gezeigten Schauplatzes betont werden soll, andererseits werden so Bilder ermöglicht, die eine Redundanz zum gesprochenen Text erzeugen.

Der Bezug des geschriebenen Textes zum Bild ist bei intradiegetischer Schrift durch die Situation selber gegeben und determiniert. Die jeweilige Funktion des filmischen Zeigens ergibt sich u.U. aus dem gesprochenen Text.

Die intradiegetische Schrift-Funktion ist nicht aufs Fernsehen beschränkt, sie kommt in gleicher Weise bei Pressefotos vor.

Beispielsweise zeigt ein Foto zu einem Bericht über Kultursendungen des Schweizer Fernsehens das Bühnenbild einer 2001 lancierten, aber bald schon wieder aufgegebenen Sendung, und auf dieser Bühne sind große Blockbuchstaben aufgestellt, die den Namen <Babylon> ergeben.

Mit Bezug auf die oben diskutierten Begriffspaare lässt sich intradiegetische Schrift im Fernsehen als ein Beispiel für primär grafische Texte einordnen. Schematisch dargestellt ergibt sich eine simple zweistufige Abfolge:

Originalsituation (gefilmt, enthält grafische Elemente)

↓

Fernsehbild

Selten findet sich eine Verwendung von intradiegetischer Schrift, die so pointiert-kontrastiv funktioniert wie das in 4.2.2.4 gegebene Beispiel.

6.3.2 Extradiegetische Texte

Bei extradiegetischen Texten ist das Insert dem Bild nicht „immanent", sondern wird nachträglich beigegeben.

Besonders reichhaltig an extradiegetischen Schrift-Elementen sind Nachrichtensender wie CNN oder ntv. Ein ganz alltägliches Beispiel (Abb. 4) von ntv (21.10.2004):

Man sieht neben der obligatorischen Senderkennung in der Regel unterschiedlichste Schriftelemente, von denen meist mehrere im gleichen Bild enthalten sind: News-Ticker und Börsen-Ticker als laufende Schrift-Bilder (Bänder), wobei der News-Ticker Informationen vermittelt, die meist nichts zu tun haben mit dem gerade laufenden Bericht (zusätzliche Nachrichten, Wettermeldungen usw.). Ferner Inserts von Schlagzeilen (im Beispiel: <Bremen siegt in Anderlecht>) oder (im Beispiel nicht vorhanden) Personenbezeichnungen verschiedener Art, bei Korrespondenten mit Ortsangabe (<XY in Frankfurt am Main>) sowie Tabellen und Grafiken mit Beschriftungen (im Beispiel nicht vorhanden). Auch intradiegetische Schriftelemente kommen vor (im Beispiel die Personenreferenz „Klose" auf dem Hemd des Spielers).

Bei den extradiegetischen Inserts sind zwei Relationen in Rechnung zu stellen: die Beziehung zwischen Insert und visualisierter Situation einerseits, diejenige zwischen Insert und gesprochenem Text andererseits. Eine zusätzliche Möglichkeit zeigen diejenigen Inserts, die sich weder direkt auf den gesprochenen Text noch auf die gezeigte Situation beziehen, sondern

eine Äußerung wiedergeben, die die im On sprechende Person in anderem
Zusammenhang gemacht hat (vgl. die Beispiele von „Swiss News" unten).

Abb. 4: ntv 21.10.2004

Bei den extradiegetischen Texten lassen sich vier Haupttypen unterscheiden:

a) Personenbezeichnungen bzw. -charakterisierungen der im On sprechenden Person.
b) Schriftelemente, die sich auf den gesprochenen Text beziehen
c) Ursprünglich gesprochene Textelemente, die im gesprochenen Fernsehtext nicht vorkommen
d) Inserts, die sich selbst-referentiell auf das Bild beziehen, z.B. <Ar-
chivbild>.

Im Folgenden gehe ich nur auf a), b) und c) näher ein:

a) Personenbezeichnungen bzw. -charakterisierungen

Bei den Nachrichtensendungen „Tagesschau" (SF DRS) und „10 vor 10" (SF
DRS) dienen die Inserts fast durchgängig dazu, die im On sprechenden Personen zu identifizieren und in ihrer sendungsrelevanten Funktion zu charakterisieren (<Hermann Haupt, Kirchenrat> oder <Hans Frick, Polizei-

vorstand Stadt Zürich>). Wenn es sich nicht um ranghöchste Funktionäre handelt, werden diese Angaben im gesprochenen Text nicht noch einmal gegeben. Insofern hat das Insert eine informationsstrukturell selbständige Funktion. Redundante Information liefert das Insert meist nur bei Personen, die ohnehin jedermann kennt und die im umgebenden gesprochenen Text namentlich genannt werden, bei Ministern usw.

Bei Betroffenen, z. B. im Zusammenhang mit Kosovo-Krieg, finden sich häufig Angaben, die dem stark personalisierenden Duktus der Berichterstattung entsprechen:

<Aliti Basrei. Kosovo-Vertriebener> (Tagesschau, SF DRS, 9. 4. 1999)
<Gjemile Salihu, geflüchtet aus Pristina> (Tagesschau, SF DRS, 7. 5. 1999)
<Kamer Mustafa, seit 1990 in der Schweiz> (Tagesschau, SF DRS, 7. 5. 1999)
<Thomas Lehmann, Freund der Familie> (Tagesschau, SF DRS, 30. 4. 1999)

Bei Privat-Sendern, z. B. Tele 24, werden Inserts noch extensiver und variantenreicher genutzt:

<Refik Tahiri, lebt seit 18 Jahren in der Schweiz> (Swiss News, 14. 4. 1999)
<Bore Ukgjini, erwartet Verwandte aus dem Kosovo> (Swiss News, 13. 4. 1999)
<Bore Ukgjini, hat Kontakt zum Schwager verloren> (Swiss News, 13. 4. 1999)

b) Textelemente, die sich auf den gesprochenen Text beziehen

In den meisten Fällen wiederholt das Insert ein Element des On-Textes und dient somit zur Erzeugung von Redundanz. Kleinere Reformulierungen des gesprochenen Textes (<scharfe Töne> im Insert vs. „mit ungewohnt scharfen Tönen" in der Moderation, Tagesschau, SF DRS, 2. 11. 1994) sind dabei üblich, vor allem auch nominalisierende Reformulierungen gesprochener Formulierungen wie diese:

Insert <Auswahl>.
Moderator (on:) In Mazedonien in den Flüchtlingslagern sind heute Nachmittag Beamte des Bundesamtes für Flüchtlinge daran, jene Vertriebenen *auszuwählen*, die in die Schweiz reisen dürfen. (Tagesschau, SF DRS, 29. 4. 1999)

Daneben gibt es aber auch immer wieder Beispiele, die der Reformulierung im Insert eine stärkere Selbstständigkeit gegenüber dem Over-Text geben:

<3 × Opposition>
M'in (on): „Gleich dreimal wurden heute im Bundeshaus mehr als die nötigen 50 000 Unterschriften eingereicht: Drei Referenden gegen die Ausländerzwangsmassnahmen – den Milchwirtschaftsbeschluss und das Krankenversicherungsgesetz.
(Tagesschau, SF DRS, 4. 7. 1994)

Das Insert komprimiert den Moderationstext auf die Nominalisierung *Opposition*, der im gesprochenen Text die Elemente *einreichen*, *Referenden* und *gegen* entsprechen, sowie die Zahlenangabe, die wörtlich übernommen wird (*dreimal*).

c) Ursprünglich gesprochene Textelemente, die im gesprochenen
   Fernsehtext nicht vorkommen

Besonders bei Privatsendern ist es eine gängige Praxis, Inserts einzublenden,
die ein Zitat der im On sprechenden Person enthalten, das zwar in einem
Zusammenhang mit dem gesprochenen Text steht, das aber dort kein wörtliches oder gar kein Pendant hat, z. B.:

Bild	Text
Antonio Simona im Portrait draußen vor dem Flüchtlingszentrum. Einblendung: <Antonio Simona, „Der grosse Ansturm kommt erst noch!"> und Swiss-Info-Logo. [HANDMIKROPHON].	Antonio Simona (on): Es ist klar, das die Hilfe vor Ort primär und sehr wichtig ist. Aber trotz dieser Hilfe, wir können äh – einfach nicht verhindern, dass Leute über das Canale Dote nach Italien kommen. Italien wird zwar 10.000 Flüchtlinge aufneh-men. Viele von diesen Flüchtlingen haben Verwandte in der Schweiz; wir haben ja auch eine große Präsenz von Kosovo-Albanern und es ist ein bestimmter Anzie-hungsfaktor. Die Fürsorgeleistung in der Schweiz sind gegenüber Italien sicher viel besser [italienischer Akzent].

(Swiss News, 27. 5. 1999)

Die Formulierung im Insert ist eine Prognose, die im gesprochenen Text
zwar angedeutet, aber nicht in dieser Schärfe ausgesprochen ist.
　　Die beiden folgenden Zitate kommen im gesprochenen Text überhaupt
nicht vor:

> <Hajredin Rashiti, „Ich möchte zurück zu meiner Familie"> (Swiss News, 14. 4. 1999)
> <Berisha Afred (17), „Der Onkel aus Hochdorf zahlte meine Reise">
> (Swiss News, 27. 5. 1999)

Solche Inserts bieten dem Fernsehen eine Möglichkeit des Zitierens, die in
der Boulevardpresse ganz gängig ist: Man legt einer interviewten Person ein
Zitat in den Mund, das sie in dieser Form vielleicht nie gesagt hat. (Auf dem
akustischen Kanal wäre eine solche „Fälschung" nicht möglich.). So spricht
ein Behördenvertreter über die Probleme mit der großen Zahl von Flüchtlingen aus dem Kosovo. Er sagt, die Lage sei „relativ dramatisch", und
spricht von „Überlastungssituation" und „überfüllter Empfangsstelle". Im
Insert aber heißt es: <Roger Schneeberger. „Jetzt kommt die große Flüchtlingswelle"> (Swiss Info, 19. 5. 99) In dem ausführlichen gesprochenen Text
kommt das Wort *Flüchtlingswelle* an keiner Stelle vor. Die Metapher
„Flüchtlingswelle" war für den Flüchtlingsdiskurs 1999 in der Schweiz cha-

rakteristisch (vgl. Luginbühl/Schwab/Burger 2004), und hat dem Behördenvertreter wahrscheinlich eine Formulierung unterschoben, die aus dem gängigen Diskurs als wirksames Element bezogen wird. Der Zweifel an der Wörtlichkeit des Zitierten ist im Übrigen bei allen in Anführungszeichen gegebenen Inserts angebracht.

In der Talk-Sendung „TalkTäglich" des Schweizer Privat-Fernsehsenders Tele24, in der täglich ein(e) Prominente(r) – manchmal recht aggressiv – befragt wird, wird von den Inserts häufig in dieser Weise Gebrauch gemacht, wohl in Anlehnung an vergleichbare Sendungen deutscher Privatsender. Im deutschschweizerischen Kontext kommt noch als zusätzliche Funktion des Inserts das Umschalten vom mundartlich-gesprochenen Text in die schriftsprachlich-geschriebene Variante des Inserts hinzu (vgl. 12.3). Einige Ausschnitte aus der gleichen Sendung (21.1.1999):

S   = Moderator Roger Schawinski
N   = Mundart-Rockerin Natacha

N   Nei, Roger, los jetzte. Nei, jetzt suechsch chrampfhaft öppis. I ha das GANZ imene andere Kontext gseit. I ha eifach gseit – eh dur das eh/ das isch um Musiker gange. Wänn än Musiker mit vierzäni in än Prooberuum geit und faat afo Gitarre spile, dänn isch das kuul, aber für näs Meitli hät mä immer scho Angscht – und dänkt, UU, äs chönt däm öppis passiere. *(<„Als Frau wird man sofort nach Äusserlichkeiten eingestuft">)* I ha dä Wääg ou gmacht. Und bi Froue – tuet mä immer vil mee Sache/ die müesse vil mee überwinde, eigentlich. Und das isch eidüütig eso, dass grad i dem bisness (business), wo seer hert isch – eh isch es/ si di Gränzene mängisch ganz amene chline Ort. Und DAS hani gmeint, aber i ha überhoupt – aso ned s gringschte gäge Froue.[2]

Was Natacha hier sagt, passt immerhin zum gesprochenen Text, obwohl es nicht wörtlich oder sinngemäß darin vorkommt.

N   Jaa – aso Le/ Leonard Cohen isch jetzt ja ned dr/ dr

        Stimmakrobaat, aber – trifft/ – es spilt, weisch, es chunt/
S   aber – er hät –   Charakter

N   Genau. Es chunt nume uf das aa, wo di trifft.

---

2 Hochdeutsche Übersetzung:
Nein, Roger, hör jetzt zu. Nein, jetzt suchst du krampfhaft nach etwas. Ich habe das in einem ganz anderen Kontext gesagt. Ich habe einfach gesagt – durch das/ das ging um Musik. Wenn ein Musiker mit 14 in einen Probenraum geht und anfängt Gitarre zu spielen, das ist cool, aber bei einem Mädchen hat man immer schon Angst – und denkt, uuh, es könnte dann etwas passieren. Ich habe diesen Weg auch gemacht. Und bei Frauen – tut man immer viel mehr Dinge/ sie müssen viel mehr überwinden, eigentlich. Und das ist eindeutig so, dass gerade in dem Business, das sehr hart ist – ist es/ sind die Grenzen manchmal ganz an einem anderen Ort. Und das habe ich gemeint, aber ich habe überhaupt – also nicht das geringste gegen Frauen.

S   Guet
N   Und/ und eh öpper cha vilicht äs Organ ha, (<„ *Meine Lieder porträtieren*
     Gefühle">) dass es chlöpft und tätscht, es berüert ned, es laat eim chalt. Und
     das isch eigentlich näär d Chaance – wil/ wil eigentlich es isch das zwü-
     schinne, weisch das, wo riibt, wo berüert. (...)[3]

Die Formulierung im Insert findet sich nicht im gesprochenen Text, aber
man kann sie als Implikation aus dem tatsächlich Gesagten verstehen.

     (*Einspielung eines Videoclips von Natacha*)
S   (off:) (*N im Bild*) Isch eigenlich än Hit, würkli. Jetzt häsch eifach ä chli Päch
     gha. – – D Platte isch zwar gold worde und so, jetzt isch aber dä Gölä cho.
N   hm
S   (off:) Jetzt isch dä Gölä cho und dä macht ä chli
     (on:) äändliche Sound (sound). Nur hät er – dickleri/ dickeri Muskle –
N   (LACHT)
S   (off:) und mä nimmts äm mee ab – dass das won er singt, dass er/dass er das
     au erläbt hät, oder?

N   (on:) Aso wie meinsch jetzt Päch (UNVERST.) /inwiefern?
S   EBE, will du bisch jetzig eigetlich ä chli

N   Ja   w/weisch i gloube
S   überrundet worde vomene Berner, wo NO chli – ächter isch – als du

N   das – isch – für mi überhoupt nid eso. Au/i finde s aufä super, dass eh dä Gölä
     so
     Erfolg hät (<„ *Ich bin eine hoffnungslose Optimistin*">) wil für d Mundart
     Musig isch das seer wichtig. Wil – es git vil Plattefirme, wo UU vil Gäld i d
     Finger nää und Boigruufs (boygrooves) oder Boigirl/ eh eh Girlgruufs ma-
     che und näär chunt irgendwie eine, wo überhaupt nüütem entspricht und hät
     eigentlich groosse Erfolg.[4]

---

3 Hochdeutsche Übersetzung:
  N: Jaa – also Leonard Cohen ist jetzt ja nicht der Stimmakrobat, aber trifft/ es spielt,
  weisst du, es kommt
  S: aber – er hat – Charakter
  N: Genau. Es kommt nur auf das an, was dich trifft.
  S: Gut
  N: Und jemand kann vielleicht ein Organ haben, das es „chlöpft und tätscht", es berührt
  nicht, es lässt einem kalt. Und das ist eigentlich dann die Chance – weil es eigentlich das
  zwischendrin ist, weisst du, was reibt, was berührt.
4 Hochdeutsche Übersetzung:
  S: Ist eigentlich ein Hit. Jetzt hast du einfach etwas Pech gehabt. Die Platte ist zwar gold
  geworden und so, jetzt ist aber der Gölä gekommen.
  N: hm
  S: Jetzt ist der Gölä gekommen und er macht ein bisschen
  ähnlichen Sound. Nur hat er – dickere Muskeln
  N: (LACHT)
  S: und man nimmt es ihm mehr ab – dass das wovon er singt, dass er das auch erlebt hat,
  oder?

Hier ist definitiv zu bezweifeln, ob Natacha das, was im Insert steht, wirklich gesagt hat. Denn sie weist ja im gesprochenen Text die Unterstellung,
sie habe Pech gehabt, weil jetzt der Gölä (ein anderer Mundart-Rocker) er-
folgreicher gewesen sei, zurück. Also macht das „hoffnungslos" eigentlich
keinen Sinn. Das Insert ist somit eher eine – leicht verzerrende – Interpretation der Redaktion.

Zusammenfassend lässt sich sagen:

Bei den extradiegetischen Textelementen ist die Erzeugung von Authentizität nicht die wichtigste Funktion. Hier stehen verständnissichernde Maßnahmen im Vordergrund:

- Entlastung des gesprochenen Textes von Informationen zur Person
  der/des Sprechenden
- Erzeugung von Redundanz in Bezug auf den gesprochenen Text
- schlagzeilenartige Kondensierung des gesprochenen Textes
- bei Zitaten das Kenntlichmachen der wörtlich zitierten Passagen

Die schlagzeilenartigen Kondensate des gesprochenen Textes können neben
der thematischen Verdichtung auch zur Emotionalisierung und Dramatisierung genutzt werden. Schließlich kann das Insert auch inhaltliche Informationen liefern, die im gesprochenen Text nicht enthalten sind.

6.3.3 Intra- und extradiegetische Texte im gleichen Beitrag

Die Kombination beider Verfahren kommt gelegentlich vor, meist wird sie
aber nicht dafür genutzt, komplexe semiotische Relationen zu erzeugen. Ein
Ausnahmefall ist der folgende (siehe Transkript S. 158).
   Im Bild selber ergibt sich ein Kontrast zwischen dem Ikon der Handschellen und dem Insert <Widerstand>, der auf der Moderationsebene ex-
pliziert wird: Die ‚Handschellen' stehen für die *Zwangsmaßnahmen*. Diese
finden in der Deutschschweiz *Unterstützung*, während es in der französischen Schweiz *Widerstand* gibt.
   Ein durchaus nicht ungewöhnliches Beispiel ist das folgende, in dem die
extradiegetischen Funktionen dominieren und kumuliert verwendet wer-

---

N: Also wie meinst du jetzt ‚Pech', inwiefern?
S: Eben, weil du jetzt eigentlich auch etwas überrundet worden bist von einem Berner, der
noch etwas – echter ist – als du. (…)
N: Ja. Weisst du, ich glaube, das ist – für mich überhaupt nicht so. Auch ich finde es eigentlich super, dass der Gölä solchen Erfolg hat, weil es für die Mundartmusik sehr wichtig ist. Weil – es gibt viele Plattenfirmen, die wahnsinnig viel Geld in die Finger nehmen
und Boygrooves oder Girlgrooves machen und dann kommt irgendwie einer, der überhaupt nichts entspricht und hat eigentlich grossen Erfolg.

Bild	Text
Der Moderator im Bild, er spricht in die Kamera. Im Hintergrund ein Insert von Handschellen an einem Gitter, unten links im Bild ein Schriftband auf dem <Widerstand> zu lesen ist	Moderator (on): Das Gesetz über Zwangsmaßnahmen im Ausländerrecht hat gute Aussichten am vierten Dezember die Volksabstimmung zu bestehen – vor allem in der deutschen Schweiz gibt es – vor allem wegen der Drogenkriminalität eine breite Unterstützung. – – – Nicht aber – wie schon in anderen Fällen in der Westschweiz – in der Romandie gibt es wesentlich mehr und entschiedeneren Widerstand – das Gesetz sei diskriminierend – verfassungswidrig und überflüssig – meinen vor allem viele Juristen

(Tagesschau, SF DRS, 20.11.1994)

den, aber an einer wichtigen Stelle auch die intradiegetische Funktion zur Geltung kommt:

In einem Nachrichtenbeitrag des Schweizer Fernsehens (10 vor 10, 12.12.1997, vgl. Luginbühl et. al. 2002, 29ff.) geht es um den zum Zeitpunkt der Sendung noch unveröffentlichten Bericht einer Arbeitsgruppe des Bundes zur Zukunft der Sozialwerke. Dem Nachrichtenmagazin „10 vor 10" liegt der Bericht aber bereits vor, und zwar „in Papierform". Prätext ist also ein noch unpublizierter, schriftlicher Text von hoher Brisanz, die zu Beginn des Berichtes durch den Kontrast von „freudvolle Adventszeit" und „Hiobsbotschaft" deutlich gemacht wird:

M'in = Moderatorin, Studio
S = Sprecher im off

M'in (HINTERGRUNDMUSIK) Guten Abend. Neues zum Sozialabbau. Wir zeigen, wie der Bund sechs Komma vier Milliarden Franken sparen will. *(Bild von Bundeshaus, kleines Bild von alten Menschen, dann kleines Bild mit Krankenhausszene und Szene auf Arbeitsamt eingeblendet <Sozialabbau>)* Sparen auf Kosten der Alten, Kranken und Arbeitslosen. Ein kritischer Blick in einen noch unveröffentlichten Bericht.

S Es fällt auf, wie viele Häuser, Fenster, ganze Bäume mit Lichtketten geschmückt sind dieses Jahr. Es müsste eigentlich eine freudvolle Adventszeit sein, das Gegenteil ist der Fall. *(Bundeshaus, Papierstapel; <Sozialabbau>)* Stellenabbau, wirtschaftlicher Druck, das Gespenst der Zwei-Drittels-Gesellschaft trüben die Festfreuden. Nun wird auch noch der Bundesrat mit einer Hiobsbotschaft aufwarten. 10 vor 10 weiß, noch vor Weihnachten werden die Resultate einer Arbeitsgruppe vorgelegt. Dort steht, wo und um wie viel unser Sozialsystem abgebaut werden könnte. Unter größter Geheimhaltung hat diese interdepartementale Arbeitsgruppe Finanzierung der

Sozialversicherung 2, kurz IdA FiSo 2, ihre Abbauszenarien erarbeitet. Andrea Müller kennt die Details.

Dann wird der schriftliche Text selbst präsentiert (<ohne namhafte ...> mit Angabe der Seitenzahl als Authentizitätssignal), und zwar als schriftliche Einblendung (nicht als Abbildung des Originaltextes, sondern als abgeschriebene Zeile) und zugleich – wörtlich identisch – als mündlich gesprochenes Off-Zitat. Bei dieser Art von Zitat sind der optische und akustische Kanal „kumuliert" (vgl. 4.2.2.4).

> S   (*Zoom auf Bundeshaus*) Das Fazit der Arbeitsgruppe des Bundes ist sozial-
> politisch so brisant wie erwartet. (<S. 113 „ohne namhafte sozialpolitische
> Auswirkungen lässt sich der Sparauftrag nicht realisieren">) Ohne namhafte
> sozialpolitische Auswirkungen lässt sich der Sparauftrag nicht realisieren.
> (HINTERGRUNDMUSIK BIS ANFANG DUPLEX) Und das sind die wichtigsten
> Elemente des Sozialabbaus. (*kleine Bilder von Anriss werden wieder einge-
> blendet*) Eine Erhöhung des Rentenalters, eine schlechtere Krankenversiche-
> rung und ein massiver Leistungsabbau bei der Arbeitslosenversicherung.
> (*Menschen auf Straße, Bilder optisch verfremdet*)

Dort wo die nächste schriftliche Einblendung (nur die Zahl <15 Milliarden>) erfolgt, lässt sich mangels Zitatindikatoren nicht entscheiden, ob es sich beim gesprochenen Text um ein wörtliches Zitat handelt:

> Würde die Schweiz ihr heutiges Sozialversicherungssystem ohne Sozialab-
> bau weiterführen, stiegen die Kosten bis zum Jahre zweitausendundzehn
> (<15 Mia.>) um weitere fünfzehn Milliarden Franken. Hauptgrund: die Über-
> alterung der Gesellschaft. (*Hand blättert in Studie*) Das hat die erste Studie
> zur Finanzierung der (*Bundesrätin Dreifuss auf Kameramonitor an Presse-
> konferenz in Bundeshaus*) Sozialversicherung ergeben, die Bundesrätin Drei-
> fuss letztes Jahr vorgestellt hat.

Schließlich kommt der „Gegenstand" des Fernsehtextes ins Bild, indem eine Hand in der Studie blättert. Was man sieht, ist also der materielle „Träger" des Prätextes. Das Bild hat hier Belegfunktion („Der Bericht existiert wirklich"). Während es sich bei den abgeschriebenen Zeilen um extradiegetische Schrift handelt, ist der materielle Bericht-Text eine Art intradiegetisches Element (allerdings kann man den Text selber nicht wirklich lesen, da das Blättern zu schnell geschieht, und wer da in welcher Situation blättert, ist auch nicht erkennbar).

In einer späteren Passage des Berichtes werden neben wörtlichen Zitaten vor allem verkürzende Paraphrasen des gesprochenen Textes eingeblendet, die u. a. mit Nominalisierungen operieren (<Rentenanpassung>, <Kürzung Leistungskatalog>, <Abbau der Spitalbetten>).

Fragt man abschließend noch einmal danach, ob es sich bei den extradiegetischen Inserts um primär oder sekundär schriftliche Texte handle, so ist die Frage offensichtlich nicht leicht und nicht einheitlich zu beantworten. Es ist jeweils zu bedenken, in Bezug worauf das Insert primär bzw. sekundär ist. Wenn man das „eigentliche" Fernsehbild als dominant betrachtet, dann ist das Insert demgegenüber natürlich sekundär. Bei den Beispielen der Nachrichtensender CNN oder ntv hängt es allerdings ganz vom Rezipienten ab, wofür er sich gerade hauptsächlich interessiert, für das im Bild Gezeigte und im gesprochenen Text Vermittelte, oder für die zusätzlichen (und vom gesprochenen Text unabhängigen) Informationen, die z. B. durch das laufende Textband gegeben werden. Aus Rezipientenperspektive ist die Frage hier also nur individuell zu entscheiden.

Beim besprochenen Beitrag zu den Sozialwerken ist der geschriebene Text des Berichts von der Textgeschichte her primär gegenüber der phonischen Realisierung. Selbstverständlich ist er konzeptionell schriftlich verfasst, da er ein offizielles, formelles Dokument einer Behörde darstellt. Da der grafisch gezeigte Text aber nur einen Teil des gesprochenen Berichts abdeckt und auch nur partiell wörtlich erscheint, wirkt er bei der Rezeption als sekundär gegenüber dem gesprochenen Text und den „eigentlichen" Bildern von alten Menschen, Krankenhausszenen usw. Für diesen Fall gilt grosso modo die folgende schematische Darstellung:

primär grafischer Text (schriftlicher Bericht, außermedial)
konzeptionell schriftlich

↓

gesprochener Text des Beitrags

↓

sekundär grafischer Text, innermedial

Eindeutig sekundär ist das Insert bei den Fällen, wo der gesprochene O-Ton im Insert wiederholt oder kondensiert wird, zum Zweck der Redundanzbildung.

Und ebenso klar sekundär sind Inserts, die die Funktion u. ä. einer im On gezeigten Person benennen. Hier gilt z. B. dieses Schema:

Original-Situation (Interview)

↓

Fernseh-O-Bild/Ton

↓

Insert als Wiedergabe (wörtlich oder kondensiert) des O-Tons

Ob es sich bei den extradiegetischen Inserts um konzeptionell schriftliche oder mündliche Texte handelt, ist relativ klar zu beantworten. Meist haben die Inserts in Relation zum gesprochenen Text Funktionen, die man als typisch schriftlich bezeichnet wird (Komprimierung, Signalisierung von Wortwörtlichkeit usw.). Nur bei dem Typ von Inserts, der Zitate der im On sprechenden Person liefert, die im gesprochenen Text nicht enthalten sind, sind Elemente selbständiger (vom gesprochenen Text unabhängiger) konzeptioneller Mündlichkeit zu erwarten.

6.4 Sekundär gesprochene Texte

Ein Großteil der in den elektronischen Medien gesprochenen Texte gehört diesem Typ an.

Die einfachste Version liegt dann vor, wenn ein geschriebener Text *vorgelesen* wird und das Vorlesen nicht kaschiert wird. Dies ist z. B. (immer noch) üblich bei der ARD-„Tagesschau", bei der der Sprecher die Meldungen im On sichtbar vom Blatt abliest. Ein klarer Fall sind auch Radio-Nachrichten, soweit es die Moderation bzw. die Sprechermeldungen betrifft. Die gesprochenen Texte sind eindeutig konzeptionell schriftlich. Sie zeigen einen formellen, lexikalisch und syntaktisch elaboriert-schriftsprachlichen Stil. Beispiele dafür finden sich in 9.1.

Einen Schritt weg von dieser einfachsten Form führt bereits die heutzutage normale Praxis der Moderatoren von Nachrichtensendungen und anderen Magazinen: das Ablesen vom Teleprompter. Hier wird suggeriert, dass der Moderator den Rezipienten direkt anspricht und dass er keinen schriftlichen Text vor sich hat, von dem er abliest. Die Diktion ist jedoch in der Regel auch hier konzeptionell schriftlich, mit Tendenzen zu informellem Stil bei den Journalen und Newsshows (vgl. 9.2). Man könnte hier eine erste Stufe „inszenierter Mündlichkeit" ansetzen.[5]

Der Grad an Inszeniertheit kann gesteigert werden, wenn z. B. die Moderatoren von Begleitprogrammen einen „Plauderton" kultivieren (vgl. 10.2.4.2). Für den Rezipienten ist manchmal schwer entscheidbar (und wohl auch uninteressant), ob hier ein Text vorgelesen oder etwa nach Stichworten extemporiert wird. Erst eine genauere linguistische Analyse kann Indizien für das eine oder andere liefern.

Im folgenden Beispiel (älteren Datums, das aber in ähnlicher Form heute durchaus noch vorkommen könnte) beginnt die Moderatorin mit einer inszeniert mündlichen Eröffnung, mit inszenierten Pausen, der Interjektion *hm*, scheinbar assoziativer Folge von Wörter (*Kaffee ...*) und erzählt

---

5 Dürscheid 2004, 67, spricht schon beim einfachen Vorlese-Typ von „inszenierter Oralität". Da dort aber nichts kaschiert wird, würde ich in diesem Fall noch nicht von „Inszenierung" sprechen, um den Begriff „Inszenierung" nicht zu sehr auszuweiten.

dann die „Geschichte", die keinerlei sprechsprachliche Phänomene aufweist, syntaktisch und lexikalisch gänzlich „intakt" ist, also offensichtlich gänzlich schriftlich verfasst wurde und abgelesen wird. Natürlich nicht mit einer unpersönlich-distanzierten Nachrichten-Stimme, sondern durchaus mit affektiv-rhetorischer Intonation. Besonders deutliches Zeichen der schriftlichen Konzeption ist die „lexikalische Varianz" (vgl. die kursiv gesetzten Phrasen, s. auch 9.1.1), die heutzutage z. B. in den Nachrichten von Radio und Fernsehen tendenziell vermieden wird, aber in der Boulevardpresse (immer noch) ein durchgängiges Stilprinzip ist. Hier dienen die variierenden Formulierungen dazu, den ironischen Charakter des Textes zu unterstreichen:

> [Musik] A propos Kaffee: Wenn man das Wort so auf der Zunge zergehn lässt und wartet, was sich so alles an Assoziationen einstellt – – hm – was kommt Ihnen dabei in den Sinn? Kaffee – – kaffeebraun – – Copacabana – Rio – – Carneval, und schöne Mädchen. Ja und damit sind wir schon mitten in der Geschichte, die sich vor ein paar Jahren auf der Copacabana, dem berühmten Badestrand von Rio de Janeiro, zugetragen hat. Dort waren nämlich vier Polizeipatrouillen nötig, um *eine 22jährige Sonnenanbeterin* von ihrem wellenumspülten Sandplätzchen zu entfernen. Die aufwendige Aktion war notwendig geworden, der strengen Gesetzesmoral zu entsprechen. *Das weibliche Wesen* hatte sich nämlich starken Schutz zugelegt, um ungestört ein – verbotenes Oben-ohne-Sonnenbad nehmen zu können. Die erste Patrouille konnte lediglich den männlichen Begleiter *der Schönen* in die Flucht schlagen. Um den wütend bellenden deutschen Schäferhundes (sic) Herr zu werden, bedurfte es einer weiteren Gruppe von Polizisten. Die Riesenschlange der Dame wurde vom dritten Kommando überwältigt. Und erst die vierte Funkstreifenbesatzung konnte *die barbusige Schöne* ohne weiteren Widerstand abführen, was sicher die angenehmste Etappe war in diesem Kampf für die Moral. [Musik „Warum strömen die Blassen zu den städtischen Kassen, weil die Frische, die hat man nur in einem Bad" mit Refrain „Oben ohne"]
> (Allerlei bis 4, Ö Regional, 17.1.1983)

Ebenfalls ein höherer Grad an Inszeniertheit liegt vor, wenn bei Nachrichtensendungen mit mehreren Moderatoren diese bei Überleitungen oder am Ende in einen pseudo-spontanen und meist nur mäßig witzigen Dialog verfallen („happy talk", vgl. Wittwen 1995, 81 ff.).

In den seriöseren Formaten sind solche Überleitungen selbstverständlich völlig vorbereitet. So sieht man in den Manuskripten der Schweizer „Tagesschau", die aus den 80er Jahren erhalten sind (vgl. 2.1), dass jedes Wort, das der Moderator sagt, aufgeschrieben ist, sogar die Anreden, wenn der Moderator das Wort an einen anderen Moderator übergibt, z. B.:

> „Beim Sport, Thomas von Grüningen, steht eine tragische Meldung an der Spitze." (2.5.1986, S. 27/29)
> „Patrick Hächler – wie sieht die Wetterlage heute Abend aus?
> [...]

Besten Dank, Patrick Hächler. Die Spätausgabe der Tagesschau sehen Sie heute um 22 Uhr 05. Guten Abend und auf Wiedersehen." (9.5.1986, 31 ff.)

„Vielen Dank, Felix Schacher". (2.5.1986, 34) [Moderator bedankt sich beim Sportmoderator]

Auch Nonverbales ist im voraus geplant:

„(Gy [= Kürzel für Moderator] wendet sich an Huber [= Sprecher])" (2.5.1986, 20)

Bei den „lockeren" Überleitungen in Newsshows kann ich nicht überprüfen, inwieweit die Texte aufgeschrieben sind. Da die Witzeleien aber meist sehr gekünstelt wirken, ist ein hohes Maß an Vorbereitetheit wahrscheinlich.

Der Sinn dieser Inszenierungen ist klar: Ein offensichtlich aufgeschriebener und dann vorgelesener Text wirkt distanziert. Das Kaschieren des Vorlesens soll dann einen Abbau der Distanz, also größere Nähe zum Rezipienten bewirken (vgl. auch Crisell 1994, 56).

6.5 Primär gesprochene Texte

Es gibt in den elektronischen Medien auch und zunehmend mehr gesprochene Texte, die keine schriftliche Vorlage haben. Es sind insbesondere „Laien" (dazu 11.1), medienungewohnte Sprecher, die in den Medien ihre spontansprachliche Diktion zur Geltung bringen können und sollen.

Gelegentlich kommen sie als O-Töne in Nachrichtensendungen vor, und ihre Sprechweise kontrastiert dann stark einerseits mit den konzeptionell schriftlichen, wortwörtlich abgelesenen Moderationstexten und den Off-Texten bei Filmberichten, andererseits mit der Sprache von mediengewohnten Sprechern z. B.:

K = H.-G. Kessler
P = H. Primus
K1, K2 = Kundinnen
Ko = H.-G. Koch

	Text	Bild
M	Das neue Tarifsystem der Deutschen Bahn ist laut Stiftung Warentest weit weniger kundenfreundlich als angegeben. Im Vergleich zu den alten Tarifen müssten Reisende oft mehr bezahlen. Benachteiligt seien vor allem Familien mit älteren Kindern und Alleinreisende. Bahnchef Mehdorn wies die Kritik zurück. Er	Hintergrund links: ICE <Stiftung Warentest zu Bahnsystem>

	warf den Verbraucherschützern vor durch Einzelergebnisse ein negatives Bild gezeichnet zu haben.	
K	Wir sind näher an der Realität geblieben sagt die Stiftung Warentest und hat mehr als tausendsechshundert alte und neue Tarife verglichen, als Antwort auf die vollmundigen Versprechen der Bahn heißt es hier. Von großen Gewinnern keine Rede, manche Reisen werden sogar teurer.	Personen steigen in einen Zug <Bericht Horst-Günther Kessler> Pressekonferenz DB Schautafel Stiftung Warentest mit Beispielen
P	Schlecht ist, dass Familien mit Kindern, die über vierzehn Jahre sind, mehr zahlen müssen, schlecht ist auch, dass alleinreisende Erwachsene außerhalb des Berufsverkehrs stärker zur Kasse gebeten werden, schlecht ist der Tarifdschungel.	<Hubertus Primus Stiftung Warentest>
K	Der Bahncardrabatt von bisher fünfzig Prozent ist glatt halbiert worden, Einzelreisende müssen sich spontan zu Kleingruppen zusammenschließen, die nämlich profitieren von der Tarifreform; vor allem Familien mit älteren Kindern zahlen drauf.	Passagiere steigen aus einem Zug
K1	Ich bin n spontana Mensch … unsre Familie … un wenn mer sacht so, jetzt wolln wa die Verwanschaft besuchn, denn haut et nich hin hia mit diesm Sparn.	Statement ältere Bahnkundin
K2	Ich hab äh bisher äh siebzich Prozent Nachlass gekricht und bekomm jetzt soweit ich weiß nur noch vierzich Prozent.	Statement junge Bahnkundin
K	Die Bahn weist alle Kritik zurück, immerhin könne man verschiedene Rabatte nun miteinander kombinieren.	Zwei ältere Damen diskutieren an einem verlassenen Bahnsteig
Ko	Wir werden das Preissystem auch nicht ändern, denn das, was uns Stiftung Warentest vorwirft, dass sind Dinge, die kennen wir, zu denen haben wir Stellung genommen und haben sehr genau immer wieder begründet warum wir die Dinge genau so gemacht haben und nicht anders.	<Hans-Gustav Koch Vorstand Deutsche Bahn>
K	Stiftung Warentest fordert jetzt erhebliche Nachbesserungen, damit tatsächlich mehr Autofahrer auf die Schiene umsteigen.	ICE verlässt einen Bahnhof

(Tagesschau, ARD, 21.11.2002)

Die beiden Bahnkundinnen K1 und K2 sprechen leicht dialektal und die Syntax ist Indiz für unvorbereitet-spontane Sprechweise. Demgegenüber hat der offensichtlich mediengewohnte Sprecher der Stiftung Warentext (P) sein Statement – zumindest mental – vorbereitet, wie an dem rhetorisch elaborierten, mit Anaphern operierenden (dreimaliges „schlecht ist …“) Text erkennbar ist. Die Texte des Moderators und die Off-Texte des Journalisten, der den Bericht verfasst hat (K), sind ebenso eindeutig schriftlich vorbereitet und abgelesen.

Systematisch ins Medium einbezogen werden Laien in den verschiedenen Formen des Reality TV (vgl. Kap. 7). Hier sei nur auf die „Daily Talks" in den Nachmittagsprogrammen des Fernsehens verwiesen, deren Blütezeit allerdings auch schon wieder vorbei zu sein scheint. Lakoff (2003) spricht von einer „new incivility", die bei solchen Sendungen ins Medium Einzug gehalten habe. In den letzten Jahrzehnten hätten gesellschaftliche Gruppen Zugang zu den Medien gewonnen, die vorher ausgesperrt waren. Dadurch sei die Sprache zunehmend rauher, ungeschliffener geworden bzw. es habe sich bei der Mittelschicht der Eindruck von zunehmendem „coarsening" ergeben.[6] Für den deutschen Sprachraum ist die Verknüpfung von Klassengegensätzen und Stildifferenzen nicht in gleichem Masse plausibel, wie es für den angelsächsischen Raum behauptet wird. Darauf wurde in der Soziolinguistik seit der frühen Sprachbarrierendiskussion immer wieder hingewiesen. Offensichtlich ist aber auch bei den deutschsprachigen Sendern in den Daily Talks ein Trend zu saloppen bis vulgären Stilregistern zu beobachten, verbunden mit einem Eindringen dialektaler oder zumindest regionaler Varietäten in das sonst strikt hochdeutsche Programm. Das in 12.2 gegebene Beispiel aus „Vera am Mittag" mag als Illustration dafür dienen.

Ein weiter Bereich primär gesprochener Texte (mit unscharfen Grenzen zu sekundär gesprochenen Texten) in den Medien liegt dort vor, wo Journalisten andere Journalisten (als „Sekundärinformanten" im Gegensatz zum Beispiel zu „Betroffenen", die als „Primärinformanten" fungieren) interviewen. Der Interviewer (z. B. in einer Nachrichtensendung) liest seine Fragen ab (= „sekundär gesprochen"). Die Fragen sind in der Regel vorbesprochen. Der Interviewte ist vorbereitet. Auch wenn er seine Antwort nicht abliest (= „primär gesprochen"), muss er – mit Kategorien der Gesprächsforschung –

---

6 „First, many of these groups have different discourse styles from the genteel white middle class. To appreciate this, you have only to look at the talk shows reviled by a few of the commentators quoted above. Guests tell salacious stories of highly inappropriate sexual entanglements, tales of violence and brutality. They tell them in nonstandard dialects. Often they tell them proudly, or at least shamelessly. Often too these tales are so interlarded with obscenities that you can't follow them for the bleeps. A middle-class viewer wonders: what on earth could lead people to make such public spectacles of themselves? But they appear to be having fun, the nastier the better." (Lakoff 2003, 42)

als „speziell vorbereitet" (durch die vorbereiteten Fragen) und gleichzeitig
„routiniert vorbereitet" (d. h. auf Fragen dieser Art jeder Zeit gefasst und gewohnt, darauf zu antworten) gelten. Diese Art von Mündlichkeit tendiert
ganz klar zu konzeptioneller Schriftlichkeit. Die auf diese Weise entstehen-
den Texte wirken oft so, wie wenn sie wortwörtlich aufgeschrieben und abgelesen wären. Dieses Sprachverhalten ist ebenso bei Politikern und anderen
Mediengewohnten zu beobachten, die so sprechen „wie gedruckt". Allerdings können auch nichtprofessionelle Kommunikatoren (z. B. Hörer beim
„Hörer-Telefon") vorbereitet sein (dann weniger „routiniert" als „speziell"):
So lässt sich bei Hörer-Telefonen oft beobachten, dass der Hörer offenbar
eine eigene Gesprächsstrategie im Kopf hat, die er hartnäckig verfolgt (er
weiß wörtlich „auswendig", was er sagen will) und die in Konflikt geraten
kann mit der professionellen Strategie des Kommunikators.

Ein durchschnittliches Beispiel für den Normalfall des routiniert vorbereiteten Journalisten (Tagesschau, SF DRS, 5. 4. 1999):

DH = Daniel Hanimann

	Text	*Bild*
Sprecher (Off)	Mit dem heutigen Entscheid, Kampfheli-kopter des Typs Apache einzusetzen, um die in Kosovo operierenden serbischen Truppen DIREKT anzugreifen, intensiviert die Nato ihren Lufteinsatz im Kriegsgebiet.	Bilder von startenden, fliegenden, Raketen abfeuernden Apaches
(...)		
M (on)	Im Nato-Hauptquartier hat die Nato ihr tägliches Informationstreffen durchgeführt. Daniel Hanimann war dort. Daniel, die Apaches, IST das jetzt die Wunderwaffe, die Jugoslawien DOCH noch alles richten soll?	M, später im Duplex mit Daniel Hanimann. Insert bei DH: <Brüssel> Insert bei M: <Tagesschau>
DH (on)	Ja, ich höre schon eine gewisse Skepsis in Ihrer Frage, und Sie haben natürlich recht, eine Wunderwaffe ist es natürlich nicht – was der Apache kann, ist, er kann äh jugos-lawische Einheiten, jugoslawische Panzer im Kosovo bei JEDEM Wetter angreifen, und das ist besonders wichtig, weil bisher die Nato durch das schlechte Wetter daran gehindert wurde, im gewünschten Ausmaß die jugoslawischen Einheiten im Kosovo direkt anzugreifen.	DH ganz im Bild <Daniel Hanimann, Brüssel>

	Text	*Bild*
M (on)	Aber damit wäre ja wohl Milosevic in BELGRAD noch nicht geschlagen?	M und DH im Duplex Insert bei M \<Tagesschau\> Insert bei DH \<Brüssel\>
DH	Das ist völlig richtig, deswegen verfolgt die Nato auch nach wie vor eine Zwei-Enden-Strategie, sie will die Bombardierungen auf Belgrad aufrechterhalten, damit Milosevic auch ganz persönlich unter Druck gerät, aber man muss natürlich kons/konstatieren, dass das politische Ziel dieser Bombardierungen, nämlich dass Milosevic nicht einlenkt, bisher nicht erreicht wurde, und solange Milosevic nicht einlenkt, solange will die Nato auch keine Bodentruppen entsenden, und deswegen geht man HIER davon aus, dass dieser Krieg noch eine ganze Weile dauern kann.	DH ganz im Bild
M (on)	Einschätzungen von Daniel Hanimann, danke vielmals.	M und DH im Duplex. Inserts (wie oben)

Zwei Fragen werden gestellt, zwei ausführlichere Antworten gegeben. Die Antworten sind eng mit den Fragen verknüpft, über die bloß textlinguistische Verknüpfung hinaus. Der Interviewte bestätigt in der ersten Antwort die in der Frage enthaltene Präsupposition (er „hört" sogar die „Skepsis" heraus), in der zweiten bestätigt er die in der Frage implizierte Vermutung. Beides Indizien dafür, dass ihm die Fragen bekannt waren und er sich darauf vorbereiten konnte. (Beobachtungen auf Redaktionen im Zusammenhang mit unserem Zürcher Projekt, das in Luginbühl et al. [2002] dargestellt ist, zeigten: Die Journalisten sagen den Moderatoren, worum es in einem Beitrag geht, dann besprechen sie gemeinsam, was man fragen könnte. Der Journalist kennt also meist nicht nur vorher die Fragen, er bestimmt sie auch mit.) Die Syntax ist intakt und z.T. sogar komplex. Andererseits enthalten die Antworten kleine, aber deutliche Indizien für „spontane" Sprachproduktion, neben dem *äh* einen Fehlstart („kons/konstatieren") und einen inhaltlich relevanten Versprecher („dass Milosevic nicht einlenkt" – das *nicht* ist fehl am Platz).

Allerdings ist „Vorbereitetheit" ein schwer zu operationalisierendes Kriterium. Die oben aufgeführten Indizien sind „schwache" Indizien, sie sind keineswegs zwingend. Insbesondere die Abgrenzung von „spezieller" und „routinierter" Vorbereitung ist im Einzelfall nur mit einem gewissen Maß an Willkür zu leisten.

7 Realität – Fiktion – Inszenierung

7.1 Realität und Fiktionalisierung

Was für eine „Realität" das ist, die uns in den Medien angeboten wird, darüber bestehen sehr unterschiedliche, aber in der Regel wenig differenzierte Vorstellungen. Die Rezipienten halten bestimmte Medien für „glaubwürdiger" als andere; was das aber ist, das „geglaubt" wird oder werden soll, ist wenig klar. Dass Informationen „wahr" seien, wird wohl unterstellt, wenn man von einem „glaubwürdigen" Medium oder einer „glaubwürdigen" Sendung spricht. Aber das heißt zunächst nicht mehr, als dass die vermittelten Informationen nicht offenkundig unwahr sind. In diesem Vertrauen, dass es so etwas gibt wie „Glaubwürdigkeit", werden die Rezipienten allerdings immer wieder erschüttert. Die Berichte über gefälschte Interviews häufen sich. So fingierte BLICK im Jahr 2003 ein fünfteiliges Interview mit den Rolling Stones. Als die Fälschung aufgedeckt wurde, bemühten sich die Zeitungen – nicht nur BLICK selber – um Schadensbegrenzung. Man war sich einig, dass Fälschungen so transparent wie möglich rekonstruiert werden sollten, damit die Glaubwürdigkeit der Presse letztlich gewahrt bleibe. Auf diese Weise wird eine „Panne" – wie man euphemistisch zu sagen pflegt – selbst wieder zu einem berichtenswerten und medienwirksamen Ereignis. Und letzten Endes wird damit suggeriert, dass es in den Medien eine klare Grenze zwischen „echt" und „gefälscht" gibt.

Dass es diese Grenze nicht gibt, haben Medienwissenschaftler seit langem betont.[1] Dass Wirklichkeit auch dann, wenn sie nicht im strikten Sinn „gefälscht" ist, nicht tale quale in den Medien „abgebildet" wird, darüber sind sich die Wissenschaftler einig. Was ist es aber, was die Journalisten mit der Wirklichkeit anstellen? Früher war viel von „Manipulation" der Wirklichkeit die Rede, doch ist dieser Begriff mittlerweile aus dem medienwissenschaftlichen Vokabular weitgehend verschwunden. Mit Manipulation meinte man z. B. die einseitige (und damit verzerrte) Darstellung von Wirklichkeit, insbesondere bei brisanten und kontrovers diskutierten Ereignissen, beispielsweise kriegerischen Konflikten. Die Medien haben spätestens seit dem Golf-Krieg und der massiven Kritik an der medialen Berichterstattung gelernt, dass sie Manipulationsvorwürfen vorbeugen müssen. Im Irak-Krieg wurde dies ausgiebig praktiziert (vgl. 9.3.5).

An die Stelle von polarisierenden Vokabeln wie „abbilden" versus „manipulieren" sind Termini getreten, die die Leistung der Medien differenzier-

---

1 Dennoch: „Ein Großteil der Journalisten hängt an der Vorstellung, mit der Hilfe ihres Mediums, die ‚Realität' abbilden zu können" (Weischenberg/Scholl 1998, 142) und kultiviert den Glauben „an das Wahre und Wirkliche" (ebd).

ter zu fassen versuchen und die graduelle Übergänge von vornherein in Rechnung stellen. Je nach Forschungsrichtung spricht man etwa davon, dass Medien Wirklichkeit „konstruieren"[2] oder „inszenieren"[3] – mit der Konsequenz einer zunehmenden „Virtualisierung"[4] und „Fiktionalisierung"[5].

Ich verwende im Folgenden „Fiktionalisierung" als Oberbegriff für alle hier zu besprechenden Phänomene (und synonym damit „Inszenierung", dort wo dieser Terminus in der Fachliteratur dominiert) und beschränke mich auf Fernseh-Beispiele.

Fiktionale Gattungen, die durchs Fernsehen nur vermittelt werden, sollen also ausgeklammert bleiben: Theateraufführungen oder Spielfilme. Ebenso werde ich Fernsehspiele, Soap Operas, Krimiserien u. dergl. außer Betracht lassen, weil es sich auch hier um offensichtlich fiktionale Gattungen handelt. Die Frage nach der Fiktionalität stellt sich in anderen Bereichen des Fernsehens auf subtilere Art, vielleicht darum aber umso dringlicher.

Was macht einen Text zu einem fiktionalen? Dieses in der Literaturwissenschaft breit diskutierte Problem soll hier nicht mit dem Ziel einer Unterscheidung von literarisch vs. nicht-literarisch angesprochen werden, sondern nur zur Unterscheidung fiktionaler (ob literarisch oder nicht) von nicht-fiktionalen Texten.

Zunächst ist zu sagen, dass der fiktionale Text von „fiktiven" Geschichten in einer fiktiven Welt handelt. „Fiktiv" meint dann so viel wie ‚nicht wirklich, erfunden' (vgl. Zipfel 2001, 19). Gleichzeitig aber begibt sich der Rezipient in die Haltung des „make-believe", in ein „spielerisches Sich-Einlassen des Lesers auf die fiktionale Erzählung, das darin besteht, die Erzählung für die Zeit der Lektüre in einer gewissen Hinsicht für wahr zu halten" (ebd., 217)[6]. In der deutschen Fachliteratur (z. B. Iser 1983) wurde formuliert, dass im fiktionalen Text der Bezug auf Realität (die „Referentialität") zu einem „Als-ob"-Bezug wird. Diesem Als-ob unterliegen auch die in den fiktionalen Text transponierten Realitätsfragmente. Iser (1983, 139) sagt von diesen Realitätsausschnitten, sie würden „in eine Klammer gesetzt, um zu bedeuten, dass die dargestellte Welt nicht eine gegebene ist, sondern nur so verstanden werden soll, als ob sie eine gegebene sei". Das ist aber nur mög-

---

2 Vgl. Merten/Schmidt/Weischenberg (Hrsg., 1994); Luhmann (1996).
3 Vgl. Herzog (1993) in Bezug auf Pressetexte.
4 Vgl. etwa Meckel (1998), die insbesondere im Hinblick auf die Bild-Ebene und deren technische Konstitution von „Virtualisierung" und „Hybridisierung" spricht.
5 Hickethier (1998) weist in seinem Narrationskonzept die fiktionalen Anteile von Fernsehnachrichten nach, zugleich aber grenzt er die Nachrichten gegen eigentlich fiktionale Fernsehprodukte ab.
6 Zipfel (2001, 214 ff.) diskutiert die schwer ins Deutsche zu übersetzenden Bedeutungsvarianten von „make-believe", einem zentralen Begriff der neueren literaturwissenschaftlichen Fiktionstheorie.

lich, wenn die Fiktion als solche kenntlich gemacht wird. Dafür hat die literarische Praxis eine Vielzahl von „Fiktionssignalen" entwickelt.[7]

Der fiktionale Text selbst wird nach Iser konstituiert durch „verschiedene Akte des Fingierens" (1983, 125 ff.), insbesondere die Akte der *Selektion* („aus den vorhandenen Umweltsystemen, seien diese sozio-kultureller Natur oder solche der Literatur selbst") und der innertextuellen *Kombination* der ausgewählten Elemente zum neuen Text. Auch dies ist anwendbar auf nicht-literarische fiktionale Texte.

Ebenso wichtig wie diese textbezogene Charakterisierung des Fiktionalen ist die pragmatische: Damit ein Text als fiktionaler verstanden wird, bedarf es (nach Warning 1983) einer Übereinkunft zwischen Kommunikator und Rezipient, einer Art „Pakt" oder „Kontrakt", der die Suspendierung der sonst geltenden Regeln der Referentialität sicherstellt. Augenfällig ist dies beim Theater, wo die Welt der Rezipienten klar getrennt ist von der fiktionalen Welt der Bühne.[8]

Ein fiktionaler Text liegt also – kurz gesagt – dann vor, wenn der Text im Wirklichkeitsmodus des Als-ob formuliert ist und wenn dies vom Kommunikator für den Rezipienten unmissverständlich erkennbar gemacht ist. In diesem strikten Sinne fiktionale Texte bleiben im Folgenden außer Betracht.

Wovon wir sprechen werden, sind die verschiedenen Arten, in denen „Wirklichkeit"/„Realität" (synonym gebraucht) in den Medien zur Geltung kommt und welche Verfahren der Fiktionalisierung dabei verwendet werden, ohne dass die Sendung als ganze fiktional würde. Dabei soll von „Wirklichkeit" in einem alltagssprachlichen, vor-theoretischen Sinn die Rede sein.[9] Wenn in der journalistischen Terminologie ein Begriff wie Wirklichkeit/Realität explizit verwendet und z. B. von „Realitätsfernsehen/Reality TV" (im Folgenden abgekürzt als RTV) gesprochen wird, ist „Realität" auch in einem sehr alltäglichen Sinn gemeint, und es wird zugleich sehr Verschiedenes darunter verstanden, wie sich im weiteren zeigen wird. RTV bean-

---

7 Zipfel (2001, 232 ff.) gibt eine systematische Übersicht über die in der Fachliteratur angebotenen Arten von Fiktionssignalen.

8 Eine ähnliche Diskussion wie im Bereich des Literarischen wird auch für den Film geführt. Hier geht es vor allem um die Grenze zwischen Spielfilm und Dokumentarfilm. Dabei werden die Begriffe „fiktional" und „inszeniert" nahezu synonym verwendet.

9 Dass „Wirklichkeit", auch und gerade „Alltagswirklichkeit" ein komplexes Konstrukt ist, darüber besteht heutzutage weitgehend Einigkeit. „Unsere Alltagswirklichkeit ist eine Welt-Version, die sich (…) aus verschiedenen vorhandenen Versionen zusammensetzt. (…) Nach Goodman ist die Alltagswirklichkeit das, was den Mitgliedern einer Gesellschaft als wirklich oder real gilt. Das Wissen darum, was als wirklich gilt, setzt sich aus einem Wissen über verschiedene Teile unterschiedlicher Welt-Versionen zusammen." (Zipfel 2001, 74 f.)

sprucht für sich, „näher" an die Wirklichkeit heranzukommen als herkömmliches Fernsehen.[10]

Keppler (1994) unterscheidet „narratives" RTV von „performativem" RTV. Als narrativ bezeichnet sie die „authentische oder nachgestellte Wiedergabe von bereits Vergangenem", während beim performativen RTV in der Sendung Alltagswirklichkeit beeinflusst, verändert wird, und dies vor den Augen der Öffentlichkeit (z. B. Heirat, Versöhnung usw.) Diese Unterscheidung lässt sich grosso modo auch heute noch anwenden, doch sind die narrativen Formen gegenüber den performativen Formen in den Hintergrund gerückt und die Unterscheidung als solche wird durch vielfältige Vermischungen immer weniger trennscharf.

Es geht mir nicht darum, die eher philosophische Frage zu besprechen, ob die Grenzen zwischen Wirklichkeit und Medium zunehmend verschwimmen und ob Thesen wie die von Welsch „Wirklichkeit (...) ist heute weithin über massenmediale Wahrnehmung konstituiert" (zitiert in Keppler 1994, 21) sich halten lassen. Ich denke, Keppler (1994) hat bereits an damaligen Beispielen aus dem „Realitätsfernsehen" einleuchtend gezeigt, dass Rezipienten durchaus imstande sind, zwischen alltäglicher Realität und Medium, auch zwischen „Sein" und „Schein" zu unterscheiden, wenn auch wechselseitige Beeinflussungen in vielen Punkten sich nicht leugnen lassen. „Ein in zeitlichen und räumlichen und sozialen Dimensionen offener Alltag, der von Inszenierungen *beeinflusst* oder auch *durchzogen* ist, ist etwas ganz anderes als eine zeitlich, räumlich begrenzte und einer detaillierten Regie unterliegende Sendung, die im ganzen eine Inszenierung ist." (113)

Ich gehe statt dessen der Frage nach, in welcher Weise nicht-mediale Wirklichkeit in den Medien zur Darstellung kommt und welche Prozesse von Fiktionalisierung sich dabei vollziehen. Dabei ist aus linguistischer Sicht die Prämisse zu bedenken, dass Fiktionalisierung keineswegs den Medien vorbehalten ist. Auch in alltäglicher Konversation, z.B. beim Erzählen von Geschichten, verwenden die Sprecher Verfahren der Fiktionalisierung. Wenn jemand eine selbsterlebte Geschichte erzählt, wird man ihn in der Regel nicht darauf behaften, dass die Erzählung in jeder Einzelheit dem origi-

---

10 Seit seinen Anfängen haben sich verschiedenste Formate herausgebildet, und in kurzen Abständen werden immer wieder neue Formate oder zumindest Abwandlungen alter Formate kreiert (vgl. Winterhoff-Spurk/Heidinger/Schwab 1994, Lücke 2002). Heute ist alles andere als klar, was unter RTV genau zu verstehen sei, ob beispielsweise „Big Brother" dazugehöre oder nicht. Lücke (2002, 51) unterscheidet 8 Subgenres von RTV: Gewaltzentriertes RTV, Real Life Comedy, Gerichts-TV, Beziehungsshows, Beziehungs-Game-Shows, Daily Talks, Problemlösesendungen, Real Life Soaps, wobei dieser Klassifikation aber kein einheitliches Kriterium zugrunde liegt. Es kann hier nicht darum gehen, diese Subgenres zu diskutieren. Es soll vielmehr nur der eine oder andere Typ unter dem Aspekt der Fiktionalisierung herangezogen werden.

nalen Geschehen entspricht. Aber nicht nur in thematisch-inhaltlicher, sondern auch sprachlich-stilistischer Hinsicht gibt es ganz gängige Verfahren der Fiktionalisierung, z. B. die häufige Verwendung von direkter Rede zur Dramatisierung von konversationellen Erzählungen. Und auch hier wird man niemanden darauf behaften, dass das Zitierte genau so und nicht anders wirklich gesagt worden ist.

Um eine gewisse Systematik in die Formen der Fiktionalisierung von Wirklichkeit zu bringen, gehe ich von Typen von Wirklichkeit aus, die ich „Realitätsmodi" nenne und die meines Erachtens für die mediale Verarbeitung von Wichtigkeit sind. Dabei verstehe ich unter „innermedial" Orte und Ereignisse, die vom Medium zum Zweck einer Sendung geschaffen werden. (Dass ein „Studio" als Raum in einem real existierenden Gebäude auch eine außermediale Existenz hat, sei damit natürlich nicht bestritten. Nur ist dies für die Sendung als mediales Ereignis nicht relevant.)

- Eine *außermediale Realität*, die unabhängig vom Medium existiert bzw. sich ereignet und die im Medium als solche präsentiert wird.
- Eine *außermediale Realität*, die aber fürs Medium bzw. im Hinblick auf die Präsentation im Medium geschaffen wird.
- Eine Realität, die vom Medium *geschaffen* wird und die für die Partizipanten für eine gewisse Zeit ihre alltägliche Realität wird.
- Eine *innermediale Realität*, die außerhalb des Mediums keine Existenz hat (obwohl die Partizipanten alltagsweltlich reale Personen sind).

7.2 Außermediale Realität im Medium

Es gibt eine außermediale Realität, die im Medium erscheint.

Hier ist eine Unterscheidung grundlegend, die heutzutage sehr verschiedene Formate voneinander abgrenzt: die Realität ist entweder *außergewöhnlich* (Naturkatastrophe, Börsencrash) oder *alltäglich* (das alltägliche Leben von Menschen, allenfalls mit gewissen herausragenden Phasen wie Geburt oder Hochzeit).

Für die Rezipienten ist in beiden Fällen klar, dass es sich um nicht-fiktionale Realität handelt, die mehr oder weniger „glaubwürdig" dargestellt werden kann.

7.2.1 Konstruktion bzw. Rekonstruktion außergewöhnlicher Wirklichkeit

Es gibt eine außer-mediale Realität, die in sich Bestand hat und die auch ohne das Medium existieren würde. Sie wird aber, wenn und insofern sie im Medium erscheint, in irgendeiner Weise transformiert, ohne dass das Außermediale selbst sich dadurch verändern würde. (Ich verwende „transformieren" als neutralen Terminus, der noch nichts über die Art der Inszeniertheit oder Fiktionalität präjudizieren soll.) Dabei ist die Sendung auf die Realität außerhalb des Mediums gerichtet. Der Produzent intendiert eine Aussage über diese Realität, und der „naive" Rezipient fasst das Produkt als eine direkte Wiedergabe der Realität auf.

In sog. „Informationssendungen" sind die realen Ereignisse „außergewöhnlich", sie sind „news", haben „Nachrichtenwerte" usw. Das durchschnittliche Beispiel dafür ist die Nachrichtensendung. Hier könnte man noch am ehesten davon sprechen, dass außermediale Realität durch das Medium „vermittelt" wird. Wir werden in 9.3 zeigen, dass Nachrichtensendungen eine Art von „Narration" sind, bei denen die Wirklichkeit aus der Perspektive des Erzählers bzw. den u. U. unterschiedlichen Perspektiven mehrerer Erzähler dargeboten wird. Dieser Aspekt von Fiktionalisierung wird meist mit dem Terminus „Inszenierung" benannt.

Die Transformierung kann stärker oder schwächer sein, immer aber handelt es sich um einen Prozess der Selektion und Kombination von Fragmenten der außermedialen Realität (im Sinne von Iser 1983). Damit ist es aber nicht getan. Wie in Kap. 4 gezeigt wurde, werden die außermedialen Ereignisse zu texthafter Wirklichkeit, die u. U. eine lange Geschichte von intertextuellen Umformungen durchmacht. D. h. das Ereignis, das in den Medien präsentiert wird, ist das Endprodukt (und seinerseits vielleicht wieder Ausgangsprodukt) einer Textgeschichte, im Laufe derer das Ereignis sich immer ein Stück weit wandelt. Wenn das Ereignis nicht vergangen ist, kann die live-Berichterstattung die Entwicklung des „Ereignisses selbst" präsentieren.

Ein anderes Beispiel für einen Umgang mit Wirklichkeit, der Außergewöhnliches fokussiert, sind Übertragungen von großen Sportereignissen, z.B. Leichtathletik-Meetings (vgl. 1.7), bei denen durch die Kombination von Live-Bericht und Aufzeichnung ein in gewisser Hinsicht „neues" Ereignis entsteht, das sich vom „wirklichen" Ereignis in entscheidenden Punkten unterscheidet: Das gesendete Ereignis ist auf „Highlights" hin orientiert, es geht ohne „Flauten" von Höhepunkt zu Höhepunkt. In zeitlicher Hinsicht ist besonders einschneidend, dass die „natürliche" zeitliche Sukzession ebenso wie die Simultaneität von Ereignissen transformiert wird zu einer neuen Ereigniskette, die infolge der größeren emotionalen Dichte der Ereignisse das Erlebnis höherer Geschwindigkeit vermittelt als das ursprüngliche Geschehen mit seiner mal als langsamer mal als schneller erlebten Zeit (zum Problem der medialen Geschwindigkeit hat sich Paul Virilio in zahlreichen Publikationen pointiert geäußert).

Das RTV des „narrativen" Typs hat ein Genre ins Spiel gebracht, bei dem außergewöhnliche Ereignisse rekonstruiert werden, die im Normalfall

nicht als nachrichtenwürdig gelten würden, die aber durch ihre Fokussierung auf die alltäglichen „Darsteller" eine neue „Nähe" zum Rezipienten
und seiner Alltagswirklichkeit erzeugen. Prototyp dieses Genre ist die (inzwischen abgesetzte) Sendung „Notruf" (RTL). Hier treten die Beteiligten
oder Betroffenen eines Ereignisses nicht nur in der Sendung auf, sondern
spielen das Ereignis selbst nach. Pro Sendung wird über mehrere Fälle berichtet und dazwischen klärt der Moderator, Hans Meiser, die Zuschauer
über spezifische Probleme des Straßenverkehrs, der ersten Hilfe oder der
Sicherheit am Arbeitsplatz auf. Die Sendung nahm einen aufklärerischen
Charakter für sich in Anspruch, hatte sich aber lange gegen den Vorwurf der
Sensationshascherei zu wehren.

Im folgenden Beispiel („Notruf" RTL, 28. 3. 1999) ist gut erkennbar, wie
das Originalereignis durch die medienspezifischen Verfahren partiell fiktionalisiert wird. Es werden ganz verschiedene Situationen aus verschiedenen
Zeitebenen mit Sprecher verschiedenen Typs realisiert bzw. rekonstruiert.
Es beginnt mit einem „Erzähler" (= Sprecher im Over, der ein im Bild ge-
zeigtes Ereignis kommentiert, an dem er nicht selbst beteiligt ist [= S]), der
den Anfang des Ereignisses erzählt, während im Bild die beteiligten Kinder
am Originalort zu sehen sind. Für die Zuschauer/innen wird auf der Bild-
ebene mit dem Originalort auch der Originalzeitpunkt des Ereignisses evoziert, es wird also suggeriert, dass die Kamera beim Ereignis „dabei war".

S   = Sprecher
GS   = Gabriele Süss
WS   = Werner Süss
NA   = Notarzt

S   (off:) (MUSIK, *spielende Kinder: Wolfgang und Cornelia*) Neulingbach bei
        Wien. Am vierten Oktober neunzehnhundertachtundneunzig spielen der
        vierjährige Wolfgang Süss und seine sechzehn Monate alte Schwester Cor-
        nelia – vor dem Haus ihrer Großmutter, das gerade in Stand gesetzt wird.
        (*Mutter beim Lackieren von Holzbrettern*) Die Kleinen sind mit ihrer Mut-
        ter Gabriele Süss auf der Baustelle – und genießen den Abenteuerspielplatz.

Dann sieht man die beteiligte Frau (mit Insert ihres Namens <Gabriele
Süss> [= GS]) im Studio, wo sie das Ereignis „nacherzählt", also in einer eindeutig späteren zeitlichen Ebene:

GS   (on, im Studio:) Meiner Schwiegermutter ist das Haus abgebrannt – und wir
        versuchen jetzt in Eigenregie (<Gabriele Süss>) das wieder aufzubauen –
        wo der Dachstuhl geliefert wurde, also die Bretter fürn Dachstuhl, und die
        eben gestrichen werden mussten

Unvermittelt wechselt das Bild wieder zur Originalszene, die von Frau Süss
im Off kommentiert wird:

GS   (on, im Studio:) Mein/
        (off:) (MUSIK, *Wolfgang mit Pinsel*) ja, der Wolfgang wollte mir dann hel-
        fen.

Dann folgen Szenen, die auf der Bildebene dem Originalereignis zugeordnet sind, auf der Textebene teils vom Erzähler-Sprecher, teils von der am Ereignis beteiligten Frau Süss (die im Bild selbst zu sehen und an einer Stelle,
und zwar dem Höhepunkt des Ereignisses, auch zu hören ist) erzählt werden:

S   (off:) Cornelia (sic) Süss hat für ihren Sohn etwas Holzlasur in einen Plas-
       tikbecher umgefüllt. (*Die kleine Cornelia ebenfalls mit Pinsel*) Und Wolf-
       gang will auch sein Schwesterchen am Spiel beteiligen.

GS   (off:) (*GS mit beiden Kindern beim Lackieren*) Kinder, die sind irrsinnig
       schnell. Und/ und – ich hab sie eigentlich immer im Augenwinkel gehabt.

S   (off:) (MUSIK WIRD IMMER LAUTER, *close-up: Cornelia trinkt aus*
       dem Plastikbecher) Aber dann passiert es doch.

GS   (on, in Szene:) (SCHREIEND) Nein, nein ni/ nicht!

S   (off:) (*GS stürzt auf die weinende Cornelia zu*) Aufgeregt fragt sich die
       Mutter, wie viel Cornelia von dem Mittel getrunken hat – und wie sie
       schnell helfen kann. – – – (3 sec) (*GS rennt ins Haus, lässt Cornelia schrei-*
       end stehen.)

GS   (off:) (*GS kommt zurück, gibt Cornelia etwas zu trinken*) Ich hab das gese-
       hen und bin sofort hin und hab ihr versucht, den Mund auszuwischen. Und
       auch, dass sie etwas nachtrinkt. Und hab sie dann genommen und bin mit
       ihr auf die Rettung gefahren. – – – (2 sec)

S   (off:) (*GS rennt mit beiden Kindern zum Auto*) Anstatt die Rettung zu ru-
       fen, stürzt Gabriele Süss mit ihren Kindern aus dem Haus. Sie befürchtet,
       ihre kleine Cornelia könnte sich schwer vergiftet haben. In ihrer Aufregung
       lässt sie alles stehen und liegen und denkt auch nicht daran, die Dose, in der
       sich die Holzlasur befindet, mitzunehmen.

Frau Süss wechselt vom Off ins On (Nacherzählung im Studio), dann hört
man wieder den Sprecher, der die weiteren Ereignisse, die auf der Bildebene
als Originalereignis simuliert werden, erzählt. Eine Passage der (gespielten)
Originalsituation ist ein Gespräch zwischen dem Sanitäter und der Frau, das
nur im Hintergrund hörbar ist und vom Sprecher im Off kommentiert wird.

     Dann leitet der Sprecher über zu einem nachgestellten, äußerst dilet-
tantisch wirkenden Gespräch der Originalsituation zwischen Ehefrau und
Ehemann:

S   (off:) Während die Sanitäter den Rettungswagen bereitstellen – (*GS am Te-*
       lefon) versucht Gabriele Süss, ihren Ehemann Werner zu erreichen. Der ist
       glücklicherweise gerade von der Arbeit (*Werner in der Küche, Telefon klin-*
       gelt) nach Hause gekommen. – – – (3 sec)

WS   (on, am Telefon:) Süss

GS   (on, am Telefon:) Ja, Werner? – Du, ich bin auf der Rettung. Die Cornelia
       hat eine Holzschutzlasur getrunken

WS   (on, am Telefon:) Was ist los?

GS   (on, am Telefon:) Kannst bitte den Wolfgang holen?

WS   (on, am Telefon:) Wart, ich komm gleich. In fünf Minuten bin ich da.
       Tschüss.

Der Ehemann wechselt vom On in der Originalsituation in die Rolle des
Kommentators im Off und dann zum On im Studio:

> WS (off:) (*WS rennt zum Auto*) Für mich wars n Wahnsinn, ned. Ich hab mir
> gedacht, hoffentlich hat sie nicht wirklich viel getrunken, oder dass sie nicht
> total vergiftet ist oder so.
> (on, im Studio:) Also, mein erster – Gedanke war einfach, (<Werner Süss>)
> hoffentlich ist nicht soviel passiert, dass – das Ganze gut ausgehen kann.
> (off:) (*WS trifft bei der Rotkreuz-Station ein*) Ich bin sofort auf die Rettung
> gefahren – und – auf der Rettung – haben sie schon gewartet.
>
> S (off:) (*GS spricht mit WS*) Cornelia (sic) Süss lässt den Vierjährigen in der
> Obhut ihres Mannes zurück.
> (MUSIK, *GS steigt mit Cornelia in den Rettungswagen*) Schließlich weiß
> sie nicht, wie lange sie in der Klinik bleiben muss. Sie will dem Jungen
> außerdem jede weitere Aufregung um die Gesundheit seiner kleinen
> Schwester – ersparen.

Und in dieser Art geht es weiter, mit einem ständigen Wechsel der temporalen Ebenen und von monologischen vs. dialogischen Szenen. Die dialogischen Szenen verlaufen nach Drehbuch als Simulation von Originalszenen, sie befinden sich in einem Zwischenzustand zwischen realen und fiktionalen Gesprächen. Simultansprechen kommt nicht vor.

In neueren Ausgaben der Sendung scheint der nachgestellte Dialog generell auf ein Minimum reduziert worden zu sein. Dafür ist den betroffenen Personen weitgehend die Funktion des Erzählers übertragen worden, nach folgendem Muster („Notruf", Mai 2003):

> R = Hans Rosentreter, Opfer des Arbeitsunfalls
> A = Sieghard Arz, Arbeitskollege von Hans Rosentreter
> H = Dieter Haase, Arbeitskollege von Hans Rosentreter
> C = Chefin

[Der Steinbrucharbeiter Hans Rosentreter schildert den Hergang seines Arbeitsunfalles]

> R (on, im Studio:) Ja, ich hatte nen Stein – – bekommen – – an de Presse, der
> sehr unglücklich gebrochen war, so, dass er sehr spitz zuging. So, dass das
> Messer immer wieder abrutschte und ich ihn nicht brechen konnte. Ich
> musste mich sehr anstrengen, um ihn zu drehen oder in die Position zu
> bringen, dass ich ihn hätte spalten können – – Durch die Anstrengung bin
> ich wohl mit dem Fuß an das Pedal gekommen. (*Hydraulisches Messer setzt
> sich in Bewegung, Hans Rosentreters Hand wird dadurch zwischen Zeige-
> und Mittelfinger erheblich verletzt.*)
> (on, in der Szene:) Aaaah!
> (on, im Studio:) dass Daumen und Zeigefinger, die auf einer Seite standen
> und – – die restlichen drei etwas auf der anderen Seite standen und äh verhältnismäßig großer Spalt dazwischen
>
> (on, in der Szene): Sieghard! Meine Hand! Sieghard!
> A (on, in der Szene:) (UNVERST.)

(on, im Studio:) Der eine Teil dieser Hand hat (UNVERST.) locker rumge-
baumelt, haltlos, kraftlos
(*Szene, A holt Hilfe bei seinem Arbeitskollegen Haase*)

A (on, in der Szene): Dieter! Komm raus! Komm raus, komm raus! Der Hans
   (UNVERST.)
H (on, in der Szene): Ja
   (*Beide gehen zurück zum Unfallort*)

H (on, in der Szene): Komm, setz dich auf den Boden
A (on, in der Szene:)   (UNVERST.)

H (on, im Studio:) Man denkt schon dran, dass überhaupt etwas passieren
   kann, aber das – – das ist irgendwie so extrem – – oder wie's passiert ist – –
   das glaubt mer einfach nich.
   (*Arz rennt ins Büro und meldet der Chefin:*)
A (on, in Szene:) Chefin, es ist ein Unfall passiert, wir brauchen einen Notarzt,

   der Hans hat eine Hand einge(UNVERST.).
C (on, in der Szene:) Ach, du Schreck!

   (*Chefin greift zum Telefon und wählt eine Nummer.*)
R (on, im Studio:) Schmerz hab ich da nicht gespürt – nur der Druck und das
   Blut
   (*Szene: Arz erscheint mit einem Notfallkoffer und beginnt, Rosentreter not-
   dürftig zu verarzten.*)
R (on, in der Szene:) Mit der Hand wirst du nie wieder irgendwas ausrichten
   können. Die Hand ist kaputt.
Alle (on, in Szene:) (UNVERST. STIMMENGEWIRR)
A (on, im Studio:) Die Ärmel haben wer aufgeschnitten, um zu sehen, wie
   weit die Verletzung hochgeht. Um zu sehen, wo wer den Oberarm ab-
   drücken können, die Arterie, um die Blutung zu stillen.
Alle (on, in der Szene:) (UNVERST. STIMMENGEWIRR)
   (*Das Krankenauto, das sich auf dem Weg zum Unfallort befindet, wird ge-
   zeigt*)

Die fiktionalen Elemente sind in den beiden Beispielen unterschiedlich verteilt: Im älteren Beispiel formuliert der professionelle Over-Erzähler einen
durchwegs „konzeptionell schriftlichen" (vgl. 6.1) Text. Die Personen aus
der Originalsituation wirken als Erzähler relativ spontan, mit Verzögerun-
gen, dialektalen Elementen, syntaktischen Brüchen usw. („Für mich wars n
Wahnsinn, ned. Ich hab mir gedacht, hoffentlich hat sie nicht wirklich viel
getrunken, oder dass sie nicht total vergiftet ist oder so"). Dieselben Personen wirken als Darsteller ihrer eigenen Rolle in der nachgespielten Szene
hingegen hölzern – sie sprechen offensichtlich nach einem ziemlich fixen
Drehbuch. Im jüngeren Beispiel wird auch in den nachgespielten Szenen ein
gewisses Maß an Authentizität erzeugt, insofern die Personen in den – sehr
kurzen – dialogischen Sequenzen nur teilweise verständlich und strecken-
weise simultan sprechen.

Von der Dramaturgie her produziert in beiden Beispielen der rasche Wechsel von narrativen und dargestellten Passagen die – erwünschte – Hektik und Dramatik.

7.2.2 Außermediale Alltäglichkeit vom Medium beobachtet

Außermediale Alltäglichkeit wird vom Medium „beobachtet" und als beobachtete Alltäglichkeit präsentiert.

Normalerweise bestimmen die „Nachrichtenwerte", was für die Medien berichtenswert ist. Nun gibt es aber immer mehr die Tendenz, auch die bloße „Alltäglichkeit" wiederzugeben, und zwar die Alltäglichkeit alltäglicher, nicht-prominenter Menschen. Bestimmte Formen des RTV (meist als „Docu soaps" bezeichnet) versuchen alltägliche Ereignisse zu erfassen, die für die Menschen in ihrer Alltagswelt von großer Bedeutung sind, die aber sonst in den Medien nicht als erzählenswert angesehen werden: die ganz normale Geburt, die ganz normale Hochzeit. Es sind also nicht nur alltägliche Ereignisse, sondern auch die Menschen „wie du und ich" sind die Hauptakteure des Dargestellten. „Authentizität" der Wiedergabe heißt hier: dass das Medium so nahe wie möglich an das Geschehen herangeht und auch in Bereiche vordringt, die früher dem Privaten vorbehalten waren. Diese Tendenz ist schon seit mindestens 20 Jahren zu beobachten (vgl. Meyrowitz 1985), aber durch die beinahe täglich aus dem Boden sprießenden neuen RTV-Formate enorm verstärkt worden. Diese Formate geben vor, die Realität „so wie sie ist" wiederzugeben.

Zweifellos wird dieser Anspruch eingeschränkt durch das „Beobachterparadoxon", das in diesem Fall besagt, dass die Wirklichkeit, die man „nur" beobachten will, sich gerade durch den Akt des Beobachtens verändert. Das Beobachtetwerden – darauf hat Keppler (1994) zu Recht hingewiesen – kann aber nicht zu einer dauernden und durchgehenden Änderung des „normalen" Verhaltens führen. Was für den inzwischen berühmt gewordenen Fall der kalifornischen Familie Loud gilt – die 300 Stunden lang aufgenommen wurde –, gilt auch für die hier zu besprechenden Sendungen: „Wenn also eine Familie vor den permanent anwesenden Kameras des Fernsehens mehr oder weniger so agiert ‚wie immer' (als sei keiner vom Fernsehen da), so nicht darum, weil sie sich den Inszenierungen des Fernsehens gleichgemacht hätte, sondern deshalb, weil man im Alltag den Alltag nicht andauern *spielen* kann. Akteure, die monatelang ihren eigenen Alltag darstellen, stellen ihren Alltag nicht dar: in erster Linie *vollziehen* sie ihn." (Keppler 1994, 22)

Als ein Beispiel für diesen Typ sei die Sendung „Wir machen ein Baby" (SAT.1, 19. 6. 2003) gewählt:

Auf der Website wird bereits gesagt, inwiefern das Alltägliche zum Medienereignis werden kann:

Ein Junge oder ein Mädchen?
Hausgeburt, Klinik oder Geburtshaus? Was kommt auf Mann und Frau während einer Schwangerschaft zu, wie verändert sich das Leben eines Paares in dieser Zeit? „Wir machen ein Baby" begleitet werdende Eltern auf dem Weg zum Babyglück. Zehn Paare erleben das größte Glück und die größte Herausforderung ihres Lebens: Ein Baby ist unterwegs! Ob wohlhabend oder mit knapper Haushaltskasse, in Großfamilie oder allein erziehend – sie alle erleben das Wunder des heranwachsenden Lebens und sind gleichermaßen fasziniert, gefordert, manchmal auch verunsichert von der spannendsten Zeit ihres Lebens: Die Schwangerschaft und die Geburt ihres Kindes! „Wir machen ein Baby" begleitet die Paare durch diese Zeit der Höhen und Tiefen bis zur Geburt und ist dabei, wenn das Baby zu Hause „einzieht". (…)

Die Superlative „das größte Glück", „die größte Herausforderung", die „spannendste Zeit ihres Lebens", das Klischee vom „Wunder des heranwachsenden Lebens" weisen daraufhin, dass es im Alltäglichen eben auch Höhepunkte gibt. Wie in einer guten Soap gibt es aber auch Verunsicherung, und die Paare erleben eine „Zeit der Höhen und Tiefen". Dabei sollen alle sozialen Schichten und sozialen Verhältnisse berücksichtigt werden. Prominenz kommt auch, aber mehr nebenbei zu Wort. Auch ein bisschen Psychologie darf nicht fehlen („Paarbeziehung"), und lehrreich soll die Sendung auch noch sein („Was kommt auf Mann und Frau während einer Schwangerschaft zu?").

Die „Doku-Serie", wie sie vom Sender genannt wird, gewinnt ihre Abwechslung dadurch, dass Paare in verschiedenen Stadien und verschiedensten Situationen ihres Weges zur Geburt gezeigt werden, darunter sind ärztliche Beratungsgespräche oder auch überaus alltägliche Szenen wie der gemeinsame Kauf eines Teppichs fürs Kinderzimmer. Zu Beginn der Sendung vom 19.6.2003 werden nach Art eines Trailers bzw. ausführlicher Schlagzeilen (vgl. 5.2) die in der Sendung zu erwartenden Szenen angekündigt. Dabei formuliert die Over-Sprecherin die jeweilige „Phase", und von der Mutter, der Schwangeren oder dem Paar hört man im On einen oder zwei markante Sätze:

Sprecherin = S
Jennifer   = J
Ralya   = R
Christian   = C
Corinna   = Co

Test	Text
S (off:) *Endlich ist es so weit. Mit liebevollem Beistand von Freund Roberto und ihrer Mutter bekommt Jennifer ihr lang ersehntes Baby*.	Nahaufnahme: junger Mann hält die Hand einer jungen Frau; ihre Augen sind geschlossen. Halbtotale: Gebärraum mit Hebamme, Arzt, Freund und Mutter der

(*ERST MUSIK IM HINTERGRUND, DANN DAS STÖHNEN DER GEBÄRENDEN HÖRBAR) J (off:) *Aber wenn man ihn dann auf dem Arm liegen hat – – (on:) und dann is es echt vergessen – – direkt*. (*MUSIK IM HINTERGRUND)	jungen Frau. Zoom auf den Kopf der Gebärenden, schmerzvolle Schreie; ihr Freund stützt ihren Kopf, bedeckt mit der Hand ihren Mund, um die Schreie zu dämpfen. Großaufnahme eines Säuglings. Nahaufnahme von Jennifer im Bett liegend mit Säugling im Arm.
S (off:) *Endspurt für Ralya. Noch sechs Wochen bis zur Geburt. Die stolze werdende Mamá genießt ihre Schwangerschaft in vollen Zügen*. R (on:) *Den Genuss zu haben – – das Babyin sich zu tragen ist was Tolles*. (*MUSIK IM HINTERGRUND)	Detailaufnahme: Eine Hand tastet den stark gewölbten Bauch ab. Großaufnahme Ralya, liegend, schaut zur Seite. Halbtotale in Arztpraxis: Ärztin macht bei Ralya eine Ultraschall-Untersuchung, beide schauen auf den Monitor. Nahaufnahme Ralya in Wohnzimmer, sie legt beim Sprechen ihre Hände auf den Bauch.
S (off:) *Corinna und Christian beim Nestbau. Wenn das Baby kommt, soll alles pico bello sein. Da sind sich die beiden einig. Nur bei der Frage ob Jungs oder Mädchen pflegeleichter sind, sind sie noch geteilter Meinung*. C (on:) *Im Grunde genommen is es ja egal. Also (SCHÜTTELT LEICHT DEN KOPF) Co (on:) Ich find Jungen wirklich einfacher*. (*MUSIK IM HINTERGRUND)	Das Paar in einem Warenhaus vor riesigen Teppichrollen, die an einem Gestell befestigt sind. Nahaufnahme Corinna vor Teppichrolle, Christian von hinten gefilmt, inspiziert Teppiche. Nahaufnahme: das Paar in der Küche am Tisch sitzend.

Die Sprecherin verwendet dabei eine ritualisierte Formel („endlich ist es so weit!"), die die Endphase ankündigt, oder Metaphern wie „Endspurt" oder „Nestbau", die vorhergehende Phasen ihrer alltäglichen Belanglosigkeit entheben sollen.

Alltäglichkeit pur bietet im Laufe der Sendung eine immerhin 2 min 21 sec dauernde Szene wie diese, in der das Paar sich sich in einem Baumarkt befindet und sich einen Teppich aussucht:

Test	Text
Co (on:) Der dunkelblaue is ECHT schön, aber das Problem ist, du siehst dann wieder JEDen Fussel drauf. C (on:) Na und, du bist doch jeden Tag zuhause; kannst du doch jeden Tag saugen, – – – (4 sec) ja dann mach doch deine Hausfrau. – – Nicht nur einmal die Woche, jeden Tag. (LÄCHELT LEICHT)	Halbtotale: Corinna, mit dem Rücken zur Kamera, und Christian vor riesigen Teppichrollen. Christian bedient einen Schalter, mit dem sich die Rollen auf dem Gestell nach oben und unten fahren lassen.
C (on:) Hier sind ja gar keine Kinderteppiche. Co (on:) Willst du wirklich nen Kinderteppich? C (on:) Willst du nen Erwachsenenteppich in ein Kinderzimmer? Co (on:) Ja, einen normalen. C (on:) Neee! Co (on:) Kannst doch nicht irgendwas mit so/ nee! Lass uns lieber nen – einfarbigen Grundteppich nehmen, und lieber so nen schönen Spielteppich darauf legen; der ein bisschen – farbich is. C (on:) (UNVERST.) Co (off:) ja woher soll ICH denn das jetzt wissen! C (off:) Mir isses egal. Co (on): Oh ja, nachher heißt es wieder i/ich |ha/| C (on:)| müssen | wir denn das JETZT entscheiden? (LEICHT VERLEGEN) – – – (4 sec) Dann such ich jetzt mal einen aus.	Halbtotale, Christian am Schalter, Corinna im Vordergrund, nah, seitlich aufgenommen. Christian geht auf Corinna zu, beide nah im Bild. Detailaufnahme eines Teppichs, das Preisschild (18.90) ist gut sichtbar. Großaufnahme Corinna. Schwenk auf Christian, groß im Bild. Großaufnahme Corinna. Schwenk auf Christian, nah im Bild, dreht sich ab, macht ein Paar Schritte zur Seite.
(MOTORENSUMMEN) C (off:) DEN hier. Der kostet gar nur vierzehn. C (on:) Schadstofffrei,| geruchsneutral| Co (off:) | also ich würd eher| den da drunter nehmen.	Detailaufnahme: eine Hand bedient den Schalter, um die Teppiche auf dem Gestell zu bewegen. Die Rollenbewegen sich nach unten, der gewünschte Teppich stoppt auf Gesichtshöhe. Schwenk auf Corinna, Großaufnahme. Dahinter das Preisetikett der Rolle (14.80). Schwenk auf Christian, über die Rolle gebeugt liest er ein Etikett vor, dann riecht er an der Rolle.

(SCHNÜFFELGERÄUSCH VON CHRISTIAN IM HINTERGRUND) Christian on: Geruchsneutral isser. Co (off:) Riecht er wirklich nicht? C (off:) Energie sparend Co (on:) da sollen mer ja drauf achten, na. | Steht in dem Buch| C (off:)| Riech doch ma|l . – – – – Und? Co (on:) (UNVERST.) nichts (NICKT BESTÄTIGEND). – – – Ich würd da eher den hier nehmen C (off:) Neeee! Den würd ich nicht nehmen, grau= Co (off:) Ich find das nicht schlecht, grau. | und dann kannst du nen schönen bunten drau/| C (on:)| Grau [UNVERST.] die Sau Nee.| – – – (SCHÜTTELT LEICHT DEN KOPF) Das machen wir nich. Kein grau, ein bisschen farbenfroh. Co (off.) | Ja bunt, | C (on:)| Ich tu dic|h auch nicht in ne graue Welt.	Christian deutet auf das Etikett. Schwenk auf Corinna. Corinna riecht am Teppich, groß im Bild. Kamera zoomt auf den darunter liegenden Teppich. Schwenk auf Christian, groß im Bild, die Arme auf den Teppich gestützt. Die Teppiche werden im Gestell nach unten gefahren.
C (on:) Ich find aber grau BLÖD. | Grau ist/| Co (on:)| Ich will abe|r AUCH mal was bestimmen C (on:) Aber doch nicht grau. Co (on:) DOCH! C (on:) NEIN! Co (on:) Immer bestimmst du alles! C (on:) Aber doch nicht grau. – – Dann nehmen wir (UNVERST.) lieber den da. (KIPPT ROLLE ZU CORINNA) Co (on:) (LACHT) Willst du mich jetzt K.O. schlagen? (LACHT) C (off:) Ja was denn jetzt. Co (on:) ICH bin für den da unten. C (off:) Ich nicht Co (on:) Nja.	Das Paar vor den Teppichen, eine helle Rolle ist senkrecht aufgerichtet, Christian hält sie. Corinna groß im Bild.
Co (on:) Komm mach EINMAL das, was ich will, bitte. (GREIFT NACH CHRISTIANS ARM) C (on:) was denn? Co (on:) Es sieht nachher zu bunt aus.	Das Paar schaut sich Reststücke von Teppichen an, die einer Wand entlang aufgerichtet sind, Halbtotale. Kamera zoomt heran, Corinna gestikuliert beim Sprechen mit den Händen.

C (on:) wie denn	
Co (on:) Stell dir vor, auf diesem grauen Teppich liegt jetzt die BUNte Decke, die du willst (UNVERST.), die voll bunt is	
C (on:) Jo und?	
Co (on:) Buntes Spielzeug, bunte Bilder- bücher, – dann sieht das gut aus. Liegt da aber ein bunter Teppich, ⎮ und⎮	
C (on:) ⎮ Ich will⎮ gar keinen bunten Teppich. – – Aber der graue, der ist total hart.	
⎮ Fühl doch mal, ⎮	
Co (on:)⎮ Das is egal⎮ BITTE!	
Christian on: *Es is ega:l, dass die Kinder *– – (*EINE WEIBLICHE STIMME IMITIEREND)	Christian wendet sich beim Sprechen ab und entfernt sich von den Teppich- rollen. Corinna folgt ihm.
Co (on:) Ach (SEUFZT UNGEDULDIG)	
C (on:) mit dem nackten Hintern drüberrutschen den ganzen ⎮ Tag⎮ ,	
Co (on:) ⎮ Das⎮ Kind läuft doch nicht nackt durch die Wohnung. Das ist doch angezogen.	Die beiden gehen einen Gang entlang im Baumarkt, Ansicht von hinten. Schnitt.
C (on:) (UNVERST.)	
Co (on:) *Ach Christian, das läuft doch nicht nackt*.	
(GEDÄMPFTE STIMME, TADELND]	
	(Ende der Szene mit Corinna und Christian)

Was ist an einer solchen Szene medienwirksam? Die beiden haben offenbar den Ablauf der Szene vorbereitet. Die Themen bzw. Alternativen, die zur Sprache kommen sollen, scheinen abgemacht zu sein (Kinderteppich/Er- wachsenenteppich, bunt/einfarbig, hart/weich). Sogar ein kleiner Paarkon- flikt wird inszeniert („Immer bestimmst du alles"). Auch die kleinen Scherze wirken einstudiert („Willst du mich jetzt k.o. schlagen?" – „Das Kind läuft doch nicht nackt durch die Wohnung").

Dennoch: Obwohl sie vorbereitet sind und „beobachtet" werden, ge- lingt ihnen ein relativ „natürlich" wirkender Dialog, mit Überlappungen, Unterbrechungen, schlecht artikulierten (und folglich für den Transkribie- renden unverständlichen) Passagen. Man könnte sagen: Es handelt sich hier um eine aus Wirklichkeitssplittern kondensierte und rekonstruierte Wirk- lichkeit.

Bei Sendungen dieser Art ist es ganz klar, dass der „Kontrakt" zwischen Kommunikator und Rezipient über den Wirklichkeitsstatus strikt aufrechterhalten wird. Die Darstellung der alltäglichen Wirklichkeit vollzieht sich durch partiell fiktionale Mittel, aber die Grenze zwischen Alltagswirklichkeit (den außermedialen Personen, der „wirklichen" Geburt) und Medium ist – aus der Sicht des Rezipienten – völlig intakt.

7.2.3 Außermediale Wirklichkeit vom Medium beeinflusst

Die außermediale Wirklichkeit wird „beobachtet", aber vom Medium „in der Wirklichkeit" beeinflusst und aus ihrem „normalen" Lauf gebracht.

Hierher gehören Sendungen, in denen Gespräche mit versteckter Kamera aufgenommen werden, wobei einer der Gesprächspartner „eingeweiht" ist, der andere nicht. Ein komplexes Beispiel ist das folgende aus „Achtung Kamera" (RTL 2, 26.11.1998)[11]:

In der Anmoderation wird zunächst die originale Gesprächssituation kurz charakterisiert:

M'in   = Moderatorin, Saskia
E   = Professor August Everding, Generalintendant
I'in   = Interviewerin
L   = vermeintlicher Laienschaupieler

M'in (on:) (*Close-up im rechten Bildteil, links hinten farbige Elemente, die sich bewegen*, HINTERGRUNDMUSIK) Mein nächstes prominentes Opfer ist Professor August Everding – der bekannteste Generalintendant Deutschlands. In unserm Gag – haben wir ihn NIE ausreden lassen und STÄNDIG unterbrochen.

Dann wird ein Live-Gespräch mit dem „Opfer" angekündigt, in dem dieses die Originalsituation kommentieren soll, und es folgt der Anfang der Live-Schaltung:

M'in (on:) Er kann uns am besten schildern – wie wir ihn geärgert haben. Hier nun eine Live-Schaltung OHNE Unterbrechung. Herr Professor Everding – nehmen sie sich SO viel Zeit, wie sie brauchen.

E   (on:) (*hinter einem Schreibtisch in einer Arbeitsbibliothek*, HINTERGRUNDMUSIK) Ja, liebe Saskia, ich danke für ihre Einladung, ich kann ja leider nicht in ihr Studio gehen, das (UNVERST.) Theater braucht mich, die Akademie braucht mich, und vieles mehr. Aber ich freu mich, dass sie mich hier aus meinem Büro zuschalten in ihr Studio. Eh – ich erinner mich ja noch, die Kassette hier von ihrem Verbrechen, die halt ich hier in der Hand. Wenn ich daran denke, wie Sie mich eingeladen haben, GANZ unschuldig waren das. Ich sollte doch zu einem SERIÖSEN Interview kommen. Darauf bin ich reingefallen. Dann kam ich da – und dann war das GANZ was anderes, aber SEHR Überraschendes. Und WIE überraschend das war, das seh ich heute, und darauf freu ich mich ganz besonders – auf dieser Kassette. (*legt die Videokassette ein*)

---

11 Eine ausführlichere Analyse findet sich in Burger (1999a).

Dann wird visuell die Originalgesprächsszene angekündigt, mit einer Formulierung, die auf den partiell fiktionalen Charakter hindeutet („August Everding in ..."):

> (Eine fiktive Videokamera fährt durchs Bild auf den Zuschauer zu, bis nur noch ein schwarzer Punkt mit einem weißen Rand zu sehen ist)
> (*Vorspann, bildfüllend:* „RTL2 präsentiert Prof. August Everding in EINE CHANCE FÜR DEN NACHWUCHS")

Bevor die Aufzeichnung des Interviews beginnt, bittet ein Mann den Professor um ein Autogramm. Er outet sich als Laienschauspieler und versucht, den Professor für seine Schauspielertätigkeit zu interessieren („vielleicht haben Sie auch mal Zeit, sich äh sich mal was anzuschauen oder so [UNVERST.] miteinander telefonieren oder so"). Everding reagiert bereits leicht genervt.

Vom eigentlichen Originalinterview werden nur Ausschnitte vorgeführt, offensichtlich die Höhepunkte der Inszenierung, wie diese Passage:

E   (*groß im Bild*) Der Graben zwischen Universität – und Theater war damals unendlich unüberspringbar. Und da hat er gesagt – mein/ der Doktorvater, hat mir einen Brief mitgegeben für den Intendanten damals, Hans Schweikert, der Münchner Kammerspiele – der hat gesagt, lassen Sie doch den jungen Doktoranden dort mal in den Ferien mal – ein/ vom Theater was schnuppern. Und dann bin ich da hingegangen in den Ferien, Osterferien dreiundfünfzig/

L   (*kommt angerannt*) Herr Everding, entschuldigen Sie bitte, aber – wir (UNVERST.) (*im Bild Everding, der mit offenem Mund zu I'in schaut*) ein Musical machen – (*singt*) money makes the world go round, the world go round, the world go round – (*tanzt dazu*) money makes the world go round – it makes – the – world – go – round. Money, money, money, money, money, money... (*dreht sich dazu im Kreis mit dem Portemonnaie in der Hand*)
(*E schaut Hilfe suchend zu I'in*)

I'in   Eh? (*zuckt hilflos mit den Schultern, ein Fernsehmitarbeiter schiebt L immer noch singend aus dem Raum*)

E   (*Der Kopf des zuschauenden Prof. Everding wird rechts unten in einem kleinen Fenster eingeblendet, HALB SINGEND*) It makes – the – world – go – round. Sehr schön. Danke schön. JA. Sehr liebenswürdig. Das war n Vorsingen. Danke schön

I'in   (LACHEND) Ja, SEHR nett. Aber ich glaub, die Frage müssen Sie jetzt leider nochmal beantworten, oder?

E   Ja, machen wir nochmal. (UNVERST.) Ich dachte, das wär von Ihnen inszeniert gewesen.

I'in   Wie bitte?

E   Ich dachte, das wär von Ihnen inszeniert gewesen

I'in   Ja so kreativ sind wir dann doch nicht

E   Jetzt müsst ihr mich noch EINmal etwas abtupfen. (*weist mit*

der Hand auf die Stirn) Komm. Wir müssen von vorn anfangen. S ist ein
bisserl/ – ich wusste wirklich nicht – ich dachte/ ich hätte sonst darauf reagiert, hätt mit ihm getanzt

Der mediengewohnte Interviewte merkt, dass etwas an der Situation nicht
stimmt, aber lässt sich dann wieder in die (scheinbare) Realität des Interviews zurückholen.

Während der Einspielung des Originalinterviews wird in einem kleinen
Kästchen der Kopf von Everding aus der Live-Schaltung gezeigt. Seine Mimik liefert eine Art Kommentar zur Originalszene. Zusätzlich werden bei
den Höhepunkten Lacher eingespielt. (In anderen Sendungen des Typs „versteckte Kamera" erfüllt ein Studiopublikum diese Funktion.) Das Live-Gespräch ist also, und das ist beachtenswert, von seiner Funktion her partiell
äquivalent mit fiktional-konstruktiven Elementen wie den Lachern. Ganz
am Ende übernimmt der Interviewte geradezu die Rolle eines Kommunikators (z. B. eines Korrespondenten), wenn er „zurück ins Studio" gibt:

E   *(wieder hinter dem Schreibtisch in der Arbeitsbibliothek,* HINTER-
         GRUNDMUSIK*)* Also ich hab ja schon viele Vorsprechen gehabt und viele
         VorSINGEN und viele VorTANZEN und auf allen Bühnen und auf KLEI-
         NEN Bühnen, aber das war das originellste Vorsprechen – was ich je erlebt
         habe. GeÄRGERT hab ich mich nur, dass ich das so spät gemerkt habe, wie
         inszeniert das war. Ich dachte immer, das sei ein wirkliches Unterbrechen
         von dem Interview und ich wollte – WÜtend werden. Hab ich gesagt, Au-
         gust – NICHT wütend werden. Auch das gehört zum Theater. Nun inter-
         essiert mich eins – WAS ist aus dem jungen Mann geworden? Ist er nun
         wirklich Schauspieler geworden? Oder ist er jetzt noch beim Fernsehen?
         Was tut er? Das werd ich erfahren. Aber das nächste Mal – liebe Redaktion,
         hab ich was gut, wenn ich wieder von euch eingeladen werde. Eh weiterhin
         schöne Ideen – und dann wieder zurück *(liest ab)* zu Ihnen, Saskia, ins Stu-
         dio – zur Sendung – Achtung, RTL zwei – Kamera.

Die Inszenierung ergibt ein dichtes intertextuelles Netz: Das Gespräch der
Originalsituation ist nun in die aktuelle Situation eingebettet, mit diachronen ebenso wie synchronen Bezügen.

Allen Beteiligten ist klar, dass hier jemand „hereingelegt" wurde, dass er
Fiktionales für Reales genommen hat. Die Zuschauer können lustvoll dieses
Spiel mit Realität und Fiktion verfolgen, und auch der Hereingelegte selbst
tut gut daran, gute Miene zum bösen Spiel zu machen.

7.2.4 Alltägliche Wirklichkeit im Medium beeinflusst

Eine Phase der alltäglichen Realität wird ins Medium hineingenommen und
dort in einer bestimmten Weise beeinflusst.

Das passiert in Sendungen wie „Traumhochzeit" (RTL), die noch einen
Schritt weiter gehen als die vorher besprochenen Sendungen: In zwei Phasen wird das für die außermediale Realität entscheidende Ereignis (1) durch

Mitarbeiter des Mediums vorbereitet und (2) in der Sendung selbst realisiert. In der ersten Phase macht sie oder er ihm bzw. ihr vor laufender Kamera den – bis ins Sprachliche hinein sorgfältig vorbereiteten – Heiratsantrag, in der zweiten Phase wird das Paar in der Sendung getraut. Reichertz (1993) zeichnet Vorbereitung und Ablauf der Sendung aufgrund von eigener Beobachtung sowie von Interviews mit beteiligten Kandidaten und Mitarbeitern im Detail nach. Im Interview mit den Kandidaten kommt sehr deutlich zum Ausdruck, wie in der ersten Phase der Übertritt von der einen in die andere Realität erlebt wird. (Der Heiratsantrag findet in einer sozusagen verdoppelten Öffentlichkeit statt: im Rahmen einer „Operettenaufführung", im Angesicht des gesamten Publikums, wobei die Szene zugleich für die spätere Sendung aufgenommen wird.) Der Kandidat ist furchtbar aufgeregt, „weil ich noch nie sowas vor Publikum gemacht hab". Aber als er dann den Heiratsantrag vorträgt, hat er das Publikum vergessen, er hat „versucht, ihr das irgendwie rüberzubringen", in diesem Augenblick „ist man eigentlich nur zu zweit". Und nachher, als sie dann durchs Foyer gingen und Leute ihnen zuklatschten, „dann war es plötzlich, dann war man glaub' ich wieder so zurück in der Welt" (370).

Reichertz versucht die Frage zu beantworten, „in welcher Weise Akteure die Medien für ihre Zwecke (zu) nutzen (glauben)" (361). Die hauptsächliche Gratifikation, die er den Kandidaten zuschreibt, ist die Sicherung der Ehepaarbildung und -beziehung, die in einer postmodernen Gesellschaft hohem Risiko ausgesetzt ist, durch die „Heiligung" in einer Öffentlichkeit mit möglichst vielen Zeugen (374ff.). Der „Thrill" des Medienauftritts, das exhibitionistische Zur-Schau-Stellen privatester Gefühle und ähnliche Motive seien allenfalls von sekundärer Relevanz. Ob man so weit gehen will, bleibe dahingestellt. Aber auch Keppler (1994, 79f.) sieht hier eine Art „profaner Sakralisierung". „Die resultierende Feier ist für die Beteiligten einerseits „wirklicher" als die Wirklichkeit, weil sie diese intensiviert, übersteigt; andererseits aber auch weniger wirklich, weil nicht tatsächlich geheiratet wird (…)."

7.2.5 Ungelöstes Problem im Medium gelöst

Ein Problem, das in der alltäglichen Realität ungelöst blieb, wird im Medium gelöst.

Dadurch entsteht eine „neue" Realität, die Bestandteil des Alltags werden und diesen beeinflussen soll.

Schon die „Rudi Carrell Show" wartete mit „Überraschungen" auf, freilich vergleichsweiser harmloser Natur (z. B. möchte eine Frau ihre Jugendfreundin wiedersehen, die verschollen zu sein scheint, von Carrell aber in die Sendung gebracht wird, vgl. Burger 1991, 56ff.).

Dramatischere Beispiele bot die Sendung „Bitte melde dich" (SAT.1): Eine Person wird vermisst, seit kurzer oder auch schon seit sehr langer Zeit, und die Angehörigen oder Freunde versuchen, die vermisste Person wiederzufinden bzw. sie dazu zu bewegen, dass sie sich wieder „meldet". Normalerweise wird die Vorgeschichte durch eine Montage von Äußerungen der Angehörigen und erzählenden Passagen eines Off-Sprechers mit Bildern von den Schauplätzen vermittelt. Dann gibt es Studio-Gespräche, beispielsweise mit den Eltern. Schließlich befragt der Moderator eine Fachfrau, eine Psychologin, zu ihrer Einschätzung der Motive, die die vermisste Person für ihr Verschwinden gehabt haben mag, oder er bittet sie um eine Prognose der zu erwartenden Reaktionen der Person. Kulminationspunkt der Sendung ist jeweils ein in die Kamera gesprochener Monolog einer/eines der Hauptbeteiligten, in dem die gesuchte Person in bewegten Worten aufgefordert wird, „sich zu melden". In jeder Sendung wird auch das Resultat der Suchaktion der vorhergehenden Sendung mitgeteilt, wenn möglich kommen die beteiligten Personen (die Suchenden und/oder die Gefundenen) zu Wort.

Die Sendung zielt explizit auf die außermediale Welt, sie will ausdrücklich das Verhalten einer Person in dieser Welt beeinflussen, und in ihren narrativen Passagen rekonstruiert sie – für das Verschwinden möglicherweise relevante – Episoden aus dem Leben dieser Person. Die Fiktionalisierung beschränkt sich weitgehend auf die narrativen Techniken der Rekonstruktion der Vorgeschichte.

Eine deutlich andere Spielart der Beeinflussung außermedialer Realität zeigt die Sendung „Nur die Liebe zählt". Sie wendet sich an Leute, „die glauben, mit Hilfe dieser Sendung ihre privaten Beziehungen besser gestalten zu können" (Reichertz 1995, 115). Z.B. wird durch ein „Komplott" einer/eines der Beteiligten und der Fernseh-Mitarbeiter versucht, eine (noch) nicht geglückte Beziehung zu einer geglückten zu machen, im harmloseren Fall etwa: Partner, die räumlich getrennt sind, zusammenzuführen, im prekäreren Fall beispielsweise: zögernde Partner zum Bekenntnis ihrer Liebe zu bewegen. In der Sendung vom 12.3.1994 ging das so vor sich:

M	= Moderator
I	= Iris
Mi	= Milena
Mo	= Miro
N	= Nachrichtensprecherin

(Studio)

M   Was lange währt, wird endlich gut. Vor einem Dreiviertel-Jahr hat Iris Miro das allererste Mal gesehen. Auf einem Parkplatz, auf dem Miro jobbt und Iris parkt. Erst zwei Monate später hat sie sich getraut, ihn anzusprechen. Seitdem telefonieren die beiden ab und zu und gehen manchmal miteinander essen. Iris, die wirklich verliebt ist, wartet, dass endlich was passiert. Aber – es passiert nichts. Also nimmt sie die Sache selber in die Hand – und

> kommt damit zu mir. Und ich bin mit ihr dann zu den Kollegen vom Nachrichtenstudio von RTL gegangen.

Der Moderator hat eine optimistische Idee:

> Wir sind nicht umsonst – beim Fernsehen. Beim Fernsehen ist fast alles möglich. Da kann man bestimmt auch was mit dir machen, damit Miro sein Herz in deine Hände legt.

Das Fernsehen („Beim Fernsehen ist fast alles möglich") kann das leisten, was Iris in der Realwelt nicht zustande bringt. Was das Fernsehen leistet, wird natürlich in metaphorischer Überhöhung formuliert („damit Miro sein Herz in deine Hände legt").

Das Komplott wird dann so eingefädelt:

> *(Sie treten in ein Büro ein, gehen auf Milena zu)*
> M   Ah – da is sie ja – hallo Milena
> Mi   Hi, Kay.
> M   Grüß dich
> Mi   Was machst du hier?
> M   Kann ich dir die Iris vorstellen?
> Mi   Hallo Iris – Milena
> M   Ich bin halt wegen nem ganz beSONderen Problem hier: Wir wollen mit Iris ne Videobotschaft übern Sender schicken. Meinst du, du kannst uns helfen?
> Mi   Ja, ich glaub das ließ sich irgendwie machen.
> M   (UNVERST.)   Wir versuchen das mal. Sollen wer das machen?
> I   Ja.
> M   Gut.

Sie gehen zusammen ins Nachrichtenstudio. Iris hat sich „nen kleinen Stichwortzettel gemacht". Dann beginnt die Sendung:

> (Rotes Licht „SENDUNG")
> N   Es gibt Nachrichten, die können nicht bis abends warten: Deshalb gibt es Punkt 12. Da kriegen Sie mittags schon mit, was Sie dann abends nochmal sehen können. Aha. Ich sehe gerade, es GIBT auch Nachrichten, die können nich mal bis zum nächsten Mittag warten. So eine haben wer hier.
> I   Ja, lieber Miro, was immer auch auf dieser Welt passiert, seit ich dich gesehen habe, denk ich nur noch an eins. Und zwar: Mit dir zusammenzusein. MEIN Herz ist dir sicher, aber – ICH will mehr als essen gehen und telefonieren. Wenn du auch mehr willst, dann dreh dich bitte – JETZT um und NIMM mich in deine Arme. [Sie kommt ins Zimmer]
> M   Super
> Mehrere Stimmen: Super!

> (M im Studio von „Nur die Liebe zählt":)
> M   Um Miro im richtigen Augenblick vor den Fernseher zu bekommen, ohne dass er sich beobachtet fühlte, das schafften wir nur mit einigen versteckten Kameras.

Die Vorbereitungen für den großen Augenblick sind äußerst aufwändig. Der artifizielle Charakter des Arrangements wird keineswegs vertuscht,

sondern immer wieder hervorgehoben. Das Medium bietet alle seine technischen Ressourcen auf, um das gewünschte Ereignis zustande zu bringen.
Und auch die Protagonistin bereitet sich gründlich vor – mit einem „Stichwortzettel", der vermutlich den ganzen Text enthält.

Nach einem Werbeblock resümiert der Moderator die Sachlage und beschreibt die Vorbereitungen für die entscheidende Szene:

> M   Iris ist in Miro verliebt und hat sich gerade nach einem Dreivierteljahr end-
> lich entschlossen, ihm diese ganz besondere Nachricht mitzuteilen. Also
> haben wir Miro vor den Fernseher seines Freundes gelockt, und damit wir
> ihm/im entscheidenden Augenblick keine Reaktion verpassen, hat unser
> Spezialistenteam das Wohnzimmer überall mit versteckten Kameras ge-
> spickt.

Dann kommt es zur Zusammenführung von Iris und Miro – und wieder
wird der technische Aspekt thematisiert:

> (Im Haus des Freundes. *Vorbereitungen für den Auftritt Miros. Techniker*
> *legen Kabel, installieren Kameras*)
> M   Kuck doch mal ob du sie findest.
> I   Da – soll ne Kamera drin sein?
> M   Ich seh überhaupt nichts – ah schau, wenn wir jetzt n bißchen Licht haben,
> dann sehen wir was.
> I   Ja.
> M   Ja! Da isser. Die letzte Kamera ist versteckt. Was machen wir jetzt?
> I   Ich würde sagen, jetzt suchen wir uns n Versteck, damit Miro uns nicht so-
> fort findet.
>
> (Später:)
> M   Jetzt muss er nur noch kommen.
> I   Hoffen wir das beste?
> M   Wie gehts dir denn jetzt?
> I   Nicht – – so gut.
> (…)

Miro kommt tatsächlich und man spielt ihm das Videoband mit der Nach-
richtenszene vor. Am Ende ihres „Auftritts" in der Sendung betritt Iris das
reale Zimmer und geht auf Miro zu.

> Mo   Nein! (UNVERST.) Hi! Find ich süß von dir. (*Sie umarmen sich*) (UN-
> VERST.) Ich dacht ich trau meinen Augen nicht (UNVERST.) Wie kommst
> denn auf so ne Idee?
> I   Ich kann jetzt nichts mehr sagen.
> [M kommt ins Zimmer, Mi wendet sich ihm zu]
> Mo   Hi.
> M   Hallo Miro.
> Mo   Ich bin baff.
> M   Was ist los?
> Mo   Ich bin ziemlich baff, SEHR baff sogar.
> M   Eben noch im Fernsehen und jetzt in deinen Armen. – Tja, so schnell, ne?

Miro ist mehr verdutzt und verlegen als beglückt, die stereotypen Formulierungen des Erstaunens („Ich dacht ich trau meinen Augen nicht", „Ich bin baff") überwiegen deutlich die Offenbarung des Verliebtseins („Find ich süß von dir", was sich nicht einmal auf die Liebe der beiden, sondern eher auf das Geglückte der Situation bezieht). Es ist klar, dass Wirklichkeit und Medium hier klar geschieden sind. Zwar ist Iris „im Fernsehen" aufgetreten und hat ihre private Botschaft vortragen. Doch ist es für alle Beteiligten fraglos, dass ein artifizielles Arrangement vorgelegen hat, auch wenn Miro zunächst nicht begriffen hat, wie es dazu gekommen ist. Der Moderator formuliert denn auch nicht die Vermischung der Wirklichkeiten, sondern den raschen Übergang von der einen zur anderen („Eben noch im Fernsehen und jetzt in deinen Armen. – Tja, so schnell, ne?")

Beim Gespräch im Studio steht einerseits das Komplott selbst im Vordergrund, andererseits die emotionale Reaktion Miros als des „Überraschten".

(Im Studio)

M   Und hier SIND sie, hier sind Iris und Miro! (APPLAUS) Nehmt Platz.
       Da haben wir den Miro ja ganz schön aufs Glatteis gelockt ne?
I   Allerdings ja.

M   Miro, wie haben sie dich denn überhaupt dahin gelockt oder wie
Mo   Ja ähm, das war n

M   aha
Mo   Freund von mir der Dominik der sitzt auch glaub ich heut im Publikum
       ähm und der hat mich also angerufen und hat mich einfach eingeladen, dass
       ich zu ihm komme, n bisschen Video kucken – und hab mir natürlich nichts
       bei gedacht und bin dann gekommen.
M   Was hast du denn gedacht, als du Iris da plötzlich im Fernsehen gesehen
       hast?
Mo   Ja – ich wie ich eben schon gesagt habe in dem Film – also ich war total baff,
       hab halt meinen Augen nicht getraut und ehm – konnts gar nich fassen im
       ersten Moment es ging erst so nach anderthalb Stunden oder so gings – –
       war die Nervosität dann weg.
M   Mhm – ich hab ja auch gesehen, dir haben ja richtig – die Knie gezittert ne?
Mo   Ja. Es war schon aufregend.
M   Mhm. Wir haben ja den ganzen Tag überlegt: Was passiert, wie wird er reagieren, – klappt das alles, so wie wir's uns überlegt hatten? Und dann hat es
       alles geklappt. Und wir haben hinten gestanden und haben richtig Daumen
       gedrückt und gezittert.
I   Allerdings, ja.
M   Ja? Wie gings dir dann, als das dann wirklich alles geklappt hat und du hast
       gesehen, er ist völlig baff und hat dich dann in die Arme genommen.
I   Ich war erlöst, also es ging mir wirklich dann – besser und vorher war ich
       so nervös, es war – die Hölle.

Als der Moderator das Gespräch auf die erhofften Konsequenzen des Komplotts bringt, antwortet nur Iris. Und überhaupt scheint noch nicht viel Neues passiert zu sein („Wir waren am Mittwoch im Kino" – das ist alles!).

Als der Moderator Iris fragt, was die Eltern von Miro denken, sagt sie: „Sind natürlich begeistert. Aber die sind nicht so kritisch" – nicht sehr schmeichelhaft für Miro! Als Zuschauer gewinnt man den Eindruck, dass der ganze mediale Aufwand nur partiell den angestrebten Effekt gehabt hat. Obwohl sich das Paar in der Sendung live als glücklich zusammengeführtes präsentiert, scheinen in der außermedialen Realität ungelöste Probleme weiterzubestehen, die durch den Medienauftritt nur oberflächlich übertüncht werden.

Reichertz (1995), der einen Fall analysiert, bei dem die Zusammenführung eindeutig missglückt und die Beteiligten dennoch in der Show auftreten, nennt „Schuld, Sühne und Wiederaufnahme, Sünde, Buße und Absolution" als die „gesellschaftlichen Deutungsmuster", an die (in diesem Fall) die Frau ihr Verhalten anschließt (133). Keppler (1994) hat die Sendung „Verzeih mir" untersucht. Sendungen dieser Art stellen „Äquivalente religiöser Praxis" bereit (99). „Sie betreiben eine Sakralisierung der sozialen Interaktion, jedoch auf eine recht profane Weise: ohne den Glauben an einen höheren Sinn oder eine höhere Instanz zu fordern. Der höhere Sinn und die höhere Instanz liegen hier allein in der *Form der Inszenierung* der alltäglichen Konflikte, um die es geht." (99)

Sehr viel trivialer geht es zu in den heutigen Daily Talks, die sich oft auch das Ziel setzen, ungelöste Probleme des Alltags in der Talkshow zu präsentieren und möglichst einer Lösung zuzuführen. Ein Beispiel ist „Britt – Der Talk um eins" (Sat 1), gesendet jeweils von 13 bis 14 Uhr (vgl. das Beispiel in 5.3.1). In einer Sendung mit dem Thema „Überraschende Geständnisse" geht es darum, dass jemand in Bezug auf eine andere Person „reinen Tisch machen" möchte, etwas was offenbar im Alltag nicht gelingt, aber in der Sendung mit ihrem Überraschungssetting möglich werden soll.

Britt   = Moderatorin Britt Reinecke
Z   = Ziad
Bi   = Bianca

Britt   Ziad, irgend ne Idee, warum du heute hier bist?
Z   Keine Ahnung!
Britt   Was vermutest du denn? Was vermutest du, wer dich heute hier überraschen möchte?
Z   Hab escht kein Plan.
Britt   Du hast doch bestimmt drüber nachgedacht, wer's sein könnte.
Z   Ja also, als erstes meine Freundin.
[...]
Britt   Ja, und ich möchte natürlich jetzt erst mal, dass nicht nur ihr [das Studiopublikum] sie kennen lernt, sondern Sie liebes, eh, liebe Zuschauer eben-

falls, die Bianca [Freundin von Ziad], denn sie möchte heute reinen Tisch machen.

Der technische Aufwand für die „Überraschung" ist hier denkbar gering. Ziad bekommt einen Kopfhörer mit lauter Musik, damit er zunächst mal nichts hört. Dann tritt Bianca auf und präsentiert dem Publikum ihr „Geständnis" (sie will ihm, wie Britt sagt, „was stecken"):

Britt   Er hört nichts mehr. Die Musik dröhnt ihm gerade so tierisch laut aufs Ohr, das hör ich ja bis hier. Ehm, Er kuckt dich aber, eh, schon relativ irritiert an. Also, ich glaube, ihm wird ein bisschen flau grade. Du willst ihm auch heute in der Tat was stecken. Was denn?

Bi   Ich bin ihm fremd gegangen.

Dann gesteht sie auch ihrem Freund, was sie getan hat:

Britt   Was passiert jetzt? Redet ihr noch, in Ruhe?

Ziad   Ich glaub nich. Also ich bin nich jemand, der hier … zweite Chance oder so. Bei mir gibts sowas nich. Einmal in die Kiste, für immer in die Kiste, so.

Fazit:

Bei den fünf Typen von medialer Realitätskonstruktion, die ich zu unterscheiden versucht habe, sind somit ganz verschiedene Aspekte von Fiktionalisierung zu registrieren – wobei der Rezipient sich in den meisten Fällen bewusst sein dürfte, dass es sich „im Prinzip" nicht um gänzlich fiktionale Ereignisse handelt:

(7.2.1.)
- Das Ereignis wird gemäß den Spielregeln der Narration von Nachrichtentexten dargeboten.
- Das Ereignis wird mit anderer Geschwindigkeit und u.U. in anderer Reihenfolge präsentiert, als es sich „in Wirklichkeit" ereignet hat.
- Das Ereignis wird rekonstruiert, und zwar teils durch die am ursprünglichen Ereignis Beteiligten, teils durch mediale Erzähler. Dabei entsteht ein partiell „neues" Ereignis mit verschiedenen temporalen Ebenen, bei dem die Beteiligten sich z. T. selbst „spielen" und das schneller abläuft als das Original-Ereignis.

(7.2.2.) Alltägliches wird zum medialen „Ereignis" stilisiert. Dies geschieht einerseits durch einen medialen Erzähler, der das Ereignis sprachlich in den Rang von Außergewöhnlichem emporhebt, andererseits durch die Beteiligten selbst, die Fragmente ihrer alltäglichen Handlungen als alltägliche „vorführen" und damit verfremden.

(7.2.3.) Ein alltäglicher Vorgang wird von medialen Akteuren so beeinflusst, dass – scheinbar – eine neue und für den Betroffenen überraschende Realität entsteht, und dieser Vorgang wird „beobachtet". Es entwickelt sich ein Spiel mit Fiktion und Realität. Dieses Spiel wird mit den Mitteln der technischen Reproduktion rekonstruiert und verschränkt mit einer Live-Situation, in der der Betroffene hier und jetzt anwesend ist. Für die Rezipienten bleibt, was das ursprüngliche Ereignis (das Überraschtwerden) betrifft, transparent, was Fiktion, was Realität ist. Weniger durchsichtig ist vermutlich die Verschränkung der zeitlichen Ebenen.

(7.2.4.) Hier verschwimmen die Grenzen von Realität und Fiktionalität sowohl für die Beteiligten als auch für die Rezipienten. Den Beteiligten ist sicherlich klar, dass sie – juristisch gesehen – nicht wirklich in der Sendung heiraten. Doch ist für sie der Auftritt in der Sendung – jedenfalls wenn man den kultursoziologischen Interpretationen folgen will – mehr als ein Spiel, mehr als die „Aufführung" einer Hochzeit. Die Demonstration privatester Emotionen ist ebenfalls nicht nur gespielt (sofern Laien dazu überhaupt im Stande sind). Und für die Rezipienten, die das technische Arrangement nicht kennen, bleibt die Situation in einer unbestimmbaren Zone zwischen Realität und Fiktion.

(7.2.5.) In der „harmloseren" Variante wird mit den Techniken medialer Narration eine Geschichte rekonstruiert, die eine verschwundene Person dazu bringen soll, wieder aufzutauchen, und zwar wenn möglich in der Sendung selbst. In der brisanteren und komplexeren Variante wird einer der Beteiligten unter Aufbietung eines teilweise aufwändigen technischen und organisatorischen Apparates in eine Situation versetzt, die für ihn „natürlich" wirken und sein Verhalten auf überraschende Weise verändern soll. Der Ablauf wird aufgezeichnet und in der Sendung vorgeführt. Dabei kann sich herausstellen, dass die Verhaltensänderung in der aufgezeichneten Version eine nur scheinbare war – vielleicht den medialen Akteuren zuliebe vorgetäuscht, und dass sie der Wirklichkeit, wie sie sich dann in der Sendung zeigt, nicht standhält. Die Rezipienten sind – wie beim dritten Typ – in das Spiel mit Fiktion und Realität eingeweiht, aber die realen Folgen des medialen Arrangements sind für sie kaum abschätzbar.

7.3 Außermediale Realität fürs Medium geschaffen

Die außermediale Realität wird fürs Medium bzw. im Hinblick auf die Präsentation im Medium geschaffen.[12] Diese Art von Realität kann (1) von nicht-medialen Akteuren produziert werden. Mehrheitlich sind dies solche

---

12 Der in der publizistikwissenschaftlichen Literatur verwendete Begriff „Pseudo-Ereignis" (nach Boorstin) – besonders für den Fall, dass das Ereignis von Medienakteuren geschaffen wird, *damit* über sie berichtet wird – suggeriert eine wertende Unterscheidung zwischen „echten" und „Pseudo"-Ereignissen. Die Abgrenzung zwischen „echt" und „pseudo" ist aber so unscharf, dass die Unterscheidung kaum praktikabel ist.

Akteure (z. B. PR-Verantwortliche von Institutionen), die sich mit der Medienpraxis bestens auskennen und wissen, worauf es ankommt, wenn man die Sicht ihrer Institution in den Medien zur Geltung bringen will. Bei der auf diese Weise erzeugten Realität handelt es sich um Pressekonferenzen, Pressecommuniqués usw. Die Akteure können aber auch medien-unerfahrene Personen sein, die beispielsweise Leserbriefe schreiben. Die Realität kann (2) von Akteuren des Mediums selbst geschaffen werden, z. B. eine Meinungsumfrage, die im Auftrag eines Mediums durchgeführt wird und deren Resultate im Medium selbst präsentiert werden.

Bei dieser Art von Realität handelt es sich in den meisten Fällen um Texte. Da sie für die Präsentation im Medium konzipiert werden, ergeben sich starke intertextuelle Bezüge zwischen dem außermedialen und dem medialen Text (vgl. Kap. 4).

7.4 Mediale Realität als alltägliche Realität

Eine Realität wird vom Medium geschaffen und bedeutet für die Partizipanten für eine gewisse Zeit ihre alltägliche Realität.

Bei diesem Typ, der meist als „Reality soap" bezeichnet wird, werden Gruppen von einfachen Leuten in eine ungewohnte Situation, meist eine räumlich beengte Lokalität (wie einen Container oder eine Insel), hineinversetzt, die für eine gewisse Zeit zur ihrem Alltag wird. Prominentestes Beispiel ist „Big Brother". Zahlreiche Analysen[13] haben gezeigt, dass die so geschaffene Art von „Alltag" zwar auf den außermedialen Alltagserfahrungen aufbaut, aber durch die spezifische Mediensituation hochgradig transformiert wird. Es handelt sich, so Mikos (2002, 32), „um eine Aufführung des Spiels ‚Alltag im Container' für ein anonymes Publikum, die zum Zwecke der Ausstrahlung inszenatorisch bearbeitet und dadurch *fiktionalisiert* [Hervorhebung von mir, H. B.] wird. Dadurch findet eine zusätzliche Dramatisierung des Alltags statt (…)".

Ich gebe hier ein Beispiel aus „Fame Academy" (eine Zeit lang täglich auf RTL II, Mo–Sa: 19:00–20:00, So: 18:00–20:00):

„Fame Academy" präsentiert sich als Mischform zwischen einer Casting-Show wie „Deutschland sucht den Superstar" und „Big Brother". Die so genannten „Studenten" singen und tanzen nicht nur um den Sieg im Talentwettbewerb, sondern hausen auch zusammen in der „Fame Academy". Mittels eines etwas umständlichen Verfahrens wird wöchentlich eine Person bestimmt, welche die „Akademie" verlassen muss. Dies ist alternierend ein

---

13 Vgl. etwa den Sammelband von Schweer/Schicha/Nieland (Hrsg., 2002).

Kandidat und eine Kandidatin. Unter den in der letzten Woche verbliebenen Personen wird dann der/die Gewinner/in erkoren. Der Reiz liegt wohl daran, dass die Mitspieler nicht nur in einem Container sitzen und die Zeit totschlagen, sondern miteinander in einem ständigen Konkurrenzverhältnis stehen, was sich natürlich auch auf die Wohnsituation auswirkt, auch wenn das natürlich niemand zugeben will. Etwas undurchsichtig bleibt, wie die Kandidaten beobachtet werden. Einerseits sind viele Handkameras im Einsatz. Diese werden von den Teilnehmern natürlich erkannt und sie merken, dass sie gefilmt werden. Andererseits scheinen, v.a. im Wohntrakt der „Akademie", versteckte Kameras im Einsatz zu sein.

Die externen Bedingungen der transkribierten Beispiele sind die folgenden:

- Zum Zeitpunkt des Transkripts kennen sich die Teilnehmer erst kurze Zeit.
- Die Partner sind gesprächsstrukturell prinzipiell gleichberechtigt.
- Sie stehen in Konkurrenz zueinander.

Aus linguistischer Perspektive lässt sich Folgendes beobachten: Die Gespräche wirken weitgehend spontan. Weder scheinen die Themen fixiert zu sein, noch gibt es eine externe Steuerung des Gesprächsablaufs (z. B. einen Gesprächsleiter). Die Gespräche wirken eher konsensuell als dissentiell. Inhaltlich spiegeln sich in den Gesprächen z. T. die Bedingungen der durchs Medium hergestellten spezifischen Situation. Beispielsweise ist es von zentraler Bedeutung, dass die Teilnehmer auf längere Zeit miteinander auskommen und dass sie entsprechend versuchen müssen, ihre Beziehung zu definieren, wie in diesem Beispiel (16. 9. 2003):

Alexandra hat sich in den Augen Christophers merkwürdig benommen. Er dachte „Hat sie 'n Rad ab?" Eigentlich wollte sie aber nur mal allein sein. Christopher versteht das.

| C | = Christopher |
| A | = Alexandra |

C   Weil erstens mal hab' ich prinzipiell nichts gegen dich und zweitens müssen wir noch lange miteinander aushalten.

A   Ja

(...)

C   Tja, aber dann sag doch irgendwie: Du, jetzt nicht, lass mich in Ruhe, ich brauch meine Ruhe. Einfach, oder so, aber nicht so. Ich dachte, du hast ein, du hast n Rad ab.

A   Ne, da kamen nämlich vorher schon ein paar Leute an, irgendwie, die dann irgendwie: „Was ist denn?" oder so, halt. „Ne, komm jetzt, eh, lass mich in Ruhe." Weißt du? Hab ich auch lange dann, hab auch (...) lange, wo ich, nur, hör mal, ich hatte solche Schmerzen, das kannst du dir nicht vorstellen. Ich hab gedacht, ich krieg n Kind.

C	Hm … Naja, ist ja auch egal.

A	Ich bin auch nicht nachtragend oder so, da brauchst du dir auch keine Sor-
C	Hm (+) hm (+)

A	gen machen
C	Ne, ich mach mir keine Sorgen, ich wollt das einfach nur klären und ent-
	weder es ist in Ordnung oder nicht.

A	ja (ERLEICHTERT) Also ist wieder alles o.k., äh?
C	Ja

Der kompetitive Aspekt kommt bezeichnenderweise vor allem im Sprechen über Dritte zur Geltung, da dies das Zusammenleben weniger gefährdet als die direkte Konfrontation (Beispiel vom 18. 9. 2003):

D	= Dorothe
G	= Gerrit
C	= Christopher

D	Echt, he, oah, … ich krieg jetzt irgendwas, echt, zerschlagen, echt (…) ich war (…) ich bin so sauer, jetzt, weil ich's so unfair find'.
C	Ich find' es auch komisch, dass die Danilo, irgendwie, nominiert haben.
D	Ich hab' Danilo im Unterricht nie gehört, da kann ich gar nichts sagen. (…)
C	Möglich, ist er ja ganz nett, ne
D	Ja, er wirkt so, aber er tanzt ja auch voll gut, oder?
C	Ja, aber ich sag dir ganz ehrlich, ich möcht nicht wirklich noch mal mit ihm zusammenarbeiten.

C	(…) – – äh, gestern – – genau, gestern kann sein, gestern gegen Morgen
G	Mittag

C	und gestern Mittag und so gar nicht mehr konnte. Echt so, (…). Also etwas übertrieben gesagt: Ich konnte nicht mal mehr rechts von links unterscheiden, weißt du (UNVERST.) sehr verwirrt war. Und das einzige, was er zu tun hat,

	mich immer anzukacken und mir vorzuwerfen, so nach dem Motto,
G	Ja

C	ich, äh, würde mich nicht konzentrieren, und so nach dem Motto, ich würde nichts tun
G	Ja, das find ich nämlich genau auch

Von zentraler Bedeutung ist die Tatsache, dass man „über irgend etwas" sprechen muss, wenn man die ganze Zeit miteinander leben muss und dabei noch beobachtet wird. Es herrscht also eine Art von „Gesprächszwang". Im Gegensatz zu alltäglichen Konversationen, die sich in thematischer Hinsicht höchst assoziativ entwickeln (vgl. Züger 1998, 247 ff.), hat man hier den Eindruck, dass sich die Teilnehmer an ein einmal gefundenes Thema „klammern", damit es überhaupt etwas zu sagen gibt. Dennoch wirken die Gespräche zumindest in dem Sinne spontan, dass sie den konversationellen

Regeln alltäglicher Gespräche bezüglich Sprecherwechsel, Rückmeldeverhalten usw. folgen.

In einem sehr konsensuellen Gespräch (Sendung vom 10. 9. 2003), das längere Zeit auf das Thema „Tierquälen" zentriert ist, häufen sich die simultanen Phasen. Sie haben aber keineswegs den Charakter von Unterbrechungen, von dominantem Gesprächsverhalten einer Person:

```
S    = Souzan
J    = Ji In

S                      Ja                        Ja
J    (...)      hab als Kind, das schwöre ich, nicht einer Fliege was zuleide

S                      Mhm
J    getan. Ich – – hab das nie gemacht als auch als Kind nicht, hab ich nicht ein

S
J    Mal dran gedacht, irgend n Tier zu quälen – – Weißt du, das gibts ja oft, tja,

S       Ja, das ist (UNVERST.), ich kanns auch nicht              Ich versteh
J    als Kind    Ich versteh' das einfach nicht, Ich versteh das einfach

S       das genauso wenig irgendwie so generell
J    nicht    Ich finds total grausam – wie man andern weh tun kann. Bei mir

S
J    war's schon total früh im Kopf. So, wie, wie ich behandelt werden möchte,

S                         (UNVERST. SIMULTANSPRECHEN)  Ja aber das
J    muss ich auch andere behandeln (UNVERST. SIMULTANSPRECHEN)

S    spricht ja, dass du intelligent bist, und dass sind viele nicht. Ich mag Men-
J    Ja

S    schen nicht, die nicht Tiere mögen. Das sind für mich weißt du egal welches
J                      Ja                                      Die

S    Tier nein egal      nein egal        Ja, welches Lebewesen es ist, jemand
J       können              Die können sich nicht hineinversetzen

S    jeder hat ein Recht zu leben   Und so sind sie auf der Welt, verstehst du?
J                      Ja                                      Ja
```

Die Äußerungen der Partner sind sehr eng aufeinander bezogen und ergänzen bzw. stützen sich wechselseitig. Das Simultansprechen ist offensichtlich ein Zeichen von Einverständnis.

7.5 Realität im Medium geschaffen

Die gezeigte Realität existiert nicht bereits vor oder außerhalb der medialen Präsentation, sondern wird im Medium und durch das Medium erst hergestellt.

Hierher gehören Talkshows, Diskussionssendungen, Unterhaltungssendungen usw. Natürlich hören die beteiligten Personen in der Sendung nicht auf, außermediale Wesen zu sein, aber in Bezug auf das Medienereignis sind sie zugleich Figuren einer anderen, eben der medialen Realität. Die Konstitution dieser Wirklichkeit, in der es *Bürger, Betroffene, Kandidaten* gibt – aber in einem gegenüber der außermedialen Wirklichkeit verfremdeten Sinn –, in der auch Kategorien wie *Echtheit, Natürlichkeit, Spontaneität* einen neuen Sinn gewinnen, habe ich für den Bereich der Gespräche zu zeigen versucht (Burger 1991, besonders Kap. 16). Der entscheidende Unterschied zu vergleichbarer literarischer Fiktionalität (Mimesis) besteht aber darin, dass die am Medienereignis beteiligten Personen *zugleich* teilhaben an beiden Welten und dass dieses *Zugleich* für die Sendung funktionalisiert werden kann, mit dem Risiko freilich, dass die sendungsinterne Welt zusammenbricht: Wenn ein Politiker in einem harten Interview „geknackt" wird, wenn seine „Fassade" durchbrochen wird und dahinter die verletzliche Person zum Vorschein kommt, dann ist dieser „Durchbruch" in die außermediale Realität der intensivste Moment, vielleicht aber auch das Ende des Medienereignisses. Das Risiko, das „Betroffene" in einer Diskussionssendung darstellen, erklärt sich aus diesem Zugleich, das für den Moderator einen Balanceakt zur Folge hat: als Betroffene sollen sie in der Wirklichkeit der Sendung sich emotional engagieren, bis hin zum Weinen, Schreien usw.; die Emotionalität darf aber nicht außer Kontrolle geraten, so dass die Person in ihrer außermedialen „Gewalttätigkeit" das sendungsinterne Arrangement zerstören würde.

Für diese nicht-manifesten Formen der Fiktionalität von Mediengesprächen wird in der Fachliteratur meist der Terminus „Inszenierung" bzw. „Inszeniertheit" verwendet (zu anderen Aspekten von „Inszenierung" s. 2.1. und 9.3.2):

Holly/Kühn/Püschel (1986) haben die These vertreten, dass in politischen Fernsehdiskussionen politische Werbung als Diskussion „inszeniert" werde. Die These ist inzwischen viel diskutiert und auch kritisiert worden. Luginbühl (1999) modifiziert sie dahingehend, dass Argumentieren und Werben nicht inkompatibel sein müssen, sondern Funktionen ein und derselben politischen Sprechhandlung sein können. Das Konzept von „Inszenierung", dass hinter der Analyse von Holly/Kühn/Püschel steht, lässt sich – mit einer späteren Formulierung – fassen als ein Gesprächsmuster, das „die Funktion hat, gegenüber einem Publikum auf einer anderen Realitätsebene einen bestimmten Effekt zu erzielen, der diesem Muster im unmittelbaren Handlungszusammenhang nicht zukommt" (Holly 1990, 57; vgl. auch Luginbühl 1999). Besonders in stark konfrontativen Formen von Gesprächen („Confrontainment-Interviews bzw. -Diskussionen") wird nach dieser Auffassung die Konfrontation „nur" inszeniert, um durch forcierte Emotionalisierung und bewusste Konfrontation polarer Positionen die monotone Ritualisierung gängiger Diskussionsformen aufzubrechen. Der Begriff „Inszenierung", so verstanden, impliziert ein scheinhaftes So-tun-als-ob (weitere vergleichbare Positionen sind referiert bei Burger 2001a).

Bei einem solchen Verständnis von Inszenierung liegt die Gefahr nahe, eine Dichotomie zu konstruieren zwischen dem, was „in Wirklichkeit" ist, und jenem anderen, was nur vorgespielt, dem Zuschauer zu bestimmten Zwecken vorgetäuscht wird. Zutreffender ist wohl die Beurteilung, dass bei Confrontainment der Streit in dem Sinn inszeniert wird, dass zwar kein „wirklicher" Streit entsteht, dass aber Streit im Wissen und mit Zustimmung aller Beteiligten – vermutlich auch der Zuschauer, obwohl dies nicht untersucht ist – zum Zweck der Unterhaltung vorgeführt wird. Also auch der Zuschauer ist in diesen „Pakt" der Inszenierung eingebunden. Dies ist ein klarer Aspekt von Fiktionalisierung, wie sie oben definiert wurde. Grundsätzlich ist heute mit konsumbewussten und in dieser Hinsicht „aufgeklärten" Rezipienten zu rechnen, die einer eingespielten Form von Inszenierung bald müde werden und nach neuen „Sensationen" verlangen. Luginbühl (1999, 226ff.) demonstriert an den Akten konversationeller Gewalt in der schweizerischen Polit-Diskussionssendung „Arena", dass bei den Politikern Äußerungen vom Typ „Lassen Sie mich ausreden, ich lasse Sie auch ausreden!" zum gängigen Muster geworden sind, über das man sich in der Öffentlichkeit – z. B. in Kabarettprogrammen – bereits lustig macht.

Von „Täuschung", „Vorspiegelung" usw. kann man zu Recht wohl dann reden, wenn zwischen dem in der Sendung präsentierten Bild und der dahinter liegenden „Realität" eine Diskrepanz besteht, die dem Rezipienten unzugänglich bleibt. Die von den Machern öffentlich abgegebenen Stellungnahmen zu den Zielen ihrer Sendung können mit dem tatsächlich Verwirklichten kontrastiert und auf eventuelle Widersprüche hin befragt werden. So wird nach Luginbühl (1999) die Sendung „Arena" von Vertretern der Institution als „Landsgemeinde des Massenmediums Fernsehen" angepriesen, also als eine basisdemokratische Einrichtung, die ins Fernsehen hineingenommen wird; Luginbühl (1999) zeigt, dass dieser Anspruch in der Sendung in keiner Weise eingelöst wird.

Eine Folge des Paktes zwischen Kommunikatoren und Rezipienten ist, dass im Medium bisher verpönte Kommunikationsformen nicht nur zugelassen, sondern geradezu zum Konzept von Sendungen gemacht werden.

Dass das grundsätzliche „Einverständnis" der Rezipienten mit den Praktiken der Macher keineswegs Spekulation ist, zeigt sich an einer (längst wieder abgesetzten) Phone-in-Sendung wie „Telefon-Thema" (RTL), einer bloß 15-minütigen Sendung mit teilweise nur minimalen Dyaden Hörer – Moderator.[14] Der Moderator der knapp 15-minütigen täglichen Sendung hat sich als Markenzeichen einen Golfschläger ausgesucht, mit dem er ständig herumfuchtelt. Im Studio ist ferner eine Assistentin (Heinke) anwesend, die vom Bildschirm den Namen der/des nächsten Anrufenden abliest und im Übrigen – wie aus den Bemerkungen des Moderators immer wieder hervorgeht – vor allem hübsch posieren soll. Zeitknappheit dominiert sämtliche Interaktionen. So kann es gar nicht zu ausführlicheren thematischen Gesprächssequenzen kommen – obwohl an sich für jede Sendung ein Thema vorgegeben ist –, statt dessen dominiert weitgehend das Reden über die Beziehung Moderator–Anrufer. Hier ist auch die bis dahin wohl noch grundsätzlich geltende Regel, dass Anrufende in Sendungen mit Rezipientenbeteiligung pfleglich zu behandeln sind, außer Kraft gesetzt. Der Moderator kritisiert die Anrufer, kanzelt sie ab, beschimpft sie, und auch die Anrufer beanspruchen – etwas weniger häufig, aber doch beinahe in jeder Sendung – das gleiche Recht gegenüber dem Moderator. Hier entsteht etwas wie ein sadomasochistischer Zirkel der „konversationellen Gewalt", bei der das verbale Gewalt-Ausüben zum Struktur- und Lustprinzip der Sendung wird. Ein paar Beispiele entsprechender Gesprächssequenzen (alle Sendungen von März/April 1994) mögen dies illustrieren:

Gegenseitige Beschimpfung:

H	= Heinke, Assistentin
T	= Frau Tillmann

H   Frau Tillmann aus Köln.
M   Frau Tillmann.
T   Äh ja hallo ich rufe aus Köln an.
M   Erzählen Sie doch mal von Ihren Flirt-Erfahrungen das find ich interessant.
T   Tja ich wollte als Erstes ich finde dass das ganz gut zum Thema passt, ich wollte ne FRAge stellen und zwar – findest Du eigentlich Dein – widerliches – Machogehabe cool?
M   Ja   findest Du?
T   Das ist ekelhafteste Moderation die ich jemals bisher gesehen habe.
M   Schatzimausi das is aber komisch hast Du denn noch nie Max Schautzer gesehen?   ja? wo kommst Du denn her mein kleines
T   Ey – find ich ganz schön peinlich   ja überlegs Dir mal
M   Häschen?   warum sollte ich?   warum denn?
T   mach Dir mal Gedanken drüber   mach das mal   Tschüß

---

14   Genauere Analysen finden sich in Burger (1996).

M   Schade
H   Tschüß
M   ja der Auseinandersetzung stellen sich diese jungen Menschen nich
H   nein nein ich fands sehr mutig

Beide Gesprächspartner durchbrechen konversationelle Konventionen, insbesondere Konventionen des Mediengesprächs. Zu den allgemeinen Konventionen gehört es wohl, dass man keine unartikulierten oder gar unflätigen Geräusche von sich gibt:

M   Herr Weber aus Hamburg – Herr Weber!
W   [grunzt etwas Unverständliches]
M   Herr Weber Sie sind für mich eine der ganz großen Persönlichkeiten der Telefon- und Talk-TV-Shows und damit müssen wir das Gespräch leider fortsetzen [sic]. [Ende des Gesprächs!]

Von Seiten der Anrufer werden vor allem die Spielregeln verletzt, die den Moderator bevorrechtigen und den Anrufer in die gesprächsstrukturell inferiore Position verweisen:

Ein Hörer, der sich vom Moderator nicht gleich verstanden fühlt, kritisiert sofort dessen Kommunikationsverhalten, obendrein duzt er den Moderator:

A   Hallo?
M   Na?
A   Schönen guten Abend..
M   Gutn Abend.
A   Ich denke man muss zu diesem Thema das Ganze sehen. Noch im vergangenen Jahr oder – Ende zweiundneunzig äh hingen die Krankenkassen schwer daneben, das heißt die Leistungsfähigkeit der Krankenkassen war in Frage gestellt, durch ein mit Brachialgewalt durchgezogenes Konzept des Gesundheitsministers   (UNVERST.)
M   Da muss aber auch mal ein Schlussstrich gezogen

A   ja ja
M   werden   war das nich so was wie n Selbstbedienungsladen für Ärzte und

A   Das is ja die Gesundheitsreform von der ich rede – musst mal zuhören
M   Pharmakonzerne?   ja

A   wurde eigentlich (UNVERST.)
M   Das tu ich auch, aber wenn Sie die Dinge so schildern dass man sie nich

M   nachvollziehen kann, ergänze ich hin und wieder – jetzt sind Sie wieder dran.
A   Kannste Dir schenken.
M   Gut dann können wir uns auch das Gespräch schenken
A   Die Leistungsfähigkeit ist eigentlich

M   (UNVERST.........) mit diesem netten Herrn beenden.
A   die Leistungs/ [Anruf wird abgebrochen]

Der Moderator hält sich vor allem nicht an die Grundregel, dass Anrufende höflich behandelt werden sollen. So treibt er einen etwas langsamen Anrufer, einen bedächtigen Schwaben, zur Eile an:

H	Herr B. aus Wangen.
M	Herr B!

B	Ja, guten Abend
M	n Abend

B	Ich begrüße Sie aus Wangen – und zum Thema
M	Ja nun mal aber n bisschen zackzack

| B | hab ich folgendes zu sage: Heut im Zeitalter der Computertechnik find ich das vollkommn überflüssig, diese Tierversuche. |

Er kritisiert auch explizit die Sprache der Anrufer. Einen Anrufer, der sich ein bisschen langfädig ausdrückt, kanzelt er so ab:

A	Äh ja also ich persönlich äh für mich sind diese Tage ver/ ja äh erst je/ je/ jede anderen Tage auch also wird nich mit groß gefeiert bleibt in der Familie wir (UNVERST.) zusammen weil Feiertage jetzt halt sind.
M	Alles klar, das äh Sie haben die Eigenschaft sehr lange Sätze zu bilden, das macht es mir sehr schwer zu unterbrechen was ja eine meine hervorstechendste Eigenschaft ist. Auf jeden Fall dank ich Ihnen für Ihren Anruf und viel Spaß noch Ostern und nich soviel Schokolade putzen Mensch das is ja sagenhaft.

Bei aller Gleichberechtigung von Moderator und Anrufenden, im Positiven wie Negativen, bleibt es offensichtlich das letztgültige Recht des Moderators, Gespräche zu beenden (falls ihm die Anrufer nicht bereits zuvorkommen). Von diesem Recht macht er ungeniert bei jeder sich anbahnenden Gesprächskrise Gebrauch, wie die obigen Beispiele zeigen.

Letztendes läuft das Verständnis von Inszenierung auf zwei hauptsächliche Positionen hinaus, wie sie Bucher (1993, 106) einander gegenüberstellt: „Inszenierung" ist entweder die Funktionalisierung einer primären Kommunikationsform in einem andersartigen, sekundären Kommunikationszusammenhang (so die Argumentation z. B. von Holly u. a.) oder es handelt sich um eine spezifische Form institutioneller, nämlich medien-institutioneller Kommunikation mit einer eigenen Ausprägung von Realität bzw. eigenen Ausprägungen von Fiktionalisierung (so z. B. Burger 1991). Die Positionen schließen sich wohl nicht grundsätzlich aus; man kann die zweite als die allgemeinere betrachten, die für alle Mediengespräche gilt, während die erste deutlich spezifischer und von Fall zu Fall mehr oder weniger aufschlussreich ist. Wenn man Inszenierung als zentrales institutionelles Merkmal medialer Gesprächsformen betrachtet, so bedeutet dies vor allem, dass man die medienspezifische Ausprägung von Gesprächsmerkmalen, insbesondere von Gesprächswerten analysiert: Wie wird „Konfrontation", „Streit", „Intimi-

tät", „Spontaneität", „Emotionalität", „Natürlichkeit" usw. im Medium erzeugt? Und in Bezug auf den Rezipienten: Was erwartet er von einem „konfrontativen", „emotionalen", „spontanen" Mediengespräch? Da es sich um
wesentlich „erzeugte" Qualitäten handelt, ist die Frage nach „Echtheit" von
vornherein sekundär.

8 Presse-Textsorten

8.1 Medientextsorten – Allgemeines

Im Bereich der Information (informations- und meinungsbetonte Texte) gibt es eine Reihe von Textsorten, die in allen drei Medien ein gewisses Maß an Übereinstimmung aufweisen und die daher in den meisten Untersuchungen unter dem gleichen Namen laufen und auch als medienübergreifend identische Textsorten aufgefasst werden (vgl. Weischenberg 1995, 121 f.). Das sind vor allem Meldung, Bericht, Kommentar, etwas weniger deutlich die Reportage. (Die Glosse ist mehr oder weniger eine Presse-Textsorte geblieben, trotz einiger Versuche, sie auch in den elektronischen Medien anzusiedeln.)[1]

Angesichts der z.T. beträchtlichen medienspezifischen Unterschiede sollte man jedoch vorsichtig sein mit einer vorschnellen Gleichsetzung. Ein Beispiel dafür sind die Schlagzeilen – sofern man sie als eigene Textsorte auffassen will (vgl. 5.1). Die medienspezifischen Differenzen zwischen elektronischen Medien und Presse lassen nicht ohne weiteres eine Übertragung des Begriffs „Schlagzeile" von seiner ursprünglichen Domäne in der Presse auf die elektronischen Medien zu.

Medienübergreifend ist die Tendenz zu Groß-Formen, in die die herkömmlichen Textsorten als Bausteine eingefügt und funktionalisiert sind. Für die Presse sprechen Große/Seibold (1994) von „Multitext". Hier erscheinen die verbalen Bausteine häufig zusammen mit Bildern und/oder anderen grafischen Elementen. Für den Hörfunk und das Fernsehen ist das Magazin-Prinzip (vgl. 10.1) dominant geworden.

Die Groß-Formen schaffen für eine Textsortenanalyse ein definitorisches und terminologisches Problem, insofern man eine Mehr-Ebenen-Struktur ansetzen muss. Man kann folgende Unterscheidungen vornehmen: eine Makro-Ebene (beim Fernsehen z.B. ein Magazin als ganzes), eine Meso-Ebene (z.B. der einzelne Beitrag innerhalb eines Magazins) und eine Mikro-Ebene (z.B. die einzelnen Textsorten innerhalb des Beitrags, mit ihren herkömmlichen Bezeichnungen wie „Filmbericht", „Interview" usw.). Allerdings ist nicht bei allen Arten von Groß-Formen eine Meso-Ebene

---

1 Straßner (2000) gliedert seine Darstellung der „Journalistischen Texte" nach dem Raster Produktion /Rezeption/Produkt. Dadurch ergeben sich zwar erhellende Vergleiche zwischen den Medien auf der Produktions- und Rezeptionsseite, jedoch werden die Produkte – die Textsorten – dann im Wesentlichen undifferenziert über alle Medien hinweg besprochen. M.E. werden die gravierenden intermedialen Unterschiede verdeckt, wenn man Abhandlung, Bericht, Essay, Feature, Gespräch, Glosse, Interview usw. sozusagen unabhängig vom jeweiligen Medium definiert und illustriert.

realisiert. Oberhalb der Makro-Ebene wären dann noch produktionsorientierte Kategorien wie „Sendereihe", „Programm" usw. anzusiedeln.

Insbesondere in der Boulevardpresse, aber nicht selten auch in den Abonnementsblättern lässt sich eine Tendenz zu Mischformen (s. u. 8.4.1) registrieren. In der Boulevardpresse finden wir z. B. Mischungen von Textsorten, die in anderen Pressetypen klar getrennt und mit einem festen Set von textexternen und textinternen Merkmalen erfassbar sind. Zwar haben Berichte auch in der Boulevardpresse oft den herkömmlichen Aufbau, doch kommt den einzelnen Bau-Elementen oft eine ganz andere Funktion zu als sonst. Ein Beispiel dafür ist der Lead (vgl. 5.1).

Ein für die Textsortentypologie relevantes medienübergreifendes Kriterium ist schließlich das Verhältnis von Mündlichkeit und Schriftlichkeit (s. o. Kap. 6), das sich tendenziell zur Mündlichkeit hin verschiebt. Zwar beharren zahlreiche Textsorten der Abonnementspresse noch auf Schreibweisen, die stark an der Schriftlichkeit orientiert sind (insbesondere die auf Agenturmaterial basierenden Texte), doch ist in der Boulevardpresse und vielen Sektoren der sonstigen Presse eine zunehmende Hinwendung zu stärker oralen Formen zu registrieren. In den elektronischen Medien zeigen sich komplexe Zwischenformen zwischen Mündlichkeit und Schriftlichkeit, die sich nicht mehr mit dem Titel der „sekundären Oralität" abdecken lassen.

In den folgenden Kapiteln wird das Problem der Textsorten und der Einheiten höherer Ordnung zunächst an der Presse, dann an Nachrichtensendungen in Radio und Fernsehen, und schließlich an der Radio-Moderation, insbesondere in Begleitprogrammen, diskutiert.

8.2 Kriterien und Klassifikationen

Im Medium Presse ist die Konkurrenz von Abonnements- und Boulevardpresse, zugleich auch die Konkurrenz mit den elektronischen Medien, ein entscheidender Faktor der Textsortenentwicklung. Boulevardzeitungen (auch „Kaufzeitungen") sind solche, die nicht abonniert, sondern jeweils an einer Verkaufsstelle, einem Kiosk usw. gekauft werden und deshalb die Aufmerksamkeit potenzieller Käufer erregen müssen. Des weiteren unterscheidet man bei den Zeitungen zwischen überregionalen und Lokal- bzw. Regionalzeitungen, schließlich vom Erscheinensmodus her Tageszeitungen und Wochen- bzw. Sonntagszeitungen (zur Typologie vgl. Straßner 1997a, 18 f.). Als neuer Typ ist in den letzten Jahren die Gratiszeitung hinzugekommen (s. u. 8.4.3).

Gegenüber den Zeitungen sind die „Zeitschriften" nicht tagesaktuell, dafür außerordentlich diversifiziert nach Themenbereichen und Adressatengruppen (vgl. dazu im einzelnen die Übersicht bei Straßner 1997b).

Im Folgenden befasse ich mich hauptsächlich mit Tageszeitungen, am Rande ziehe ich auch Zeitschriften-Artikel bei.

In Deutschland sind zahlreiche Textsorten der Abonnementspresse relativ stabil gegenüber dem Konkurrenzdruck.

Straßner (1991) registriert für die „seriöse Tagespresse" in Deutschland, dass die Praktiken der Boulevardblätter auf sie „wenig abgefärbt" hätten (137). Die Abonnementszeitungen zeigen nach Straßner in den Ressorts Nachrichten, Politik, Wirtschaft, Sport aufgrund ihrer Agenturabhängigkeit „einen sprachlich-stilistischen Einheitscharakter" (137). (Die Agentursprache tradiert die herkömmlichen Merkmale einer syntaktisch stark komprimierten und rezipienten-unfreundlichen Sprache: Nominalstil, Präpositional- und Genitivkonstruktionen, fehlende Redundanz usw.) Für die Deutschschweizer und besonders die österreichische Presse gelten diese Aussagen, soweit ich sehe, nicht im gleichen Maße. In Österreich ist eine deutliche Homogenisierung des Pressestils in Richtung Boulevardpresse zu registrieren, und auch in der Schweiz lässt sich ein solcher Trend beobachten.

Güde (2000) hat Journalisten deutscher Tageszeitungen daraufhin befragt, wie sie den Sprachstil der Agenturen einschätzen (mit den Kategorien „Klarer Ausdruck", „Elegante Schreibe", „Pointierte Leads", „Wenig Nominalstil", „Wenig Fremdwörter", 162). AP schneidet insgesamt am besten ab. Die meisten Agenturen erhalten mit über 50 % einen „klaren Ausdruck" bescheinigt. Weniger als einem Fünftel im Durchschnitt wird hingegen „wenig Nominalstil" attestiert. Etwas besser steht es mit den Fremdwörtern. Doch auch hier kommt nur eine Agentur (dpa) auf den Wert von 43 % für „wenig Fremdwörter".

In den Abonnementszeitungen haben sich die etablierten Textsorten im großen und ganzen gehalten, und über das heute zur Verfügung stehende Inventar besteht weitgehend Einigkeit. Für die Textsorten im einzelnen bietet Lüger (1995) eine gute Zusammenfassung (fürs Französische vgl. Große/ Seibold 1994). Straßner (2000) gibt neben einer Übersicht der relevanten Textsorten illustratives Beispielmaterial für typische Textsortenrealisierungen in Zeitungen und Zeitschriften.

Bei einer Klassifikation empfiehlt es sich, strukturelle und funktionale Kriterien auseinanderzuhalten.

Strukturell betrachtet sind primär monologische und dialogische Texte zu unterscheiden. Früher war der monologische Text die Regel in der Presse, der dialogische der Ausnahmefall. Das hat sich grundlegend geändert. Auch in den formal konservativsten Blättern wie Frankfurter Allgemeine Zeitung oder Neue Zürcher Zeitung gehören Interviews bzw. auf Interviews basierende Texte heutzutage zum festen Textsorten-Repertoire.

Funktional betrachtet lassen sich Pressetextsorten als Spezialfälle einer allgemeinen funktionalen bzw. handlungstheoretischen Textsortentypologie auffassen. Brinker (2001) unterscheidet die 5 Funktionen Information, Appell, Obligation, Kontakt, Deklaration. Obligation und Deklaration spielen in der Presse kaum eine Rolle. Lüger (1995) bietet, soweit ich sehe, die derzeit elaborierteste und am stärksten linguistisch ausgerichtete Typologie, die er handlungstheoretisch begründet.

Es erscheint mir sinnvoll, mit Lüger zunächst „Textklassen" von „Textsorten" zu unterscheiden. Für die Definition der Textklasse bietet sich das Kriterium der Textfunktion an.[2] Nach Lüger gibt es in Pressetexten hauptsächlich die folgenden Textklassen:

informationsbetonte Texte
meinungsbetonte Texte
auffordernde Texte
instruierend-anweisende
kontaktorientierte Texte

Diesen Textklassen werden dann „Textsorten" zugeordnet, die als „standardisierte Muster" von Texten aufgefasst werden. Hier kommen makroebenso wie mikrostrukturelle Aspekte der Texte zur Geltung.

Lügers informationsbetonte bzw. meinungsbetont-persuasive Texte lassen sich unschwer als Spezialfälle von Texten mit Informations- bzw. Appell-Funktion erkennen.

Instruierend-anweisende Texte wären ebenfalls als Untergruppe der Appell-Funktion zuzuordnen. Brinker unterscheidet bei der Appell-Funktion zwei Aspekte:

> „Der Emittent gibt dem Rezipienten zu verstehen, daß er ihn dazu bewegen will, eine bestimmte Einstellung einer Sache gegenüber einzunehmen (Meinungsbeeinflussung) und/oder eine bestimmte Handlung zu vollziehen (Verhaltensbeeinflussung)." (102)

Es ist offensichtlich, dass sich Lügers meinungsbetont-persuasive Texte auf den ersten Aspekt beziehen lassen (Meinungsbeeinflussung), während die instruierend-anweisenden Texte dem zweiten Aspekt (Verhaltensbeeinflussung) zuzuordnen sind. Im Blick auf Medientexte wäre es von praktischem Vorteil, wenn man die beiden Aspekte von „Appell" auch terminologisch auseinanderhalten könnte. Doch gibt es derzeit keine eingeführten Termini dafür.

Die fünf von Lüger unterschiedenen Intentionsklassen scheinen mir nicht alle in gleicher Weise für Pressetexte relevant bzw. als klassenbildende Kriterien geeignet zu sein.

---

2 Lüger operiert mit dem sprachakttheoretischen Begriff „Intentionalität". Für Medientexte scheint es mir ratsamer – ohne dass ich darauf hier näher eintreten kann –, den textlinguistischen Begriff der „Textfunktion" zu verwenden.

Ob „kontaktorientierte" Texte als eigene Textklasse zu betrachten sind, scheint mir fraglich. Es ist zweifellos richtig, dass bestimmte Elemente von Pressetexten – Fotos, Schlagzeilen, grafische Mittel des Layouts usw. – dazu dienen, „die Aufmerksamkeit und das Interesse der Leser zu gewinnen" (Lüger, 79). Diese Mittel finden in der Abonnementspresse vor allem auf der Frontseite Anwendung, bei Boulevardblättern sind sie allgegenwärtig. Auf der Titelseite von Boulevardblättern werden sie häufig so dominant, dass der eigentliche Text auf ein absolutes Minimum reduziert wird, und zudem dienen sie primär als Blickfang für die Fortsetzung auf einer späteren Seite. (TEXTE dieser Art, die auf Weiterführung hin angelegt sind, werden als „Anreißer" bezeichnet.) TEXTE, die nur aus Schlagzeile, Foto und minimalem Text bestehen, ohne dass sie im Inneren der Zeitung weitergeführt werden, kann man als Grenzfall von TEXT ansehen, ohne deswegen eine eigene Klasse „kontaktorientierte Texte" zu schaffen.[3] Hingegen könnte man sie als „Textsorte" (s. u.) auffassen. Dafür spricht, dass sie funktional eine deutliche Verwandtschaft zu „Trailern" (vgl. 5.3.1) beim Fernsehen haben, die ihrerseits zweifellos die Anforderungen an eine konventionalisierte Textsorte erfüllen.

Bei den „auffordernden Texten" wird man sich fragen (und Lüger selber weist darauf hin), ob es sich um eine für die Presse relevante Textklasse handelt. Explizite Aufforderungen an die Leserschaft kommen in Zeitungen kaum je vor. Allenfalls sind es okkasionelle Texte, in denen eine Person oder eine Gruppe zu etwas Bestimmtem aufgefordert wird. (Lüger gibt als Beispiel einen BILD-Kommentar. Sicherlich kann in einem Kommentar zu einer bestimmten Handlungsweise aufgefordert werden, aber das Auffordern ist wohl kaum ein stabiles Merkmal der Textsorte „Kommentar".)

Nun ist mit der Zuweisung von Pressetexten zu einigen wenigen Text-Intentionen bzw. Textfunktionen noch nicht viel Konkretes gewonnen. Erst eine Subklassifizierung der auf diesem Wege gewonnen globalen Klassen in „Textsorten" führt zu medienspezifisch interessanten Beobachtungen.

Die Zuordnung von Funktion und formaler Textstruktur ist ein schwieriges Problem der Textlinguistik. In der Regel gibt es keine allgemeingültigen und eindeutigen Zuordnungsregeln. Eine Funktion kann formal vielgestaltig realisiert werden, und eine formale Struktur kann in vielerlei Funktionen eingesetzt werden. Dennoch ist der funktionale Ansatz für die Textsortenunterscheidung in der Presse brauchbar, weil es hier Konventio-

---

3 Lüger selbst schränkt die Relevanz des Kriteriums „Kontaktorientiertheit" für die Textklassenbildung ein, wenn er zum Innenteil von Zeitungen schreibt: auch dort „spielt das Bemühen um eine Aktivierung von Leseinteresse eine wichtige Rolle – nur wird man hier weniger von speziellen Texten als vielmehr von kontaktorientierten Maßnahmen oder Mitteln sprechen können." (79)

nen der Zuordnung gibt, die mindestens außerhalb des Boulevard-Journa-
lismus über längere Zeit stabil sind oder die sich mindestens innerhalb eines
Blattes über längere Zeit etablieren, die für die regelmäßigen Leser damit
zum berechenbaren Rezeptionsmuster werden. In den weitaus meisten Fällen ist in Presse-Texten leicht feststellbar, welches die dominante bzw. vom
Textproduzenten dominant gesetzte Text-Funktion ist, und zwar weil es
häufig explizite und eindeutige Indikatoren im Text oder in der Text-Um-
gebung gibt. Häufig sind Presse-Texte auch noch metakommunikativ auf
die beabsichtige Text-Funktion und sogar die spezifische Textsorte hin indiziert (durch Angaben wie „Bericht", „Kommentar" oder Verweise von
einem Artikel auf einen andern: „einen ausführlichen Kommentar dazu finden Sie auf S. x" o. ä.). Ob die Rezipienten den jeweiligen Text tatsächlich in
diesem Sinne lesen, steht auf einem ganz anderen Blatt. In welch hohem
Masse Rezipienten bzw. Rezipientengruppen ihre eigenen „Lesarten" von
Medientexten realisieren, ist im Rahmen der „Cultural Studies" gezeigt
worden (s. o. 1.3).
   Ich gehe hier nur auf die Klassen der informations- und meinungsbetonten Texte ein. Hier stellen sich mit den Problemen der Subklassifikation
sogleich auch *terminologische* Probleme ein.
   Die Journalisten selbst verwenden bestimmte Namen konventionell für
bestimmte Arten oder Mach-Arten von Texten (wie es in den einschlägigen
Handbüchern der journalistischen Praxis dargestellt ist). Die journalistischen
Klassifikationen decken sich aber nur selten mit den Klassifikationen der Linguisten. Der Grund ist offensichtlich: Die journalistischen Klassen ergeben
sich durch eine aus der Praxis entstandene ad-hoc-Mischung von Kriterien,
während Linguisten sich darum bemühen, ein Klassifikationskriterium (oder
allenfalls einige wenige Kriterien) konsequent durchzuhalten. Natürlich sind
die journalistischen Klassifikationen nicht „falsch", sondern i. Allg. zu komplex und heterogen, um strikte Zuordnungskriterien abzugeben.
   Linguistisch operationalisierbare Kriterien, die sich zusätzlich zur Text-
funktion für die Textsortendifferenzierung eignen, sind bei Pressetexten vor
allem die folgenden:

- Die Art der *thematischen „Entfaltung"* (deskriptiv, narrativ, argu-
  mentativ, vgl. Heinemann/Viehweger 1991)
- Die *inhaltliche Detailliertheit* (auf welche „Fragen" „antwortet" der
  Text: wer, wo, wann, warum …?)
- Die *intertextuelle Textgeschichte* (gibt es einen typischen Verlauf der
  Textgeschichte? gibt es einen Autor – mit allen Vorbehalten, die ge-
  genüber der Kategorie „Autor" in Kap. 4 formuliert wurden?)
- Die *synchrone Intertextualität* (ist der Text bezogen auf andere Texte
  in der gleichen Zeitung?)

- Die *formale Struktur* des Textes (gibt es ein konventionalisiertes Schema?)
- Die *Perspektive*, aus der der Text geschrieben ist (ist überhaupt eine Perspektive erkennbar? Wenn ja, ist es die des Autors oder anderer Personen?)
- Ist der *Autor* im Text explizit präsent? Wenn ja, in welcher Rolle, in welcher Art von Situation und mit welchen Aspekten seiner Person?

Bei den informationsbetonten Texten lassen sich mit diesen Kriterien zwei Textsorten relativ klar voneinander unterscheiden: „Meldung" und „Bericht". Die „Reportage" hat Anteil an den informationsbetonten wie den meinungsbetonten Texten, da ihr stark perspektivischer Charakter unweigerlich die „Meinung" des Journalisten ins Spiel bringt. Als wichtigste eindeutig meinungsbetonte Textsorte lässt sich der „Kommentar" charakterisieren. Was „Reportagen" und „Kommentare" sind, ist in der linguistischen Fachliteratur kaum umstritten, und es liegen gute Charakterisierungen vor[4].

Bevor ich diese Textsorten beschreibe, sei noch eine andere gängige Subklassifikation der Textsorten angesprochen: die Unterscheidung von „harten" und „weichen Nachrichten". Diese Unterscheidung ist primär inhaltlich konzipiert. „Harte Nachrichten" betreffen gesellschaftlich zentrale Themenbereiche wie Politik und Wirtschaft, während „weiche Nachrichten" einerseits Verbrechen, Katastrophen, Unglücke, andererseits Themen aus dem Bereich „human interest" behandeln (vgl. Lüger 1995, 103).

Da die beiden letzten Bereiche doch von sehr unterschiedlicher Relevanz sind, unterscheidet man in der Fernsehterminologie (vgl. Wittwen 1995, 96 ff.) drei Kategorien:

(1) „hard news" (harte Nachrichten)
(2) „spot news" (Verbrechen usw.)
(3) „soft news" (was den „weichen Nachrichten" mit human interest entsprechen würde)

Bei einer dreiteiligen Terminologie wäre noch ein deutsches Äquivalent für „spot news" zu schaffen, für das es bisher keinen eingebürgerten Terminus gibt.

Dieser terminologische Ansatz kann Verwirrung schaffen: „Nachricht" wird einerseits als Name für das, was inhaltlich bestimmten Kriterien der Neuigkeit entspricht, was „Nachrichtenwert" hat (entsprechend engl. „news" in „hard/soft/spot news"), verwendet, andererseits als Oberbegriff für zwei Textsorten. Lüger (1995, 95) entscheidet sich trotz der möglichen Missverständnisse dafür, „harte Nachricht" und „weiche Nachricht" als Textsortenbezeichnungen weiter zu verwenden. Doch ergibt sich dann bei

---

4 Vgl. die Überblicke bei Lüger (1995).

den „weichen Nachrichten" das Problem, dass diese Textsorte nur inhaltlich zu definieren ist, während sie sich strukturell und sprachlich kaum einheitlich beschreiben lässt. (Lüger spricht von „variationsreicher Textgestaltung und lesewerbender Informationspräsentation" [103].) Eine Möglichkeit, wie man von der bloß inhaltlichen Fokussierung wegkommen könnte, ist Lügers Vorschlag, die (pragmatische) Kategorie der „Kommunikationsmodalität" ins Spiel zu bringen. Man könnte dann solche Texte, die in einer „ernsthaften" Modalität verfasst sind, von solchen unterscheiden, die eine eher „scherzhafte", lockere, nicht ganz ernste Modalität zeigen. Die scherzhafte Modalität würde dann allerdings nur auf einen Teilbereich der „weichen Nachrichten", nämlich die „soft news" der dreiteiligen Typologie, zutreffen.

Zur Terminologie und Klassifikation lässt sich als Fazit festhalten:

Welche Klassifikation und Terminologie auch immer man wählt, man wird in Bezug auf die Zuordnung von Inhalten/Funktionen/Strukturen an Grenzen geraten, die (auch) durch die Entwicklung der Medien selbst bedingt sind, insbesondere durch die noch zu besprechende Verwischung der Grenzen zwischen herkömmlichen Textsorten.

Es erscheint mir vorteilhaft, „Meldung" und „Bericht" als die grundlegenden Textsorten-Termini für informationsbetonte Pressetexte zu verwenden und unabhängig vom Thema solange von „Meldung" und „Bericht" zu sprechen, wie sich strukturelle Indizien für diese Textsorten finden lassen.

Die Termini „hard/spot/soft news" würde ich beiziehen, wenn die strukturellen Merkmale versagen und man primär inhaltlich argumentieren muss.

Schlagzeilen, für sich genommen, als Textsorte zu bezeichnen, scheint mir nicht gerechtfertigt. Da Schlagzeilen vor allem in ihrem intratextuellen Bezug auf den eigentlichen Text (Fließtext, Body) Funktion und Bedeutung (vgl. 5.1) haben, würde ich sie als Bausteine von informationsbetonten Pressetexten auffassen.

(In den elektronischen Medien freilich hat sich der Terminus „Nachrichten" eingebürgert, im Radio als Name für ein Sendegefäß, im Fernsehen meist für einen Block innerhalb des Sendegefäßes „Fernsehnachrichtensendung", so dass er dort kaum mehr ersetzbar ist [vgl. 9.2.2]. Linguistisch gesehen, steht der Name für eine Textsorte. In inhaltlicher Hinsicht enthält die Textsorte i. Allg. hard news, mit Beigabe gelegentlicher soft news meist gegen Ende einer Ausgabe, von den „Tagesschau"-Sprechern typischerweise mit entspanntem Lächeln angekündigt.)

8.3 Einzelne Textsorten

Die wichtigsten informations- und meinungsbetonten Textsorten im Überblick:

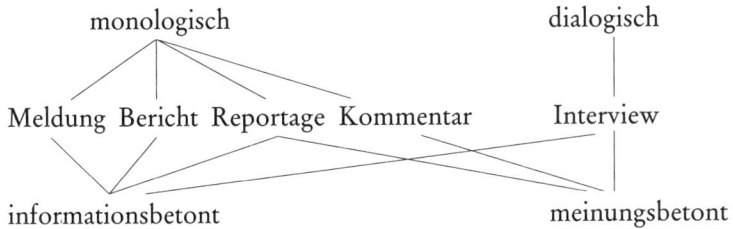

8.3.1 Meldung

Die Meldung ist die kürzeste, einfachste und am stärksten faktenorientierte Textsorte.
Nach Bucher (1986, 82) wird in der Meldung gesagt,
> was sich ereignet hat,
> wo, wann, wie, weshalb es sich ereignet hat,
> wer an dem Ereignis beteiligt war.

Die intertextuelle Basierung des Textes und Bezüge zu anderen Texten der Zeitung müssen nicht explizit gemacht werden.
Eine Perspektive ist meist nicht erkennbar.
Ein Autor tritt nicht in Erscheinung.
In formaler Hinsicht weist die Meldung in der Regel eine Schlagzeile, aber keinen Lead auf. Der Aufbau des Fließtextes folgt meist dem Prinzip der „umgekehrten Pyramide" (vgl. 8.3.2).

Beispiel für eine Meldung:

> **Überraschung in Motassadeq-Prozess**
> Hamburg. – Mounir al-Motassadeq, der in Hamburg vor Gericht steht, war laut mutmasslichen Hintermännern des 11. September 2001 kein Mitglied der Hamburger Terrorzelle. Diese Informationen haben die USA dem Gericht gestern übermittelt. Motassadeq habe von den Vorbereitungen der Anschläge nichts gewusst, heisst es in einer Zusammenfassung von Aussagen der möglichen Drahtzieher Ramzi Binalshibh und Chalid Sheikh Mohammed. Beide werden seit ihrer Festnahme in US-Gewahrsam vermutet. (SDA)
> (Tages-Anzeiger, 12. 8. 2004)

Selbst dieser ganz kurze Text enthält allerdings nicht nur Fakten. Mehrfach und gestuft wird im Text selber auf die Quelle(n) der Nachricht hingewiesen: „laut mutmasslichen Hintermännern", die dann im dritten Satz näher bestimmt werden („der möglichen Drahtzieher …"), ohne dass allerdings explizit gesagt wird, dass es sich um „Hintermänner" handelt. Die Aussagen dieser Leute wiederum „haben die USA ... übermittelt", ohne dass konkretisiert wird, wer die konkrete Quelle ist. Schließlich wird noch die Agentur (SDA) angegeben, die den Prätext geliefert hat.

Meldungen auf der Frontseite dienen heute meist der „Leserführung": Sie bieten eine kurze „Vorschau" auf das, was im Inneren der Zeitung ausgeführt wird, z. B.

Boatpeople in Italien
Lampedusa. – Nach dem Tod 28 illegaler afrikanischer Einwanderer im Mittelmeer ist am Mittwoch erneut ein Flüchtlingsboot mit etwa 100 Menschen in Süditalien angekommen. Im Kampf gegen die Migration verlangt Italien Hilfe von der EU. Die Regierung erwägt auch die Einrichtung von Flüchtlingscamps in Afrika. *Seite 6*
(Tages-Anzeiger, 12. 8. 2004)

Auf Seite 6 findet sich dann ein ausführlicher Bericht eines Korrespondenten.

Bei den Meldungen sieht man am deutlichsten, dass die strukturellen und die inhaltlichen Klassifikationskriterien sich überkreuzen. Meldungen gibt es in allen inhaltlichen Bereichen (hard, spot und soft news) und in allen Kommunikationsmodalitäten (ernsthaft – scherzhaft – ironisch usw.).

8.3.2 Bericht

Der Bericht ist der Haupttyp informationsbetonter Texte.

Beim Bericht kommt zu den Elementen, die bereits die Meldung aufweist, hinzu (wiederum mit Bucher 1986),

dass der Verlauf des Ereignisses beschrieben wird,

dass Vorgeschichte und Folgen des Ereignisses mitgeteilt werden,

dass das Ereignis in relevante Zusammenhänge (z. B. soziale, historische, politische, kulturelle) eingeordnet wird.

Der Bericht ist also inhaltlich komplexer und damit quantitativ auch länger als die Meldung.

Über die reine Faktendarstellung kommen hier notwendigerweise interpretative Aspekte ins Spiel. Ohne ein gewisses Maß an „Kommentierung" kommt also der Bericht nicht aus.

In seiner konventionellen Form ist er klar strukturiert in drei Bausteine:

Schlagzeile (ein- oder mehrteilig)

Vorspann (Lead)

Fließtext (Haupttext, Body)

In inhaltlicher Hinsicht ist er prototypisch nach dem Modell der „umgekehrten Pyramide" aufgebaut, d. h. die zentralen Informationen stehen am Anfang, der weitere Text enthält Spezifikationen einzelner Aspekte. So werden die Texte von den Agenturen angeboten, damit sie von den Redakteuren in den Zeitungen mühelos gekürzt werden können. Dabei ist es heutzutage nicht mehr so, dass die Kürzungen von hinten her erfolgen (das war wohl die Vorstellung, die früher durch die materielle Substanz von Papier und Schere suggeriert wurde), sondern Kürzungen können an jedem Ort – außer am Anfang – des Textes vorgenommen werden. Für die Arbeit am PC spielt der Ort der Bearbeitung keine Rolle mehr.

Die Textgeschichte wird meist explizit verbalisiert. Oft bestehen Bezüge zu anderen Texten in der gleichen Zeitung.

Ob und allenfalls wie der Autor im Text präsent ist, das wird sehr unterschiedlich gehandhabt (s. u. 8.4.1).

Beispiele werden in 8.4 analysiert.

8.3.3 Kommentar

- Der Kommentar ist in der Regel eine „unselbständige" Textsorte, komplementär zum Bericht, setzt die dort gegebene Information über Fakten bereits weitgehend voraus.
- Er wird von einem namentlich gekennzeichneten Autor verantwortet.
- Eine subjektive, perspektivische Sicht ist nicht nur toleriert, sondern erfordert. Allerdings deckt sich diese oft zugleich mit derjenigen der Redaktion.
- Wertende Sprechhandlungen sind dominant, aber nicht an eine bestimmte Stelle des Textes gebunden. Wertung ist häufig mit Emotionalisierung verbunden.
- Die sprachliche Gestaltung ist entsprechend geprägt von „expressiven" Sprachelementen wie Metaphern, Idiomen etc.
- Die Wertungen werden durch eine argumentative Textstruktur abgestützt.
- Die Argumentation kann (was aber nicht die Regel ist) in einen eigentlichen Appell münden, wobei als Adressaten weniger die Rezipienten als Politiker oder Institutionen in Frage kommen.

Beispiele für Kommentare sind in 8.4 analysiert.[5]

8.3.4 Reportage

Das zentrale Merkmal der Reportage ist die perspektivische Darstellung.

Unter „Perspektive" versteht man die „Repräsentation von etwas für jemanden von einer gegebenen Position aus. Dabei wird dieses etwas (Ob-

---

5 Anm. Zu den kommunikativen Funktionen des Zeitungskommentars vgl. Ramge/Schuster (2001).

jekt, Person, Sachverhalt, Ereignis, Handlung) nur in einem oder mehreren seiner Aspekte für ein Individuum relevant, nicht als Ganzes, und es wird so für einen Adressaten zu einem bestimmten Zweck verbalisiert." (nach Sandig 1996)

Der Journalist, der perspektivisch schreibt, tut dies nicht so sehr als Individuum, sondern eher „in der Rolle" eines Individuums, das für die Rezipienten von einer journalistisch möglichst vorteilhaften Position aus berichtet. Diese Position ist prototypisch diejenige des „Augenzeugen". Der Augenzeuge kann dabei mehr oder weniger stark in das Geschehen involviert sein. (Der bloße, völlig unbeteiligte Augenzeuge ist i. Allg. kein geeignetes Autor-Ich für eine Reportage; schon die emotionale Beteiligtheit macht den Autor in irgendeiner Weise zum „Komplizen", zum „Mitleidenden" oder sonstwie Beteiligten.) In gewissem Masse hängt es natürlich von den äußeren Umständen ab, welche Rolle der Reporter überhaupt einnehmen kann. Inmitten eines Kriegsgeschehens ist die Wahl der möglichen Rollen begrenzt. Die Erfindung des „embedded journalist" im Irak-Krieg hat die bis dahin möglichen Rollen des Kriegsberichterstatters um eine entscheidende Dimension erweitert. Sie wurde quasi offiziell ermöglicht und bereitgestellt durch die amerikanische und britische Armee.

Aber auch in einer durch äußere Umstände festgelegten Rolle hat der Autor die Möglichkeit, sich selbst im Text auf unterschiedliche Weise und in unterschiedlichem Grade zur Geltung zu bringen.

Im Wesentlichen kann er unter den folgenden Aspekten im Text präsent sein:

- indem er sich selbst als Augenzeugen, Beobachter, Beteiligten benennt, der in einer dieser Rollen für den Text verantwortlich ist
- indem er Wertungen formuliert, die er explizit als seine eigenen, subjektiven kenntlich macht
- indem er seine Sinneswahrnehmungen (was er sieht, hört …) versprachlicht
- indem er über seine physischen und psychischen Erfahrungen schreibt
- indem er sich räumlich in einer „Szene" situiert
- indem er sich zeitlich in einem Geschehen einordnet

Mit Müller (1989) lassen sich auf der Makro-Ebene drei Textebenen unterscheiden, die konstitutiv sind für Reportagen:

- die Vor-Ort-Ebene
- die Personenebene
- die Dokumentationsebene

Einige Merkmale der drei Ebenen seien genannt:

(a) Vor-Ort-Ebene:

In den Vor-Ort-Passagen wird die Situation mit ihren raum-zeitlichen Aspekten, insbesondere auch mit ihren atmosphärischen Besonderheiten detailliert beschrieben. In diesen Passagen definiert der Autor seine Rolle, seinen Grad an Involviertheit, hier muss er sich entscheiden, in welchem Maß er selbst im Text präsent sein will.

Für die Verbalisierung der Situation steht das ganze Arsenal von Verfahren aus der literarischen Tradition zur Verfügung. Für den Einstieg werden oft Techniken verwendet, die filmischen Verfahren analog sind, z. B der Übergang von der Totale zu Nah-Einstellungen, wie im folgenden Beispiel einer Reportage über Peru:

> [Nach zwei einleitenden Sätzen über Lima und die Bedeutung des Stadtteils Miraflores, ohne optischen Bezug:]
> Fürs Auge eine Mischung zwischen New York und Capri: an der Küste, oberhalb der steilen Kiesfelsen, protzen Apartmenthäuser, den Wachsoldaten mit Maschinenpistole vor dem Eingang, Tennisplätze, Palmen, hohe Bankhäuser, Gebäude von Investmenttrusts, Shopping-Center, ein „Kentucky Fried Chicken", Restaurants in Rustikalarchitektur. Ich sitze im Café „Vivaldi", einem nachgebauten englischen Pub mit offenen Fenstern zur Straße hinaus. (…) (Müller 180)

Mit „fürs Auge" wird die Totale angekündigt. Von der Gesamtansicht schwenkt dann der Blick über die Szene, einzelnes wird sichtbar, bis hin zu den Restaurants, bis hin zur Nah-Ansicht des Pubs Vivaldi, wo sich die „Kamera", das sehende „Ich" mit ihrem Standort zu erkennen gibt. In diesem Beispiel ist die Perspektive eindeutig die des Autor-Ichs, wie sich mit „Ich sitze im Café …" herausstellt.

Das muss nicht so sein. In einer Reportage mit dem Titel „Der Vorgeschmack von Freiheit/ Wie sich vier irakische Brüder auf die Zeit nach Saddam Hussein vorbereiten" (Die Zeit, 30. 4. 2003) wird dem Lesenden suggeriert, dass er die „Menschenmenge" durch die Kamera des filmenden Wahed sieht, weil mehrfach auf dem Filmen und der Kamera insistiert wird, ohne dass das Autor-Ich irgendwo in Erscheinung träte:

> Es ist Freitag, Tag des Gebets. Wahed steht auf dem Dach des Hauses und filmt die Menschenmenge, die sich hier eingefunden hat. Es dürften Zehntausende sein, die ihre kleinen Teppiche auf der Straße ausbreiten, zwischen den Schlaglöchern, dem Staub und dem Müll, der das Viertel Tag und Nacht in eine hartnäckig stinkende Wolke hüllt. Wahed hatte auch 1998 gefilmt, von einem Versteck aus, als die Fedajin Saddam Husseins von der Fußgängerbrücke aus auf al-Sadrs Anhänger schossen und sie zu Dutzenden töteten. Als sein Bruder Nadir später davon erfuhr, nahm er die Videokassette aus der Kamera und trat darauf, bis sie in Stücke brach (…)

Statt des Bezugs auf Filmtechniken könnte man hier natürlich ebenso gut auf literarische Traditionen verweisen. Ganz klar ist diese Traditionslinie erkennbar bei dem, was Müller als „szenischen Einstieg" bezeichnet.

Hier wird „ohne einleitende Erklärung direkt auf ein konkretes Geschehen an einem bestimmten Ort geblendet. Von der ersten Zeile an wird dem Leser das Gefühl vermittelt, direkt dabei zu sein als einer, der plötzlich selbst zum Augenzeugen wird." (121) Entscheidend für diesen Effekt ist, dass der Autor im Text noch nicht existiert, dass er seine eigene Perspektive gerade noch nicht ins Spiel bringt, dass er noch keinen Bezug zum Leser herstellt, dass so getan wird, als seien viele Informationen schon gegeben usw. Charakteristisch dafür ist die Verwendung des bestimmten Artikels bei Substantiven, ohne dass vorher bereits auf die entsprechenden Denotate referiert worden wäre. Ein Beispiel:

> Der Lange im blauen Hemd bläst sich auf wie ein Frosch. Dann ein Schrei aus
> tiefster Seelennot: „50 Brief!" Die Wirkung ist verheerend – lauthals Gezeter
> und Gebrüll im Rund. Am wütendsten kräht der Kleine mit der Glatze dazwi-
> schen: „30 Geld!" (…) (Müller 123)

Die Szenerie ist nicht bekannt, die Personen sind nicht bekannt, allenfalls lassen die direkten Zitate erraten, wo man sich befindet: in der Börse. Alle die als bekannt unterstellten Informationen werden dann nach und nach erst vermittelt. Das ist eine bekannte literarische Technik des Textbeginns, für die man nicht lange nach Beispielen suchen muss.

Die Art und Weise, wie der Autor sich selbst ins Spiel bringt, kann – bei weitgehend vergleichbaren äußeren Umständen – sehr verschieden sein. Zwei Beispiele – beide in derselben „Reportagen"-Beilage einer Zeitung (Tages-Anzeiger, 18.1.1989) veröffentlicht – mögen das verdeutlichen. In beiden Fällen handelt es sich um Reportagen über Reisen, und beide Male begleitet der Journalist eine Reisegruppe nach Südamerika.

Die erste trägt den Titel „Wenn in der Pampa die Stunde der Akrobaten schlägt" und den Untertitel „Eine neue Art von Reisen, um Argentiniens Eigenheiten in direktem Kontakt zu erleben". Es beginnt mit einer knappen geographischen Situierung, gefolgt von einer Art Totale aus einer nicht näher definierten Perspektive:

> (…) fette Mastmeiden, Kornfelder, Ölsaaten, so weit das Auge reicht, Draht-
> zäune, die am Horizont verschwinden, Rinderherden zur Linken und zur Rech-
> ten und weit und breit kein Stall (…)

Dann kommt Emotion ins Spiel, aber in einer sozusagen generalisierten Form, ohne dass das Autor-Subjekt sich zeigen würde:

> Ein Gefühl maßloser Freiheit packt den Menschen, der inmitten dieser flachen
> und stillen Welt steht, von ihr beinahe erdrückt, von der hoch im Zenith ste-
> henden Sonne gebrandmarkt und vom Wind ausgepeitscht wird. Ein Gefühl der
> Ohnmacht zugleich, der Melancholie.

„der Mensch" und „ein Gefühl", nicht „ich" und „mein Gefühl" – diese
Entpersönlichung setzt sich fort, indem unmittelbar anschließend ein Autor
des 19. Jahrhunderts zu diesem „Gefühl" zitiert wird:

> „Was für einen Eindruck muß es beim Bewohner der Republik Argentinien er-
> wecken, wenn er den Blick zum Horizont schweifen läßt und … nichts sieht?"
> hat sich schon Domingo Faustino Sarmiento, Erzieher, Schriftsteller und Staats-
> präsident im letzten Jahrhundert, in seiner pamphletartigen Novelle „Facundo"
> gefragt.

Auch bei den in direkter Rede zitierten Gesprächen mit aktuellen Personen
tritt der Autor als Gesprächspartner nicht hervor:

> „Ich mag dieses Leben auf dem Land", redet der Rechtsanwalt aus der Stadt vor
> sich hin (…)

oder:

> „Noch vor etwas mehr als hundert Jahren gehörte das ganze Land zwischen Mar
> del Plata und Necochea einer einzigen Gesellschaft", weiß der Besitzer von Na-
> muncurá (…) zu erzählen.

Die Fragen des Autors sind getilgt. Die Personen sprechen sozusagen „von
selbst".

Das hindert den Autor nicht an quasi-poetischen, aber subjektlosen
Formulierungen wie dieser:

> Hier findet der warme Nordwind, der ungestüm über die Ebenen braust, und
> sein nicht weniger kraftvoller Widersacher, der kalte, oft bissige Pampero, einen
> Resonanzkasten vor, in dem es sich heulen und stöhnen und rauschen und äch-
> zen und weitteifern läßt mit den Drosseln, den Spatzen, den Schwalben, den
> Möven, die in den Zweigen lärmen.

Völlig anders die zweite Reportage (von einem anderen Autor), die betitelt
ist „Galapagos: Noch helfen Touristen Tiere schützen":

> Hier meldet sich der Autor nach einer geographischen Einleitung un-
> mittelbar als Teilnehmer und Beobachter, als einer der selber erlebt und der
> beobachtet, was die Gruppe erlebt:

> Mit einem kribbeligen Gefühl steige ich aus dem kleinen Beiboot, die Schuhe in
> der linken, den Fotoapparat in der rechten Hand. Wir sind auf Genovesa, einer
> unbewohnten Insel des Galapagosarchipels gelandet. (…) Uns nimmt aber in
> erster Linie eine überwältigende Vogelwelt gefangen. (…) Wir halten uns an die
> markierten Pfade (…) Ich gehöre für ein paar Tage zu einer Gruppe von acht
> Touristen mit einem einheimischen Führer, die sich mit einer Motorjacht auf ei-
> ner Kreuzfahrt von Insel zu Insel befindet.

Man könnte denken, die stärkere Ich-Beteiligung sei durch die sensationel-
lere äußere Situation bedingt. Aber das ist schon in den eigentlichen Reise-
Passagen nicht der Fall, und erst recht nicht bei den Vor-Ort-Gesprächen.
Auch hier bleibt das Autor-Ich präsent:

> Wieder zurück im Ausgangshafen des Streifzuges durch die faszinierende Insel-
> welt, sitze ich im kleinen Restaurant direkt am Quai. Hier treffen sich Indivi-

dualtouristen, einheimische Bootsbesitzer und offizielle Touristenführer bei
einem kühlen cerveza (Bier), um zu plaudern (...)
Und damit ist der Übergang geschaffen zu den Zitaten der Interviewten.

(b) Personenebene:

Die beteiligten Personen sind zunächst und vor allem in der Hinsicht von
Interesse, wie das von ihnen Gesprochene im Text zur Geltung kommt. Zitate, und vorzugsweise Zitate in direkter Rede, nehmen einen bedeutenden
Raum ein. Im Gegensatz zu Meldungen und Berichten ist direkte Rede ein
Spezifikum der Reportage und kann als Kriterium der Textsortenabgren-
zung innerhalb der informationsbetonten Texte dienen. Das gilt freilich nur,
wenn man die Boulevard-Presse ausklammert. Dort sind die Grenzen der
Textsorten bewusst verwischt, und die direkte Rede ist für den größten Teil
aller Texte dieses Pressetyps konstitutiv geworden. Einen noch höheren Anteil an Zitaten als die Reportage hat wohl nur noch der „Zitatenbericht" (s. u.
8.3.5).

Die direkte Rede hat hier nicht nur die Funktion, das Gesagte zu dokumentieren und zu aktualisieren, sondern sie dient als Mittel, die gesprochenen Originalsituationen „authentisch" zu vergegenwärtigen (insbesondere
der idiosynkratischen Merkmale des Sprechers und seiner Sprache). Damit
bekommt sie eine ähnliche Funktion wie der O-Ton in den akustischen Medien. Hier kommt im Rahmen der schweizerischen Presse Mundartliches im
schriftlichen Text zur Geltung, in binnendeutschen Texten primär Umgangssprachliches bzw. überhaupt Merkmale der gesprochenen Sprache,
vergleichbar den in 8.3.5 besprochenen Praktiken des Presseinterviews, gelegentlich werden auch fremdsprachige Zitate als Kolorit – übersetzt oder
unübersetzt – mitgegeben.

Wenn man sich anschaut, welcher Art die Personen sind, die zitiert werden, und in welchen Funktionen sie erscheinen, dann sieht man zunächst –
was zu erwarten war –, dass offizielle Persönlichkeiten aus Politik, Wirtschaft, Behörden, Kirchen usw. mit ihren Statements zum Thema und Betroffene mit ihren individuellen Aussagen zum Berichteten im Vordergrund
stehen. Nicht alle Personen werden mit Namen zitiert. Den „Namenlosen"
kommt dabei hauptsächlich die Funktion zu, Gerüchte, das was in der Luft
liegt, die opinio communis zu verbalisieren, Aussagen freilich, die „im
Grunde jedoch oft die persönliche Meinung des Journalisten oder Fakten
beinhalten, die zwar stimmen, bei denen der Journalist aber in Beweisnot
käme, weil sie obwohl richtig, kaum belegbar sind" (Müller, 136).

(c) Dokumentationsebene:

Dokumentation von Hintergrundwissen gibt es nicht nur in der Reportage, sondern auch in ausführlicheren Berichten und Kommentaren. Textsortenspezifisch ist aber, *wie* die Dokumentation erfolgt (Müller 1989, 146).

So wird in Reportagen häufig statistisches Material beigezogen, jedoch meist nicht bzw. nicht nur als abstraktes Zahlenmaterial, sondern auf Alltagswissen und Alltagserfahrungen hin interpretiert. Das geschieht mit Vorliebe durch superlativische Formulierungen vom Typ „die größte Baustelle der Welt", „die wohl jüngste Bevölkerung der Welt", „die verkehrsreichste Kurve Europas" (147). Oder durch Vergleiche wie „Die Höhe der 7,7 Kilometer langen Mauer entspricht einem Wolkenkratzer von 62 Stockwerken" (147).

Wenn historisches Material dokumentiert wird, dann geschieht das häufig in personalisierter Weise: Geschichte wird vermittelt durch die Geschichten der Personen, die maßgeblich daran beteiligt waren, oder durch exemplarische Lebensgeschichten, wie hier:

> Da kann es einer, wenn er clever genug ist, in der Tat vom Habenichts zum Millionär bringen, und er kann erst noch politische Karriere machen, wie jener Bill Sheffield, der vor bald 30 Jahren als Fernsehflicker nach Alaska kam, dann eine nach ihm benannte Hotelkette aufbaute und schließlich im letzten November zum fünften Gouverneur in der Geschichte des 49. amerikanischen Bundesstaates gewählt wurde. (151)

Das „klassische" Modell der Reportage (an dem auch Müller sich orientiert) schreibt dieser Textform einen nahezu literarischen Stellenwert zu. Reportagen in diesem Sinn sind eine sehr aufwendige Textform, sowohl was die textexternen Voraussetzungen als auch die eigentliche Textproduktion betrifft. Sie setzen nicht nur voraus, dass der Reporter sich vor Ort befindet, sondern dass er aufwändige Recherchierarbeit „hinter den Kulissen" leistet, Arbeit, die sich nicht im bloßen Gespräch mit Anwesenden oder Beteiligten erschöpft. Der Text selber ist – wenn er gelingt – eine raffinierte Kombination narrativer, deskriptiver und argumentativer Textbildung, die sich mikrostrukturell im Wechsel von berichtenden und erzählenden Tempora, im Wechsel von direkter, indirekter Rede und Formen des Redeberichts zeigt, im Wechsel auch der Modi usw., zweifellos eine äußerst anspruchsvolle Art der Vertextung.

Die Realität der heutigen Medien sieht anders aus, besonders im Boulevardjournalismus, aber keineswegs nur dort. Einige Elemente der klassischen Reportage werden extensiv genutzt, andere hingegen getilgt. Das Vor-Ort-Prinzip, die Augenzeugenschaft, das Reden mit den Vor-Ort-Anwesenden, die emotionale Beteiligtheit des Schreibenden – diese Elemente der Reportage kommen dem heutigen Journalismus entgegen. Sie unterstützen den Trend zur Mündlichkeit, zum direkten Zitat – sei es echt, sei es fiktiv. Für die Komplexität der klassischen Reportage hingegen – die nur mit einem hinlänglich großen Textumfang zu realisieren ist – sind die meisten heutigen Tageszeitungen nicht der rechte Ort. Wie auch sonst in der Boulevardpresse kann hier keine Rede mehr sein von einer „reinen", auch nur einigermaßen klar konventionalisierten Textsorte. Viel eher muss man mit einer stets wechselnden Mischung einiger weniger Stil-Faktoren rechnen, die es unmöglich macht, zwischen Reportage, Bericht, Interview usw. noch klar zu trennen. Man könnte es aus historischer Perspektive so formulieren: Die Reportage hat ihre Erscheinungsformen verändert, den veränderten Konsumgewohnheiten angepasst.

8.3.5 Interview und Zitatenbericht

Das Presseinterview ist in den meisten Fällen eine intertextuell sekundäre Textsorte, d. h. es basiert auf einem anderen Artikel in der gleichen Zeitung. Damit ist bereits die Funktion angesprochen: Es dient zur Vertiefung bereits gegebener Information. Hauptsächlicher Aspekt dieser Art von Vertiefung ist die *Personalisierung* der Information. Ein Individuum oder auch ein Vertreter einer Institution oder Interessengruppe äußert sich „ganz persönlich" oder aus Sicht der betreffenden Institution zum fraglichen Problem. Oft werden auch Experten zur Klärung einer fachlichen Frage oder zu ihrer Meinung zu einem umstrittenenen Problem befragt. Dieser Aspekt gehört zu den heutigen Verfahren fachexterner Kommunikation (vgl. Kap. 11).

Das in 5.4 gegebene Beispiel zeigt dies ganz klar: In einem Bericht behandelt FACTS die Zukunftsaussichten des Schweizer Fernsehens („Hoffnung auf Junge – SF DRS kann seine Marktanteile trotz ausländischer Konkurrenz halten", 5/1998, 106). Zu diesem Problem gibt die Programmreferentin der Fernsehanstalt Auskunft aus der Perspektive der Institution, „von innen heraus". Der Interviewer versucht sie denn auch gleich zu Anfang auf der emotionalen Ebene zu packen („Herrscht Panik?"), worauf sie sich allerdings nicht einlässt. Auch das beigegebene Bild zeigt eine lachende, optimistisch wirkende Interviewte.

Wenn die interviewte Person zu ihrer Meinung bezüglich eines bestimmten, in der Zeitung bereits angesprochenen befragt wird, bekommt das Interview auch einen meinungsbetonten Aspekt. Allerdings handelt es sich dann nicht um die Meinung des Journalisten, sondern die des Befragten. Ob es sinnvoll ist, derartige Interviews als „meinungsbetont" einzustufen, scheint mir fraglich.

Eine linguistisch besonders aufschlussreiche Textsorte, die allerdings nicht im gleichen Masse konventionalisiert zu sein scheint wie die bisher behandelten Textsorten, ist der „Zitatenbericht". Er basiert auf einem Interview. Doch wird dieses in der Presse nicht als Interview präsentiert, sondern zu einem Text „komprimiert", in den zahlreiche Zitate aus dem Primärtext mit verschiedenen Formen der Redewiedergabe eingebettet sind. Der publizierte Text ist also eine Mischform, wegen der reduzierten bzw. getilgten Dialogizität aber eher ein Bericht als ein Interview.

Marinos (2001) hat Interviews untersucht, die von Journalisten von Regionalzeitungen in Nordrhein-Westfalen durchgeführt und dann als Zitatenberichte publiziert wurden. Interessant ist beim Vergleich der Originalinterviews mit den publizierten Texten, dass nur in den seltensten Fällen wortwörtlich zitiert wird, auch dann nicht, wenn das Zitat in direkter Rede (mit Anführungszeichen) oder als Teil-Zitat erfolgt. Die Untersuchung verfolgt über die vergleichende Textanalyse hinaus das Ziel, die Interviewten ebenso wie die Journalisten zu verschiedenen Aspekten zu befragen. Die Befragung wurde von Journalistikstudentinnen vorgenommen. Während die Forscherinnen ihre Untersuchung auf Tonbandaufnahmen stützten, machten sich die interviewenden Journalisten nur schriftliche Notizen – eine Praxis, die natürlich das wortgetreue Zitieren nahezu verunmöglicht. Eines der Resultate, die von Relevanz auch für eine linguistische Fragestellung sind, ist die Beobachtung, dass die Interviewten sich durchaus auch dann mit dem publizierten Text zufrieden und einverstanden zeigen, wenn die Zitate weit abliegen vom tatsächlich Gesprochenen.

Ein (eher negatives) Beispiel dafür, wie der Journalist beim „Komprimieren" mit dem Text der Originalsituation umgeht:

Publizierter Text:

> Wie würde sein erster Arbeitstag als hauptamtlicher Bürgermeister aussehen? Bei der Suche nach einer Antwort hat Friedel Müller zunächst etwas Mühe. „Also, wenn ich am 4. Januar, äh, 2. Oktober anfange, dann werde ich erst einmal Gespräche im Rathaus führen – mit allen Mitarbeitern und dem Personalrat", crklärt der Kandidat (...) (240)

Transkript des Original-Interviews:

> Herr Müller, ja, jetzt nahen ja die großen Ereignisse, wie sieht denn wohl Ihr erster Tag als hauptamtlicher Bürgermeister aus?
> (lacht) Wie sieht der erste Tag als hauptamtlicher Bürgermeister aus? Das wäre ja der erste Arbeitstag, wäre ja der vierte Januar, das heißt, so lange würde ich's wohl nicht zu Hause halten, ich denke das würde der zweite ... der, der vierte Oktober, das würde der zweite Oktober sein, der Samstag, gehe ich mal von aus, dass ich nicht warten werde, bis das Wochenende vergangen ist, falls ich am ersten Oktober abends gewählt werden sollte. Also werde ich dann zunächst mal (kurze Pause) sicherlich, äh, sehen (kurze Pause) was zur Zeit, einfach von der, von den, von den Einrichtungen her dem Bürgermeister zusteht und ich denke an dem Montag bereits mit dem Personal Gespräche führen, mit den Dezernenten Gespräche führen, mit den Amtsleitern Gespräche führen, möglichst

aber auch sehr schnell in Verbindung mit der Personalrats-Vorsitzenden äh, eine
... Personalversammlung einberufen lassen (...). (241)

Der Interviewte hat tatsächlich etwas Mühe sich auszudrücken. Üblicher-
weise werden in solchen Fällen die Versprecher, die Satzabbrüche, Redun-
danzen usw. beseitigt und der Text erscheint als korrekt-schriftsprachlicher.
Hier aber wird der Versprecher beibehalten, offensichtlich als Symptom für
das „Mühe haben". Noch schlimmer: der Versprecher wird nicht einmal
wortwörtlich wiedergegeben, sondern seinerseits „rekonstruiert". Auf diese
Weise geht das tastende Suchen nach der richtigen Formulierung, das im
Originaltext noch nachzuvollziehen ist, gänzlich verloren, und übrig bleibt
der „nackte" Versprecher. Hier wird ein Interviewter in geradezu bösartiger
Weise bloßgestellt.

Der „Zitatenbericht" ist schwer abgrenzbar von Textsorten, die ebenfalls zahlreiche Zitate enthalten, aber in der journalistischen und linguistischen Literatur unter anderen Titeln behandelt werden. Schröder (2001,
1722) führt als Formen stärkerer „Aufbereitung" das „Interviewporträt",
die „Interviewreportage" und die „Interviewstory" auf. Bisher fehlt aber
eine linguistisch stichhaltige Charakterisierung dieser Textsorten – falls man
überhaupt von konventionalisierten Textsorten sprechen kann. (Der in 6.2
analysierte Text ist ein Grenzfall von „Aufbereitung", insofern er nur aus
den Äußerungen des Interviewten besteht.)

8.4 Tendenzen

Neben den Entwicklungstendenzen, die sich bei einzelnen Phänomenen gezeigt haben, seien hier noch zwei sehr generelle Tendenzen der Presseent-
wicklung hervorgehoben (zu Punkt 2 vgl. Blum/Blum 2001; Straßner 2001).

8.4.1 Vermischung der Textsorten

Ein sehr grundsätzlicher und folgenreicher Aspekt von Textsortenmischung
ergibt sich aus der Tatsache, dass in allen Medien heute nicht mehr klar zu
unterscheiden ist zwischen „informationsbetonten" und „meinungsbetonten" Texten, insbesondere zwischen Bericht und Kommentar.

Die journalistischen Handbücher formulieren hier i. Allg. eine „Trennungsnorm", gemäß derer der Bericht sachlich, neutral, „objektiv" zu sein
habe, während im Kommentar ausdrücklich der subjektive Standpunkt und
die persönliche Meinung des Schreibenden erkennbar werden sollen. Bucher (1986) lehnt diese Unterscheidung ab, u. a. weil sie auf der Fiktion be-
ruhe, „man könne voraussetzungslos, ohne Standpunkt und ohne Festlegung auf ein Verständnis des Berichteten berichten" (177), und er verweist

auf die Neue Zürcher Zeitung, um zu belegen, dass man durchaus auch ohne diese Unterscheidung auskommen kann (178). Nachdem viele Jahre in der Medienpolitik um den Begriff der „Objektivität" gestritten wurde, gilt es als eine Binsenwahrheit, dass es reine Faktendarstellung ohne jeden subjektiven Anteil aus theoretischen Gründen nicht geben kann. Wenn im Journalismus dennoch weiterum noch die Trennungsnorm vertreten wird, dann ist das gemeint als eine Frage der Gewichtung, auch der formalen Gestaltung. Im Kommentar wird explizit die persönliche Meinung des namentlich Unterzeichnenden erkennbar, und der Kommentar bedient sich anderer stilistischer Mittel als der Bericht.

Während die elektronischen Medien zu Mischformen tendieren, bleibt in der Zeitung die Trennung und Komplementarität der beiden Formen sehr viel stabiler und auch – mindestens äußerlich – deutlicher erkennbar.

Ein Blick zurück auf die Geschichte der Zeitung (vgl. 2.2) macht deutlich, dass die historische Entwicklung nicht linear vor sich gegangen ist: In gewissem Sinn ist eher ein Hin und Her zwischen den Polen der „reinen" Faktendarstellung und der kommentierenden Darstellung zu beobachten. In den Flugschriften des 16. Jahrhunderts, die als eine Vorform der Zeitungen gelten können, „werden Vorgänge nicht um ihrer selbst willen berichtet, sondern um mit ihnen Meinungen zu begründen, um den Leser für oder gegen etwas einzunehmen, um ihm zu zeigen, wie gut oder schlecht diese oder jene Handlung war" (Schwitalla, zitiert in Schröder 1995, 166). In den Zeitungen des 17. Jahrhunderts „emanzipiert" sich das Informieren (Schröder ebd.). Im Laufe des 17. Jahrhunderts und im 18. Jahrhundert nehmen bewertende Elemente wieder zu, bis dann nach Aufhebung der Zensur in ganz Europa die „Meinungspresse" aufkommt. Die „Trennungsnorm" ist ein historisch junges Postulat, das beiden Aspekten – dem Informieren und der Meinungsbildung – gerecht zu werden versucht, aber ohne sie zu vermischen.

Heute sind in den meisten Zeitungen Bericht und Kommentar grafisch eindeutig getrennt und als solche erkennbar. Interessant erscheint mir nun aber die Tatsache, dass auch in den Zeitungen, die formal die Trennungsnorm klar befolgen, die Berichte immer mehr den Charakter von Mischformen annehmen, und dass sich damit die Praxis der Zeitungen derjenigen der Konkurrenzmedien annähert.

Es sind allerdings zwei prototypische Fälle zu unterscheiden, zwischen denen wiederum eine ganze Palette unterschiedlicher Mischungen liegt. Am einen Ende der Palette liegen Berichte, die weitgehend auf Prätexten beruhen und dies auch explizit machen, am anderen Ende Berichte, bei denen ein namentlich genannter Autor verantwortlich zeichnet. Im ersten Fall handelt es sich häufig um Agenturtexte, die ihrerseits vielleicht Prätexte zitieren. Im zweiten Fall weiß man natürlich nicht, ob der Autor-Text sich nicht den-

noch ausgiebig bei Prätexten bedient – aber ohne es explizit zu machen (vgl.
Kap. 4).

Ich gebe zwei Beispiele, die beide von der Frontseite der Zeitung stammen:

(1) Prätextbasierter Bericht

Eine relativ klare Funktionsteilung zwischen Bericht und Kommentar liegt
dann vor, wenn der Bericht im Wesentlichen auf Prätexten basiert oder aus
solchen kompiliert ist, der Kommentar aber von einem Mitglied der Redaktion stammt.

Ein typisches Beispiel dafür (Tages-Anzeiger, 18. 8. 2004):

Kein Kurswechsel bei Swiss

Basel. – Swiss-Chef Christoph Franz hält nichts von abrupten Bremsmanövern.
Trotz des Halbjahresverlustes von 33 Millionen Franken will er an der bisherigen Ausrichtung und Strategie festhalten. Kostensenkungen und Ertragssteige-
rungen sollen die Airline auf Kurs bringen. «Die Swiss ist heute nicht mehr auf
der Intensivstation, aber sie liegt noch immer im Krankenhaus», sagte Franz bei
der Präsentation der Halbjahreszahlen in Basel.

Die vor einem Jahr eingeleitete Abspeckkur habe zu klaren Erfolgen geführt.
Erstmals in ihrer Geschichte habe die Swiss im Juni schwarze Zahlen geschrieben. „Das zeigt, dass unser Geschäftsmodell so schlecht nicht sein kann", sagte
Franz. Für das zweite Quartal resultierte ein Gewinn von 45 Millionen Franken. Möglich wurde dies aber nur durch den Sonderertrag von 68 Millionen aus
der Beilegung eines Rechtsstreits. Im gesamten ersten Halbjahr fiel ein Verlust
von 33 Millionen an, 300 Millionen weniger als vor einem Jahr. (AP/odm)

Kommentar 5. Spalte
Swiss sieht sich auf richtiger Route, Seite 27

Die Textgeschichte des Berichts ist relativ durchsichtig: Er basiert einerseits
auf einer Agenturmeldung (AP), andererseits auf Anteilen des Korrespondenten mit dem Kürzel *odm* (Marcel Odermatt), der im Wirtschaftsteil (vgl.
den Verweis auf S. 27) einen ausführlichen Bericht anbietet. Allerdings sind
die Anteile der beiden Quellen nicht explizit gemacht. Die beiden Prätexte
ihrerseits beziehen ihre Informationen aus einer Pressekonferenz und insbesondere den Äußerungen des Swiss-Chefs Christoph Franz. Die expliziten Bewertungen, die der Text enthält, stammen teils eindeutig aus dem Prätext des Swiss-Chefs (die Metapher in der direkten Rede „Die Swiss ist heute
nicht mehr auf der Intensivstation …"; die Metapher von der „Abspeckkur", die zu „klaren Erfolgen geführt" habe – in indirekter Rede). Teils ist
nicht ersichtlich, aus welcher Phase der Textgeschichte die Formulierung
stammt („hält nichts von abrupten Bremsmanövern" – hat er das selber so
gesagt oder formuliert das Odermatt so oder ist es gar eine „Eigenleistung"
des letzten Redakteurs, der den Bericht kompiliert hat?).

Der ebenfalls auf der Frontseite stehende Kommentar (auf den der Bericht bereits verweist) stammt von einem mit Namen zeichnenden Autor und ist als „Kommentar" gekennzeichnet:

KOMMENTAR

Noch nicht überm Berg
Von Stefan Eiselin

Es war eine Premiere. Im Juni nahm die Swiss zum ersten Mal in ihrer Geschichte in einem Monat mehr ein, als sie ausgab. Noch ist unklar, ob die erste Landung in der Gewinnzone bloss ein einmaliges Ereignis war oder der Wendepunkt auf der Reise in die Profitabilität. Sicher ist nur, dass die nationale Fluggesellschaft in letzter Zeit überraschende Fortschritte gemacht hat. Der Verlust ist im ersten Halbjahr massiv gesunken. Der Abfluss der Barmittel hat sich deutlich verlangsamt. Das sind Zeichen, die Hoffnung machen.

So klar sich die Ergebnisse aber auch verbessern; über dem Berg ist die Swiss noch lange nicht. Ihre Kosten sind nach wie vor viel zu hoch, die Erträge noch immer zu tief. Schuld daran sind die altbekannten Geburtsfehler der Schweizer Fluglinie. Sie ist – getrieben vom angeschlagenen Nationalstolz und der Selbstüberschätzung der Wirtschafts- und Politelite – viel zu gross konzipiert und strategisch falsch aufgestellt worden. Daran hat auch die Schrumpfkur im letzten Jahr nicht wirklich etwas geändert.

(...)
Will der neue starke Mann einen Kahlschlag verhindern, kommt er um einen weiteren schmerzhaften Einschnitt beim Personal kaum herum.

Der Text setzt, wie für Kommentare üblich, den Bericht als Hintergrundtext voraus, ohne sich aber explizit darauf bzw. auf die darin enthaltenen Prätexte zu beziehen. Er präsentiert sich als Text des individuellen Autors Stefan Eiselin. Der Text ist voller Metaphern, die vermutlich vom Kommentator stammen („noch nicht überm Berg", „Landung in der Gewinnzone", „Wendepunkt auf der Reise ...", „Geburtsfehler", „Schrumpfkur" und weitere, weniger auffällige). Teils handelt es sich dabei um phraseologische Ausdrücke, teils um metaphorisch verwendete Komposita, teils um weitere ad-hoc-Metaphern. Mit „Landung" und „Reise" wird auf der wörtlichen Ebene der Bezug zum Gegenstand des Kommentars – der Fluggesellschaft – hergestellt. Die Reihe der Metaphern ergibt insgesamt jedoch kein kohärentes Bildspenderfeld („source domain" in der Terminologie der kognitiven Linguistik), wie das für Kommentare durchaus gängig ist. Mit den Metaphern und weiteren Formulierungen („viel zu hoch", „noch immer zu tief" usw.) nimmt der Autor eindeutige und explizite Bewertungen vor. Nach einem argumentativen Abschnitt (nicht abgedruckt) gelangt er zu einer wiederum metaphorisch formulierten Schlussfolgerung („Kahlschlag", „schmerzhaften Einschnitt beim Personal"). Auf diese Weise wird der ganze Text metaphorisch „gerahmt".

Bericht und Kommentar sind also in ihrer textuellen und intertextuellen Struktur so deutlich unterschieden, dass sie als Exemplare zweier unterschiedlicher Textsorten gelesen werden können.

(2) Autor-Bericht

Parallelanflüge auf Kloten geplant

Mit gleichzeitigen Anflügen auf die Hauptlandepisten will Unique Zurich Airport die Flughafenkapazität markant steigern. Ein brisanter Plan.
Von Erwin Haas

Zürich. – Mit Parallellandungen auf der Blindlandepiste 16/34 und der V-Piste 14/32 will der Flughafen Zürich Verspätungen abbauen und mehr „Zeitfenster" für Flugzeuge verkaufen. Das Verfahren bedarf einer Sonderbewilligung und würde die Kapazität des Flughafens auf maximal 90 Starts und Landungen pro Stunde erhöhen. Heute sind es an Spitzentagen 65 Bewegungen. Die Lizenz wird innert zweier Jahre erwartet. Das heisst, dass Unique beim Bundesamt für Zivilluftfahrt ein entsprechendes Gesuch eingereicht hat oder einreichen will.

Die Absicht ist beiläufig erwähnt in einer Studie, die Unique Zurich Airport bei der Zürcher Kantonalbank (ZKB) in Auftrag gegeben hat. Die Studie schildert die Zukunftsaussichten des Flughafens und soll Schweizer und internationale Anleger ermuntern, sich am Unternehmen zu beteiligen. Der Kanton Zürich bringt zwischen dem 6. und 15. November rund 1,38 Millionen Flughafenaktien unters Publikum.

Öl ins Feuer

Die Studie der ZKB-Analysten verschweigt entwicklungshemmende Umstände nicht, kommt aber zum Schluss, Unique verfüge über „überdurchschnittlich gute längerfristige Wachstumsperspektiven". Mit ein Grund zu dieser Annahme ist die Aussicht, in Zürich bedeutend mehr Flugzeuge abfertigen zu können als heute. Parallelanflüge auf Kloten wären allerdings Öl ins Feuer der Lärmverteilungsdiskussion. Parallele Anflüge von Norden her sind technisch undenkbar. Von Landeanflügen betroffen wäre der Süden: das obere Glatttal für Anflüge auf die Piste 32, die Region Pfannenstiel für Anflüge auf die Piste 34.

Die Nachricht über die geplanten Parallelanflüge platzt in eine Phase hoch sensibler politischer Ausmarchungen. Der runde Tisch von Volkswirtschaftsdirektor Ruedi Jeker diskutiert das neue Betriebsreglement und mögliche An- und Abflugverfahren. Mit Deutschland sind Verhandlungen über einen Staatsvertrag im Gang, der die Zahl der Überflüge über den Schwarzwald regeln soll. Der Widerstand der lärmgeplagten Bevölkerung im Kanton Zürich gegen den Flugverkehr ist gestiegen. Zahlreiche Behörden, Interessengruppen und Initiativen verfolgen die Entwicklung mit Argusaugen und machen sich dafür stark, dem Wachstum Grenzen zu setzen. Die Idee von Parallelanflügen kann die Diskussion verschärfen – sowohl in den Südgemeinden als auch im Norden des Flughafens. Denn wenn von Süden angeflogen wird, muss nach Norden gestartet werden.

Kommentar 5. Spalte, Bericht Seite 25
(Tages-Anzeiger, 27.10.2000)

Der Bericht hat auch einen Prätext, der als solcher zitiert wird. Doch geht es nicht primär um die Wiedergabe dieses Textes, sondern der Prätext ist Beweis für die Absichten des Flughafens – und um diese geht es in erster Linie. Das wird durch die kontrastierenden Wertungen deutlich: Der zitierte Prätext enthält eine positive Bewertung der Perspektiven des Flughafens („überdurchschnittlich gute längerfristige Wachstumsperspektiven"). Der übrige Text des Berichtes aber ist durchsetzt von Wertungen, die nicht aus dem Prätext stammen und eher negativ oder zumindest kritisch sind. Bereits der Lead weist Wertungen auf („markant", „brisanter Plan"). Metaphorische Phraseologie wird wertend eingesetzt („wären allerdings Öl ins Feuer ...", „verfolgen die Entwicklung mit Argusaugen"), sogar in den Zwischentitel exponiert („Öl ins Feuer"). Implizit wird dem Flughafen mangelnde Information unterstellt, insofern der „Plan" nicht vom Flughafen selbst, sondern nur in einer Bank-Studie kommuniziert wird („Die Absicht ist beiläufig erwähnt ..."). Der Artikel mündet in einer Prognose („kann die Diskussion verschärfen"), auch dies kein übliches Element eines informationsbetonten Textes.

Die stärkste Wertung, die zugleich einen ironischen Aspekt einbringt, liefert nicht der Text, sondern die zentral positionierte Karikatur, in der ein Flugzeug mit zwei wildentschlossen aussehenden Pilotenköpfen über den „Roundtable R. Jeker" donnert, an dem ein einsamer Mann geduckt sitzt, der sich die Ohren zuhält.

KOMMENTAR

Politischer Blindflug
Von Erwin Haas

Einmal mehr ist ein Flughund aus dem Sack: Unique Zurich Airport strebt mit allen Mitteln eine Kapazitätssteigerung an. Der Flughafen will eine Lizenz für Parallellandungen auf der Blindlandepiste und der V-Piste. Das kann nur gleichzeitige Südanflüge heissen. Damit liessen sich in Kloten an Spitzentagen in einer Stunde 90 Starts und Landungen abfertigen statt nur 65 wie heute.

Mit diesem klammheimlichen Begehren, das einer Sonderbewilligung des Bundesamts für Zivilluftfahrt bedarf, haben sich Unique Zurich Airport und die Vertreter des Kantons in seinem Verwaltungsrat erneut in die Nesseln gesetzt. Die sensibilisierte Öffentlichkeit muss einem Börsenprospekt entnehmen, was sie brennend interessiert: wie der Flughafen und die massgeblichen Vertreter der Regierung den Lärm neu zu verteilen gedenken.

Während Regierungsrat Ruedi Jekers runder Tisch noch um das neue Betriebsreglement feilscht und die Demokratisierung des Lärms diskutiert, hat Unique die „Lösung" des Problems bereits vorgespurt. Als würde sie sagen: Wenn wir schon keine Parallelpiste erhalten, biegen wir halt die Anflüge zurecht. Statt in einer hoch sensiblen Sache mit offenen Karten zu spielen, soll unter Ausschluss der Öffentlichkeit beschlossen werden, was einem wachsenden Anteil dieser Öffentlichkeit nur missfallen kann.

Es ist legitim, dass eine investitionsbedürftige Firma wie Unique ihre Zukunft in rosigen Farben schildert und sie auch gut vorbereitet. Täte sie es nicht, bekäme der Kanton als Hauptaktionär sofort wieder zu hören, er verschleudere das Volksvermögen. Doch mit dem Wirken hinter den Kulissen verscherzt sich Unique viel Sympathie. Es zeugt nicht von politischem Wirklichkeitssinn, wenn die Verantwortlichen meinen, sie könnten Entscheidungen von solcher Tragweite auf dem Amtsweg treffen. Wenn der rosige Geschäftsausblick durch dunkle Spielchen zur Lärmproblematik getrübt wird, bekommt auch die Weste der Demokratie ihre Flecken.
(Tages-Anzeiger, 27.10.2000)

Der Kommentar stammt vom gleichen Autor wie der Bericht. Der Schreibende versucht also, zwei verschiedene Rollen zu übernehmen. Das gelingt ihm offensichtlich nur partiell. Im ersten Abschnitt („Der Flughafen will eine Lizenz ...") werden knapp die Fakten resümiert, z. T. mit den gleichen Worten wie im ersten Abschnitt des Berichts. Die Überschriften suggerieren eine klare funktionale Trennung: Während der Bericht im „Klartext" übertitelt ist, enthält der Kommentar eine wertende Metapher (mit dem Ausgangsbereich <Fliegen>), deren Zielbereich durch das Adjektiv „politisch" zwar eingegrenzt ist, die aber im übrigen interpretationsbedürftig ist. Im übrigen aber unterscheiden sich Bericht und Kommentar nur dadurch, dass die wertenden und perspektivierenden Aspekte, die im Bericht schon enthalten sind, im Kommentar expliziter formuliert werden. Der Kommentar nimmt explizit die Perspektive der „Öffentlichkeit" ein („Die sensibilisierte Öffentlichkeit ...", „... was einem wachsenden Anteil dieser Öffentlichkeit nur missfallen kann"), wohingegen der Bericht sich implizit mit der „lärmgeplagten Bevölkerung" solidarisiert. Was im Bericht als Unterstellung nur angedeutet wird, ist im Kommentar deutlich zur Sprache gebracht („Mit diesem klammheimlichen Begehren ..."). Im Kommentar spielen die Metaphern und Idiome eine tragende Rolle („haben sich ... in die Nesseln gesetzt", „statt ... mit offenen Karten zu spielen"). Am Anfang und am Schluss überbordet die Metaphorik: „Einmal mehr ist ein Flughund aus dem Sack": Die Modifikation des Idioms *die Katze aus dem Sack lassen* bewirkt eine ironische Überlagerung verschiedener Bilder in Komposita und Idiomen (*der Blindflug – da ist der Hund begraben – die Katze aus dem Sack lassen*), mit möglichen Assoziationen zu weiteren Idiomen (*auf den Hund kommen, wie ein Hund leben*), womit des Guten wohl schon zuviel getan ist. Der letzte Satz kumuliert verschiedene Farb- und Licht-Metaphern bzw. -Idiome zu einer kaum noch nachvollziehbaren Katachrese (*etw. in rosigen Farben sehen – dunkle Spielchen – den Blick trüben – die weisse Weste, die Flecken bekommt*).

Dass Bericht und Kommentar vom gleichen Autor verfasst werden, ist in heutigen Zeitungen keineswegs selten. Doch zeigt das analysierte Beispiel zweifellos eine besonders deutliche Ausprägung der damit verbundenen

Probleme. Generell lässt sich sagen: Vor allem in Berichten, die ein gewisses Maß an „Eigenleistung" (z. B. Zusatzrecherchen zu den von Prätexten angebotenen Informationen) des Journalisten aufweisen und die mit Namen gekennzeichnet sind, findet sich ein hoher Anteil an meinungsbetonten Elementen. Die herkömmliche Trennung von Bericht und Kommentar wird damit bis zu einem gewissen Grad funktionslos. Strukturell aufrechterhalten wird sie von der Zeitung sicherlich deshalb, weil zumindest der Schein einer Trennung von Fakten und Meinung bewahrt werden soll.

In der Boulevardpresse haben Berichte oft den herkömmlichen Aufbau, doch kommt den einzelnen Bau-Elementen meist eine ganz andere Funktion zu als im „klassischen" Bericht. Das gilt besonders für den Lead (vgl. 5.1.2). Sofern es ihn überhaupt noch als identifizierbare grafische Einheit gibt, hat er häufig nicht die Funktion, das Wesentliche der Nachricht zusammenzufassen, sondern er führt den Schlagzeilentext weiter, bietet vielleicht eine sensationelle Einzelheit des Geschehens oder ein pointiertes Zitat.

Schlagzeile	**Sepp Trütsch (60 Kilo weniger) will dick in die Politik … als SVP-Regierungsrat**
Lead	Von Peter Padrutt SCHWYZ. Das neue Leben des Sepp Trütsch (54): Unglaubliche 60 Kilo hat er abgespeckt. Dafür will er jetzt in der Politik ein Schwergewicht werden – als Regierungsrat des Kantons Schwyz. Er kandidiert für die SVP!
Fließtext	Trütsch verblüffte die ganze Schweiz (…) (BLICK, 29.11.2003)

Der Lead wiederholt – ein bisschen detaillierter – das, was in der Schlagzeile schon steht. Das ist eine typische Folge der boulevardesken Hochstilisierung der Schlagzeile: Je informativer die Schlagzeile ist, desto weniger Eigenwert bleibt dem Lead.

Ein anderes Beispiel für eine nicht-„klassische" Verteilung der Elemente:

Schlagzeile	**Paola: Tränen der Liebe für ihren Kurt**
Foto	GROSSES FOTO (Kurt und Paola umarmen sich)
Lead	Hamburg. Diese Szene rührt. Kurt Felix hat gerade den Bambi für sein Lebenswerk bekommen und ihn seiner Paola gewidmet.

Fließtext   Paola lacht, drückt ihren Kurt an sich und Freuden-
                     tränen kullern. Was haben die beiden gemeinsam in den
                     vergangenen Monaten durchgemacht! (...)
                     (BLICK, 29.11.2003)

Das Ganze liest sich wie ein durchlaufender Text, inklusive Foto. Der Lead
verweist deiktisch („Diese Szene") auf das Foto. Der intertextuelle Bezug
richtet sich also in erster Linie auf das Foto und nicht – wie sonst – auf
Schlagzeile und Fließtext. Warum der Lead mit „gewidmet" aufhört, ist
nicht klar motiviert. Dass „Paola lacht ...", würde eigentlich genauso zur
Beschreibung der Foto-Szene gehören.

Die oben beschriebenen Verwischungen der Grenzen zwischen den Bausteinen des Berichtes können insofern als eine Annäherung der Abonnementszeitungen an die Boulevardzeitungen gewertet werden.

Insbesondere in der Boulevardpresse, aber nicht selten auch in den
Abonnementsblättern lässt sich eine Tendenz zu Mischformen registrieren.
In der Boulevardpresse finden wir z. B. Mischungen von Textsorten, die in
anderen Pressetypen klar getrennt und mit einem festen Set von textexternen und textinternen Merkmalen erfassbar sind.

8.4.2 Annäherung an den Hypertext

Hypertexte sensu strictu haben, vereinfacht gesagt, drei Definitionsmerkmale (Genaueres zum Hypertext in Kap. 14). Sie sind

1. multimedial
2. nicht-linear
3. elektronisch publiziert.

Die Online-Versionen von Zeitungen nähern sich diesem Typ von Text an.

Wenn man von herkömmlichen Zeitungen sagt, sie zeigten eine Tendenz
zum Hypertext, so ist der Begriff metaphorisch aufzufassen. Zeitungen sind
ja eben nicht elektronisch publiziert, doch weisen sie im Hinblick auf die
ersten beiden Merkmale zunehmend Eigenschaften von echten Hypertexten auf (vgl. Bucher 1996, Straßner 2001, Blum/Blum 2001). Die aus dieser
Annäherung an den Hypertext resultierenden Formen von TEXT kann man
als „Multi-Texte" oder „Cluster-Texte" bezeichnen (beide Termini kommen
in der Fachliteratur vor, vgl. 8.1).

1. Multimedialität

Der Bereich der für die Presse möglichen Formen von Multimedialität beschränkt sich auf statische Formen. Die drei Haupt-„Medien", die in der
Presse zur Geltung kommen, sind (1) Text, (2) Fotos, (3) Grafiken. Schon
seit langem bedient sich die Boulevardpresse in extensivem Masse der „Bil-

der", doch hat der Trend zur Verbildlichung auch auf die Abonnementszeitungen übergegriffen, wobei die österreichischen Zeitungen und die
Schweizer Gratispresse eine Vorreiterrolle spielen.

Holicki (1993) stellt für Pressefotos fest, dass sie ähnliche Funktionen erfüllen wie Berichte, Kommentare und andere Textsorten. Im Gegensatz zum
verbalen Text, bei dem die Unterscheidung von informierenden und wertenden Elementen zum Einmaleins (oder auch zu den Fiktionen) des Journalismus gehört, bleibt die wertende Tendenz von Fotos oft unbemerkt. Nur in
spektakulären Fällen (z. B. bei skandalträchtigen Werbefotos) wird sie zum
Gegenstand öffentlicher Diskussion. Seibold (1994) befasst sich mit allen
Arten von „illustrations" in der französischen Presse; unter semiotischem
Aspekt schlägt er vor, Darstellungen auf einer Skala zwischen konkret und
abstrakt (vom Foto zur Landkarte) anzuordnen, sodann den Gegensatz von
schwarzweiß und farbig zu berücksichtigen, schließlich „Einstellungen" zu
ermitteln, die als Pendants zu den filmischen Kameraeinstellungen gelten
können (z. B. proche/éloigné, 58). Eine eigentliche Text/Bild-Typologie für
Cluster-Texte ist erst in Ansätzen vorhanden (vgl. Muckenhaupt 1986, Stegu
2000, 312 ff., zu Pressofotos und ihren Funktionen).

2. De-Linearisierung

Ein prototypischer linearer Text ist ein vom Produzenten darauf angelegt,
dass er zweckmäßigerweise von vorne nach hinten „durchgelesen" wird.
Völlig lineare Texte waren und sind im Informationsbereich der Presse wohl
nur die Meldungen. Alle anderen Textsorten erlaubten schon immer kleinere und größere Abweichungen vom Linearitätsprinzip. Neu ist aber die
Entwicklung, dass die Produzenten systematisch Texte anbieten, die mit
Vorteil nicht-linear gelesen werden oder die gar nicht anders als nicht-linear
gelesen werden können.

Texte solcher Art zeigen die Auflösung der traditionellen Struktur des
komplexen Lang-Textes in ein Cluster von zusammenwirkenden einzelnen
Teil-Texten. Aus einem Lang-Text wird ein Cluster von Kurz-Texten mit
modularem Aufbau.

Texte dieser Art finden sich tagtäglich in nahezu jeder Tageszeitung.
Noch ausgiebiger wird das Prinzip von Zeitschriften wie „Focus" oder
„Facts" genutzt. Ein Beispiel (Abb. 5) aus „Focus" (14/1999, 179):

Unter der Rubrik-Überschrift BRENNPUNKT findet sich ein zwei-
seitiger TEXT mit dem Titel/der Schlagzeile

ALLERGIE

und dem Lead:

Immer mehr Menschen leiden an der neuen Volkskrankheit – Auslöser Nr. 1:
der Pollenflug

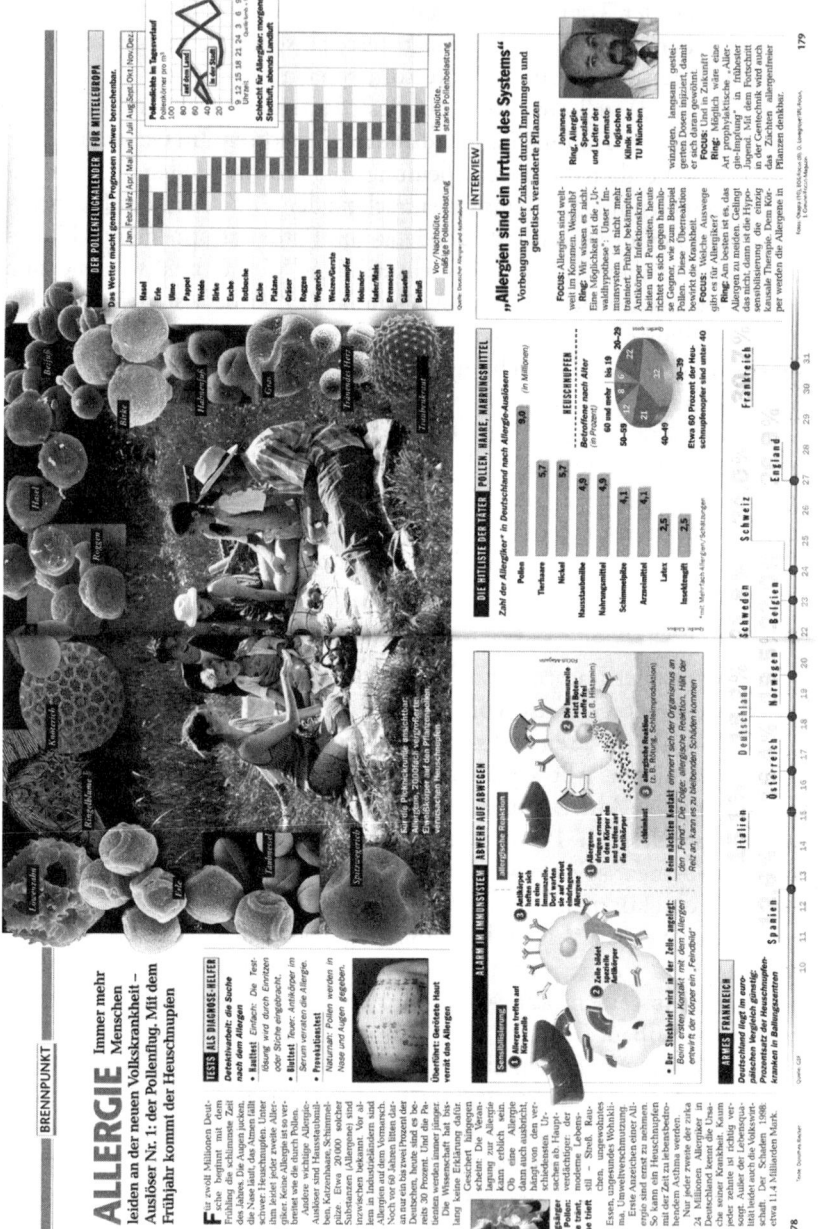

Abb. 5: Focus 14/1999, 179

Der TEXT konstituiert sich aus 11 Modulen (die integrierten Schriftelemente nicht mitgerechnet) verschiedenen semiotischen Typs:

3 verbale Texte
4 Fotos
6 Grafiken

Die *Fotos*: Im optischen Zentrum steht das Farb-Foto einer Picknickrunde, mit integrierten grafischen Elementen (verschiedenfarbige Bilder von Pollen mit schriftlicher Bezeichnung „Taubnessel", „Spitzwegerich" usw.). Das Foto hat als Legende:

> Für die Picknickrunde unsichtbar: Allergene, 2000fach vergrößert, Eiweißkörper auf den Pflanzenpollen, verursachen Heuschnupfen

Ein weiteres Foto zeigt eine Betroffene, die sich die Nase schnäuzt (Legende:

> Frühlingsärger mit Pollen: Das Auge tränt, die Nase trieft.

Das dritte Foto zeigt einen geröteten Rücken („Überführt: Gerötete Haut verrät das Allergen").
Das vierte Foto ist das des Experten (s. u.).

Die *verbalen Texte* gehören drei verschiedenen Textsorten an:

1. Ein informierender Text, der eine Spalte einnimmt, monologisch, mit appellativen Ratgeber-Elementen („Erste Anzeichen einer Allergie sind ernst zu nehmen.").

2. Ein Interview mit einem Experten: „Johannes Ring, Allergie-Spezialist und Leiter der Dermatologischen Klinik an der TU München", mit Foto. Er soll zu den Gründen für die zunehmende Verbreitung von Allergien Auskunft geben.
Das Interview ist nach dem üblichen Strukturmodell, mit Schlagzeile und Lead, aufgebaut:

> **„Allergien sind ein Irrtum des Systems"**
> Vorbeugung in der Zukunft durch Impfungen und genetisch veränderte Pflanzen
> FOCUS: Allergien sind weltweit im Kommen. Weshalb?
> Ring: Wir wissen es nicht. Eine Möglichkeit ist die „Urwaldhypothese": Unser Immunsystem ist nicht mehr trainiert.
> (…)

Entgegen den Usancen ist der als Zitat gekennzeichnete Satz der Schlagzeile nicht dem Interviewtext entnommen, er bietet eine Zusammenfassung des Interview-Inhalts. Ob der Experte diesen Satz in der Originalsituation gesagt hat, ist nicht auszumachen.

3. Eine elliptisch formulierte, listenartige Aufstellung der „Tests als Diagnose-Helfer".

Die *Grafiken* sind ganz unterschiedlichen Typs:

- Eine Tabelle „Der Pollenflugkalender", der zu entnehmen ist, in welchem Monat die einzelnen Pollensorten etwa zu erwarten sind.
- Darstellung biologischer Prozesse mit bunten Symbolen und Schrift-Elementen (z. B. die Stadien der „Sensibilisierung")
- Statistische Darstellungen verschiedener Art:
    - Eine Grafik mit Kurven „Pollendichte im Tagesverlauf"
    - Ein Balkendiagramm („Zahl der Allergiker in Deutschland nach Allergie-Auslöscrn")
    - Ein Kuchendiagramm („Heuschnupfen-Betroffene nach Alter")
    - Eine Linie mit Punkten von 0 bis 31, auf der Länder eingetragen sind („Deutschland liegt im europäischen Vergleich günstig ...")

Zwei dieser Grafiken (Pollenflugkalender, Pollendichte) haben eine Art Service-Funktion: die Betroffenen können sich in Acht nehmen. Die übrigen Grafiken sind informativer Art.

Wie werden die Text-Bausteine zu *einem* TEXT?
Auf der Produkt-Seite geschieht dies durch optische und verbale Strategien:

1) Das zentrale Foto erstreckt sich über die beiden Seiten hinweg und nimmt je eine halbe Seite ein. Um dieses Foto gruppieren sich alle anderen Elemente.

2) Thematisch ist durch die fette Schlagzeile ALLERGIE klar, dass dies das Gesamt-Thema des TEXTES ist und dass alle Module Teil-Aspekte des Themas betreffen.

3) Linguistisch gesehen am interessantesten ist die intratextuelle Verknüpfung der Module durch zwei Metaphernbereiche, die sich ziemlich konsequent durch alle Module hindurchziehen:

- Bildspender KRIMI („Hauptverdächtiger" bei Ursachen, „Die Hitliste der Täter", „Detektivarbeit – die Suche nach dem Allergen", „Überführt ...", „Der Steckbrief wird in der Zelle angelegt")
- Bildspender KRIEG („Allergien auf dem Vormarsch", „Alarm im Immunsystem" , „Beim ersten Kontakt mit dem Allergen entwirft der Körper ein ‚Feindbild'" ‚‚Beim nächsten Kontakt erinnert sich der Organismus an den ‚Feind'").

Aufschlussreich für die Sprache des Experten ist, dass auch er Elemente des zweiten Metaphernbereichs verwendet („Früher *bekämpften* Antikörper Infektionskrankheiten und Parasiten, heute richtet es [das Immunsystem] sich gegen harmlose *Gegner*, wie zum Beispiel Pollen"). Die Kampf- und Kriegsmetaphorik ist selbstverständliches Element der fachexternen Kommunikation (vgl. Kap. 11) medizinischer Fachleute.

Vom Rezipienten her gesehen ist das Produkt, der TEXT, ein Angebot, bei dem er sich beliebig „bedienen" kann. Dadurch wird der Rezipient definitiv von der „Ganzlektüre" eines Textes weggeführt hin zu einer selektiven Lektüre, die sich die für die individuellen Interessen geeigneten Teil-Texte herausgreift.

Aus der Perspektive der elektronischen Hypertext-Struktur ist hier ein zumindest analoges Rezeptionsverhalten des Zeitungslesers angestrebt: Der Leser stellt sich „interaktiv" seinen eigenen individuellen Text zusammen, jeder einzelne Leser folgt dem eigenen individuellen „Lesepfad".

8.4.3 Ein neuer Presse-Typ: Gratispresse

Während die traditionellen Tageszeitungen insbesondere junge Leser verlieren, scheinen die Versuche mit Gratiszeitungen in dieser Hinsicht einen neuen Weg zu weisen. Aber der Erfolg dieses neuen Produkts innerhalb des Mediums Presse ist sehr unterschiedlich:

Zur Situation in England schreibt Snoddy (in Aitchison/Lewis [ed.] 2003):

„Every day on the commuting routes of the UK's major cities, you can see thousands of young people who are not readers of contentional newspapers picking up copies of *Metro*, the free daily newspaper. More than 900.000 copies were distributed every weekday in 2001. It amounts to the creation of virtually a new print-based national medium, and just maybe some of those young people on their way to school will graduate to grown-up newspapers." (20 f.)

Im deutschsprachigen Bereich haben sich die Gratis-Zeitungen bisher nur in der Schweiz durchsetzen können, während in Deutschland die großen Medienkonzerne eine erfolgreiche Lancierung verhindert haben.[6]

---

6 „Kaum ist der „Kölner Zeitungskrieg" um kostenlose Tageszeitungen vorbei, stehen tägliche Gratisblätter in Deutschland nicht mehr auf der Agenda der Medien-Fachdiskussion. Die deutsche Presse-Fachwelt gibt sich weitgehend einig: Köln war das aktuelle Versuchslabor für die Einführung kostenloser Tageszeitungen in deutschen Ballungsräumen, und dieser Versuch ist gescheitert. Dass diese Lesart voreilig, wenn nicht gar Wunschdenken ist, zeigt die nähere Betrachtung. Hierbei muss man freilich die deutschen Grenzen überspringen und die Entwicklung der täglichen Gratisblätter in den Nachbarstaaten betrachten: In europäischen Großstädten wurden in den letzten Monaten laufend neue Blätter gegründet. Inzwischen erscheinen 36 Ausgaben in über 52 Städten mit einer werktäglichen Gesamtauflage von rund 6,4 Millionen Exemplaren. Keiner der angestammten Verleger in diesen Ländern käme auf den Gedanken, gegen die neue Konkurrenz vor Gericht zu ziehen. Hingegen war und ist es eine wesentliche Strategie der deutschen Zei-

Die beiden Zürcher Blätter „20 Minuten" und „Zürich Express" (neuerdings „Tagblatt der Stadt Zürich") situieren sich, was die textliche Gestaltung betrifft, zwischen den seriösen Tageszeitungen und der Boulevardpresse. Bei „20 Minuten"[7], auf das ich mich im Folgenden beziehe, sind zwei
Tendenzen dominant: Zum einen der Trend zur Kurz- und Kürzestinfor-
mation – erkennbar bereits im programmatischen Titel des Blattes –, zum
anderen ein hohes Maß an Interaktion mit den Rezipienten.
    Es gibt bei den „News" längere Artikel, doch überwiegen Kurzformen,
mit der auf mehreren Seiten zu findenden allerkürzesten Variante unter dem
Titel „20 Sekunden", wo Mini-Meldungen im Umfang von 1 bis 3 Sätzen erscheinen. Emotionalisierende Elemente werden in den Texten mit Maßen
eingesetzt, insbesondere im überregionalen Teil, da die Artikel dort stark
agenturbasiert sind. (Allerdings werden die Agentur-Quellen nur bei längeren Artikeln durch Kürzel angegeben.) Emotionalisierung erfolgt vor allem
über die Bilder. Die Schlagzeilen tendieren partiell in Richtung Boulevardpresse („ZürichCard ist toll angelaufen", „19 Jahre Knast für Post-Mör-
der"). Auffälliger aber ist der Trend, durch ausführliche, oft zweiteilige, thematische Schlagzeilen bereits durch die Überschrift das Wesentliche des
Textinhalts zu vermitteln:

Frühenglisch: Verzichtsantrag abgewiesen
„Sparübung ohne Ende": Armee geht das Geld aus

Im Informationsteil gibt es zwar auch Berichte zu den aktuellen Auslands-
ereignissen, doch dominieren eindeutig Inland- bzw. lokale Themen. Eine
klare thematische Anordnung ist nicht erkennbar. Im Gegensatz zur Boule-

---

tungsverleger, Gratiszeitungen mit ausführlichen redaktionellen Inhalten über das Wett-
bewerbsrecht verbieten zu lassen." (Andreas Vogel in media perspektiven 11/2001)

7 „Weniger positiv sind die Perspektiven der Zeitungen auf den Lesermärkten. Prognos
rechnet damit, dass die verkaufte Auflage der Tageszeitungen in Deutschland bis 2006
nochmals um eine Million auf 22 Mio. Exemplare zurückgeht. Dafür sind vor allem zwei
Effekte verantwortlich. Zum einen nimmt die Bevölkerung in den Jahrgängen der 20–40-
Jährigen, aus denen drei Viertel aller Neuabonnenten kommen, bis 2006 um über 10 % ab.
Zum anderen erreichen die Zeitungen die jungen Leute immer schlechter. Dass junge
Leute aber durchaus Zeitung lesen, zeigt das Beispiel der Schweizer Gratiszeitung 20 Minuten, die in den grossen Städten an verkehrsreichen Orten in Zeitungsboxen aufliegt
oder an Passanten abgegeben wird. 18 Monate nach ihrem erstmaligen Erscheinen lesen
80 % der 10–24-Jährigen diese Zeitung mindestens einmal pro Woche, knapp 40 % lesen
sie regelmässig. Zeitungen können es also mit den Reichweiten von Online-Medien bei
jungen Leuten aufnehmen, gefragt sind aber neue Konzepte. 20 Minuten zeigt, wie junge
Leute als Zeitungsleser gewonnen werden – mit Inhalten und in einer Aufmachung, die
ihrem Interesse entsprechen, und in einem Format und einer Distributionsform, welche
der mobilen Lebensart junger Leute entgegenkommt."
(Aus einem Abstract zu: Neiger, Felix (2002): Print-Medien. Traditionelle Stärken – neue
Möglichkeiten, Themenreport Deutschland, Österreich, Schweiz.
http://www.prognos-mediareports.de/public/index.php?active=report_print)

vardpresse sind hard- und soft-Themen nicht gänzlich willkürlich gemischt, sondern die soft-Themen finden sich vorwiegend unter den explizit so benannten Rubriken (*lifestyle*, *people* usw.). Journalistische Eigenleistung – wenn man die mit Namen gekennzeichneten Artikel als solche werten kann – ist in bescheidenem Masse zu erkennen, besonders in der regionalen Berichterstattung, im regionalen Sport, in Kino- und Filmkritiken und auf der Computerseite.

Die Orientierung an einem jugendlichen Publikum zeigt sich auch in dem forcierten Anteil englischer Sprachelemente. Die Rubrikentitel (inklusive der Dienstleistungsseiten) sind weitgehend englisch formuliert: news, people, movie guide, sport, best of, chillout, interactive, webpage, lifestyle, business, cash, money, break, what's up. Gelegentliche deutsche Einzelgänger wie das thematisch orientierte „gurtenfestival" nehmen sich in diesem Kontext geradezu exotisch aus. Der regelmäßig erscheinende Krimi-Comic ist mit „krimi" betitelt. Bereits die Inhaltsleiste auf der Frontseite enthält die englischen Titel. Die Rubriken, mit Ausnahme eines harten Kerns (mit *news* oder *people*, den Werbe- und Dienstleistungselementen), wechseln dabei von Tag zu Tag. In Zeiten mit stark dominierenden Themen wie dem Irak-Krieg werden die gängigen Rubriken durch thematische ergänzt (*strike on iraq*).

Gut in dieses Bild passt auch das Bemühen um eine möglichst intensive „Interaktion" mit der Leserschaft (vgl. Kap. 1).

9 Nachrichtensendungen

Diesen zentralen Bereich des Informationsbereichs in den elektronischen Medien möchte ich in drei Schritten angehen:

Zunächst werden Radionachrichtensendungen und Fernsehnachrichtensendungen unter dem Textsortenaspekt in ihren wesentlichen linguistischen Merkmalen dargestellt. Sodann wird am Beispiel der Fernsehnachrichten der narratologische Analyseansatz vorgestellt, der die zuvor besprochenen Aspekte aus einer neuen Perspektive interpretiert.

9.1 Radionachrichten

Radio-Nachrichten sind in Struktur und sprachlicher Gestaltung über viele Jahre hinweg nahezu unverändert geblieben. Was in Burger (1984) dazu gesagt wurde, trifft auch heute noch im Wesentlichen zu. Radionachrichten in festem Rhythmus (stündlich oder halbstündlich, Kurznachrichten, zu bestimmten Zeiten ausführlichere Journale) sehen grosso modo heute nicht viel anders aus als vor 30 Jahren oder einem halben Jahrhundert.

Einige (störende) linguistische Eigenschaften der früheren Nachrichten sind teilweise verschwunden, doch die hauptsächlichen Prinzipien – auch die linguistischen – der Kurzinformation haben sich gehalten und – beim Radio – eher gefestigt. Die Abhängigkeit von kommerziellen Nachrichtenquellen, von Nachrichtenagenturen ist bei Privatsendern größer als bei den öffentlich-rechtlichen Sendern, und damit auch die Übernahme und Zementierung bestimmter linguistischer Muster. Das klingt paradox, da man doch annehmen würde, dass Privatsender prinzipiell mehr Freiheit, mehr Spielraum der Vermittlung jeglicher Art von Information hätten. Das ist zwar richtig; ebenso richtig ist aber, dass es sich die privaten Sender in der Mehrzahl nicht leisten können, diesen potenziellen Spielraum auszunützen.

Radio-Nachrichten haben eine Reihe von kommunikativen und linguistischen Merkmalen, die sie zu einer Großform mit klar abgrenzbaren Textsorten macht, die in ihren hauptsächlichen Ausprägungen weitgehend konventionalisiert ist und im ganzen deutschsprachigen Raum in ähnlicher Form angeboten wird.

Man kann eine „Standardform", wie sie meist im Stundentakt ausgestrahlt wird, unterscheiden von angereicherten Formen, die man als „Nachrichtenjournale" oder „Nachrichtenmagazine" bezeichnet. Die Standardform besteht (wenn man von einer potenziellen Inhaltsangabe und dem Wetterbericht absieht) aus Exemplaren der Textsorte „Meldung", während die Journale bzw. Magazine zusätzliche Textsorten aufweisen. („Meldung" entspricht zwar in formaler Hinsicht weitgehend der gleichnamigen Textsorte in der Presse. Doch hat die Textsorte im Radio größeres Gewicht als in der Presse, da sie *das* konstitutive Element der Standardnachrichten darstellt, für die es in der Presse ohnehin kein direktes Äquivalent gibt.) Die im Folgenden beschriebenen Merkmale gelten für die öffentlich-rechtlichen Sender.

9.1.1 Standard-Form

Wir gehen bei der Beschreibung von den kommunikativen Randbedingungen schrittweise zu den linguistischen Merkmalen im engeren Sinne über. Als Textbeispiele nehme ich die Nachrichtensendungen des WDR vom 26. 1. 2004 (wo nötig ergänzt durch weitere Belege), um zu demonstrieren, wie klar das Modell in jeder beliebigen Sendung realisiert ist.

1. Die Nachrichten werden *live* gesendet.

2. Die Nachrichten werden von einem *Sprecher* verlesen. (Versuche, alternierende Sprecher einzusetzen, haben sich offenbar nicht bewährt.) Je nach Rundfunkanstalt handelt es sich um professionelle Sprecher, die nicht identisch sind mit den Redakteuren, oder um die Redakteure selbst. Dass die Trennung von Textproduzent und Sprecher mancherorts aufgehoben ist, ist eine neuere Entwicklung. Der Sprecher tritt nicht als „Ich" in Erscheinung, sondern als reiner Vermittler des Textes.

3. Der *Hörer* ist gleichfalls nicht im Text anwesend (allenfalls in einer – nicht überall stattfindenden – Begrüßung). Als Adressaten sind alle Hörer angesprochen. Damit sind Nachrichten wohl die einzige Sendung, bei der von vornherein keinerlei Einschränkungen in Bezug auf die Zielgruppe gemacht werden sollen und können. Daher erklärt sich u.a., warum die in den 70er und 80er Jahren des 20. Jahrhunderts virulenten Diskussionen über die Verständlichkeit der Mediensprache auf Nachrichten zentriert waren. Eine Sendung, die potenziell für alle verständlich sein soll, stellt eben an die Formulierung besonders hohe Anforderungen.

4. Der Text wird in einem schallarmen, neutralen *Raum* verlesen.

5. *Geräusche* oder *Musik* sind während der Präsentation ausgeschlossen. Auch als dramaturgische Mittel – z. B. zur Gliederung eines Bulletins – werden sie nicht eingesetzt.

6. Die *Situation*, in der sich der Sprecher befindet (oder auch die Redaktion), kommt nicht zur Sprache (im Gegensatz zu moderierten Sendungen, wo der Sprecher sagen kann „ich sitze hier in meiner Kabine, und draußen blühen die Blumen").

Ein- (und Ausleitung) sind dementsprechend stereotypisiert:

[Musik]
Sechs Uhr dreißig
[Musiksignet]
Südwestfunknachrichten
[Musiksignet]

Mittel der lokalen Deixis werden im Normalfall nicht verwendet (*hier/ dort*), wohl aber – da Nachrichten ja eine Form der Wiedergabe von vergangenen Ereignissen (oder auch der Formulierung gerade stattfindender oder noch zu erwartender Ereignisse) sind – Mittel der temporalen Deixis:

Die Tarifverhandlungen in der Metall- und Elektroindustrie werden *heute* in Bayern und Sachsen fortgesetzt.

Das ist unproblematisch, da das *jetzt* des Sprechers ja auch das *jetzt* des Hörers ist. (Anders wäre es, wenn die Nachrichten nicht live gesendet würden.)

7. Die *paraverbale* Realisierung des Textes erfolgt gänzlich „schriftlich", d. h. man hört (und soll es hören), dass der Text nicht etwa spontan formuliert ist, sondern total abgelesen wird. Unterstrichen wird dies durch Stereotypien der Intonation, die bei den einzelnen Sprechern zu beobachten sind, und durch die durchwegs „syntaktische" Pausengestaltung (Pausen an den syntaktischen Schnittstellen, also vorwiegend bei Satzzeichen, auch zur Abhebung zitierter Passagen, kaum je aber zu rhetorischen Zwecken). Dass der Text vollständig abgelesen wird, ist also evident, wird aber in deutschsprachigen Sendungen nicht explizit gesagt. Im Gegensatz dazu gehört es bei britischen Nachrichtensendungen zu den formelhaften Elementen der Präsentation, dass auf das Ablesen verwiesen wird, z. B.:

„This is the 6 o'clock news *read* by XY" (nach Crisell 1994, 56)

Damit wird noch deutlicher als bei den deutschsprachigen Nachrichten, dass es hier auf den individuellen Sprecher gar nicht ankommt, und ebenso wenig auf den Autor („it must seem to be ‚authorless' – originated by the events themselves" Crisell 58).

8. In *inhaltlicher* Hinsicht ist der Bereich dessen, was als „Nachricht" für eine Nachrichtensendung gelten kann, eingegrenzt durch zwar nicht rigide, aber doch eingespielte und überregional (im westlichen Mediensystem bis zu einem gewissen Grade sogar international) gültige Selektionsusancen.

Der Begriff der Nachricht im engeren Sinne, wie er auch von Rundfunkgesetzen und Staatsverträgen vorgegeben wird, orientiert sich stark am britischen, von der British Broadcasting Corporation (BBC) geprägten Nachrichtenverständnis. In einer Studie der BBC vom Mai 1976 findet sich denn auch die folgende Definition:

„Nachrichten sind neue sowie wahrheitsgemäß und sorgfältig wiedergegebene Informationen, die

a) aktuelle Ereignisse aller Art überall in der Welt zum Gegenstand haben, die

b) gegenübergestellt werden anderen wahrheitsgemäß und sorgfältig erarbeiteten Hintergrundinformationen, die zuvor jedoch wie Nachrichten behandelt werden müssen, die

c) auf faire Weise von ausgebildeten Journalisten ausgewählt werden, dies jedoch ohne künstliches Ausbalancieren und ohne persönliche politische Motivation oder redaktionelle Einfärbung, die

d) in eine Nachrichtensendung aufgenommen werden, weil sie interessant, von allgemeiner Bedeutung oder aber in den Augen der erwähnten Journalisten für die Zuhörer von persönlichem Belang sind, und die

e) ohne Furcht objektiv gestaltet werden mit Blick auf die geltenden Gesetze und auf die Programmgrundsätze der BBC bezüglich guten Geschmacks und journalistischer Grundsätze." (Arnold [Nachrichtenchef Hessischer Rundfunk] 1982, 29)

Dieser Definitionsversuch der BBC kann nahezu unverändert auf die Verhältnisse in den deutschsprachigen Ländern übertragen werden.

Zu den inhaltlichen Aspekten gehört die Tatsache, dass die Akteure, die in den Nachrichten genannt werden oder zu Wort kommen, vorwiegend Personen des öffentlichen Lebens oder Organisationen sind (vgl. Häusermann 1998).

9. Der *Aufbau* eines Nachrichtenbulletins ist stereotyp dieser: (1) Schlagzeilen (fakultativ; üblich vor allem bei den längeren Ausgaben); (2) die einzelnen „Meldungen"; (3) Wetterbericht (der in Kurzfassung auch schon am Anfang stehen kann).

Der Aufbau des Hauptteils (2) gestaltet sich nach einfachen Prinzipien: Die Meldungen sind geordnet nach inhaltlichen Grobkategorien (Ausland/ Inland oder umgekehrt) und/oder nach dem Grad der vom Redakteur geschätzten Wichtigkeit bzw. Attraktivität der Information. Die Meldungen im einzelnen sind untereinander im Allgemeinen nicht textlinguistisch verknüpft (allenfalls durch temporal-deiktische Elemente wie *gleichfalls heute morgen*). Man kann sogar sagen, dass potenzielle Verknüpfungsmöglichkeiten bewusst nicht genutzt werden, um nicht den Anschein von Zusammenhängen herzustellen, wo Zusammenhänge nicht als gesichert behauptet werden können.

In der Ausgabe von 10 Uhr (WDR am 26.1.2004) sind sogar zwei Meldungen zur gleichen Person durch eine andere Meldung auseinandergerissen:

Bundeswirtschaftsminister Clement will künftig weniger Personal in der Zentrale der Bundesagentur für Arbeit in Nürnberg einsetzen. Clement kündigte an, die Zahl der Stellen solle dort von 1 100 auf etwa 400 reduziert werden. Dann könnten mehr Mitarbeiter in Ländern, Städten und Gemeinden präsent sein. Aus der alten Arbeitsverwaltung müsse ein moderner, kundenorientierter Dienstleister werden. Auch nach der Entlassung von Vorstandschef Gerster werde der Umbau fortgesetzt.

CDU und CSU haben ihren Streit um eine Steuerreform beigelegt. Der CSU-Vorsitzende Stoiber sagte in der ARD, die Union strebe einen radikalen Neuanfang im Steuerrecht an. Neben der Vereinfachung des Steuersystems werde auch eine Entlastung in Höhe von zehn Milliarden Euro anvisiert. Die Union wolle eine Reform noch in diesem Jahr. Stoiber forderte die Bundesregierung auf, einen Gesetzentwurf vorzulegen. CDU und CSU würden Leitsätze präsentieren. Gestern Abend hatten die Spitzen der Union in Berlin über ihr Vorgehen in der Steuerpolitik beraten. Detaillierte Leitsätze wollen CDU und CSU in einer gemeinsamen Präsidiumssitzung Anfang März beschließen.

Bundeswirtschaftsminister Clement muss heute vor dem Untersuchungsausschuss des nordrhein-westfälischen Landtags Rede und Antwort stehen. Ihm wird Vetternwirtschaft während seiner Amtszeit als Ministerpräsident vorgeworfen. Es geht um den von Clement 1998 beschlossenen Umzug der Staatskanzlei in das Bürohochhaus Stadttor. Die Opposition erhebt den Vorwurf, dass ein Freund Clements für seine Mitarbeit an der Abwicklung des Umzugs auf Umwegen vom Land bezahlt worden ist. Die Medienagentur des früheren Journalistenkollegen von Clement sei auch bei der Vergabe von Aufträgen durch Landesgesellschaften bevorzugt worden, vermuten CDU und FDP. Clement hat alle Vorwürfe stets entschieden bestritten.

Der Grund ist offensichtlich: Hätte man die beiden Meldungen unmittelbar aufeinander folgen lassen, hätte sich ein unerwünschter Kontrast zwischen dem seriösen ersten und dem skandalträchtigen zweiten Thema ergeben.

9. *Die einzelne Meldung* ist strukturiert nach wenigen festen Mustern. Diese basieren auf dem Prinzip des „Nachrichtenkontinuums", d. h. der Tatsache, dass Nachrichten nur zu Nachrichten werden, indem sie sich als neue Entwicklung, neue Phase, unerwartetes Ereignis o. ä. innerhalb eines ständigen Stroms von Informationen abheben; eines Stroms, an dem der Rezipient teilhat oder teilhaben kann durch die Nutzung aller Medien, im engsten Fall durch Anhören der vorhergehenden Nachrichten. Der Bezug auf ein Nachrichtenkontinuum zeigt sich sprachlich in den vielen Präsuppositionen.

> Bundeskanzler Schröder hat die Entlassung des Chefs der Bundesagentur für Arbeit, Gerster, als notwendig bezeichnet.
> (WDR, 26.1.2004)

(Die Tatsache, dass Gerster entlassen wurde, wird präsupponiert. Wenn man das Vorwissen nicht hat, versteht man die Meldung dennoch.)

Das gleiche Phänomen ist natürlich auch bei Fernsehnachrichten zu beobachten:

M'in: Guten Abend meine Damen und Herren. Nun hat es die Nato bestätigt.
Sie habe gestern einen Teil eines Flüchtlingskonvois bombardiert. Ein Versehen,
heißt es in der offiziellen Stellungnahme der Nato.
(Tagesschau, SF DRS, 15. 4. 1999)

(Die Nato hat „es … bestätigt" – das *es* deutet anaphorisch auf Vorwissen
und gleichzeitig kataphorisch auf den nächsten Satz hin.)
 Das Hauptaufbauprinzip ist das sog. „Lead"-Prinzip. Es besteht darin,
dass das neue Ereignis am Anfang formuliert wird und dass die für das Verständnis des Ereignisses notwendigen Hintergrundinformationen („Hintergrund" hier im sehr eingeschränkten Sinn der unmittelbaren temporalen
und/oder kausalen Vorstufen des Ereignisses) anschließend aufgerollt werden. (Formal ist dies als „Prinzip der umgekehrten Pyramide" charakteri-
sierbar, vgl. 8.3.2).

(1) Die Rechte von Flugreisenden in den Ländern der Europäischen Union
werden gestärkt. Sie können vom kommenden Jahr an bei Überbuchung und
Verspätung von Flugzeugen bis zu 600 Euro Entschädigung verlangen. Das
gilt auch für Charterflüge. (2) Die neuen Regelungen wurden heute in Brüssel
von den EU-Außenministern abschließend gebilligt. (3) Deutschland enthielt
sich der Stimme. (4) Innerhalb der Regierung soll es Meinungsverschieden-
heiten gegeben haben. Verbraucherministerin Künast und Verkehrsminister Stolpe hätten ein Nein zu den Beschlüssen abgewendet, hieß es in Berlin.
Das Justiz- und das Wirtschaftsministerium sollen versucht haben, nach Ein-
wänden aus der deutschen Reisebranche den europäischen Kompromiss zu
blockieren.
(WDR, 26. 1. 2004)

Das neue Faktum wird in (1) vermittelt. (2) bringt bereits Hintergrund (wer
ist Urheber der Regelung? wann wurde sie beschlossen?). (3) liefert ein Detail zum Verfahren. (4) erläutert, wie so es zu (3) gekommen ist.
 Wenn es in der Kürze der zur Verfügung stehenden Zeit nicht möglich
ist, überhaupt Hintergrund zu vermitteln, kann sich der Redakteur mit
einem Verweis auf entsprechende Sendungen mit ausführlicheren Informationen zum Thema behelfen.

10. Das Vorhandensein eines „Nachrichtenkontinuums" wirkt sich bei
Nachrichtensendungen konkret in Formen der *Serialität* aus.
 Man kann zwei Arten von Serialität unterscheiden:

(a) Serialität im Tagesverlauf

Wenn man die Nachrichtensendungen des Radios über den ganzen Tag hinweg anhört, bemerkt man unschwer, dass ein Teil der Meldungen unverändert wiederholt wird, ein Teil variiert wird. Manche Meldungen werden im
Tagesverlauf gegen andere ausgetauscht. So ergibt sich eine gleitende Umformung des Sendungsablaufs.

Beispiel WDR, 26. 1. 2004:

Meine Übersicht beginnt mit 7 Uhr:

[*alt* heißt: gleich oder ähnlich wie in einer der vorherigen Sendungen,
neu heißt: noch in keiner der vorhergehenden Sendungen vorhanden]

Uhrzeit	Anzahl Meldungen	alt	neu
7	6		
8	6	3 = 7 Uhr	3
9	6	2 = 8 Uhr 1 = 7 Uhr (ohne 8 Uhr) 1 = 7 + 8 Uhr 1 Fortsetzung von 8 Uhr	1
10	8	1 = 7 Uhr (gekürzt) 1 = 9 Uhr 1 Fortsetzung von 8 + 9 Uhr	5
11	6	1 = 8 + 9 + 10 Uhr (gekürzt) 1 Fortsetzung von 7 + 8 + 9 + 10 Uhr 1 Fortsetzung von 8 + 9 + 10 Uhr	3
12	7	1 Fortsetzung von 8 + 9 + 11 Uhr 1 Fortsetzung von 11 Uhr 1 umformuliert von 10 Uhr 1 umformuliert von 11 Uhr	3

Bereits um 12 Uhr ist der „Rezyklierungsprozess" beendet, keine Meldung ist mehr gleich 7 Uhr oder eine Fortsetzung davon.

Ein paar Beispiele für die Fälle, in denen Meldungen nicht identisch, sondern verändert weitergeführt werden:
Das Thema, das sich am längsten gehalten hat:

[7 Uhr]
Bundeswirtschaftsminister Clement will künftig weniger Personal in der Zentrale der Bundesagentur für Arbeit in Nürnberg einsetzen. Clement kündigte an, die Zahl der Stellen solle dort von 1 100 auf etwa 400 reduziert werden. Dann könnten mehr Mitarbeiter in Ländern, Städten und Gemeinden präsent sein. Der Minister sagte gestern Abend, das richtige Stichwort sei Dezentralisierung. Zugleich betonte er, aus der alten Arbeitsverwaltung müsse ein moderner, kundenorientierter Dienstleister werden. Auch nach der Entlassung von Vorstandschef Gerster werde der Umbau fortgesetzt. Wer sein Nachfolger wird, steht noch nicht fest. Clement ist dafür, einen Manager aus der Wirtschaft zu berufen. Gersters bisheriger Stellvertreter, Weise, übernimmt die kommissarische Leitung der Bundesagentur.

[8 Uhr]
Die Entlassung des Vorstandschefs der Bundesagentur für Arbeit, Gerster, ist
nach Ansicht des nordrhein-westfälischen Wirtschaftsministers Schartau gerechtfertigt. Im Westdeutschen Rundfunk sprach Schartau von einem – so wörtlich – „Schrecken ohne Ende", wenn Gerster im Amt geblieben wäre. Dies hätte
den Reformprozess immer wieder auf die Diskussion um den Vorstandschef gelenkt, so Schartau. Es komme jetzt darauf an, an der Spitze der Agentur jemanden zu haben, der mit Vertrauen ausgestattet sei und die Reformvorhaben
durchsetze. Die FDP fordert indessen, die Bundesagentur für Arbeit aufzulö-
sen. Parteichef Westerwelle sagte im WDR, die Behörde sei nicht mehr refor-
mierbar. Der nächste Vorstandsvorsitzende werde wieder an den gleichen Problemen scheitern.

Was um 7 Uhr eher ein Nebenthema war („Auch nach der Entlassung von
Vorstandchef Gerster werde …"), wird von 8 Uhr an zum Hauptthema: die
Entlassung Gersters. Zwei Stellungnahmen zur Entlassung Gersters werden
zitiert, davon die erste explizit mit einem wörtlichen Teil-Zitat („Schrecken
ohne Ende").

[9 Uhr = 8 Uhr]

[10 Uhr]
Die stellvertretende DGB-Vorsitzende Engelen-Kefer hat den Vorwurf einer
gezielten Kampagne gegen den abgesetzten Chef der Bundesagentur für Arbeit,
Gerster, zurückgewiesen. Engelen-Kefer sagte im Deutschlandfunk, an einer
Demontage Gersters hätten zumindest die Gewerkschaften nicht mitgewirkt.
Diese stünden hinter dem Konzept zum Umbau der Bundesagentur. Allerdings
müsse der Reformprozess gemeinsam mit den Beschäftigten der Behörde voll-
zogen werden. Dies sei Gerster nicht gelungen. Der nordrhein-westfälische
Wirtschaftsminister Schartau hält die Entlassung Gersters für gerechtfertigt. Im
WDR sprach Schartau von einem – so wörtlich – „Schrecken ohne Ende", wenn
Gerster im Amt geblieben wäre. Dies hätte den Reformprozess immer wieder
auf die Diskussion um den Vorstandschef gelenkt.

Wiederum werden zwei Stellungnahmen zitiert, davon ist die zweite dieselbe (wenn auch gekürzt) wie um 8 und 9 Uhr. Bezeichnenderweise wird
die phraseologische Formulierung „Schrecken ohne Ende" (elliptisch für
„Lieber ein Ende mit Schrecken als ein Schrecken ohne Ende") wörtlich
durch die Sendungen hindurch weitergegeben.

[11 Uhr]
Bundeskanzler Schröder hat die Entlassung des Chefs der Bundesagentur für
Arbeit, Gerster, als notwendig bezeichnet. In Berlin sagte er, durch einen Dauer-
konflikt zwischen dem Verwaltungsrat und dem Vorstand wäre die Arbeits-
fähigkeit der Bundesagentur in Mitleidenschaft gezogen worden. Das habe
Arbeitsminister Clement nicht akzeptieren dürfen und daher gehandelt. Der
Nachfolger von Gerster werde im gesetzlich vorgeschriebenen Verfahren
ermittelt, betonte Schröder. Die stellvertretende DGB-Vorsitzende Engelen-
Kefer hat den Vorwurf einer gezielten Kampagne gegen den abgesetzten Chef

der Bundesagentur für Arbeit, Gerster, zurückgewiesen. Engelen-Kefer sagte im Deutschlandfunk, an einer Demontage Gersters hätten zumindest die Gewerkschaften nicht mitgewirkt. Diese stünden hinter dem Konzept zum Umbau der Bundesagentur. Allerdings müsse der Reformprozess gemeinsam mit den Beschäftigten der Behörde vollzogen werden. Dies sei Gerster nicht gelungen.

Am Schluss der intertextuellen Kette steht die Stellungnahme des Bundeskanzlers, während diejenige von Engelen-Kefer wörtlich von 10 Uhr übernommen wird, aber an die zweite Stelle rückt.

Das Ausgangsereignis bleibt in dieser Kette dasselbe, es wechseln die Stellungnahmen dazu. Die Stellungnahmen ihrerseits sind Texte aus zweiter Hand: Schartau äußerte sich „Im Westdeutschen Rundfunk" (bzw. „im WDR"), Westerwelle „im WDR", Engelen-Kefer „im Deutschlandfunk", nur der Bundeskanzler äußert sich schlicht „in Berlin".

Um 13 Uhr werden dann die Stimmen von vorher zusammenfassend wiedergegeben und zugleich noch ergänzt:

Führende SPD-Politiker haben die Entlassung des Chefs der Bundesagentur für Arbeit, Gerster, verteidigt. Sie wiesen Gersters Darstellung zurück, er sei Opfer einer Kampagne. Bundeskanzler Schröder nannte die Entlassung einen notwendigen Schritt. Einen Dauerkonflikt an der Spitze der Bundesagentur habe die Regierung nicht akzeptieren dürfen. Der nordrhein-westfälische SPD-Chef Schartau ergänzte, der Zustand bei der Bundesagentur für Arbeit sei unerträglich gewesen. Zur Nachfolgefrage meinte Schartau, der neue Mann sollte weniger in Talkshows auftreten und dafür nach innen und außen Vertrauen aufbauen. Bundeswirtschaftsminister Clement setzt sich dafür ein, einen Manager aus der Wirtschaft zu berufen. Dazu muss er sich mit dem Verwaltungsrat der Agentur abstimmen.

Im Rahmen dieser Übersicht hört es sich so an, wie wenn die Stellungnahmen aufeinander abgestimmt gewesen wären. Dass Schartau „… ergänzte …", stellt die vermutliche Chronologie der Äußerungen geradezu auf den Kopf. Ob er sich „zur Nachfolgefrage" erst später geäußert hatte, lässt sich allerdings nicht eruieren.

Dass Meldungen nicht nur gekürzt oder ergänzt bzw. ersetzt, sondern umformuliert werden, ist eher der Ausnahmefall. In den beiden folgenden Beispielen sind die Gründe für die Umformulierung teilweise rekonstruierbar, teilweise nicht:

(a) [11 Uhr]
In einer Moschee in Gelsenkirchen hat am Morgen ein 59-Jähriger zwei Männer erschossen. Der Täter hatte zuvor am Morgengebet teilgenommen. In der Moschee befanden sich zum Tatzeitpunkt 20 Personen. Das teilte die Polizei in Gelsenkirchen mit. Nach der Tat hatte der Türke die Moschee verlassen und war in seine nahe gelegene Wohnung gegangen, wo er sich ohne Widerstand festnehmen ließ. Zur Zeit wird der Mann von der Polizei vernommen. Sein Motiv ist noch völlig unklar.

(b) [12 Uhr]
Ein 59-Jähriger hat am Morgen in einer Moschee in Gelsenkirchen zwei Männer erschossen. Nach dem gemeinsamen Morgengebet habe der Täter die beiden 48 und 58 Jahre alten Opfer per Kopfschuss getötet, sagte ein Sprecher der Polizei. Der Mann, türkischer Abstammung, ließ sich wenig später in seiner Wohnung widerstandslos festnehmen. Die Hintergründe der Tat sind bislang noch völlig unklar. Der 59-Jährige lebt, nach Auskunft der Polizei, seit vielen Jahren in Deutschland und hat seine Opfer gekannt.

Warum im ersten Satz eine Umstellung vorgenommen wurde, ist mir nicht ersichtlich. Auch für die Reformulierung des gesamten Satzes „Nach der Tat ...“ kann ich kein Motiv erkennen. Verständlich ist da nur, dass „der Türke“ durch die vorsichtigere Formulierung „Der Mann, türkischer Abstammung“ ersetzt wurde. Der letzte Satz der zweiten Variante bietet eine zusätzliche Information, ebenso wie vorher das Alter der Opfer ergänzt wurde.

(c) [10 Uhr]
Ein Lottoge/ Ein Lottospieler aus Baden-Württemberg bekommt den höchsten Einzelgewinn in der Lotto-Geschichte. Er knackte nicht nur den Jackpot von über 16 Millionen Euro, sondern erhält insgesamt 20,2 Millionen Euro, weil die Spielklasse Zwei – sechs Richtige ohne Superzahl – nicht besetzt war.

(d) [12 Uhr]
Eine Lottospielerin aus Baden-Württemberg kann sich über 20,2 Millionen Euro freuen. Das ist der größte Einzelgewinn, der je in Deutschland ausgezahlt wurde. Die Frau hatte drei Euro 75 investiert und nicht nur die sechs richtigen Zahlen, sondern auch die richtige Superzahl angekreuzt. Damit knackte sie den Jackpot von über 16 Millionen Euro. Da kein weiterer Lottospieler sechs Richtige getippt hatte, bekommt die neue Multimillionärin auch das Geld der zweiten Spielklasse.

Die Reformulierung stellt in verschiedener Hinsicht eine Verbesserung dar:
    Zunächst wurde eine offenbar falsche Information implizit korrigiert (aus dem „Lottospieler“ wurde eine „Lottospielerin“). Außerdem ist die Information ausführlicher und der Mechanismus, der zum Gewinn führte, verständlicher erläutert.

(b) Serialität im gesamten Nachrichtenfluss

Nachrichten stehen nie isoliert da, sie befinden sich irgendwo im Fluss des „Nachrichtenkontinuums“. Auch eine völlig unerwartete und nicht unmittelbar an andere Ereignisse anknüpfbare Nachricht hat irgendwo schon einen Vorgänger, an den man sich erinnert („der schlimmste Hurrikan seit 1962“ u. ä.). Bei länger dauernden Ereignissen wie Kriegen, Wirtschaftsentwicklungen usw. kann man von einer „Langzeiterzählung“ sprechen.
    Im folgenden Text wird Serialität über längere Zeiträume hinweg thematisiert:

M   Alle Jahre wieder berät das Parlament im Dezember über das Budget. Alle
      Jahre wieder wird bei dieser Gelegenheit an die Ausgabedisziplin appelliert.
      Alle Jahre wieder wird im Detail nach Budgetposten gesucht, die nicht un-
      bedingt nötig sind. Und alle Jahre wieder ist all diesen Anstrengungen ein
      sehr beschränkter Erfolg beschieden. In diesem Sinn nichts Neues aus der
      Budgetdebatte. Und doch sind in diesem Jahr die Vorzeichen etwas anders.
      Rudi Helfer.
RH   Vom Musterschüler zum Sorgenkind. Innert weniger Jahre ist es mit den
      Bundesfinanzen massiv bergab gegangen, und heute geht es der Schweiz
      denkbar schlecht. Wenn man die Kennzahlen mit den EU-Ländern ver-
      gleicht, dann steht einzig Griechenland schlechter da. Die Schweiz ist in
      Europa an die zweitletzte Stelle gerutscht, und das innert weniger Jahre.
      (...)
      (Radio DRS, Echo der Zeit, 3.12.1997)

11. Die *Syntax* der Nachrichten ist ausgiebig untersucht und ebenso ausgiebig kritisiert worden. Geändert hat sich in den letzten Jahrzehnten nicht
viel, was die Standardnachrichten betrifft.
Die Hauptmerkmale sind:

(a) Die Sätze sind entweder einfache Hauptsätze oder enthalten einen untergeordneten Teilsatz. Kompliziertere Hypotaxe wird vermieden.

(b) Tendenz zu nominalen Gruppen mit einem Verbalabstraktum als Kern
und angegliederten Genitivattributen (Senkung der Steuerlast) und/oder
präpositionalen Attributen (Erhöhung der Steuern um 2 Prozent). Ein Beispiel aus den WDR-Texten:

> Die Außenminister der Europäischen Union beraten heute in Brüssel zum ers-
> ten Mal seit dem gescheiterten Gipfel-Treffen wieder über die geplante Euro-
> päische Verfassung. Allgemein wird nicht damit gerechnet, dass *der Stillstand
> wegen des Streits um die Verteilung der Stimmrechte* schnell überwunden wer-
> den kann.

(c) Tendenz zur indirekten Redewiedergabe. Direkte Rede ist immer die
„markierte" Zitierform und hat immer eine erkennbare Funktion (vergleichbar den Anführungszeichen im grafischen Medium).
      Die Kritik an der Nachrichtensyntax hat sprachästhetische und psy-
cholinguistische Aspekte. Einerseits wird die Schwerfälligkeit des „Nominalstils" gerügt, andererseits wird betont, dass diese Art von Syntax negative Folgen für die Verständlichkeit hat. Das sprachästhetische Argument
braucht hier nicht näher erörtert zu werden, da es nicht nur die Mediensprache, sondern allgemeinere Tendenzen der Gegenwartssprache betrifft.
      Vom Standpunkt der Verständlichkeitsforschung lässt sich die Kritik
auf eine Grundformel bringen: Die Nachrichtensyntax ist „oberflächen-
strukturell" einfach, in der „Tiefenstruktur" (diese Termini sind heutzutage
allerdings nur noch metaphorisch verwendbar) aber komplex. Bei der Re-

zeption muss diese Komplexität wieder rekonstruiert werden, und das ist angesichts der Kürze der Meldungen und der weitgehend fehlenden Redundanz nicht immer möglich. Hinter der Einfachheit des Satzbaus können sich verdeckte Subordinationen verbergen. Bestimmte Nebensätze können beispielsweise in Partizipien transformiert werden, so dass an der Oberfläche keine Hypotaxe entsteht:

> Der wegen der Vogelgrippe verfügte Importstopp für Geflügelfleisch aus Thailand wird das Angebot in der Europäischen Union und in Deutschland verknappen.
> (WDR, 26.1.2004)

Das Partizip kann als syntaktische „Verdichtung", „Komprimierung" einer Formulierung mit Relativsatz aufgefasst werden: *der Importstopp, der wegen der Vogelgrippe verfügt worden war ...*

Gravierender, weil sehr häufig und im Einzelfall schwerer zu beurteilen, sind die Nominalgruppen mit einer Nominalisierung als Kern. Man kann eine Nominalisierung als Umformung eines zugrunde liegenden Satzes auffassen:

> X befördert Y → die Beförderung von Y durch X.

Dann wären Formulierungen mit Wörtern wie *Beförderung* in dem Sinne „komprimiert", dass „hinter" dem Nomen ein ganzer Satz steht, den der Rezipient rekonstruieren muss. Diese Auffassung ist in der heutigen Grammatiktheorie sehr umstritten, wenn nicht obsolet (vgl. Eisenberg 1999, 248f.).

Ebenso ist die seit dem 19. Jahrhundert virulente sprachkritische Verurteilung des „Substantivstils" oder „Nominalstils" stark relativiert worden. In Kurz et al. (2000, 88ff.) sind die Vor- und Nachteile der „nominalen Ausdrucksweise" aus der Sicht der Textproduzenten und – rezipienten ausführlich erörtert.

Durch die Nominalisierung wird der bezeichnete Vorgang als „Größe" gefasst, wobei die Agenten und Betroffenen der Handlung in den Hintergrund treten (können). Sowohl semantisch als auch syntaktisch stehen die Nominalisierungen zwischen verbalen Konstruktionen und Nomina, je nachdem, wie stark sie bereits lexikalisiert sind, und auch je nach Kontext tendieren sie zur einen oder anderen Seite. Je mehr sie den Charakter von Nomina haben, um so mehr zeigen sie die syntaktischen Eigenschaften der Wortart: Sie können in den Plural gesetzt werden (*Lösung/Lösungen*). Sie können ohne Attribute verwendet werden, während in der entsprechenden Satz-Formulierung bestimmte Valenzen obligatorisch wären:

> die Polizei verfolgt den Täter
> * verfolgt den Täter
> * die Polizei verfolgt
> * verfolgt

aber:

> die Verfolgung des Täters durch die Polizei
> die Verfolgung des Täters
> die Verfolgung durch die Polizei
> die Verfolgung

In den Nachrichten ist häufig von Verhandlungen die Rede, von den einzelnen Punkten der Tagesordnung, von den Themen, die behandelt werden. In solchen Fällen liegt immer die Formulierung mit einer Nominalisierung nahe, da damit das Thema griffig benannt, „etikettiert" werden kann. Eine Meldung wie die folgende ist dafür typisch:

> CDU und CSU haben sich nach monatelangem Streit auf gemeinsame Grundsätze in der Steuerpolitik geeinigt. CDU-Chefin Merkel und Bayerns Ministerpräsident Stoiber verständigten sich darauf, dass die Union geschlossen einen *Neuanfang* bei der Einkommen- und Körperschaftsteuer anstreben will. Ziel sei die *Vereinfachung* des Steuerrechts und eine *Senkung* der Steuerlast, hieß es gestern Abend in Berlin nach mehrstündigen Beratungen. Detaillierte Leitsätze sollen auf einer gemeinsamen Präsidiumssitzung Anfang März verabschiedet werden. Die Union signalisierte ihre *Bereitschaft*, unter diesen Voraussetzungen mit der Regierung in diesem Jahr über eine große Steuerreform zu verhandeln. (WDR, 26.1.2004)

Mit Neuanfang ist das übergeordnete Ziel formuliert, mit *Vereinfachung* des Steuerrechts und *Senkung* der Steuerlast die konkreten Punkte, in denen man sich bei den Verhandlungen geeinigt hat. Die Nominalisierung *Bereitschaft* hingegen dient wohl nur zur Verkürzung des Satzes, der in verbaler Formulierung geheißen hätte *Die Union signalisierte, dass sie bereit sei, unter diesen Voraussetzungen ... zu verhandeln.*

Nominalisierungen bieten sich auch an, wenn eine Meldung in einer Kette von Meldungen zum gleichen Ereignis steht und nur eine neue Entwicklung formulieren will:

> Die Entlassung des Vorstandschefs der Bundesagentur für Arbeit, Gerster, ist nach Ansicht des nordrhein-westfälischen Wirtschaftsministers Schartau gerechtfertigt.
> (WDR, 26.1.2004)

Wenn man aus den Ergebnissen der Verständlichkeitsforschung den Schluss zieht, verbale Formulierungen seien den entsprechenden nominalen vorzuziehen, so ist dies nicht mehr und nicht weniger als eine statistische Aussage. Im Einzelfall ist zu prüfen, wie stark die Nominalisierung bereits lexikalisiert ist, ob sie eine erkennbare und sinnvolle Funktion in der Textkonstruktion hat, ob eine verbal formulierte Alternative tatsächlich Vorteile bietet etc.

In 2.3 wurde auf die durch die neuen Technologien und neuen Medienstrukturen bedingte wachsende Bedeutung der Nachrichtenagenturen für das gesamte Nachrichtenwesen verwiesen. Wenn man diese Tendenz in

Rechnung stellt, ist künftig kaum mit einer Änderung des Nachrichtenstils zu rechnen. Der Sprachstil der Agenturen ist – gerade im Hinblick auf die genannten Hauptmerkmale – heute kein einzelsprachliches Phänomen mehr, sondern mindestens im Rahmen der indoeuropäischen Sprachen und im Einflussbereich des Englischen ein internationales Modell.

12. Das *Vokabular* entspricht in allen thematischen Bereichen dem „offiziellen" Vokabular, d. h. dem Vokabular der Kommuniqués, der Statistiken, der Behördenvertreter. Man wird zugeben müssen, dass es äußerst schwierig ist, dieses Vokabular zu „erleichtern", beispielsweise zu einem eingeführten politischen oder ökonomischen Begriff ein eher alltagssprachliches Synonym (das existiert meist nicht) oder eine angemessene Paraphrase (die würde zu lang und ihrerseits u. U. wieder zu kompliziert) zu liefern.

Man muss bei dieser Frage eine Unterscheidung machen zwischen zwei Arten von „Fachvokabular": Auf der einen Seite der Bereich von Wörtern, die im politischen und wirtschaftlichen Rahmen auf allen öffentlichen Ebenen und in allen Medien gängig sind, und auf der anderen Seite diejenigen Fachwortschätze, die nur bestimmten Berufsgruppen geläufig und zugänglich sind. Für die Wörter der ersten Gruppe gibt es in den seltensten Fällen eine handliche Alternative, so dass sie für die Nachrichten – die ja schwerpunktmäßig den entsprechenden thematischen Bereichen zugeordnet sind – unvermeidlich sind. Wörter der zweiten Gruppe sollten in Nachrichten nicht unerklärt vorkommen. Nicht immer aber ist es klar, welcher der beiden Gruppen ein bestimmter Vokabularbereich zuzuordnen ist, und entsprechend gibt es eine Zone der Unsicherheit auch in der Nachrichtenpraxis.

Der deutsch-französische Pharmakonzern Aventis hat das *Übernahme-Angebot* eines kleineren Konkurrenten zurückgewiesen. Das verlautete aus Firmenkreisen in Paris. Das französische Unternehmen Sanofi hat rund 47 Milliarden Euro für Aventis geboten. Die Summe soll zu etwa 80 Prozent mit eigenen Aktien und zu 20 Prozent bar gezahlt werden. Aventis entstand aus den Firmen Hoechst und Rhone-Poulenc und ist vom Umsatz her etwa doppelt so groß wie Sanofi. Nach einem Zusammenschluss entstünde die zweitgrößte Pharmagruppe der Welt. Das Sanofi-Management erklärte in Paris, man habe sich für den schnellen Weg einer *feindlichen Übernahme* entschieden. Ein *freundliches Fusions-Angebot* hätte zu lange Diskussionen bedeutet.
(WDR, 26.1.2004, 12 Uhr)

Die Termini „feindliche/freundliche Übernahme" sind für den nicht wirtschaftlich vorgebildeten Rezipienten nicht voll verständlich, obwohl die Adjektive *feindlich/freundlich* – scheinbar – alltagssprachlich zu verstehen sind. Dass die alltagssprachliche Bedeutung teilweise in die Irre führt bzw. zum Verständnis nicht ausreicht, wird deutlich, wenn man hört, Sanofi habe sich für einen *schnellen* Weg entschieden. Inwiefern das eine schneller ist als

das andere, kann man nur vermuten, wenn man sich in der Materie nicht
auskennt.

Eine frühere Meldung vom gleichen Tag (WDR, 26.1.04, 8 Uhr) betraf
noch eine Faktenlage, die anscheinend noch offener war, und das ist auch
dem Laien verständlich:

> Der französische Pharma-Konzern Sanofi-Synthélabo hat ein Übernahme-An-
> gebot für den deutsch-französischen Konkurrenten Aventis eingereicht. Das
> teilte die französische Finanzmarkt-Aufsicht in Paris mit. Nach dem Angebot
> soll die Übernahme zu 81 Prozent in Aktien erfolgen und zu 19 Prozent bezahlt
> werden. Finanzkreisen zufolge soll die Transaktion ein Volumen von 50 Milli-
> arden Euro haben. Der Handel mit Aktien beider Unternehmen wird bis 15 Uhr
> ausgesetzt. Aventis ist vor fünf Jahren durch die Verschmelzung von Hoechst
> und Rhone-Poulenc entstanden. Nach einem Zusammenschluss wären Aventis
> und Sanofi die zweitgrößte Pharmagruppe der Welt, und zwar hinter dem ame-
> rikanischen Konzern Pfizer.

In einem Internet-Kommentar (auf der Seite http://www.wsws.org/de/
2004/feb2004/sano-f04.shtml, gesehen am 18.3.2004) wird die Kriegsmetaphorik noch verschärft:

> Am Montag, den 26 Januar hat der französische Pharmakonzern Sanofi-Syn-
> thélabo ein Übernahmegebot für den doppelt so großen französisch-deutschen
> Konkurrenten Aventis abgegeben. Sanofi gab mit seinem 48 Mrd. Euro Ange-
> bot den Startschuss für eine der größten *Übernahmeschlachten* der europä-
> ischen Industriegeschichte.

Im weiteren werden weitere Metaphern ins Spiel gebracht, die für den Laien
den Anschein von Verständlichkeit erwecken:

> Aventis erwägt mehrere Szenarien für die *Abwehr der feindlichen Attacke* von
> Sanofi. So wird eine Lösung mit einem sogenannten *Weißen Ritter* geprüft, d. h.
> die freundliche Übernahme durch oder das Zusammengehen mit einem anderen
> Konkurrenten. Es gibt verstärkte Hinweise, dass die Schweizer Novartis eine
> Investmentbank beauftragt hat, die Möglichkeit einer freundlichen Übernahme
> von Aventis zu prüfen. Gleichzeitig gibt es Vermutungen, Novartis könnte so-
> gar versuchen, als *Schwarzer Ritter* Sanofi zu übernehmen, denn eigentlich passt
> Sanofi aufgrund seiner Produktpalette besser zu Novartis als Aventis.

13. Ein Problem, das die syntaktische wie die lexikalische und vor allem die
textlinguistische Ebene der Nachrichten betrifft, ist die Frage der *Redundanz*. Hat der Text das nötige Maß an Redundanz, damit er beim Hören verständlich ist? Wenn eine Information nur einmal gegeben wird – und das
kann zutreffen für Textteile beliebiger Größe, bis hinab zum einzelnen Lexem –, dann fehlt Redundanz. Wenn man nicht genau genug hingehört hat,
hat man vielleicht den für das Verständnis entscheidenden Punkt verpasst.
Im älteren Nachrichtenstil beim Radio wie beim Fernsehen galt hier die –
aus der Stilistik der geschriebenen Sprache übernommene – Regel, man
dürfe nicht zweimal nacheinander das gleiche Wort verwenden („variatio

delectat"). Das heißt, man solle mit Synonymen arbeiten, das erste Wort
(Substituendum) durch ein zweites (Substituens) und drittes usw. ersetzen,
ohne dass die Information verfälscht oder verändert werde. In der Nach-
richtensprache hat sich die durch Linguisten und Psychologen formulierte
Einsicht offenbar weitgehend durchgesetzt, dass man „lexikalische Varianz", also ein unnötiges Spiel mit Synonymen oder Beinahe-Synonymen
bzw. mit Hyperonymen und Hyponymen vermeiden soll.
In von La Roche/Buchholz (2000, 215) ist es handlich formuliert:

> „Keine lexikalische Varianz, also nicht *Mainmetropole* für Frankfurt (es stört
> niemanden, wenn es zweimal *Frankfurt* heißt), nicht *Urnengang* für Wahl und
> nicht *Zähler* für Punkt."

Die heutige Praxis zeigt sich in Texten wie dem folgenden (vgl. auch die obigen Beispiele zum Thema „Clement"):

> *Bundeswirtschaftsminister Clement* will künftig weniger Personal in der Zen-
> trale der Bundesagentur für Arbeit in Nürnberg einsetzen. *Clement* kündigte
> an, die Zahl der Stellen solle dort von 1 100 auf etwa 400 reduziert werden. Dann
> könnten mehr Mitarbeiter in Ländern, Städten und Gemeinden präsent sein.
> *Der Minister* sagte gestern Abend, das richtige Stichwort sei Dezentralisierung.
> Zugleich betonte *er*, aus der alten Arbeitsverwaltung müsse ein moderner, kun-
> denorientierter Dienstleister werden. Auch nach der Entlassung von Vorstands-
> chef Gerster werde der Umbau fortgesetzt. Wer sein Nachfolger wird, steht
> noch nicht fest. *Clement* ist dafür, einen Manager aus der Wirtschaft zu berufen.
> Gersters bisheriger Stellvertreter, Weise, übernimmt die kommissarische Lei-
> tung der Bundesagentur.
> (WDR, 26.1.2004)

Zu Anfang wird der Name *Clement* mit der appositiven Funktionsbezei-
chung *Bundeswirtschaftsminister* genannt. Anschließend wird auf dieselbe
Person entweder mit dem Namen oder der gekürzten Funktionsbezeich-
nung (Minister) oder dem Pronomen referiert. Die Variation hält sich also
im zu Anfang abgesteckten Rahmen.
Beispiele wie das folgende findet man heutzutage selten:

> Der *deutsche Bundespräsident Johannes Rau* verzichtet auf eine zweite Amts-
> zeit. Es sei nun der richtige Zeitpunkt gekommen, einen Nachfolger oder eine
> Nachfolgerin zu suchen, sagte *der zweiundsiebzigjährige Rau* in Berlin. *Der
> SPD-Politiker* ist seit 1999 deutsche Staatsoberhaupt. Über seine Nachfolge ent-
> scheidet die deutsche Bundesversammlung im nächsten Mai.
> (Radio DRS 3, 5.9.2003)

Hier wird die Variation nicht nur der Abwechslung halber eingesetzt, sondern offensichtlich auch, um möglichst viel Information in die kurze Meldung hineinzupacken. Dies erklärt sich wohl daraus, dass Johannes Rau nur
einem Teil der Schweizer Hörer bekannt sein dürfte.
   Das alte Stilprinzip der lexikalischen Varianz ist in Nachrichten eher
noch zu finden bei Themen, die wir in 8.2 als spot news oder soft news be-

zeichnet haben. Typisch sind dafür die oben (10 (a)) bereits besprochenen Meldungen zu einem Kriminalfall:

> In einer Moschee in Gelsenkirchen hat am Morgen *ein 59-Jähriger* zwei Männer erschossen. *Der Täter* hatte zuvor am Morgengebet teilgenommen. In der Moschee befanden sich zum Tatzeitpunkt 20 Personen. Das teilte die Polizei in Gelsenkirchen mit. Nach der Tat hatte *der Türke* die Moschee verlassen und war in *seine* nahe gelegene Wohnung gegangen, wo *er* sich ohne Widerstand festnehmen ließ. Zur Zeit wird *der Mann* von der Polizei vernommen. *Sein* Motiv ist noch völlig unklar.

Ein 59-Jähriger – der Täter – der Türke – der Mann, das ist eine typische Kette von teils semantisch, teils außersprachlich (*59jährig, Türke, Täter*) motivierten Varianten, ergänzt noch durch die Pronomina *er* und *sein*. Bei den semantisch bedingten Varianten handelt es sich hier nicht um Synonyme, sondern um Über- und Unterordnungsrelationen (z. B. *der Täter – der Mann*).

Die Meldung zum selben Thema eine Stunde später ist inhaltlich leicht ergänzt und sprachlich leicht verändert, u. a. auch mit einer variierten Formulierung und Abfolge der Varianten der Täter-Referenzen. Hinzu kommt jetzt die Variation *zwei Männer – die beiden 48 und 58 Jahre alten Opfer – seine Opfer*:

> Ein 59-Jähriger hat am Morgen in einer Moschee in Gelsenkirchen zwei Männer erschossen. Nach dem gemeinsamen Morgengebet habe der Täter die beiden 48 und 58 Jahre alten Opfer per Kopfschuss getötet, sagte ein Sprecher der Polizei. Der Mann, türkischer Abstammung, ließ sich wenig später in seiner Wohnung widerstandslos festnehmen. Die Hintergründe der Tat sind bislang noch völlig unklar. Der 59 Jährige lebt, nach Auskunft der Polizei, seit vielen Jahren in Deutschland und hat seine Opfer gekannt.

Das Szenario ist so klar und in seinen Grundzügen konventionell, dass die sprachliche Varianz die Verständlichkeit wohl kaum beeinträchtigt.

9.1.2 Nachrichtenmagazine

Angereicherte Formen von Nachrichtensendungen werden als „Nachrichtenmagazine" oder „Nachrichtenjournale" bezeichnet. In der Regel werden sie durch einen Moderator strukturiert. Sie enthalten O-Töne und Interviews (live oder non-live). Hier hat sich – soweit ich sehe – in den letzten Jahrzehnten hinsichtlich der verwendeten Textsorten und ihrer Funktionen kaum etwas geändert.

Die minimale Realisierung einer angereicherten Nachrichtensendung liegt dann vor, wenn der Sprechertext (Moderation) durch einen Bericht ergänzt wird, der zwar eine inhaltliche Spezifikation bietet, aber stilistisch vom Sprechertext nicht auffällig abweicht und auch keine O-Töne enthält. Z. B.

M   Brüssel: Die geplante Diätenerhöhung für Europa-Abgeordnete ist ge-
     platzt. Das Europa-Parlament wollte die Diäten auf rund 9000 Euro im
     Monat anheben – scheiterte damit aber heute im EU-Außenministerrat. Für
     Europa-Abgeordnete können die Diäten nur einstimmig erhöht werden.
     Vier Länder waren aber dagegen – unter anderem Deutschland. Aus Brüs-
     sel Carla Sappok:

CS   Zurzeit werden EU-Abgeordnete so bezahlt, wie die Parlamentsabgeord-
     neten in den jeweiligen Ländern, aus denen sie stammen. Das bedeutet
     große nationale Unterschiede. Italienische Abgeordnete erhalten fast 11000
     Euro, polnische Abgeordnete würden nach der Erweiterung nur 600 Euro
     bekommen. Die deutschen Parlamentarier liegen mit rund 7000 Euro im
     oberen Drittel der Verdienstmöglichkeiten. Der Vorschlag aus dem EU-
     Parlament sah vor, die EU-Abgeordneten künftig gleichzustellen. Aller-
     dings hätte sich laut dem Plan für die meisten eine Erhöhung gegeben. Die
     Deutschen hätten rund 2,7 Prozent netto mehr erhalten. Deutschland hatte
     die Ablehnung der Regelung damit begründet, dass in wirtschaftlich schwa-
     chen Zeiten eine Erhöhung der Diäten nicht zu vermitteln sei.
     (SR, 26. 2. 2004, 15 Uhr)

Hier ist keine starke funktionale Differenzierung von Sprechertext und Bericht erkennbar. Dass C.S. „aus Brüssel" berichtet, ist nur der Tatsache zuzuschreiben, dass dort der EU-Außenministerrat tagt. Für die mitgeteilten
Informationen hätte aber genauso gut eine Sprechermeldung ausgereicht.
Die Anmoderation formuliert genereller (und in diesem Fall auch unge-
nauer – dass die Diäten allgemein angehoben werden sollten, stimmt ja
gemäß den Zahlen des Berichts nicht ganz), was der Bericht detaillierter aus-
führt; zugleich ist sie, mit der Metapher „geplatzt", auch etwas plakativer
formuliert als der Bericht.
    Einen Schritt weiter geht der folgende Text („Morgenjournal", Radio
DRS, 11. 5. 1999, vgl. 5.2.2):

DV   = Daniel Voll
A   = Madeleine Albright
GV   = Günther Verheugen

M   Die Nato hat in der Nacht wieder zahlreiche Ziele in Jugoslawien aus der
     Luft angegriffen. Bombardiert wurden auch Ziele in Belgrad. Politiker der
     Allianz machten gleichzeitig klar, dass der Nato der angekündigte Teilab-
     zug der jugoslawischen Soldaten und Polizisten aus Kosovo NICHT
     genügt. Aus Brüssel, Daniel Voll.

DV   Als Erste reagierte US-Außenministerin Madeleine Albright. Sie habe da-
     von reden gehört, dass Milosevic die Hälfte seiner Truppen aus dem Ko-
     sovo zurückziehen wolle.

MA   (O-Ton): I have just heard a report that he was going to withdraw HALF
     his forces uh from uh Kosovo. If there ever was a definition of a half mea-
     sure, that is it.

DV   Eine halbe Sache sei für die Nato allerdings kein Anlass, ihre Bombardie-
     rungen auf Jugoslawien einzustellen – meint die Außenministerin der
     führenden Macht der Nato – und wurde von Allianzpartnern sekundiert.

Zum Beispiel dem deutschen Staatssekretär im Außenministerium, Günther Verheugen.

GV   (O-Ton): Im Augenblick ist die Lage nach wie vor so, eh dass eh wir keinen Anlass sehen DÜRFEN – für einen Strategiewechsel. Wir müssen dabei bleiben eh, die Linie beizubehalten – militärischen Druck auszuüben UND – die politischen Initiativen immer stärker voranzutreiben.

DV   Die Nato-Länder fordern für ein Ende der Bombardierungen weiterhin, dass Jugoslawien als Vorleistung – sämtliche fünf Bedingungen erfüllt, damit die vertriebenen Menschen wieder in den Kosovo zurückkehren können. Dazu müsste Jugoslawien nicht nur Militärs und Paramilitärs abziehen, sondern auch Hilfsorganisationen zulassen, im Kosovo eine international zusammengesetzte Friedenstruppe akzeptieren, und mit den Kosovo-Albanern Verhandlungen für eine politische Lösung aufnehmen.

M   Daniel Voll.

Es wird zwar auch hier nicht ersichtlich, warum der Korrespondent gerade aus Brüssel berichtet, seine Informationen haben keinen Vor-Ort-Charakter. Aber er wechselt bei seinem Bericht über die Reaktionen geschickt zwischen O-Tönen und indirekter Rede ab. Aus dem O-Ton von Albright greift er den plakativen Phraseologismus „a half measure" heraus und führt ihn in indirekter Rede weiter („Eine halbe Sache sei für die Nato …"). Diesen Phraseologismus nutzt der Moderator zu Beginn der Sendung für die Formulierung der entsprechenden Schlagzeile (vgl. 5.2.2):

Sieben Uhr, Schweizer Radio DRS, Morgenjournal. – – – (4 sec, JINGLE) Am Mikrofon Friedrich Schneider und Kurt Jordi. Die Übersicht.
– *Halbe Sache*. Ein jugoslawischer TEILabzug aus Kosovo genügt der Nato nicht. Sie bombardiert weiter. Radikale Vertreibung. Laut einem US-Bericht sind neunzig Prozent der Kosovo-Albaner aus ihren Wohnungen vertrieben worden. (…)

Eine ähnlich geschickte sprachliche Verknüpfung von Moderation und Bericht, bei gleichzeitiger Eigenständigkeit des Berichts, zeigt das folgende Beispiel (NDR 1, „Aktuell", 29.10.2003, 12 Uhr):

DB   = Dirk Banze

M   Den Universitäten und Fachhochschulen *geht es an den Kragen*. Das Land will in den nächsten beiden Jahren rund fünfzig Millionen Euro einsparen. Unter anderem soll [sic] an den Hochschulen bis zu eintausendeinhundert Stellen gestrichen werden. Und den Fachhochschul-Standorten in Buxtehude und Nienburg droht die Schließung. Dagegen haben am Vormittag rund einhundert Studenten vor dem Landtag demonstriert. In einer Regierungserklärung verteidigte Wissenschaftsminister Lutz Stratmann sein so genanntes Optimierungskonzept für Niedersachsens Hochschulen. Dirk Banze.

DB   „Niedersachsen ist pleite, wir können nichts mehr ausgeben, wir können auch nicht mehr sparen, wir MÜSSEN kürzen, um in Zukunft handlungsfähig zu bleiben." Mit diesen einführenden Worten begründete Wissenschaftsminister Stratmann sein Konzept, das nicht nur an den Hochschulen und bei der Opposition, sondern teilweise auch in den eigenen Reihen sehr kritisch gesehen wird. Stratmann glaubt dagegen, dass die Landesregierung zumindest das MEIste richtig macht.

Hier ist es aufschlussreich, die (vermutliche) Textgeschichte zu rekonstruieren: Der Reporter/Korrespondent kennt die Rede von Stratmann, er greift für den Anfang des Berichts dessen drastische Formulierung „ist pleite" heraus (von der man erst nachher – durch die Redesignalisierung „Mit diesen einführenden Worten" – merkt, dass es ein Zitat in direkter Rede war). Der Moderator seinerseits kennt den Bericht und bringt dessen Inhalt mit der metaphorisch-idiomatischen Formulierung „… geht es an den Kragen" auf den Punkt. Im Bericht folgt ein Wechsel von O-Tönen Stratmanns und Redewiedergabe durch den Berichtenden.

Völlig klar wird die Funktionsteilung von Moderation und Bericht, wenn der Berichtende tatsächlich vom Ort des Geschehens berichtet und wenn die situativen Bedingungen „vor Ort" eine Rolle spielen. Dies ist typischerweise bei Sportberichten (innerhalb eines Nachrichtenmagazins) der Fall:

PB   = Peter Berg

M   Fußball. In der zweiten Runde des DFB Pokal stehen sich heute im Niedersachsen-Derby Eintracht Braunschweig und Hannover sechsundneunzig *gegenüber. Die Partie beginnt in einer Stunde, erste Eindrücke live aus Braunschweig, Peter Berg*. (*DAS SINGEN DER FANS IM STADION IM HINTERGRUND LEISE HÖRBAR.)

PB   Die Temperaturen sind niedrig, aber die Fieberkurve steigt, das Pokalfieber hat sie alle gepackt, hier in Braunschweig und in Hannover, und es sind schon etwa sechs, siebentausend Fans im Stadion vielleicht auch ein paar mehr, und die singen sich warm, üben ihre Fangesänge, und es ist eine friedliche Atmosphäre, so stellt man sich ein Fußballspiel auch im VORfeld vor, wenn die Begeisterung da is, und wenn sich alle WARM singen, vor einem solchen Spiel. Sportlich gibt es kaum Informationen, in den Katakomben in den Trainerkabinen, da herrscht der Aufstellungspoker. Eintracht Braunschweig ohne Verletzte, der Trainer U. R. kann also wählen, aber R. R., der Trainer von Hannover sechsundneunzig, der muss auf Lala immer noch, auf Kleber und auch auf Konstantinides vermutlich verzichten, und so wird es Umstellungen geben bei Hannover, welche wissen wir noch nicht, aber auch bei uns steigt dazu langsam aber sicher die Fieberkurve, und damit zunächst einmal zurück. (WÄHREND DES GANZEN BERICHTS SIND GERÄUSCHE DES STADIONS IM HINTERGRUND HÖRBAR.)

M   Mehr zu dieser Partie hören sie in der nächsten halben Stunde in den folgenden Aktuell-Ausgaben, und in den Funkbildern, hier bei NDR 1 Niedersachsen.

(NDR 1, 29. 10. 2003, 18 Uhr)

Wenn es um Informationen ginge, müsste der Reporter eigentlich in diesem Moment – live – gar nicht berichten („Sportlich gibt es kaum Informationen"). Was er „zur Sache" berichtet, wusste man schon vorher. Und welche neuen Entscheide inzwischen gefallen sein könnten, „wissen wir noch nicht". Aber es geht gar nicht darum, sondern um „erste Eindrücke live aus Braunschweig", um Emotionen (mit Metaphorik formuliert: „die Fieberkurve steigt", „Pokalfieber"), und auch bei den Reporten steigt „langsam aber sicher die Fieberkurve".

In solchen Nachrichtenmagazinen, die auch ausführlichere Hintergrundinformationen enthalten, spielt der sog. „Gebaute" oder „Gestaltete" Bericht eine zentrale Rolle (vgl. Häusermann 1998, 72ff.). Eine konzise Definition dieser Großform des Berichts ist allerdings kaum möglich. Er kommt, außer im Nachrichten-Kontext, in nahezu allen Magazin-Typen des Radios vor und deckt eine breite Palette von gänzlich informationsbetonten bis zu primär unterhaltenden Themen und Realisierungen (vgl. Bloom-Schinnerl 2002, 165ff.) ab. Bloom-Schinnerl hält „Autorentext" und „O-Ton" für die zentralen Elemente, hinzu kommen können „Atmosphäre" („Atmo", d. h. „die Akustik des Aufnahmeortes und die Umgebungsgeräusche", sie ist „bildlich gesprochen die Farbe für das Radiogemälde" 23), Geräusch, Musik, Zitat, Stille (14). Abgrenzungsprobleme bei Nachrichtensendungen ergeben sich vor allem in zwei Richtungen: einerseits gegenüber dem Bericht mit O-Ton, andererseits gegenüber der Reportage (zur den generellen Merkmalen der Reportage vgl. 8.3.4).

Gegenüber dem Bericht wird als Unterscheidungskriterium „die persönliche Diktion des Autors" angegeben, die in der Nachrichtenmeldung nichts zu suchen habe. Dies ist sicher nur ein graduelles Kriterium gegenüber dem Stil von Berichten. Ferner wird die höhere Anzahl der O-Töne angegeben. Auch dies ist offensichtlich ein schwaches Abgrenzungskriterium.

Noch schwieriger scheint mir die Abgrenzung gegenüber der Reportage zu sein. Es seien die Elemente der „Schilderung" und „Beschreibung" durch den Autor und dessen subjektive Sicht, die die Reportage auszeichneten. Wenn diese Begriffe (auch) in einem textlinguistischen Sinn verstanden werden sollen, fragt man sich, was dann noch für den Gebauten Bericht übrig bleibe. Auch das Merkmal „vor Ort", das für Reportagen generell zentral ist, bietet keine klare Abgrenzungsmöglichkeit. Das folgende Beispiel aus Bloom-Schinnerl (23f.) könnte genau so gut der Anfang einer Reportage sein:

Anmoderation

(...) Kairo ist so eine Stadt, ein Moloch, der für 15 Millionen Menschen täglicher Lebensraum ist und der auf der Kippe zwischen Umbruch und Zusammenbruch steht. Martin Durm mit einer Bestandsaufnahme aus Ägyptens Metropole.
Atmo (Straßengeräusche, Autoverkehr, Hupen, quietschende Bremsen)

Sprecher

Jeden Tag schiebt sich ein Blechmoräne über die Stadt. Busse, LKW, Taxis und Eselskarren verkeilen sich an Kreuzungen ineinander. Lärm und Abgasgestank haben schon manchen in den Wahnsinn getrieben (...)

Wie dem auch sei – Gebaute Berichte und Reportagen sind zentrale Elemente von Nachrichtenmagazinen. Ein typisches Beispiel eines Beitrags, den man, je nach Phase, als Reportage oder als Gebauten Bericht einstufen könnte, ist der folgende aus dem Kosovo-Krieg, bei dem schon die Anmoderation die Merkmale der Textsorte anspricht (Radio DRS1, 6.5.1999):

Anmoderation

Ungeachtet der diplomatischen Bemühungen in Bonn und der Freilassung Ibrahim Rugovas – in Kosovo gehen die Vertreibungen weiter. Jeden Tag versuchen sich tausende von Menschen über die Grenze nach Mazedonien und Albanien in Sicherheit zu bringen. Es sind Leute, die Schreckliches erlebt haben. Und zum Teil auch Leute, die ansehen mussten, wie anderen Menschen noch Schrecklicheres zugefügt wurde. Unsere Korrespondentin Irene Meier hat an der Grenze zum Kosovo – mit der vierundzwanzigjährigen Medie Mehmeti gesprochen, die selber Augenzeugin eines Massakers geworden ist.

Die Reporterin („Korrespondentin") wird namentlich genannt, sie befindet sich vor Ort, dort hat sie mit einer Person gesprochen, die ihrerseits „Augenzeugin" war. Dies sind charakteristische Merkmale einer Reportage. Das Folgende wäre dann eher als eine Ausprägung von Gebautem Bericht zu charakterisieren:

Es beginnt mit einer Übersetzung einer Äußerung der Interviewten, wobei die Redewiedergabe von direkter zu indirekter und wieder zu direkter Rede wechselt. („Eine Woche ist es her" könnte auch Erzähltext der Reporterin sein, das ist nicht entscheidbar.)

IM = Irene Meier

IM   Ich WILL es Ihnen erzählen, sagt Medie Mehmeti, ich muss. Der neunundzwanzigste April sei es gewesen. Eine Woche ist es her.

Anschließend hört man einige Sekunden lang den albanischen O-Ton. Dann geht es weiter mit indirekter Redewiedergabe.

IM   Zwischen halb fünf und acht Uhr abends geschah es, sagt sie, das Massaker. In K., einem Dorf vierzehn Kilometer nördlich von P.. Dort sei sie, Medie, wie viele andere Vertriebene aus den Nachbardörfern, gelandet. K. – der Zufluchtsort, sei voller Flüchtlinge gewesen, die Häuser, die Höfe – am Dorfrand Plastikzelte. Als die uniformierten, maskierten und bewaffneten Männer ins Dorf eingefallen seien, (– –) am späten Nachmittag – habe sie sich drinnen in einem Haus aufgehalten. Durch Schüsse von draußen aufgeschreckt, sei sie ans Fenster geeilt. Innerhalb einer halben Stunde sei das Dorf umzingelt und besetzt gewesen. Und dann – aus dem Versteck heraus – sei sie Zeugin des Verbrechens geworden.

Später wird auch von der Voice-over-Übersetzung Gebrauch gemacht (albanischer O-Ton im Hintergrund, darüber die Stimme der übersetzenden Reporterin), häufiger aber hört man den albanischen Text längere Zeit ohne simultane Übersetzung. Der Text der Reporterin wechselt geschickt zwischen direkter Rede (Übersetzung des O-Tons) – indirekte Rede:

MM = Medie Mehmeti

IM   Ich habe es gesehen. Aus kürzester Distanz haben sie die Menschen draußen erschossen. Von vorn – in die Stirn. Und mit Messern haben sie sie erstochen. – Die Täter beschreibt Medie als uniformierte Soldaten und maskierte Zivilisten.

MM   *albanisch (10 sec)*

IM   Ich habe gehört, wie sie auf serbisch schrieen – Ihr habt die Nato gerufen – hier ist sie, eure Nato. – Ich weiß nicht, warum ich nicht verrückt geworden bin, sagt die vierundzwanzigjährige Arzthelferin immer wieder. Draußen das Morden – drinnen die Panik. Und dann hätten sie begonnen, in die Häuser einzudringen – auf der Suche nach Männern.

MM   *albanisch (9 sec)*

IM   Ich glaube, es waren Hunderte von Männern, die sie abgeführt haben. Nach einer Ewigkeit, gegen zwanzig Uhr, seien die Täter abgezogen.

MM   *albanisch (7 sec)*

IM   (*man hört anfänglich MM's Stimme im Hintergrund*) Auch als sie endlich gingen, haben sie weitergeschossen. Dreißig, vierzig von uns stürzten hinaus und versuchten, den noch Lebenden, den Verletzten zu helfen. Sie waren voller Blut. Aber wir mussten sie auf der Strasse liegenlassen. In Panik seien sie alle geflüchtet, weggerannt – um Hilfe zu holen und zu berichten, was geschehen war. Medie, unter Schock – hat die Leichen gezählt.

MM   *albanisch (7 sec)*

IM   (*man hört anfänglich MM's Stimme im Hintergrund*) Allein im Hof meines Hauses und dem des Nachbarn lagen fünfundsechzig Tote. Männer, Frauen, Kinder – das kleinste, sie habe es gekannt – sei anderthalb Jahre alt gewesen. Auf der Flucht durchs Dorf habe sie weitere Leichen gesehen.
(– –)
Angekommen im Nachbarort, hätte sie keine andere Wahl mehr gehabt, als weiterzufliehen. Von überall her seien Menschen in Panik gekommen. Eine lange Kolonne mit Traktoren hätte sich gebildet – aber noch immer nicht seien sie den Paramilitärs entkommen – von neuem umzingelt worden.

Im Anschluss an diese Reportage folgt ein Bericht, der stärker die Merkmale des Gebauten Berichts hat, weil der Autorentext stark im Vordergrund steht. Es werden zwar mehrere O-Töne (aus der Schweiz und aus Mazedonien) vermittelt, doch steht das persönliche Erleben, die Emotionalität der Interviewten, nur ganz am Anfang und auch nur sehr kurz, bei der ersten interviewten Person, im Vordergrund, die späteren O-Töne haben eher Beleg-Charakter:

Anmoderation

Zweieinhalbtausend Vertriebene und Flüchtlinge aus dem Kosovo – nimmt die
Schweiz erst einmal auf. Das ist ihr Beitrag zur Evakuierungsaktion des UNO-
Flüchtlingshilfswerks, mit der die Transitlager Stenkovec eins und zwei in
Mazedonien geleert werden sollen. Die ersten hundertfünfzig Flüchtlinge sind
gestern in die Schweiz ausgeflogen worden. Von kommender Woche an – sollen
zweimal wöchentlich solche Flüge in die Schweiz durchgeführt werden. Für die
Ausgewählten und ihre Familienangehörigen in der Schweiz – bedeutet das
Erleichterung und Glück. Doch neben dem Glück der wenigen – bleibt das
Elend der vielen. Denn in Mazedonien zeichnet sich trotz der Evakuierungsaktion – noch keine Entspannung in den Vertriebenenlagern ab. Hans Fuchs
berichtet.

Der Moderator führt den Bericht mit dem rhetorischen Kontrast *Glück der
wenigen – Elend der vielen* ein. Das Glück der wenigen (die haben ausrei-
sen können) kommt allerdings nur indirekt zur Sprache (durch die Familienangehörigen in der Schweiz, die sich um eine Ausreise ihrer Verwandten
vor Ort bemühen):

HF = Hans Fuchs
ED = Ella Defeki-Schürmann

HF Für Ella Defeki-Schürmann aus Luzern war gestern kein Grund zur
    Freude.
ES (O-Ton) S isch ä Kataschtroofe. – – D Muetter sicher haltet das nüme lang
    uus da ine.[1]
HF Defeki-Schürmanns haben Bilder ihrer Familie aus dem Kosovo im Fern-
    sehen gesehen. Es war ein Bericht über die Lage der Vertriebenen in Maze-
    donien. Ella Defeki-Schürmann reiste mit ihrem Mann nach Skopje. Seit-
    her sind die beiden jeden Tag im Lager Stenkovec eins. Bestürmen die
    Beamten des Bundesamtes für Flüchtlinge – und das Schweizer Konsulat.
    Sie möchten Mutter Defeki, den Bruder, die Schwägerin und ihre drei klei-
    nen Kinder aus dem Lager holen – und am liebsten gleich sofort mit ihnen
    in die Schweiz fahren. Doch das – haben sie inzwischen vielfach gehört –
    das geht definitiv nicht. Bis der Stempel aus Bern unter einem Visumsge-
    such aus der Außenstelle des Konsulats im Lager Stenkovec eins ist – dau-
    ert es vier bis acht Wochen. Und ob es über die Luftbrücke im Rahmen des
    Evakuierungsprogramms klappt, ist ungewiss. Der Weg in die Flugzeuge
    führt über die Listen des UNHCR. Für Ella Defeki-Schürmann und ihre
    Familie geht das quälende Warten weiter. Am kommenden Montag müssten
    die beiden zurück in die Schweiz. Die Familie wird vermutlich im Lager
    bleiben – wie lang – ist völlig ungewiss. Schicksale wie das der Familie De-
    feki-Schürmann – gibts zu Tausenden. Die Dramen spielen sich oft am
    Zaun der Lager ab – und ein Ende ist nicht abzusehen.

---

1 Hochdeutsche Übersetzung:
  Es ist eine Katastrophe. Mutter hält das sicher nicht mehr lange aus da drin.

Die letzte Aussage wird dann durch das Zitat (mit O-Ton) einer Institutionsvertreterin belegt:

PG   = Paula Ghedini

M   Die Lager in Mazedonien seien völlig überbelegt, sagt Paula Ghedini, UNHCR-Sprecherin für Mazedonien.

PG   (O-Ton) The camps are completely overcrowded and that's one of the reasons we have been pushing so much for the evacuations. And uh so far/

HF   (*man hört PG's Stimme leise im Hintergrund*) Die Evakuierung müsse unbedingt verstärkt werden. Siebenundzwanzigtausend hätten bis Mitte dieser Woche ausgeflogen werden können – darunter das erste Kontingent von zehntausend Menschen nach Deutschland – erklärt Paula Ghedini. Auf die Frage, ob die UN-Flüchtlingsorganisation bald neue Gesuche um Flüchtlingsaufnahmen an die Nationen stelle – verneint sie.

PG   (O-Ton) No. Right now the numbers that we've received as pledges are very good. We have over a hundred thousand pledges.

HF   Die Kontingentszusagen seien nicht das Problem, sagt Paula Ghedini. Es gebe mittlerweile Zusagen für über hunderttausend Menschen. Das Problem sei, dass die Evakuierung zu langsam vor sich gehe. Die Staaten müssten ihre Versprechen jetzt sehr schnell einlösen.

Nach diesen Zitaten wechselt der Bericht in eine reportageartige Passage, bei der der Vor-Ort-Aspekt in den Vordergrund gerückt wird („jetzt, während unseres Gesprächs"):

HF   Das Gespräch mit Paula Ghedini, der UNHCR-Sprecherin für Mazedonien, führte ich beim Grenzübergang Blace. Am Vortag waren dort über elftausend Menschen aus dem Kosovo nach Mazedonien gekommen. Auch jetzt, während unseres Gesprächs, standen schon wieder fünfzehn Reisebusse vollgestopft mit Menschen und ihren wenigen Habseligkeiten zur Abfahrt bereit – und dabei war es erst früher Nachmittag.

Die kurze Vor-Ort-Szene wird dann wieder in verallgemeinernde und prognostische Formulierungen („oft", „möglicherweise") überführt, die ihrerseits durch ein O-Ton-Zitat gestützt werden:

HF   Die großen Trecks kommen oft erst am späteren Nachmittag und am Abend. Blace sollte eigentlich längst geräumt sein. Doch die Realität ist stärker. Es entsteht dort möglicherweise wieder ein halbpermanentes Transitlager. Einige Kilometer weiter Richtung Skopje liegt Stenkovec zwei. Und dort ist David Sochor – aus der OSZE-Kosovo-Mission zuständig für die Evakuation.

DS   (O-Ton) D Stenkovec zwei – hämmer vilicht tuusigzweihundert, wo über d Nacht ine chömed, und mir bechömed zweihundert use. Und das isch es Probleem. Und die andere Lager, wie n i ghört han, det isch s no prekäärer.[2]

M   Das war ein Bericht aus Mazedonien von Hans Fuchs.

---

2 Hochdeutsche Übersetzung:
haben wir vielleicht tausendzweihundert, die über die Nacht hineinkommen, und wir bekommen zweihundert heraus. Und das ist ein Problem. Und die anderen Lager, wie ich gehört habe, dort ist es noch prekärer.

Abschließend sei noch auf den unterschiedlichen Stellenwert hingewiesen, den die Reportage im Radio (wie auch im Fernsehen) und in der Presse hat. Im Radio gehört die Reportage zu den selbstverständlichen Bestandteilen von Nachrichtenmagazinen. O-Ton und „Atmo" sind fürs Radio als schnelles und mobiles Medium jederzeit leicht verfügbare Bauelemente, die sich mit einem gewissen Maß an Routine leicht zu einem abwechslungsreichen TEXT verarbeiten lassen. Demgegenüber ist die Presse-Reportage in ihrer ausgebauten, „klassischen" Form eine anspruchsvollere, komplexere Form, die ein hohes Maß an Formulierungsfähigkeit voraussetzt. Man vergleiche nur den „szenischen Einstieg" bei einer Pressereportage mit dem atmosphärischen Einstieg in die Vor-Ort-Situation beim Radio. Klänge, Geräusche, Stimmen müssen vom Radioreporter nur „eingefangen" werden, und ein Minimum an sprachlichen Hinweisen genügt, um die Situation zu evozieren. Der Schreiber eines Pressetextes muss die ganze Situation durch Sprache hervorrufen und im Rezipienten eine möglichst intensive Vorstellung erzeugen.

9.2 Textsorten in Fernsehnachrichten

9.2.1 Formate

Unter den Fernsehtextsorten waren die Nachrichtensendungen von allem Anfang an der am intensivsten erforschte Bereich[3]. Man hat im Laufe der Zeit verschiedene Makro-Formen unterschieden, für die sich als Oberbegriff der Terminus „Format" eingebürgert hat.

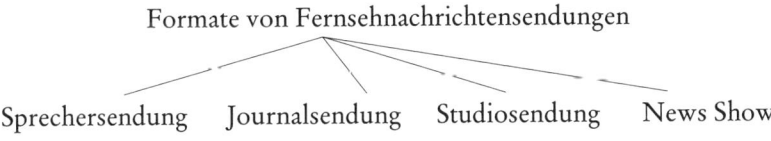

Formate von Fernsehnachrichtensendungen

Sprechersendung   Journalsendung   Studiosendung   News Show

Die Dreiteilung der Formate von Nachrichtensendungen (Sprechersendung/Journalsendung/Studiosendung), wie sie z. B. Straßner (1982, 35 ff.) vornahm, hat sich seither insofern verschoben, als Journal- und Studiosendung nicht mehr klar zu unterscheiden sind und ein neuer Typ, ausgehend von den USA, sich auch bei uns verstärkt bemerkbar machte: die News Show (auch Infoshow; vgl. Muckenhaupt 1994, Wittwen 1995). (Man könnte auch sagen, dass die wichtigsten Elemente dessen, was Straßner als Studiosendung charakterisierte, in die News Show übergegangen sind.)

---

3 Für Überblicke vgl. Ludes/Schütte (1993), Muckenhaupt (1994), Wittwen (1995), Muckenhaupt (2000) oder den Sammelband Kamps/Meckel (Hrsg., 1998).

Die Sprechersendung, die es in Deutschland nur noch mit der „Tagesschau" gibt, hält den Anspruch reiner Informationsvermittlung aufrecht. Der Sprecher verliest Nachrichten, hält sich als Person vollständig aus dem Spiel.

Die Journalsendung ist durch den Einsatz eines Moderators charakterisiert. Er hat einen gewissen funktionalen Spielraum, der aber doch gegenüber den anderen Textsorten (Filmberichte usw.) klar abgegrenzt bleibt. Das Studio als Raum wird in unterschiedlichem Maße genutzt. Im Unterschied zum Sprecher der Sprechersendung hat der Moderator die Möglichkeit, Interviews zu führen, im Studio oder via Bildschirm (unter erschwerten äußeren Bedingungen auch per Telefon) als „mediales Interview". Die immer häufiger praktizierten Formen des medialen Interviews eröffnen dem Moderator einen lokal unbegrenzten Spielraum, gegenüber dem das Studio als Aktionsraum oft nur eine sekundäre Rolle spielt.

Die News Show verzichtet – im Gegensatz zur Journalsendung – weitgehend auf den Anspruch, eine dominant informationsbetonte Sendeform zu sein. In Deutschland sind es einige private Sender, die zumindest partiell den Typ der amerikanischen News Show übernommen haben. Die News Show nutzt den Studioraum extensiv aus, verwendet eine Vielzahl von Textsorten (z. B. auch Phone-in, Quiz, Ratgeberelemente), stellt den Moderator und seine Persönlichkeit extrem in den Vordergrund, gewichtet die Themen nach dem (vermuteten) Rezipienteninteresse, strebt insgesamt eine stärkere Integration von Information und Unterhaltung an als die herkömmlichen Nachrichtenmagazine („Infotainment"; vgl. dazu Wittwen 1995, 33 ff.). In diesem Zusammenhang ist der Vergleich aufschlussreich, den Landbeck (1991) zwischen deutschen und französischen Nachrichtensendungen (der achtziger Jahre) angestellt hat. Im Gegensatz zu den deutschen (öffentlich-rechtlichen) Nachrichtensendungen stehen die französischen Sendungen zur partiellen Fiktionalisierung der Nachrichtenpräsentation, kaschieren nicht ihre Einbettung in das Medium und sein Programm. Beispielsweise macht man in Trailern Werbung für Nachrichten, man gibt in den Nachrichten Hinweise auf andere Sendungen (z. B. führt der Nachrichten-Moderator ein Live-Interview mit dem Moderator der folgenden Show). Mit intertextuellen Elementen (aus Belletristik, Kino, Werbespots usw.) wird spielerisch und selbstverständlicher als in den deutschen Sendungen umgegangen. Die technischen Möglichkeiten werden raffinierter genutzt als auf deutscher Seite.

Das Verhältnis von privaten und öffentlich-rechtlichen Nachrichtensendungen hat sich seit den Anfängen dieser Konkurrenzsituation immer wieder gewandelt. Einige der privaten Sender haben sich, nach anfänglichen Experimenten, zunehmend wieder den traditionellen Verfahren der öffentlich-rechtlichen angenähert, andere haben den Typus News Show ausgebaut. Mit der Einführung von News-Magazinen am Morgen („Frühstücksfernsehen") haben sich die öffentlich-rechtlichen Redaktionen ihrerseits deutlich in Richtung Infotainment – und damit in die Richtung der entsprechenden Formen im privaten Sektor – bewegt. Die Prime-Time-Nachrichten von ARD und ZDF gehen allerdings von ihren herkömmlichen Mustern nicht ab.

Straßner (1991), der im Übrigen erbarmungslos und wohl auch etwas pauschal mit der Mediensprache ins Gericht geht („Mediensprache im Abwind" heißt der Untertitel des Beitrags), attestiert den Fernseh-Nachrichtenredaktionen generell, dass sie versuchen, „ihre Texte einfacher zu gestalten, einfache Aussagesätze zu kombinieren mit solchen, bei denen in Nebensätzen Begründungen, Einschätzungen und Aussichten geliefert werden" (178), kurz: dass sie die Erkenntnisse der linguistischen Verständlichkeitsforschung in die Praxis umzusetzen versuchen.

Aufbau einer Nachrichtensendung:

Analyseebene	Beispiel
Makroebene	Journalsendung
Mesoebene	Blöcke Ausland/Inland o. ä.
Mikroebene	Textsorten: Moderation/Filmbericht/Kommentar …

Eine Makroform ,Nachrichtensendung' setzt sich zusammen aus thematischen „Blöcken" auf der Meso-Ebene, die in der Regel nicht oder nur partiell terminologisch erfasst sind (sie werden allenfalls durch thematische Obertitel wie *Inland* oder *Ausland* metakommunikativ angekündigt; auch die Bezeichnung *Nachrichtenblock* für eine Serie von Kurzmeldungen, die meist mit Agenturbildern visualisiert sind, scheint sich auszubreiten, s. u.). Die Blöcke bestehen – in wechselnder Zusammensetzung – aus Bausteinen, die als Nachrichten-Textsorten aufgefasst werden können.

9.2.2 Textsorten

Die Nomenklatur für die einzelnen Textsorten ist z. T. sehr uneinheitlich. Störend ist beispielsweise, dass die geläufigen journalistischen Basiskategorien wie *Meldung*, *Bericht* einerseits tale quale eingesetzt werden, andererseits als Grundwort eines Kompositums (*Filmbericht*) oder auch gar nicht verwendet werden, obwohl sie sinngemäß zutreffen würden (*Nachrichtenverlesung*, Landbeck 1991). Auch über die Abgrenzung besteht nicht überall Einigkeit. Die wichtigsten Textsorten seien mit einer stichwortartigen Charakteristik aufgelistet (ich wähle jeweils den m. E. geläufigsten Ter-

minus, gebe aber eine Variante in Klammern an). Die Moderation gebe ich
nicht als eigene Textsorte an, da sie zu viele verschiedene Funktionen zu
erfüllen hat (vgl. 10.1). Es ist jedoch sinnvoll, die „Anmoderation" als eine
relativ homogene und konstante „Textsorte" abgrenzen, die vor allem die
Funktionen der Vor-Orientierung, Vor-Interpretation und Einführung des
folgenden Filmberichts oder Nachrichtenfilms übernimmt.

Sprechermeldung: Sprecher im On verliest den Text (wobei das Bild durch
Logo, Standfotos, Piktogramme, verbale Inserts usw. angereichert wird).

Nachrichtenfilm (oft nicht unterschieden vom *Filmbericht*): Film mit Sprecher
im Off. Das von Agenturen stammende Bildmaterial wird nachgetextet. Kein
Autor erkennbar. Meist kürzer als 1 Minute.[4]

Filmbericht (*Bericht*, Wittwen 1995): Bild und Text von Reporterteam hergestellt, Autoren namentlich genannt. Nutzt verschiedene Gestaltungsmöglich-
keiten, bietet mehr Hintergrund als Nachrichtenfilm. Länge zwischen 1 und
3 Minuten, in der Regel länger als der Nachrichtenfilm.

Reportage: Dem Filmbericht eng verwandt und schwer von diesem abgrenzbar.
Ein Merkmal, das die Reportage vom Filmbericht abhebt, ist die Wichtigkeit der
„Atmosphäre" und der Vor-Ort-Situation.[5]

Kommentar: Ist heute nicht mehr integraler Bestandteil jeder Nachrichtensendung, sondern wird vor allem bei außergewöhnlichen Ereignissen eingesetzt.

Interview: Dialog zwischen Journalist und Primär- oder Sekundärinformant (vgl.
6.5). Hat zunehmend an Bedeutung gewonnen, vor allem auch durch die neuen
technischen Möglichkeiten des *medialen Interviews* (d. h. Interview via Bildschirm). Von den verschiedenen Interview-Formen (live/non-live, im Studio/via
Bildschirm/via Telefon) sind die live-Formen immer wichtiger geworden.

Statement: Für den Zweck der Sendung elizitierte monologische Äußerung
einer Person. Schwer oder gar nicht unterscheidbar von einer Äußerung, die aus
einem Interview herausgeschnitten und ohne die zugehörige Frage präsentiert
wird.

---

4 Sprechermeldung und Nachrichtenfilm werden von Wittwen 1995, 89 ff., unter dem Titel
„Meldung" zusammengefasst. Das erscheint mir nicht zweckmässig. Ich würde eher die
einzelne Sprechermeldung – abgekürzt – als „Meldung" bezeichnen.

5 Vgl. 8.3.4 zur Reportage in der Presse. Im Unterschied zur Presse, wo die Situation, insbesondere die „Atmosphäre", explizit verbalisiert werden muss, werden im Fernsehen
durch die Bilder immer schon Hinweise auf die Situation gegeben. Dadurch wird die
Grenze zum Filmbericht unscharf. Dass der Reporter bei der Reportage im Bild erscheint,
ist auch kein klares Abgrenzungskriterium. Bei den lokalen Fernsehstationen, die VJs
(Videojournalisten) einsetzen (z. B. TeleZüri), ist es die Regel, dass der Reporter am Ende
im Bild erscheint, auch wenn der Text im übrigen eher die Merkmale eines Filmberichtes
als einer Reportage aufweist.
Wittwen (1995, 147 ff.) unterscheidet vier Untertypen von TV-Reportage, die sich aus der
Kombination zweier Kriterien ergeben: (1) Der Reporter informiert darüber, was er gerade sieht („Beschreibung") oder was sich zuvor abgespielt hat („Nacherzählung"). (2)
Die Reportage erfolgt monologisch oder dialogisch (d. h. im Gespräch mit dem Moderator). Eine weitere Unterscheidung, die vorzunehmen wäre, ist diejenige von live und non-
live.

Für eine aktuelle Variante des Nachrichtenfilms, bei der der im Studio anwesende Moderator live, aber im Off einen Film kommentiert, gibt es noch keinen eingebürgerten Terminus. (Landbeck 1991 bezeichnet ihn als „Reportage", was aber wenig sinnvoll ist, da der Begriff traditionell schon anderweitig besetzt ist.) Das Verfahren wird für Aktualitäten letzter Minute benutzt (Landbeck 1991, 104).

Der typische Ablauf einer zufällig ausgewählten *Sprechersendung* (Tagesschau, ARD, 1.9.2003) sieht z.B. so aus:

Thema des Beitrags	*Art des Beitrags*	*Zeit*
Begrüßung (keine Schlagzeilen)	Sprechermeldung	
1. Probebetrieb für Lkw-Maut	Anmoderation, dann Filmbericht	2′ 05″
2. Lehrstellenmangel in Deutschland	Anmoderation, dann Filmbericht	1′ 55″
3. Staatsdefizit	Sprechermeldung	0′ 26″
4. Reform der Gemeindefinanzen	Anmoderation, dann Filmbericht	1′ 53″
5. Nach der Vorstandswahl der IG Metall	Anmoderation, dann Statement	0′ 23″
6. Schröder: Erneute Kandidatur bei der Wahl 2006	Sprechermeldung	0′ 22″
7. Libyen: Einigung auf Entschädigung (wegen Flugzeugabsturz eines frz. Flugzeuges 1989)	Sprechermeldung	0′ 30″
8. Palästina/Israel: Anschlag in Gaza	Nachrichtenfilm (männl. Stimme aus dem Off)	0′ 33″
9. Irakische Minister ernannt	Sprechermeldung	0′ 13″
10. FBI hilft bei Ermittlungen bei einem Attentat in Nadschaf (Irak).	Anmoderation, dann Filmbericht	1′ 40″
11. Türkei kritisiert ein Urteil eines deutschen Gerichts. Es geht um die Ausschaffung eines radikalen Islamisten aus Deutschland	Sprechermeldung	0′ 31″
12. Westerplatte/Polen: Gedenkfeier für Tote des 2. Weltkriegs	Nachrichtenfilm (männl. Stimme aus dem Off)	0′ 27″
13. Streit um Förderung der Windenergie	Sprechermeldung	0′ 26″
14. Schauspieler Charles Bronson gestorben	Anmoderation, dann Filmbericht	1′ 41″

Thema des Beitrags	Art des Beitrags	Zeit
15. Wettervorhersage	Anmoderation, dann Grafiken, Trickfilm (männl. Stimme aus dem Off)	1′ 10″
16. Verweis auf die Beiträge von „Tages-themen"	Sprechermeldung	0′ 15″
Total		15′ 16″

Es gibt keine „Moderatorin", sondern nur eine Sprecherin (= S), die Nachrichten verliest. (Dennoch ist es üblich, bei den einleitenden Texten zu Filmbericht oder Nachrichtenfilm auch hier von „Anmoderation" zu sprechen.) Die Sendung beginnt so:

Text	Bild
(GONG) Weibliche Stimme (off:) Hier ist das Erste Deutsche Fernsehen mit der Tagesschau. (ERKENNUNGSMELODIE)	Die Umrisse Europas werden ausgezoomt, eine schemenhafte Weltkarte wird sichtbar, darüber in weißer Schrift: „tagesschau".
S (on:) Guten Abend meine Damen und Herren. Am ersten Tag nach dem Start des neuen Maut-Systems für Lastwagen haben Spediteure massive technische Probleme beklagt. Die Betreiber-Gesellschaft Toll Collect zeigte sich hingegen zufrieden mit dem Auftakt der zweimonatigen Testphase, räumte jedoch Schwierigkeiten mit der Software ein. Speditionsverbände kritisierten, dass viele Bord-Geräte nicht richtig funktionierten.	Sprecherin auf der rechten Bildhälfte, nah im Bild. Linke Bildhälfte: Bild von Lkw's auf einer Autobahn, darüber <Probebetrieb für Lkw-Maut>. Rechts unten <Sprecherin, Ellen Arnhold>. Arnhold liest den Text von Blättern ab, die vor ihr auf dem Tisch liegen.

Es gibt also eine Begrüßung, am Ende dann aber keine Verabschiedung. Im Anschluss an den Wetterbericht folgt nur der Hinweis auf die nächste Nachrichtensendung:

Text	Bild
S (on:) Wir melden uns wieder mit den Tagesthemen um zweiundzwanzig Uhr dreißig; darin, das Milliardending. Geld, Ghadafi und die Terroropfer. Außerdem, Probelauf Pannen und Pöbeln. Funktioniert die Maut? Frage an den Chef von Toll Collect. (MUSIKSIGNET)	Sprecherin auf der rechten Bildhälfte, nah im Bild. Linke Bildhälfte: eine Weltkarte, darüber <22:30, tagesthemen>. Die Kamera zoomt aus, Totale des Studios, Kameras und Scheinwerfer werden sichtbar. Insert: <tagesschau, Erstes Deutsches Fernsehen, www.tagesschau.de>

Die in dieser Beispielsendung vorkommenden Textsorten beschränken sich auf Sprechermeldung, Nachrichtenfilm und Filmbericht.

Demgegenüber ist ein *Nachrichtenjournal* wie das folgende (Tagesthemen, ARD, 15. 3. 2004) schon deutlich reichhaltiger:

Thema des Beitrags	Art des Beitrags	Zeit
1. Einstieg mit Bildmaterial ohne Text. Begrüßung, Überleitung zum ersten Beitrag		0:00
2. Zapatero wird spanischer Ministerpräsident	Anmoderation und Filmbericht	1:09
3. Rückblick über Spaniens Engagement und Rolle im Irak-Krieg	Anmoderation und Filmbericht („Stichwort") Hintergrundbericht.	3:28
4. Reaktionen auf Zapateros Wahl	Live-Gespräch mit Korrespondentin	5:27
5. Muslimische Bevölkerung in Madrid	Filmbericht	7:14
6. Die Nachwirkungen des Madrider Terror-Anschlages in Deutschland	Filmbericht	10:37
7. Die Folgen des Wahlausgangs in Spanien	Kommentar	13:41
KURZNACHRICHTENBLOCK		
8. Reaktion auf Spaltungspläne	Sprechermeldung	15:17
9. Rau wird Ehrenbürger Berlins	Nachrichtenfilm	15:44
10. Durchsuchungen	Sprechermeldung	16:15

Thema des Beitrags	Art des Beitrags	Zeit
11. Börsendaten	Grafiken, Reporterbericht aus Frankfurt	16:47
12. Ergebnis der Präsidentenwahl in Russland	Sprechermeldung	18:12
13. Heckenschützen-Attentat im Irak	Nachrichtenfilm	19:03
14. Entdeckung im Sonnensystem	Sprechermeldung	19:27
15. Naturspektakel in Argentinien	Nachrichtenfilm	19:53
ENDE KURZNACHRICHTENBLOCK		
16. Gewalt gegen Frauen: Zwangsprostitution in Deutschland	Anmoderation, dann Filmbericht	20:23
17. Rücktritt Karl Heinz Wildmosers, Präsident eines Fußballclubs	Anmoderation, dann Filmbericht	24:01
18. Verabschiedung		27:22 27:45

Die Sendung hat einen Moderator, der verschiedenartige Funktionen erfüllt. Er begrüßt und verabschiedet die Zuschauer. Die Begrüßung erfolgt nach der Präsentation der ersten (Haupt-) Nachricht:

Text /Geräusche	Bild
* ...* Glockenläuten, * ... *Glockenschläge.	*Eine Kirche, Leute halten auf der Strasse inne*; ein still stehendes Tram; eine Menschenansammlung auf einem öffentlichen Platz; *eine Gruppe Menschen vor einer Kirche*.
M (on:) Mit drei Schweigeminuten gedachte Europa heute um zwölf Uhr mittags der Toten und Verletzten von Madrid. Guten Abend meine Damen und Herren. Die spanischen Ermittler gehen inzwischen davon aus, dass unter den drei am Wochenende festgenommenen Marokkanern – einer der Bombenleger ist. (usw.)	Moderator auf der linken Bildhälfte, nah im Bild. Rechts eine blasse Europakarte, darüber die Farben der spanischen Flagge und Schattenrisse betroffener Menschen. Insert: <tagesthemen Ulrich Wickert>.

Die Verabschiedung erfolgt nach einer expliziten Beendigung der Nachrichten („Das wars für heute ...") und einem quasi-dialogischen Element (Frage an den nicht anwesenden Wettermoderator). Sie ist recht persönlich formuliert und verbunden mit dem Hinweis auf die Sendung am nächsten Abend, wobei unterstellt wird, dass es so etwas wie eine Zuschauergemeinde gibt („Bis morgen zur gewohnten Zeit" – *gewohnt* für Produzent und Rezipient).

Text/Geräusche	Bild
M (on:) Das wars für heute in den Tagesthemen. Und nun aus dem Norden eine Frage an Sven Plöger im Süden: weshalb ist das Wetter SO ungerecht. Und um null Uhr dreißig unterrichtet Sie Laura Dünnwald im Nachtmagazin noch einmal über den letzten Stand der Dinge. Wir wünschen Ihnen noch einen angenehmen Abend meine Damen und Herren und eine geruhsame Nacht. Bis morgen zur gewohnten Tagesthemenzeit um zweiundzwanzig Uhr dreißig. (SENDUNGS-MELODIE SETZT EIN)	Moderator auf der linken Bildhälfte, nah im Bild. Rechts daneben eine bläuliche Europakarte, darüber <tagesthemen> und <00:30 nachtmagazin>. Insert: <tagesthemen Ulrich Wickert>. Kamera zoomt aus, Totale des Studios, an einem langen Tisch sitzen Wickert und Nachrichtenblock-Sprecher Marc Bator

Abgesehen vom Moderator-Text kommen als Textsorten vor: Sprechermeldung, Filmbericht, Nachrichtenfilm, Live-Interview, Kommentar.

Journale, die in Richtung Newsshow und Infotainment tendieren, weisen häufig einen „*Nachrichtenblock*" auf, der z. B. bei 10 vor 10 (SF DRS) oft auch eine thematische Zäsur darstellt: vor dem Nachrichtenblock eher hard news, nach dem Block eher soft news. Der Nachrichtenblock selbst ist eine Folge von kurzen Beiträgen, die in der Regel als Nachrichtenfilme zu klassifizieren sind.

9.2.3 Zur Sprache einzelner Textsorten

9.2.3.1 Sprechermeldung und Anmoderation

Je nach Format divergiert der Stil der Sprechermeldungen. Die „klassische" Sprechermeldung der ARD ist nüchtern, gibt sich neutral und objektiv, bleibt nahe an der Sprache der Agenturen und delegiert Wertungen an „Quellen", wie im folgenden Beispiel:

Text	Bild
S (on:) Bundesbankpräsident Welteke befürchtet, dass auch im kommenden Jahr, und damit zum dritten Mal in Folge, die deutsche Neuverschuldung höher sein wird als der Stabilitätspakt zulässt. Das Wirtschaftswachstum sei zu schwach, um die Defizitgrenze von drei Prozent einzuhalten, sagte er in Moskau. Bundesfinanzminister Eichel hatte in der vergangenen Woche seine Absicht bekräftigt, zweitausendvier das Stabilitätsziel zu erreichen. Verfehlt er es, drohen Deutschland Milliardenstrafen.	Sprecherin auf der rechten Bildhälfte, nah im Bild. Linke Bildhälfte: Eine Grossaufnahme Weltekes, darunter die Legende: <Welteke>; darüber der größere Titel: <Staatsdefizit>. Sprecherin legt das gelesene Blatt zur Seite.

Demgegenüber können sich Moderatoren bei ihren Anmoderationen in Journalsendungen eine lockerere Sprache leisten, insbesondere wenn es sich um soft news oder um Themen von nicht gerade weltpolitischer Bedeutung handelt, wie hier:

Text	Bild
M (on:) Wer in einem Verein sitzt, der weiß, wie eine Tagesordnung aussieht. Da steht ganz zum Schluss, und das muss so sein, da steht, Verschiedenes. Und wenn die Sitzung so weit gediehen ist, dass man zu DIESEM letzten Tagesordnungspunkt kommt, dann sind alle meist ganz müde und sagen, *unter Verschiedenes gibt's nichts mehr* (*RASCH GESPROCHEN) und dann bestellen sie ein Bier und gehen zum gemütlichen Teil des Abends über. Ausnahmsweise – ist es bei der Zusammenkunft des Aufsichtsrats von achtzehnsechzig München heute Abend mal anders. – Da ist nur der Punkt VerSCHIEdenes spannend, die Tagesordnung selbst sehr langweilig, aber unter Verschiedenes ging es darum, den Präsidenten des Klubs, Karl-Heinz Wildmoser Senior zum Rücktritt zu bewegen; wegen der Bestechungsvorwürfe. Es hat ein wenig gedauert, dann war Wildmoser weich geklopft, und gab auf. Dazu aus München Michael Kraa.	Moderator auf der linken Bildhälfte, nah im Bild. Rechts daneben das Gesicht Wildmosers, darüber Teil eines Löwen-Wappens.

(Tagesthemen, ARD, 15.3.2004)

„Wer in einem Verein sitzt" – damit knüpft der Moderator an Alltagserfahrungen der Rezipienten an, und auch mit „man" generalisiert er das Gesagte, wobei er sich selbst implizit einschließt. Die saloppe metaphorische Formulierung „dann war W. weich geklopft" trägt zum Eindruck des Nicht-ganz-ernst-Gemeinten bei.

Bei den Privaten kommen auch Anmoderationen mit stark wertenden Elementen (im Transkript kursiv) im Bereich der hard news vor:

Text	Bild
M on: Wahlsieg mit einundsiebzig Komma zwo Prozent der Stimmen. *Klingt verdächtig nach Bananen-Republik* oder – zumindest nach den Zeiten, als das Politbüro regierte, und Russland noch die Sowjetunion hieß. Präsident Wladimir Putin hat jetzt mehr Macht als je zuvor, *was kümmert es ihn da*, dass ihn Wahlbeobachter scharf kritisieren, Putin habe seinen Amts-Vorteil geradezu schamlos ausgenützt. *Faszinierend*, denn Putins Politik ist *keine glänzende Erfolgsgeschichte*; da stocken Reformen, dort die Gleichschaltung russischer Medien. Wohin geht Russland nun unter Zar Putin, womöglich zurück zum Zwangsstaat? Christoph Sagurna berichtet.	Moderator auf der rechten Bildhälfte, amerikanisch im Bild; links eine bearbeitete Aufnahme Putins in einem Zarenmantel. Im Hintergrund der Kreml.

(Nachtjournal, RTL, 16.3.2004)

9.2.3.2 Nachrichtenfilm

Der Nachrichtenfilm ist vor allem unter dem Aspekt interessant, dass hier Text und Bild nicht vom gleichen Produktionsteam stammen, sondern dass die Texte zu Filmmaterial, das von Agenturen geliefert wird, nachgetextet werden. Daraus ergeben sich Probleme des Verhältnisses von Text und Bild, die unter dem Titel „Text-Bild-Schere" diskutiert werden (Genaueres dazu in Kap. 13). Ein Beispiel:

Text	Bild
Sprecher (off:) Bricht Spanien aus der Irak-Koalition aus, hat US-Präsident Bush ausgerechnet im Präsidentschafts-Wahljahr ein Riesenproblem.	Eine Landstrasse, Totale, ein militärischer Kontrollposten, Soldaten stehen auf der Strasse. Halbtotale, ein Soldat überwacht die Situation aus einem gepanzerten Fahr-

Denn dem spanischen Beispiel könnte der wichtigste Verbündete, die Briten folgen, auch in Großbritannien ist der Einsatz am Golf höchst umstritten, zumal die Sicherheitslage im Irak nach wie vor katastrophal ist.	zeug. Halbtotale, ein Soldat lässt zivile Fahrzeuge passieren. Aznar verlässt unter Blitzlicht-Gewitter einen Raum, gefolgt von mehreren Politikern.
[Statement eines Islam-Experten] Sprecher (off:) Als die USA nach dem elften September die Al Kaida Terroristen aus Afghanistan vertrieben, hatten sie die weltweite Unterstützung. Diese Solidarität hat US-Präsident Bush längst verspielt; entgegen seinen Versprechen ist die Welt alles andere als sicherer geworden.	Totale: eine Gruppe Soldaten stehen vor Militärfahrzeugen; Bush an einem Schreibtisch, nah im Bild, er notiert umständlich etwas auf ein Dokument, wiegt den Kopf hin und her. Ein Helikopter startet in der Wüste, drei Soldaten kauern am Boden mit angelegtem Gewehr. Aufnahme aus Militärhelikopter, Piloten und Armaturen im Vordergrund. Zwei Soldaten, nah im Bild, sitzend im Helikopter. Ein Helikopter in der Wüste, im Vordergrund der Lauf einer Maschinenpistole. Soldaten marschieren über ein Feld, ein kleiner Laster transportiert Holzkisten. Soldaten bewachen am Boden sitzende Menschen, deren Kopf mit einem Tuch verhüllt ist. Soldaten führen Gefangene, denen eine Kapuze über den Kopf gezogen wurde, über einen Feldweg. Halbtotale, nachts, Bush schreitet über eine Wiese, er winkt mit der einen Hand kurz, Blitzlichter der Fotografen.

(RTL Nachtjournal, 16. März 2004)

Im Text geht es um die Probleme, die Bush mit seinen Verbündeten hat, und die für ihn fatalen Möglichkeiten, die sich daraus ergeben. Im Bild sieht man zwar Bush und Aznar, im übrigen aber vor allem ziemlich beliebige Bilder vom Kriegsalltag.

9.2.3.3 Filmbericht

Sprechermeldung, Nachrichtenfilm und Filmbericht unterscheiden sich meist sehr deutlich in ihrer sprachlichen Gestaltung. Filmberichte weisen – bei öffentlich-rechtlichen wie privaten Sendern – mehr Metaphorik, Phraseologie, umgangssprachliche Elemente, Superlative und sonstige rhetorische Phänomene auf. Vom linguistischen Standpunkt aus sind sie deswegen besonders interessant, weil die Texte vergleichsweise sorgfältig formuliert werden können und weil Bild und Text sich schon bei der Konzeption des Berichts aufeinander abstimmen lassen.

Da kann ein Reporter sogar einen Staatspräsidenten drastisch bewerten, indem er unmittelbar an die Wiedergabe eines Redeausschnittes eine ironische Kommentierung folgen lässt (der Filmbericht von Ch. Sagurna zur obigen Anmoderation des Nachtjournals, RTL, 16. 3. 04):

Text	Bild
Putin (on:) (SPRICHT RUSSISCH) C. S. (over:) Seine Regierung werde weiter an der Stärkung eines Mehrparteien-Systems arbeiten, versprach Putin, die Zivilgesellschaft stärken und alles zur Verteidigung der Pressefreiheit tun; außerdem sollen fortan die demokratischen Prinzipien verteidigt werden.	Putin nah im Bild, Logo Nachtjournal, <Wladimir Putin Präsident Russland>. Seitliche Aufnahme, neben Putin sitzt ein Berater. Wieder frontale Aufnahme, Putin nah im Bild.
C. S. (off:) *Hört, hört*, staunten da die Hofjournalisten, denn Pressefreiheit und demokratische Prinzipien wurden von Putins Apparatschiks gerade während des Wahlkampfes *gebogen, gebeugt und gebrochen* wie selten zuvor. Das ahnten auch schon die Demonstranten vor der Wahl, und riefen zum Boykott auf.	Eine Hand voll Journalisten macht sich Notizen. Seitliche Nahaufnahme Putins mit Berater, beide lachen kurz. Totale der Pressekonferenz. Mann spricht von einer Tribüne zu demonstrierenden Menschen, Schwenk auf die Demonstrierenden; diese tragen Transparente und Tafeln.

Die Übertragung des im deutschen Parlament als ironischer Zuruf praktizierten „Hört hört" auf die kommentierende Besprechung der Rede Putins wirkt im fremden Kontext noch verstärkt ironisch, und das formelhaft anmutende dreiteilige „gebogen, gebeugt und gebrochen" mit einer Art Stabreim ist eine rhetorisch stilisierte Verurteilung der Wahlkampfmethoden Putins.

Was die Phraseologie der einzelnen Ebenen der Textgeschichte (vgl. 4.1) im Hinblick auf den aktuellen Medientext jeweils leistet, wie sie für die Zwecke des aktuellen Textes funktionalisiert wird, das soll an einem typischen Fall aus einer Fernsehnachrichtensendung (Tagesschau, SF DRS, 3. 10. 1997) gezeigt werden (vgl. Burger 2004):

RC = Ruedi Christen
FB = Fritz Britt, Bundesamt für Sozialversicherungen

(1) Anmoderation:

M Guten Abend, meine Damen und Herren. Es *trifft* nicht alle gleich, aber es *trifft* nahezu alle. Neunzehnhundertachtundneunzig *steigen die Prämien* der Krankenkassen wieder. Diesmal werden es im Durchschnitt etwa fünf Prozent sein. An einigen Orten, etwa Appenzell, etwas weniger, an manchen, zum Beispiel Genf, erheblich mehr. Aus Bern, Ruedi Christen.

(2) Filmbericht, Sprecher im Off:

S: Hundertsechsundneunzig Franken fünfunddreißig, soviel muss im schweizerischen Durchschnitt ab nächstem Jahr für die Krankenkassen bezahlt werden. Das ist ein Aufschlag von fast vier Komma acht Prozent. Allerdings die Prämien variieren von Kanton zu Kanton, zum Beispiel Genf, mit gut dreihundertsieben Franken und einer Erhöhung von knapp drei Prozent, ist Genf *das teuerste Pflaster*. In Bern *ist das Prämienklima milder*, gut hunderteinundneunzig Franken beträgt hier der Schnitt, mit fünf Komma vier vier Prozent liegt die Steigerung leicht über dem Mittel. Ähnliches gilt für Zürich mit gut hundertneunundachtzig Franken pro Monat plus sechs Komma eins fünf Prozent. Das *Prämienparadies* liegt aber noch weiter östlich, in Appenzell, wo nur gut hundertdreiunddreißig Franken und eine Steigerung von fünf Komma eins fünf Prozent in Kauf genommen werden müssen.

(3) Statement (Teil des Filmberichts), O-Ton, Vertreter des Bundesamts für Sozialversicherungen:

FB: Für mich ist es nur ein Erfolg der Kontrolle, die wir durchgeführt haben. Und ein Erfolg dieser Politik, die ich führe, *die alle Partner am selben Tisch* [sic] *bringt*, jetzt die Kassen und die Kantone, es ist auch einfach ein Zeichen, dass das *Gesetz jetzt langsam greift*, und das ist erfreulich.

(1) Anmoderation:

Die Anmoderation wirkt eher unauffällig mit der Verbindung *die Prämien steigen* (die aus dem Krankenkassendiskurs stammt) und dem metaphorischen Verb *trifft*.

(2) Filmbericht, redaktioneller Text:

Dieser Text enthält einen Phraseologismus (*das teuerste Pflaster*: Duden 11: ein teures Pflaster sein ‚eine Stadt, ein Ort sein, wo das Leben sehr teuer ist') und zwei metaphorische Komposita (*Prämienklima, Prämienparadies*) aus anderen und untereinander noch unterschiedlichen Bildspenderbereichen.

Die Metaphern des Berichts sind dabei, im Gegensatz zum neutralen Anfang, stark wertend. In allen Fällen handelt es sich um Eigenformulierungen der Redaktion, die nicht in den Agenturtexten vorkommen. Die Wertung erfolgt charakteristischerweise aus der Perspektive der Rezipienten, für die das *Pflaster teuer*, das *Klima mild* ist usw.

(3) Statement:

Im Statement des Institutionenvertreters sind Phraseologismen enthalten. Der erste (*alle Partner am selben Tisch*) ist ein typischer Polit-Phraseologis-

mus, aus dem sehr generellen Diskurs politischer Verhandlungen, der zweite
ein nahezu terminologischer Phraseologismus (*das Gesetz greift*), der im
Kontext von Gesetzgebung gängig ist. Die beiden Phraseologismen kommen nur im Fernsehtext vor, die Agenturen transportieren andere Zitate.

Was an diesem Beispiel zu sehen ist, gilt für viele Texte aus Fernsehnachrichtensendungen: Funktional gesehen, leistet der Moderationstext
und oft auch der redaktionelle Text des Berichts durch Phraseologie und
Metaphorik eine bewertende und perspektivierende Rahmung, die ganz bewusst so und nicht anders formuliert ist. Diese Formulierungen sollen dem
Rezipienten einen Deutungsrahmen vermitteln, der seine Interpretation der
vermittelten Sachverhalte und der Äußerungen aus der Textgeschichte in
eine bestimmte Richtung lenkt.

Demgegenüber erscheint die Phraseologie in den Statements (aus der
Ebene C der Textgeschichte, vgl. 4.1) eher zufällig. Sie wird im aktuellen
Text aber häufig funktionalisiert für eine Delegation der Wertungen an po-
litische Akteure und – insofern in der Regel mehrere, kontroverse State-
ments einander gegenübergestellt werden – für die „Ausgewogenheit" der
Wertungen im Gesamtkontext eines Berichtes.

Im Unterschied zu Nachrichtenfilmen wird bei Filmberichten oft Metaphorik und Phraseologie für die meist spielerische Text-Bild-Beziehung
genutzt.[6]

Das Idiom stellt in seiner modifizierten Verwendung eine Brücke zwischen Text und Bild her. Dabei ist in den meisten Fällen auf der Textebene
die phraseologische Lesart des Idioms intendiert, während durch das Bild
die (bzw. eine mögliche) wörtliche Lesart aktiviert wird. Offenkundig besteht hier ein Zusammenhang mit der Tendenz zum Infotainment, insofern
besonders die (bloß) spielerischen Ausprägungen des Verfahrens ein beliebtes Vehikel von Infotainment sind.

Beim folgenden Beispiel leistet das Bild nicht nur die Visualisierung der
wörtlichen Bedeutung der Metapher, sondern eine plausible Verknüpfung
der wörtlichen und der übertragenen Bedeutungsebene:

[Bericht über PDS und die Frage, ob sie sich an einer Regierung beteiligen will]

S   (off:) Genossentreff am Werbellinsee. Die PDS *steht im Regen*.
     (*Menschen sitzen und gehen unter Schirmen im Regen.*)
     (Heute-Journal, ZDF, 12. 8. 1996)

Gemeint ist im Text nur die übertragene Bedeutung des Idioms *im Regen
stehen*, im Bild anderseits ist nur die wörtliche Bedeutung visualisiert, es
findet also eine Art „Splitting" der beiden Lesarten des Idioms statt. Der

---

6 Vgl. Burger 1999b. Eine Systematik der möglichen Bezüge von Phraseologismen zu Bildern vor allem in Zeitungstexten gibt Stöckl (2004, 301 ff.).

metaphorische Zusammenhang der Bedeutungsebenen des Idioms ist aber noch lebendig, so dass man das Bild ohne Schwierigkeiten als eine Art emotionale Interpretation der übertragenen Bedeutung der Metapher verstehen kann (die Leute, die faktisch im Regen stehen, machen keinen besonders glücklichen Eindruck, und genau das ist ja auch mit der Metapher gemeint).

In der Fortsetzung des Beitrags wird eine weitere Metapher visualisiert:

> S   (off:) Genossentreff am Werbellinsee. Die PDS steht im Regen. Denn sie
>   muss plötzlich *Farbe bekennen.* Sollen wir weiter nur meckern oder in Zu-
>   kunft mitregieren?
>   (*Menschen sitzen und gehen unter Schirmen im Regen – großes rotes PDS-
>   Tuch über Tribüne aufgespannt.*)
>   (Heute-Journal, ZDF, 12. 8. 1996)

Der Ausdruck *Farbe bekennen* ‚seine wahre Meinung offenbaren‘ stammt aus dem Kartenspiel (Duden 11: „die vom Gegner geforderte Farbe zugeben"). Doch wird dieser (genetische) Bezug hier nicht hergestellt, nur das Element ‚Farbe‘ wird durch die im Bild dominante rote Farbe visualisiert. Darüber hinaus ist aber die Symbolik der Fahne mitgemeint. Somit sind also im Bild bereits eine konkrete und eine symbolische Lesart intendiert.

Manchmal hat man den Eindruck, dass durch das Idiom um jeden Preis ein Bezug zum Bild hergestellt werden soll:

> [Bericht über Gruppe von Schülern, die sich für gemeinsamen Unterricht mit
> Behinderten einsetzen, sie nennen sich „Nashörner"]
>
> S   (off:) Sie sind fest entschlossen und wollen den Politikern *die Nashörner
>   zeigen.*
>   (*Stofftier Nashorn.*)
>   (Punkt 12 RTL, 23. 8. 1996)

Offensichtlich hat das gefilmte Nashorn, das das Maskottchen der Gruppe darstellt, den Texter dazu angeregt, nach einem irgendwie passenden Idiom zu suchen. Er fand *jmdm. die Hörner zeigen* ‚sich zur Wehr setzen‘ und substituierte *Hörner* durch *Nashörner.* Das Idiom passt mit seiner phraseologischen Lesart zwar gut in den Kontext, durch die Substitution ist es direkt auf das Bild beziehbar. Doch musste der Texter dabei die Tatsache in Kauf nehmen, dass das Idiom wohl schon veraltend wirkt, was im Zusammenhang mit einer Jugendgruppe ein bisschen befremdend wirken muss.

Die privaten Sender arbeiten häufig mit solchen Techniken, in Filmberichten wie auch in Reportagen.

Die folgende Reportage über einen Wettbewerb im Mähen operiert, außer mit Idiomen, auch noch mit einem Gemeinplatz und einem idiomatischen Kompositum:

> [Thema ist ein Wettbewerb im Mähen,]
>
> M'in   Es *gibt ja nichts* in diesen unseren Landen, *was es nicht gibt.* (…) Und des-
>   halb wundert es uns auch nicht, dass heute im Schwarzwaldkurort Enzklö-

sterle die ersten offenen Meisterschaften im Mähen mit der Sense beginnen.
Wir haben unseren eigenen *Sensenmann* hingeschickt.
(Guten Abend RTL, 23. 8. 1996)

Der Gemeinplatz *Es gibt ja nichts, was es nicht gibt* stimmt den Zuschauer
auf die folgende Merkwürdigkeit ein, der ganze Bericht ist etwas wie eine
Visualisierung des Gemeinplatzes. Das Kompositum *Sensenmann* (= ‚Tod‘)
wird hier – mit etwas makaberem Witz – wörtlich genommen (= ‚Mann mit
der Sense‘). Diese Modifikation entsteht zunächst text-intern, da nur die
Moderatorin im Bild ist. Mit Beginn des Filmberichtes wird dann diese
wörtliche Lesart auf die Männer im Bild bezogen:

S   (off:) Beim Wettmähen *gehen* nicht nur *Sensenmänner an den Start.* Diese
       schneidigen Mädels aus dem Baskenland *wollen es* der männlichen Kon-
       kurrenz zeigen.
       (*Frauen beim Mähen.*)

Es folgt ein Idiom aus dem Bildbereich ‚Boxen‘, das aufs Mähen angewendet wird (schon das vorhergehende *an den Start gehen* legt eine Beziehung
zu ‚Sport‘, allerdings anderer Arten von Sport, nahe, und auch das Idiom *es
jmdm. zeigen wollen* passt gut zum Thema Sport):

S   (off:) (…) In Enzklösterle wurde heute *die erste Runde* zum Wettmähen
       eingeläutet.
       (*Mann in Tracht schwingt ein Joch mit Kuhglocken daran.*)

Durch den Kontrast der konkreten Vorstellungen ‚Boxen‘ und ‚Mähen‘
wird die wörtliche Lesart mit-aktiviert.
    Weiter geht es mit einem Idiom, dessen Wahl offensichtlich durch das
Filmmaterial motiviert ist:

S   (off:) (…) Wo die drei [i. e. baskischen Mäherinnen] hinkommen, da *wächst*
       wirklich *kein Gras mehr.*
       (*Mäherinnen stehen mit ihren Sensen auf abgemähter Wiese.*)

Das Idiom *Wo der hinhaut/hintritt (o. ä.), da wächst kein Gras mehr* hat
(nach Duden 11) eine konkrete (‚der schlägt/tritt derb zu‘) und eine abstrakte (‚der ist in seinem Handeln sehr rigoros‘) Bedeutung. Hier ist die
konkrete Bedeutung (‚der schlägt/tritt derb zu‘) gemeint; dass der Sprecher
das Idiom und nicht eine (gleich lautende) freie Wortverbindung intendiert,
wird durch *wirklich* signalisiert.
    Schließlich tritt der Reporter in der Original-Szene auf:

(*Der Reporter befindet sich in der gefilmten Originalszene und spricht zur
Moderatorin Milena im Studio, mit Überblendung der Original- und der
Studioszene.*)

R   Milena, *jetzt ist Sense*, ich geh in die Landwirtschaft.
       (*Reporter nimmt Sense in die Hand und geht von der Kamera weg auf die
       Wiese.*)

Die journalistische Funktion der Beendigung des Berichts wird im Text erfüllt durch einen Phraseologismus aus dem Bildbereich des ‚Mähens‘ (*jetzt ist Sense* ‚jetzt ist es genug, jetzt ist Schluss‘). Das Idiom hat, synchron gesehen, nur eine Lesart, nämlich die phraseologische. Ein wörtliches Verständnis ergibt, zumindest kontextlos, keinen Sinn. Durch den folgenden Text (mit dem Element *Landwirtschaft*) und durch die im Bild gezeigten Gegenstände und Vorgänge lässt sich der Formulierung jedoch ein wörtlicher Sinn abgewinnen. Auf der phraseologischen Ebene hat der Phraseologismus die Funktion einer abschließenden Routineformel. Da die beiden Lesarten offenkundig nichts miteinander zu tun haben, ergibt sich insgesamt ein amüsantes Spiel mit Wort und Bild.

9.2.3.4 Kommentar

Kommentare spielen in Fernsehnachrichtensendungen nicht die gleiche Rolle wie in Zeitungen (vgl. 8.3.3). Textlinguistisch gesehen haben sie zwar vergleichbare Merkmale, und auch im Fernsehen sind sie intertextuell angewiesen auf eine vorhergehende faktenvermittelnde Textsorte. Doch erscheinen sie im Fernsehen weit seltener als in der Presse. Der Grund dafür ist offensichtlich: Ein Sprecher im On, der ohne jede weitere interessante Bebilderung seinen – in der Regel gänzlich aufgeschriebenen – Text vorliest, ist vielleicht für das „Wort am Sonntag" die geeignete Präsentationsform, aber nicht für Nachrichtensendungen, die sonst mit einem Höchstmass an Visualisierung operieren. Außerdem ergibt sich beim Fernsehen – noch mehr als bei der Presse (vgl. 8.4.1) –, das Problem, dass bereits die Berichte stark kommentierend-interpretativen Charakter haben.

Ein Beispiel für einen TV-Kommentar:

Text	*Bildebene*
M (on:) Zu den Folgen des Wahlausgangs in Spanien der Kommentar von Thomas Kreutzmann vom hessischen Rundfunk	Moderator auf der linken Bildhälfte, nah im Bild. Rechts das Logo hr und Schrift <hessischer rundfunk>, Titelbalken: <tagesthemen>.
K (on:) Spanien hat gewählt. Und das verändert die Gewichte in Europa und wohl auch in der Welt. Diese nationale Wahl, sie strahlt aus nach Berlin, nach Paris, nach Warschau, in den Irak, und sogar auf die Weltmacht USA. Da will der spanische Wahlsieger, der Sozialist Zapatero die Truppen seines Landes aus dem Irak abziehen, solange kein UN-Mandat vorliegt.	Kreutzmann nah im Bild, im Hintergrund eine bläuliche Europakarte, links oben Inseert: <kommentar>.

·Das hat er schon VOR den Wahlen gesagt, und das WIRD dieser bedächtige Kastilier auch tun. Im gemeinsamen Besatzungsabschnitt würden die miserabel ausgerüsteten Polen zurückbleiben. Deshalb schon die ersten Bitten aus Osteuropa an die Spanier zu bleiben. Vielleicht erleben wir jetzt den Beginn einer Dynamik, die die Zukunft des Irak DOCH noch in die Hände der Uno legen wird. Bush aber, verliert in jedem Fall aber weiter an Legitimation. Zapatero weiß zudem, dass er einen Truppenabzug mit Maßnahmen gegen den Terrorismus verknüpfen muss. Denn sonst wäre das Signal fatal, fast ein Aufruf zu weiteren Massenmorden in den offenen Gesellschaften Europas. Außerdem will Zapatero die Achse Berlin Madrid wieder aktivieren. Diese Achse hatte schon zwischen Felipe Gonzales und Helmut Kohl die EU-Süderweiterung zu einem Erfolg gemacht. Gemeinsam mit Deutschen und Franzosen will Zapatero zu einem Interessenausgleich bei den Stimmengewichten beitragen. Danach könnten sich die zerstrittenen Europäer DOCH noch auf eine Verfassung einigen, und das wäre ein schwerer Schlag für die US-Politik des Störens und Spaltens in Europa, bei der sich Washington bisher der Polen und der Spanier bedienen konnte. Die Karten werden also neu gemischt. Aber es ist furchtbar, dass dafür so viele Menschen in Madrid gestorben sind. M (on:) Es kommentierte Thomas Kreutzmann und nun weitere Nachrichten mit Marc Bator.	Insert: <tagesthemen Thomas Kreutzmann Hessischer Rundfunk> Insert: <tagesthemen Thomas Kreutzmann Hessischer Rundfunk>

(Tagesthemen, ARD, 15.3.2004)

Der Text ist von einem Journalisten, der nicht der „Tagesthemen"-Redaktion angehört, verfasst und völlig schriftlich konzipiert. Er ist argumentativ aufgebaut. Er ordnet das Faktum der Spanien-Wahl in den globalen politischen Rahmen ein, mit zahlreichen wertenden Formulierungen („dieser bedächtige Kastilier", „die miserabel ausgerüsteten Polen", „ein schwerer Schlag für die US-Politik des Störens und Spaltens …"), zieht Folgerungen daraus und gibt vorsichtige Prognosen ab, typischerweise mit dem zusammenfassenden Bild „Die Karten werden also neu gemischt", aber mit einem abschließenden Verweis auf den Terrorismus, womit der vorsichtig optimistische Tenor sich wieder verdüstert.

9.2.3.5 Interview

Interviews sind heutzutage integrale Bausteine von Nachrichtensendungen jeden Typs. Ihre Funktion ist in Relation zu den anderen (monologischen) Textsorten zu charakterisieren. Ein Kriterium, das sonst als Abgrenzungsmerkmal von dialogischen gegenüber monologischen Texten herangezogen wird, ist das der unterschiedlichen Intentionen von Interviewer und Interviewtem. Dieses ist für Interviews mit Journalisten zu großen Teilen hinfällig, da es sich in der Regel um weitgehend vorbereitete, abgesprochene Veranstaltungen handelt, denen eine homogene Intention zugrunde liegt.

Es gibt heutzutage vielfältige Typen von Interviews, die sich vor allem nach den folgenden Gesichtspunkten kategorisieren lassen: (1) nach dem zeitlichen Verhältnis zur Ausstrahlung (2) nach dem Typus des Interviewten, (3) nach dem Aspekt des räumlichen Verhältnisses der Partner, das zugleich eine Frage der Technik ist, und dessen Darstellung auf dem Bildschirm:

(1) Zeitliches Verhältnis zur Ausstrahlung

Interviews können live, live-on-tape oder non-live gesendet werden (vgl. 13.3.1.1). Die non-live-Formen erlauben eine Bearbeitung vor der Ausstrahlung. Fernsehinterviews sind nicht in dem gleichen Masse und nicht gleich unauffällig bearbeitbar wie Presse- oder auch Radiointerviews, da es schwierig ist, auf der Bildseite den Bearbeitungsprozess unsichtbar zu machen.

(2) Typus des Interviewten

Wichtig ist hier zunächst die Unterscheidung zwischen „Primärinformant" und „Sekundärinformant". Ein Primärinformant ist eine Person, die ein Ereignis vor Ort miterlebt hat, ein Sekundärinformant ist ein Journalist, der über das Ereignis vor Ort oder anderswo recherchiert hat. Natürlich gibt es zwischen diesen beiden klaren Fällen eine ganze Reihe von Übergangstypen (z.B. der Journalist als Kriegsberichterstatter im Irakkrieg, der als „eingebetteter Journalist" am Geschehen beteiligt ist). Der Hauptunterschied zwischen den beiden Interviewarten liegt darin, dass der Primärinformant eine „Stimme" aus der außermedialen Welt ist, während der Sekundärinformant dem Mediensystem angehört und somit auch stärker der Kontrolle des Interviewenden unterliegt. Ganz praktisch heißt das, dass zwischen Moderator und Sekundärinformant in der Regel eine genaue Absprache über den Verlauf des Interviews besteht.

Weitere mögliche Unterscheidungen betreffen die Funktionen, die vor allem den Primärinformanten zugewiesen werden: sie können als Experten/Prominente/Betroffene/Politiker/Bürger usw. erscheinen.

(3) Räumliches Verhältnis der Gesprächspartner

Es gibt die folgenden Möglichkeiten:

- Interviewer und Interviewter befinden sich im Studio und sprechen face-to-face miteinander.
- Interviewer befindet sich im Studio – Interviewter (der sich an anderem Ort befindet) erscheint innerhalb des Bildschirms; häufig nimmt dann der Interviewte bei seiner Antwort den ganzen Bildschirm ein.
- Duplex: beide Personen sind während des ganzen Interviews auf gespaltenem Bildschirm (bzw. auf zwei Bildschirmen innerhalb des Bildschirms) nebeneinander sichtbar (split screen).
- Interviewer ist im Studio zu sehen – vom Interviewten ist nur die Telefon-Stimme zu hören (auf dem Bildschirm erscheint ein Surrogat für eine echte Visualisierung des Sprechenden, z. B. ein Foto des Interviewten oder ein Telefonapparat als Symbolisierung des Übertragungskanals).

Ein alltägliches Beispiel aus der schon oben zitierten „Tagesthemen"-Sendung (ARD, 15. 3. 2004):

Text	Bild
M (on:) Guten Abend Ute Brucker in Madrid. B (on:) Guten Abend Uli Wickert. M (on:) Könnte es sein, dass die neue spanische Regierung jetzt eine Position zum Irakkrieg einnimmt, die als die des alten Europas bezeichnet wird? B (on:) Ja, Zapatero hat heute gesagt, er wolle die Trennung zwischen altem und neuem Europa wieder aufheben, das heißt, er will eigentlich das Ausscheren von José Maria Aznar aus der alten europäischen Linie – wieder zurücknehmen und sich den Deutschen und Franzosen wieder annähern, – er entspricht damit aber auch	Moderator in der linken Bildhälfte, nah, im Profil gefilmt, blickt in Richtung der eingeblendeten Korrespondentin. Die Einblendung zeigt die Frau vor einem bearbeiteten Hintergrund: zwei mal dieselbe, bläulich-graue Häuserfront in unterschiedlicher Vergrößerung. Insert: <live aus Madrid>.

einem sehr starken Wunsch der spanischen
Bevölkerung. Wir waren heute auf den
Strassen von Madrid unterwegs, und
haben IMMER wieder das Stichwort Irak-
krieg gehört, ich denke dass äh Zapatero
diese Stimmung in der Bevölkerung sehr
genau gespürt hat, und dass er sich AUCH
deshalb heute so klar und deutlich und
schnell außenpolitisch geäußert hat.

M (on:) Was meint Zapatero wenn er sagt, er wolle an die guten alten Beziehungen zu Berlin und Paris wieder anknüpfen.	Der Moderator blickt auf die Einblendung, Insert: <live aus Madrid>.
B (on:) Das bedeutet, dass er an DIE Zeit wieder anknüpfen will, in der Spanien sehr konstruktiv am Aufbau – ähm der europä-ischen Union beteiligt war, an die Zeit unter Felipe Gonzales und Helmut Kohl, ähm es bedeutet AUCH, dass Spanien JETZT seine Blockade-Politik in Sachen EU-Verfassung vermutlich aufgeben wird, Zapatero hat zwar diplomatisch gesagt, er werde versuchen, ähm und sich darum be-mühen, die spanischen Interessen so gut wie möglich zu wahren, aber die Botschaft war eigentlich klar. Und ähm sie is ja auch schon angekommen, äh zum Beispiel in Polen, denn die Polen haben heute schon Befürchtungen geäußert, SIE würden jetzt mit ihrer Blockade-Haltung – ähm alleine da stehen, wenn die Spanier jetzt wieder ein/den Rückwärtsgang einlegen, also – äh einen Tag nach dem Wahlsieg ähm hat Zapatero schon einiges an Bewegung aus-gelöst.	Die Einblendung mit der Korrespondentin füllt nun den Bildschirm ganz. Insert: <tagesthemen Ute Brucker, live aus Madrid>.
	Der Moderator blickt auf die Einblendung, Insert: <live aus Madrid>.
M (on:) Vielen Dank Ute Brucker	

Unter den genannten drei Gesichtspunkten ist das Beispiel so zu klassifizieren:

(1) Es ist ein live-Interview (explizit durch Insert so markiert).
(2) Die Gesprächspartnerin ist eine Sekundärinformantin. Fragen und
Antworten sind genauestens aufeinander abgestimmt (vgl. 6.5), die
Interviewerin gibt einen Rahmen vor, in dem die Interviewte nur

noch die Leerstellen ausfüllen muss („Könnte es sein, dass ...", „Was meint Z., wenn er sagt ...").

(3) Die Visualisierung erfolgt nach dem Muster: Interviewte erscheint zuerst in einem Fenster innerhalb des von der Interviewerin dominierten Bildschirms und nimmt dann den ganzen Bildschirm ein.

9.2.3.6 Statement

K = Martin Kannegiesser, Präsident Arbeitgeberverband Gesamtmetall

Text	Bildebene
S (on:) Einen Tag nach dem schlechtesten Wahlergebnis für einen IG Metall Vorsitzenden seit vierzig Jahren will sich die Gewerkschaftsführung nun wieder inhaltlichen Fragen widmen. Der zweite Vorsitzende Hube sagte Nachholbedarf gebe es unter anderem in Fragen der Tarifpolitik. Eine grundlegende Erneuerung in diesem Bereich forderte auch der Arbeitgeberverband Gesamtmetall. Gegenüber der Tagesschau stellt der Verbandspräsident Kannegiesser Forderungen an den neuen IG Metallvorstand.	Sprecherin auf der rechten Bildhälfte, nah im Bild. Linke Bildhälfte: Ein dreieckiges Logo aus den Buchstaben I, G, M. Titel: \<Nach der Vorstandswahl\>
K (on:) Erstens dass wir – in der nächsten Zeit Beschäftigungssicherung zur obersten Devise machen, entsprechend alles vermeiden, was die Betriebe üb/überfordert, und zweitens, äh innerhalb des Flächentarifes neue Wege gehen indem wir weiter daran arbeiten betriebliche Gestaltungsmöglichkeiten auszubauen.	Kannegiesser groß im Bild, vor einer Zimmerpflanze stehend. Insert: \<Martin Kannegiesser, Präs. Arbeitgeberverband Gesamtmetall\>. Mikrofon gut sichtbar mit großem ARD-Logo und Aufschrift: \<Das Erste\>.

(Tagessschau, ARD, 1.9.2003)

Das Statement kann man als Pendant zu den O-Tönen in „Gebauten Berichten" (vgl. 9.1.2) des Radios betrachten. Es lässt sich textlinguistisch bruchlos an einen Moderations- oder Sprechertext anpassen, wie in diesem Beispiel der ARD-„Tagesschau", die ja sonst nicht gerade durch linguistische Raffinessen auffällt:

„stellt ... Forderungen / Erstens dass ..." Auf diese Weise entsteht ein durchlaufender, quasi-monologischer Text.

9.2.4 Tendenzen

Auf der einen Seite spricht auch aus linguistischer Perspektive einiges für die
sog. „Konvergenzthese", die allgemein eine Annäherung von öffentlich-
rechtlichen und privaten Sendern postuliert. Zu beobachten ist diese Konvergenz bei bestimmten Aspekten von Nachrichtensendungen. Z. B. haben
sich die Moderationstexte von „RTL aktuell" (Hauptnachrichtensendung
von RTL) an die seriöse Sprache von ARD und ZDF angenähert. Bruns/
Marcinkowski (1997, 231) konnten zeigen: Während RTL das Sprechtempo
im Laufe der Zeit drosselte, erhöhte ARD die Sprechgeschwindigkeit leicht,
bis 1994 ungefähr gleiche Werte erreicht wurden (ca. 140 Wörter pro Minute)[7]. Ähnliches gilt wohl auch für die Lexik, die weniger saloppe Züge
aufweist als in den Anfängen. Bei der ARD werden leichte Konzessionen an
den Zeittrend gemacht, indem zum Beispiel am Schluss die Internetadresse
eingeblendet wird. Sonst aber werden hier keine Versuche unternommen,
die Möglichkeiten des Zuschauerkontakts zu aktivieren. Auch die strukturellen Elemente der Moderation, wie die Vorschau durch Schlagzeilen, werden nicht genutzt. Demgegenüber weist die Schweizer „Tagesschau" schon
seit langem derartige Elemente auf (Themenüberblick, Vorankündigung der
nächsten Nachrichtensendung – „10 vor 10" – am Ende der „Tagesschau"
durch den Moderator von „10 vor 10").
   Rhetorische Elemente, wie Metaphern und Phraseologie, finden sich bei
privaten wie öffentlich-rechtlichen Sendern. Beim Umgang mit Namen von
Sprechenden ist die ARD-„Tagesschau" transparenter als „RTL aktuell":
Während bei der „Tagesschau" die Namen als Insert eingeblendet werden,
werden sie bei „RTL aktuell" nur mündlich genannt. (Dieser Vergleich basiert aber nur auf Momentaufnahmen, die Verhältnisse können sich schon
morgen geändert haben.)
   Auf der anderen Seite sind aber doch nach wie vor klare Unterschiede
innerhalb des dualen Systems zu erkennen:
Bei den Privaten wird Doppelt- und Mehrfachmoderation bevorzugt. Dabei kultiviert man an den Übergangsstellen von einem zum anderen Moderator mehr oder weniger neckische dialogische Passagen (Wittwen 1995, 83
spricht von „happy talk").
Die Privaten bevorzugen eine stärker umgangssprachliche Diktion.
Inhaltlich haben bei den Privaten die spot und soft news ein größeres Gewicht.

---

7 Dies sind allerdings Durchschnittswerte, über das gesamte Datenmaterial berechnet. Die
  Werte für die einzelnen Textsorten weichen z. T. beträchtlich davon ab (vgl. Bruns/Mar-
  cinkowski 1977, 234 ff.).

Interessant ist die Entwicklung der Wetterberichte (vgl. Wittwen 1995, 83): Einige Sender haben das Wetter ausgelagert in eigentlich „Wettershows", andere behalten sie als Element der Nachrichtensendung. Bei den Wettershows ist – nicht nur bei den Privaten – ein starker Trend zur umgangssprachlichen, rezipientennahen Vermittlung des Wetters zu registrieren, wie Wittwen am Vergleich von Agenturmeldungen und Moderationstext zeigt. „An die Stelle des gewöhnlichen ‚es wird kälter' tritt das freundliche ‚wir müssen uns alle ein bisschen wärmer anziehen'." (85)

Eine neue Spielart des Berichtens wird ermöglicht durch den sog. *Video-Journalismus*, den sich wegen seiner geringen Kosten vor allem Lokalfernsehsender und z. T. auch technisch weniger anspruchsvolle Sendungen der überregionalen Sender zunutze machen. Theoretisch wäre dadurch eine im Vergleich zur herkömmlichen Produktionsweise unmittelbarere, alltagsnähere Art des Berichtens möglich, doch ist die faktische Tätigkeit des Video-Journalisten von diesem Ideal (noch) weit entfernt (vgl. Burger 1998).

9.3 Narration

9.3.1 Nachrichten als Erzählungen

Nachrichtensendungen unter einem narratologischen Gesichtspunkt zu betrachten, ist eine neuere Entwicklung, die stärker, als dies in früherer Nachrichtenforschung der Fall war, eine kulturwissenschaftliche Betrachtung favorisiert. Hier werden Erkenntnisse, die in der literaturwissenschaftlichen Erzähltheorie gewonnen wurden, verbunden mit solchen, die wir der linguistischen Erforschung „konversationeller Erzählungen" (d. h. Erzählungen in der alltäglichen Kommunikation) verdanken. Nachrichtensendungen als Erzählungen aufzufassen, ermöglicht somit auch zu zeigen, wo Ähnlichkeiten und Unterschiede zu fiktionalen Texten wie auch zu alltäglichen Kommunikationsformen liegen.

Während die herkömmliche Analyse von Nachrichten nach Formaten und Textsorten vor allem die Struktur einer Nachrichtensendung erhellen kann, eröffnet der narratologische Aspekt vor allem auch interpretative Möglichkeiten. Die Frage nach den Mustern, die der Deutung des Geschehens in medialer Berichterstattung zugrunde liegen, lässt sich auf diese Weise besser stellen.[8]

---

8 In einem Zürcher Projekt haben wir den Wandel der Schweizer Fernsehberichterstattung über Flüchtlinge seit den 50er Jahren mit dieser Methode verfolgt und dabei einen auffallenden Wandel der Deutungsmuster feststellen können, vgl. Luginbühl/Schwab/Burger (2004). Dort findet sich auch ein Überblick über den aktuellen Stand der narratologischen Betrachtung von Nachrichtensendungen, die sich an Arbeiten von Genette, Fiske u. a. anschließt.

Die heutigen Verfahren lassen sich besser verstehen, wenn man sie auf
der Folie älterer vergleichbarer Produkte betrachtet. Ich gebe ein Beispiel
der Schweizer Filmwochenschau aus dem Jahr 1950, das den Titel trägt „Offener Pass!" (Näheres zur Wochenschau vgl. 2.4):

Geräusche	Bild	Text
Eingangstusch, dann ganz leise Musik	Pferdekutschen, die über den Passweg ziehen	Noch vor wenigen Tagen fuhr die Simplon-Post über tiefen Schnee zur Passhöhe
	Pickelnde Männer, in einer Reihe stehend	Aber schon pickelten Männer die oberste vereiste Schicht auf,
	Schneeschleuder an der Arbeit Kameraschwenk auf die Passhöhe	um der modernen Schneeschleuder den Weg zu bahnen.
Geräusche der Schleuder, erst laut, dann leise als Hintergrund bis gegen Ende	Schneeschleuder an der Arbeit. Detailaufnahmen von Panzerrädern und Schaufelrädern	Langsam schneiden sich die mächtigen Schaufelräder der Maschine durch die gewaltigen Schneemassen
	weggeschleuderter Schnee, Fahrer der Schleuder in der Führerkabine, spricht mit einem zweiten Mann	und wir ermessen an dem kleinen Wegstück, das während der Filmaufnahmen bearbeitet wurde,
	Blick auf Straße. Sonne, die von weggeschleudertem Schnee halb verdeckt wird (wie auf Postkarte)	was es heißt eine Hochgebirgsstraße frühzeitig für den Automobilverkehr zu erschließen.
	Blick auf freigelegte Straße, die zum Hospiz führt	Jetzt ist die Arbeit vollendet –
Schluss-Tusch	Vom Schnee befreite Straße	eines unserer Tore in den Süden ist offen!

(Schweizer Filmwochenschau, 7.4.1950)

Die Erzählung folgt einem ganz anderen Muster, als wir es von heutigen
Nachrichten her gewohnt sind:
    Es ist ein Erzähler vorhanden, aber man hört nur seine Stimme (over).
Er spricht langsam und mit rhetorischem Gestus. Er sagt nicht „ich", son-
dern „wir" und „unser", womit er die Zuschauer einbezieht und die Bedeu-

tung des Geschehens für sie klar macht („wir ermessen …“, „eines unserer Tore …“) Die Geräusche sind (vermutlich) Originalton. Die Erzählung hat eine temporale Rahmung: „Noch vor wenigen Tagen" – „Jetzt ist die Arbeit vollendet". Dazwischen spielt sich das berichtete Geschehen chronologisch ab. Im Bild sieht man Stationen des Geschehens, die vom Text temporal situiert und erläutert werden („Noch vor wenigen Tagen" – „Aber schon …"). Dem Zuschauer wird gesagt, dass die Bilder „aktuell" sind („vor wenigen Tagen …"), wenn sie auch aus technischen Gründen damals nicht tagesaktuell oder gar live sein konnten. Charakteristisch ist, dass das Filmen selbst metakommunikativ angesprochen wird („… Wegstück, das während der Filmaufnahmen bearbeitet wurde"). Es ist natürlich keine Selbstverständlichkeit, sondern eine besondere journalistische Leistung, dass ein Wochenschau-Team auf dem verschneiten Pass Aufnahmen dreht – und dies wird implizit dem Zuschauer in Erinnerung gerufen. Das Geschehen wird aber nicht nur in seinem Ablauf dargestellt, sondern gemäß damaligem Optimismus gegenüber der Technik auch bewertet: es sind „moderne" Schneeschleudern mit „mächtigen" Schaufelrädern, der ganze Vorgang ist eine großartige Leistung („wir ermessen … was es heißt …") und er findet das gewünschte Ende („vollendet"), das metaphorisch überhöht wird („eines unserer Tore in den Süden ist offen").

Schon bei diesem Vorläufer des Mediums Fernsehen lassen sich narrative Techniken feststellen, die eine eigene Analyse Wert wären. Auffällig ist bei der Wochenschau insbesondere die enge Anlehnung an den Spielfilm mit seiner exakten Abstimmung von Bild und Text.

Eine narratologische Betrachtungsweise drängt sich insbesondere auf, seit es die Rolle des „Moderators" (vgl. Kap. 10) gibt. (Ich beschränke mich im Folgenden aufs Fernsehen, obwohl sich auch beim Radio Vergleichbares zeigen ließe.) Natürlich ist sie auch auf frühe „Tagesschau"-Texte anwendbar, in denen es noch keinen Moderator, sondern nur einen Sprecher gab, der die Nachrichten verlas, doch wird sie besonders aufschlussreich mit der Rollen- und Perspektivenvielfalt, die sich mit der Figur des Moderators herausgebildet hat. Für eine Betrachtungsweise, die sich an Textsorten orientiert, stellt der Moderationstext (bei jeder Art von Magazinen) ein schwer zu lösendes Problem dar. Der Moderator als Person mit vielfältigen Funktionen ist aus den Magazinen, insbesondere auch den Nachrichtenmagazinen, nicht mehr wegzudenken. Damit fragt sich, ob man den Text, den der Moderator spricht, als Exemplar einer einzigen Textsorte oder eines Bündels von Textsorten aufzufassen hat. Der narratologische Ansatz erlaubt demgegenüber, die Funktionen des Moderators unter einer einheitlichen Perspektive zu sehen.

Den Moderator als Erzähler zu sehen, ist eine komplementäre Perspektive zu derjenigen, die wir in den Überlegungen zur Intertextualität eingenommen haben. Unter intertextuellem Aspekt ist der Moderator-Text – wie der gesamte Nachrichtentext – ein entindividualisierter, unter Umständen einer langen Textgeschichte zu verdankender Text ohne personalen Autor, unter narratologischem Aspekt demgegenüber kann gezeigt werden, wie dieses Defizit an Individualität durch die Inszenierung eines personalen Erzählers mit einem eigentlichen „Erzählpersonal" aufzufangen versucht wird. Und je wichtiger die Funktionen sind, die man einem Moderator zuerkennt, umso mehr zeigt er Eigenschaften einer Erzähler-Persönlichkeit.

Um nicht eine terminologische Verwirrung zu erzeugen, muss man die erzähltheoretischen Begriffe „narrativ" und „erzählen" von den gleichnamigen textlinguistischen Begriffen abheben. Wir verwenden „narrativ" (bzw. „erzählen"/„Erzähler") als Oberbegriff, der als Unterbegriff die textlinguistischen Kategorien berichten/erzählen/beschreiben (von Vorgängen)/argumentieren umfasst (bei Heinemann/Viehweger [1991] als „Textproduktionsstrategien" bezeichnet). Das Erzählen im textlinguistischen Sinne ist also nur eine der Tätigkeiten des Nachrichten-Erzählers. Daneben hat er die Funktionen zu berichten, zu beschreiben, in einem gewissen Masse auch zu interpretieren und – seltener – zu argumentieren.

Im Folgenden sollen einige Aspekte der Figur des „Erzähler-Moderators" aufgeführt werden.

9.3.2 Der Erzähler als Interpret

In journalistischen Zusammenhängen wird häufig Wert darauf gelegt, dass bei Nachrichtensendungen das Berichten im textlinguistischen Sinne im Vordergrund stehe, also eine faktenorientierte, nicht wertende, nicht dramatisierende Art der Textproduktion. Dies trifft allenfalls zu auf Kurznachrichtensendungen oder Blöcke von Kurznachrichten innerhalb von größeren Nachrichtenformaten, die nur verlesen, aber nicht eigentlich „moderiert" werden. Sonst aber hat der Moderator vor allem auch die Funktion, zu erzählen (im textlinguistischen Sinn), d.h. eine Dramaturgie zu verfolgen, unterhaltend zu sprechen, Wertungen zu vollziehen. Das Beschreiben von Vorgängen und Handlungen, das das Typische am Ablauf des Geschehens hervorhebt, ist demgegenüber eher eine untergeordnete Funktion.

Der Moderator ist also der „Haupterzähler", der primäre Erzähler. Er setzt häufig den interpretativen Rahmen für die Deutung des Geschehens. Zum Beispiel bereits in der Schlagzeile und dann wieder in der Anmoderation der in 4.1.1 ausführlicher besprochenen „Tagesschau" (SF DRS, 6.1. 1998)[9]:

---

9 Vgl. Burger (2001b). Der Text wurde dann als Testmaterial für die Rezipientenbefragung in unserem Zürcher Projekt verwendet, vgl. Luginbühl et al. (2002, 180 ff.). Interessant ist

Schlagzeilen

M'in Guten Abend. Die Gentechnologie ist auf dem *Vormarsch*. Bern gibt grü-
nes Licht für den Genmais von Novartis. Die Konsumenten *zittern*, die Mi-
gros gibt sich machtlos, Nestlé *applaudiert*.

Bericht

M'in Zuerst kam das Soja, heute gabs die offizielle Zulassung für den Mais. Genveränderte Nahrungs- und Futtermittel sind auf dem *Vormarsch*, die
Gen-Offensive läuft und die *Rituale* sind eingeübt. Das Bundesamt für Gesundheit prüft und *stempelt* den neuen Gentech-Novartismais als gesundheitlich unbedenklich. Die Gegnerschaft ist empört und spricht von einem
Kniefall vor der Wirtschaft. Über genveränderte Nahrungsmittel, Opposition und was uns die Zukunft bringt, der Bericht von Christina Karrer.

Die Moderatorin nimmt die Perspektive der Gegner ein, und damit sind
deutliche Bewertungen verbunden: Dramatisierung in den Schlagzeilen,
Kampf-Metaphorik usw. (s. o. 4.1.1). Hier ist die Moderatorin ganz klar in
der Funktion der Erzählenden, nicht der sachlich-emotionslos Berichtenden.

In einem gewissen Sinn „inszeniert" der Moderator das berichtete Ereignis (zum Begriff „Inszenierung" vgl. Kap. 7.5). Er ist der hauptsächliche
Garant der Glaubwürdigkeit des Berichteten, der Garant der „Authentizität" der Erzählung. Luginbühl (2004) definiert Authentizität im Hinblick
auf Fernsehnachrichten als „credibility established by textual and visual
means" (133), somit als ein Verfahren der Inszenierung von Glaubwürdigkeit.

Neben dem Moderator gibt es „Untererzähler", sekundäre Erzähler, die
von ihm „kontrolliert" werden. Das sind die Off-Sprecher (zu Filmberichten) und weitere Journalisten, die in verschiedenen Teil-Funktionen erzählen, z. B. als Korrespondenten in einem anderen Studio oder als Reporter vor Ort.

Diese „Stimmen" sind insgesamt der journalistischen Sphäre der Produktion zuzuordnen. Davon strikt zu scheiden sind „Fremd-Stimmen",
z. B. Politiker in Statements oder Betroffene bei einem Unglück, die im
O- (Bild-/)Ton zu Wort kommen. Diese Stimmen werden nicht im gleichen
Sinn vom Moderator kontrolliert wie die journalistischen Stimmen. Freilich
werden sie für das Erzählen instrumentalisiert, doch bleibt immer ein Rest,
der dem journalistischen Zugriff entgeht. Dass sie instrumentalisiert werden, sieht man z. B. daran, dass sie nicht primär als Individuen in Erscheinung treten, sondern als Träger von Rollen, die der Moderator bzw. ein Untererzähler ihnen zuweist (Experten, Betroffene usw.).

---

dort das Resultat, dass die Rezipienten teilweise ganz andere Lesarten des Textes produ-
zierten, als sie von der linguistischen Analyse her vorherzusehen waren.

9.3.3 Die Perspektivik des Erzählers

Wie in der literaturwissenschaftlichen Erzähltheorie ist auch bei Nachrichtenerzählungen die Kategorie der „Perspektivik" von zentraler Bedeutung
(vgl. 8.3.4). Der Begriff „Perspektive" berücksichtigt auch, dass verschiedene Individuen verschiedene Perspektiven haben und dass dasselbe Individuum denselben Gegenstand aus verschiedenen Perspektiven betrachten
kann.

Der Moderator hat die Perspektive des „Allwissenden", insofern er den
Überblick über die Nachrichtenlage hat und in der Regel auch schon weiß,
was seine Untererzähler zu erzählen haben werden. Im folgenden Beispiel
(10 vor 10, SF DRS, 3. 8. 1998) zeigt sich die „globale" Perspektive des Moderators exemplarisch:

> M   (on:) Die Geschichte, meine Damen und Herren, besteht in Wahrheit ja aus
> hunderttausend Einzelgeschichten. Im Zusammenhang mit der hundert
> fünfzig Jahrfeier für den Bundesstaat, graben Historikerinnen und Histori
> ker solche Mikrohistorien aus, die die GROSSEN Konflikte von damals
> schön illustrieren. (*Ikon: Teresa Staedele, untertitelt mit „Blutschwitzerin"*)
> Im Mai achtzehnhundertneunundvierzig breitet sich im Zugerischen Men
> zingen die Kunde aus, die Näherin Teresa Staedele, mache jeden Donners
> tag und jeden Freitag das Leiden und Sterben Jesu Christi durch. Mit Blut
> stellen an den Wundmalen und Blutschweiß auf der Stirn. Dem Pfarrer kam
> dies zupass, aber die liberale Obrigkeit wollte hiervon GAR nichts wissen.
> Irene Lebel, über die Geschichte der Blutschwitzerin.

Ein charakteristischer medialer Aspekt der Perspektivik ergibt sich daraus,
dass der Moderator sich oft bemüht, die – unterstellte – Perspektive des Rezipienten zu übernehmen, aus der Sicht des Rezipienten zu formulieren.

Im folgenden Beispiel der Nachrichtensendung „10 vor 10" (SF DRS)
identifiziert sich der Moderator (vielleicht ein bisschen ironisch) mit den
„helvetischen Herzen". Auch die Perspektive der Kinder fehlt nicht. „Klein
und Groß" sind von Hillary Clinton beeindruckt. Die Reporterin verstärkt
diese Perspektivik, indem sie sich in die Zuschauermenge vor Ort begibt:

HC = Hillary Clinton
RG = Rolf Günther
LS = Luzia Verena Schmid

> M   (on:) Die Medienleute waren etwas enttäuscht, dass Hillary Clinton den
> Grossteil des Tages in Davos heute in ihrem Hotelzimmer verbracht hat.
> Dabei war für den Vormittag doch ursprünglich Skilaufen angesagt gewe
> sen. Aber die amerikanische First Lady, der die helvetischen Herzen ja
> schon am Wochenende nur so zuflogen, hatte heute Abend einen wichtigen
> INHALTLICHEN Auftritt. (*Insertbild: Hillary Clinton, <Auftritt>*) Sie
> sollte vor der crème de la crème der internationalen Finanz- und Wirt
> schaftswelt reden. Der hat sie dann gesagt, dass in der freien Marktwirt
> schaft auch die sozialen Elemente nicht fehlen dürfen. Rolf Günther.

HC   (on:) (*HC am Rednerpult*) One talks a great deal about the importance of
     and the significance – of the free/

RG   (over:) (ÜBERSETZT) Es wird sehr viel von der Bedeutung der freien
     Marktwirtschaft gesprochen. (…)

     [Weitere Ausschnitte aus Hillary Clintons Rede]

M   (on:) Hillary Clinton in Davos. Nicht nur die Spitzenmanager dort haben
     den Besuch der Präsidentendame wahrgenommen – in der Schweiz weiß je-
     des Kind, dass Hillary hier ist. (*Insertbild: HC in Schweizerflagge gehüllt,*
     <Hillary>) Und vor ALLEM die Kinder wissen es, da Frau Clinton ja ei-
     gens im Kinderparlament in Luzern vorbeigeschaut hatte. Und Klein und
     Groß sind beeindruckt vom Besuch der amerikanischen Staatsfrau. Wie
     macht sie das? Luzia Verena Schmid – über den Erfolg der Hillary Rodham
     Clinton.

LS   (off:) – – – (4 sec, MUSIK, *HC in Menschenmengen*) Nicht London, Rio,
     Tokio, sondern Davos, Sankt Gallen, Luzern. Wo Hillary Rodham Clinton
     in der Schweiz auftaucht, gewähren ihr die Schweizer einen GAR nicht hel-
     vetisch zurückhaltenden Empfang. Hillary wird gefeiert – und sie lässt sich
     feiern. Kein Wunder, ist sie glücklich, hier zu sein.

HC   (on:) (*zu einer applaudierenden Menschenmenge*) Thank you. I'm so happy
     to be here.

LS   (off:) Und Hillary ist nicht die einzig Glückliche in Sachen Schweizer Auf-
     tritt der First Lady – alle, die sie getroffen haben, sind beeindruckt.

     [Es folgen bewundernde Äußerungen des Regierungspräsidenten von Lu-
     zern, des Bischofs von St.Gallen usw.]
     (10 vor 10, SF DRS, 2.2.1998)

Im folgenden Text wird explizit der Kontrast von *die Großen* und *wir Kleinen* hergestellt, und selbstverständlich schließt sich der Moderator in das
„wir" ein. Die Anmoderation ist durchsetzt von Ironiesignalen: die Großen
werden (metonymisch) als „die hohen Häupter" bezeichnet, die sich „betten", mit „schuhlosen Füssen", dort „wo sich Russen und Chinesen gute
Nacht sagen" (in Anspielung auf das Idiom *wo sich Fuchs und Hase gute
Nacht sagen*). Die selbstreferentielle Pointe („schen wir anschließend in den
Nachrichten") leistet Verschiedenes:

- – Sie verweist selbstkritisch oder selbstironisch darauf, dass die Nachrichten normalerweise über die Handlungen der „Großen" berichten.
- – Sie kündigt an, dass im folgenden Bericht der Untererzählerin die
   Perspektive der „Kleinen" (die einmal „hinter die Kulissen blicken"
   dürfen) eingenommen wird.
- – Sie schafft innerhalb der Nachrichtensendung einen Freiraum für ein
   eher boulevardeskes human-interest-Thema.

M   (on:) (*M im Studio*) Wenn die Frau des mächtigsten Mannes der Welt in ei-
     nen Schweizer Wintersportort zieht und der russische Ministerpräsident
     auch – und der reichste Computerverkäufer der Welt auch grad noch, dann
     wissen wir – für ein paar sonnige Schneetage ist Davos wieder die heimli-

che Hauptstadt der Welt. Was die hohen Häupter dort bei Tageslicht zu Protokoll geben, sehen wir anschließend in den Nachrichtensendungen. Wo aber (*Insertbild: Kellner, <Hotel Seehof>*) BETTEN sich die erwähnten Häupter hin, wenn der Tag zu Ende ist? Wo strecken sie zwischen den Meetings ihre schuhlosen Füße aus? Die Antwort ist – im Hotel Seehof zu Davos. Diego Yanez blickt hinter die Kulissen, beziehungsweise hinter die Vorhänge – der Nobelher/ herberge, wo sich Russen und Chinesen gute Nacht sagen.

Auch der Untererzähler (= DY) behält den ironischen Tonfall bei:

DY (off:) (*Hotel*) Hochbetrieb im Davoser Hotel Seehof. (…)
(*Tschernomyrdin im Seehof*) Der russische Regierungschef Viktor Tschernomyrdin – marschiert zum Treffen mit UNO Generalsekretär Kofi Annan. (*Annan*) – – Thema – die schwelende Irak Krise. – – – (3 sec) (*Schlosser kommt mit Stuhl angerannt*) Die Krise am Golf bringt auch den Hoteldirektor ins Schwitzen – Im Sitzungszimmer fehlen Stühle. – – – (3 sec) Im Gang treffen sich derweil (*Solana und Gurria*) zwei alte Freunde – Nato Generalsekretär Javier Solana, rechts, und Mexikos Finanzminister José Angel Gurria. – – – (3 sec, *man hört das Gespräch der beiden Männer*)
(over:) (ÜBERSETZT, „José Angel Gurria, Finanzminister Mexiko") Kaum im Amt hab ich im Budget bereits zwei Milliarden Dollar gestrichen. („Javier Solana, Nato-Generalsekretär") Ja, sowas liebst du doch! – – – (2 sec)
(off:) Humor für Fortgeschrittene.
(…)
(off:) (*Schickeria im Hotelfoyer*) Zwei Stunden später im Foyer des Seehofs – Treffpunkt der Schönen, Reichen und Mächtigen. – – – (2 sec) Der Nestle Manager begrüßt die Familie des chilenischen Präsidenten Frei. – – – (3 sec) Eine illustre Runde. Wer nicht Ehrengast ist, bezahlt zwanzigtausend Franken Jahresbeitrag, um am World Economic Forum dabeizusein. – – – (…)
(*Ankunft Perez'*) Auch Simon Perez hat die erste Sitzung bereits hinter sich. – – Dann taucht der ägyptische Außenminister Amr Moussa auf. (*Moussa gibt ein Interview im Hoteleingang*) – – – (5 sec)
(over:) (ÜBERSETZT DIE FRAGE DES INTERVIEWERS) Was ist der Zweck ihres Besuches hier?
(ÜBERSETZT MOUSSAS ANTWORT, „Amr Moussa, Außenminister Ägypten") Ich will Simon Perez treffen.
(ÜBERSETZT DIE FRAGE DES INTERVIEWERS) Erwarten Sie irgendwelche Resultate?
(ÜBERSETZT MOUSSAS ANTWORT) Nein.
– – – (8 sec, *Smalltalk der Staatsmänner*)
(ÜBERSETZT, „José Angel Gurria, Finanzminister Mexiko", *Gurria spricht mit Moussa*) Was? Du bist noch Außenminister?
(ÜBERSETZT MOUSSAS ANTWORT) Ja, und du bist immer noch Finanzminister? (*alle lachen*)
(off:) So lustig kann Politik sein. (…) Doch der eigentliche Star des Tages, Hillary Clinton, kommt bei Einbruch der Dunkelheit („Bericht: Diego Yanez, etc.") durch die Hintertür. Zusammen mit ihrem Tross fährt sie in die

Tiefgarage – unbemerkt von den meisten Kameras und Schaulustigen.
(SF DRS, 10 vor 10, 2.2.98)

9.3.4 Das Wissen des Erzählers

Aus der Perspektivik des „Allwissenden" ergibt sich natürlich nicht, dass
der Moderator faktisch „alles" weiß. Gänzlich allwissend ist er natürlich
nicht, da er nicht den Überblick über das faktische Geschehen hat und auch
die Weiterentwicklung, das „Ende" nicht kennt. (Erzähltheoretisch liegt
seine Position also zwischem dem „personalen" und dem „auktorialen" Erzähler.)

Im Unterschied zu einem fiktionalen Erzähltext, bei dem der auktoriale
Erzähler in seine Figuren hineinschauen und nicht nur über Vergangenheit
und Gegenwart, sondern auch über die Zukunft der Figuren verfügen kann,
ist der Moderator eingeschränkt auf die Außenansicht der Akteure, über die
erzählt wird, und durch das Wissen, das ihm zugeliefert wird, über Vergan-
genes und aktuell Geschehendes („live" Berichtetes).

Aussagen über die Zukunft kann er nur machen, indem er Aussagen anderer zitiert. Ein Beispiel aus „10 vor 10" (SF DRS, 2.2.1998):

M   (on:) Der Zusammenschluss von UBS und Bankverein zur zweitgrößten
      Bank der Welt wird noch genauer unter die Lupe genommen. Die Wett-
      bewerbskommission (*Das neue UBS Logo wird poliert*, Insert <Prüfung>)
      wird prüfen, ob sie die Fusion zur United Bank of Switzerland zulassen
      kann. Das hat die Kommission heute bekannt gegeben.

Er weiß aber mehr als jeder einzelne der Untererzähler, insofern kann er ver-
gleichen, kontrastieren usw.

Die Nachrichtensendung „10 vor 10" (SF DRS, 22.4.1999) beginnt beispielsweise so:

M'in (off:) (MUSIK, *zerbombtes Haus*, <Angriff>) Bomben auf die Villa von Mi-
      losevic. Nicht ihm sondern militärischen Anlagen habe der Angriff gegol-
      ten – sagt die Nato.
      (on): (*im Studio, Insertbild: Flugzeug über der Karte von Kosovo*, <Ko-
      sovo>) Der Krieg im Kosovo ist auch ein Krieg der Verlautbarungen. Nicht
      nur mit schwerem Geschütz wird gekämpft – sondern auch mit sprach-
      lichen Botschaften und Wertungen. Meldungen am heutigen dreißigsten
      Kriegstag betrafen die Nato Bombardierung von Milosevics Villa in Bel-
      grad – und das seltsame Spiel der Serben zwischen Vertreibung und
      Zurücktreibung der Flüchtlinge im Kosovo. Wie berichtet das serbische
      Fernsehen – wie berichten westliche Medien darüber?

Die Moderatorin weiß, was bei dem Vergleich herauskommen wird. Sie
stellt die Frage und macht den Rezipienten gespannt auf die Antwort.

Der Moderator hat aufgrund seines „Wissensvorsprungs" die Möglichkeit, eine Perspektive über oder jenseits aller Perspektiven einzunehmen. Er
kann z.B. sendungsübergreifend kontrastieren, Positionen einander ge-

genüberstellen, während der Untererzähler auf eine Perspektive festgelegt ist:

Es geht um die Abstimmung über die Mutterschaftsversicherung in der Schweiz („10 vor 10", SF DRS, 7. 5. 1999):

M   (on:) (*M im Studio*) (…) Für die Befürworter der Mutterschaftsversicherung bis weit ins bürgerliche Lager hinein, ist ein achtzigprozentiger Lohnersatz während vierzehn Wochen maßvoll und gerechtfertigt. Und der aufs Sparen bedachte Finanzminister Kaspar Villiger – hält die Sache auch für finanzierbar. Aber die Vorlage hat auch entschiedene Gegner. Vor genau zwei Wochen haben wir in dieser Sendung die Kampagne FÜR die Versicherung beleuchtet, heute widmen wir uns den Gegnern. Die stärkste Opposition kommt vom Gewerbeverband und von der SVP. Cristin Bugmann beleuchtet die Gegnerschaft und ihre Argumente.

Die Untererzählerin (M1) ist vor Ort an der Delegiertenversammlung derjenigen Partei, die vehement gegen die Mutterschaftsversicherung ist. Sie berichtet aus der Perspektive der Augenzeugin darüber, was sie sieht und hört:

M1   (off:) (*Großer Saal, Leute an langen Tischen*) Delegiertenversammlung der Zürcher SVP unter Präsident (*Blocher am Rednerpult*) Christoph Blocher. Traktandum Nummer zwei – (*Saal*) die Parole zur Mutterschaftsversicherung. Die Vorlage hat unter den SVP Männern und Frauen einen schweren Stand.

Die Begründung für die Ablehnung delegiert sie an Fremd-Stimmen, die im O-Bild-Ton eingeblendet werden:

Frau1   (on:) (*im Saal*) Mir händ suscht scho z wenig Gäld. Was wämmer da no mee Gäld uusgee?[10]

Frau2   (on:) (*im Saal*) Nei, die händ s au nöd nötig. Han ICH s Gfüül. Mir händ nämlich au keini ghaa. – – Und mir händ under ganz anderne Verhältnis, hämmir no müse dure. Also mit dä Kind. Aso äs Kind isch eifach kein Unfall.

Mann1   (on:) (*im Saal*) Will das än staatliche Iigriff isch – id Familie ine.

Frau3   (on:) (*im Saal*) Mä hät kei Gäld für di Alte. Mä hät kei Gäld für di Invaliide. Mä hät eifach nienet Gäld, was das aabelangt. Und im GLII-

---

10 Hochdeutsche Übersetzung:
Frau1: Wir haben sonst schon zu wenig Geld. Was wollen wir da noch mehr Geld ausgeben?
Frau2: Nein, die haben es auch nicht nötig, hab ich das Gefühl. Wir haben nämlich auch keine gehabt. Und wir haben unter ganz anderen Verhältnissen haben wir durch müssen. Also mit den Kindern. Also ein Kind ist einfach kein Unfall.
Mann1: Weil das ein staatlicher Eingriff ist – in die Familie hinein.
Frau3: Man hat kein Geld für die Alten. Man hat kein Geld für die Invaliden. Man hat einfach nirgendwo Geld, was das anbelangt. Und im gleichen Moment propagiert man so was und hinter dem kann man doch nicht stehen.
Mann2: Das kostet soviel Geld. Und dann wenn es noch für unsere Frauen wäre. Für unsere Frauen, Sie müssen mich richtig verstehen.

CHE Momänt tuet mä öppis eso propagandiere und ha/ hinder dem cha mä doch nöd staa.

Mann2 (on:) (*im Saal*) Das choscht ä so vil Gäld, hä. Und dänn wänn s no – für oisi Fraue wäär. Für OISI Fraue, Si müend mich richtig verschtaa, hä.

Im Anschluss daran geht M1 dazu über, Hintergründe (Statistiken) zu referieren, also zusätzliches Wissen heranzuziehen, dass die Augenzeugenperspektive erweitert:

M1 (off:) (*Im Hintergrund Sprecher, Porträtaufnahmen ausschließlich von älteren Menschen, mehrheitlich Männern, im Saal*) Die Mutterschaftsversicherung ist kein Thema, für das sich die SVP-Mitglieder engagieren mögen. Ihre Generation hat keine Chance, von der Mutterschaftsversicherung zu profitieren. Laut einer kürzlich publizierten Auswertung der Zürcher Wahlen – ist der typische SVP-Wähler männlich – älter als sechzig – vom Land und hat unterdurchschnittliche Schulbildung genossen. – – – (2 sec) Und das ist auch das Profil des typischen Gegners der Mutterschaftsversicherung. (*Papier mit Statistik*) Die 10 vor 10-Umfrage zeigt – auch er ist männlich, über fünfzig, vom Land und hat unterdurchschnittliche Schulbildung.

Erzähltheoretisch betrachtet, ist der Haupterzähler im Prinzip nicht Teil des erzählten Geschehens, er ist nicht selber eine Figur der Erzählung (insofern ist er ein „heterodiegetischer" Erzähler im Sinne von Genette). Er hat aber die Möglichkeit, bis zu einem gewissen Grad am Geschehen zu partizipieren, indem er Untererzähler „vor Ort", als „Augenzeugen" oder gar direkt Involvierte, erzählen lässt (diese sind dann mindestens partiell „homodiegetische" Erzähler nach Genette). Musterbeispiele dafür boten die Korrespondenten zahlreicher Nachrichtensender während des Irak-Krieges. Dort ging die Partizipation am Geschehen sogar noch einen Schritt weiter, als man das in früherer Kriegsberichterstattung kannte: Reporter waren als Teil der Truppe („embedded journalists") die „unmittelbarsten" journalistischen Augenzeugen eines Krieges, die es je gegeben hat (vgl. 8.3.4).

Die Fremd-Stimmen in O-Ton, sofern sie „Betroffene" (und nicht Experten u. dergl.) sind, sind dann faktisch Figuren innerhalb des Geschehens selbst, und sie werden vom Haupterzähler in dieser Eigenschaft funktionalisiert.

Dass der Moderator allerdings auch nicht völlig außerhalb des erzählten Geschehens steht bzw. stehen will, wird dann deutlich, wenn er sich z. B. durch das inklusive „wir" als vom Geschehen betroffen zeigt:

M'in Guten Abend meine Damen und Herren. Wie steht es um *unsere* soziale Sicherheit? Können *wir* uns eine AHV, IV oder Arbeitslosenversicherung überhaupt noch leisten, oder ist da nur noch ein großes schwarzes Loch? Auf all die Fragen gibt es nun einen dicken Bericht einer Arbeitsgruppe des Bundes.
(Tagesschau, SF DRS, 22.12.1997)

9.3.5 Die Quellen der erzählten Geschichte

Eine medienspezifische Besonderheit des Moderator-Erzählers ist, dass er gegebenenfalls nicht nur sein Wissen mitteilt, sondern auch mitteilt, woher er sein Wissen hat.

Schon vor der Erfindung des Moderators war es Gepflogenheit der Nachrichtenredakteure, bei unklarer oder widersprüchlicher Quellenlage mit entsprechenden Formeln (*Wie aus unbestätigter Quelle verlautet …* o. ä.) die Glaubwürdigkeit der Meldung zu relativieren – eine Maßnahme der Vorsicht ebenso wie der journalistischen Ethik. Vom Moderator aber wird mehr gefordert. Muckenhaupt z. B. postulierte im Namen der Verständlichkeit und der Informativität der Nachrichtenmagazine eine „reflexive, quellen- und problemorientierte Berichterstattung", und in diesem Zusammenhang schlug er folgende Maßnahmen vor:

1. „die Darstellung der eigenen redaktionellen Gesichtspunkte bezüglich der Relevanz, der Aktualität und der Informativität von Nachrichtenbeiträgen,
2. die Darstellung der Nachrichtenlage und der Quellenlage dort, wo sie für das Verständnis notwendig ist einschließlich der Darstellung kontroverser Sichtweisen,
3. die Darstellung der Gesichtspunkte, unter denen ein Nachrichtenthema redaktionell bearbeitet worden ist."

(Muckenhaupt 1981, 235f.)

Als ein Beispiel solcher „quellenorientierter Berichterstattung", das zwar „noch nicht ausgereift" (238) sei, aber doch in die richtige Richtung weise, zitierte er den Text der „Tagesschau" (SF DRS) vom 10.1.1980. (Damals befand sich die „Tagesschau" in einer experimentellen Phase, in der man einen neuen Strukturtyp – mit Moderation – ausprobierte. Das Experiment wurde aber bald wieder abgebrochen.) Der folgende Ausschnitt zeigt sehr deutlich die Tendenz der quellenorientierten Berichterstattung:

1. Moderation (Peter Achten)
Meine Damen und Herren. Guten Abend.
Die Nachrichten wie jeden Tag in großer Fülle und aus verschiedenster Quelle haben heute wenig Hervorragendes gebracht und dennoch – folgende Themen haben wir als Schwerpunkte ausgewählt:
Afghanistan: Eine Sondersitzung der UNO-Generalversammlung beginnt etwa in anderthalb Stunden.
Iran: Folterbericht des Internationalen Komitees vom Roten Kreuz IKRK. Dazu ein Korrespondentenbericht.
Und Bern: Alle Jahre wieder, Neujahrsempfang für Diplomaten.

Zu unserem 1. Beitrag – Afghanistan
Entscheidendes ist heute, bis zur Stunde wenigstens, weder auf militärischer noch auf diplomatischer Ebene passiert. Doch, das Thema ist höchst brisant, interessiert also. Guido Wüest hat heute das Thema ‚Afghanistan' von der Redaktion aus bearbeitet. Hier sein Bericht:

2. *Studiobericht (Guido Wüest)*

Heute abend, um 21 Uhr mitteleuropäischer Zeit, tritt die UNO-Vollversamm-
lung zu einer Sondersitzung über die sowjetische Intervention in Afghanistan
zusammen. Das wurde an dieser Sitzung des Sicherheitsrates von gestern abend
beschlossen. Gegen die Stimmen der Sowjetunion und der DDR. Der Vollversammlung liegt der gleiche Antrag vor, der im Sicherheitsrat durch das Veto der
Sowjets blockiert worden ist. Es wird der Abzug aller Truppen aus Afghanistan
gefordert. Die Vollversammlung kennt kein Veto, hat aber auch keine Möglichkeit, Beschlüsse durchzusetzen. Das ist beinahe die einzige Meldung zu Afghanistan, die heute zugleich neu, wichtig und sicher ist. Natürlich erhalten wir
Journalisten auch heute wieder sehr viele Nachrichten aus aller Welt zu Afghanistan, Ergänzungen, Details, Spekulationen, Meinungen. Mit Sicherheit ein
klares Bild zu geben, ist uns von hier aus nicht möglich.

Zur Lage in Afghanistan: Von einem BBC-Korrespondenten stammen diese Bilder. Mit Lautsprechern wird die Bevölkerung in Kabul aufgefordert, sich keine
Sorgen zu machen. Die Russen seien nur da, um die Sicherheit der Einwohner
zu gewährleisten. Nachrichten der Agentur Reuter: Um Kabul werde der Ver-
teidigungsring der Sowjets ausgebaut. Die Agence France Press meldet Details
über die Besatzungstruppen. (...) Der Widerstand der Rebellen habe zugenommen, melden andere Quellen. Im weiteren erreichen uns viele Nachrichten aus
aller Welt. US-Präsident Carter hat nun alle Ausfuhrgenehmigungen für die Lie-
ferung technischer Erzeugnisse und Verfahren an die Sowjets gestoppt. In den
USA selber fällt der Preis für Getreide bedenklich, nach der Kürzung der Lie-
ferung an die Sowjetunion. (...) Das sind Beispiele von vielen Teilen, die uns
heute erreicht haben, mit denen wir arbeiten müssen. Eine Übersicht ist auch für
uns erst später möglich.
(nach Muckenhaupt 1981, 236f.)

In dieser extremen Ausprägung produzierte die „quellenorientierte Berichterstattung" mehr Desinformation als Information. Es geht wohl nicht
an, wenn die Redakteure – in zweifellos gut gemeinter Reflexion ihrer eigenen Rolle – nicht mehr den Mut aufbringen (sollen), ihre Quellen selber zu
verarbeiten und dem Zuschauer ein übersichtliches Bild der Lage zu vermitteln (dazu gehört natürlich gegebenenfalls die Information, dass die Lage
unübersichtlich ist). Wie Nachrichten zustande kommen, das kann sinnvol-
lerweise nur punktuell – dort wo es sich von der Nachrichtenlage her zwingend anbietet – durch die Moderation transparent gemacht werden. Im
Übrigen aber meine ich, dass man einem Nachrichtenmagazin nicht auch
noch die Aufgabe zuweisen kann, seine eigenen Produktionsbedingungen
ständig offenzulegen. Das wäre Aufgabe der Medienpädagogik, und – innerhalb der Medien selbst – Aufgabe medienkritischer Sendungen.
   Die heutige Praxis ist weitgehend die, dass man sich auf das Machbare
und Nötige beschränkt, also dort quellenorientiert – und das heißt zugleich:
metakommunikativ – berichtet, wo die Faktenlage unklar ist und wo wi-
dersprüchliche Informationen vorliegen. In der Berichterstattung zum Ko-

sovo-Krieg oder zum Irak-Krieg etwa war diese Situation an der Tagesordnung. Ein typisches Beispiel:

S'in   = Sprecherin des Berichtes
S   = Sprecher des Berichtes
SS   = Stimme eines serbischen Nachrichtensprechers
J   = Stimme eines Journalisten
KB   = Ken Bacon, stv. Verteidigungsminister USA
MA   = Madeleine Albright, Außenministerin USA
KJ   = Kris Janowski, Sprecher UNHCR

M'in (off:) (MUSIK, *zerbombtes Haus*, <Angriff>) Bomben auf die Villa von Milosevic. Nicht ihm sondern militärischen Anlagen habe der Angriff gegolten – sagt die Nato.

M'in (on:) (*M im Studio, Insertbild: Flugzeug über der Karte von Kosovo*, <Kosovo>) Der Krieg im Kosovo ist auch ein Krieg der Verlautbarungen. Nicht nur mit schwerem Geschütz wird gekämpft – sondern auch mit sprachlichen Botschaften und Wertungen. Meldungen am heutigen dreißigsten Kriegstag betrafen die Nato Bombardierung von Milosevics Villa in Belgrad – und das seltsame Spiel der Serben zwischen Vertreibung und Zurücktreibung der Flüchtlinge im Kosovo. Wie berichtet das serbische Fernsehen – wie berichten westliche Medien darüber? Daniel Blickensdorfer und Sascha Bader mit einem Vergleich.

Die Moderatorin thematisiert die widersprüchlichen „sprachlichen Botschaften und Wertungen" und kündigt einen Vergleich der Darstellungen in den sich widersprechenden Medien an. Der Bericht konkretisiert dies. Zuerst wird mit O-Ton von Milosevic das (von keiner Seite bestrittene) Faktum geschildert:

S'in (off:) (*Milosevic empfängt Tschernomyrdin*) Als der jugoslawische Präsident Milosevic heute Morgen den russischen Sonderbeauftragten Tschernomyrdin empfing – um eine neue russische Friedensinitiative zu diskutieren – (*Sitzung*) hatten die beiden ein UNerwartetes Thema.

S   (off:) (*Milosevic on*) Sie schossen mir direkt ins Schlafzimmer. – (<Slobodan Milosevic, Präsident Jugoslawien>) Aber es waren so große Bomben, dass das ganze Haus zerstört wurde. – – – (2 sec)

Dann wird die Darstellung des serbischen Fernsehens mit O-Ton wiedergegeben:

S'in (off:) (JINGLE DER SERBISCHEN NACHRICHTEN, *Erkennungssignet der serbischen Nachrichten*, <Serbisches TV RTS>) Für das serbische Fernsehen war die Bombardierung der Präsidentenresidenz das umfangreichste Sujet der Abendnachrichten. – – (3 sec)

SS   (on): (*Nachrichtensprecherinnen von RTS im Studio*) *(SERBISCH)*

S   (over): (IM HINTERGRUND SERBISCHE NACHRICHTENSPRE-CHERIN, S ÜBERSETZT, *Bilder der zerstörten Villa*) Die verbrecherischen Nato- Projektile haben um vier Uhr früh die Residenz des Präsidenten der Bundesrepublik Jugoslawien – in der Auschezka Strasse fünfzehn getroffen. Der Präsident der Republik, Slobodan Milosevic, und seine Familie befanden sich zur Zeit des Angriffs nicht im Haus – das bis auf die

Grundmauern zerstört wurde. – – – (5 sec, STIMME DER SERBISCHEN NACHRICHTENSPRECHERIN)

Darauf folgt die O-Ton-Wiedergabe der Nato-Seite:

S'in (over:) (*Pressekonferenz; Bacon am Rednerpult hört Fragen von Journalisten zu*) Und so tönte es Stunden später aus dem Pentagon – als die Nato über denselben Angriff informierte. Die jugoslawische Seite wirft der Nato vor, lautet eine Frage – sie habe versucht Milosevic und seine Familie zu töten.

KB (on:) (*KB im Bild*) /against attacking foreign leaders AND their families? Well, first of all we're not/

S (over:) (ÜBERSETZT, <Ken Bacon, stv. Verteidigungsminister USA>) Wir zielen weder auf Milosevic – noch auf das serbische Volk. Wir zielen auf die Armee und auf militärische Einrichtungen, welche die Unterdrückung in Kosovo tragen. Das war von Beginn weg klar – und hat auch nicht geändert.

KB (on:) /and we've been very clear about that from the beginning./

S (over:) Wir zielen aufs Nervensystem, das diesen Apparat kontrolliert.

KB (on:) /against the very uh nervous system that is used to control the military and security forces.

S'in (over:) (ÜBERSETZT DIE FRAGE EINES JOURNALISTEN) Aber Sie haben doch sein Haus bombardiert. Wollten Sie ihn und seine Familie töten?

KB (on:) As I said, this is a/

S (over:) (ÜBERSETZT BACONS ANTWORT) Wie ich schon sagte, handelt es sich um eine Kommandozentrale mit Bunker. Zahlreiche Sicherheitskräfte operieren aus solchen Gebäuden. Vor allem in Belgrad.

KB (on:) /a variety of uh residences, office buildings – and other facilities throughout the country, particularly in the Belgrade area.

Anschließend behandelt der Bericht in der gleichen Weise noch „ein zweites Thema, das von den Kriegsparteien höchst kontrovers dargestellt wird – die Flüchtlinge". Das serbische Fernsehen berichtet: „Nach Angaben der lokalen Behörden kamen in den letzten Tagen etwa fünfzigtausend Albaner in die Dörfer der Gemeinde Podujevo zurück. Nach vierwöchiger Flucht – vor den Nato-Geschossen, sehnen sie sich nach der Wärme ihrer Heime zurück." Dem wird die Aussage der amerikanischen Außenministerin gegenübergestellt: „Ich war angewidert, als ich Milosevic gestern Nacht lügen hörte, die Flüchtlinge seien vor den Bomben der Nato – und nicht vor den ethnischen Säuberungen Belgrads auf der Flucht."

Und schließlich wird noch ein offizieller UNO-Sprecher telefonisch zu den Widersprüchen befragt:

M'in (on:) (*im Studio, Insertbild: Menschenmenge, <Kosovo>*) Am Telefon in Genf begrüße ich den Sprecher des UNO Flüchtlingswerkes UNHCR, Kris Janowski. Sie agieren auf neutralem Boden, kümmern sich um die Flüchtlinge. Halten Sie die Darstellung über eine zahlreiche Rückkehr von Flüchtlingen in den Kosovo – wie sie am serbischen Fernsehen gezeigt wurde, für möglich?

KJ   (off:) (*Foto Janowskis, daneben Bild eines Flüchtlingskonvois,* <Kris Jano-
      wski, Sprecher UNHCR>) Ja das wissen wir eigentlich nicht. Aber was wir
      beobachtet haben, ist, am letzten Wochenende sind Zehntausende – ge-
      flüchtet und – waren Zehntausende AUF der Flucht Richtung Albanien,
      Richtung Mazedonien. Dann plötzlich hats aufgehört. Und wir nehmen
      einfach an, dass die Leute – eh zwangshaft umgedreht wurden und entwe-
      der – nach Hause geschickt wurden/ worden sind, oder von d/ der Strasse
      geschafft worden sind. Das wissen wir nicht. Heute sind ungefähr sechs-
      hundertfünfzigtausend Leute gekommen – nach eh Albanien. Und sie ha-
      ben uns erzählt – dass sie eh von den Truppen eh – begleitet eh wurden. Und
      sie haben gesagt, dass die Truppen ihnen/ – die serbischen Truppen ihnen
      die Wahl eh gegeben haben. Also entweder – eh ihr kehrt zurück nach
      Hause oder ihr geht nach Albanien. Und keiner ist zurückgekehrt. Also –
      wir/ wir glauben, dass die/ die/ die eh Erklärungen, dass/ dass/ dass eh
      Zehntausende nach Hause freiwillig gegangen sind – sind eh einfach Un-
      sinn.
M'in (on:) Also muss man davon ausgehen, dass es sich dabei um Propaganda
      handelt?
KJ   (off:) (*Foto Janowskis, daneben Bild eines Flüchtlingskonvois,* <Kris Janow-
      ski, Sprecher UNHCR>) Ja, das ist sehr wahrscheinlich. Also – wir/ man
      kann eigentlich nicht glauben, dass/ dass zehntausende, vielleicht hundert-
      tausende Leute, die verzweifelt sind und die – aus Kosovo weg wollen und/
      – eh noch vor/ vor einigen Tagen vertrieben wurden – dass die dann plötz-
      lich eh sich alle – entscheiden, zurück nach Hause zu gehen und/ und/ und
      die/ dass sie a/ alle ihre Meinung ändern und glauben plötzlich, dass Ko-
      sovo sicher ist.
M'in (on:) Danke für diese Einschätzung, Kris Janowski nach Genf. – –
      (10 vor 10, SF DRS, 22.4.1999)

9.3.6 Der TEXT des Erzählers

Die medienspezifischen Eigenheiten des Nachrichten-Erzählens führen zu
einem medienspezifischen TEXT, der zwei wesentliche Eigenschaften hat:

1. Der TEXT ist *multiperspektivisch*. Dadurch dass alle Perspektiven aber
letztlich unter der Kontrolle des Haupterzählers bleiben, können keine of-
fenkundigen Widersprüche entstehen. Insbesondere wenn Korrespondenten zu Wort kommen, ist dem Moderator schon vorher klar, was gesagt werden wird, und er kann seinen Text entsprechend ausrichten. Auch die
Stimmen nicht-professioneller Akteure („Bürger", „Betroffene" usw.) können sich nicht verselbständigen, sie werden nur dann in einen Bericht integriert, wenn sie eine vom Kommunikator „erwünschte" Perspektive liefern.
Desgleichen können Pro- und Contra-Stimmen in O-Tönen einander gegenübergestellt werden, doch hat der Erzähler die Kontrahenten gerade dadurch „im Griff", dass er sie „ausgewogen" einander gegenüberstellt. Was
er nicht im Griff hat, das ist die Interpretation, die die Rezipienten mit dem
Text vornehmen (vgl. 1.3).

2. Der TEXT hat eine spezifische Dramaturgie

Erzählungen – in der Fiktion wie in der alltäglichen Konversation – haben ihre eigene Dramaturgie. Die Dramaturgie der Nachrichtenerzählung weicht aber in entscheidenden Punkten besonders von der konversatonellen Erzählung ab. Auf eine vereinfachende Formel gebracht: die Pointe kommt nicht zuletzt, sondern steht am Anfang. Die Neuigkeit steht am Anfang, die Vorgeschichte wird dann erst aufgerollt. (Das entspricht in etwa dem Prinzip der umgekehrten Pyramide in Presse-Berichten, vgl. 8.3.2.)

Zu einem Teil ergibt sich das aus dem seriellen Charakter der Nachrichtenerzählung (s. o. 9.1.1), der sowohl fürs Radio wie fürs Fernsehen gilt.

Die beiden Aspekte von Serialität (im Tagesverlauf/im gesamten Nachrichtenfluss) erklären zum Teil, dass jeweils das Neue im Nachrichtenfluss zuerst kommt. Sie können aber nicht erklären, dass auch singuläre Ereignisse nach dem gleichen dramaturgischen Prinzip aufgebaut werden. Hier ist das dramaturgische Prinzip zu einem typologisch-intertextuellen Muster, zu einer Routine geworden, nach der Nachrichten jeder Art behandelt werden.

Sprachlich zeigt sich das schon darin, dass die Moderation nicht immer im Perfekt oder Präteritum beginnt, sondern durchaus auch im Präsens beginnen kann. Die Anmoderation zeigt oft einen raschen Wechsel der Tempora:

> M   (on:) Mit drei Schweigeminuten *gedachte* Europa heute um zwölf Uhr mittags der Toten und Verletzten von Madrid. Guten Abend meine Damen und Herren. Die spanischen Ermittler *gehen* inzwischen davon aus, dass unter den drei am Wochenende festgenommenen Marokkanern – einer der Bombenleger *ist*. Möglicherweise – *kam* ein weiterer bei den Attentaten selbst ums Leben, weil einer der Sprengsätze zu früh zwischen seinen Beinen *explodierte*.
> Diese Anschläge *haben* den Sozialisten zu ihrem überraschenden Sieg *verholfen*. Der sozialistischen Partei, die mit – zweiundvierzig Komma sechs Prozent der Stimmen – neununddreißig Sitze im Parlament *hinzugewann*, und nun über hundertvierundsechzig Abgeordnete *verfügt*, FEHlen allerdings zwölf Stimmen zur absoluten Mehrheit. Möglicherweise *werden* die Sozialisten nun eine MINderheitsregierung *bilden*. Vom Tag NACH der Wahl berichtet Bianca Leitner.
> (Tagesthemen ARD, 15. 3. 2004)

Präteritum, Perfekt, Präsens und Futur kommen in den wenigen Sätzen vor.

Nur selten ist zu beobachten, dass auch der Nachrichtenerzähler „chronologisch" – der Sukzession des Geschehens folgend – erzählt und dann auch mit einem Tempus der Vergangenheit beginnt:

> Das Waffengeschäft war einst das Herzstück des Oerlikon-Bührle-Konzerns. Doch in den achtziger neunziger Jahren wurden die Waffen zum Bleifuss des Unternehmens, und heute – Oerlikon-Bührle verkauft sein gesamtes Waffen-

geschäft, die Oerlikon-Contraves, ins Ausland, an den deutschen Rheinmetall-
Konzern. Oerlikon-Bührle zieht unter das verlustreiche Waffengeschäft den
Schlussstrich. Egon Tanner: [...]
(Tagesschau, SF DRS, 14. 9. 1999)

Hier steht zwar das Neue nicht am Anfang, doch wird gleich zu Beginn die
Erwartung eines Kontrastes einst – heute aufgebaut, die das vergangene Geschehen auf den Gegensatz zum heutigen Ereignis „komprimiert".

Die Dramaturgie der Alltagserzählung erfordert *Spannung* und einen
Höhepunkt. Ein gewisses Spannungselement können die Schlagzeilen einbringen. Dann nämlich, wenn sie die faktische Neuigkeit nur andeuten oder
wenn Fragen gestellt werden, die den Zuschauer gespannt machen auf den
folgenden Bericht:

> M'in (on:) Nach dem Nein (*Bild: geschlachtetes Sparschwein mit Schweizerkreuz
> vor dem Bundeshaus in Bern*, Insert <Sparen, aber wo ...?>) der Arbeits-
> losenversicherung von gestern – da stellt sich natürlich die Frage – wie es
> denn weitergehen soll. Immerhin ist die Arbeitslosenkasse mit sieben
> Komma sieben Milliarden Franken verschuldet – weitere sechshundertdrei-
> undzwanzig Millionen – verlangte der Bundesrat heute mit einem Nach-
> tragskredit. Sparen ja – aber wo? Hanspeter Trütsch. (Tagesschau, SF DRS,
> 29. 9. 1997)

Natürlich kann der Bericht die Antwort nicht geben, es werden vor allem
kontradiktorische Stimmen von Politikern im O-Ton zitiert, und Trütsch
beschließt seinen Text so vage, wie es schon die Anmoderation war:

> Wunden-Lecken und Ratlosigkeit im Bundeshaus. Die psychologische Barriere
> für eine Sanierung der Kasse ist mit diesem Nein höher geworden. Das Parla-
> ment ist gefordert, aus der Patt-Situation einen Ausweg zu finden.

Sonst aber hat das beschriebene dramaturgische Grundprinzip zur Folge,
dass nur gewisse Elemente des konversationellen Erzählens eine Parallele in
den Nachrichtenerzählungen haben. So können Phasen der Erzählung dra-
matisiert und emotional gesteigert werden.

In der konversationellen Erzählung gibt es dazu vielfältige sprachliche
Mittel, ein wichtiges ist das Umschalten des Tempus von einem Vergangen-
heitstempus auf *Präsens*, ein anderes ist die Verwendung von *direkter Rede*.
In Nachrichtensendungen sind, wie gesagt, die Tempora anders geregelt, so
dass keine direkte Vergleichbarkeit gegeben ist. Dafür gibt es als Äquivalent
der direkten Rede vor allem die O-Töne (vgl. 4.2.2.1).

Während bei der konversationellen Erzählung die dramatisierenden
Verfahren dazu dienen, die erzählte „Geschichte" zu vergegenwärtigen, sze-
nisch vorzuführen, haben sie in Nachrichtensendungen die – vergleichbare
– Funktion zu demonstrieren, dass der Erzähler so nahe wie möglich am
faktischen Geschehen „dran" ist, sowohl zeitlich wie auch – vermittelt
durch die Untererzähler – räumlich.

10 Moderation

10.1 Magazin und Moderation

Der Begriff „Magazin" war ursprünglich ziemlich präzise definiert, ist aber heute derartig unscharf geworden, dass er – ohne Differenzierungen – wissenschaftlich nicht brauchbar ist. Ursprünglich hatten Magazine diese hauptsächlichen Definitionsmerkmale:

1. Sie werden live präsentiert.
2. Sie sind eine Mischung von Wort- und Musiksendung (mit „leichter" Musik).
3. Die Wortbeiträge sind thematisch und formal sehr unterschiedlich.
4. Den Zusammenhalt der heterogenen Bauelemente gewährleistet die Person eines „Moderators".
5. Die Gesamtsendung kann sehr lang sein (mehrere Stunden).

In den Anfängen (1949 in den USA) war das Magazin eine Domäne des Hörfunks. Mit dem neuen Sendungstyp wollte man das in traditionellen, noch stark an der Presse orientierten Sendungsformen erstarrte Radioprogramm auflockern und vor allem gegenüber der Boulevardpresse (und gegenüber dem Fernsehen) wieder konkurrenzfähig machen.

Seit den 60er Jahren erobert sich das Magazin auch die deutschsprachigen Radioanstalten. Die Wortbeiträge betrafen zunächst tagesaktuelle Themen vor allem politischen Charakters. „Sehr bald allerdings übernahmen auch die *Fachressorts* die erfolgreiche neue Sendeform. Erhalten blieb dabei das Prinzip der Mischung von unterhaltender Musik und kurzen Wortbeiträgen, die von einem Moderator präsentiert werden." (Thoma in von La Roche/Buchholz 2000, 233)

In der Folge dieser Entwicklung werden einige der ursprünglichen Definitionsmerkmale des Magazins abgeschwächt oder ganz aufgegeben. Z. B. gibt es heute „Magazine" außerhalb des tagesaktuellen und politischen Bereichs, die die Dauer einer herkömmlichen Sendung haben und die ohne Musik auskommen. Auch komplex strukturierte Nachrichtensendungen werden als „Magazin" bezeichnet. Und selbst der live-Charakter ist nicht mehr strikt verpflichtend, außer bei der Moderation. Das einzige noch strikt verbindliche Definitionskriterium scheint mir die Anwesenheit eines Moderators zu sein.

Die Adaption der Magazin-Form im Fernsehbereich mit Polit-Magazinen wie „Panorama", „Monitor" usw. hat die Ausgangsdefinition weiter aufgeweicht.

Die terminologische Verwirrung wird total, seit es beim Hörfunk das Konzept der „Begleitprogramme" gibt. Begleitprogramme sind eine Art

Integration von ursprünglichem Magazinkonzept und herkömmlichen Sendungen. M. a. W.: in ein stundenlanges „Großmagazin" können kürzere politische, kulturelle etc. „Klein-Magazine" als Bestandteile eingebaut sein. Das Fernsehen hat mit dem „Frühstücksfernsehen" dieses Konzept ein Stück weit übernommen.

Dass die Begleitprogramme zu einer grundsätzlich neuen Konzeption von „Programm" führen, sieht man bei manchen Sendern schon in der Programmankündigung. Bei Radio DRS 3 beispielsweise las man (mit minimalen Abweichungen an den einzelnen Wochentagen) früher im Programmheft nur noch Titel wie diese:

6.00	Vitamin
9.00	Szene
12.00	Hot dog
14.00	Graffiti
17.00	Smorrebrod
19.00	Input
20.00	Sounds!
22.00	Special: Let's dance!
24.00	DRS-Nachtclub

Das sind sehr phantasievolle Titel, aber ob sich jemand vorstellen kann, was hier zwischen 6 Uhr und 20 Uhr effektiv passiert, darf man bezweifeln.

Heutzutage verzichtet man selbst auf dieses minimale Maß von Originalität und so heißt es:

6.03	Der Morgen
9.03	Der Vormittag
13.03	Der Nachmittag
17.05	Der Vorabend
20.03	Country Special
22.03	Später Abend
0.06	Nachtprogramm

Das Radio gliedert die Tageszeiten nach seinen Vorstellungen, und außer dem „Country Special" wird nichts Inhaltliches mehr „verraten".

Das Privatradio Radio 24 ist um eine Nuance informativer:

5.30	Ufsteller – d'Morgeshow vo Zürich (‚Aufsteller – die Morgenshow von Zürich')
10.00	Radio 24 am Vormittag
12.00	Info
13.00	Radio 24 am Nachmittag
usw.	

Radio DRS 3 setzt – wie vergleichbare deutsche und österreichische Sender – ganz auf live-Moderation, Musik, Service usw. „Gestaltete" Programme überlässt man den beiden anderen DRS-Sendern, wenn möglich dem für Minoritäten zuständigen DRS 2. Ähnlich ist es bei den deutschen Rundfunkanstalten.

Das Konzept der Begleitprogramme ist von der Funktion (nicht der Thematik oder der Struktur) her definiert, und diese Funktion ist unlöslich mit dem Moderator und seinen verschiedenen Rollen verknüpft.

Sehr plastisch wurde dies in den Anfängen in einem Werbeprospekt des Südwestfunks formuliert, in dem das neue Begleitprogramm „Gute Laune aus Südwest" vorgestellt wurde:

> Große Programmfelder mußten geschaffen und dafür ein bereits vorhandenes, gewiß nicht schlechtes Programm entrümpelt werden.
>
> Das ist geschafft.
>
> Jetzt wird realisiert. Die für das Konzept GUTE LAUNE AUS SÜDWEST Verantwortlichen wollen in erster Linie gut unterhalten, dabei so oft wie möglich ihre sterilen Studios verlassen und zu ihren Hörern kommen, zu deren Festen, Feiern und Veranstaltungen, gelegentlich aber auch ganz privat. Aber es gibt auch kaum einen Programmtag, an dem die Hörer nicht zum Mitmachen und zum Mitgestalten eingeladen werden.
>
> Das neue Programm des SÜDWESTFUNKS, die GUTE LAUNE AUS SÜD-WEST, wird von den beliebten, den Hörern bereits gut bekannten Moderatoren des SÜDWESTFUNKS präsentiert. Dabei werden sie verstärkt und unterstützt von einer stattlichen Reihe Prominenter aus der Show-Branche. Die Moderatoren wollen nicht nur präsentieren, sie möchten Begleiter sein und Partner an Wochen- und Feiertagen.
>
> Die Wochentage werden von zwei großen flott und hörernah gestalteten Programmfeldern geprägt. Die generelle Devise GUTE LAUNE AUS SÜDWEST haben die Redakteure des Vormittags praktischerweise gleich für ihre Sendezeit als Titel übernommen. GUTE LAUNE AUS SÜDWEST von Montag bis einschließlich Samstag immer von 8.00–12.00. Vier Stunden mit viel Musik, mit Gags, Geschichten, Preisrätseln, Humor, Service und Wunschkonzert.
>
> Von Montag bis einschließlich Freitag zwischen 14.30–18.00: RADIOTREFF AM NACHMITTAG mit wichtigen Tips, interessanten Informationen, mit Fortsetzungsroman und Horoskop.

Die „Begleitprogramme" heißen also nicht nur deshalb so, weil sie den Hörer „begleiten" wollen, sondern präziser: weil eine Person – die des Moderators – den Hörer „begleitet", weil hier etwas wie zwischenmenschlicher Kontakt geschaffen werden soll trotz der technischen Restriktionen der Einwegkommunikation. Der Moderator als „Partner", der sogar „ganz privat" zu den Hörern kommt – das ist die Zauberformel der gegenwärtigen Groß-Magazine (vgl. 1.4).

Ich kann hier nicht versuchen, die in Magazinen vorkommenden Textsorten zu beschreiben. Es sei zunächst nur versucht, die Figur des „Moderators" im Hinblick auf seine linguistisch fassbaren Funktionen zu charakterisieren.[1]

---

1   Vgl. dazu auch Volkmer (2000), der einen lokalen Hörfunksender (radio ANTENNE

Der Moderator wird aus journalistischer Perspektive heute etwa so charakterisiert:

> „Zweifelsfrei ist der Moderator in Magazin-Sendungen bis heute unverzichtbar. Er stellt den personalen Bezug zwischen Programm und Publikum dar: Durch ihn kommt eine Sendung ins Haus; er ist das erkennbare, wiederkehrende „Menschliche" in einer Sendung voll unterschiedlicher Informationen, wechselnder Bilder und Beiträge. Er tritt mit dem Zuschauer zwar nicht in einen Dialog, aber er wird dennoch wie ein angenehmer Gesprächspartner empfunden oder wie ein ungebetener Gast geschmäht." (Buchwald, in Schult/Buchholz 2002, 206).

Intern hat er eine „Allround-Funktion", er „muß souverän über Pannen hinwegmoderieren, eine Filmverwechslung erklären (...)" (206).
Der „ideale" Moderator „ist ein Übermensch, der zudem noch die Eigenschaft besitzen muß, daß man es ihm nicht anmerkt, sondern ihn als vertrauten, klugen Freund empfindet" (208). Die Akzeptanz eines Programms „steht in direktem Zusammenhang mit der Aufnahme des Moderators" (208).

Häufig werden auch die Leiter der großen Unterhaltungsshows (z. B. „Wetten dass ...") als „Moderatoren" bezeichnet. Sicherlich haben die Elstners, Gottschalks etc. in der Rolle des Showmasters einiges mit dem bisher charakterisierten Begriff von Moderation zu tun. Doch ist die gesamte Sendung in viel höherem Maße auf diese Figuren zentriert, als es – auch bei extensiver Auslegung – bei den Moderatoren in Radio und Fernsehen sonst je der Fall sein kann. Zudem sind die Elemente der Unterhaltungsshows von vornherein stärker integriert als bei Magazinen, da sie hör- und sichtbar an einem Ort – auf einer Bühne z. B. – stattfinden und sich vor einem ebenfalls hör- und sichtbaren Publikum präsentieren.

Eine repräsentative Umfrage, die für die Schweizer Zeitschrift „FACTS" durchgeführt wurde, ergab ein bemerkenswertes Resultat: Es sind – in der Schweiz – nicht die Moderatoren von Sport oder Unterhaltung, sondern diejenigen der Hauptnachrichtensendungen, die in der Gunst des Publikums ganz oben stehen.

> „Er ist einer zum Gernhaben. Wenn er die Ereignisse des Tages erläutert, blickt er so treuherzig in die Kamera, als kenne er jeden Zuschauer persönlich. Man spürt: Er nimmt Anteil am Leiden der Welt, anlügen würde er uns nie. Er wirkt seriös und trotzdem pfiffig, stutzt die grauen Haare akkurat, aber trägt gern waghalsige Krawatten. „Tagesschau"-Moderator Charles Clerc, 55, schafft Vertrauen und danach sehnt sich das Publikum." (FACTS 25/1999, S. 116)

Aus linguistischer Sicht lassen sich verschiedene Funktionen des Moderators – unabhängig vom einzelnen Typ des Magazins – unterscheiden. Es sind

---

MÜNSTER) untersucht hat und der auch einen Überblick über die im Begleitprogramm vorkommenden Textsorten gibt.

im Wesentlichen drei Arten von Funktionen, die – mit je nach Sendungstyp unterschiedlicher Gewichtung – die Rolle des Moderators charakterisieren (vgl. auch 9.3):

1. Die strukturierende Funktion

Die Textur von Magazinen aller Typen erfordert – als Minimum – einen Moderationstext, der die Vielfalt der heterogenen und in sich weitgehend abgeschlossenen Textelemente zu einer für den Rezipienten überschaubaren Einheit macht. Vorstrukturierung, Verknüpfung der Elemente der Sendung und Beendigung gehören zu diesen strukturellen Funktionen.

Die Möglichkeiten des Moderators, dem Rezipienten am Anfang einer Sendung vorstrukturierende, orientierende Informationen zu geben, hängen davon ab, in welchem Maß der Ablauf der Sendung vorhersehbar ist, und dies wiederum ist eine Folge der Unterscheidung von non-live- und live-Sendungen. Nur bei non-live Sendungen ist der Moderator bis ins Detail über den Ablauf vorinformiert und kann seine Informationen entsprechend weitergeben. Bei live-Sendungen – auch wenn sie noch so präzise geplant sind – bleibt ein Rest an Unvorhersehbarkeit des Ablaufs.

Nachrichtenmagazine oder auch Sportmagazine leben von einer Mischung von non-live- und live-Elementen. Der Moderator hat den Überblick über alle Elemente, die kommen werden, bei den live-Elementen (Interviews) weiß er zumindest, an welcher Stelle der Sendung sie auftreten werden, wer der Gesprächspartner und was das Thema ist. Das erlaubt ihm ein hohes Maß an vorstrukturierenden Informationen.

Das „Verknüpfen" der heterogenen Bauelemente ist in Begleitprogrammen eine der dominierenden Funktionen des Moderators.

Nachrichtenmagazine fallen demgegenüber gerade dadurch auf, dass der Moderator die verknüpfende Funktion meist nicht wahrnimmt.

2. Die interpretierende Funktion

Der Moderator hat bis zu einem gewissen Grad auch die Funktion, das Berichtete zu interpretieren, zu bewerten. Es hängt vom Typ der Sendung ab, wie stark diese Funktion ausgeprägt ist bzw. sein darf. Aus journalistischer Sicht gibt es da relativ klare normative Vorgaben. So besteht zwischen der Moderation in Nachrichten-Magazinen und politischen Magazinen ein deutlicher Unterschied:

In den Nachrichtenmagazinen wie „Tagesthemen" sollen die Moderatoren „Verbindungen zwischen den Beiträgen" herstellen, Erläuterungen und zusätzliche Informationen geben (Buchwald, in Schult/Buchholz 2002, 208). Trotz einer gewissen Subjektivität, die toleriert ist, sollen sie sich mit Meinungen zurückhalten. „Es ist nicht ihre Aufgabe, ihr Engagement hervorzukehren, Zensuren zu verteilen (...)". Sachlichkeit und Nüchternheit der Präsentation sind auch hier geboten." (208) Demgegenüber zeigt der Moderator in politischen Magazinen sein Engagement, „er bezieht Stellung und kann zur Symbolfigur politischer Meinungslager werden" (209).

3. Die parasoziale Funktion

Der dritte Aspekt der Moderator-Rolle betrifft den Moderator als Person, als Bezugsperson des Rezipienten. Hier kann man von der „sozialen" bzw. „parasozialen" (1.4) Funktion sprechen. Das Magazin wird nicht nur durch die textlinguistischen Leistungen eines (beliebigen) Moderators zusammengehalten, sondern auch – und in vielen Magazinen primär – durch die individuelle Persönlichkeit gerade dieses Moderators, der sich auf seine ganz spezifische Weise an sein Publikum wendet.

Der Moderator wird damit zur verbindenden Instanz zwischen Sender, Sendung, Elementen der Sendung, Sendungsumfeld und Publikum. Je nach Magazin, und auch je nach der Person des Moderators sind die einzelnen Funktionen unterschiedlich gewichtet.

Aus der parasozialen Funktion resultieren aus linguistischer Perspektive eine Vielzahl von Leistungen des Moderators, die der Pragmatik zuzuordnen sind (Deixis, Adressierung usw.) und die gegebenen Ortes zur Sprache kommen.

10.2 Moderation in Radio-Begleitprogrammen

10.2.1 Das Konzept „Moderator"

In den dritten Programmen heißt das morgendliche Begleitprogramm jetzt „Morning Show". Dazu schreibt Buchholz (in La Roche/Buchholz [Hrsg., 2000, 87]):

> „Wer die Hörer morgens hat, behält sie auch später am Tag – jedenfalls hat er die Chance dazu. Deshalb sind die Frühsendungen die wichtigsten für das Radio. Und deshalb wird auch in den Begleitprogrammen das meiste Geld und die größte Aufmerksamkeit in die Morgenstrecke investiert. Der Morgenmoderator (*Morning-Man*) ist besonders gut bezahlt und wird von der Konkurrenz auch gern abgeworben. (...)"

Das Radio ist also „dabei", während man aufsteht, frühstückt, Auto fährt, die Betten macht etc. Entsprechend dürfen die Beiträge – ob vorproduziert oder live – nicht zu lang und nicht zu anspruchsvoll sein. Größeren Raum als das Wort nimmt Musik ein.

Im Idealfall geben sich die Hörer selbst als Fans des Programms und der Moderatoren zu erkennen. Solche telefonische Hörer-Statements werden natürlich eingespielt:

Hörer am Telefon: Guten Morgen Volker, guten Morgen Anneta. Hier ist D. P. aus L. Ich wollte euch gratulieren, dass ihr wieder der meistgehörte Radiosender geworden seid. Freihits zum heutigen Tag finde ich total klasse. Ich hätte gern B. J. „Midnight in Chelsea". Und macht weiter so, vor allem *die Mixtur aus Information, aus lustigen Sachen, aus Musik sowieso.* Also ich bin seit über 20 Jahren ganz treuer Hörer. Der erste Griff morgens geht Radio an [sic!] bis abends spät geht's aus. Also ich bin den ganzen Tag bei euch. Super! Macht weiter so! *(Ende Hintergrundmusik)*
(SWR3, 21. 7. 2004)

Das ist der Wunsch-Hörer, der das Konzept des Begleitprogramms voll internalisiert hat und sich damit identifiziert. Oder auch diese Hörerin, die sich zusätzlich noch für die „Events" begeistert:

VJ = Moderator Volker Janitz
AP = Moderatorin Anneta Politi
H = Hörerin am Telefon

(Hintergrundmusik)
VJ Das müssen wir: Freihits ausgeben. Für Sie! Denn Sie haben uns wieder zu Ihrem Pop-Radio Nummer 1 gemacht. Dafür sagen wir: (VJ und AP gleichzeitig) Vielen Dank!
AP 270000 sind neu in der SWR3-Familie, und klar geben wir da einen aus.
H Hallo, guten Morgen Anneta, hallo Volker. Hier ist die H. B. aus W. Ich gratuliere euch und dem ganzen SWR3-Team vielmals zu der supertollen Leistung wieder. Ihr seid nicht nur für mich der Sender Nummer 1, wie es sich zeigt, sondern auch für viele andere Hörer. Ich danke euch. Ihr seid ein supertolles Team, alle rundherum. Ihr macht super klasse Musik und die Events, die ihr auch startet sind einfach klasse. Und wenn ihr heute schon einen ausgebt, dann würde ich mir gerne A. wünschen, „Let outside alone"! Vielen Dank! SWR3, ihr seid nicht nur seit 15 Jahren mein Sender, ihr werdet es auch noch die nächsten 50 Jahre lang bleiben. Macht weiter so!
(SWR3, 21. 7. 2004)

Der Moderator ist „anwesend" beim Aufstehen, wobei die Phasen des Aufstehens zur Verknüpfung mit der Musik und sonstigen Sendungsteilen dienen:

– Noch einmal das Kopfkissen zurecht rücken bis (Song)
– Die Augen leicht aufmachen mit den (Popgruppe)
– „Crying at the Discotheque" und wach werden gleich mit (Song)
– Ins Bad rein! Grooven mit (Song)
– Und so geht es weiter [nach den 7 Uhr-Nachrichten], gleich bei uns. Diese Hits haben wir für Sie zum Aufstehen (Titel der Songs)
– Aufstehn mit der SWR3-Morning Show. Guten Morgen.
– Der Mittwoch Morgen in der SWR3-Morning Show und kurz bevor Sie beim Bäcker sind, bei uns eine neue Folge „Nix verstehn in Athen"
– Ein bisschen kuscheln in der SWR3-Morning Show
(alle Beispiele von SWR3, 21. 7. 2004)

Die Konzeption des Begleitprogramms definiert die Hauptfunktion des Moderators: er soll den Hörer als „Partner" begleiten. Die Hauptfunktion ist also die „phatische"[2] Funktion, bei der die Herstellung, Aufrechterhaltung und Pflege des Kontakts zwischen den Kommunikationspartnern dominiert. In struktureller Hinsicht leistet der Moderator die Verknüpfung der verschiedenen Elemente des Begleitprogramms: Musik, Service (Wetter, Verkehrsmeldungen, Veranstaltungshinweise), eingespielte kurze Berichte zu den verschiedensten Themen. Der Anteil der Musik ist seit den Anfängen der Begleitprogramme hoch (überall über 50 % der Sendezeit).

Das Konzept erfordert vom Moderator einen (mehr oder weniger, je nach Sender) informellen Sprachstil. Bei einem dominant „phatischen" Sprechen liegt die Gefahr der Geschwätzigkeit nahe. In den Anfängen der Magazine hatten die Moderatoren eine eminente Freiheit, mit der sie nicht umzugehen wussten. Heute ist die Freiheit zu einem großen Teil eingeschränkt durch relativ feste Strukturabläufe der Sendungen, in denen zu fixen Zeiten die Informations- und Serviceleistungen („Wort-Slots", vgl. Schlickau 1996, 29) eingeplant sind.

Bei Radio DRS wurden die Begleitprogramme der ersten Phase Ende 1978 umgestaltet – unter dem Eindruck vieler Hörerproteste und einer spürbaren Abwanderung der Hörer zu anderen Sendern. Die Umstellung wurde von einem bekannten Schweizer Medienredakteur so kommentiert: „Das neue Konzept für die Moderation von Begleitprogrammen lässt den Sprechern nicht mehr jene unbeschränkten Freiheiten zur Persönlichkeitsentfaltung, wie das vor dem 23. November der Fall war. Unverbindlicher Plauderton, Anbiederungsversuche und hemdsärmelige Jovialität sind verpönt und haben einer Form der Sachlichkeit zu weichen. Damit soll verhindert werden, dass die Programmbegleitung in Geschwätzigkeit ausfranst. Die Zeit der Klatschtanten und Radioonkel, die ihre Hörer wie Nichten und Neffen um sich scharten und via Äther leutselig auf die Schulter klopften, ist vorbei." (Luzerner Neueste Nachrichten, 3. Januar 1979, Urs Jaeggi) Man sieht hier, dass die Entwicklung der Mediensprache nicht linear vor sich geht. Inzwischen ist in den meisten Begleitprogrammen der „unverbindliche Plauderton" wieder dominant geworden, von „Sachlichkeit" kann nicht bei allen Sendern die Rede sein.

Ich habe in Burger (1984, ²1990) Daten der Sender SWF 1, SWF 3, Ö Regional, Ö 3, DRS 1 und Radio 24 (Schweizer Privatsender) von 1981 analysiert. Für die Zwecke der jetzigen Darstellung habe ich neue Daten von SWR3 und Bayern 3 erhoben, ergänzt durch Stichproben von Bayern 1, SWR1 und des Aachener Lokalsenders Aachen 100, eins.

---

2 Zur Begriffsgeschichte von „phatisch" seit Malinowski vgl. Züger 1998, 28 ff.

[Der Lokalsender stellt sich selber so vor:

Aachen 100,eins – die Nummer 1 in Aachen!

„Die Öcher haben ein Lieblingsradio: Aachen 100,eins! Unter den Privatsendern waren wir schon lange die Nr. 1, jetzt haben wir aber auch zum ersten Mal in der Hörergunst die öffentlich-rechtlichen Programme hinter uns gelassen! Sie, die Aachener, haben uns zum meistgehörten Radioprogramm in der Stadt gemacht – und dafür sagen wir: Danke schön!

Aachen 100,eins ist das meistgehörte Radioprogramm in der Stadt!"

Quelle: http://www.diehitgarantie.de/index.php]

In verschiedener Hinsicht bietet sich heute ein ähnliches Bild wie vor ca. 20 Jahren, einige Aspekte haben sich jedoch deutlich geändert. Allerdings muss man in diesem Bereich – wie überall in den Medien – vorsichtig sein mit generalisierenden Aussagen, da die Vielfalt des Existierenden gar nicht erhebbar ist. Ich nehme an, dass alles, was ich vor zwanzig Jahren beobachten konnte, bei irgendeinem Sender auch heute noch beobachtet werden kann. Dennoch wird man gewisse Tendenzen registrieren können.

10.2.2 Der Text des Moderators

10.2.2.1 Kurztexte

Die Rollen des Moderators sind im Prinzip konstant geblieben, wenn sich auch (s. u.) die Gewichte verschoben haben. Nach wie vor haben die Moderationstexte gegenüber den eingespielten Wortbeiträgen ein starkes Eigengewicht.

Ein wichtiger Bestandteil der Moderation sind Kurztexte, die rein oder primär unterhaltenden Charakter haben und vom Witz über die Anekdote bis zu kuriosen Infos und Klatsch reichen. Sie stammen meist aus Agenturtexten oder Zeitungen und werden vom Moderator sprachlich adaptiert. Ich nenne sie im Folgenden „Stories", obwohl damit nicht alle Ausprägungen gleich gut abgedeckt sind.[3]

Einige Beispiele aus dem Material von 1981:

Meist wird die Quelle nicht genannt, im folgenden Beispiel hingegen gehört die Quellenangabe sozusagen zur Story, da sie Lokalkolorit vermittelt:

Volle Lager und steigende Zinsen zwingen uns nun ohne Rücksicht auf Verluste zu folgenden Sonderangeboten (…) ja es geht halt schlecht in der Wirtschaft ne, so fängt eine Anzeige an die ich in der Stuttgarter Zeitung gelesen habe. Aber,

---

3 Schlickau (1996, 124) spricht von „bunten Kurzmeldungen" – ein ebenso unbefriedigender Sammelterminus. Volkmer (2000, 99 ff.) verweist auf den journalistischen Begriff „Moderationsmeldung", übernimmt aber den Terminus „Story", da er „oft treffender" (99) sei.

das Besondere: es ist die Anzeige eines Sex-Super-Shops. Und darüber steht: Sexpreise-Verfall, ja das ist es eben. Na, in unserer Zeit der ewig sich wandelnden Werte verfällt nun alles. Wenn das nicht mehr hält die Sex-Preise, was denn dann noch, nun geht's aber endgültig den Bach runter mit uns. Das Einzige was im Preis noch gleich bleibt, ist die Zeit der Litfasswelle. – 6 Uhr 46. (SWF 3, 10.12.1981)

Die Erzählsituation oder der Erzählanlass muss nicht explizit gemacht werden:

(*Musik*)
Inzwischen ist es sechs Uhr dreiundzwanzig geworden; 7 Minuten vor halb sieben Uhr. In Golden Falls in den USA wurde ein origineller Mehrkampf zwischen einem Indianer-Team und einer Mannschaft weißer Amerikaner ausgetragen. Die Weißen siegten interessanterweise im Lassowerfen und Bogenschießen, die Rothäute hingegen in Stenographie und Maschinenschreiben. (*Musik*)
(Ö Regional, 29.8.1983)

Die Texte werden meist in einer humoristischen, oft ironischen Modalität präsentiert, im folgenden Beispiel wird der „unernste" Charakter metakommunikativ angesprochen:

10 vor sieben wird es in einer halben Minute. – SWF 3 Litfasswelle. Die Liechtensteiner haben Sorgen. Nun das ist doch endlich einmal ein Thema das uns allen auf den Nägeln brennt. So normalerweise hört man Meldungen wie „Prinz Nikolaus von und zu Liechtenstein und Prinzessin Margarethe von Luxemburg haben sich verlobt" (…). Aber den Liechtensteinern reicht das nicht mehr. Sie haben vor anderthalb Jahren 'ne Kommission eingesetzt die rausfinden sollte, wie man das Liechtenstein-Image aufpoliert. Ein Ergebnis des ersten Kommissionsberichtes der jetzt rausgegeben wurde: Auf Skandalmeldungen müssen wir halt schneller reagieren!
(SWF 3, 10.12.1981)

Wenn die Stories nicht völlig isoliert präsentiert werden, so sind sie (lose) verknüpft mit der Ein- oder Ausleitung eines Strukturelementes des Magazins. Da aber nur in den seltensten Fällen ein thematischer – womöglich gar zwingender Bezug zu dem betreffenden Beitrag besteht, haben die Verknüpfungen meist den Charakter von Kalauern. Der Kurztext ist z.B. bezogen auf An- oder Absage der Musik:

(nach einem Stück mit dem Titel *dream*:)
Sechs Uhr acht, sechs Uhr und acht Minuten.
A propos *dream*, manchmal träumen wir vom Unterschied zwischen Stadt und Land. Auf dem Land geht man völlig zerschlagen zu Bett und wacht am Morgen in strahlender Laune auf. Hm, in der Stadt dagegen geht man in strahlendster Laune ins Bett und erwacht völlig zerschlagen.
(Ö 3, 14.12.1981)

(nach einem Lied über *Insel*:)
Also wenn auch Sie reif für die Insel sind, da gibts ein zeitadäquates Gefährt um auf diese Insel zu kommen. Nämlich ein Luxushotel, das am achten Jänner auf

Jungfernfahrt gehn wird: die Europa, is ein 200 Meter langes und dreizehn Stockwerke hohes schwimmendes Hotel, mit allem was man sich vorstellen kann. Also, ein totales Luxusgefährt. Kostet natürlich eine Kleinigkeit. Zum Beispiel für die dreiwöchige Jungfernreise, der billigste Platz ungefähr 50 000 Schilling, und wenn Sie eine Luxussuite haben wollen, pro Person 140 000 Schilling. Ob Sie sich dann die Insel noch leisten können, ist eine andere Frage. Hähä. Na ja dreiviertel acht ist es. – Was haben wir als nächstes anzubieten? J. B. und „My girl".
(Ö 3, 11.12.1981)

Gelegentlich kann eine Story auch als Überleitung zur Zeitansage dienen:

Wissen Sie, was ein Berater ist? Das ist ein Mann, der Ihre Uhr nimmt, Ihnen sagt, wie spät es ist, und Ihnen dafür dann eine Rechnung schickt. Sehn Sie, das tun wir nicht. Wir sagens Ihnen auch so. – Es ist sechs Uhr neunzehn, vier Minuten nach viertel sieben.
(Ö 3, 14.12.1981)

Oder als Überleitung zu den Wettervorhersagen:

Der Fernsehsprecher B. K. wurde fristlos entlassen. Er hatte sich beim Lesen des Wetterberichts dreimal versprochen und dann gesagt „Ist ja egal, der Wetterbericht stimmt sowieso nicht". Als die Wettervorhersage tatsächlich falsch war, nahm die Direktion des Senders die Entlassung wieder zurück. Begründung: K. habe seinen Zuschauern nicht die Unwahrheit gesagt. So und jetzt probiern wir, wie es uns hier im Radio ergeht. Die Wettermänner der Wetterdienststelle Zürich haben folgendes Fernschreiben geschickt, es heißt da: „Das Wetter heute: bewölkt ..."
(Ö Regional, 29.8.1983)

Schließlich kann natürlich auch die Werbung so anmoderiert werden:

(Musik) ja, zwischen dem Adagio und dem Andante von Beethovens neunter Symphonie brachte ein Radiosender aus Cleveland in den USA eine Reklame über Smith Seifenflocken. Vor Isoldes Liebestod folgte eine Reklame über Verdauungspillen. Das wurde plötzlich anders. Als nämlich ein Mozart-Lied verklang, folgte – Schweigen. Nach dem dritten Lied ertönte die Stimme des Ansagers: „Meine Damen und Herren, die zweimal zwei Minuten zwischen den einzelnen Musikstücken wurden gespendet von der Firma P. und Sohn. In dieser Zeit hörten Sie die lautlosen Schreibmaschinen dieses berühmten Unternehmens. Und bei uns gibt es jetzt Werbeeinschaltungen auf Vorarlberger Art: (Musik, Werbung)

10.2.2.2 Scherz und Ernst

Ein Problem, das sich schon 1981 – allerdings nur bei einigen Sendern – stellte, ist die stilistische Anpassung von humoristischen und ernsthaften Themen, genereller: von soft und hard news. Für den Moderator ergibt sich dabei die Schwierigkeit, die Balance zu finden zwischen flapsigem Moderationston und einer für ernsthafte Beiträge angemessenen Diktion.

Ein paar Beispiele aus den älteren Daten:
Manchmal gelingt die Balance einigermaßen, z. B. indem der Moderator
den spontan wirkenden Sprechstil beibehält, aber allzu saloppe Formulierungen vermeidet:

> SWF 3 Litfasswelle. Erstes Thema bei uns heute am Montag, 14. Dezember, klar,
> die Situation in Polen. Nun ist es ausgesprochen schwierig, irgendwelche In-
> formationen über die Lage in Polen zu bekommen. F. W. K., Sie hören polni-
> schen Rundfunk ab, nun schon seit Stunden, äh, ist das denn richtig, die Infor-
> mation, so wie sie uns darstellt (sic), war die Nacht relativ ruhig, und vor allen
> Dingen, werden die Leute heute zur Arbeit gehen oder nicht? (*Es folgt ein tele-
> fonischer Bericht*)
> (SWF 3, 14.12.1981)

Oft zeigt sich aber, dass von einem Moderator zuviel an Rollen verlangt
wird, dass er sprachlich nicht imstande ist (und es auch nicht sein kann), Un-
vereinbares unter einen Hut zu bringen.:

> (Die vorangehende Musik endet mit „Hoi!")
> *Hoi!* 7 Uhr 39 in einer halben Minute SWF 3, Litfasswelle. Heute überreicht der
> schwedische König Carl Gustaf die *Nobelpreise in Stockholm*. Das macht er
> jetzt schon – ja, nicht er, aber das macht man jetzt schon zum achtzigsten Mal.
> Aber gestern Abend wurde schon ein *alternativer Nobelpreis* übergeben. G. G.,
> was is n das nu wieder?
> [Es folgt ein telefonisches Interview]
> (…) ja das geht nun heute um 16.30 Uhr wieder los. Zum 80. Mal ich sagte es
> zum Anfang schon, da gibts ja immer ein ziemliches Brimborium und eine große
> Zeremonie. G. G. wie geht denn das eigentlich vor sich, und wie wird das vor-
> bereitet?
> (SWF 3, 10.12.1981)

Dass die Nobelpreisverleihung als „Brimborium" charakterisiert wird, ist
wohl ziemlich unpassend, ebenso wie die despektierliche Frage „was is n das
nu wieder?" in Bezug auf den *alternativen Nobelpreis*. (Man fragt sich wohl
auch, ob der schwedische König sich gerne mit *hoi* eingeführt weiß.)
Gänzlich auf das Niveau der Boulevardpresse begibt sich der Moderator, wenn er politische Ereignisse in der Weise „popularisiert", dass er die
Vorgänge mit dem Vokabular alltäglicher Streitigkeiten und Emotionen benennt:

> 7 Uhr 19. – SWF 3 Litfaßwelle. In Brul/ (LACHEN) in Brüssel ist diese Woche
> ne Menge los, NATO-Konferenz, Außenministerkonferenz der NATO und
> heute gehts um die Wirtschaft. Und zwar das Verhältnis USA-Europäische Ge-
> meinschaft. Und da könnte es sein, dass sich die beiden Seiten *mal richtig an-
> giften*. (UNVERST) die Amerikaner sind nämlich *richtig sauer*. (*Es folgt ein
> telefonisches Interview.*)
> Ja, aber die haben doch noch einen Tag Zeit heute-, die Amerikaner, um darüber
> zu debattieren. Glauben Sie denn, dass die Leute nen Kompromiss *kriegen*?
> (SWF 3, 11.12.1981)

In den aktuellen Programmen gibt es überall (auch) seriöse, z.B. politische Themen. Bei SWR3 z.b. zieht sich durch die ganze Woche ein ernsthaftes Thema, das dann Anlass gibt für die Einspielung zahlreicher Interviews:

> M   Die ganze Woche geht es im Programm hier von SWR3 um die deutsch-amerikanische Freundschaft. Wir haben viele Menschen in den USA gefragt was sie von uns Deutschen halten. Aber wir waren natürlich auch in Deutschland unterwegs und haben Deutsche über ihr Verhältnis zu den Amerikanern befragt.
> (SWR3, 21.7.2004)

Wie unterschiedlich das Problem der Verknüpfung von „weichen" und „harten" Themen gelöst werden kann, zeigen Moderationen aus dem gleichen Zeitraum, die sich mit dem Thema Schulende, Zeugnisse und Lehrstellen befassen. In der folgenden Moderation ist der Moderationstext dem ernsthaften Thema angepasst (Bayern 3, 23.7.2004):

> Die besten Hits! (…) Und ein Thema des heutigen Tages: Heute werden Haupt- und Realschüler verabschiedet, heute gibts die ersten Zeugnisse dieses Schuljahres. *(Beginn neuer Song)* Aber, viele haben noch keine Lehrstelle. *(Einspielung kurzes Statement eines Schulabgängers).* Ein Thema, gleich hier in der Bayern 3 Morning Show.
> *Jingle*

Kurz darauf wird das Thema aufgegriffen:

> Heute gibt's die ersten Zeugnisse (Einspielung Kinder: „Hurra! Ferien!") Heute gibt's die ersten Zeugnisse, genau. Und zwar für die Haupt- und die Realschüler, die in diesem Jahr ihren Abschluss gemacht haben. An vielen Schulen in Bayern wird deshalb heute gefeiert. Manche haben sogar einen Abschlussball. Aber so richtig jubeln über den letzten Schultag, das können viele Schüler trotzdem nicht. Denn, sie haben immer noch keinen Ausbildungsplatz.
> *(Einspielung Bericht über den Lehrstellenmangel in Deutschland.)*
> *(Ende Hintergrundmusik, Beginn Song)*
> Heute gibt's Zeugnisse für alle Abschlussklassen in den Bayrischen Haupt- und Realschulen. Viele der Schüler haben noch keinen Ausbildungsplatz, das haben wir gerade eben gehört. Aber es gibt durchaus noch Chancen. Vielen Dank für diese Informationen, Bayern 3 Reporter J. G. in K.! Sechs Uhr 14 ist es.

Sowohl die Moderation als auch der (nicht abgedruckte) Bericht verwenden eine neutrale Stilebene, nur die Kinder schreien „Hurra".

Den Moderatoren von SWR3 ist hingegen nicht viel mehr als ein dürftiger, „ganz persönlicher" Dialog, eingefallen, mit dem sie das Thema „Zeugnisse" einführen, wohl in der Annahme, dass Annetas Schulkarriere die begeisterten Fans interessieren muss:

> VJ   = Moderator Volker Janitz
> AP   = Moderatorin Anneta Politi
>
> VJ   L. F. „Lessons in Love" in der SWR3-Morning Show am Mittwoch. Guten Morgen. Sechs Uhr 20. *(Ende Song, Hintergrundmusik)* Und Anneta lass mich dich ganz kurz fragen – –

AP Ja?

VJ Wie liefs eigentlich bei dir in der Schule?

AP Oh. *(beide lachen)*

VJ Gut. Das war die kurze Version.

AP Hm, ja.

VJ Gibt es eine etwas längere?

AP Ja, die gibt es auch. Es war in der siebten Klasse. Ich war versetzungsge-fährdet, ehm, Latein. Latein war dieses Fach … Ich hab glaub ich nur in der ersten Arbeit ne eins geschrieben. Danach wars eher unbefriedigend und mangelhaft. Daraufhin meinte mein …

VJ Haben Sie gehört? Ne eins in der ersten Arbeit. Woah!

AP Lateinlehrer, hat versucht über das komplette Jahr hin, meine Mutter zu er-reichen. Er hats dann auch irgendwann geschafft, und hat gesagt: „Ne, ihre Tochter wird diese Klasse nicht schaffen. Ehm, und dann waren alle Lehrer der Meinung, ich müsste diese Klasse wiederholen. Woraufhin ich natürlich protestiert hab und gesagt hab wenn ich die Klasse wiederholen muss, gehe ich nie wieder zur Schule.

VJ Ah und, was haben sie gemacht?

AP Meine Mutter hat noch mal mit ihm gesprochen und da hat sie dann über-zeugt. Und ich hab' erst am letzten Schultag erfahren, dass ich es schaffe und eine Klasse weiter bin.

VJ Woah, sieh mal. In Nordrhein-Westfalen gehen heute einige Schüler mit diesem Gefühl hier in die Schule: *(Einspielung des Songs „Time to say good-bye")* Zeugnisse in Nordrhein-Westfalen. Und dann diejenigen, auf deren Zeugnis irgendwo ganz unten steht: „nicht versetzt". An die! An die müs-sen wir jetzt denken. Denn aus eigener Erfahrung weiß ich, wie es ist, *(Ende „Time to say goodbye", Beginn neuer Song)* wenn sich alle auf die Som-merferien freuen, ihre Zeugnisse wie Trophäen mit nachhause

AP   Volker, du?

VJ schleppen, man selber fix und fertig aus der Schule schleicht, weil man

(UNVERST.) hat. Ja ich. Die zehnte zwei mal gemacht. Vertragsverlänge-rung. Solltet ihr sitzen geblieben sein, lasst euch nicht die Sommerferien vermiesen. Nächstes Jahr startet ihr wieder durch. Und dann heißt es in der neuen Klasse *(Einspielung des Songs „Hello again")*. Ahaha, da sind wir wieder und das nächste Schuljahr wird euch, wird fantastisch! Das gleiche gilt natürlich auch für alle Schüler, die ihre Zeugnisse schon ein bisschen früher bekommen haben, die es vielleicht auch nicht geschafft haben. Ge-nießt eure Ferien!
(Ende „Hello again")
(Einspielung Sketch über nörgelnde Eltern in den Sommerferien)
(SWR3, 21. 7. 2004)

Das scheinbar unmotivierte, rein phatische Geplauder der Moderatoren er-weist sich dann gegen Ende als Einstieg in die Zeugnis-Thematik – eine ziemlich bemüht wirkende Konstruktion.

Eine gern genutzte Möglichkeit, hard und soft news miteinander zu ver-binden, ist die umgangssprachliche „Einfärbung" auch der hard news:

MO = Moderator Markus Othmer

MO Also ich bin mal gespannt, was weiter passiert. Klinsmann neuer Teamchef oder Trainer der deutschen Nationalmannschaft. Was gibt es sonst noch sportlich heute?

TS Sportlich, die 17. Etappe der Tour de France, die Königsetappe. Da geht es heute bis auf 2000 Meter rauf. Und, eh, nicht sportlich, gegen neun Uhr soll das Urteil im Mannesmann-Prozess fallen. Das war ja einer der spektakulärsten deutschen Wirtschaftsprozesse. Es könnte durchaus sein, dass es einen Freispruch geben wird für die Angeklagten. (...) Der Vorwurf war ja, sie sollen sich bei der Übernahme von Mannesmann durch Vodafon über Prämien und Abfindungen die Taschen vollgemacht haben. Und, ehm, vor kurzem gab's schon mal eine Zwischenbilanz des Düsseldorfer Landgerichts und da haben die Richter durchblicken lassen, dass die drei eben ohne Strafen davonkommen könnten. Die schnellsten Infos, wenn das Urteil kommt um neun, das kriegen Sie natürlich hier bei uns in Bayern 3 (Bayern 3, 23.7.2004)

Vom Bundestrainer über die Tour de France zum Urteil im Mannesmann-Prozess – zuerst kommt der Sport, dann der Wirtschaftsprozess. Dieser ist einer der „spektakulärsten", die Angeklagten haben sich „die Taschen vollgemacht", und dann kommen sie womöglich noch „ohne Strafen davon". Da ist man doch auf das Urteil gespannt, und Bayern 3 hat natürlich „die schnellsten Infos" dazu. Ein in dieser Weise aufgemachter Wirtschaftsprozess passt gut zur „Königsetappe" der Tour de France, bei der es „bis auf 2000 Meter rauf" geht, und zur Spannung um den Bundestrainer.

Ein Thema aus dem Sport-Bereich – die Ernennung des neuen Bundestrainers der deutschen Fußballnationalmannschaft (Jürgen Klinsmann) – lässt sich demgegenüber viel leichter in den Moderationsstil integrieren, weil es einen Aspekt von soft news hat:

Mehr von den besten Hits und die bestgelauntesten Schwaben in G[...]! Das ist der Heimatort von Jürgen Klinsmann! Und da freuen sich alle auf den neuen Bundestrainer.
(Einspielung Statement eines Bewohners von G. mit ausgeprägtem Dialekt)
Wenn sie's nicht verstanden haben: Wir werden diesen Beitrag in ungefähr zehn Minuten mit Untertiteln ausstrahlen. Ist so! (Bayern 3, 23.7.2004)

Der neue Bundestrainer gibt Anlass für ein Hörer-Statement und dieses gibt Anlass für einen Witz des Moderators.

Außerdem eignet sich das Thema dafür, immer wieder aufgenommen zu werden und zunehmende Spannung zu erzeugen. Zuerst weiß man noch nichts über die Person. Aber auch wenn man nichts Neues weiß, ist das Thema an sich schon Anlass genug für eine Plauderei:

VJ Sieben Uhr 18, guten Morgen. Hier ist die SWR3-Morning Show (AP fällt ihm ins Wort) am Dienstag, ja-a?

AP Würdest du mir jetzt bitte deine volle Aufmerksamkeit schenken?

VJ   Ou, jetzt kommt was.

AP   Jetzt kommt die quälende Frage: Gibt es denn eigentlich schon was neues
      zum Thema „Trainer der Deutschen Fußballnationalmannschaft".

VJ   Das ist in der Tat eine Frage, die weh tut. Da kann ich dir nicht viel zu sagen
      und aus der Trainerfindungskommission wird vermutlich bald eine Trä-
      nenfindungskommission. Man findet ewig keinen. Aber die gute Nachricht
      ist Meyer-Vorfelder arbeitet daran.
      (SWR3, 20. 7. 2004)

Zwei Tage später ist dann die Katze aus dem Sack:

MO   Heute, Donnerstag, 22. Juli. Und es tut sich was in Sachen Bundestrainer.
      Ein neuer Name wird seit gestern ganz heiß gehandelt. Und zwar Jürgen
      Klinsmann! (…) Genaues hat der DFB zwar noch nicht rausgelassen, dafür
      aber die Süddeutsche Zeitung. Die meldet heute, dass Jürgen Klinsmann
      tatsächlich Cheftrainer wird. (…) Während der Europameisterschaft hat
      Klinsmann sich ja schon mal weit aus dem Fenster gelehnt und mächtig
      über den DFB geschimpft.
      (*Einspielung Statement von Jürgen Klinsmann*: „… und dann muss Tache-
      les geredet werden!")
      (Bayern 3, 22. 7. 2004)

Die Hörer kommen telefonisch ausführlich zu Wort zur Frage, ob Klinsmann wirklich der richtige sei. Die Gespräche mit den Hörern beschränken
sich dabei auf die gestellte Frage, geplaudert wird nicht, bestenfalls wird
noch der Name erfragt:

MO   Gute Fahrt, servus! Hier ist Bayern 3, der Markus. Was meinen Sie zum
      Klinsmann-Plan?

Hörer   Ja, guten Morgen. Also, das ist vollkommen in Ordnung.
MO   Ja

Hörer: Also, was jetzt der Klinsmann braucht, ist auch eine Unterstützung von
        breiter Basis. Sonst schafft er's nicht.
MO   Was meinen Sie denn? Jetzt haben wir eben gerade jemanden dran ge-
        habt, der gesagt hat, B[…] wäre der richtige.

Hörer   Naa, B[…] ist eine ganz andere Generation.
MO   Ja

Hörer   Also, der Klinsmann passt schon. Klinsmann braucht gleichzeitig Un-
        terstützung vom F[…], braucht Unterstützung vom B[…], von R[…],
        also von den (UNVERST.) der ganzen Altherren.
MO   Alles klar. Sagen Sie mir Ihren Namen noch?
Hörer   Mein Name ist Norbert Z[…].
MO   Norbert, vielen Dank für Ihren Anruf.
Hörer   Bitte, tschüss.
MO   Servus.

Den Abschluss der Phone-in-Serie bildet dann noch ein Witz des Moderators:

MO Also, es wird durchaus kontrovers diskutiert, die Geschichte, ob nun
J. Klinsmann in Kombination mit O. B. und H. O. der richtige ist. Ich sage
Ihnen ganz ehrlich. Klinsmann bringt die allerbesten Voraussetzungen mit.
Er hat noch nie 'ne Fußballmannschaft trainiert, und, eh, die deutsche Fuß-
ballnationalmannschaft ist ja im eigentlichen Sinne auch keine Fußball-
mannschaft. *(Ende Hintergrundmusik, Beginn Song)* Haha!
(Bayern 3, 22. 7. 2004)

Ein sehr geeignetes Langzeitthema sind natürlich die Vorbereitungen für die
Olympischen Spiele, die tagtäglich jede Art von Neuigkeiten hergeben und
Anlass für Einspielungen von Reportagen, Interviews, Sketches bieten.

10.2.3 Der Moderator und sein situatives Umfeld

Im Gegensatz zu anderen Magazintypen kann der Moderator im Begleitprogramm sich selbst, als Mensch „wie du und ich" einbringen. In seiner
Rolle als Kontaktperson des Hörers, als „guter Bekannter", kann er auch
sagen, wie es ihm selbst geht, wie er sich in seiner Haut fühlt, wie es um ihn
herum im Studio aussieht etc. Das ist einerseits ein Vorzug, andererseits aber
auch ein problematischer Aspekt der Moderatorenfigur. In welchem Maße
kann er selbst als Individuum – das man ja nicht sieht und auch nicht näher
kennt – überhaupt für Hörer interessant sein? Für sagenswert halten die Moderatoren denn auch meist nur das, was eine Gemeinsamkeit mit dem Hörer
herstellt: sie sind auch noch müde, haben Mühe, sich in die Arbeit hineinzu-
finden, so früh am Morgen gelingt eben nicht alles. Dieser Aspekt der Moderation hat sich in den letzten zwanzig Jahren nicht geändert.

> Also, eine gute Pause hätten wir gemacht: Kaffee getrunken, neue Kräfte ge-
> tankt. Mit einem Wort, es kann losgehen. Sechs Minuten nach sechs ist es.
> (Ö 3, 15. 12. 1981)

Nach wie vor ist die Bandbreite dessen, welches Maß an Selbstdarstellung
erwünscht bzw. toleriert wird, je nach Sender verschieden. Die privaten Lokalsender geben wohl überall dem Moderator einen größeren Spielraum als
die öffentlich-rechtlichen Sender.
   Selbstdarstellung kann in Blödelei ausarten. Beispiele wie die folgenden
von 1981 findet man auch heute:

> Es ist drei Minuten vor dreiviertel sieben. Let me rock you. Das ist ein Sänger
> namens Keith Richard, der, pardon nicht Keith Richard nein Keith Marshall,
> also ich weiß nicht – was heute los ist, auch ich hab nen Hänger nicht nur die P-
> Platte [vorher hatte die Platte einen „Hänger"] sondern auch das Hirn ist noch
> nicht ganz da, zweieinhalb Minuten vor dreiviertel sieben.
> (Ö 3, 15. 12. 1981)

> Am Mikrophon: Peter Z. – ja, nu (RÄUSPERN) Schon wieder is 's Mikrophon
> auf, was machen wir denn nur eigentlich, immer muss ich arbeiten, also – ich
> könnt sagen, was wir heute haben. Donnerstag, 10. Dezember, 's is richtig, ne

Zeit könnt ich sagen. – 7 Uhr neun, neun Minuten nach sieben. Und was Sie grad
hören: SWF 3 Litfasswelle, die zweite Stunde.
(SWF 3, 10.12.1981)

In heutigen Begleitprogrammen gibt vor allem die Co-Moderation Anlass
zu persönlichen Bemerkungen, die demonstrieren, wie gut sich die Moderatoren verstehen, wie sie in heiter-ironischer Modalität miteinander umgehen:

P   = Sebastian Pauls, Moderator („Frühstücksdirektor“)
Z   = Asita Zabardjadi, Moderatorin

(Zuvor: Nachrichten, Wetterbericht, dann Überleitung mit Musikstück mit
mehrmaligem Text-Element „Good morning …“.)

(kurz nach 7 Uhr)
P   Guten Morgen in Rote Erde […], guten Morgen Aachen, hier sind Pauls
       und

       Co, ich bin Frühstücksdirektor Sebastian Pauls, und Asita hat sich grade
Z   Au! [LEISE]   [LACHEN]

P   weh getan, was war los?   Dat Öhrchen am
Z   Ich hab mir dat Öhrchen gestoßen   (UNVERST.)

P   Kopfhörer?   Ach du liebes bisschen.
Z   Am Mikrofönchen [LACHEN]
       (Aachen 100,eins, 21.10.2003)

Wichtiges Element des lokalen Radios ist der bewusste Einsatz regiolekta-
ler Sprachelemente, die im obigen Beispiel auch zur Verstärkung der heite-
ren Modalität dienen.

   Die privaten Elemente werden oft ohne jede kontextuelle Motivation
ins Spiel gebracht, ganz ähnlich wie es bei den Stories (s.o.) der Fall ist:

(kurz nach halb 8)
P   Guten Morgen in […], guten Morgen Aachen; hier sind Pauls und Co, ich
       bin Frühstücksdirektor Sebastian Pauls und ich frag mich schon den ganzen
       Morgen, welches Tier musste wohl für Asitas Pullover sterben; ein Poly-
       ester-Ozelot oder
Z   Ne, ein Schwein!
P   (LACHT) Ach so.

Etwas später ebenso unmotiviert und ziemlich geschmacklos:

(20 min nach 8 Uhr)
P   Guten Morgen in […], guten Morgen Aachen, hier sind Pauls und Co, ich
       bin Frühstücksdirektor Sebastian Pauls und warum hat Asita (hat sie da?)
       eigentlich die ganze Zeit die Hand in der Hose grade. Hier ist Asita.
Z   Mal ganz kurz was anderes, ja.

Der Idealfall einer situativen Anbindung der Moderation liegt dann vor,
wenn es sich um situative Elemente handelt, die dem Moderator und den
Hörern gemeinsam sind und die für beide in gleicher Weise interessant sein

können. Dies ist gegeben beim Wetter, das denn auch immer wieder in dieser Weise angesprochen wird.

Das Wetter ist bei Bayern 3 im Prinzip „ausgelagert" an einen „Wettermann" mit seiner eigenen Diktion. Aber die aktuelle Wetterlage ist Bestandteil der Situation, in der sich Moderatoren und Hörer gerade befinden, und kann somit Thema der Moderation werden:

> Sechs Uhr 21. Neun Minuten sind's noch bis halb sieben an einem sonnigen Freitagmorgen in B. im Moment bei 15 Grad *(Ende Song, Hintergrundmusik)*, sonnig in P. bei 16 und die ersten Gewitter sind da, wie es T. A. angekündigt hat. In O. und in K. am Bodensee, gewittrig bei 15 Grad im Moment. (Bayern 3, 23. 7. 2004)

Bei SWR1 leistet der Moderator die launige Verknüpfung mit dem Text des Wettermoderators, der seinerseits die als Block verlesenen Wetterprognosen mit dem Moderationstext verknüpft, indem er sie bewertet („eher bescheiden morgen ...“):

HM = Hartmut Mühlbauer

M   Im SWR1 Wetterstudio heute Morgen Hartmut Mühlbauer. Schönen guten Morgen.

HM   Morgen!

M: Eh, wie ist denn das wettermäßig heute, anlehnend an den Sport: Kuranyi, van Almsick, also stürmisch und nass?

HM   Hehehe, das könnte/ des wäre jetzt, glaub ich etwas vermessen zu sagen. Nein ganz so schlimm ist es nicht. (Verliest Wetterbericht)

M   Hm (+), dann könnte der Föhn eigentlich die nächsten Tage das ganze Land mal ein bisschen föhnen. Das würde ja passen zum Wochenende.

HM   Ja, das würde passen. Aber der Föhn, der hat sich abgemeldet. Nein der bläst in den nächsten Tagen gar nicht. Es bläst ein Nordwestwind oder Westwind. Und der bläst uns vorerst mal kühlere Luft heran. Also *eher bescheiden morgen* und am Samstag (Verliest Prognose fürs Wochenende)

M   Danke schön, Hartmut. Drei nach halb sieben. (Ende Hintergrundmusik) (SWR1, 19. 8. 2004)

Etwas später in der gleichen Sendung lässt sich der Wettermoderator noch deutlicher auf die metaphorische Diktion, auch auf Sport-Anspielungen des Moderators ein:

M   (…) Hartmut Mühlbauer im SWR1 Wetter Studio. Hartmut, fehlt uns nur noch der Silberstreifen am Horizont!

HM   Den hab ich auch mitgebracht. Zumindest für Sonntag hab ich den dabei. Für heute ist es doch eher ein grauer Streifen. Ehm, äh, man könnte ja sagen Jan Ulrich fährt am Horizont entlang. Na gut also, wir wollen jetzt nicht unken.
     (Verliest den Wetterbericht)

Früher wurden die Wettermeldungen meist vom Moderator vorgelesen. Aber sie blieben selten unkommentiert, z. B.:

In zwei Minuten ist es halb sieben, hier ist der Wetterbericht [...] und Klagenfurt heiter zwölf Grad windstill. Puh is do kalt. (Ö 3, 14.12.1981)

6 Uhr 53. – jede Med/Menge Wetter heute früh um 6 Uhr, Koblenz bedeckt 1 Grad,
(...) Konstanz leichter Regen 3 Grad, Ulm Hochnebel null Grad, da mag man kaum ein Schwein vor die Tür schicken (SCHWEINEGRUNZEN). (SWF 3, 11.12.1981)

10.2.4 Veränderungen

10.2.4.1 Co-Moderation

Das augenfälligste Merkmal der aktuellen Moderationen ist die wichtige Funktion der Co-Moderation. Wenn zwei Moderatoren aktiv sind, ergibt sich die – ausgiebig genutzte – Möglichkeit einer Kommunikation in einem inneren Kommunikationskreis, d.h. auch der gemeinsamen Konstruktion von Stories, Überleitungen usw.

Wenn eine Frau und ein Mann gemeinsam moderieren, lässt sich ein Thema „geschlechtsspezifisch" aufarbeiten, mit verteilten Rollen:

VJ = Moderator Volker Janitz
AP = Moderatorin Anneta Politi

(Hintergrundmusik)
VJ C. mit XY in der SWR3-Morning Show am Mittwoch. Sechs Uhr 51. Was du nicht wissen kannst, Anneta (AP: Ja-a?), weil der Zettel auf meinem Platz liegt. Ehefrauen machen die meisten Diäten.
AP Ne, echt?
VJ Da hat ein Mensch untersucht, ob es Single-Frauen sind, (AP: Das hätte ich jetzt eher getippt) die die meisten Diäten machen oder eher Ehefrauen. Hat 1894 Studienteilnehmerinnen gehabt. Und hat dann rausgefunden, dass von diesen der größte Teil Ehefrauen sind. Also machen Ehefrauen viel lieber Diäten als Single-Frauen.
AP Ja.
VJ Du bist eine Frau. Erklär mir, warum das so ist.
AP Da gibt es nur eine Erklärung. Ehm, in diesem Falle, in solchen Situationen wäre es so, dass sie sich den Ehering vom Finger hungern wollen. (SWR3, 21.7.2004)

Der Mann liefert die Story und fordert von der Frau – als „Expertin" – eine „Erklärung".

Im folgenden Beispiel spielt die Moderatorin mit einem sexistischen Stereotyp (Frauen können Geheimnisse nicht für sich behalten):

AP Hallo. Wunderschönen guten Morgen im SWR3-Land.
VJ Schönen guten Morgen.
AP Und jetzt, jetzt, jetzt verraten wir Ihnen, was Sie heute bei uns gewinnen

      können. Ja   Warum nicht?
VJ   Nein, nein, nein, wir verraten es noch nicht   Wir machen

AP	Volker, ich
VJ:	das genau um sieben Uhr. Es gibt Tickets für die Formel 1, das können

AP	(flüsternd) Ach Gott
VJ	wir schon mal verraten. Und es gibt noch ne Überraschung dazu. Aber die

AP	Ich bin eine Frau. Ich muss Sachen sofort weitererzählen
VJ	die verraten wir nicht. Nein! Wir verraten es nicht. Noch nicht jetzt, son-

AP
VJ dern um punkt sieben Uhr. Nicht früher und nicht später.
(Ende Hintergrundmusik)
(SWR3, 21. 7. 2004)

Kurz darauf eine Fortsetzung des Spielchens:

AP   Können wir jetzt bitte schon verraten, welches der Zusatzgewinn sein
     wird?
VJ   Du hast es doch gerade eben gehört, Anneta,
AP   Der gute Zusatzgewinn, bitte!
VJ   Du hast doch gerade gehört: GLEICH. *(Beginn nächster Song)* Es hieß
     gleich, noch nicht jetzt. Und gleich heißt um sieben Uhr. Ab sieben Uhr
     können Sie anrufen auf der 20 11. Sieben!
AP   Hey, das sind, das sind wirklich 26 Minuten. Weißt du was 26 Minuten
     im Leben einer Frau bedeuten, die ein Geheimnis mit sich rumtragen
     muss?
VJ   ne Ewigkeit.

Dialoge dieser Art wirken meist stark inszeniert, da selten eine wirkliche
Motivation für die Kommunikation im inneren Kreis erkennbar ist. Während die obigen Beispiele wenigstens strukturell dialogische Elemente aufweisen (Fragen, Aufforderungen usw.), sind Beispiele der folgenden Art
kaum mehr als Dialoge zu charakterisieren:

P   = Sebastian Pauls, Moderator („Frühstücksdirektor")
Z   = Asita Zabardjadi, Moderatorin

(20 nach 7 Uhr)
P   Die stärksten Hits, der beste Mix, nur echt mit den klässic (classic) Hits aus
    den Achtzigern auf Aachen hundert Komma eins die Hitgarantie. Cindy
    Lauper, Girls Just Wanna Have Fun, aus neunzehnhundertdreiundachtzig.
    [DIESER POPSONG SPIELT IM HINTERGRUND] Guten Morgen am
    Dienstag, sieben Uhr zweiundzwanzig, acht Minuten vor halb acht. [MU-
    SIK WECHSELT, POP OHNE GESANG] Morgen Abend große Son-
    dervorstellung im Uferpalast, das Wunder von Bern wird von den Aleman-
    nia Profis angeschaut; mit Ihnen zusammen, wir verschenken Freikarten
    für diese exklusive Vorstellung. Und Sie haben s ja vielleicht mitbekommen
    äh die Umfrage, – ja, dass die Alemannia

Z: Fans die drittschlausten die drittintelligentesten der Liga sind, das war
         Hm (+)

P   (LACHT), ein FEIK (fake), wie man heutzutage sagt, ja, Verarsche auf
Z

P   Deutsch gesagt,   hat IRGENDjemand diese Meldung
Z   Da war jemand GANZ schlau, und hat einfach

P   reingesetzt, eine Umfrage hat s nie gegeben. Aber *haben wir gedacht*
Z   genau

P   (GEMURMELT) müssen wir die Ehre der Aachner wieder herstellen, und
Z

P   verschenken diese Karten gegen einen Intelligenz-Test. Wer spielt jetzt zu-
Z   genau

P   erst jetzt zuerst mit uns Asita? Zuerst spielt die Claudia aus Aachen mit uns.
Z

P   Morgen Claudia!
Z   Guten Morgen Claudia!

C   Morgen!

Z   Wissen Sie noch, was Sie gedacht haben als es damals hieß, äh die Alemannia Fans sind die drittschlausten der Liga?

C   Ja, eigentlich dass die mit den / mit den Sprüchen her eigentlich nicht die
Schlausten sind.

P   (LACHEN)   (UNVERST.)
Z   (LACHEN) Na gut, aber wir haben uns überlegt, so dumm und doof sind

P   Na, das kann nicht sein.
Z   die Aachner Fans ja nicht,   und Claudia, Sie sind jetzt diejenige, die das

P   Ja!
Z   auch beweisen darf und kann und muss, und sollte und überhaupt, (KUR-

P
Z   ZES (LACHEN) wir stellen Ihnen jetzt DREI Fragen, uns reicht es eigent-

P   auch wenn Sie zwei richtig haben, reicht uns schon.
Z   lich auch schon, wenn Sie zwei von diesen   genau

P   ja, ja, also
Z   Das sind richtige HAMMER-Fragen, muss ich sagen, sehr sehr schwer

P   das ist wirklich aus nem original Intelligenztest entnommen
Z   ja

Die Moderatorin bestätigt im Wesentlichen, was der Moderator sagt, teils durch Zustimmungspartikel („genau"), teils durch nonverbale Unterstützung (Lachen), teils durch parallele Formulierungen (z. B. „Da war jemand ganz schlau"). Das gilt sogar noch für das Gespräch mit der Hörerin, nur sind hier zunächst die Rollen vertauscht: Die Moderatorin führt im Wesentlichen das Gespräch und der Moderator unterstützt ihre Formulierungen (z. B. „Na das kann nicht sein"). Am Ende der Passage setzt der Moderator die Formulierung der Moderatorin in einer Art Reformulierung und Spezifizierung fort („Das sind richtige Hammer-Fragen" → „also das ist wirklich aus nem original Intelligenztext entnommen"). Allerdings wird die mangelnde Dialogizität im gewissem Sinn kompensiert durch das häufige Simultansprechen, das mindestens den Anschein von spontaner Kommunikation erzeugt.

10.2.4.2 Mündlichkeit und Schriftlichkeit

Der Moderationsstil war je nach Sender – und teilweise auch je nach Moderator – sehr unterschiedlich, wie die Beispiele in der Fachliteratur zeigen, das Spektrum der Realisierungen war offenbar sehr breit. Schlickau (1996) stellt beim Vergleich eines deutschen und eines englischen Privatsenders große Unterschiede fest. Dabei handelt es sich nur zum kleineren Teil um interkulturelle und interlinguale Differenzen, zum größeren Teil aber um Möglichkeiten, die auch innerhalb der deutschsprachigen Sender genutzt werden. (So macht es einen großen Unterschied aus, ob ein Moderator – wie bei dem von Schlickau untersuchten deutschen Sender – oder zwei Co-Moderatoren – wie bei dem englischen Sender – das Begleitprogramm bestreiten, s. u. 10.2.4.1.)

Dieses Spektrum ist in *einer* Hinsicht wohl enger geworden: im Hinblick auf das Verhältnis von Schriftlichkeit und Mündlichkeit (vgl. dazu Genaueres in Kap. 6).

Bei Ö 3 und DRS 1 hatte man den Eindruck, dass die Texte abgelesen werden. Demgegenüber präsentierte der Moderator in SWF 3 seine Stories so, als würde er sie im Augenblick formulieren:

6 Uhr 45 gleich also Viertel vor sieben. – Also Weihnachtsmänner sind ja auch nicht mehr das – w-was sie früher mal waren. Da äh steht in England in London ein Weihnachtsmann auf der Straße und macht da (MIT VERSTELLTER, DUNKLER STIMME:) liebe Kinder und was weiß ich was alles so was so n Weihnachtsmann halt macht nich, (WIEDER MIT NORMALER STIMME:) und man kann sichs kaum vorstellen: plötzlich – scheuert er einem jugendlichen einen, ja richtig so (KLATSCHEN), päng, Ohrfeige mitten ins Gesicht. Deswegen stand er jetzt auch vor Gericht und der Richter sagte: also hören Sie mal Sie sind doch ein Weihnachtsmann, das können Sie doch nicht machen. Dann erzählte der Weihnachtsmann, mit bürgerlichem Namen heißt er G[…] H[…], dass er von dem Jugendlichen aber auch arg provoziert wurde. Der hatte ne

Spraydose dabei mit so – Rasierschaum, und da hat er ihm also über den Bart
und über den Mantel und überall den Schaum, dabei fürchterlich gelacht der
glaubte wohl nicht mehr an den Weihnachtsmann, darauf hat G[...] H[...] gesagt: Mensch hau ab! die Kleinen hier und so du mit dem Schaum, und der Junge
haute nicht ab und da hats eben geknallt. Der Richter sprach ein mildes Urteil:
Freispruch, aber die Auflage sich sechs Monate lang so gut zu führen, wie es
einem Weihnachtsmann ansteht.
(SWF 3, 15.12.1981)

Der Moderator verwendet paraverbale Mittel, um den erzählten Dialog zu
reproduzieren, und er bedient sich vieler typischer Mittel der gesprochenen
Sprache, um den Eindruck von Spontaneität hervorzurufen (gefüllte Pausen, Interjektion *päng*, umgangssprachliche Morphologie, Ellipsen, saloppe
Lexeme (*hau ab*), Gesprächspartikel und Phraseme (*also hörn Sie mal*) etc.).
   Heute ist das (hörbare) Ablesen eine eher verpönte Technik. Die Moderation hat sich in Richtung „Mündlichkeit" verschoben.

10.2.4.3 Erweitertes Funktionsspektrum

Das Spektrum der Funktionen des Moderators bzw. des Begleitprogramms
insgesamt ist im Laufe der Zeit noch breiter geworden. Spiele, Quiz-Tele-
fone (zu Spielen mit Hörerbeteiligung im Rahmen der Begleitprogramme
vgl. Schlickau 1996, 150ff.) haben heute einen enormen Anteil an den Begleitprogrammen. (Das entspricht der grassierenden Beliebtheit von Ge-
winnspielen im Fernsehen.)
   Den Rahmen des Innermedialen – innerhalb dessen die Spiele immerhin
noch verbleiben – überschreiten außermediale Aktivitäten, die vom Sender
organisiert werden. Solche außermedialen „Events" werden dann ihrerseits
wieder Anlass für Moderationstexte. Bayern 3 organisiert z.B. einen Ausflug auf dem Ammersee mit den Moderatoren. Am folgenden Tag wird
dies zum Moderationsthema, angereichert durch Einspielungen der Begrü-
ßungsrede des Moderators auf dem Schiff sowie von Statements von Beteiligten. Die beiden Moderatoren loben sich gegenseitig und bestätigen sich,
dass es „richtig Spaß gemacht" hat. Auch der Dank an die Sponsoren fehlt
nicht:

MO = Moderator Markus Othmer

MO Gestern auf den Ammersee. Liebe Freunde des gepflegten Tagesausflugs.
    Haha. Eine Sensation gestern Morgen der Aufruf in der Morning Show.
    Gestern um zwölf legten wir ab in Diessen am Ammersee. Und das Schiff
    war wirklich rappelvoll. Vielen Dank an alle, die dabei waren. Vielen Dank
    an meinen Smutje T[...] S[...] Was hat dir am besten gefallen gestern?
TS Im Prinzip war alles toll, oder? Das Wetter hat gepasst, der See war ruhig,
    wir wurden nicht seekrank. Die Leute waren wahnsinnig nett, aber am bes-
    ten hat mir deine Ansage gefallen, weil, eh, da hast du sogar mich kurzfris-
    tig verwirrt.

(Einspielung Ansage von MO über Megaphon auf dem Schiff:)
„Herzlich Willkommen, mein Name ist Markus Othmer. Ich bin der Leit-
kapitän auf diesem Traumschiff, auf der NS Diessen auf einer ganz besonderen Kreuzfahrt. Wir werden fahren, wahrscheinlich bis in die nördliche
Biskaya, werden wahrscheinlich auch im Mittelmeer noch mal vorbei-
schauen, und vielleicht einen Ausflug über den Atlantik machen
über die kleinen Antillen, nach Südamerika."

MO Haha, ja, war doch alles richtig, oder?

TS Ja fast, so wie deine Uniform. Ich mein die goldenen Knöpfe die waren fantastisch, aber ansonsten weiß, ich mein, das ist halt hohe See, da war fast
alles gut.

(Einspielung Statement von einer Besucherin auf dem Schiff.)

MO Wen hast du da gefragt? Wer war das?

TS Das war die A[...]. (...) Ja, die war mit zwei Kindern da, hat den Mann mal
gepflegt alleine in der Fischzucht gelassen. Die haben eine Fischzucht zu-
hause. Und der hat's richtig Spaß gemacht.

MO Es waren ja viele dabei. Es war ein, ein, ein Hochzeitspaar dabei, die ihren
43. Hochzeitstag mit uns gefeiert haben. Ganz spontan.

TS Aus A[...].

MO Aus A[...] sind die gefahren. Dann ist jemand vom Königsee extra gekommen, um bei uns dabei zu sein.

(Einspielung Statement eines Besuchers.)

MO Vom Königsee an den Ammersee, auch ne tolle Tour. (...)

TS Hat richtig Spaß gemacht ne?

MO Es waren viele ... Der Bürgermeister war dabei, vielen Dank an den G[...]-
Shop, wo wir ... noch vorbeigeschaut haben vorher, die uns versorgt haben.
Vielen Dank an die ganze Schiffscrew von der Diessen, die den ganzen Spaß
mitgemacht haben, und an alle die dabei waren.

Und schon wird, nach einem von der Besucherin vorgeschlagenen fiktiven
Projekt, das nächste reale Event angekündigt:

OM: Die nächsten Projekte sind in Planung!

TS: Ja, wir haben schon 'was angedacht. Und, ich, ich glaub A. bringt uns da so
auf die richtige Idee.

(Einspielung Statement von A. B. aus Ä auf dem Schiff:)
„Ich würd mir wünschen, das nächste Bayern 3 Projekt mit Käptn O. [Mo-
derator] auf Weltreise"

OM Hahaha, o.k., alles klar. Vielen Dank an alle die dabei waren. Und wir wünschen jetzt schon mal viel Spaß heute bei der Bayern 3 Eisaktion für alle die
gestern nicht kommen konnten.

TS 14 bis 15 Uhr. Eiskaffee V.

MO   14 bis 15 Uhr.   Genau, mit K. W. und mit der Bayern 3 Band

das kostenlose Bayern 3 Eis, und natürlich Samstag, unsere Badetour in
Diessen im Strandbad St. A.

(Ende Hintergrundmusik)
(Bayern 3, 22. 7. 2004)

Auch die ersten Programme veranstalten Events. Bei Bayern 1 wird z. B. explizit gesagt, dass die Events (auch) dazu dienen, die Moderatoren face-to-face kennenzulernen:

> M   Die Heidi Wolf haben Sie grad eben gehört aus Passau. Das ist ihr Gebiet, über das sie berichtet. Und ganz klar, dass sie uns auch heute Abend in Pocking besuchen wird. Für Sie in Niederbayern einfach mal die Gelegenheit wirklich mal zu schauen, wie ist denn das Gesicht zu der sympathischen Stimme? Also, wie schaut die Frau aus, die so über meinen Bereich hier, über meine Gegend berichtet. Denn die Heidi Wolf wird natürlich auch bei uns auf der Sommerreisebühne sein. Dazu natürlich, ja, viele, viele Attraktionen aus der ganzen Region. (...)
> (Bayern 1, 20. 8. 2004)

10.2.4.4 Hörer-Telefon

Hörer-Telefone gehören heutzutage überall zum festen Bestandteil des Begleitprogramms, während das vor 20 Jahren keine Selbstverständlichkeit war.

Die Gespräche mit den Hörern beschränken sich im Allgemeinen auf wenige Gesprächsschritte (vgl. das Beispiel S. 322 f.).

Eine witzige Idee realisieren die Moderatoren von Aachen 100,eins: In der oben (10.2.4.1) zitierten Passage geht es um eine gefälschte Meldung, die schon früher in der Sendung besprochen worden war:

> P   Ja, wir erinnern uns alle an diese tolle Meldung von vor ein paar Wochen, dass die Alemannia Fans, was ihren IQ angeht, die drittintelligentesten Fans der
>
>   Liga sein sollen. Ja.   Und jetzt hat sich rausgestellt, das war einfach
> Z   (UNVERST.) Wahnsinn ja He he he he (SCHADENFROHES LACHEN)
>
> P   nur ein Scherz
> Z   Ein kleiner Feik (fake)
>
> P   Irgendein Dummbold hat sich im Internet öh einen Scherz erlaubt und diese Meldung reingesetzt und es auch sofort wieder rausgelöscht, hat aber genug Zeit gelassen, dass die Alemannia das als Pressemitteilung verschickt, wir
>
>   haben s ja auch gemeldet natürlich, wir sind ALLE drauf reingefallen, also
> Z   (UNVERST.)   und wir sind ALLE drauf reingefallen
>
> P   also war nur ein Scherz (...)

Die Moderatoren sagen nun, sie hätten sich gedacht, sie müssten „die Ehre der Aachener wieder herstellen", und drum verschenken sie diese Karten gegen einen Intelligenz-Test, mit dem die Hörer (die Fans) beweisen sollen, dass sie nicht „so dumm und doof sind". Das „Intelligenz-Quiz" mit der ersten Hörerin verläuft dann so:

> C   = Hörerin Claudia
>
> Z   Hier kommt die erste; wie viel Meter sind ein Kilometer?
> C   Tausend.

P	Tausend. Schon mal richtig! Meldung Nummer z / äh Meldung
Z	SUper, sehr gut (LAUTES LACHEN)

P	(UNVERST.) Noch ne Frage, Frage Nummer zwei
Z	Frage Nummer zwei. Jetzt wirds spannend

Claudia. Der vierte Buchstabe im Alphabet ist?

C	D

P	D auch richtig! Reicht ja schon. Komm eine noch! Eine noch, Asita,
Z	Oh, das ging ja aber schnell! Jetzt, jetzt,

P	komm eine noch! wie heißt der Bundeskanzler
Z	jetzt wird es aber wirklich heiß Claudia

C	He / äh Schröder.

P	Ja! Die Aachener Fans sind eben DOCH
Z	Ja! ([KURZE MELODIE UND APPLAUS ERTÖNT)

P	intelligent! Super! Claudia, herzlichen Glückwunsch, und viel Spaß morgen
Z	Ja! Wir wussten s! Sie gehn ins Kino!
C	Ja, danke schön, super!

P	mit den Alemannia Spielern im Kino. Schönen Tag noch, Ciao ciao, tschüss
Z	Bei bei (Bye bye)
C	danke! tschüss!

(Während der ganzen Zeit Popmusik im Hintergrund)

Das Quiz wird unmissverständlich ironisch als nicht ernstzunehmendes Quiz verkauft (für das die Gewinnerin aber dennoch einen echten Preis bekommt, eine Kinokarte für eine Vorstellung, bei der auch die Spieler von Alemannia Aachen anwesend sind), die Fragen sind „richtige Hammerfragen", „schr sehr schwer" usw. Auch hier wird auf weitergehende Kommunikation mit der Anruferin verzichtet.

10.2.4.5 Scharnierfunktion

Eine strukturelle Funktion, die für die Moderation vor zwanzig Jahren eminent wichtig war, scheint in ihrer Bedeutung zurückgegangen zu sein: die Scharnierfunktion des Moderationstextes („Zwischenmoderation") zwischen Musik und anderen Wort-Elementen.

Ein paar Beispiele von 1981 mögen diese Funktion verdeutlichen: Der Text oder Titel des an- oder abzusagenden Musikstücks, im Allgemeinen sogar nur ein beliebiges lexikalisches Element, wird in den Belegen von 1981 „aktualisiert", d.h. zum Beispiel auf die aktuelle Situation des Sprechers der Sendung oder des Hörers bezogen, und dies möglichst witzig oder wenigstens launig:

(Ansage:) Zehn Minuten vor halb acht, unerbittlich ist dieser Uhrzeiger, also er
drängt uns nach vor (sic). Na können wir mit dem Electric Light Orchestra mit-
singen: „Don't bring me down". (Musik)
(Und die Absage dazu:) Nur nicht unterkriegen lassen im Leben, „Don't bring
me down", Electric Light Orchestra; nach dem Motto: Lieber ein Sechser im
Lotto als ein Achter im Fahrrad. A propos Sechser – es ist sechs Minuten vor
halb acht – und hier sind „Chot Hocolate"; hähä, Wegstaben verbuchselt (…)
(Ö 3, 15.12.1981)
(Absage:) I don't like to sleep alone. Nix da, werds mers jetzt nicht romantisch,
nicht nachdenken. Nein nein; die Zeit drängt, s ist nämlich schon vier Minuten
vor halb sieben.
(Ö 3, 15.12.1981)

Das Verknüpfungsprinzip ist – in der Mehrzahl der Fälle – das der uner-
warteten, überraschenden Verkettung von Elementen der beiden Bereiche:
je abgelegener die Verkettung, desto besser. Dieser witzelnde, kalauernde
Stil ist besonders typisch für Ö 3 und für Radio 24.
    Wenn kein Bezug zum Text oder Situation zur Hand ist, wird die An-
sage wenigstens stilistisch „aufgemöbelt", dass einem die Ohren klingeln.

Und jetzt haben wir den absoluten Super-Top-Fidelity-High-Fly-StereoRound-
up-Knaller, um 6 Uhr und 11 Minuten in der Litfasswelle, diese Scheibe wird 'n
Hit hm, wissen Sie noch nicht aber ich weiß es, die Gruppe heißt Backfisch oder
so ähnlich oder oder back mich oder back dich oder Bucks Sizz ja da is man langsam auf m Pump. Kennen Sie vielleicht noch vom Grand Prix 1980 da haben sie
gesungen „Making your mind up" und ihre neue Single heißt „The land of make
believe us" in der englischen Hitparade schon auf Platz 24 und wird bestimmt
auch bald in der deutschen klettern. Und hier ist die Scherbe, na bitte!
(SWF 3, 15.12.1981)

Das ist lauter Jargon-Vokabular der Rock- und Popszene.
Das Kalauern artet gelegentlich in kaum mehr erträgliches Blödeln aus:

(Absage:) Buhuhuhuhu, der singt ja wie ein Uhu hähä, das war der Wilfried
„Uhuhuhuhu" hähä. Wie spät hammers denn? Damit Sie auch gleich mitjodeln
können. Es ist sieben Minuten vor halb sieben. Jetzt wolln wir den Sound vollkommen wechseln. Es gibt ein, na wie soll ich sagen –, Country-Erlebnis …
(Ö 3, 11.12.1981)

Diese Art von kalauernder Wiederaufnahme der Musik-Texte kommt in
meinem aktuellen Material nicht mehr vor.
Aber geblödelt wird hier und da immer noch, z. B. bei SWR1:

Neun Minuten vor sieben. Was wollt ich noch mal sagen jetzt? Jetzt fällts mir
wieder ein. Ach so, Guten Morgen.
[später:]
„Blondi", „The tide is high". SWR1 Baden-Württemberg. Wir unterbrechen
nun unser Programm für eine aktuelle Information aus unserer Zeitmess-Re-
daktion. Es ist 14 Minuten vor acht.
(SWR1, 19.8.2004)

In anderer Hinsicht haben sich Tendenzen, die damals schon zu beobachten waren, noch verstärkt:

Das Englische war schon damals für die Rock- und Popszene die dominante Sprache. Wenn auf lexikalische Elemente englischer Texte Bezug genommen wurde, so geschah das meist so, wie wenn es deutsche Wörter wären. Es findet kein expliziter Übersetzungsvorgang statt, sondern das Verständnis des englischen Ausdrucks wird stillschweigend vorausgesetzt:

> Wir präsentieren Tophits der letzten dreißig Jahre Popgeschichte. Begonnen haben wir mit „Mamalou" und Les Humphries. Mein Gott was liegt dazwischen: Scheidung, finanzielle Schwierigkeiten, London, schad drum. Vor fünfzehn Jahren schlüpfte die Tochter eines berühmten Vaters in *Schuhe* die sie um die ganze Welt führten. Unterstützt wurde sie bei ihrer erfolgreichen *Wanderung* durch Lee Hazelwood. Die *„boots für walking"* gehörten Nancy Sinatra.
> (Ö 3, 14.12.1981)

Diese An- und Absagen unterscheiden sich in nichts von Verknüpfungen mit deutschen Liedtiteln:

> Es ist elf Minuten vor sieben und wir haben noch einige Platten zu erfüllen, zum Beispiel hier: schau, schau, da geht er um, der Herr Kommissar, rundherum werden die Mienen finster, Falko ist da.
> „Dra di net um, schau, schau, der Kommissar geht um".
> (Ö 3, 9.12.1981)

Heute werden die englischen Musik-Texte in der Regel gar nicht mehr kommentiert und auch nicht übersetzt.

Wenn ausnahmsweise einmal eine Verknüpfung erfolgt, dann wird der Musiktext wie ein deutscher Text behandelt:

> Das ist ein Sommerklassiker aus den Achtzigerjahren. Aus dem Jahr 1980 genau. Eine meiner Lieblingsbands, damals und eigentlich irgendwie immer noch: C. and the G.! Und eine wunderschöne relaxte Nummer zum Start in diesen Freitag: „Too hot".
> (Bayern 3, 23.7.2004)

An den Song knüpfen sich dann wieder Bemerkungen zur Wettersituation an:

> Bayerns beste Musik zum Start in einen sonnigen Freitag. In B. sonnig, 17, in H. sonnig, 14, sonnig in F. bei 15 Grad. Aber es ziehen auch schon einige Gewitter durch. So vom Westen kommen sie rein. T. A. hat's gesagt. In W. 18 Grad und gewittrig auch am Bodensee, im Moment gewittrig in L. bei 19 Grad.
> (Bayern 3, 23.7.2004)

Bei SWR1 habe ich ein Beispiel für Übersetzung gefunden, auch bei diesem Sender die Ausnahme:

> Sechs Minuten nach sieben. „Fifth Dimension", „Let the sunshine in", lass die Sonne rein. Ah, machen wir gleich.
> (19.8.2004)

Bei den ersten Programmen stellt sich das Problem häufig nicht, da sie noch einen hohen Anteil an deutschsprachigen Songs aufweisen.

Schlickau (1996, 145) gibt für sein Material, das von 1993 stammt, die folgenden Inhalte der „Zwischenmoderationen" an, mit denen der Moderator an die Musik anknüpft:

- Angabe von Titel und Interpret
- interpretenbezogener, zufällig erinnerter Klatsch (etwa die Gewichtsabnahme des Interpreten [...]
- Kommentierung des Textes der Musik
- von der Musik ausgehende Selbst-, Kollegen- und Hörerthematisierungen

Davon ist in meinen neueren Belegen nicht viel übrig geblieben.

11 Fachexterne Kommunikation

11.1 Fachkommunikation – Medienkommunikation

Informationen über wissenschaftliche oder andere fachlich spezialisierte Themen fand man früher in Büchern, Zeitschriften usw., also in Schriftmedien. Auch hier gab es Texte, die sich nicht an Spezialisten, sondern an ein breiteres Publikum wendeten und um popularisierende Vermittlung des Fachgebietes bemüht waren.[1] Radio und Fernsehen haben aber die semiotischen Möglichkeiten solcher Vermittlung enorm vermehrt und zugleich den Bereich potenzieller Adressaten auf beliebige „Durchschnittsrezipienten" ausgeweitet. „Manche Informationen, die nur in ‚Büchern für Fortgeschrittene' zu finden sind, etwa in medizinischen Lehrbüchern, können im Fernsehen in eine Form gebracht werden, die sie einem breiten Publikum verständlich macht. Neulich sah ich eine Dreißig-Minuten-Sendung, in der ganz detaillierte Informationen über Herzmassage geboten wurden: verbal, in Bildern und Spielszenen. Der in der Sendung zu Wort kommende Arzt betonte mehrmals, dass man im Gegensatz zu früher heute in der Medizin der Ansicht sei, es seien keine speziellen Vorkenntnisse nötig, um eine Herzmassage ausführen zu können. Sie sei so einfach, meinte er, dass selbst ein Kind sie lernen könnte – und tatsächlich beherrschte seine Tochter die Technik bereits." (Meyrowitz 1987, 66) Ob der Medientheoretiker hier nicht ein bisschen viel Optimismus verbreitet, bleibe dahingestellt. Jedenfalls werden solche Möglichkeiten der Vermittlung nicht nur zur Informationsvermittlung, sondern auch zur Instruktion in praktischen Zusammenhängen und Alltagssituationen genutzt.

Fachsprachen und Fachkommunikation haben in den letzten Jahren zunehmend Beachtung gefunden.[2] Dabei ging es nicht nur um die fachinterne Kommunikation zwischen Wissenschaftlern und Fachleuten generell, sondern zunehmend auch um die „fachexterne" Kommunikation zwischen Fachleuten und „Laien" sowie um die Popularisierung von Fachwissen in den Massenmedien.[3] Der Terminus „fachextern" ist missverständlich, da er nicht anzeigt, dass es sich um eine Kommunikation von innerhalb des Faches nach außen (und eventuell umgekehrt) handelt[4], doch hat er sich

---

1 Becker (2001) gibt einen fundierten Überblick über die Forschung zu fachexternen Textsorten und ihrer Geschichte. Ihre eigene empirische Untersuchung ist populärmedizinischen Quellen des 18. und 19. Jahrhunderts zu Anatomie und Physiologie von Herz und Blutkreislauf gewidmet.
2 Für einen Überblick vergleiche man Hoffmann u. a. (Hrsg., 1998).
3 Vgl. z.B. Niederhauser (1999) und den Sammelband Niederhauser/Adamzik (Hrsg., 1999).
4 Vgl. auch Kalverkämper (1998b, 35).

weitgehend eingebürgert und soll entsprechend auch hier verwendet werden.

Ebenfalls gängig geworden ist die Unterscheidung von „horizontaler" und „vertikaler" Dimension der Fachkommunikation. Die horizontale Dimension betrifft die Gliederung der Fächer (bzw. Fachsprachen) untereinander und das Verhältnis von Fach- und Gemeinsprache, während die vertikale Dimension sich vor allem auf die unterschiedliche Teilhabe an fachlichem Wissen und Vokabular bei unterschiedlichen Sprechergruppen bezieht (mit der stark vereinfachenden Unterscheidung von „Experten" oder „Fachleuten" einerseits, „Laien" andererseits).[5]

Was ein „Fach" ist, kann hier nicht diskutiert werden.[6] Für die Rolle der Fächer in den Medien ist aber eine grobe horizontale Unterteilung in die Gruppen „wissenschaftliche" und „praktische Fächer" (wie Handwerke, Dienstleistungsfächer usw.) nützlich. Über „wissenschaftliche" Fächer wird entweder in popularisierender Weise informiert (mit Fragestellungen wie ‚Was wissen wir heute über die Größe des Weltalls?') oder bestimmte Aspekte dieser Fächer dienen zur „Beratung" des Rezipienten (z. B. bei medizinischer oder psychologischer Beratung). „Praktische" Fächer werden auch zu ratgebenden Sendungen herangezogen (‚Wie renoviere ich mein Haus?' mit handwerklichen Fach-Informationen). Andere – wie Sportarten – erscheinen in den Medien primär im Unterhaltungssektor. Zwar wird über Fußball auch informiert, aber in der Regel nicht über Fußball als „Fach" (mit seiner internen Fachterminologie), sondern über den Verlauf und Ausgang der Spiele.

Fachliches kommt also in den Medien vor allem in drei verschiedenen Ausprägungen vor, die teilweise unscharfe Übergangszonen haben:

- als Informieren über fachliche Themen, das allerdings immer auch einen Aspekt von „Unterhaltung" haben soll,
- als Ratgeben in Bereichen, die Fachwissen voraussetzen,
- als Wissenshintergrund bei primär unterhaltenden Sendungen (Sport).

Zwischen Presse und den elektronischen Medien besteht ein grundsätzlicher Unterschied, was die kommunikativen Möglichkeiten der Vermittlung von Fachwissen betrifft. Während im schriftlichen Medium – neben gelegentlichen Interviews – überwiegend monologische Texte zu finden sind, in denen andere „Stimmen" nur als Zitate zur Geltung kommen, können in

---

5 Zu den verschiedenen Konzeptionen von Horizontalität und Vertikalität vgl. z. B. Wichter (1994, 6ff.). Wichter diskutiert auch den schwierig zu fassenden Begriff des „Laien" (besonders 42ff.).
6 Vgl. dazu Kalverkämpfer (1998a).

Sendungen des Radios und Fernsehens verschiedene Stimmen mit verschiedenen Funktionen/Rollen beteiligt sein. Beim Fernsehen lassen sich darüber hinaus die visuellen Mittel als Möglichkeiten der Verständnissicherung nutzen.

Adressaten von fachexterner Kommunikation sind primär „Laien". Die „Autoren" von fachexternen Texten sind entweder die Experten (Fachleute) selber oder (in der Regel professionelle) Vermittler von Fachwissen. Für die Medien bedürfen die Konzepte „Laie" und „Experte" aber einer spezifischen Charakterisierung, die von der alltagsweltlichen zum Teil abweicht:

Ein zentraler Unterschied zwischen Presse und elektronischen Medien besteht in den potenziellen Rollen der Laien. Während bei der Presse nur die Rolle der Rezipienten in Betracht kommt – allerdings mit bedeutenden Folgen für die Gestaltung der Texte –, kommen Laien in den elektronischen Medien aktiver zur Geltung. Diese Medien nutzen ihre dialogischen Möglichkeiten unter anderem in dem Sinne, dass sie Laien ins Medium hineinholen, als „Stellvertreter" des gesamten Publikums, die z. B. in Studiogesprächen auftreten können. Wenn man in diesem Kontext von „Laie" und „Experte" spricht, ist das nicht unbedingt dasselbe, was alltagsweltlich darunter verstanden wird. „Laien" im Medium können einerseits Personen sein, die in Bezug auf das betreffende Fach keine spezifischen Kenntnisse haben, andererseits sind sie auch „Laien" in Bezug auf das Medium. Eine Wörterbuch-Definition für „Laie" lautet etwa so: ‚jmd., der auf einem bestimmten Gebiet keine Fachkenntnisse hat' (Duden GW). In der Alltagswelt ist man jeweils „relativer" Laie: relativ zu einem Sachgebiet und relativ zu anderen Personen. Jemand, der in Bezug auf das Medium Laie ist, kann in der Alltagswelt durchaus Experte sein. Und es wird immer üblicher, dass Experten *wegen* ihrer fachlichen Qualifikation im Medium erscheinen. Allerdings praktizieren sie im Medium nicht ihr Fach, sondern geben in der Regel zuhanden der Rezipienten Informationen *über* ihr Fach. Das ist ebenso trivial wie wichtig. Ein Wissenschaftler im Medium forscht nicht, sondern er gibt Auskunft über seine Forschungen, oder er gibt Ratschläge aufgrund seiner Forschungen usw. Bei den Fachleuten ist die Grenze zu den Medien-Profis fließend. Eine Ärztin in einer Gesundheitssendung (s. u. 11.3.2) beispielsweise wird sich in ihrer Funktion der Medizin-Journalistin durchaus als Profi verstehen. Wenn ich im Folgenden von Medien-Laien spreche, meine ich diejenige Gruppe von Personen, die in der Sendung selbst *als* Laien dastehen, in dem doppelten Sinn von „Fach-Laien" und „Medien-Laien". Ihnen stehen diejenigen Personen gegenüber, die im Medium die Rolle von „Experten" übernehmen (und sie vielleicht auch alltagsweltlich haben). Ich habe andernorts (Burger 1991, zusammenfassend 410ff.) gezeigt, dass bei der Überführung alltagsweltlicher Eigenschaften ins Medium Transformationen stattfinden, die aus einer Person einen Repräsentanten

einer bestimmten innermedial definierten Gruppe machen (der „Bürger",
der „Betroffenen", eben auch der „Fachfrau" usw.). Dass jemand in der Sendung als Laie erscheint, heißt also, dass sie/er innermedial auf bestimmte
Weise in Szene gesetzt wird – genauso wie die Fachfrau/der Fachmann eine
bestimmte mediale Phänomenologie hat.

Entscheidend ist somit nicht die Frage, wer in der außermedialen Welt
tatsächlich Laie, wer Experte ist, sondern innerhalb des Mediums werden
die einen zu Laien, die anderen zu Experten profiliert. Auf diese Weise ergibt sich in vielen Sendungen, in denen Laien vorkommen, ein funktionales
Modell mit einer Dreiteilung der Rollen:

Laie – Experte – Journalist.

Die verschiedenen Medien berücksichtigen in unterschiedlichem Ausmaß
und unterschiedlicher Verteilung fachliche Themen und gehen z. T. ganz unterschiedlich mit deren Vermittlung um.

Manche Fächer sind in den Medien kaum vertreten. Andere beanspruchen ganze Rubriken bzw. Sendegefäße – z. B. Wirtschaft und Sport. Die
Tagespresse verhält sich natürlich anders als spezialisiertere Zeitschriften.
Nach Straßner (1997b, 84) vermitteln etwa „3 000 Fachorgane spezialisiertes
Wissen an Fachleute und Fachinteressierte." Daneben gibt es eine ganze
Reihe von populärwissenschaftlich orientierten Zeitschriften wie „Geo"
oder „Spektrum der Wissenschaft". Ein solches Maß an Diversifikation
dürfte wohl ein Vorzug der Presse bleiben.

11.2 Techniken der Vermittlung von Fachwissen

Bei den Texten, bei denen die Informationsfunktion über fachliches Wissen
im Vordergrund steht oder – wie bei Ratgebersendungen – Fachwissen als
Hintergrund für die praktischen Ratschläge bereitgestellt werden muss,
lässt sich eine Reihe grundlegender Verfahren beobachten, die der popularisierenden Vermittlung dienen[7]:

11.2.1 Lexikalische Erläuterungen

Das offensichtlichste, aber wahrscheinlich nicht das wichtigste und schwierigste Problem bei der Vermittlung von Fachwissen stellen die Fachtermini
dar.

Aus der nicht-medialen Kommunikation zwischen Fachperson und
Laien, z. B. in der Arztpraxis oder im Krankenhaus, wissen wir, dass es zwi-

---

7 Zur Wissenschaftsvermittlung vgl. Niederhauser (1999, 117 ff.), von dem ich einige wichtige Kategorien übernehme.

schen den beteiligten Personen zu verschiedenen Formen von Verstehen, Halbverstehen und auch Missverstehen kommen kann. Grund dafür sind – u. a. – unterschiedliche Wissensbestände, die im Vokabular ihren Ausdruck finden. Hier sind (mindestens) drei Arten von Wissen zu unterscheiden: Expertenwissen – Halbwissen (oder „Pseudowissen") – Laienwissen. Der Arzt z. B. verwendet das Wort *Gastritis* als Terminus technicus (aufgrund seines Expertenwissens), der Patient spricht von *Bauchschmerzen* (mit einem alltagssprachlichen Wort, das seine Befindlichkeit ausdrücken soll). Um dem Wissensstand des Patienten entgegenzukommen, verzichtet der Arzt u. U. auf seine Fachterminologie und verwendet ein zwar nicht alltagssprachliches, aber doch für den Patienten in gewisser Hinsicht verständlicheres Wort (z. B. *Magenschleimhautentzündung* – ein Kompositum, das durch seine Bestandteile – *Magen/Schleimhaut/Entzündung* – motiviert und dem Deutschsprachigen auch ohne genauere medizinische Kenntnisse mindestens „durchsichtig" ist). Mit der Zeit eignet sich der Patient u. U. das Fachwort *Gastritis* an, ohne aber über die gleichen Wissensbestände, die zum Verständnis des Wortes nötig wären, zu verfügen wie der Arzt (vgl. Löning 1994). *Gastritis* im Munde des Patienten, ebenso wie *Magenschleimhautentzündung* im Munde des Arztes sind also Zwischenstufen zwischen Terminus und Alltagswort, allerdings mit unterschiedlichen dahinter liegenden Wissensbeständen.

In Medientexten wird in der Regel versucht, Unklarheiten, die durch das verwendete Vokabular entstehen könnten, zu vermeiden bzw. zu klären. Dies betrifft insbesondere das Vokabular der Experten. Fachtermini werden, soweit möglich, erklärt, durch verschiedene Arten von Paraphrasierungen bzw. Definitionen (vgl. Niederhauser 1999, 143).

In der psychologischen Beratungssendung „Lämmle live" (vgl. 1.4. und 1.6) macht es sich die Psychologin Frau Lämmle zur Regel, Fachtermini überhaupt zu vermeiden oder, wenn sie nicht ganz vermeidbar sind, durch alltagssprachliche Formulierungen zu erläutern. So leidet die Anruferin im folgenden Ausschnitt unter Depressionen, und sie weiß das auch. Frau Lämmle thematisiert hier ihr bewusstes Vermeiden der Fachausdrücke, begründet dies aber nicht mit den Zwängen des Mediums, sondern durchaus fachlich (sie möchte vermeiden, der Klientin mit dem Fachausdruck einen „Stempel" aufzudrücken):

L	= Frau Lämmle
S	= Sarah
L	Also immer Phasen dazwischen, wo du diese Traurigkeit hattest.
S	Genau.
L	Du merkst, dass ich mich um diesen Begriff Depression rumwinde (LACHT) und es immer wieder Traurigkeit nenn. Depression ist so ein Stempel. – Wenn ich morgens aufwache und mir sozusagen den Stempel

– – oder den Stempel im Spiegel sehe und sag, ich bin depressiv. Eh – – dann
erhol ich mich vielleicht einfach schon von diesem Stempel nicht mehr. Sag
mal – Sarah – der Rolf sagte so – ich hätte gerne ein Kind gehabt.
S   Ja.
(S 3, 21.11.1998)

Ein großes und kaum lösbares Problem besteht aber darin, dass die Wissensbestände der Rezipienten nur unzureichend eingeschätzt werden können, sofern es sich nicht um spezialisierte Programme für kleine Rezipien-
tensegmente handelt. Der Bereich der Wirtschaft ist in dieser Hinsicht
besonders sensibel.[8] Wer wird wohl von der folgenden Meldung angesprochen?

Text	*Bild/Grafik*
M (off:) Aus für den Neuen Markt. Die Deutsche Börse plant einen radikalen Umbau ihres Handelssegments. Sowohl der Neue Markt als auch der SMAX, in dem kleine Unternehmen gehandelt werden, sollen bis spätestens Ende zweitausenddrei geschlossen werden. Stattdessen wird es zwei Segmente mit unterschiedlich hohen Zugangsvoraus- setzungen geben. Mit der Umstrukturierung soll der Aktienmarkt für Anleger, Investoren und Aktiengesell- schaften wieder attraktiver werden.	Börse Frankfurt/Dax. <Aus für Neuen Markt> Nachdenklicher Effektenhändler. Börsenhändler. Börse. Dax-Tafel

(RTL Aktuell, 26.9.2002)

An einer Stelle wird eine Erläuterung gegeben (SMAX erläutert durch den
Relativsatz „in dem kleine Unternehmen gehandelt werden"), sonst aber
wird Vorwissen darüber vorausgesetzt, was der „Neue Markt" oder ein
„Handelssegment" ist.
    In anderen Wirtschaftsbeiträgen wird das Thema in der Regel durch die
Aufteilung in Anmoderation und Bericht oder Interview in nachvollzieh-
bare Informationseinheiten zerlegt. Im folgenden Beispiel, bei dem der Moderator ein live-Interview führt, wird zunächst pauschal das Faktum präsentiert („das Aus für den Neuen Markt"), das Interview soll dann direkt
Informationen „für die Anleger" liefern, also potenziell alle an Anlagen in-
teressierten Zuschauer. Und tatsächlich erfährt man, was das „Aus" konkret
bedeutet, und für denjenigen, der nicht weiß, was „Neuer Markt" ist, wird
immerhin ein Beispiel angeführt („eine Neue-Markt-Aktie wie T-Online").
„Gütesiegel" kennt man auch aus anderen wirtschaftlichen Kontexten.

---

8 Einige der im Folgenden verwendeten Transkripte verdanke ich Angerer (2004).

FZ = Franz Zink

Text	Bild/Grafik
M (on:) Der Neue Markt war einst der Star am Finanzplatz Frankfurt. So mancher hatte am sogenannten Wachstumssegment ein Vermögen gemacht und nicht wenige haben in letzter Zeit ein Vermögen verloren. Heute hat die Deutsche Börse nun das Aus für den Neuen Markt angekündigt. Was das für die Anleger bedeutet, das sagen Sie uns, Franz Zink, in Frankfurt.	Hintergrund links: Deutsche Börse (Börse) Neuer Markt vor dem Aus? Duplex: M rechts, FZ links
FZ (on:) Es bedeutet zunächst einmal nur, dass die Börse an der Eingangstür das Schild auswechselt, das Schild „Neuer Markt" kommt weg. Aber man kann immer noch rein- und rausgehen, als Anleger immer noch die Aktien der betreffenden Unternehmen kaufen oder verkaufen und die Unternehmen, die zum Zweck der Kapitalbeschaffung Geld an der Börse aufnehmen wollen, können das immer noch. Vereinfacht gesagt: eine Neue-Markt-Aktie wie T-Online bleibt immer noch eine T-Online-Aktie, auch Investmentanteile vom Neuen Markt werden dadurch nicht entwertet. Das Gütesiegel Neuer Markt verschwindet weil es beschädigt ist. Es kommt ein neues, hoffentlich besseres Gütesiegel.	Hintergrund: Börse <Franz Zink in Frankfurt am Main>

(Heute, ZDF, 26. 9. 2002)

11.2.2 Reduktion der Komplexität

Fachliche Themen, besonders aus wissenschaftlichen Bereichen, können in den Medien nur präsentiert werden, wenn die fachimmanente Komplexität des Gegenstandes für das Laien-Publikum reduziert wird. Zentrale sprachliche Verfahren, die eine solche Reduktion erlauben und die zugleich zur alltäglichen Sprachpraxis gehören, sind Vergleiche und Metaphern. Durch Vergleiche und Metaphern können abstrakte Domänen auf konkrete, alltägliche Erfahrungsbereiche zurückgeführt werden.

In einer durchschnittlichen Radio-Sendung zu naturwissenschaftlichen Themen wird z. B. der Wissenschaftswissenschaftler Hans Peter Fischer interviewt (über die Vergabe des Nobelpreises, in „Kontext Naturwissenschaft", DRS 2, 16. 10. 2003). Er ist gewohnt, schwer verständliche naturwissenschaftliche Vorgänge an Laien zu vermitteln. So bedient er sich im folgenden Beispiel zur Erklärung (wenn man das in diesem Fall so nennen

kann) der „Kernspintomographie" und des Begriffes „Spin" eines Vergleichs
aus dem Alltag:

> Ja das is auch eine phantastische Entdeckung ich meine – in dem Zentrum die-
> ses Wortes steckt immer dieser kleine Ausdruck Spin und der in der Schweiz an-
> gesiedelte Physiker Wolfgang Pauly hat den Nobelpreis 1945 bekommen und
> das hat auch sehr viel mit der Entdeckung des Spins zu tun. Der Spin ist dabei
> etwas was anschaulich zwar dargestellt wird als eine Eigenrotation des Atom-
> kerns das is so wie ein Tennisball der nich nur grade fliegt ja sondern er fliegt
> auch noch ne Drehung um seine eigene Achse hat [sic] – aber das STIMMT eben
> anschaulich nich der Spin is – mehr oder weniger eine unanschauliche Zwei-
> deutigkeit der Materie das klingt jetzt komplex aber es ist trotzdem phantastisch
> dass aus dieser seltsamen – nicht anschaulich zu begründenden Zweideutigkeit
> alle diese praktischen Anwendungen hervorgehen können die wir erleben – das
> macht eigentlich das Wunderbare von Wissenschaft insgesamt aus

Dabei macht er gleichzeitig klar, dass die Analogie nur sehr beschränkt die
Sache trifft. Dieses Defizit wird aber kompensiert durch die emotionalisierende Bewertung der Entdeckung des Spins („phantastisch", das „Wunderbare von Wissenschaft").

Bei einem Vergleich bleibt man sich bewusst, dass das verglichene und
das vergleichende Element getrennte Objekte sind, die nicht einfach identifiziert werden sollen und können. Bei der Metapher ist diese Distanz nicht
mehr unbedingt gegeben. Die Geschichte der neueren Biologie oder Physik
ist reich an Beispielen für Metaphern, die in fachexternen Kontexten zu vor-
eiligen Interpretationen geführt haben. Nicht selten gibt die fachinterne Terminologie Anlass zu solchen Fehldeutungen.[9]

Ein in meinen Augen abschreckendes Beispiel für den Versuch, Komplexität durch Anknüpfung an Alltägliches zu reduzieren, ist ein Beispiel
wie das folgende aus „Börse im Ersten". Die Metapher der „reichen Gaben"
und des „Fallobsts" mag zwar im ersten Moment animierend wirken. Aber
das nachfolgende „Feuerwerk" von umgangssprachlich-saloppen Formulierungen („da geht nix vor und nix zurück", „Quatsch sagt man in Heidelberg"), Phraseologismen (wie „frohe Kunde"), auch mit halsbrecherischen
Modifikationen („Himmel Dax-und Zwirn"), das Hin und Her von positiven und negativen Bewertungen, dazu noch die verwirrende Vielfalt grafischer Informationen – das alles ist zuviel das Guten:

---

9 Z. B. die „Text"-Metaphorik bei DNA; eine ausführliche Untersuchung der Aids-Meta-
   phorik aus verschiedenen Perspektiven bietet Biere/Liebert (Hrsg., 1997).

Text	Bild
M (on:) Guten Abend. Willkommen an der Börse. In einer neuen Woche. Gestern war Ernte-Dankfest: man bedankt sich für die reichen Gaben der Natur – – Reiche Gaben hat die Börse schon längst nicht mehr zu vergeben, es ist alles Fallobst. Himmel Dax und Zwirn sagen viele die sich auskennen. Das is wieder typisch deutsch: die Stimmung is schlechter als die Lage.	Vertikal/links: <Börse im Ersten 07.10.2002> Horizontal/unten: Laufband mit Börsendaten Hintergrund: Börse Frankfurt/Dax-Tafel
(off:) Da kommt doch frohe Kunde von hohen Bestellungen für die Industrie im August. Sogar ein dickes Plus für die Betriebe im Osten. Das is doch positiv.	Grafik: Konjunktur-Aussichten Positiv: Industrieaufträge August hoch (Ostländer + 20 %)
(off:) Ja (GEDEHNT), sagen die Miesmacher, Ja (GEDEHNT) aber der September, da (GEDEHNT) bricht doch alles ein, is doch wirtschaftliche Stagnation, da geht nix vor und nix zurück oder? Und überhaupt: der Irakkonflikt, da wird doch bei einem Krieg sofort das Öl teuer, oder? Also alles negativ!	Grafik: Konjunktur-Aussichten Positiv: Industrieaufträge August hoch (Ostländer + 20 %) Negativ: Einbruch im September? Stagnation? Irakkonflikt! (Ölpreis)!
Die Schwarzseher regieren also weiter. Der DAX zuckt unruhig, knickt aber kleinmütig ein: minus 48 Punkte, 2666 Punkte der letzte Stand.	DAX-Kurstafel Fokus auf Tagesverlaufskurve
Keine sichere Bank mehr sind Finanzaktien. Besonders im (UNVERST.) diese zwei hier: Hat die Commerzbank doch größere Geldprobleme? Böse Gerüchte! kontert der Vorstand in einem Brief an die Mitarbeiter. Und immer wieder Vorwürfe gegen MLP: Finanzman/ Finanzmanipulation sagt man. Quatsch sagt man in Heidelberg.	Grafik: (Logo Commerzbank) – 4,6 % ⇒ Größere Probleme? ⇒ Vorstand: Böse Gerüchte (Logo MLP) – 12,5 % ⇒Neue Vorwürfe
(on:) Die Aktien so billich wie seit zwanzig Jahren nicht mehr. Gut. Herr Clement geht als Superminister nach Berlin. Die Börse hats zur Kenntnis genommen. Ein Anderer hat ein ganzes Wochenende gebraucht um einen ähnlich harten Knochenjob abzulehnen.	Vertikal/links: <Börse im Ersten 07.10.2002> Horizontal/unten: Laufband mit Börsendaten Hintergrund: Börse Frankfurt/Dax-Tafel
(off:) Wer wird Nachfolger von Ron Sommer bei der Telekom und hievt den grottenschlechten Kurs endlich	Grafik: Sommer-Nachfolge??

hoch? Postchef Zumwinkel sagt deutlich Nein ich bleibe Postler und bin mit Freuden dabei.	\<Bleibe Post-Chef\> \<Mit Freude dabei\> Kursverlauf der T-Aktie mit Daten – 4,5 %/8,66 Euro
(on:) Immerhin, er hat das ganze Wochenende gebraucht um zu dieser freudigen Erkenntnis zu kommen. Bis Morgen.	Vertikal/links: \<Börse im Ersten 07.10.2002\> Horizontal/unten: Laufband mit Börsendaten Hintergrund: Börse Frankfurt/Dax-Tafel

(Tagesschau, ARD, 7.10.2002)

11.2.3 Personalisierung

Ein typisches Verfahren der Personalisierung, mit dem abstrakte Wirtschaftsvorgänge konkret fassbar gemacht werden können, ist die Befragung von „Betroffenen", von Kunden, Klienten usw. Zum Beispiel wird die Tarifpolitik der Deutschen Bundesbahn am einfachsten dadurch konkretisiert, dass Bahnkunden ihre Einschätzung des Systems bekannt geben (das Transkript des ganzen Beitrags findet sich in 6.5):

K1, K2 = Kundinnen

Text	Bild
(…) K1 (on:) Ich bin n spontana Mensch – – unsre Familie – un wenn mer sacht so, jetzt wolln wa die Verwanschaft besuchn, denn haut et nich hin hia mit diesm Sparn.	Statement ältere Bahnkundin
K2 (on:) Ich hab äh bisher äh siebzich Prozent Nachlass gekricht und bekomm jetzt soweit ich weiß nur noch vierzich Prozent.	Statement junge Bahnkundin
Sprecher (off:) Die Bahn weist alle Kritik zurück, immerhin könne man verschiedene Rabatte nun miteinander kombinieren.	Zwei ältere Damen diskutieren an einem verlassenen Bahnsteig
Koch (on:) Wir werden das Preissystem auch nicht ändern, denn das, was uns Stiftung Warentest vorwirft, das sind Dinge, die kennen wir, zu denen haben wir Stellung genommen und haben sehr genau immer wieder begründet warum wir die Dinge genau so gemacht haben und nicht anders.	\<Hans-Gustav Koch Vorstand Deutsche Bahn\>

(Tagesschau, ARD, 21.11.2002)

Die komplexen Sachverhalte, die in der Anmoderation (und Teilen des folgenden Berichts) besprochen werden, können durch die Aussagen der Bahnkundinnen für die Rezipienten greifbar gemacht werden.

Personalisierung bei der Vermittlung von wissenschaftlichem Wissen kann auch bedeuten, dass das Problem an der Geschichte der Wissenschaft oder auch an einzelnen Wissenschaftlerpersönlichkeiten und deren Biographie, schließlich auch an Auswirkungen und Nutzen der wissenschaftlichen Erkenntnisse festgemacht wird.

11.2.4 Dramatisierung und Emotionalisierung

Die obigen Beispiele illustrieren bereits die beiden Phänomene:

Im Wirtschaftsbericht wird die Glorie von „einst" dem „Aus" von heute gegenübergestellt. Durch den Kontrast bekommt das Ereignis eine Dramatik, die es „in Wirklichkeit" vielleicht gar nicht hat (wenn man die genaueren Erläuterungen des folgenden Korrespondententextes vergleicht: „Es bedeutet zunächst einmal nur …").

> Der Neue Markt war *einst* der Star am Finanzplatz Frankfurt. So mancher hatte am sogenannten Wachstumssegment ein Vermögen gemacht und nicht wenige haben in letzter Zeit ein Vermögen verloren. Heute hat die Deutsche Börse nun das *Aus* für den Neuen Markt angekündigt.

Die Aussagen des Physikers über den Spin bedienen sich emotionalisierender Formulierungen, die die trockene physikalische Materie für den Rezipienten zum Gegenstand der Bewunderung machen sollen („phantastisch", das „Wunderbare von Wissenschaft").

11.3 Zwei zusammenhängende Beispiele

An zwei Beispielen sollen einerseits die Möglichkeiten der Presse, andererseits des Fernsehens bei der fachexternen Vermittlung von Wissen besprochen werden.

11.3.1 Presse: *Das schwarze Loch*

Das „schwarze Loch" ist ein physikalischer Begriff, der sich wegen seiner theoretischen Komplexität eigentlich der Popularisierung entziehen würde, der aber eine Fülle von Assoziationen evoziert, die ihn wiederum für fachexterne Vermittlung attraktiv machen. Ein „Loch" im Universum, und erst noch ein „schwarzes" – das legt furchtbare Vorstellungen nahe. Drewer (2003) hat die Genese des Begriffs und seine fachexterne Popularisierung nachgezeichnet. Fachlich gesehen ist das schwarze Loch „ein Himmelskörper, dessen Materie so stark komprimiert ist, dass er zu einem Punkt ohne

Ausdehnung mit unendlich hoher Dichte zusammenfällt" (Drewer 2003, 149). Die Metapher *black hole* stammt von dem amerikanischen Physiker John Archibald Wheeler (erstmals 1968 publiziert). *black hole* war 1968 im Englischen bereits als Phraseologismus geläufig (als ‚punishment cell', ‚place of confinement for punishment', ‚the deep dark pool under a waterfall', Drewer 2003, 182, nach Oxford English Dictionary 1961). Demgegenüber besaß im Deutschen nur das einfache Lexem *Loch* eine Bedeutung, die für die physikalische Metapher besonders relevant wird, nämlich ‚Gefängnis'. Durch die Übersetzung von engl. *black hole* zu dt. *schwarzes Loch* entstand im Deutschen ein neuer terminologischer Phraseologismus, der zunächst nur im fachsprachlichen Kontext verwendet wurde, bald aber schon in wissenschaftvermittelnden fachexternen Texten auftauchte und gängig wurde. Die Metapher produziert in fachexternen Zusammenhängen eine Reihe von Assoziationssträngen, die in der alltagssprachlichen Bedeutung der Wortverbindung angelegt sind: Schwarze Löcher sind eine Gefahr, Bedrohung, sie werden anthropomorphisiert zu gefräßigen und bösartigen Kreaturen, sie führen in die Hölle usw.

Einen typischen, durchschnittlichen Umgang mit dem Begriff in der Tagespresse illustriert das folgende Beispiel (Tages-Anzeiger, 22.7.2004):

In der Rubrik „Wissen" erscheint ein Text-Cluster (vgl. 8.4.2), der zwei Drittel der Seite ausmacht und aus 4 Elementen besteht:

(1) Ein mit dem Namen der Autorin (Barbara Vonarburg) gezeichneter Bericht über einen neuen Schritt in der Erforschung des schwarzen Lochs

(2) Ein Kasten mit fachlicher Information und als Quellenangabe der Kürzel *bva*

(3) Eine Aufnahme der Umgebung eines schwarzen Lochs, mit Sternen und einem bläulichen Ring um das schwarze Loch herum (Quellenangabe: „Illustration Nasa")

(4) Ein Foto (Porträt) des an amyotrophischer Lateralsklerose leidenden Physikers Stephen Hawking

Beginnen wir der Übersichtlichkeit halber mit dem zweiten Element (während der „normale" Rezipient vermutlich mit der Schlagzeile des Berichts und dem großen Bild beginnen wird):

Zu (2): Beim fachlich orientierten Kasten soll die zweizeilige Überschrift „Stichwort / Schwarzes Loch" auf den enzyklopädisch-lexikonartigen Charakter des Textes hindeuten. Der Text selber ist allerdings nicht so strikt fachlich, wie man nun annehmen würde:

Ein schwarzes Loch entsteht, wenn ein massereicher Stern am Ende seiner Lebensdauer kollabiert. Riesige Schwarze Löcher lauern aber auch im Zentrum von Galaxien wie der Milchstrasse. Die kosmischen Monster sind Schwerkraft-

fallen, in denen Materie extrem dicht zusammengepresst ist. Die Anziehungs-
kraft eines Schwarzen Lochs ist so gross, dass nicht einmal Licht entweichen
kann, deshalb der Name. Doch Schwarze Löcher sind nicht ganz schwarz. Das
entdeckte Stephen Hawking bereits 1974. Auf Grund von Quanteneffekten ent-
weicht aus den Löchern so genannte Hawking-Strahlung. Dadurch verlieren die
Monster langsam an Masse, bis sie vollständig zerstrahlt sind. Bisher nahm man
an, dass mit der Hawking-Strahlung auch sämtliche Information aus dem Innern des Schwarzen Lochs verdampft. *(bva)*

Die Übergänge zwischen terminologischen und alltagssprachlich-metapho-
rischen Ausdrücken sind für den Laien nicht abzuschätzen. Der ganze Text
wirkt stark metaphorisch. Einiges davon, so kann man vermuten, entspricht
der innerfachlichen Terminologie, die bereits metaphorische Elemente enthält. Sterne haben eine „Lebensdauer", sie können „kollabieren", Information „verdampft". Anderes gehört offensichtlich zu den alltagssprachlich
interessanten, aber fachlich kaum vertretbaren Bedrohungsszenarien: die
kosmischen „Monster", die „lauern", die als „-fallen" wirken. Manches
glaubt man zu verstehen, anderes bleibt ohne Fachkenntnisse rätselhaft (was
hat z. B. Materie mit Information zu tun?).

Zu (1):

Der Bericht hat die Überschrift

Schwarze Löcher haben Haare

und den Lead:

Der Astrophysiker Stephen Hawking glaubte bisher, dass in Schwarzen Löchern sämtliche Information verloren geht. Nun hat er seine Meinung geändert
und damit eine Wette verloren.

Die Schlagzeile führt die Metapher vom schwarzen Loch um eine zusätzliche Komponente weiter. Was das Ganze allerdings bedeuten soll, ist zunächst einmal rätselhaft.

Der Lead führt zwar auf die fachliche Ebene („… sämtliche Information
verloren geht"), doch wird der fachliche Aspekt in hohem Masse personali-
siert. Es geht um ein fachliches Problem, bei dem Hawking einerseits fachlich, durch seine bahnbrechenden Forschungen und seine allerneuesten Erkenntnisse, involviert ist, bei dem er andererseits aber auch als Privatmensch
engagiert ist, weil er sich auf eine Wette eingelassen hat. Diese beiden Infor-
mationsstränge – der fachliche und der private – laufen im Bericht gleichge-
wichtig nebeneinander.

Gleich zu Beginn des Haupttextes rückt Hawking in den Vordergrund
des Berichts, indem das fachliche Problem als „sein" Problem deklariert
wird, um das er sogar eine Wette eingeht, und indem er – sozusagen nebenbei – mit einer attributiven Formulierung (kursiv), als Invalider und als Star
unter seinesgleichen, charakterisiert wird:

> Lange war *der gelähmte Starphysiker* Stephen Hawking sich seiner Sache sicher: Schwarze Löcher fressen nicht nur Materie, sie verschlingen auch sämtliche Information, die mit der Materie ins Schwarze Loch gesogen wird. Kip Thorne, ebenfalls ein bekannter Physiker, ging mit ihm einig, nicht aber sein Kollege John Preskill. Hawking und Thorne wetteten, dass Information in Schwarzen Löchern für immer verloren gehe. Preskell setzte dagegen. Der Wettausgang blieb sieben Jahre lang offen. Nun glaubt Hawking selbst, dass er falsch lag. „Ich bin bereit, die Wette zu bezahlen", liess er gestern via Sprachcomputer an einer internationalen Konferenz in Dublin verlauten.

Die eigentlich fachlichen Hintergründe delegiert die Autorin an einen Fachmann:

> Günther Hasinger, Professor am Max-Planck-Institut für extraterrestrische Physik in Garching bei München, erklärt die Ausgangslage: „Es hat lange Zeit geheissen, ein Schwarzes Loch hat keine Haare."

Das ist allerdings noch keine „Erklärung". Die eigentliche Erklärung folgt dann ohne wörtliches Zitat. Aber man kann annehmen, dass die Autorin hier dem folgt, was Hasinger gesagt hat, zumal er im folgenden Abschnitt dann wieder wörtlich zitiert wird:

> Dieses so genannte No-Hair-Theorem besagt, dass es nur drei Zahlen braucht, um ein Schwarzes Loch vollständig zu charakterisieren: einen Wert für die Masse, einen für die Rotationsgeschwindigkeit und den dritten für das elektrische Feld des kosmischen Monsters. (…)
> Das No-Hair-Theorem beruht auf Einsteins Relativitätstheorie der Schwerkraft. Doch in einem Schwarzen Loch ist die Materie auf so kleinem Raum zusammengepresst, dass hier auch die Quantentheorie angewendet werden muss. „Die Quantentheorie gilt für das ganz Kleine, die Relativitätstheorie für das ganz Grosse", erklärt Hasinger. „Beim Schwarzen Loch" treffen sich die beiden Theorien."

Man sieht hier, wie bei vielen Termini in der Theorie des Schwarzen Lochs, dass schon die Physik selber mit metaphorischen Termini arbeitet. Die „Haare" der Schlagzeile sind also keinesfalls alltagssprachlich (miss)zuverstehen. Unter dem Aspekt der Textgeschichte ist hier aufschlussreich – weil übliche Praxis –, dass man nicht erfährt, wann, wo, zu wem, in welchem Kontext Hasinger seine Äußerungen getan hat. Die Original-Situation der Recherche ist verschwunden und nicht mehr eruierbar, da keine weiteren Angaben gemacht werden (und auch keine Agentur-Kürzel vorhanden sind). Wenn man allerdings im Hawking-Zitat (das vermutlich aus einer Agentur-Meldung stammt) liest, dass Hawking sich „gestern" habe verlauten lassen, dass es sich also um einen sehr kurzfristig entstandenen Bericht handeln muss, dann wird man annehmen dürfen, dass die Autorin eine telefonische Zusatzrecherche gemacht hat.

Die Fachleute sind sich natürlich bewusst, dass ihre Metaphorik die Laien in die Irre führen kann. Aber sie tun in der Regel nicht viel, um sol-

che Irrtümer zu verhindern. Auch Hawking macht da offenbar keine Ausnahme. Er lässt sich – vielleicht ironisch, vielleicht auch nicht – auf laienhafte
Spekulationen ein:

> „Es tut mir leid, dass ich damit die Sciencefiction-Fans enttäuschen muss", sagte
> Hawking, „aber wenn die Information erhalten bleibt, kann man Schwarze
> Löcher nicht für Zeitreisen in andere Universen gebrauchen".

Und wenn er sich nun doch irrt – was manche Kollegen annehmen –, was
ist dann mit den „Zeitreisen"? Darf man dann darüber spekulieren?

Auch Hasinger lässt sich auf eine alltagssprachliche Vorstellung von
„Haaren" ein:

> „Das Schwarze Loch hat also doch Haare, die irgendwie als Fluktuationen auf
> der Oberfläche eingeprägt sind", fasst Hasinger zusammen.

Was „Fluktuationen" im Zusammenhang mit Haaren sein sollen, bleibt dem
Laien verborgen, dass Haare „auf der Oberfläche [wovon übrigens? was ist
die Oberfläche von einem Loch?] eingeprägt sind", das ist irgendwie vor-
stellbar. Mit dem Heckenausdruck „irgendwie" schwächt Hasinger die Gül-
tigkeit des Vergleichs ab, ohne ihn aber gänzlich zu relativieren. Gleich
anschließend erfolgt dann aber – in indirekter Rede – wieder eine fachliche
Argumentation:

> Der wesentliche Punkt sei, dass Hawking versuche, die Relativitätstheorie der
> Schwerkraft und die Quantentheorie miteinander zu verbinden. Seit Jahrzehn-
> ten basteln Physiker an einer derartigen Supertheorie der Quantengravitation
> (...)
> Doch ein umfassendes Verständnis fehle bisher, sagt Hasinger.

Was die fachlichen Erläuterungen mit den „Haaren auf der Oberfläche", mit
„schwarz" und mit „Loch" zu tun haben sollen, bleibt gänzlich unerklärt.

Am Schluss des Artikels wird dann noch eine alternative Lösung vorgestellt, die „Kollegen von der State University" entwickelt haben. „Bereits
im März" schlugen sie vor, „dass es in einem Schwarzen Loch eine Art Spa-
ghetti-Haufen gibt". Gleich anschließend erfolgt wieder die fachliche Erläuterung, diesmal ohne Bezugnahme auf eine Experten-Äußerung:

> Sie hatten die so genannte Stringtheorie auf ein Schwarzes Loch angewandt.
> Nach der Stringtheorie sind die Elementarteilchen nicht unendlich kleine
> Punkte, wie bisher angenommen, sondern Fäden, die wie Saiten schwingen.

Die Metapher des „Spaghetti-Haufens" wurde offenbar von den Physikern
selbst ins Spiel gebracht (wiederum mit einem einschränkenden Heckenausdruck: „eine Art"). Dass sie mit der in der Erläuterung der Stringtheorie angebotenen weiteren Metapher („Fäden, die wie Saiten schwingen") nicht
ganz zusammenpasst, stört die Autorin offenbar nicht.

Die beiden Bilder (3) und (4) haben insbesondere emotionale Qualitäten. (3) ist nach meinem subjektiven Urteil eine äußerst ästhetische Darstellung eines Ausschnitts des „Sternenhimmels". Erst wenn man die Legende

liest oder die Schlagzeile des dazu gehörenden Berichtes, kommt man auf
andere Assoziationen. Die Legende ist zweiteilig: „Exotisches Monster: Ob
ein Schwarzes Loch neben Materie auch Information auffrisst, ist umstritten." Der erste Teil ruft die alltagssprachlichen Assoziationen von
„Schwarzes Loch" wach, der zweite Teil ist eine komprimierte Fassung des
fachlichen Problems, das im Bericht dargestellt wird. Allerdings wird auch
hier die alltagssprachliche drastische Metapher „auffrisst" eingefügt. Nach
meinem Eindruck – und mehr als ein subjektives Urteil kann man in einem
solchen Fall nicht abgeben, es sei denn man mache eine empirische Studie –
ruft die Legende metaphorische Scenarios auf, die durch das Bild in keiner
Weise gestützt werden.

Das Foto von Hawking (4) zeigt demgegenüber die krankheitsbedingte
verzerrte Mimik des unheilbar Kranken. Als Legende erscheint nur „Stephen Hawking". Ob der Kontrast der beiden Bilder beabsichtigt ist, lässt
sich nicht beurteilen. Wenn er beabsichtigt wäre, wäre er reichlich geschmacklos.

11.3.2 Fernsehen: Gesundheitssendung

Als Beispiel nehme ich die Sendung „Hauptsache Gesund" (MDR).

In jeder Sendung wird eine spezifische Krankheit bzw. ein Gesundheits-
Thema behandelt. In der Sendung, die als Beispiel dienen soll (24. 7. 2003,
21.00–21.45 Uhr), spricht die Moderatorin zwischen den Filmbeiträgen mit
mehreren Experten: einem Arzt, einer Physiotherapeutin sowie einem Apo-
theker. Die Zuschauer können telefonisch oder per Fax Fragen an den medizinischen Experten richten.

Die Moderatorin wird vom Sender so vorgestellt:

> „Dr. Franziska Rubin wurde 1968 in Hannover geboren. Für ihr Medizinstu-
> dium zog sie 1990 nach Köln und lebt auch noch heute dort. Ihren Doktor er-
> warb Frau Rubin im Bereich Nervenheilkunde. Allerdings entdeckte sie schon
> während des Studiums ihre Liebe zum Fernsehen. Sie moderierte u.a. Kinder-,
> Jugend- und Servicesendungen. Seit 1998 präsentiert die Ärztin „HAUPTSA-
> CHE GESUND". Ihr Anliegen ist es, möglichst vielen Menschen kompetent
> Rat und Hilfe zu bieten." (aus: http://www.mdr.de/hauptsache-gesund)

M'in = Moderatorin Dr. med. Franziska Rubin
E   = Experte Prof. Dr. Peter Malfertheiner

Text	Bild
M'in (on:) Mein Gast im Studio ist heute Professor Doktor Peter Malfertheiner. Ich freu mich sehr, dass Sie wieder bei mir sind.	M'in und E an einem Stehtisch im Studio, Nahaufnahme. Die Moderatorin trägt ein helles Kleid, das an einen Krankenschwestern- oder Ärztekittel erinnert.

E (on:) Guten Abend, danke. (LÄCHELT)	E groß im Bild.
M'in (off:) Ganz herzlich willkommen. (on:) Sie sind der Direktor der Uni/ Magdeburger Uniklinik, und zwar der Abteilung *Gastroenterologie* (*LANGSAM UND DEUTLICH GESPROCHEN*), ist ja so ein schweres Wort, das heißt eigentlich, Sie sind ein Spezialist für alles, was mit dem gesamten – Verdauungssystem zu tun hat. Man sagt ja immer, – es stößt einem etwas SAUER auf. – – (off:) Hat die Speiseröhre oder das Sodbrennen etwas mit Ärger und Stress zu tun?	M'in und E am Stehtisch, nah, die M'in blickt E an beim Sprechen. Schnitt auf E, groß im Bild.
E (on:) Nicht im eigentlichen Sinne, sondern man führt das Sodbrennen als das Leitsymptom dieser Refluxkrankheit auf hektischen Lebensstil, ungesunde Ernährungsweise, und auch auf eine Veranlagung die der einzelne mitbringt, genetisch sozusagen zurück.	Insert <Prof. Dr. Peter Malfertheiner, Uniklinik Magdeburg>
M'in (off:) Hm (+). Und Refluxkrankheit (on:) das werden wir noch weiter erklären, das ist jedenfalls das, was eigentlich das Sodbrennen auslöst.	M'in groß im Bild.
E (off:) Ja, das ist die Krankheit, (on:) die diesem Symptom zu Grunde liegt, wenn zu viel Säure zurückfließt in die Speiseröhre.	E groß im Bild
M'in (off:) Genau. – (on:) Es fängt ja alles ganz harmlos an, plötzlich ein saures Aufstoßen, es wiederholt sich dann und wann und eines Tages kommt es immer und immer wieder. Was ist da passiert? Das gelegentliche Problem ist zum quälenden Dauerbrenner geworden. (…)	M'in groß im Bild. Sie blickt nun direkt in die Kamera.

Die Moderatorin ist selbst Ärztin, also auch Expertin, aber zu Beginn definiert sie sich durch ihr Gesprächsverhalten ganz in der Rolle der Moderatorin. Sie begrüßt den Gast, stellt ihn in seiner Expertenrolle vor. Schon seine Tätigkeit zu bezeichnen, erfordert den Einsatz eines Fachwortes (*Gastroenterologie*). Metasprachlich scheint sie zu signalisieren, dass auch sie damit

Probleme hat („ein schweres Wort"), doch sofort anschließend erläutert sie
den Begriff („alles, was ..."). Noch einmal schlüpft sie in die Rolle des Laien,
indem sie das Idiom *etw. stößt einem sauer auf* ins Spiel bringt, das eine bestimmte Kausalität des Sodbrennens nahe legt. Doch der Experte lehnt diese
Deutung (mit der sie wohl wissentlich eine falsche Spur gelegt hat) vorsichtig ab („Nicht im eigentlichen Sinne"). Der Experte verwendet den Terminus *Refluxkrankheit*, ohne ihn zunächst zu erklären. Die Moderatorin weist
sogleich auf die Erklärungsbedürftigkeit hin, vertröstet aber auf später. Der
Experte nimmt dennoch seinerseits sogleich das Stichwort auf und liefert
bereits eine (vorläufige) Erklärung, worauf die Moderatorin die Symptome
aus der Sicht des Kranken beschreibt.

Die Moderatorin zeigt sich also in den Rollen der Gastgeberin und der
Stellvertreterin der Laien, insbesondere der an dieser Krankheit leidenden
Laien. Dass sie selber auch Expertin ist, bleibt im Hintergrund.

In anderen Phasen der Sendung gelingt ihr das nicht in gleicher Weise.
Nachdem der Arzt auf ihre Frage hin die Symptome beschrieben hat, unter
denen Heiserkeit eine wichtige Rolle spielt, erläutert sie selbst – als Expertin – genauer, was es mit der Heiserkeit auf sich hat. Sie tut dies aber sozusagen tentativ, mit Frageintonation und leicht überraschtem *Ahja* als Reaktion auf die Äußerung des Arztes, der ihre Erläuterung weiterführt und
noch präzisiert. Sprachlich profiliert sie sich durch die umgangsprachliche
Interjektion *zack* als Laie. Kurz darauf führt sie selber ein Fachwort ein
(„Sphinkter"), das sie sogleich verdeutscht („dieser Schließmuskel"). Hier
erkennt man also ein Balancieren zwischen der Experten- und der Laien-
rolle.

Text	Bild
M'in (on:) Herr Professor M., das Sod-brennen ist of/ offenbar ein ernst zu nehmendes Signal, welche Symptome kann dann die Refluxkrankheit noch zeigen?	Totale im Studio, M'in und E sitzen sich auf Sesseln gegenüber.
E (on:) Zunächst ist es ganz wichtig, dass man das Symptom Sodbrennen überhaupt richtig interpretiert.	
M'in (on): Hm (+)	
E (on:) Unter Sodbrennen versteht man ein Brennen, das vom Oberbauch hinter die Brust-Region aufsteigt, andere Symptome können auch Schmerzen hinter der Brust sein, Heiserkeit kann sich entwickeln, ein saures Aufstoßen kann bis in den Mund reichen,	E nah im Bild. Er gestikuliert beim Spre-chen, fährt mit der Hand vom Bauch zur Brust.

M'in (off): Hm (+)	
E (on:) Chronischer Husten kann dabei sein, sodass man Symptome unterscheidet, die direkt auf die Speiseröhre bezogen sind von Symptomen, die auch andere außerhalb der Speiseröhre liegende Organe betreffen. Also die Lunge und insbesondere auch die Stimmbänder.	Totale im Studio, seitlich gefilmt, wir sehen die M'in sprechen, E sitzt mit dem Rücken zur Kamera. Kamera zoomt heran.
M'in (on:) Also Heiserkeit entsteht dadurch, dass praktisch die Säure die Stimmbänder erreicht hat, und äh dieses chronische Husten dadurch dass es – zack in die Lunge seine Wege findet; (LEICHT FRAGENDE INTONATION)	
E (on:) Dass sogar etwas| zurückfließt| , M'in (on:) |Ahja| – Hm	E nah im Bild.
E (on:) manchmal wachen auch Leute nachts auf, und die haben dann das Gefühl stark husten zu müssen und merken das eigentliche Sodbrennen gar nicht.	Totale im Studio wie zu Beginn.
M'in (on:) Gut. Alles Symptome dieser Reflux-Erkrankung, wie wir grad gesehen haben. Wie kommt es dazu, dass dieser Sphinkter, dieser Schließmuskel erschlafft?	E nah im Bild.
E (on:) Ja; normalerweise wenn wir Nahrung zu uns nehmen, muss er erschlaffen, damit die Nahrung durch die Speiseröhre hindurch in den Magen befördert wird. Sobald sie dort ist, schließt sich dieser Muskel. (…)	

Auch sonst führt sie eindeutige Fachwörter in das Gespräch ein:

> M'in (on:) Wir haben ja jetzt eben schon in dem Beitrag ein bisschen was über die Therapie gehört, eine Therapie sind diese Protonenpumpen-Inhibitoren, das heißt also, sie verHINdern dass überhaupt Salzsäure ausgeschüttet wird, – BRAUchen wir nicht die Salzsäure?

Hier erklärt sie nicht das Wort, sondern den Effekt der Therapie. (Im vorangegangenen Film-Beitrag wurde kurz anhand einer Grafik das Funktionieren der „Säurepumpen" erklärt.)

Es gibt verschiedene Arten von Experten, auch innerhalb von Gesundheitssendungen. Z. B. auch eher „praktisch" orientierte Experten wie Physiotherapeuten u. ä. Im folgenden Ausschnitt zeigt sich sehr klar die Rollenverteilung zwischen einer solchen Expertin und der Moderatorin:

L = Gitte Liebisch, Physiotherapeutin

Text	Bild
M'in (on:) Gitte Liebisch! Als unsere Physiotherapeutin, jetzt fragt sich natürlich jeder, was hat denn bitte Sport oder Physiotherapie mit Sodbrennen zu tun.	L und M'in amerikanisch im Bild, zwischen den beiden ist ein menschliches Skelett aufgebaut.
L (on:) Ja, Muskeln sind eigentlich fast überall am Körper, sogar um die Speiseröhre drum rum, das ist eben das Zwerchfell, das muss man sich so vorstellen, dass das hier so – also zwischen den Rippen, richtig so in/ in unserem Körper liegt, und dazwischen – kommt eben so die Speiseröhre durch, | wenn man das hier mal so zeigen| M'in (on:) | Ja. – – Also hier drüber|	L hält eine rote Papierscheibe in der Hand und setzt sie dem Skelett in den Brustkorb. In der Mitte der Scheibe ist ein Loch. Detailaufnahme des Skeletts.
liegt im Grunde die| LUNGe| , L (on:) | Hm (+)| M'in (on:) da drunter liegt der Magen, | interessanterweise| , L (on):| Hm (+)|	L und M'in amerikanisch im Bild, L hält das Papier, das die Form eines Kegels hat, während die M'in die Position der Organe mit der Hand zeigt. Um die Lage der Speiseröhre zu zeigen, steckt sie zwei Finger durch das Loch in der Scheibe.
M'in (on): hier läuft die Speiseröhre durch, und jetzt (LEICHT FRAGENDE INTONATION)	
L (on:) und es ist also auch ungefähr an der Stelle, wo eben dieser Schließmuskel ist, und das Zwerchfell unterstützt also die Funktion des Schließmuskels, und immer wenn das Zwerchfell arbeitet, dann zieht es sich SO zusammen, also in der Weise, dass es eben dieses Loch so verkleinert. Na? Also so diese Speiseröhre sozusagen zusammenschnürt.	Detailaufnahme des roten Papierkegels. Der Radius des Lochs lässt sich enger oder weiter machen. Im Hintergrund der Brustkorb des Skeletts. L und M'in amerikanisch im Bild. zwischen den beiden das menschliches Skelett.
M'in (on:) Meine Finger! (LACHT, SCHÜTTELT IHRE HAND) Wie kann man so was trainieren. | L (on:) Ja.	

M'in (on:) Das ist ja immerhin ein Muskel der hier drin liegt, ungefähr so (FÄHRT SICH SCHRÄG NACH UNTEN ÜBER DIE RIPPEN)

L (on:) Ja, das ist so irgendwie ein komischer Muskel, is ein Bauchmuskel, also erstens Bauchmuskelübungen auch sehr gut; und ich hab ähm so ne Atemübung direkt für dieses Zwerchfell; werd ich zeigen, also das sind so ganz kurze, ganz aktive Ausatemstöße. Ich zeig das mal (ATMET STOSSWEISE AUS)

L nah im Bild, Insert <Gitte Liebisch, Physiotherapeutin, Halle>. Das Skelett ist in der rechten Bildhälfte sichtbar. Sie geht einen Schritt nach links und setzt sich auf einen Stuhl. In der linken Bildhälfte ist ein Modell eines menschlichen Oberkörpers aufgebaut, die inneren Organe sind sichtbar.

M'in (off:) *Durch das Ausatmen, im Grunde genommen, wenn man die Luft in die Lunge pumpt, dann geht das Zwerchfell RUNTER, und durch das andere, durch die Bauchmuskeln kann mans wieder HOCH drücken. Kann man die Luft praktisch rausdrücken. Das heißt, man trainiert in diesem Fall unter anderem das Zwerch/ Zwerchfell, aber auch die Bauchmuskulatur* (*SCHNELL GESPROCHEN, PARALLEL ZUR ATEMÜBUNG VON L*).Was kann man damit erreichen und wie oft muss man das machen?

Detailaufnahme ihres Bauches, er bewegt sich beim Ein- und Ausatmen. Schnitt erneut auf L, nah, sitzend.

L und M'in amerikanisch im Bild. L sitzt links von der M'in auf einem Stuhl.

L (on:) Ja also ich würde empfehlen dass man das auch wirklich nur ne halbe Minute macht, dann ne Pause, und das drei Mal,

M'in (on:) Hm (+)

L steht auf, dann L groß im Bild.

L (on:) und dass eben man eben (sic) insgesamt die – die also den Spannungs/ das Spannungsverhältnis von dem Zwerchfell eben verändert, also verbessert, dass es eben dort an der Stelle halt besser zusammen schnürt, – über – lange Zeit.

L und M'in amerikanisch im Bild, zwischen den beiden das Skelett.

M'in (off:) Hm (+)

L (on:) Lange üben (NICKT), ja, und dann kann das zur Besserung führen. (…)

Zunächst muss die Moderatorin klären, was denn diese Art von Expertin mit dem zur Diskussion stehenden Gesundheitsproblem zu tun hat. Diese gibt die Antwort, indem sie *zeigt*, wo ihre Aufgabe in dem therapeutischen Setting besteht, zunächst, indem sie das Funktionieren des Schließmuskels am Modell *demonstriert*, dann indem sie die von ihr vorgeschlagene Übung selber *vorführt*. Während der Vorführung *erklärt* die Moderatorin, was sich medizinisch gesehen dabei abspielt („Durch das Ausatmen, im Grunde genommen …"). Die therapeutische *Empfehlung* überlässt sie dann wieder der Physiotherapeutin. Nach der Phase der „Anmoderation", in der die Moderatorin ihre mediale Rolle ausübt, sind dann also zwei Expertinnen am Werk, mit verschiedenen Zuständigkeiten.

Wichtige Akteure in Gesundheitssendungen sind die Betroffenen, die Kranken, die in der Rolle von ratbedürftigen Laien in die Sendung anrufen dürfen. Im folgenden Beispiel ruft der Mann anstelle seiner Frau an und schildert ihr Problem. Das Setting repräsentiert die typische trianguläre Phone-in-Situation, wie sie seit den Anfängen des Phone-ins praktiziert wird – das kommunikative „Dreieck" Moderator/Laie/Experte:

Text	*Bild*
M'in (on:) Ich sehe wir haben – Herrn Heim am Apparat. Richtig? (LÄCHELT) – H[eim] (nur Telefonstimme:) Ja.⏐ Guten Abend Frau Doktor Rubin⏐. M'in (on:)⏐ Herzlich willkommen.⏐ Was ist denn Ihre Frage?	M'in, gross im Bild, blickt erst schräg nach unten (wohl Monitor), dann direkt in die Kamera.
H: Ja – Ne/ meine Frau hat seit längerer Zeit erhebliches Sodbrennen. Und das äh hat sich mächtig verstärkt noch in letzter Zeit, sie ist im letzten Jahr im Oktober ist eine Magenspiegelung gemacht worden, da ist leichte Magenschleimhaut-Entzündung festgestellt worden. Nun hat sich das aber immer mehr gesteigert, sie ist dann zum Arzt gegangen zum Hausarzt gegangen und der hat dann gesagt, sie möchte mit SALBEITEE GURGELN. – – Erstens. – Zweitens hat sie dann ZUSÄTZLICH, nachdem das IMMER noch nicht besser wurde, – SALBEI (UNVERST.) eingenommen. –⏐ Das Problem⏐	M'in und Experte im Studio auf breiten, hellen Sesseln sitzend, Totale. Auf dem Tischchen in der Mitte steht ein Flachbildschirm, auf den nur die M'in blicken kann Sie wenden sich beide der Kamera zu. Insert mit der Telefonnummer.
M'in (on:) ⏐ Ist das die einzige⏐ Therapie? H: Bitte? M'in (on:) Ist das die einzige Therapie?	

H: Jaja, – ich hab auch geschluckt dreimal, das war so.

M'in (on:) Ah, und jetzt ist Ihre Frage, ist das alles.

H: Das ist meine Frage, ob das | so ist| , –
M'in (on) | Was sagen Sie| .
(WEIST MIT DER HAND RICHTUNG EXPERTEN)

H: Sie hats dann weggelassen, dann wurde es besser.

E (on:) Hmmm (KRITISCH, LEISES LACHEN DER MODERATORIN IM HINTERGRUND) das ist ja ganz spannend, was Sie hier erzählen. Natürlich würde ich zunächst mit Ihrer Frau darüber sprechen und mich genau kundig machen, was Sie unter Sodbrennen verstehen. Ob es das ist, was wir – unter Sodbrennen verstehen, nämlich dieses Brennen, das nach oben aufsteigt. (FÄHRT MIT HÄNDEN VOM BAUCH ZUR BRUST) Wenn sie das tatsächlich hat, bei Tag, nach dem Essen, oder auch nachts, dann muss man das mit starken Säurehemmern behandeln. Ich halte natürlich nichts von diesen Mittelchen, die Sie eben angesprochen haben, und auf diese Weise kann man Ihrer Frau nicht helfen. Und wenn Sie sagen, es geht ihr jetzt schon BESSer, dann gehört sie wahrscheinlich zu dieser Gruppe von Patienten bei denen immer wieder neue Schübe kommen, und beim nächsten Schub, wenn das wieder beginnt, dann empfehle ich doch – auch – nicht mehr reinzugucken, denn das ist ja geschehen und man hat nur eine Magenschleimhaut-Entzündung gefunden, sondern tatsächlich dann mit einem EFFektiven, also mit einem richtig wirkenden Medikament vorzugehen.

Nahaufnahme des Experten. Er spricht in die Kamera und gestikuliert beim Sprechen.

M'in (off:)| Gut| . | Trotzdem|
H: | Ja| ; schönen Dank, sie ist| im Moment| nicht da, deshalb kann sie die Frage selber nicht stellen. (LEISES LACHEN VON M UND E) Aber die Symptome sind schon genau so, äh aber ich werde es ihr dann so ausrichten. | Danke| .

Schnitt auf Totale im Studio, M'in und E sitzen sich gegenüber in den Sesseln.

M'in (on): | Gut , herzlichen Dank Herr Heim! Übrigens Salbeitee ist SEHR gut bei Halsschmerzen, das muss man mal lassen, aber bestimmt nicht bei Sodbrennen, aber bei Halsschmerzen schon.	M'in wendet sich an E, unterstreicht ihre Worte mit Gesten. Nahaufnahme der M'in, sie erhebt sich und geht auf die Kamera zu.

Die Moderatorin sieht ihre Rolle zunächst darin, das ausufernde Votum des Anrufers zu präzisieren und als Frage zu reformulieren, die allerdings sehr implizit bleibt („ist das alles"). Das ist einerseits eine typisch „moderierende" Funktion, andererseits setzt die Reformulierung der Laien-Äußerung bereits fachliches Wissen voraus. Die fachliche Antwort auf die Frage delegiert sie dann aber an den dafür zuständigen Experten („Was sagen Sie?"). Am Ende der Szene übernimmt sie dann noch einmal eine Expertenfunktion („Übrigens Salbeitee ist sehr gut bei Halsschmerzen"), mit der sie sich aber zugleich der Sehweise des durchschnittlichen Laien anschließt, der bestimmte Vorstellungen von der Heilwirkung von Tees hat.

11.4 Vergleich der Medien

Die grundsätzlichen und typischen Verfahren der Vermittlung fachlichen Wissens sind über alle Medien hinweg dieselben (sprachliche Erläuterungen, Personalisierung usw.). Doch gibt es auch klare medienspezifische Differenzen:

Die Presse hat durch die Bildung von Cluster-Texten die Möglichkeit, dem Rezipienten simultan verschiedene Aspekte des jeweiligen Wissensausschnitts anzubieten. Der Leser kann einsteigen, wo er will, und sich ein – je nach Interesse – mehr oder weniger fachliches Bild vom Thema machen.

Das Fernsehen ist auf die sukzessive Darbietung der Sendungsbausteine angewiesen, hat dafür aber eine Reihe von Präsentationsmöglichkeiten, die der Presse abgehen: (1) Es verfügt über weit mehr Möglichkeiten der visuellen Darbietung (dynamisch und statisch, mit gleichzeitigem kommentierendem Text). Dazu gehört auch, dass bestimmte Vorgänge demonstriert werden können, am Modell oder am Menschen selber. (2) Die verschiedenen Aspekte eines Themas können auf verschiedene kommunikative Rollen projiziert werden: Moderator – Experten verschiedener Art – Laien. Besonders die Integration von Laien ist eine gewisse Garantie dafür, dass auch tatsächlich diejenigen Fragen gestellt werden, die die Rezipienten durch die Sendung beantwortet haben möchten.

Schwierig ist die Rolle des Moderators: Oft sind die Moderatoren von Wissenschafts- oder Beratungssendungen selber Fachleute des betreffenden

Fachgebietes. Die medienspezifische Rolle, die sie als Moderatoren übernehmen, zwingt sie aber dazu, gerade diesen Aspekt ihrer alltagsweltlichen
Persönlichkeit in den Hintergrund zu rücken und ihn den für das Fach zuständigen Experten zu überlassen. Das kann zu Rollenkonflikten führen.
(Bei der Presse zeigen sich vergleichbare Konflikte weniger im Bereich von
Wissensvermittlung als in der politischen Berichterstattung, z. B. wenn ein
und derselbe Redakteur für Bericht und Kommentar verantwortlich ist, vgl.
8.4.1)

Das Radio, mit dem wir uns hier nicht näher befassen konnten, verwendet für Vermittlung von Wissen mit Vorliebe die Form des „Gebauten
Berichts" (vgl. 9.1.2 und Bischl 1997). Durch die Einspielung von O-Tönen
können einige der Defizite, die durch den Wegfall des optischen Kanals entstehen, kompensiert werden.

12 Areale Aspekte

12.1 Die nationalen Varianten des Deutschen

Es hat sich in der Areal- und Soziolinguistik die Erkenntnis durchgesetzt, dass der deutschsprachige Raum nicht ein „Kerngebiet" und eine „Peripherie" hat, sondern dass es sich um ein „plurizentrisches" Gebilde handelt.[1] Entsprechend spricht man heute von „deutschem", „österreichischem" und „schweizerischem" Deutsch, wenn man die Standardsprache meint. Daneben existieren die Mundarten der verschiedenen Räume. In den meisten deutschsprachigen Regionen – mit der deutlichen Ausnahme der Schweiz – nimmt die Bedeutung der Mundarten gegenüber der Standardsprache kontinuierlich ab, freilich mit deutlichen Unterschieden zwischen den Sprachlandschaften innerhalb Deutschlands (Nord- und Mitteldeutschland versus alemannischer und bairischer Raum). Neuere Tendenzen zum Regionalismus und eine damit verbundene neue Wertschätzung der Mundarten können diesen Prozess vielleicht verlangsamen. Ob er aber überhaupt aufzuhalten ist, ist fraglich. Die Medien im ganzen deutschsprachigen Raum sind nun nicht einfach ein Spiegel dieser Entwicklung, sondern zeigen eine gewisse Eigengesetzlichkeit in der Verwendung der Sprachformen, wiederum mit deutlichen Unterschieden vor allem zwischen den verschiedenen Regionen und Ländern. Das gilt vor allem für Radio und Fernsehen, während die Presse sich homogener verhält. In der Presse kommt wirklich Dialektales in allen Regionen nur bei bestimmten Rubriken und als deutlich erkennbarer Sonderfall vor. Regionale Besonderheiten der Standardsprache sind jedoch in der Presse aller deutschsprachigen Länder mehr oder weniger breit zu beobachten, wobei nur Österreich und die Schweiz in dieser Hinsicht gründlicher untersucht worden sind. Zwischen Standardsprache und Dialekten existiert in den meisten Teilen des deutschsprachigen Gebietes eine stark regional gefärbte „Umgangssprache", die auch in bestimmten Bereichen der audiovisuellen Medien repräsentiert ist. Nur die Deutsche Schweiz ist in dieser Hinsicht ein Ausnahmefall.

Die Rede vom „plurizentrischen" Deutsch – mit gleichberechtigten nationalen Zentren – ist im Blick auf die Massenmedien insofern zu relativieren, als hier eine deutliche Dominanz des deutschen Deutsch registriert werden muss.

Ammon (1995, 464 ff.) hat in einem Abschnitt „Medien- und Verlagsbeziehungen" die 3 Haupt-Nachrichtenagenturen der nationalen Vollzen-

---

1 Vgl. zum ganzen Problembereich Muhr/Schrodt/Wiesinger (Hrsg., 1995), Stickel (Hrsg., 1997), Knipf-Komlosi/Barend (Hrsg., 2001).

tren befragt: Austrian Press Agentur (Wien), Deutsche Presse-Agentur (Hamburg) und die Schweizerische Depeschenagentur (Bern). „Alle drei Agenturen haben bestätigt, daß die Berichte aus den anderen nationalen Zentren des Deutschen bearbeitet und auch sprachlich angepaßt werden." (464) Diese Bearbeitungen lassen eine gewisse Symmetrie erkennen. Im übrigen aber ist eine Dominanz Deutschlands zu beobachten, was das Fernsehen betrifft. Die Anteile am gemeinsamen Satellitenprogramm 3sat sind ungleich: 40 % deutsche Programme, je 30 % österreichische und schweizerische. Eine Sprachanalyse für eine Woche ergab ein drastisches Ungleichgewicht: 21,6 : 2 : 1 deutsches Deutsch : österreichisches Deutsch : schweizerisches Deutsch (Ammon 1995, 466).

Muhr (2003) zeigt für Österreich an Zahlen der Zuschauerforschung die wachsende Dominanz der deutschen Sender und damit des deutschen Deutsch. Jugendliche schauen deutlich mehr deutsche als österreichische Sender. In einer Salzburger Interviewstudie (Paischer 1998, referiert bei Muhr, 109) ergab sich, dass bei Jugendlichen der beliebteste Sender Pro 7 war, gefolgt von RTL und erst an dritter Stelle den österreichischen Programmen. Der Anteil des deutschen Deutsch wird noch weiter verstärkt, insofern die österreichischen Sender selber deutsche Serien wie „Der Alte", „Derrick", „Tatort" usw. ausstrahlen sowie amerikanische Serien wie „Friends", „Emergency Room" usw., die meist in Berlin synchronisiert wurden. Wiesinger (1988) berichtet davon, dass selbst für in Österreich synchronisierte Filme das deutsche Deutsch gewählt wird (nach Ammon 1995, 467). Muhr kann an einigen symptomatischen Beispielen zeigen, wie lexikalische (*tschüss*, *mal*, *verarschen*), phraseologische (*Kohle haben/machen*, *was drauf haben*) und morphosyntaktische (*die Akte* statt *der Akt*) Elemente des deutschen Deutsch in österreichische Alltagssprache und Internetsprache eindringen. Es ist plausibel, das Fernsehen als den wahrscheinlichsten Weg solchen Spracheinflusses anzunehmen, doch im einzelnen nachweisbar ist es wohl kaum.

Die Lage in der Deutschschweiz ist vermutlich etwas günstiger für die einheimischen Sender. 2003 hatten nach den Zählungen des SRG-Forschungsdienstes die öffentlich-rechtlichen Sender der Deutschschweiz einen Marktanteil von ca. 35%, während alle deutschen Sender zusammengenommen auf etwa 39 % kamen. Was die Serien betrifft, so liegen die Verhältnisse gleich wie in Österreich. Zu konkreten Einflüssen des deutschen Deutsch auf das Schweizerhochdeutsche der Medien ist mir nichts bekannt. Wohl aber zeigt sich, dass vermutlich via die Medien Transferprozesse in der Sprache der Deutschschweizer Kinder stattfinden (vgl. Häcki Buhofer/Burger 1998, 42 ff.).

12.2 Standardsprache – Umgangssprache – Mundarten

Das Verhältnis von Standardsprache und Mundarten in den Medien ist in Deutschland kein Thema von öffentlicher Relevanz. Unter soziolinguistischen und bildungspolitischen Aspekten wird zwar beispielsweise darüber diskutiert, ob Kinder, die in Mundart sozialisiert wurden, in ihren Bildungschancen beeinträchtigt sind. Doch für die Medien sind die Dialekte – sowohl im schriftlichen wie mündlichen Bereich – keine Alternative zur dominanten Standardsprache. Demgegenüber ist in der deutschen Schweiz für den ganzen Bereich formaler bzw. öffentlicher Kommunikation die Frage höchst aktuell, ob jeweils Standardsprache oder Dialekt zu wählen sei. Nachdem in den vergangenen zwei Jahrzehnten der Anteil der Mundart drastisch zugenommen hat, hat man heute den Eindruck, dass die letzten „Reservate" des Hochdeutschen in den elektronischen Medien „gerettet" werden müssen. Nur so sind die zahlreichen und engagierten Leserbriefe zu erklären, die ein Artikel im „Radiomagazin" zur Sprache des Zweiten Programms von Radio DRS auslöste. Zwei Beispiele:

> Ich finde es sehr wichtig und auch richtig, dass mindestens auf einem der Deutschschweizer Radiosender unsere Hochsprache gepflegt und vorgelebt wird. Tatsache ist, dass unser Schweizer Hochdeutsch mit all seinen Helvetismen eine eigene Sprache ist und sich sowohl in der schriftlichen wie auch in der mündlichen Form vom Bühnen- und Standard-Deutsch unterscheidet. Leider haben viele Deutschschweizer ein gestörtes Verhältnis zu ihrer „aufgezwungenen" Hochsprache. Dem Kultursender steht es also gut an, seine Vorbildrolle in der gesprochenen Hochsprache wahrzunehmen.

> Natürlich brauchen wir einen Sender, der die Hochsprache pflegt. Soll diese Aufgabe allein der Schule obliegen? – Arme Schüler und Lehrer.
> (Radiomagazin 24/2003, S.4)

Zur Zeit sind die Medien ein wenig aus dem Schussfeld gerückt, die Diskussion hat sich auf die Sprache der Schule verlagert – dies unter dem Druck der auch für die Deutschschweiz beunruhigenden Resultate der Pisa-Studie. Die permanente Diskussion ist nur zu verstehen auf dem Hintergrund der „medialen Diglossie", die außerhalb der Medien in der Deutschschweiz die Verteilung der Sprachformen bestimmt (s. u. 12.3.1).

Was die geschichtliche Entwicklung des Verhältnisses der Sprachformen in den Medien betrifft, so sind die Fakten bei Straßner (1983) übersichtlich zusammengestellt. Die gegenwärtige Situation ist gekennzeichnet durch gravierende sozio- und pragmalinguistische Unterschiede zwischen Deutschland, Österreich und der Schweiz. Was sich für das ganze Sprachgebiet generalisieren lässt, ist bald gesagt: Allgemein ist das einstige Ideal des „Bühnendeutsch" aufgegeben worden, zunehmend wird regionale „Färbung" der Aussprache bei Sprechern und Moderatoren toleriert.

Diese Liberalisierung zeigt sich auch außerhalb der Medien etwa in der Entwicklung der Ausspracheregelungen, wie sie z. B. von den neueren Auflagen der Duden-Grammatik (1998, aber bereits 1973, 1984) formuliert werden. Medienspezifisch hingegen ist „das Eindringen des Dialekts in die Rundfunksprache über die sog. O-Töne, die immer mehr formaler Bestandteil von Magazinsendungen, Features und Spielen werden" (so schon Straßner 1983, 1519). Für den süddeutschen und österreichischen Raum hat sich diese Entwicklung verstärkt, hier findet man in bestimmten Sendungen die ganze Skala von Sprachformen zwischen extremem Dialekt und regionaler Standardsprache.

Im Radio und Fernsehen Österreichs und teilweise der BRD (insbesondere im Süden) führt dies zu einer tendenziell diglossieartigen, medienspezifischen Verteilung von Hochdeutsch und Regiolekten (von der regionalen Variante der Standardsprache bis zur Mundart):

redaktioneller abgelesener Text	Hochdeutsch
O-Ton, spontan gesprochener monologischer oder dialogischer Text	Regiolekt (bis Dialekt)

Im Bereich des Dialogischen kommen beim Fernsehen regionale und dialektale Varianten stark zur Geltung in den „Daily Talks", die insbesondere bei privaten Sendern einen nicht unbedeutenden Teil der Sendezeit ausmachen. Hier kann man jeden Tag Varianten des ganzen deutschen Sprachgebietes, inklusive der ostdeutschen Gebiete, hören. Ein beliebiges Beispiel kann dies illustrieren:

„Vera am Mittag" ist eine Talkshow mit Vera Int-Veen, die mittags von 12 bis 13 Uhr auf SAT.1 gesendet wird und bei der alle denkbaren Beziehungsprobleme mit Hilfe der Moderatorin zwischen den Beteiligten diskutiert werden. Der folgende Ausschnitt stammt aus einer Sendung mit dem Thema „Stell dich! Wir haben noch einiges zu klären!" (31. 08. 2004):

[Die dialektale Aussprache ist in der Transkription nur orthographisch angedeutet, ohne Verwendung von phonetischen Zeichen.]

V = Vera
A = Alex
Mi = Michaela
Y = Yvonne

V Ihr beiden. Was müssen wir klären?
A Ja, ik hab mit meiner Ex-Freundin noch n Hühnchen zu rupfen. Mit Yvonne.

[...]

V	Und wie lange seid ihr auseinander?
A	Drei Jahre jetze.
V	Drei Jahre. Ihr habt auch glaub ich zwei gemeinsame Kinder?
A	Richtisch.
V	Wobei du aber glaubst, das eine ist vielleicht so ein Kuckuckskind. Das is gar nicht von dir, ne?
V	Kennst du sie denn auch Michaela [Alex' aktuelle Freundin]? Seine Ex?
M	Bevor ik Alex nit kennelernt habe, kannt ik se überhaupt nich. Aber ähm, seitdem sicherlich. Aber denn och diese Sprüche als wenn sie mich kannte Dunkelhaarige (UNVERST.), und ähm, hat sie mich denn gleich betitelt. Wie gesagt, sie kannte mich überhaupt nich vorher. Und daher kann sie sich och kein Urteil bilden.

(...)

V	(zu Alex:) Wieso zweifelst du denn, dass das letzte Kind – das ist auch ne Tochter – dass das vielleicht nicht von dir ist? Ist sie da mal fremdgegangen schon in eurer Beziehung?
A	Ja.

(*Yvonne und Andrea, der aktuelle Freund von Yvonne, treten auf*)

(...)

Y	He sag mal, weeßt du wie Chantal überhaupt, wie du die weh tust? Nee, wa?

(...)

Hör uff, ey, du bist dat Letzte! Du bist dat Allerletzte! Ik hätte mit deiner Mutter Kontakt, und alles. Sag mal, merkst du noch wat Weib? Weeßt de wat? Geh doch mal in die Landesklinik!

A	Komm mal wieder runter vom Trichter hier, ja? Ganz sachte!

(...)

V	Sagt mal, wieso ist eure Beziehung auseinandergegangen?
Y	Weil er gesoffen hat und mich geschlagen hat.

(...)

Y	Weißt du Michaela, du weeßt det nich. Ik bin über n jesamten Esstisch jeflogen!
A	Was n Hammer hast du, Mann, aber richtig mächtig, aber richtig böse!

(...)

A	Aber mich kotzt det einfach an, die Sprüche, wat immer mit SMS kommen und sowat alles, ja? Da könnt ik wahnsinnig werden!

(...)

Y	Oh, die hat n Schatten, ey! Merkst du noch wat, Weib?
Y	Er darf sie [die Kinder] jeden Tag sehn. Er kann se holen wann er will, er kann se vom Kindergarten holen. Ik hab sogar ne Vollmacht untersagt [sic!] im Kindergarten, dass er se holen kann. Ik habe ihm nie n Stein im [sic!] Weg gelegt.

[Als der Streit zu eskalieren droht:]

V	Locker bleiben! Passt mal auf, bleibt mal locker. Wir klären das jetzt. Hehe!

(...)

Jetzt sollten wir nur, und da appelliere ich wieder ein bisschen an euren Verstand – – Jetzt denken wir mal ein bisschen an eure Kinder

(...)
Und Yvonne, eine andere Sache ist: Was ihr Erwachsenen miteinander habt,
das sollte jetzt erst mal nach hinten geschoben werden, kuckt, dass ihr das
mit den Kindern auf die Reihe kriegt und vielleicht lockert sich in ein, zwei
Jahren das ganze Verhältnis und es wird n bisschen lustiger.

Am Schluss attestiert Vera den Gästen, dass sie genau das getan haben, wofür
sie eingeladen wurden: mit „Temperament" streiten:

Dankeschön, dass ihr meine Gäste ward, ja? Ihr habt ganz schön Temperament.
Danke!

Die Gäste haben nicht nur temperamentvoll gestritten, sie haben auch so gesprochen, „wie ihnen der Schnabel gewachsen ist", salopp bis vulgär und
eben dialektal.

Im Übrigen ist das Fernsehen stärker am Hochdeutschen orientiert als
das Radio. Das hängt mit den strukturellen Wandlungen des Mediensystems
zusammen. Das Radio hat dominant die Rolle des vertrauten „Begleiters"
und erfüllt – im Bereich der Privatsender – engräumige, lokale Funktionen,
während das Fernsehen weniger „intime" Funktionen hat und überregio-
nal-großräumig Information und Unterhaltung verbreitet. „Während der
Dialekt sich im Rundfunk eine ansehnliche Zahl von Genres und bis zu 5 %
der Sendezeit eroberte, blieb er im Fernsehen weit dahinter zurück.",
schrieb Straßner 1983 (1519).

Die von Straßner genannte Prozentzahl gilt aber nur für Deutschland,
in Österreich und insbesondere in der Schweiz liegen die Mundart-Anteile
höher (s. u.). Wenn man nicht nur eigentliche Mundart, sondern auch Re-
giolekte mitrechnet, verschieben sich die Zahlen natürlich überall beträchtlich zu Ungunsten des Hochdeutschen.

Neuere Untersuchungen zu diesen Problembereichen gibt es nur wenige. Ich beschränke mich im Folgenden auf den Bereich der schweizerischen Sender, deren Sprachsituation ich selbst einigermaßen überblicke.

Die deutsch-schweizerischen Verhältnisse sind von besonderem sozio-
und pragmalinguistischen Interesse, da sich hier wie in einem linguistischen
„Laboratorium" die Faktoren der Sprachformenwahl und des Sprachwandels mit seltener Deutlichkeit isolieren lassen.

12.3 Ein Beispiel: Deutsche Schweiz

12.3.1 Diglossie in den Medien

Die Sprachsituation der Deutschschweiz[2] ist im Wesentlichen eine diglossi-
sche, mit der Besonderheit, dass die Verteilung der Varietäten sich nach der
Modalität geschrieben/gesprochen richtet, was dann – terminologisch etwas

---

2 Vgl. dazu etwa Lötscher (1983), Häcki Buhofer/Burger (1998), Rash (2002).

irreführend – als „mediale" Diglossie bezeichnet wird (zum Terminus „medial" vgl. 6.1). Man spricht im Alltag Dialekt, man schreibt grundsätzlich Hochdeutsch. Allerdings ist diese funktionale (komplementäre) Aufteilung der Sprachformen – wie es bei einer Diglossie-Situation erforderlich wäre – nicht (mehr) in allen Domänen gegeben. Für die Massenmedien gilt immerhin noch eine klare Aufteilung in – generell hochdeutsche – Printmedien und – gemischtsprachige – elektronische Medien.

Zwar weist auch die Presse hier und da mundartliche Elemente auf, sie fallen aber quantitativ nicht ins Gewicht. Gelegentliche Ausnahmen bestätigen die Regel, insofern es sich um stark markierte Texte handelt. Insbesondere im Bereich der Anzeigen finden sich mundartliche Exemplare dieser Art:

> **Noi** bim HB, privat 2 sexy Fraue bütet Sport- u. erot. Mass. mit Dessert nach Diine Wünsch! (Tages-Anzeiger)[3]

Eine charakteristische Verteilung der Sprachformen besteht darin, dass als Augenfänger eine fett gedruckte „Schlagzeile" in Mundart fungiert, während die faktischen Informationen in Hochdeutsch vermittelt werden:

> **Millionär müend Sie bi Eus nöd si.**[4] Div. Massagen mit viel Zärtlichkeit. Mo–Sa ab 10.00 h, in Bülach. (Tages-Anzeiger)

Im folgenden Beispiel wird für die Wegbeschreibung wieder ins Hochdeutsche gewechselt:

> Wer Gselligkeit suecht, dä weiss,
> mer trifft sich i de „**Fosberg-Beiz**"[5]
> Wolfhausen an der Strecke Hombrechtikon – Rüti,
> beim Volg-Laden rechts oberhalb der Tankstelle.
> (Anzeiger von Uster)

Oder es gibt gar zwei Schlagzeilen in beiden Sprachformen nebeneinander:

> **I d'diga muesch higa!**[6]
>
> diga-Qualität wünscht einen schönen guten Morgen!
> diga Engrosmöbelzentren
> (Tages-Anzeiger)

Das Problem der Verteilung der Sprachformen stellt sich also primär bei den elektronischen Medien. Die linguistische Grundfrage dabei ist diese: Spie-

---

3 Hochdeutsche Übersetzung:
  Neu beim Hauptbahnhof, 2 sexy Frauen bieten Sport- und erotische Massagen mit Dessert nach Deinen Wünschen!
4 Hochdeutsche Übersetzung:
  Millionär müssen Sie bei uns nicht sein.
5 Hochdeutsche Übersetzung:
  Wer Geselligkeit sucht, der weiß, man trifft sich in der Fosberg-Wirtschaft
6 Hochdeutsche Übersetzung:
  In die diga musst du hingehen!

gelt die Verteilung in Radio und Fernsehen die Verhältnisse in der alltäglichen Sprachrealität oder entwickeln die Medien eigene Regeln, die dann ihrerseits wieder auf die sonstige Sprachrealität zurückwirken können und potenzielle Faktoren des Sprachwandels sind?

Skizzieren wir zunächst die Fakten der Distribution:

Wenn man ein Sample von Sendungen nach den Anteilen von Mundart und Schriftsprache sortieren möchte, stößt man als erstes auf die Schwierigkeit, dass mindestens drei Gruppen von Sendungen (mit fließenden Grenzen) zu unterscheiden sind:

1. hochdeutsch (mit mehr oder weniger starker regionaler Färbung)
2. mundartlich (möglicherweise mit lexikalischen und syntaktischen Überlagerungen durch die Standardsprache)
3. gemischt

Zu (1) zählen einige (wenige) Informationssendungen der öffentlich-rechtlichen Sender wie die „Tagesschau" des Schweizer Fernsehens DRS; zu (2) die Eigenproduktionen bei den Unterhaltungssendungen im Fernsehen oder die Begleitprogramme beim öffentlich-rechtlichen Radio DRS; zu (3) einige Sportsendungen bei Radio und Fernsehen, bei denen Fußballreportagen grundsätzlich hochdeutsch sind, während alle dialogischen Formen in Mundart gesprochen werden, sowie die Nachrichtenmagazine bei Radio DRS, die vor allem im Rahmen der Inlandberichterstattung Statements und Interviews in Mundart bringen, im redaktionellen Teil aber hochsprachlich gehalten sind.

Bei der Gruppe der „gemischten Sendungen" sind die Anteile der jeweiligen Sprachform in den Sendungen unterschiedlich groß und haben unterschiedliches Gewicht. So ist es beispielsweise von Bedeutung, in welcher Sprachform die moderierenden Texte gehalten sind. In „Schweiz Aktuell" (einem Inland-Magazin des Fernsehens DRS) war die Moderation mundartlich, die Off-Texte zu Filmbeiträgen hingegen waren standardsprachlich. Das „Gesicht" der Sendung war damit zweifellos mundartlich. Vor einigen Jahren ist man auch bei den Off-Texten zur Mundart übergegangen, so dass es sich nunmehr um eine reine Mundart-Sendung handelt.

Umgekehrt ist die Moderation in den Nachrichtenmagazinen von Radio DRS standardsprachlich und zudem schriftlich fixiert. Die mundartlichen Passagen wirken als Einsprengsel und vermögen den primär standardsprachlichen Charakter der Sendung nicht zu verändern.

Daraus ergibt sich auch, dass eine quantitativ exakte Auszählung der mundartlichen und schriftsprachlichen Partien in gemischten Sendungen, z. B. nach Zahl der Wörter oder nach Zeitanteil, wenig aussagt über die Wirkung, die die Sendung ausübt, den Gesamteindruck, den sie vermittelt.

Die Situation 1979/1980 stellte sich wie folgt dar (um klare und vergleichbare Zahlen zu erhalten, habe ich die gemischten Sendungen je hälftig auf Mundart und Standardsprache verteilt):

	Fernsehen	Radio 1. Programm	Radio 2. Programm
Mundart	31 %	65 %	35 %
Hochdeutsch	69 %	35 %	65 %

Das Fernsehen war also überwiegend schriftsprachlich. Beim Radio war das zweite Programm gleichfalls überwiegend schriftsprachlich, das erste Programm überwiegend mundartlich.

Im „Radiomagazin" 20/2003 wurden für das Radio die folgenden aktuellen Zahlen publiziert (allerdings ohne Angabe der Zählweise im einzelnen):

	1. Programm	2. Programm	3. Programm
Mundart	70 %	10 %	90 %
Hochdeutsch	30 %	90 %	10 %

Gegenüber 1980 ist bei aller Vorsicht im Hinblick auf die Vergleichbarkeit der Zählungen doch eine klare Profilierung des 2. Programms aufs Hochdeutsche und eine Polarisierung des zweiten und dritten Programms (das es 1980 noch nicht gab) zu registrieren.

Fürs Fernsehen liegen mir keine neuen Zahlen vor.

Im Folgenden werden die Entwicklungen beschrieben, die seither stattgefunden haben.

12.3.2 Radio

Bereits zwischen 1970 und 1979 hatte bei den öffentlich-rechtlichen Sendern eine deutliche Zunahme des Mundartanteils stattgefunden, und zwar durch die Einführung der „Begleitprogramme". Das Format der Begleitprogramme legt zumindest für die Moderation die Wahl der Mundart nahe. Zwar muss man einschränkend festhalten, dass der effektive Anteil der Sprache an den Begleitprogrammen, die ja dominant Musikprogramme sind, quantitativ gering ist. Doch gehören die Begleitprogramme zu den Sendungen mit der größten Hörerbeteiligung. Und die durchwegs mundartliche Moderation über mehrere Stunden hinweg dürfte das Bild des Hörers von der Sprachform innerhalb dieser Radiozeit wesentlich prägen.

Die Einführung des dritten Radioprogramms 1983 bedeutete einen nochmaligen Anstieg des Mundartanteils beim Radio. Radio DRS 3 ist – wie die dritten Programme anderer deutschsprachiger Sender – ein Programm für ein jüngeres Publikum, mit Schwerpunkt auf U-Musik. Von beiden Faktoren her – Alter der Rezipienten und bevorzugte Musik – ist verständlich, dass grundsätzlich Mundart als Moderationssprache gewählt wird.

Von einer eigentlichen „Mundart-Welle" kann hier nicht die Rede sein, wohl aber von einer strukturbedingten zunehmenden Begünstigung derjenigen Faktoren, die die Wahl der Mundart präjudizieren. – Anders gesagt: Wie die analogen Entwicklungen im sonstigen deutschsprachigen Raum zeigen, handelt es sich weniger um ein Problem der Sprachformenwahl, als vielmehr um eine Wandlung im Selbstverständnis der Radiojournalisten, eine Wandlung, die dann einen globalen Stilwandel nach sich zieht und damit in der Schweiz eine Bevorzugung der Mundart.

Sendungen, die konsequent an der Standardsprache festhalten, finden sich primär bei Radio DRS 2 und sind bewusst für „Minoritäten" gemachte Programme, für Liebhaber der klassischen Musik, für Liebhaber des Theaters etc. Diese Bereiche der Kultur sind von der Sache her eng mit der Schriftkultur verknüpft und als solche prädestiniert für die Wahl der Schriftsprache. Auch im übrigen deutschsprachigen Gebiet kann man beobachten, dass Sendungen dieser Art sich an ein Publikum wenden, das über einen Fundus an literarischer und sonstiger kultureller Bildung verfügt, oder von dem die Journalisten mindestens glauben, dass es über diese Qualitäten verfüge. Wie die Zahlen zeigen, hat sich das zweite Programm von Radio DRS seit 1989 noch stärker als „Kulturprogramm" profiliert, für das nur das Hochdeutsche infrage komme. „Für die Hochsprache spricht auch: Sie ist eine verbindliche, genormte Hoch-Sprache mit allgemein gültigen schriftlichen Regeln und damit angemessene Ausdrucksform für ein Kulturprogramm." (M. Böhn, Radiomagazin 24/2003, S. 11).

Seit den strukturellen Wandlungen haben sich nur noch geringfügige Verschiebungen in den Anteilen von Mundart und Standard vollzogen. Im wesentlich ist das Bild heutzutage stabil.

Bei Radio DRS hat sich in den Nachrichtenmagazinen eine Verteilung eingespielt, die auf Hörer aus Deutschland oder Österreich ziemlich artifiziell wirken dürfte:

Im Mittags-Nachrichtenmagazin z. B. enthält ein erster Block Sprechermeldungen und Korrespondentenberichte. Der erste und zweite Block werden durch eine Zwischenmoderation (mit Trailer) und Wetterbericht voneinander abgetrennt. Im zweiten Block werden dann einzelne Themen des ersten Blocks vertieft bzw. es werden zusätzliche Themen behandelt; die Präsentation ist vor allem durch dialogische Textsorten angereichert.

Bei gleicher Thematik im ersten und zweiten Block ergibt sich dann z. B. dieser Sprachkontrast (14. 2. 1995, Mittagsmagazin; das Beispiel von 1995 ist durchaus noch repräsentativ für die heutige Situation):

[Erster Block – hochdeutsch:]

> Sprecher: Dreizehn Uhr Info Drei [Signet] Die Themen von heute Mittag: Ende – die Zürcher Polizei hat heute morgen den Zugang zum Drogenumschlagplatz Letten abgeriegelt (…)

[Hochdeutsche Nachrichten, mit einer Meldung zur Schließung des „Letten", der offenen Zürcher Drogenszene; dann Zwischenteil, anschließend zweiter Block – Mundart:]

> Sprecher: Info drü. Zerscht nomal uf Züri. De Drogenumschlagplatz am stillgleite Zürcher Bahnhof Lette isch jetz also zue. Sit hüt znacht um zwölfi gits i de Stadt Züri kei offeni Drogeszene mee (…)[7] G. B. berichtet:
> G. B [Vor-Ort-Reportage mit O-Tönen von Interviewten]: Mitternacht am Lette z Züri. Es rägnet und isch chüel.[8]

[dann weitere Berichte, vor allem auch Interviews, sämtlich in Mundart, mit Ausnahme des Berichtes eines ARD-Korrespondenten]

Der Übergang vom ersten zum zweiten Block gestaltet sich z. B. so (14. 3. 1995, Mittagsmagazin):

> In Deutschland ist der Erpresser A[…] F[…] alias Dagobert zu sieben Jahren und neun Monaten Haft verurteilt worden. Das Gericht legte ihm mehrere Sprengstoffanschläge in Warenhäusern zur Last, bei denen Millionenschaden entstanden war. Dagobert hatte Polizei und Öffentlichkeit jahrelang in Atem gehalten, vor allem mit seinen raffinierten technischen Tricks bei der Geldübergabe.
> [ohne Pause, andere Männerstimme:] Daas dMäldige, merci Kurt Jordi es isch zwölfi sibenedriissig jetz de grad. Si chömme und zwar rasch dVerkehrsverhandlige EU - Schwiiz (…) [Themenverzeichnis] Jetz aber zerscht zum Wätter (…)[9]
> [ohne Pause, neue Stimme:] Die Prognosen bis morgen Mittwoch abend, Alpennordseite, Wallis und Graubünden (…) Im Süden ziemlich sonnig, am Freitag den Alpen entlang etwas Schneefall.

---

7 Hochdeutsche Übersetzung:
  Info drei. Zuerst nochmal nach Zürich. Der Drogenumschlagplatz am stillgelegten Zürcher Bahnhof Letten ist jetzt also zu. Seit heute nacht um zwölf gibts in der Stadt Zürich keine offene Drogenszene mehr.
8 Es regnet und ist kühl.
9 Das die Meldungen, danke Kurt Jordi, es ist zwölf siebenunddreissig jetzt dann gerade. Sie kommen, und zwar rasch, die Verkehrsverhandlungen EU – Schweiz (…) Jetzt aber zuerst zum Wetter.

[Signet, neue Stimme:] DVerkehrsminischter vo de Europäische Union hei hüt mittag zBrüssel beschlosse mit de Schwiz Strasse- und Verkehrsverhandlige ufznää. En eerschti Runde vo dene bilaterale Verhandlige söll bereits nächschti Wuche stattfinde, M. M. z Brüssel, eso klar eso rasch – isch das en Überraschig? M. M.[Telefon] Überraschend waarschiinlech i dem Sinn dass äh so schnell etz gangen isch (…)[10]

Die Zwischenmoderation, in der die Themen des zweiten Blocks angekündigt werden, erfolgt in Mundart, der Wetterbericht in Hochdeutsch, die redaktionellen Texte des zweiten Blocks werden dann in Mundart verlesen. Der Korrespondentenbericht, der charakteristischerweise in dialogischer Form „abgefragt" wird, erfolgt in Mundart. Auch Interviews mit Primärinformanten, soweit es sich nicht um Sprecher anderer Muttersprache handelt, finden in Mundart statt.

Das Prinzip der Verteilung, die auf den ersten Blick sehr bunt aussieht, ist durchschaubar:

Moderierende Texte sind (wie im ganzen Programm des Senders) in Mundart gehalten, womit der Konnex zum dominierenden „Begleitprogramm" hergestellt wird. Der „harte Kern" der Nachrichten (erster Block) verbleibt hochdeutsch, während Hintergrundsinformationen und kommentierende Texte (zweiter Block) mundartlich formuliert werden. Der Wetterbericht, als Dienstleistung, die sich u. U. auch an nicht-deutschschweizerische Hörer richtet, wird hochdeutsch verlesen. Das Gleiche gilt übrigens auch für Straßenzustandsberichte und Verkehrsmeldungen.

In den Lokalradios wird (nahezu) ausnahmslos Mundart gesprochen. Selbst die Nachrichten werden vielerorts in Mundart geboten, auch wenn sie internationale und nationale Themen betreffen. Dies ist umso signifikanter, als die Texte weitgehend auf – hochdeutschen – Agenturmeldungen basieren, also in Mundart übersetzt werden müssen.[11]

---

10 Die Verkehrsminister der Europ. Union haben heute mittag in Brüssel beschlossen, mit der Schweiz Strassen- und Verkehrsverhandlungen aufzunehmen. Eine erste Runde dieser bilateralen Verhandlungen soll bereits nächste Woche stattfinden, M. M. in Brüssel, so klar so rasch – ist das eine Überrraschung?
M. M. Überraschend wahrscheinlich in dem Sinn dass es jetzt so schnell gegangen ist.

11 Mautner (2002, 2013) schreibt: „Sogar in der von Diglossie geprägten deutschen Schweiz (…) werden die Meldungsblöcke der Hörfunknachrichten sowohl im öffentlich-rechtlichen DRS als auch bei den Privaten ausschließlich in (…) der Hochsprache gelesen." Das stimmt für die aktuelle Situation nicht mehr.

12.3.3 Fernsehen

12.3.3.1 Die Verteilung der Varietäten

Beim Schweizer Fernsehen DRS 1 und 2 ergibt sich eine Dominanz des Hochdeutschen, wenn man das Gesamtprogramm einschließlich Fremdproduktionen betrachtet, hingegen ein Übergewicht der Mundart, wenn nur die Eigenproduktionen berücksichtigt werden.

Die Situation beim Fernsehen ist insofern eine andere als beim Radio, als neben den Eigenproduktionen viel gesendet wird, was von anderen Anstalten „eingekauft" oder mit anderen Anstalten koproduziert wurde. Insbesondere Film-Serien, aber auch Trickfilme usw. sind hier zu nennen, die in original-hochdeutscher Version oder in hochdeutscher Übersetzung (aus dem Englischen) ausgestrahlt werden. Auf diese Weise wirkt das Gesamtprogramm stärker hochdeutsch, als es sich aufgrund der Eigenproduktionen darbieten würde. In der Sendezeit von 9 bis 20 Uhr an einem durchschnittlichen Werktag sind von den 11 Stunden nur 2–3 Stunden schweizerdeutsch. Im Abendprogramm sind die Anteile von Abend zu Abend sehr verschieden. An einem Samstag mit „Wetten dass ...?" und zwei Spielfilmen ist nahezu die gesamte Zeit hochdeutsch (mit deutschem Hochdeutsch) besetzt. Es gibt aber auch Abende mit Dominanz schweizerdeutscher Sendungen oder mit ausgeglichener Verteilung.

Dass das Gesamtprogramm beider Senderketten durchgehend als deutschschweizerisch erkennbar ist, wird durch die Ansagen gewährleistet, die über das ganze Programm hinweg mundartlich sind.

Zusätzlich zu den Kooperationen mit anderen deutschsprachigen Sendern ist ein Faktor zu nennen, der die Stellung des Hochdeutschen im Fernsehen stützt: Das öffentlich-rechtliche Fernsehen ist stärker überregional ausgerichtet als das Radio; auch die Sendungen, die regionale Probleme aufgreifen, müssen mindestens insofern überregional bleiben, als die behandelten Probleme von überregionalem Interesse sein sollten.

Die Sprachverteilung in den Informationssendungen von SF DRS ist sehr komplex. Die Untersuchung einer künstlichen Woche im Frühjahr 1995 ergab folgendes Bild, das auch noch für die aktuelle Situation gilt:

Es lassen sich 5 Typen von Sendungen mit je spezifischer Verteilung der Sprachformen unterscheiden, wobei im Einzelfall Abweichungen vorkommen können, die jeweils spezielle Gründe haben.

	I	II	III	IV	V
Moderation	S	S	M	M	M
Beitrag	S	S	S	S / M	M
Interview	S	M	M	M	M

S = Standardsprache, M = Mundart
[Mit „Beitrag" sind vor allem Filmberichte gemeint, aber auch alle sonstigen Präsentationsformen, die nicht im Studio produziert werden und keine Interviews sind.]

Beispiele:

I Tagesschau
II 10 vor 10 (die zweite abendliche Nachrichtensendung)
III Sportpanorama
IV Kassensturz (eine kritische Konsumentensendung)
V Schweiz Aktuell

Dazu einige Erläuterungen:

Klare Fälle sind I und V. Hauptrepräsentant des Typs I ist die Hauptausgabe der Abendnachrichten, die „Tagesschau" (19.30 Uhr), die nach wie vor eine Domäne der Standardsprache darstellt. Das Hochdeutsche soll bei dieser Sendung den Charakter des ‚Seriösen', ‚Sachlichen', ‚Objektiven' betonen. Auf der anderen Seite der Skala steht das Regionaljournal „Schweiz Aktuell", das in allen Teilen nur Mundart verwendet. Hier ist der Faktor ‚regional' offenbar gänzlich dominant. Hochdeutsch ist nur noch in charakteristischen Resten zu hören, wie in Zitaten oder in phraseologischen Ausdrücken, z.B.:

[nach der Inhaltsübersicht:]
M: *Wer zu spät kommt, den bestraft das Leben.* Schadefreudigi Mitbürgerinne und Mitbürger händ d Zürcher FDP scho als Verlüüreri vo de Kantonsratswahle gsee. Sie hät nämli ire Lischte im Wahlkreis Uschter zspaat iigreicht.[12]
(3.3.1995, 19.00)

Zwischen diesen beiden eindeutigen Typen liegen Mischformen, bei denen die jeweilige Sprachformen-Konstellation teilweise begründbar ist, teilweise aber auf nicht durchsichtigen individuellen Entscheidungen der Produzenten beruht. Ein paar Beispiele:

Für Sportsendungen kommt von der Moderation und den Gesprächen her heutzutage wohl nur Mundart infrage. Umso erstaunlicher ist es, dass

---

12 Schadenfrohe Mitbürgerinnen und Mitbürger haben die Zürcher FDP schon als Verliererin der Kantonsratswahlen gesehen. Sie hat nämlich ihre Listen im Wahlkreis Uster zu spät eingereicht.

die reportageartigen Beiträge (durch alle Sportarten hindurch) mit Off-Texten immer noch der traditionellen Sprachpraxis folgen und hochdeutsch
getextet werden.

In den meisten Magazinsendungen – seien sie hochdeutsch oder mundartlich moderiert – sind die Filmberichte mit Off-Sprechern hochdeutsch
gehalten.

Davon weichen nur wenige Sendungen ab (wie die genannten Sendungen des Typs V). Dieser formale Faktor spielt nach wie vor eine wichtige
Rolle, wie man beispielsweise auch bei Werbespots, die in der Schweiz produziert werden, feststellen kann.

Die in der Öffentlichkeit oft zu hörende Behauptung, dass im Fernsehen der Mundart-Anteil in den letzten Jahren zugenommen habe, ist nur
dann berechtigt, wenn man alle Deutschschweizer Sender einbezieht. Bei
den Lokalsendern (wie auch bei den Lokalradios) hört man kaum mehr ein
Wort Hochdeutsch.

Man sieht an der Sprache der privaten Sender, die überwiegend auf Werbung angewiesen sind, dass die Sprachform in den Medien heutzutage auch
ein marktwirtschaftlicher Faktor ist, der eingesetzt wird, um die sog. Zu-
schauerbindung zu verstärken. Dementsprechend hört man beim öffentlich-rechtlichen Fernsehen auch immer das Argument, das Fernsehen könne
es sich nicht leisten, das Hochdeutsche zu favorisieren, weil sonst Zuschau-
eranteile verloren zu gehen drohen. Das Argument zielt darauf, dass die Medien ein Spiegel allgemeinerer gesellschaftlicher Verhältnisse sind. Wenn die
Menschen sich im Alltag mit Mundart wohler fühlen als mit Hochdeutsch,
dann müssen die Medien das in Rechnung stellen, wenn sie Erfolg haben
wollen.

12.3.3.2 Faktoren der Sprachwahl im Einzelnen

Wenn man nun einmal absieht von den globalen Tendenzen, die ich beschrieben habe, so gibt es bei öffentlich-rechtlichen Sendern im ersten Programm des Radios und im Fernsehen doch noch viele Fälle, bei denen im
einzelnen die Wahl der jeweiligen Sprachform zu regeln ist.

Die Arbeit von Ramseier (1988) zu den Verhältnissen im Radio DRS
gibt ein sehr detailliertes Bild von den z. T. sehr komplexen und im Einzelnen oft kaum entwirrbaren Verhältnissen. Insbesondere wird der Frage
nachgegangen, auf welcher Ebene des Programms im einzelnen die Entscheide über die Wahl der Sprachform getroffen werden. Es zeigt sich, dass
dies bei jedem der drei Programme auf der obersten Ebene einer möglichen
Klassifikation von Sendungen (d. h. beim „Sendetyp" und „Sendegefäß")
der Fall ist. Zuständig für den Entscheid ist der Programmleiter bzw. der
Senderedaktionsleiter zusammen mit den Sendemitarbeitern. Der Entscheid

„kann schriftlich oder mündlich fixiert, aber auch als Konvention unbewußt und unreflektiert tradiert werden" (169). In internen Papieren von Radio DRS wird bezüglich der Sprachformenproblematik großer Wert auf das Postulat gelegt, man solle die Zweisprachformigkeit der Deutschschweiz als Chance, als Angebot nutzen. Von Mitarbeitern der Medien hört man, dass Flexibilität gefragt sei, auch innerhalb ein und derselben Sendung. Ich setze einmal voraus, dass Flexibilität nicht dasselbe bedeutet wie ‚Beliebigkeit‘, dass man also nicht grundlos von einer in die andere Sprachform hinüber wechselt und wieder zurück. Wenn das so ist, dann muss der Sprachwahl doch ein regelhaftes Muster zugrunde liegen, das eine Entscheidung für oder gegen die jeweilige Sprachform im einzelnen ermöglicht. Ich versuche im Folgenden, solche Regeln zu isolieren, und zu beschreiben, in welchen Abhängigkeiten die Regeln zueinander stehen können. Dabei unterscheide ich nicht mehr systematisch zwischen Radio und Fernsehen.

Eine erste Gruppe von Regeln kann man als *traditionelle Verteilungen* charakterisieren. Es gibt Bereiche von Sendungen oder auch einzelne Sendungen, die seit langem der einen oder der anderen Sprachform zugeordnet werden. So ist die „Tagesschau" traditionell hochdeutsch, und ebenso die Fußballreportage, während sonstige Sportreportagen beim Radio meist in Mundart gehalten sind. Mit „traditionell" ist gemeint, dass sich von Seiten der Produzenten wie der Rezipienten Gewohnheiten und Erwartungen gebildet haben, die man nicht ohne gute Gründe durchbrechen kann und will. Bei der Fußballreportage spielen wohl die Sprechgewohnheiten, die sprachlichen Routinen der Reporter eine besonders wichtige Rolle. Bei der „Tagesschau" kommt als stabilisierender Faktor hinzu, dass sie sich in Machart und Funktion eng an die entsprechenden Fernsehnachrichten-Sendungen in der Bundesrepublik Deutschland und Österreich anlehnt. Zu den traditionellen Regelungen gehört ferner, dass Ansagen für „ernste", also klassische Musik und Wortsendungen über solche Musik hochdeutsch gehalten sind, während leichtere Musik mundartlich angesagt, moderiert und allenfalls besprochen wird. Bei den Ansagen ist der Grund erkennbar: Die entsprechenden Sendungen werden häufig nicht nur für die Deutschschweiz, sondern auch für die andern Landesteile ausgestrahlt. Im Übrigen aber erfolgen Verteilungen dieser Art heutzutage quasi automatisch und bedürfen keiner Begründung.

Eine zweite Gruppe von Regeln sind *pragmatischer* Art, d. h. sie sind an den jeweiligen kommunikativen Prozessen orientiert, genauer gesagt den Faktoren, die beim jeweiligen massenmedialen Kommunikationsprozess von den Journalisten als dominant angesehen werden. Diese Faktoren sind sehr unterschiedlicher Art und nicht aus einem einfachen Kommunikationsmodell abzuleiten. Einige wenige solcher Faktoren sind durchwegs dominant gegenüber anderen potenziellen Faktoren, führen also zu stabilen

Regelungen. Andere Faktoren hingegen können zueinander in Konkurrenz treten, und der Journalist hat im jeweiligen Kommunikationsakt zu entscheiden, welchen Faktor er dominant setzen will.

Zu den global *dominanten* Faktoren gehört z. B. das *Alter* des Rezipienten. Sendungen für Kinder, soweit die Sendungen in der Schweiz produziert sind, werden in Mundart formuliert. Das ist bei Kindern im Vorschulalter selbstverständlich. Doch auch ältere Kinder und Jugendliche werden in Mundart angesprochen, sicherlich aus der Überlegung heraus, dass die Texte in Mundart besser verständlich und leichter zugänglich sind als in Hochdeutsch. Hochdeutsche Kindersendungen wären in der deutschen Schweiz heutzutage undenkbar.

Ein weiterer Faktor ist mit dem Stichwort *regional* angesprochen. Dabei handelt es sich streng genommen nicht um einen einzelnen pragmatischen Faktor, sondern um ein ganzes Bündel von Faktoren: gemeint sind Sendungen, die sich an ein räumlich begrenztes Publikum richten (z. B. Region Zürich, Schaffhausen etc.); die sich ferner auf Themen beziehen, die für Bewohner insbesondere dieser Region interessant sind; die infolgedessen möglichst aus der Perspektive der Hörer bzw. Zuschauer gestaltet sind; die Traditionen, Gewohnheiten eben dieses Publikums, und damit auch die lokalen sprachlichen Gewohnheiten, berücksichtigen (also Schaffhauser Dialekt für Schaffhauser Regionalmagazin etc.). Regionalsendungen sind somit selbstverständlich in Mundart formuliert.

Besonderen Symptomwert für die gegenwärtige Sprachsituation haben nun aber die Situationen, in denen miteinander konkurrierende Faktoren auftreten und wo sich das Problem der *Hierarchie der Faktoren* stellt. Einige Beispiele dafür:

(1) Textsorte

Eine früher streng geltende traditionelle Regelung betraf die Nachrichtensendungen bei Radio und Fernsehen. Die Textsorte „Nachrichten" hat ihre spezifischen syntaktischen und lexikalischen Eigenschaften (s. o. 9.1), und mit dieser stilistischen Ausprägung war die Sprachform Hochdeutsch verknüpft. Diese Regelung wurde aber zunehmend durchbrochen durch pragmatische Regeln. Besonders deutlich wirksam ist heute der Faktor „regional": Heute sind bei Radio und Fernsehen die Regionalnachrichten mundartlich und dies, was besonders aufschlussreich ist, unter weitgehender Beibehaltung der genannten textsortentypischen Merkmale in Syntax und Lexikon. Dass Nachrichten bei den privaten Lokalradios weitgehend mundartlich sind, wurde bereits gesagt.

(2) Schriftlichkeit

Ein pragmatischer Faktor, der früher global wirksam war, ist die „Schriftlichkeit" (vgl. auch Kap. 6). Ein abgelesener, völlig ausformulierter Text war selbstverständlich hochdeutsch. Heute haben wir die Regionaljournale, bei denen im Normalfall Beiträge – nicht nur die Nachrichten – in Mundart formuliert sind, d. h. wörtlich in Mundart aufgeschrieben und so abgelesen werden. Hier ist eine für das Verhältnis von Schriftsprache und Mundarten allgemein interessante Entwicklung zu beobachten: In den Anfängen schrieb man die Texte hochdeutsch auf und übersetzte sie ad hoc in Mundart. Das ergab eine „Papiermundart", außerdem gelang es nicht jedem Sprecher, die Transformation fehlerlos vorzunehmen. Deshalb ging man dazu über, die Texte von vornherein in Mundart aufzuschreiben, mit dem doppelten Ziel, das Sprechen zu erleichtern und zugleich eine „lebendigere" Sprache zu erreichen. Das gelang jedoch nur bis zu einem gewissen Grade, wenn überhaupt. Denn mit dem Aufschreiben der Mundart verfallen die Redakteure in die Gewohnheiten und strukturellen Muster, die sie von der geschriebenen Standardsprache her gewöhnt sind. Ein zirkulärer Prozess also.

Die „Verschriftlichung" der Mundart ist sogar noch einen Schritt weitergegangen: Bei den Fernsehnachrichten in „Schweiz Aktuell" sieht man den Sprecher mit den Blättern, auf die er gelegentlich einen Blick wirft (obwohl er faktisch vom Teleprompter abliest). Auch dort also, wo das Ablesen sichtbar ist, also sozusagen nicht „verheimlicht" werden soll, ist Mundart möglich geworden.

Die Wirksamkeit des Faktors Schriftlichkeit bleibt allerdings dort erhalten, wo es sich um einen Text aus zweiter Hand handelt, den der Journalist authentisch wiedergeben will oder muss, also um hochdeutsche Zitate, z. B. einen Brief. Dort aber, wo die Sprachwahl in der Kompetenz des Journalisten selbst liegt, kann der Faktor Schriftlichkeit durch andere, journalistisch gesehen wichtigere Faktoren überlagert werden. So ist der Faktor „regional" offenbar in journalistischer Hinsicht derart dominant, dass er Faktoren, die früher global wirksam waren, zu paralysieren vermag.

Ein anderer Konflikt kann sich zwischen Schriftlichkeit und Moderationssprache ergeben. Ein symptomatisches Beispiel für die Entwicklung ist die „Presseschau" des Radios. Die „Presseschau" war zunächst hochdeutsch, da die Textbasis der Sendung ja hochdeutsche geschriebene Texte sind, die teils wörtlich verlesen, teils zusammengefasst und allenfalls kommentiert werden. Dann wurde sie in das mittägliche Informationsmagazin integriert, das mundartlich moderiert wurde (und wird). Dies führte dazu, dass nur dort, wo es absolut unvermeidbar war, die hochdeutschen Passagen beibehalten wurden, d. h. in den wörtlich abgelesenen Zitaten. Alles übrige war Mundart. Das ergab dieses Muster (Burger 1990 [1984], 223 ff.):

[Es beginnt mit der Einführung des Themas ‚Zivilschutz']

(1) *Erster Sprecher:*
Am guete Wille fääle es ned, schriibt de X i de Thurgauer Ziitig, und er nimmt
die Kantöön und Gmeinde, wo mit de Schutzplätz arg im Rückschtand sii, es
bitzeli in Schutz. Es sige di finanzschwache Kantöön und innerhalb vo dene die
chliine Landgmeinde, wo unter dem schwizerische Zivilschutzdurchschnitt
ligge. Es liggi uf dr Hand,[13]

(2) *Zweiter Sprecher:*
dass dort keine privaten Schutzplätze entstehen können, wo wenig bis nichts ge-
baut wird. Abhilfe lässt sich in solchen Fällen nur mit der Erstellung öffentlicher
Schutzräume schaffen. Das aber übersteigt zwangsläufig die Möglichkeiten
manch einer Gemeinde, solange der Bund sich nur ungefähr zur Hälfte an den
Kosten beteiligt.

(3) *Erster Sprecher:*
Und drum sig s zwar verschtändlich, we de Bund de Droofinger erhebi. Unan-
gebracht sig s aber wänn er de zueschtändige Behöörde s fäälends Verantwor-
tigsbewußtsii voorwerfe. Als Drooig empfindet au de Y im Lausanner Vingt-
quatre-heures de bundesräätliche Heewiis, we me deet, wo s no happeret ned
vorwärtsmachi, de weerde me denn müesse Frischte setze. „Berne menace –
Bern droht", schriibt de Y i dr Überschrift und laat dere en Uufruuf laa folge,
wo leider mit dr Übersetzig vil vo siinere wälschwitzige Ironii verlüürt.[14]

(4) *Zweiter Sprecher:*
Jurassier, Tessiner, Waadtländer aufgepasst. Ihr seid von allen Schweizern die-
jenigen, die den Folgen einer Atomexplosion am meisten ausgesetzt sind. Eure
Behörden zögern, Euch einen passenden Schutzraum zur Verfügung zu stellen.
Der Bundesrat ist darum nicht sehr zufrieden und hält Euch das Beispiel der Zu-
ger und Zürcher vor, die praktisch vollständig geschützt sind.

(5) *Erster Sprecher:*
Fasch het me s Gfüül, schlimmer als die fäälende Schutzrüüm sig für üseri Com-
patriote de drooend Iigriff us Bärn. Im Winterthurer Landbott macht de Z

---

13 Am guten Willen fehle es nicht, schreibt X in der Thurgauer Zeitung, und er nimmt die
   Kantone und Gemeinden, die mit den Schutzplätzen arg im Rückstand sind, ein bißchen
   in Schutz. Es seien die finanzschwachen Kantone und unter diesen die kleinen Land-
   gemeinden, die unter dem schweizerischen Zivilschutzdurchschnitt liegen. Es liege auf
   der Hand.
14 Und darum sei es zwar verständlich, wenn der Bund den Drohfinger erhebe. Unange-
   bracht sei es aber, wenn er den zuständigen Behörden ein fehlendes Verantwortungsbe-
   wußtsein vorwerfe. Als Drohung empfindet auch Y im Lausanner Vingt-quatre-heures
   den bundesrätlichen Hinweis, wenn man dort, wo es noch hapert, nicht vorwärtsmache,
   da werde man dann Fristen setzen müssen. „Berne menace – Bern droht", schreibt Y in
   der Überschrift und läßt dieser einen Aufruf folgen, der leider mit der Übersetzung viel
   von seiner welsch-witzigen Ironie verliert.

Voorschlääg, wie de Bund Underschiide zwüsche de einzelne Kantöön chönnt hälffe abbaue.[15]

(6) *Zweiter Sprecher:*
Ein Mittel dazu wäre die neue Bauförderungsaktion des Bundes, für die bis zur endgültigen Kantonalisierung noch annähernd eine Milliarde zur Verfügung stehen wird.

Auch der Mundarttext ist wörtlich aufgeschrieben. Z. T. paraphrasiert oder fasst er den Zeitungstext zusammen („er nimmt die Kantöön … es bitzeli in Schutz" 1), z. T. bewertet oder kommentiert er („Fasch het me s Gfüül" 5).

Stilistisch lehnt er sich gänzlich an die schriftsprachliche Vorlage an, so dass auch ein Wechsel indirektes/direktes Zitat im gleichen Satz (1/2) bruchlos möglich wird. Die beiden Sprachformen sind konsequent auf die beiden Sprecher verteilt, mit einer kleinen Ausnahme in (3): Hier wird die Schlagzeile zunächst französisch zitiert, dann in hochdeutscher Übersetzung gegeben (das ist nur phonetisch an der hochdeutschen Aussprache von *Bern* erkennbar).

Später wurde der Sprecherwechsel aufgegeben, der die Sprachformen immerhin noch klar voneinander trennte. Es entstand ein Muster, bei dem die Sprachformen noch stärker vermischt waren. Ein Beispiel von 1988 (hochdeutsche Passagen unterstrichen):

Originaltext	*Hochdeutsche Übersetzung*
(1) Ich bleibe, seit sie dütlig im wälsche Matin, und im Blick heißts: Rücktritt – kein Thema für mich.	Ich bleibe, sagt sie deutlich im welschen „Matin".
(2) S Wort hät jewils Bundesrätin Kopp, wil schließlig hät ire Maa nichts gehört und nichts gesehen, Zitat Berner Oberländer.	Das Wort hat jeweils Bundesrätin Kopp, weil schließlich hat ihr Mann …
(3) Nüt ghört und nüd gwüßt vo däne komische Finanz-Transaktioone wo de Hans W. Kopp agäblig söll dri verwicklet sii, mit zwöi Milliarde kriminellem Gäld usm Usland.	Nichts gehört und nichts gewusst von den komischen Finanz-Transaktionen, in die Hans W. Kopp angeblich verwickelt sein soll, mit zwei Milliarden kriminellem Geld aus dem Ausland.

---

15 Fast hat man das Gefühl, schlimmer als die fehlenden Schutzräume sei für unsere Miteidgenossen der drohende Eingriff aus Bern. Im Winterthurer Landboten macht Z Vorschläge, wie der Bund Unterschiede zwischen den einzelnen Kantonen abbauen helfen könnte.

Originaltext	Hochdeutsche Übersetzung
(4) D Fraag vom Bieler Tagblatt: <u>Für wie dumm darf so ein intelligenter Mann die Öffentlichkeit verkaufen? Kopps Umfeld scheint lusch [louche], wohin man schaut.</u>	Die Frage vom „Bieler Tagblatt" …
(5) Offen isch ja au no, öb dr Maa vo de Bundesräätin Stüüre hinderzoge hät.	Offen ist ja auch noch, ob der Mann der Bundesrätin Steuern hinterzogen hat.
(6) D Ziitige si sig einig, daß d Laag für d Elisabeth Kopp ugmüetlig wird.	Die Zeitungen sind sich einig, dass die Lage für Elisabeth Kopp ungemütlich wird.
(7) Di welsche 24 Heures wirft s Schlagwort „Kopp geit" i d Rundi.	Die welsche „24 heures" wirft das Schlagwort „Kopp geht" in die Runde.
(8) Hinter dr Frau Kopp aber s Badener Tagblatt: <u>Wann und wo immer der Name Hans W. Kopp fällt, richten gewisse Medien den Scheinwerfer sogleich auf seine Frau.</u>	Hinter Frau Kopp aber das „Badener Tagblatt". …
(9) <u>Solchen Leuten tritt die Bundesrätin mit Festigkeit entgegen.</u>	
(10) Öb das allerdings gschiid isch, fragt sich s Aargauer Tagblatt.	Ob das allerdings vernünftig ist, fragt sich das „Aargauer Tagblatt".
(11) Zitat us m Kommentar: <u>Gewiss, im Schweizerischen Rechtsempfinden gibt es keine Sippenhaftung.</u>	Zitat aus dem Kommentar …
(12) <u>Aber kann es Frau Kopp mit einem Mann, der derart im Zwielicht steht, in ihrer Haut und vor allem in ihrem Amt noch wohl sein – Fraagezeiche.</u>	
(13) Unsicher isch aber gäng au no, was dran isch an dere Gäldwäschgschicht.	Unsicher ist aber immer auch noch, was dran ist an der Geldwäschereigeschichte.
(14) <u>Immerhin: Die Eidgenössische Bankenkommission will intervenieren,</u> title die Luzerner Neuschte Naachrichte.	… titeln die „Luzerner Neuesten Nachrichten"
(15) D Großbanke müessed die Wuche Red und Antwort staa und – Parlamentarier fordern rasche Strafnorm gegen Geldwäscherei, heißts i de Basler Ziitig.	Die Großbanken müssen diese Woche Red und Antwort stehen und – Parlamentarier fordern rasche Strafnorm gegen Geldwäscherei, heißts in der „Basler Zeitung".

Die dominante Textebene – der redaktionelle Text – ist mundartlich, die wörtlichen Zitate sind hochdeutsch. Ob die Passagen in indirekter Rede (10, 15) mehr oder weniger wörtlich zitiert sind oder eine Eigenformulierung des Redakteurs darstellen, ist nicht erkennbar, da keine metasprachlichen Signale wie „so wörtlich" o. ä. gegeben werden. Das Code-Switching erfolgt überwiegend nach der Redeeinleitung (1, 4, 8, 11, 14), an (Teil-)Satzgrenzen (1, 1/2, 4/5, 9/10, 12/13, 14, 15), aber auch innerhalb ein und desselben (Teil-)Satzes (2). In (1) ist ein französisches Zitat auf Hochdeutsch („Ich bleibe") wiedergegeben, während in (7) in Mundart übersetzt wird („Kopp geit" = ‚Kopp geht'). Die hochdeutsche Passage in (2) ist durch eine kurze Pause vom Vorhergehenden abgesetzt und durch besonders deutliche Artikulation als hochdeutsch gekennzeichnet. Interessant ist dabei, dass das Code-Switching hier innerhalb eines Satzgliedes stattfindet („hät/ nichts gehört und nichts gesehen"). Die Namen der Deutschschweizer Zeitungen werden teils hochdeutsch, teils mundartlich ausgesprochen, die französische Zeitung in französischer Phonetik.

Welcher Art die hochdeutsch zitierten Passagen sind und warum sie so zitiert werden, ist meist leicht erkennbar: In mehreren Fällen handelt es sich offenkundig um Schlagzeilen (erkennbar an den elliptischen Formulierungen oder am metasprachlichen Signal „titeln die Luzerner Neuesten Nachrichten"). Sonst sind es offenbar besonders prägnante Formulierungen, die zum Zitieren Anlass geben („nichts gehört und nichts gesehen" – eine Formulierung, die inzwischen zum karikierenden Schlagwort geworden ist; „Kopps Umfeld scheint lusch …" – hier ist es wohl das saloppe Wort „lusch", das im Pressekontext sonst nicht zu erwarten wäre). Häufig sind es Metaphern und Phraseologismen, die für zitierwürdig befunden sind („für dumm verkaufen", „den Scheinwerfer richten auf …", „im Zwielicht stehen", „kann es Frau Kopp … in ihrer Haut … wohl sein").

Nachdem man eine Zeitlang geradezu abenteuerliche Formen des Switching praktiziert hatte (nicht nur zwischen Teilsätzen, sondern auch innerhalb desselben Teilsatzes, ja sogar innerhalb ein und desselben Satzgliedes), scheint sich im Lauf der Zeit ein gemäßigteres Verfahren durchgesetzt zu haben. Die hochdeutsch zitierten Passagen sind nun in der Regel vollständige syntaktische Einheiten (Sätze aus dem Text oder Schlagzeilen), obwohl bei manchen Redakteuren auch jetzt noch die artifizielleren Formen vorkommen. Die Gründe für das Code-Switching sind immer die gleichen geblieben.

Demgegenüber hat man für die Presseschau im dritten Programm einen anderen Weg gewählt, nämlich die vollständige Integration in das mundartliche Begleitprogramm. Inhaltlich werden mehr soft news, auch aus der Boulevardpresse, berücksichtigt. Die Beiträge sind zumindest dialogisch eingebettet, manchmal auch durchgehend dialogisch gestaltet. Hochdeutsch hört man kaum mehr. Wenn noch etwas Hochdeutsches vorkommt, dann hier und da eine besonders prägnante Schlagzeile.

Die Mischsprache im ersten Programm sucht wohl ihresgleichen, und auch in der Deutschschweiz hat sie, soweit ich sehe, außerhalb der Medien keine Domäne. Nicht immer gelingt es so gut wie hier, die kleinräumige Funktionsverteilung der Sprachformen durchzuhalten und erkennbar zu machen. Wenn aber nicht erkennbar ist, wozu das artifizielle Mischprodukt dienen soll, ist seine Berechtigung im Medium nicht einzusehen. Hier wie in vielen anderen Bereichen ist die Deutschschweizer Sprachsituation ambivalent: das Nebeneinander der Sprachformen ist im öffentlichen Sprachgebrauch Chance und Risiko zugleich.

Wie spezifisch die Funktionen sind, die dem Hochdeutschen noch verbleiben, kann man sehr gut an einer Radiosendung wie dem Konsumentenmagazin „Espresso" sehen, das von Montag bis Freitag am Morgen gesendet wird. Da es häufig um Beschwerden von Konsumenten und Antworten von beschuldigten Produzenten, Firmen usw. geht – beides sowohl mündlich (O-Ton) wie schriftlich –, ergibt sich eine Vielfalt von zitierenden Text-Elementen. Im Verein mit den übrigen medienspezifischen Textsorten (Moderation, Interviews) entsteht eine Art „Patchwork" mit zahlreichen Gelegenheiten für Code-Switching. Ein Beispiel (1. 3. 1995, 8.16 Uhr):

Originaltext	Hochdeutsche Übersetzung
(1) M'in: (…) Wäsche ooni Wöschmittel – letschte Herbscht hät es Produkt namens Ekoperl mit dem Slogan Schlagziile gmacht (…) Unger de Luupe sin allerdings verschideni Mängel vo dem Produkt zum Vorschiin choo, de Importeur het neui Tescht versproche (…) Mir hen wöue wüsse wo die versprochene Teschts blibe sii	Wäsche ohne Waschmittel – letzten Herbst hat ein Produkt namens Ekoperl mit Slogan Schlagzeilen gemacht (…) Unter der Lupe sind allerdings verschiedene Mängel des Produkts zum Vorschein gekommen, der Importeur hat neue Tests versprochen (…) Wir haben wissen wollen, wo die versprochenen Tests geblieben sind
(2) (akustisches Signal, dann Geräusch von laufender Waschmaschine, dann Stimme:) Sparen Sie das Waschmittel dank Aktiv-Ionen. 85 Prozent Waschmitteleinsparung.	
(3) M'in: Mit dem vollmundige Verspräche wird uf de Schachtel vom Ekoperl no geng gworbe … (…)	Mit dem vollmundigen Versprechen wird auf der Schachtel von Ekoperl noch immer geworben
(4) M'in: Drei Wuche nach dem Espresso-Biitrag het de Kassesturz vom Schwiizer	Drei Wochen nach dem Espresso-Beitrag hat der „Kassensturz" des Schweizer Fern-

Fernsehe e Tescht präsentiert, wo ner bir Eidgenössische Forschigs- und Material-prüfigsaastalt EMPA het la mache. Resultat:	sehens einen Test präsentiert, den er bei der Eidgenössischen Forschungs- und Mate-rial-prüfungsanstalt EMPA hat machen lassen.
(5) Mann: Es können keine signifikanten Unterschiede festgestellt werden, ob mit oder ohne Ekoperlen gewaschen wurde.	
(6) M'in: Mit angere Worte: Ekoperl nützt glich vil wie blutts Wasser. (…)	Mit anderen Worten: Ekoperl nützt gleich viel wie bloßes Wasser.
(7) M'in: Zu dene Fraage hämmer d Firma i der Sendig wölle la Stellig nää. Es Inter-view uf Band oder live isch wege Abwese-heit vom Marketingdirekter XY nid möglich gsii. Hier aber paar Usschnitte us dr schriftliche Stellignaam vom Geschäfts-inhaaber YZ. Warum het X [Firmenname] meermals eigeni Teschts versproche, aber bis hüt nie gliferet?	Zu diesen Fragen haben wir die Firma in der Sendung Stellung nehmen lassen wol-len. Ein Interview auf Band oder live ist we-gen Abwesenheit des Marketingdirektors XY nicht möglich gewesen. Hier aber ein paar Ausschnitte aus der schriftlichen Stel-lungnahme des Geschäftsinhabers YZ. Warum hat X mehrmals eigene Tests ver-sprochen, aber bis heute nie geliefert?
(8) Männerstimme: Nach Ihrer ersten Radiosendung vom November 94 und nach dem Kassensturz vom zwound-zwanzigsten elften 94 haben wir vom spanischen Fabrikanten verlangt, alle zusätzlichen Tests zu machen, die nötig sind, um mehr Klarheit in Sachen Ekoperl zu bringen. (…)	

Die redaktionellen Texte (1, 3, 4, 6, 7) sind durchwegs mundartlich. Das Zitat von der Waschmittelpackung (2) wird hochdeutsch verlesen, ebenso das Zitat aus dem schriftlichen Testbericht (5), schließlich auch die schrift-liche Stellungnahme der Firma (8).

Das Hochdeutsche signalisiert nicht, dass der verlesene Text schriftlich vorliegt – das wäre ja auch bei den redaktionellen Texten der Fall; vielmehr hat es die sehr spezifische Funktion, einen schriftlich vorliegenden *Fremd-text* anzuzeigen, aus dem *wörtlich zitiert* wird. (Dass Text 5 ein zitierter schriftlicher Fremdtext ist, wird aus dem Kontext nicht eindeutig klar, die Wahl der Sprachform aber schafft Eindeutigkeit.)

(3) Dialogische Interaktion zwischen Deutschschweizern

Ein pragmatischer Faktor bzw. ein Bündel von Faktoren hat sich zu einem nahezu global wirksamen Faktor entwickelt: dialogische Interaktion zwi-

schen nur zwei (oder ganz wenigen) Partnern schweizerdeutscher Muttersprache führt regelmäßig zur Wahl der Mundart. Die meines Wissens einzige Sendung, bei der dieses Prinzip nicht gilt, ist die „Tagesschau". Dort
werden Interviews auch mit Deutschschweizer Gesprächspartnern hochdeutsch geführt (von gelegentlichen Ausnahmen abgesehen, z. B. wenn ein
nicht medienerfahrener Gesprächspartner z. B. als „Betroffener" zu einem
Unglück befragt wird). Im stärker auf Infotainment ausgerichteten Nachrichtenmagazin „10 vor 10" hingegen führt der Moderator, der in seinen
monologischen Texten hochdeutsch spricht, die Interviews in Mundart, d. h.
er praktiziert immer wieder ein Code-Switching. Durch diese unterschiedliche Konzeption der beiden Nachrichtensendungen kann es dazu kommen,
dass die gleichen Politiker in der Sendung um 19.30 Uhr hochdeutsch, um
22 Uhr schweizerdeutsch interviewt werden.

(4) Dialog mit Partnern nicht-schweizerdeutscher Muttersprache

Das Gegenstück zu (3) ist ein pragmatisch-soziolinguistischer Faktor, der –
soweit ich das beobachten konnte –, bei dialogischen Texten früher weitgehend wirksam war: die nicht-schweizerdeutsche Muttersprache eines der
Beteiligten. Im Normalfall fand in Dialogen eine Anpassung des Journalisten an die Sprache des Partners statt, derart, dass man mit einem Deutschen
oder Österreicher hochdeutsch redete, mit einem Westschweizer oder sonst
Fremdsprachigen – sofern nicht die Fremdsprache – am ehesten Hochdeutsch. Das ist wohl auch heute noch so, wenn die Interaktion mit dem
Nichtdeutschschweizer isoliert stattfindet, klar getrennt von etwaigen
mundartlichen Kommunikationsprozessen in der Textumgebung der Sendung.
    Eine mögliche, oft zu beobachtende Normalabfolge wäre also:

I Moderation (Studio)		schweizerdeutsch
II Interview (O-Ton) ⟨	Interviewer (Schweizer)	hochdeutsch
	Interviewter (Deutscher)	hochdeutsch
III Reportage (Ski)		schweizerdeutsch

Die Abfolge ist einleuchtend und problemlos, weil die Kommunikationssituationen von Moderation und Interview klar voneinander getrennt sind
(beim Radio durch den Ton, beim Fernsehen zusätzlich durchs Bild).
    Probleme ergeben sich zunächst dann, wenn der deutschschweizerische
Journalist nicht nur das Interview führt, sondern einen ganzen Beitrag mit

Einführung, O-Ton, Zwischentexten, abschließender Zusammenfassung liefert. Hier besteht theoretisch die Möglichkeit, in den nicht-dialogischen Partien zwischen Mundart und Schriftsprache zu wählen. Wenn der Journalist Mundart wählt, tut er das, um sich der Textumgebung innerhalb der ganzen Sendung anzupassen. Wählt er Hochdeutsch, passt er seinen ganzen Beitrag dem Gast an. Beides kommt vor.

Probleme entstehen ferner dann, wenn in der gleichen Kommunikationssituation ein Moderator und als Gäste Mundartsprecher sowie Sprecher anderer Muttersprache zusammentreffen. Für Situationen dieser Art scheint es keine festen Regeln (mehr) zu geben. Gelegentlich werden Strategien geplant und vorher abgesprochen, in anderen Fällen hat man eher den Eindruck, dass die Wahl der Sprachformen im Augenblick und eher unkontrolliert erfolgt.

Wie bunt das Bild der Sprachformen in einer durchschnittlichen Sportsendung des Fernsehens ist, mag das Ablaufschema einer beliebigen Sendung demonstrieren, in der die Sprachformwahl nach den Regeln der Sportberichterstattung im Speziellen und der Magazinsendung im Allgemeinen funktioniert und die keine zusätzlichen kommunikativen Probleme aufweist. Das Beispiel ist gut zwanzig Jahre alt, die heutige Situation aber ist immer noch die gleiche:

		Mundart	Hochdeutsch
I	Moderator	+	
II	Reportage (Ski)		+
III	Reportage (Ski)		+
IV	Moderator	+	
V	Reportage (Fahrrad)		+
VI	Moderator	+	
VII	Reportage (Eishockey)		+
VIII	Moderator	+	
IX	Reportage (Eishockey)		+
X	Moderator	+	
XI	Interview (Studio)	+	
XII	Moderator	+	

(TV DRS, Sportpanorama, 19. 2. 1983)

Ein besonders extremes Beispiel für einen Kriterienkonflikt habe ich in einer
– ziemlich aggressiven – Konsumentensendung gefunden, bei der Mundart-
Moderation selbstverständlich ist. Alle Gespräche sind ebenfalls mundartlich. In einer Sendung (Kassensturz Spezial, Schweiz 4, 11. 5. 1995), in der es
um Amalgam-Plomben ging, waren deutsche Zahnmediziner zu einem
Streitgespräch mit Schweizer Kollegen eingeladen. Die in dieser Situation
einfachste Lösung für den Moderator ebenso wie für die Schweizer Zahn-
ärzte wäre gewesen, wenn alle Beteiligten während der Diskussion hochdeutsch gesprochen hätten. Statt dessen aber greift man zu einer „fernseh-
gerechten" Lösung: der Simultanübersetzung. Simultanübersetzung wird
im Fernsehen – wie z. B. bei „Wetten dass" – durchaus sinnvoll praktiziert,
wenn es um die Kommunikation mit Fremdsprachigen geht, die kein
Deutsch können. Hier aber hat sie den Effekt, dass die *Sprachformen-Dif-
ferenz* zu einer echten *Sprachen-Differenz* stilisiert wird. Schweizer und
Deutsche sprechen – nach diesem Modell – zwei verschiedene Sprachen,
allerdings mit einer deutlichen Asymmetrie: Für die Deutschen ist die
Schweizer Mundart eine Fremdsprache, die sie weder sprechen noch verstehen. Für die Schweizer soll – komplementär – das Hochdeutsche als
Fremdsprache gelten, aber nur was das Sprechen betrifft. Das Verstehen hingegen gilt als garantiert. Also bekommen die Deutschen Simultanübersetzung, die Schweizer nicht.

Für eine ganze Sendung wird hier eine Sprachregelung getroffen, die
strikt durchgehalten werden muss, die keine Flexibilität erlaubt, auch nicht
das Maß an Flexibilität, das im Alltag mit Sicherheit durchaus vorhanden
wäre. Das sieht man am faktischen Verhalten der Gesprächsteilnehmer:
Immer wieder verfallen die Schweizer – auch der Moderator! – ins Hochdeutsch-Sprechen, weil das ja auch die nächstliegende Variante beim
Umgang mit Hochdeutsch-Sprechenden wäre, aber die abgesprochene
Sprachregelung zwingt sie, immer wieder zur Mundart zurückzukehren.
Hier wird offensichtlich eine sprachliche Differenz unnötig verschärft. Anstatt einen Versuch zu machen, die bei den Deutschschweizern zweifellos
vorhandene negative Einstellung zum Hochdeutschen abzuschwächen,
wird sie durch das Medium als Faktum „inszeniert" und die Fähigkeit zum
Hochdeutsch-Sprechen wird den Deutschschweizer Teilnehmern überhaupt
aberkannt.

13 Text und Bild

13.1 Das Problem

Die Überlegungen zum „Medientext" (Kap. 3) haben gezeigt, dass für die Beschreibung von Medien-Produkten ein erweiterter Text-Begriff erforderlich ist, der auch die Relationen der sprachlichen Zeichen zu den anderen verwendeten semiotischen Systemen einschließen muss.

Im Folgenden sollen Kategorien bereitgestellt werden, die sich für die Analyse von Text-Bild-Relationen eignen.

Vielen psychologischen Studien muss man als Linguist den Vorwurf machen, dass die verwendeten begrifflichen Kategorien für die Beschreibung des Verhältnisses von Text und Bild wenig differenziert und in einer Weise unscharf sind, dass man mit den Resultaten wenig anfangen kann, bzw. dass die Resultate streng genommen uninterpretierbar sind. Z. B. ist die Gegenüberstellung

Text und Bild entsprechen sich/entsprechen sich nicht

so vage, dass sie kaum operationalisiert werden kann, d. h. man kann vorhandenes Fernsehmaterial nicht sinnvoll nach dieser Gegenüberstellung ordnen.

Im Rahmen dieses Buches ist es nicht möglich, eine differenzierte Typologie der Text-Bild-Relationen zu erstellen. Statt dessen sollen einige wichtige Kriterien besprochen werden, die für eine Typologie berücksichtigt werden müssen.[1]

In Bezug auf verbale Texte verfügen wir als Linguisten über ein breites gesichertes Wissen, das in zahlreichen Einführungs- und Überblicksdarstellungen aufgearbeitet ist. Für die Bild-Analyse müssen wir hingegen einige Grundbegriffe bereitstellen, bevor über die Text-Bild-Relation gesprochen werden kann. Dass es sich hier um keineswegs triviale Überlegungen handelt, dürfte heute nicht mehr bestritten werden.

---

1 Ansätze finden sich z. B. in Schmitz (1990, 2003), Brosius/Birk (1994), Brosius (1998) und im Sammelband Fix/Wellmann (2000). Eine differenzierte Untersuchung bietet neuerdings Stöckl (2004). Der Vorzug dieser Arbeit ist vor allem, dass sie nicht nur die in der bisherigen Literatur zum Text-Bild-Verhältnis dominierenden Fragen (Was ist ein Bild? Was ist ein Text? Wie verhalten sich beide zueinander?) behandelt, sondern auch Bilder in der Sprache („Sprachbilder", d. h. vor allem Phänomene der Phraseologie) und dementsprechend auch die Relationen zwischen Sprachbildern und (nicht-sprachlichen) Bildern. Gegenstand der Analyse sind allerdings nur statische „Sprache-Bild-Texte", d. h. insbesondere Pressetexte, während die Verhältnisse in den elektronischen Medien ausgeklammert bleiben.

Noch in den 80er Jahren des vorigen Jahrhunderts konnten Medientheoretiker und Medienpädagogen wie Postman zu den Bildern im Fernsehen schreiben:[2]

> „Das Fernsehen bietet eine ziemlich primitive, freilich unwiderstehliche Alter-
> native zur linearen, sequentiellen Logik des gedruckten Wortes und tendiert
> dazu, die Härten einer an der Schrift orientierten Erziehung irrelevant zu ma-
> chen. Für Bilder gibt es kein ABC. Um die Bedeutung von Bildern verstehen zu
> lernen, benötigen wir keinen Unterricht in Grammatik, Rechtschreiben, Logik
> oder Wortkunde. Wir benötigen nichts, was einer Schulfibel entspräche, keine
> Hausaufgaben und keine Voraussetzungen schaffende Ausbildung. Das Fern-
> sehen verlangt keine besonderen Fähigkeiten und entwickelt auch keine Fähig-
> keiten." (Postman 1983, 92 f.)

Diese Auffassungen sind nicht haltbar und entsprechen in vielfacher Hinsicht nicht der komplexen Situation, die bereits die Presse und erst recht das
Fernsehen im Hinblick auf die Text-Bild-Verhältnisse aufweist. „Bilder und
Töne" – das ist eben das Problem: was für Bilder, was für Töne, und wie verhält sich beides zueinander?

Es können im Folgenden nur einige wenige Aspekte der Problematik
besprochen werden, wobei es nötig ist, zunächst die Eigenschaften des Bildes gesondert zu betrachten.

13.2 Das Bild

Die Bild-Analyse hat sich in den letzten Jahren zu einer elaborierten Fach-
disziplin entwickelt (vgl. Doelker 1997 und die neueren zusammenfassenden Darstellungen in Kress/van Leeuwen 1996, van Leeuwen/Jewitt 2001).

Man kann die Fernseh-Bilder nach unterschiedlichen Kriterien kategorisieren, die sich z. T. überschneiden[3]:

---

2 Ähnlich äußert sich Meyrowitz:
  „Es gibt im Fernsehen nichts, was einem Kinderbuch gliche. Der Zugang zum Fernseh-
  Inhalt ist nicht kompliziert verschlüsselt, kann also junge Zuschauer nicht ausschließen
  oder das Publikum in verschiedene Altersstufen trennen. Die Erwachsensendungen
  bieten Kindern vielleicht Informationen, die sie nicht ganz verstehen, und Kindersendungen können kinderspezifische Inhalte enthalten, doch der Verschlüsselungs-Code ist
  für jede Fernsehsendung ähnlich: Bilder und Töne. Anders als bei den Printmedien ähnelt
  die symbolische Form des Fernsehens den Dingen, die sie darstellt. Die Fernsehbilder
  sehen – wie alle Bilder – den wirklichen Objekten und Menschen ähnlich; das Fernsehen
  spricht zu uns in einer menschlichen Sprache." (Meyrowitz 1987, 169)
3 Stöckl (2004, 96 ff.) versucht, komplementär zum linguistischen Begriff der „Textsorte",
  eine Typologie von „Bildsorten" zu entwerfen und geht dabei von der Grundannahme
  aus, dass Bilder „als Texte" zu verstehen seien, dass sie Eigenschaften wie Kohärenz und
  Intentionalität haben (können). Er untersucht Bilder deshalb „unter dem Aspekt ihrer
  situativen und kontextuellen Einbindung im kommunikativen Gebrauch" (96).

1) nach dem Produktionsvorgang
2) nach „medialen" Aspekten (Foto, Grafik …)
3) nach semantischen Aspekten
4) nach semiotischen Aspekten
5) nach pragmatisch-funktionalen Aspekten
6) nach interaktiven Aspekten

13.2.1 Mediale Aspekte

Was „Bild" in der Presse und im Fernsehen heißen soll, muss jeweils gesondert festgelegt werden. Bei der Presse – als einem ausschließlich visuellen Medium – sind in erster Linie Fotos und Grafiken gemeint, in zweiter Linie könnte man die gesamte grafische Gestaltung („Design", „Layout") zum „Bild" rechnen.

Beim Fernsehen kann man den gesamten visuellen Teil als Bild bezeichnen, worin auch Schrift-Einblendungen eingeschlossen sind. Beim Fernsehen ist des weiteren zu unterscheiden zwischen *bewegten (dynamischen) Bildern* und *Standbildern (statische Bilder)* (vor allem Fotos und Grafiken, vgl. dazu Holicki 1993, Nöth 2000).

13.2.2 Produktion

Von der Produktion her lassen sich *registrative* und *generierte* Bilder unterscheiden. Registrativ sind solche Bilder, die durch „bloße" technische „Abbildung" von Wirklichkeit zustande kommen. Generiert sind demgegenüber Bilder, die durch technische Mittel (sei es Bleistift oder Computer) erst hergestellt werden, deren Objekte also erst durch den technischen Vorgang erzeugt werden.

Die Grenzen zwischen den Typen waren immer schon fließend. Ein Foto ist ja nie nur Abbildung, sondern immer auch Konstrukt – darüber sind sich Bildtheoretiker einig. Ebenso und in noch höherem Masse gilt dies für filmische Abbildung, da hier die Kameratechniken die Darstellung des Objekts wesentlich beeinflussen (Kamerapositionen, Kamerabewegungen usw., Techniken wie „slow motion" [Zeitlupe], play back usw.).

Heutzutage sind die Grenzen noch fließender geworden, da man mittels digitalen Techniken registrative Bilder verändern kann, ohne dass der Rezipient das realisiert, oder Bilder generieren kann, die so aussehen, wie wenn sie registrativ wären.

Symptomatisch dafür ist der öffentliche Diskurs, der in brisanten Fällen jeweils um die „Echtheit" von Presse- oder Fernsehbildern entsteht. Die Bilder von irakischen Gefangenen, die von Soldaten der Alliierten gefoltert wurden, sind ein Beispiel aus der jüngsten Geschichte.

Die registrativen Bilder (Doelker spricht von „Spurbildern") stellen die Bild-Theorie vor große Probleme, die sich im Wesentlichen auf den semiotischen Status dieser Bilder beziehen (s. u.).

13.2.3 Semantische Aspekte

Was „bedeuten" die Bilder?

Bilder – gleich in welchem Medium – haben einige semantische Eigenschaften, die sie grundsätzlich von Sprache unterscheiden (dabei ist die Abgrenzung der semantischen von den semiotischen Eigenschaften theoretisch schwierig zu vollziehen, was hier nicht diskutiert werden kann):

1) Eine triviale, aber folgenreiche Feststellung ist diese: Die Bedeutung von Bildern ist nicht mit der gleichen Klarheit zu bestimmen wie diejenige von sprachlichen Zeichen. Insbesondere registrative Bilder bieten diese Schwierigkeit:

Ein Foto von einem Picknick im Freien mit Personen drauf kann sehr unterschiedlich gedeutet werden, je nachdem ob man den Kontext der Aufnahme kennt oder nicht, ob man die Personen kennt oder nicht. Das heißt auch: die Bedeutung von Bildern liegt nicht in ihnen selbst und geht nicht sozusagen selbstverständlich aus ihnen hervor, sondern sie ist eine interpretatorische Leistung des Rezipienten. Etwas überspitzt ausgedrückt: Je nach Interesse und Vorwissen des Rezipienten sind registrative Bilder unendlich deutbar. Einschränkungen der Deutbarkeit ergeben sich aus dem semiotischen Typ des Bildes (s. u. 13.2.4).

2) Die Bedeutung von registrativen Bildern ist, was mediale Visualisierungen angeht, in überwiegendem Masse konkret und individuell. Was man auf einem Foto oder im Fernsehbild sieht, ist in der Regel ein bestimmtes, individuelles Gebäude, eine bestimmte Person, auch wenn wir nicht gesagt bekommen, welches Gebäude, welche Person.

Generierte Bilder demgegenüber ermöglichen die Darstellung von Abstrakta und generischen Sachverhalten. Wir haben dafür grafische Konventionen entwickelt, die die Wahrnehmung steuern und die uns erlauben, einen bestimmten Typ von Visualisierung als Darstellung z. B. von statistischen Sachverhalten oder als Visualisierung einer Klasse von Gegenständen zu interpretieren.

3) Registrative Bilder werden primär als „Abbildung" verstanden, und zwar als Abbildung von Realem (vgl. unten zum „Ikon"). Daher rührt die hohe Glaubwürdigkeit des Fernsehbildes. Im Gegensatz dazu kann die Sprache beliebig von Realität zu Fiktion wechseln, oder von einer Art der „Realität" zu einer anderen (z. B. von der Wirklichkeit der alltäglichen Erfahrung zur Wirklichkeit des Märchens), und sie kann diese Übergänge dem

Adressaten unmissverständlich anzeigen. Beim Film bedarf es besonderer filmtechnischer Arrangements, um eine Szene (auch ohne Text) als Fiktion kenntlich zu machen. Innerhalb der Gattung „Science fiction" sind solche Techniken weitgehend konventionalisiert, und der Kenner wird sie auch ohne Text eindeutig interpretieren.

4) Statische Bilder sind Zeit-indifferent. Will man ein statisches Bild einem bestimmten Zeitpunkt zuordnen, bedarf es dazu bestimmter Wissensbestände, die unter Umständen äußerst komplex sein müssen. Dynamische Bilder zeigen zwar eine zeitliche Sukzession von Ereignissen, aber die zeitlichen Relationen beispielsweise zwischen einer Einstellung und der darauf folgenden sind nicht aus den Bildern selbst abzulesen. Mit Sprache demgegenüber ist es möglich, sich in beliebigen Zeiträumen zu bewegen, Zeitsprünge zu machen, Zukünftiges zu antizipieren und dies für den Rezipienten eindeutig verstehbar zu machen. Um dieses Defizit des Bildes wenigstens partiell zu kompensieren, haben die Filmmacher Routinen entwickelt, die dem Rezipienten konventionelle temporale Deutungen ermöglichen (man denke etwa an die Techniken, mit denen im Film ‚Rückblende‘ visualisiert wird).

5) In der Sprache ist es bis zu einem gewissen Grade möglich, Denotation und Konnotation von Wörtern und Äußerungen voneinander zu unterscheiden und Typen von Konnotationen zu differenzieren. Beim Bild ist diese Unterscheidung viel problematischer, wenn überhaupt möglich. Im folgenden Beispiel (Abb. 6) ist es z. B. evident, dass die Bilder primär konnotative Aspekte vermitteln.

Der eine siegt, der andere verliert – beinahe gleichzeitig. Sieg – Niederlage, das sind die Fakten, das ist der denotative Tatbestand. Die Emotionen der beiden Betroffenen kann man als den konnotativen Aspekt betrachten, und diese Emotionen werden am eindrücklichsten im Bild repräsentiert (durch Mimik, Gestik und Körperhaltung). Auch die Schlagzeile benennt die Emotionen (mit den emotional aufgeladenen Lexemen *Triumph* vs. *Tristesse*), wäre aber ohne das Bild und/oder den Text nicht verständlich. Der Fließtext und die Bild-Legende formulieren einerseits die denotativen Aspekte und verstärken andererseits die emotionalen Aspekte des Ereignisses: mit den Metaphern *die zwei Seiten der Medaille* und dem Kontrast *draußen* vs. *ganz oben*, im Fließtext u. a. mit den Lexemen *Tristesse* vs. *Euphorie*, schließlich auch mit den Ausdrücken *Stimmungskurve, Erleiterung, Stolz, Rührung*.

BILDER FABRICE COFFRINI/KEYSTONE UND DIETER SEEGER

Die zwei Seiten der Medaillenjagd: Roger Federer ist früh draussen, Marcel Fischer ist ganz oben.

Von Tristesse zu Triumph

Degenfechter Marcel Fischer holte erstes Schweizer Gold in Athen, und Roger Federer schied in der 2. Runde aus.

Athen. – Es war eine symbolische Minute: Just in dem Moment, als gestern Wimbledon-Sieger und Goldfavorit Roger Federer im Tennis gegen den Tschechen Tomas Berdych Spiel, Satz und Match verlor und in Tristesse versank, machte sich ein paar Kilometer entfernt Marcel Fischer endgültig auf seinen Weg

zu Gold: Im Halbfinal der Degenfechter traf der 26-jährige Bieler gegen Eric Boisse (Fr) zum 3:2, es war die erste Führung – und er geriet nie mehr in Rückstand: Nicht im Halbfinal, nicht im Final gegen den Chinesen Lei Wang, den er 15:9 besiegte. Fischer bestimmte das Geschehen, er focht abgeklärt und intelligent. Nach Platz vier in Sydney erreichte er sein grosses Ziel. Es war ein Moment der grossen Euphorie in der Fechthalle, es war ein Moment der grossen Erleichterung in der

ATHEN 2004

Schweizer Delegation. Denn neben Federer enttäuschte gestern auch Judoka Sergei Aschwanden, der als Medaillenfavorit gestartet war und gleich im ersten Kampf gegen Ariel Sganga ausschied.

Fischer kehrte die Stimmungskurve ins Positive. Und als der Medizinstudent von der Fechtgesellschaft Basel oben auf dem Podest stand, die Hymne hörte, da waren Fischer Erleichterung, Stolz und Rührung anzusehen.

Weitere Berichte Seite 39-43

Abb. 6: Tages-Anzeiger, Zürich, 18. 8. 2004

13.2.4 Semiotische Aspekte

Aus den vielfältigen möglichen semiotischen Gesichtspunkten sei hier nur die Beziehung zwischen dem Zeichen und den bezeichneten Objekten herausgegriffen (genauer müsste man von der Beziehung zwischen Zeichen-Form und Zeichen-Bedeutung sprechen, in der Terminologie der Saussure'-schen Linguistik: zwischen Signifikant und Signifikat sprechen).

Die für die Klassifizierung dieser Beziehungen „klassisch" gewordene Trias *ikonisch – indexikalisch – symbolisch* ist mit vielen Problemen behaftet, die hier nicht grundsätzlich diskutiert werden können. Hier geht es nur um ihre Anwendbarkeit auf mediale Bilder.

Als typisches *Ikon* gilt etwa ein Foto von abgebildeten Personen. Zwischen dem Foto und den abgebildeten Ausschnitten aus der Wirklichkeit besteht eine Beziehung der Ähnlichkeit, ein „Wiedererkennen" derselben Personen ist möglich. Was mit der Ähnlichkeitsbeziehung genau gemeint ist, ist innerhalb der Semiotik sehr umstritten. Klar ist freilich, dass sich die Ähnlichkeit nicht „von Natur aus" anbietet, sondern dass sie vom Menschen hergestellt werden muss. Eco (1972) zeigt an vielen Beispielen, das die meisten ikonischen Zeichen sehr wenige Eigenschaften mit dem bezeichneten Objekt gemeinsam haben. Er zeigt auch, dass es Erkennungscodes gibt, die uns erlauben, ein Objekt als eben dieses zu erkennen und wahrzunehmen. Beispielsweise sind für uns die Streifen ein zentrales Erkennungsmerkmal von „Zebra". In einer Umgebung, in der nur Tierarten vorkommen, die gestreift sind, wären die Streifen jedoch kein sinnvolles Erkennungsmerkmal.

Ein Kind hat andere Erkennungsmerkmale als ein Erwachsener, was man an Kinderzeichnungen leicht sehen kann. Ein Kind zeichnet darüber hinaus auch Eigenschaften, die es *weiß*, und nicht nur die, die es *sieht*. Zum Beispiel zeichnen Vorschulkinder beim Auto häufig alle vier Räder.

Es gibt bei den Erwachsenen ikonographische Konventionen, die ein Kind erst lernen muss. Ein augenfälliges mediales Beispiel sind die Comics: Die Zeichnung von Expressionen unterliegt Konventionen, die demjenigen, der mit Comics vertraut ist, „natürlich" erscheinen, als selbstverständliche visuelle Merkmale von Angst, Schrecken, Gier usw. Kinder müssen aber erst lernen, dass diese Zeichen diese Expression bedeuten sollen. D. h. der visuelle „Code" des Comics muss gelernt werden.

Grundsätzlich sind ikonische Codes „schwache" Codes im Vergleich zur Sprache, d. h. ihre Regelhaftigkeit und Intersubjektivität ist schwächer ausgeprägt als bei sprachlichen Zeichen.

Beim *Index* besteht eine „natürliche" Beziehung anderer Art zwischen Zeichen und Bezeichnetem. Man pflegt hier von „Anzeichen" zu sprechen. So ist Rauch „Anzeichen" für ‚Feuer' oder Tränen verweisen auf ‚Trauer'. Im Fernsehen wird dieser Zeichentyp wichtig, wenn man etwas visualisieren soll, das nicht direkt visualisiert werden kann. Gerichtsverhandlungen dürfen in vielen Ländern nicht direkt am Fernsehen gezeigt werden. Da sie nicht unmittelbar visualisiert werden können, werden häufig Gerichtsgebäude gezeigt, die dann als Index für das Nicht-Gezeigte fungieren. Gleichzeitig ist das Bild des Gerichtsgebäudes auch ein Ikon eben dieses Gebäudes, aber es wird funktional nicht um des ikonischen, sondern des indexikalischen Aspektes willen eingesetzt.

Eine weitere noch wichtigere Domäne der indexikalischen Zeichen ist der Bereich der Mimik. Mimisches Verhalten ist schwer zu kontrollieren, es

„verrät" die Emotionen und ist darum ein für die Medien besonders will-
kommener Zeichentyp. Je mehr zum Beispiel „Betroffene" bei Unglücken
u. ä. ihre Emotionen sichtbar preisgeben, umso geeigneter sind sie für die
mediale Darstellung.

Symbole weisen eine „arbiträre" Beziehung von Signifikant und Signifikat auf. Beispielsweise erhalten Verkehrszeichen (insbesondere solche, bei
denen keine Figuren abgebildet sind, sondern nur Kreise, Dreiecke usw.)
ihre Bedeutung erst durch explizite Festlegung. Im Fernsehen kann man als
Beispiel Logos anführen, die zur Identifizierung, zur „Corporate Identity"
eines Senders dienen. Statistische Grafiken haben zwar einen ikonischen
Anteil (z. B. die relative Höhe der Balken in Balkendiagrammen), aber als
Ganzes sind sie nur aufgrund einer Übereinkunft interpretierbar. Durch
diese Übereinkunft sind sie intersubjektiv, für jeden Rezipienten in gleicher
Weise interpretierbar.

Meist sind symbolische Elemente unauffällig im Hintergrund (von
Sprechern im On) sichtbar. Im folgenden Text (Tagesschau, SF DRS, 25. 8.
1998) wird ein Symbol explizit thematisiert (allerdings nicht ein fernseh-
internes, sondern ein Symbol aus dem Alltag der Konsumenten), das „irre-
führende Bio-Label":

RG   = Ruth Gonseth, Ärztin und Nationalrätin der Grünen Partei
S   = Sprecher

M   Mamina-Soja (*Ikon: Mamina-Packung mit lachendem Baby* <Gen Schop-
     pen>) heißt ein Schoppenpulver für Säuglinge, das die Firma Wander pro-
     duziert. Wander wirbt für das Produkt mit einem BIO-Label. Doch jetzt
     stellt sich heraus, dass in diesem Schoppen GENverändertes Soja enthalten
     ist. Damit verstößt Wander gegen die Bio-Verordnung, die KEIne gen-
     veränderten Substanzen zulässt. Schwerwiegender NOCH, genveränderte
     Substanzen gefährden die Gesundheit von Babies.

S   (off:) (*Mutter mit Säugling beim Schoppen machen in der Küche*) Wenns
     ums eigne Kind geht, wollen Mütter nur das Beste. Das gilt besonders für
     die Ernährung. Doch im Schoppen für den Kleinen können durchaus gen-
     technisch veränderte Stoffe landen, ohne dass die Mutter dies weiß. (*Zwei
     Mamina-Packungen*) Schuld daran ist die Baby-Nahrung Mamina-Soja der
     Firma Wander. (*Bilder aus einem Labor*) Diese enthält nach zwei unabhän-
     gigen Analysen der Sendung Kassensturz und von Greenpeace genverän-
     derte Organismen GVO. (*Kamera fährt über eine Untersuchungstabelle*)
     Drei von sechs untersuchten Packungen waren GVO positiv. Für Fachleute
     ein bedenklicher Befund.

RG   (on:) (*Brustbild, in der Praxis*) Säuglinge und Kleinkinder reagieren viel
     schneller auf Fremdeiweiße, sie reagieren vor allem mit Allergien. Und
     diese Gefahr ist zu groß. Deshalb ist es NICHT akzeptabel, dass IHRE
     Nahrung gentechnisch veränderte Substanzen enthalten. DA sind sich die
     Fachleute einig.

S   (off:) (*Mamina-Packung*) Auf den Mamina-Soja-Packungen sind die GVO
     entgegen dem Gesetz NICHT deklariert, stattdessen ist das irreführende

BIO-LABEL aufgedruckt. *(Bio-Label groß im Bild)* AUCH noch ein Verstoß gegen die BIOverordnung. *(Regal mit Mamina-Packungen in einem Kaufhaus, werden von einem Angestellten rausgelesen)* Die Firma Wander hat nach den Kassensturz-Recherchen begonnen, betroffenen Lieferungen der Mamina-Produkte zurückzuziehen. Vor der Kamera wollte die Wander nicht auftreten. Sie will ihren Standpunkt heute Abend im Kassensturz darlegen.

Dass Bilder semantisch vieldeutig sind, gilt also nicht für alle drei semiotischen Typen in gleichem Ausmaß. Charakteristisch für mediale Bilder ist, dass sie selten nur ikonisch sind. Selten ist eine Abbildung bloße Abbildung, sondern meistens ist intendiert, dass das Abgebildete auf etwas verweist – wie beim Beispiel des Gerichtsgebäudes.

In unserer Zürcher Studie zur Geschichte von Flüchtlingsdarstellungen in der Schweizer „Tagesschau" (Luginbühl/Schwab/Burger 2004) finden sich immer wieder Bildelemente, die als Ikone, Indizes und Symbole zugleich gelesen werden können. Ein besonders deutliches Beispiel ist der Maschendrahtzaun, der Flüchtlingsempfangsstellen umgibt:

Moderator (on:) Der Andrang von Kosovo-Flüchtlingen an der Schweizer Grenze ist derzeit so groß, dass die Empfangsstellen des Bundes überfüllt sind. – Insgesamt ersuchten gestern tausendeinhunhundertundzwanzig Personen um Aufnahme. So viele waren es noch NIE an einem einzigen Tag. Die Zentren sind weit übers vorgesehene Maß belegt, – Basel musste zusätzliche Notunterkünfte bereit stellen. Pascal Kraus.	Moderator in Nahaufnahme im Tagesschau-Studio. Icon oben links: zahlreiche <Flüchtlinge> in <Empfangszentrum>, Insert: <Überfüllt>. Kinder im Freien vor der <Empfangsstelle>, Halbtotale, von einem Kind Großaufnahme. Kleines Icon unten links: Tagesschau-Logo, Insert: <Bericht: Pascal Kraus>.
Sprecher (off:) Die Bundesempfangsstelle Basel heute morgen, rund zweihundert Vertriebene aus dem Kosovo warten auf ihre Registrierung. Die vergangene Nacht verbrachten die meisten bei Verwandten, weil es in der Bundesempfangsstelle keinen Platz mehr gab. Laut Bundesamt für Flüchtlinge, musste aber niemand auf der Straße übernachten. Trotzdem ist die Lage sehr prekär.	Asphaltierter Platz in der <Empfangsstelle>, Halbtotale, <Flüchtlinge> halten sich dort auf. Halbtotale Aufnahme des Platzes durch Maschendrahtzaun hindurch. Großaufnahme: Mann mit Kind auf den Beinen an Tisch sitzend, weitere <Flüchtlinge>.
Sprecher (over, ENGLISCHER O-TON LEISE ZU HÖREN:) Ich bin gestern in die Schweiz gekommen, geschlafen habe ich hier bei meinem Vater in seiner Wohnung. Ich hoffe, ich bekomme jetzt hier in der Empfangsstelle einen Platz. Die Situa-	Avi H. Nahaufnahme vor Maschendrahtzaun stehend, Handmikrofon mit Logo SF DRS. Kleines Icon unten links: Tagesschau Logo, Insert: <Avi H. Kosovo-Albaner>

tion bei meinem Vater ist sehr schwierig, wir wohnen jetzt zu fünft in einer Einzimmerwohnung.

Avi H. (on:) is little, we are five members (MIT STARKEM AKZENT)
Sprecher (off:) Um die Situation zu entschärfen, haben die Basler Kantonsbehörden dem Bund Hilfe angeboten. Zusätzliche Notunterkünfte für mehrere hundert Personen sind zur Verfügung gestellt worden.

Mann in Uniform hinter Tor aus Maschendrahtzaun, nimmt ein ihm gereichtes Papier durch einen Spalt im Zaun entgegen. Am Zaun ist ein Schild angebracht: <Unbefug­ten ist das Betreten des Betriebsgeländes verboten>. Großaufnahme: Drei <Flücht­linge> gehen durch das Tor, welches vom uniformierten Mann geöffnet wird.

(Tagesschau, SF DRS, 16.6.1999)

Der Maschendrahtzaun ist im Fernsehbild abgebildet (Ikon), zugleich weist er auf die (räumliche) Kontrolle der Flüchtlinge durch die Behörden hin (Index), schließlich steht er als Symbol für die eingegrenzten Aktionsmöglichkeiten der Flüchtlinge und für die „prekäre" Situation generell, in der der Andrang der Flüchtlinge (sonst auch metaphorisch als „Flüchtlingswelle" bezeichnet) kaum mehr bewältigt werden kann.

13.2.5 Pragmatisch-funktionale Aspekte

Dieser Aspekt betrifft die Frage: Was beabsichtigt der Kommunikator in einer bestimmten Kommunikationssituation mit dem Bild, oder weniger autorenbezogen gesagt: Welche Funktion hat das Bild (bzw. welche Funktion kann man erschließen)?

Im Alltag verwendet man Bilder zu verschiedensten Zwecken. Man macht z.B. Fotos, um nachher demonstrieren zu können: „hier waren wir", „da bin ich zu sehen", „so schön war es wirklich". In den Medien sind außer den alltäglichen Funktionen – die in medienspezifisch transformierter Weise durchaus vorkommen – noch weitere zu nennen, die aber erst in der Relation zum Text erkennbar werden. Dass es im genannten Beispiel vom Gerichtsgebäude primär um die indexikalische Funktion geht, ist in erster Linie, wenn nicht überhaupt, dem verbalen Kontext zu entnehmen. Wir behandeln diese Fragen deshalb unter dem Aspekt der Text-Bild-Relationen.

13.2.6 Interaktive Aspekte

Jedes mediale Bild ist für den Rezipienten bestimmt. Aber es gibt unterschiedliche Grade der Ausrichtung auf den Rezipienten, insbesondere wenn im Bild Personen zu sehen sind. Zwischen diesen Personen und dem Rezipienten können Beziehungen auf mindestens zwei Ebenen unterschieden werden (vgl. Kress/Van Leeuwen 1996):

1) Der Blick

Die Personen im Bild können dem Rezipienten zugewandt sein und ihn an-
blicken oder aber ihr Blickverhalten bleibt auf die interne Situation (den
inneren Kommunikationskreis) zentriert. (Kress/Van Leeuwen sprechen im
ersten Fall von „demand"[4], im zweiten Fall von „offer"[5].) Der typische Fall
von „demand" liegt beim Moderator einer Nachrichtensendung vor, der
(mittels des Teleprompters) den Zuschauer direkt anzublicken scheint. Eine
für die Medien charakteristische Situation ergibt sich dann, wenn zwei
Politiker sich zum Beispiel nach einem Staatsbesuch die Hand schütteln und
gleichzeitig beide in die Kamera blicken.

2) Die soziale Distanz

Die verschiedenen Kameraeinstellungen insbesondere beim Fernsehen lassen sich u. a. als Maßnahmen interpretieren, mit denen eine bestimmte Art
des sozialen Abstands zwischen abgebildeten Personen und Betrachter definiert werden soll. Kress/Van Leeuwen (1996, 130ff.) unterscheiden drei
Typen von Distanz – und sie sind (im Gegensatz zu Filmproduzenten, die
mit einer differenzierteren Unterteilung operieren) der Meinung, dass mit
diesen Typen die für die Wahrnehmung wesentlichen Unterscheidungen erfasst sind:

size of frame	*social distance*
close shot	intimate/personal
medium shot	social
long shot	impersonal

In Alltagssituationen, bei denen Personen in Kontakt treten, sind im Wesentlichen diese drei Arten von Distanz distinktiv. Beim close shot sieht man
das Gesicht und eventuell die Schulterpartie. Dieser frame entspricht dem
Blick-Ausschnitt einer nahen sozialen Beziehung zwischen gut Bekannten
in einer face-to-face-Situation, wenn die Gesprächspartner ungefähr „eine

---

4 „When represented participants look at the viewer, vectors, formed by participant's
   eyelines, connect the participants with the viewer. (…) This visual configuration has two
   related functions. In the first place it creates a visual form of direct adress. It acknowled-
   ges the viewers explicitly, addressing them with a visual ‚you'. In the second place it con-
   stitutes an ‚image act'. The producer uses the image to do something to the viewer. It is
   for this reason that we have called this kind of image a ‚demand': the participant's gaze
   (…) demands something from the viewer (…)" (Kress/Van Leeuwen 1996, 122)
5 In diesem Fall wird der Rezipient nur indirekt adressiert. „Here the viewer is not object,
   but subject of the look, and the represented participant is the object of the viewer's dispas-
   sionate scrutiny. No contact is made. (…) this kind of image (…) ‚offers' the represented
   participants to the viewer as items of information, objects of contemplation, impersonally
   (…)" (Kress/Van Leeuwen 1996, 124)

Armlänge" voneinander entfernt sind. (Je nach Kultur ist diese Distanz
allerdings unterschiedlich.) Der medium shot reicht etwa bis zur Taille und
kommt in Alltagssituationen zur Geltung bei gesellschaftlichen Anlässen
u. ä. Der long shot, bei der die ganze Person im Blick ist, markiert die größte
soziale Distanz, die keine Intimität zulässt.

Eine besonders interessante Verwendung des close shot findet sich in
stark konfrontativen dyadischen Gesprächssendungen, bei denen die beiden
Gesprächsteilnehmer in diesem frame gezeigt werden, wenn sie sprechen
(z. B. in Wirtschaftsmagazinen wie „Kassensturz" bei SF DRS). „In Wirklichkeit" ist ihre Distanz beim Gespräch natürlich größer (wie man z. B. sehen kann, wenn sie gezeigt werden, wenn sie vor Gesprächsbeginn an ein
Pult oder einen Tisch treten), aber durch die für die Situation unpassende
Kameratechnik wird die aggressive Wirkung des Gesprächs unerhört gesteigert.

Eine weitere Unterscheidung, die für die Rezeption relevant werden
kann, ergibt sich aus den unterschiedlichen (vertikalen) Blickwinkeln, mit
denen die Personen gezeigt werden. Bei Aufnahme von oben hat der Betrachter den Eindruck, auf die abgebildeten Personen hinabzuschauen. Das
kann als „power-position" gedeutet werden. Das Umgekehrte ergibt sich
beim Blick von unten: der Betrachter kann den Eindruck der Unterlegen-
heit gegenüber der abgebildeten Person gewinnen. Neutral ist das Verhältnis, wenn Betrachter und abgebildete Person sich auf Augenhöhe befinden.

13.3 Text-Bild-Relationen

Im Folgenden geht es vor allem um die Verhältnisse beim Fernsehen. Einiges davon gilt – mutatis mutandis – auch für die Presse. Es sind vor allem
drei Dimensionen, bezüglich derer die Relationen zu gliedern sind:

1. formal
2. semantisch
3. pragmatisch-funktional

13.3.1 Formale Relationen

Hier muss man Kategorien der Filmanalyse beiziehen und auch die dort
vorgeschlagene Terminologie, die sich nicht völlig mit derjenigen der sonst
in der Medienlinguistik üblichen deckt (ich folge in der Terminologie der
Typologie von Rauh 1987, 89 ff.). Dieser Aspekt ist der am besten unter-
suchte, zu dem wohl auch nichts grundlegend Neues mehr zu sagen ist.

13.3.1.1 Synchron/asynchron

Die Kategorien überschneiden sich z. T. mit den Begriffen on/off, live/non-live, müssen aber klar von diesen getrennt werden, wenn man keine Verwirrung stiften will.

Synchron heißt: Text und Bild lassen sich dem *gleichen Zeitpunkt* zuordnen (das heißt produktionstechnisch eventuell auch, aber nicht immer: sie sind zum gleichen Zeitpunkt entstanden), *asynchron* heißt: sie sind *verschiedenen Zeitpunkten* zuzuordnen.

Ein Beispiel aus der Presse wäre ein Zeitungscomic mit Sprechblase. Der „Sprecher" der Sprechblase wird als synchron mit dem übrigen Zeitungstext wahrgenommen (produktionstechnisch hingegen liegt sicherlich keine Synchronizität vor). Bei einem normalen Presse-Foto hingegen handelt es sich in der Regel um eine asynchrone Relation: Das auf dem Foto Abgebildete ist einem früheren Zeitpunkt zuzuordnen als die Legende (d. h. die Bild-Unterschrift oder -Überschrift, die erst nach dem Foto, d. h. für den Abdruck in der Zeitung getextet wurde) bzw. der umgebende Text.

Die typisch synchrone Fernsehsituation ist die des *On*-Sprechers bei Nachrichtensendungen: Man sieht den Sprecher im Bild und man hört, wie er spricht (ich nenne dies „Sprecher-im-Bild", da es ja um die Gleichzeitigkeit von Gesehenem und Gehörtem geht).

Es gibt auch die synchrone *Off*-Situation, allerdings bedeutend seltener: Beispielsweise bei der Reportage vom Ort eines Flugzeugabsturzes sieht man den Reporter zunächst nicht, man sieht nur die Trümmer des Flugzeugs. Er spricht im Off: „Ich stehe hier vor den Trümmern …" Meist wird die Situation dann irgendwann in eine *On*-Situation wechseln, das heißt der Reporter erscheint im Bild.

Beim Fernsehen ist der häufigste Fall von asynchronen Relationen der Filmbericht bzw. der Nachrichtenfilm. Hier handelt es sich um Bilder von vergangenen Ereignissen, zu denen nachträglich ein Text verfasst wurde (vgl. 9.2.2). Dies ist nicht nur ein produktionstechnisches Faktum, sondern auch eine Wahrnehmungsrealität. Als Rezipient erlebt man den Sprecher als jemanden, der die Bilder nachträglich kommentiert. Die Stimme des Sprechers heißt in filmwissenschaftlicher Terminologie *Over*-Stimme, während man in laxerer medienlinguistischer Terminologie oft auch in diesem Fall von *Off*-Stimme spricht (s. u. 13.3.1.3).

Beim Fernsehen ergibt sich eine terminologische Komplikation, wenn man den Rezipienten in die Frage nach den temporalen Relationen einbezieht. Man hat dann drei Größen, die in zeitlicher Relation zueinander stehen (R = Rezipient):

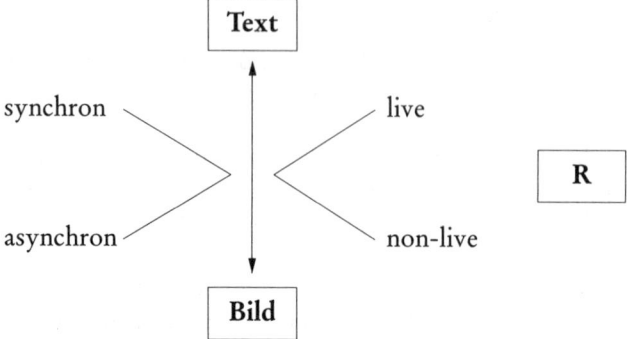

Sowohl bei synchroner wie asynchroner Relation von ergeben sich zwei
Möglichkeiten in Bezug auf den Rezipienten:

Der Zeitpunkt, in dem der Fernsehsprecher spricht, ist identisch mit
dem Rezeptionszeitpunkt (natürlich vorausgesetzt, dass es überhaupt einen
Rezipienten gibt), dann spricht man von *live* (z.B bei der Reportage vom
Flugzeugunglück, wenn der Reporter zur gleichen Zeit spricht, zu der der
Zuschauer zuschaut). Man kann den Sachverhalt auch – ohne Einbezug des
Rezipienten – rein technisch formulieren: Bei einer live-Situation ist das
„Sprechen-im-Bild" synchron mit dem der Ausstrahlung.

Wenn der Zeitpunkt des Sprechens und/oder des im Bild Gezeigten in
der Vergangenheit liegt, spricht man von *non-live*. Eine Reportage über ein
Flugzeugunglück, die vor der Sendung aufgezeichnet wurde und als Aufzeichnung erkennbar ist, ist non-live. Der Rezipient hat allerdings nicht immer die Möglichkeit zu entscheiden, ob es sich um eine Aufzeichnung handelt oder nicht, wenn der Text keine klaren Hinweise gibt.

Auch bei der asynchronen Relation ist die Unterscheidung von live und
non-live möglich. Für die Fernsehpraxis selbstverständlich ist allerdings,
dass sich die live-Relation dann immer auf den Text und nicht das Bild bezieht.

13.3.1.2 Syntop/asyntop

Die Berücksichtigung der räumlichen Verhältnisse ist nur fürs Fernsehen,
nicht aber für die Presse relevant. Im Fernsehen geht es hier um den Ort, an
dem sich die sprechende Person (die „Quelle" der Stimme) befindet, und
den Ort, den der Zuschauer im Bild sieht. Dabei gibt es zwei Möglichkeiten:

Syntop ist die Relation dann, wenn die Sprache von der Quelle kommt,
die im Bild sichtbar ist. Das ist die oben als *On* bezeichnete Situation. On
ist also sowohl temporal wie lokal definiert (synchron und syntop).

Asyntop ist die Relation hingegen, wenn die Sprache von einer Quelle kommt, die nicht im Bild sichtbar ist. Dies ist der Fall bei *Off-* und *Over-*Situationen, die ebenfalls temporal und lokal definiert sind (asynchron und asyntop).[6]

13.3.1.3 Intradiegetisch/extradiegetisch

Diese Unterscheidung überschreitet, streng genommen, den formalen Aspekt, insofern es hier um eine narratologische Begriffsbestimmung geht (vgl. 6.3). Ich beziehe sie aber im Kontext der formalen Aspekte ein, da sie zum besseren Verständnis der On-, Off- und Over-Situationen dient.

Eine *intradiegetische* Situation liegt dann vor, wenn die Quelle zur „Welt" des im Bild Gezeigten gehört (zum Beispiel Reporter vor Ort an der Unglücksstelle). Wenn die Quelle sichtbar ist, handelt es sich um eine On-Situation (der Reporter, der vor Ort im Bild erscheint). Wenn sie nicht sichtbar ist, liegt eine Off-Situation vor. Von einem Sprecher im Off kann man im strikten Sinn also nur dann sprechen, wenn der Sprecher zuerst sichtbar war, dann aber nicht mehr sichtbar ist, obwohl er sich noch in der gleichen „Welt" befindet wie vorher. Das ist eine Konstellation, die vor allem in Spielfilmen, aber auch in Talkshows auftritt, wenn die Kamera vom gerade Sprechenden weg auf eine zuhörende Person schwenkt.

Eine *extradiegetische* Situation ergibt sich, wenn die Quelle der Stimme nicht zur „Welt" des im Bild Gezeigten gehört. Das ist typischerweise bei einem Nachrichtenfilm mit einer Over-Stimme der Fall.

Ein keineswegs seltener Spezialfall ergibt sich dann, wenn der Moderator zuerst im On spricht und dann – unsichtbar – den Text zu einem Nachrichtenfilm verliest. In Bezug auf das Studio befindet er sich dann im Off, insofern er ja in der gleichen Welt verbleibt, in Bezug auf das im Film Gezeigte hat er die Funktion einer Over-Stimme.

Eine strikte Unterscheidung von On und Off ist also nur möglich, wenn man die narratologische Unterscheidung intradiegetisch/extradiegetisch mit berücksichtigt.

Bei der Transkription von Fernsehtexten kann man dann auf die Unterscheidung von *off* und *over* verzichten und nur von *off* sprechen, wenn die narratologische Differenzierung für das zu behandelnde Problem nicht relevant ist. Bei Nachrichtensendungen kommt der Begriff *Over* dann ins

---

6 Außerhalb der Medien oder auch in Spielfilmen gibt es häufig asyntopische Situationen, die aber – im Gegensatz zur medialen Off-Situation – nicht gleichzeitig auch asynchron sind (Chion [1994] nennt dies eine „akusmatische" Situation): Beispielsweise geht eine Person, mit der man gerade gesprochen hat, in ein Nebenzimmer, man hört sie weiter sprechen, ohne dass man sie aber sieht. Generell „akusmatisch" ist für den Hörer die Stimme am Telefon.

Spiel, wenn eine im Bild sichtbare Person in einer Fremdsprache spricht und ihr Text von einer Over-Stimme übersetzt wird.

Die möglichen Konstellationen[7] lassen sich, am Beispiel eines Unglücks, so darstellen:

	intradiegetisch	*extradiegetisch*
Welt I:	Studio: Moderator on/off/over	Over-Stimme (unbestimmbarer Ort)
Welt II:	Unglücksort	Bild vom Unglücksort

13.3.1.4 Simultan/asimultan

Diese Unterscheidung betrifft das im Fernsehen gezeigte Produkt. Für die Presse ist sie nicht relevant. Beim Fernseh-TEXT können sich bildliche Einheiten mit verbalen Einheiten decken oder nicht. Konkret heißt das:

Eine Film-„Einstellung" deckt sich/deckt sich nicht mit einer verbalen Einheit wie Satz oder Absatz eines Textes. Beides kommt vor in Filmberichten.

Es gibt, kleinräumig gesehen, drei mögliche Fälle:

(1)
Text   ├────────────────┤

Bild   ├────────────────┤

(2)
Text   ├────────────────┤

Bild   ├────────┤ - - - - - - - -

---

7 Chion (1994) behandelt auch die zahlreichen *Grenz- und Uebergangsfälle*, die für den Kinofilm von Interesse sind, aber für das Fernsehen von marginaler Bedeutung.
Z. B. die Situation eines Radio-Apparates, der im Bild sichtbar ist und aus dem Stimmen zu hören ist. Da ereignet sich eine Verdopplung der kommunikativen Ebenen mit schwierigen terminologischen Komplikationen.
Wenn man Klänge oder Geräusche von nicht-sprachlichen Quellen – z. B. Vogelstimmen oder Glockengeläute – in dieser Weise analysiert, ergeben sich weitere klassifikatorische Probleme: Man sieht nicht die Vögel und auch nicht die Glocken, aber man sieht ein idyllisches Dorf mit Kirche und ländlicher Umgebung. Was sind das nun für Stimmen? Offensichtlich ist es wenig sinnvoll zu sagen, es handle sich um Off-Stimmen. Die Vögel und die Glocken sind zwar nicht sichtbar, aber sie gehören doch zum „Ambiente" dessen, was man global sieht. Daher nennt Chion solche Geräusche „ambient sound" oder „territory sound".

(3)

Text

Bild

(1) Der Einstellung entspricht eine syntaktische oder textgrammatische Einheit. Normalerweise heißt das auch: Mit Wechsel der Einstellung wechselt auch das Thema des Textes oder es wird zumindest ein neuer thematischer Aspekt eingeführt.

(2) Der Bildschnitt erfolgt, während die syntaktische/textuelle Einheit noch läuft; ein inhaltlicher Einschnitt erfolgt erst nach dem Bildschnitt.

(3) Das Textsegment geht bereits zu Ende, während die Einstellung noch läuft.

Auf den ersten Blick könnte man annehmen, der erste Typ sei der „rezipientenfreundlichste", am ehesten dem Verständnis förderlich, weil hier Text und Bild mindestens temporal-quantitativ parallel laufen. Es ist aber ebenso denkbar, dass die semantische „Verklammerung" zweier Bildsegmente durch einen fortlaufenden Text oder das reziproke Verfahren die kognitive Verarbeitung erleichtert. Das ist eine Frage der Psychologie, die hier nicht weiter besprochen werden kann.

13.3.2 Semantische Relationen

Das Grundproblem aller semantischen Typologisierungen ist, dass es keine „objektiven" Bild-Bedeutungen gibt. Also gibt es auch keine „objektiv" identifizierbaren Relationen Text – Bild.
Ausgehen kann man von der grundlegenden Dichotomie

konvergent/divergent.

Das ist eine auf den ersten Blick klare Unterscheidung: Text und Bild beziehen sich auf den gleichen Gegenstand (*konvergente* Relation) oder eben nicht (*divergente* Relation). Aber was der „Gegenstand" eines Bildes ist, ist nicht unabhängig vom Rezipienten auszumachen und damit nicht ohne weiteres „objektiv" bestimmbar.

Hinzu kommt ein psychologisches Problem, das man als die Suche nach „Sinnkonstanz" bezeichnet: Wenn der Rezipient nicht eine offenkundige Beziehung wahrnimmt, so sucht er einen Gesamt-Sinn, er konstruiert also u. U. Zusammenhänge, wo auf den ersten Blick keine vorhanden sind. Z. B. kann es innerhalb eines Experimentes, wo man ausdrücklich divergente Relationen herstellt (als Artefakte), dem einen Rezipienten gelingen, Beziehungen herzustellen, die der andere nicht wahrnehmen würde.

Konvergent – divergent sind Pole einer Skala. Es gibt also stärker und schwächer konvergente/divergente Relationen.

Divergente Relationen im strikten Sinn kommen in Fernsehsendungen wohl kaum vor. Ein relativ häufiger Fall aber ist der, dass sich Text und Bild zwar auf den gleichen Gegenstand im weitesten Sinne beziehen, dass sie aber sehr unterschiedliche Aspekte thematisieren. Hier kann man von Divergenz („Text-Bild-Schere" nach B. Wember) in einem vageren Sinn sprechen.

Ich nehme ein Beispiel aus einer experimentellen Untersuchung (Brosius/Birk 1994, 177), in der in einer Variante der präsentierten Meldungen eine Text-Bild-Schere ausdrücklich „hergestellt" wurde:

> Beitrag über Jelzin/Russland:
> Text: Präsident Jelzin fordert auf dem Weltwirtschaftsgipfel in München Hilfe für sein Land.
> Bild: (Variante für die Text-Bild-Schere): Tennismatch von Jelzin und Luxusgüter.
> [Leider werden die Bilder nicht genauer beschrieben.]

Brosius/Birk charakterisieren den Beispiel-Fall folgendermaßen: „Für die Erstellung der Version mit Text-Bild-Schere wurden Bilder verwendet, die zwar im weitesten Sinne zum Thema passten, aber keinen Bezug zum Nachrichtentext hatten." Diese Behauptung ist für das genannte Beispiel problematisch, weil sie die Aktivität des Rezipienten nicht einkalkuliert. Es ist klar, dass Bild und Text nicht die gleichen Aspekte von ‚Russland' hervorheben. Aber ist es *nicht* klar (das wird in der Untersuchung nicht gesagt), was der Rezipient mit dieser Schere anfängt. Eine relativ wahrscheinliche Möglichkeit ist, dass er das Verhältnis nicht als „sinnlos" wahrnimmt und vor der Unverständlichkeit kapituliert, sondern dass er den Widerspruch als beabsichtigt und damit als ironisch auffasst, womit die Äußerungen von Jelzin relativiert würden.

Auf der Skala *konvergent – divergent* kann man einige Fixpunkte ausmachen:

1) Redundante Beziehung

Bild und Text bieten – soweit das überhaupt möglich ist – „dieselbe" Information. Tischer gibt das Beispiel:

> „Text: „Der erste Konvoi rollte kurz nach neun."
> Bild: Rollende Panzer und Lkws bewegen sich auf die Kamera zu. Die Wörter *Konvoi* und *rollte* sind redundant bebildert." (Tischer 1994, 174)

Eine solche nahezu perfekte Übereinstimmung ist in den seltensten Fällen vorhanden. Tischer formuliert denn auch eine vorsichtigere Operationalisierung von „redundant": „wenn von mindestens einem Inhaltswort der Referent innerhalb der mit dem Satz präsentierten Bildeinstellung zu sehen war".

Dass ein im Text genanntes Objekt prominent im Bild gezeigt wird, ist allerdings nur möglich, wenn im Text von Konkreta die Rede ist (Flüchtlinge, Panzer u. ä.).

Der Normalfall ist wohl eher von der Art wie im folgenden Beispiel, wo zunächst eine klare Übereinstimmung besteht, dann aber – gleich bleibendem Bild – der Text vom direkt Visualisierten wegführt:

M   (off:) (MUSIK, *zerbombtes Haus*, <Angriff">) Bomben auf die Villa von Milosevic. Nicht ihm sondern militärischen Anlagen habe der Angriff gegolten – sagt die Nato.
(10 vor 10, SF DRS, 22.4.1999)

Brosius/Birk (1994, auch Brosius 1998) sprechen bei weitgehender Redundanz von *textillustrierenden* Bildern.

Davon setzen sie *Standardnachrichtenbilder* ab. Bei Standardnachrichtenbildern werden zu bestimmten Themen immer dieselben Typen von Bildern gezeigt. Beispielsweise bei Berichten über einen Staatsbesuch der Moment, wo der Gast aus dem Flugzeug steigt, oder die Abnahme der Militärparade oder der Foto-Termin auf dem Besuchersofa. Bei Berichten über die Krankenkassen sieht man Patienten, die im Krankenhaus hin und her geschoben werden, die eine Spritze bekommen usw.
Die Schlagzeile zu einem Bericht über das neue Tarifsystem der Deutschen Bundesbahn z.B. zeigt irgendeinen Bahnsteig, irgendwelche Fahrgäste, irgendeinen ICE:

Harsche Kritik: Die Stiftung Warentest bemängelt das neue Tarifsystem der Bahn.
(*Fahrgäste am Bahnsteig, einfahrender ICE*)

Und im Bericht geht es nicht anders weiter, zunächst mit Hintergrund-Standbildern, dann mit einer Szene am Bahnhof:

Text	Bild
M (on:) Eigentlich ist Bahnfahren ein recht einfaches Unterfangen. Doch das richtige Ticket zum richtigen Preis zu finden, das ist schwierig. Mit dem neuen Tarifsystem der Bahn soll ab Mitte Dezember alles besser werden und vor allem billiger. Die Stiftung Warentest nahm die Preisreform unter die Lupe und stellte fest: nicht immer wird es günstiger.	Hintergrund: Bahnhof mit ICE <Neue Preise>
Sprecher (off:) Neue Preise mit System hat die Bahn versprochen. Reisen so günstig wie noch nie. Vollmundige Versprechen, die die Bahn laut Verbraucherschützer nicht halten kann.	Ticketautomat mit Kunden, Slogan der DB: <Neue Preise mit System>

(Heute, ZDF, 21.11.2002)

Brosius/Birk (1994) bewerten diese Art von Text-Bild-Relationen sehr negativ: Die Standardbilder „täuschen eine Aktualität und einen Informationsgehalt vor, den sie beim näheren Hinsehen nicht haben", „sie dokumentieren die Aktualität des Berichtes und die Illusion politischer Partizipation, sonst nichts" (172), sie seien „der Funktion der Fernsehnachrichten, Bürger möglichst umfassend zu informieren, eher abträglich als förderlich." Begründet wird diese negative Bewertung mit dem semantischen Aspekt: Es bestehe „in vielen Fällen keine Übereinstimmung zwischen den Bildern und dem Nachrichtentext", genauer: das Bild zeige nur den „Anlass" des Berichts, trage aber nichts Inhaltliches bei. Das „Thema" zu formulieren, werde ganz dem Text überlassen. Beim Staatsbesuch zeigt das Bild nur das Treffen und die damit verbundenen Rituale, während der Text von den Problemen zwischen den Staaten spricht.

Ich würde diese Tatsachen nicht im gleichen Masse kritisch beurteilen. Visualisierungen dieser Art sind nicht besonders aufregend, aber sie stören auch nicht. Wenn es zu einem „Thema" keine wirklich „passenden" Bilder gibt, bleibt wohl nur der Rückgriff auf ein Arsenal verfügbarer Standards, da das Fernsehen ja ohne Bilder nun einmal nicht auskommt.

Häufig wechseln die Relationen zwischen stärker individuellen und stärker standardisierten Typen, wie im folgenden Beispiel, das relativ individuell (nicht bloß der Staatsmann auf dem Flugplatz, sondern Mädchen mit Salz und Brot) beginnt und sich dann in standardisierter Machart fortsetzt:

> M'in (on:) In Russland (*Ikon: Kreml*, <Finanzkrise>) schwelt die Finanzkrise weiter. Der Rubel ist unter Druck und so sind es die Aktienkurse an der Moskauer Börse. Wie ein Stück Speck schwenkt der Internationale Währungsfond seine Kreditversprechen vor der Nase der Politiker, um sie zu weiteren Reformschritte zu bewegen. Doch vorerst bewegt sich in Moskau WENIG. Präsident Jelzin macht Ferien. Und markiert Zuversicht.
>
> S'in (off:) (*Jelzin am Händeschütteln am Flughafen in Novgorod*) Ein aufgeräumter Boris Jelzin zu Besuch in Novgorod, nördlich von Moskau. Junge Mädchen reichen ihm das traditionelle Brot und Salz zum Empfang. (*Die Mädchen im Bild. Jelzin frontal zur Kamera, mit bestimmter Gestik und Mimik*)
> (over:) Njet, sagt der Präsident dann klar und deutlich. Der Rubel wird NICHT abgewertet. Man habe die Lage im Griff, und werde sie auch im Griff behalten. Dies seien keine Fantastereien, dies sei alles durchgerechnet. (*Außen- und verschiedene Innenaufnahmen der Börse*) Und die Börse scheint dem Präsidenten recht zu geben. Die Hoffnung auf weitere Finanzhilfe aus dem Ausland hat den freien Fall der Aktienkurse etwas gestoppt. Allerdings gab der Rubel gegenüber dem Dollar nochmals leicht nach. (*Jelzin grüsst Staatsmänner*) Immerhin appelliert Jelzin an die Parlamentarier nächste Woche an einer Sondersitzung der Duma teilzunehmen. (*Verschiedene Innenansichten der Duma*) Zahlreiche verschleppte Wirtschaftsreformen sollen dann möglichst schnell durchgepeitscht werden. Kein einfaches Unterfangen, angesichts der Kommunisten, die in der Duma

die Mehrheit haben. Von den Reformen hängt es aber ab, ob die Weltbank, der IWF und Japan den Russen einen Kredit von zweiundzwanzig Komma sechs Millionen Dollar gewähren.
(Tagesschau, SF DRS, 14. 8. 1998)

Das folgende Beispiel demonstriert sehr gut, dass der Zwang zur Visualisierung zu Notlösungen führen kann und vielleicht muss:
Der Ausschnitt eines Berichtes zu einer bevorstehenden Fusionierung der Schweizer Grossbanken UBS und Bankverein zeigt im ersten Teil nur symbolische Bilder (Logos) und stereotype textillustrierende Bilder (Bilder von Bankgebäuden, Bankschaltern). Der zweite Teil bringt ein – angesichts der Thematik – zunächst unerwartetes Bild vom Zürcher Hallenstadion, das sich aber bald als der Ort herausstellt, an dem die Aktionärsversammlung stattfinden wird. Da man die Versammlung selbst noch nicht zeigen kann, behilft man sich mit der Visualisierung der praktischen Vorbereitungen am Ort des künftigen Geschehens.

S (off:) (*Pressemitteilung kommt zum Drucker raus*) Dicke Post aus Bern für UBS und Bankverein. Die Wettbewerbsbehörde wird die geplante Fusion in allen Einzelheiten untersuchen. Die Wettbewerbshüter (*Gebäude des Volkswirtschaftsdepartements*) befürchten, dass der neue Bankenkoloss eine marktbeherrschende Stellung einnehmen könnte. – – (2 sec) (*Logo des Bankvereins*) Die neue Megabank wird laut Experten in der Schweiz einen Marktanteil (*Logo der Bankgesellschaft*) von fünfundzwanzig bis dreißig Prozent aufweisen. (*Das geplante Logo der fusionierten UBS*) In gewissen Regionen bis gegen vierzig Prozent. (*UBS Filiale*) Die Behörde hat jetzt vier Monate Zeit, ihre Untersuchungsergebnisse vorzulegen. (*Bankvereinsfiliale*) Sollte die Prüfung eine Marktverzerrung (*Bankschalter*) im Bankensektor ergeben, kann die Behörde den Zusammenschluss untersagen. – –
(*Vorbereitungen im Hallenstadion*) Die Banken reagierten gelassen. Am Fusionsfahrplan ändert sich nichts. Im Zürcher Hallenstadion laufen die Vorbereitungen auf Hochtouren. Hier – werden morgen die UBS-Aktionäre darüber abstimmen, ob sie die Fusion genehmigen wollen. Tags darauf stellt sich diese Frage den Aktionären des Bankvereins. Stimmt das Aktionariat zu, wird die Fusion per dreißigsten Juni rechtskräftig. Die Untersuchungsergebnisse der Wettbewerbskommission vorbehalten.
(Tagesschau, SF DRS, 2. 2. 1998)

Für *eine* Nachrichten-Textsorte sind Standardbilder geradezu die Regel: das Experteninterview. Experten werden in ihren Büros oder bei ihrer Arbeit gezeigt, ohne dass dieser Situationskontext etwas mit dem Inhalt des Gesagten zu tun hätte. Wenn einmal kein Standardbild gezeigt wird, hat das seinen Grund und fällt auf. Beispielsweise wird während der Hitzeperiode vom Juli 2003 der in der Schweiz bekannte Moderator der Wetter-Show „Meteo" innerhalb der „Tagesschau" (SF DRS, 15. 7. 2003) interviewt, und

zwar nicht an seinem gewohnten Moderationsort (auf dem Dach des Fernsehgebäudes), sondern mitten in der freien Natur:

> M'in (on:) Heute Abend gab's da und dort bereits erste Hitzegewitter und für morgen rechnet man vor allem in den Westschweizer Alpen nochmals mit Wasser. Die Frage ist, ob damit das Problem gelöst ist – Thomas Bucheli.
>
> TB (on:) (*TB schüttelt den Kopf und lächelt, hält Mikrofon in der Hand. Er steht auf einer Wiese. Hintergrund: Wiesen, Hügel, Wald. Zum Schluss Nahaufnahme von TB.*) Nein, die Kaltfront von Donnerstag und die ihr vorgelagerten Gewitter von morgen Abend - die beenden die Trockenheit und lösen das Problem überhaupt nicht. Zwar kann's morgen Abend doch zum Teil kräftige Gewitter geben, dies aber insbesondere längs der Zentralen und Östlichen Voralpen (...). Somit kann man sagen, bringt diese Front von Donnerstag höchstens diesen berühmten Tropfen auf den heißen Stein.

Am 16.7.2003 (Tagesschau, SF DRS) sitzt der gleiche Wetter-Moderator mit aufgekrempelten Hosen am Bodensee und spricht vom kritischen und extrem gesunkenen Wasserpegel, „welcher für einen großen Alpensee sehr, sehr außergewöhnlich ist".

2) Komplementäre Beziehung

Der typische Fall einer komplementären Beziehung ist der, dass Text und Bild sich auf einen komplexen Gegenstand wie ‚Krieg' beziehen, einen Gegenstand, der gar nicht insgesamt visualisiert werden kann, und dass sich die Informationen von Text und Bild ergänzen. Die Komplementarität besteht in solchen Fällen meist darin, dass das Bild *konkrete* Aspekte des Bereichs zeigt, während der Text *abstrakte* Informationen liefert.

> S (off:) (*Rauchwolken über Hügeln*) Siebenundsiebzig Tage Krieg im Kosovo. (*Verletzte, Flüchtlinge*) Zum ersten Mal besteht jetzt Hoffnung auf baldigen Frieden.
> (Tagesschau, SF DRS, 8.6.1999)

Zeitangaben lassen sich nicht visualisieren (es sei denn durch eine Grafik), und schon gar nicht eine zukunftsbezogene Nominalgruppe wie „Hoffnung auf Frieden". Visualisiert wird denn auch nur ein Aspekt von ‚Krieg', der Aspekt ‚Hoffnung' hat im Bild kein Pendant.
Viele Beispiele von „Standardnachrichtenbildern" ließen sich auch als komplementäre Relationen auffassen.

Eine andere typische komplementäre Relation wäre die von *denotativen* und *konnotativen* Aspekten (vgl. 13.2.3).

3) Rhetorische Beziehungen:

Unter den zahlreichen möglichen Beziehungen seien hier nur die – für die Medien besonders wichtigen – Relationen der Metonymie und der Metapher[8] herausgegriffen.

3a) Metonymie

Unter Metonymie, insbesondere in der Variante der Synekdoche, versteht man Beziehungen wie Teil – Ganzes, Ursache – Wirkung, Autor – Werk usw.

Beim Fernsehen lassen sich Text-Bild-Verhältnisse häufig als metonymisch interpretieren. Besonders häufig ist die Relation Teil – Ganzes:

S (off:) (*Panzer, Soldaten*) Siebzehntausend Nato Soldaten sind bereit für den Einsatz als KFOR Schutzmacht im Kosovo. Russland will zehntausend Soldaten beisteuern. Die Einzelheiten zur russischen Rolle müssen noch ausgehandelt werden.
 (Tagesschau, SF DRS, 8.6.1999)

Wenn im Text von 17.000 Soldaten und noch mehr die Rede ist, ist es klar, dass im Bild nur eine stellvertretende Teilmenge gezeigt werden kann. Der typischste Fall ist der, dass im Text von einer Klasse von Personen oder Objekten die Rede ist (z.B. „die Flüchtlinge") und im Bild dann einzelne Exemplare aus dieser Klasse gezeigt werden.

Die metonymischen Verfahren dienen vielfach der Personalisierung der Berichterstattung. Abstrakte Sachverhalte werden an einzelnen Personen exemplarisch festgemacht:

Text	Bild
M (on:) Viele der neuen Bahnpreise sind zu teuer. Zu diesem Ergebnis kommt zumindest die Stiftung Warentest, nachdem sie tausendsechshundert alte und neue Tarife miteinander verglichen hat. Eigentlich wirbt die Bahn mit dem Slogan ab Mitte Dezember werde Bahnfahren billiger. Doch laut Warenteststudie zahlen sogar Familien mit Kindern kräftig drauf. Ralf Heiko berichtet.	Hintergrund: ICE \<Bahnpreise\>

8 Zu metonymischen und metaphorischen Relationen vgl. auch die ausführlichen Analysen von Zeitungsbeispielen in Stöckl (2004, 256 ff.).

Text	Bild
RH (off:) Der Frust vieler Kunden ist kaum zu übersehen. Einfacher und übersichtlicher sollte das neue Tarifsystem sein. Die Stiftung Warentest ist zu dem Ergebnis gekommen, es ist nicht nur ein Tarifdschungel geblieben, sondern es sind etliche Preisfallen hinzugekommen.	Ärgerlich aussehender Fahrgast am Billettautomat Mutter mit Kleinkind in einem DB-Reisebüro Zoom <Bericht Stiftung Warentest>

(RTL Aktuell, 21.11.2002)

Im Text ist von „vielen Kunden" die Rede, gezeigt werden ein Mann und eine Frau mit Kind.

Komplexer liegen die Verhältnisse im folgenden Beitrag (10 vor 10, SF DRS, 19.6.1997), der vom Moderator so eingeführt wird:

> M   (on:) Feierlich verspricht das Friedensabkommen von Dayton *den Vertriebenen aus Bosnien*, jeder dürfe an seinen Heimatort zurückkehren. Die Realität ist weniger feierlich. Bisher hat niemand *den Vertriebenen* die Rückkehr an ihren Wohnort auch wirklich ermöglicht. Hilft die Schweiz mit, diese Verletzung des Dayton-Abkommens zu zementieren? Die Schweiz will *bosnische Flüchtlinge* zurückschaffen, auch wenn deren Heimatregion noch besetzt ist. Laut Bundesrat sollen sie sich eben anderswo im Land niederlassen. Das wird jetzt vom Uno-Hochkommissariat für Flüchtlinge klar kritisiert. Der Bericht von Hans Haldimann beginnt bei *muslimischen Flüchtlingen*, deren Heimatort, Derventa, serbisch besetzt ist.

Die Rede ist hier generell von „den Vertriebenen aus Bosnien" und „bosnischen Flüchtlingen", die dann für den Bericht eingegrenzt werden auf die Teilmenge der „muslimischen Flüchtlinge" aus Derventa. Dann sprechen abwechselnd ein Reporter im Off, eine Betroffene und Institutionenvertreter.

Die betroffene S. Merdzanovic ist im Bild, mit ihren alten Eltern, die auf einem Sofa sitzen, aber nichts sagen. Sie spricht für ihre Eltern:

> In Bosnien haben *meine Eltern* ein eigenes großes Haus gehabt, und dieses Haus ist im Krieg verbrannt.
> [Der Nachbar hat an der Stelle eine Tankstelle gebaut, und jetzt ist die Gegend sehr unsicher und für die Heimkehrer gefährlich.]

Der Reporter im Off, während man weiter das stumme Ehepaar sieht:

> Ende August müssen *die beiden alten Leute* die Schweiz verlassen.

Die beiden alten Leute stehen metonymisch für „die Vertriebenen", sie sind Beispiel für ein typisches Schicksal. Sie sagen zwar selber nichts, aber dass sie im Bild gezeigt werden, während ihre Tochter über sie spricht, heißt: „Es gibt sie wirklich".

Später im Beitrag wird die metonymische Funktion der beiden Personen noch deutlicher, wenn die Tochter ihre Eltern, die wiederum im Hintergrund sitzen, implizit als Beispiel für alle „kranken und alten Leute" in Bosnien charakterisiert:

> Aber in diesem Moment ist in Bosnien eine sehr schwierige Situation, vor allem für *kranke und alte Leute*, das ist wirklich schwierig.

Der abschließende Off-Text des Reporters spricht noch genereller von „die Flüchtlinge" und wieder sieht man im Bild das alte Ehepaar:

> Wenigstens bis zum nächsten Frühjahr, bittet das Flüchtlingskommissariat der Uno, soll doch der Bundesrat *die Flüchtlinge* hier bleiben lassen.

3b) Metapher

Eine im Fernsehen häufig zu findende Technik besteht im „Splitten" der wörtlichen und der übertragenen Bedeutungsebene einer Metapher. Im Bild ist dann jeweils die wörtliche Bedeutung visualisiert, während der Text mit der übertragenen operiert. So in einem Bericht der „Tagesschau" (SF DRS, 9.10.1997) über die Beratungen des Schweizer Ständerats [entspricht in etwa dem Bundesrat in Deutschland] zum Energiegesetz:

SP = S. Plattner, Ständerat

S (off:) In einigen Punkten entschied der Ständerat aber umweltfreundlicher als der Nationalrat. So etwa setzt er sich für die individuelle Heizkostenabrechnung ein und er will die Kantone verpflichten, Elektroheizungen zu kontrollieren.

SP (on:) Wir wollen jetzt in den nächsten Jahren eine wirkliche Reform der Energiebesteuerung. Das hat mit den Kleinigkeiten, die heute gut durchgegangen sind, nichts zu tun.

S (off:) Das verabschiedete Energiegesetz *schlägt keine großen Funken*. Der Ständerat entschied, statt energiepolitisch *nach den Sternen zu greifen, auf dem sicheren Boden zu bleiben*.

Im Bild sieht man während des zweiten Off-Textes Bilder von einem Elektrizitätswerk mit Hochspannungsmasten. Während der Passage „schlägt keine großen Funken" sieht man funkensprühende Eisenteile, während „nach den Sternen zu greifen" blickt die Kamera von unten an den Masten hoch zum Himmel, um dann schließlich – parallel zur Formulierung „auf dem sicheren Boden zu bleiben" – auf den Boden zurückzuschwenken. Das ist eine ziemlich exakte Visualisierung der wörtlichen Bedeutung der jeweiligen Metaphern (ausführlicher dazu 9.2.3.3).

13.3.3 Pragmatisch-funktionale Relationen

Wenn man von pragmatischen oder funktionalen Relationen spricht, macht man stillschweigend die plausible Voraussetzung, dass überhaupt intentionale Bezüge bestehen, d.h. der Fall der gänzlich divergenten semanti-

schen Beziehungen ist – fürs Fernsehen mindestens – so gut wie ausgeschlossen.

Zwei verschiedene Fragerichtungen sind möglich:

1) Welche Funktion hat der Text im Hinblick auf das Bild?
2) Welche Funktion hat das Bild im Hinblick auf den Text?

Oft sind die Fragen nicht strikt auseinanderzuhalten, da die Beziehung im
Allgemeinen nicht nur unidirektional ist, sondern eine Interdependenz zwischen Bild und Text besteht.

In der Regel enthält beim Fernsehen der Text die relevante, vom Kommunikator als relevant intendierte – und insofern primäre – Information,
und das Bild wird im Hinblick darauf funktionalisiert, ist also funktional
sekundär. (Eine ganz andere Frage ist, ob der Rezipient diese Gewichtung
auch so wahrnimmt. Das ist offensichtlich nicht durchweg der Fall, wie
manche Untersuchungen zeigen.) Andererseits ist von der Produktion her
das Bild oft gegeben, und der Text bezieht sich nachträglich auf das Bild, ist
insofern sekundär.

Diese Fragen sind am schwierigsten anzugehen und wenig bearbeitet.
Im Folgenden handelt es sich also um einen offenen Katalog von Gesichtspunkten.

1) Funktionen des Textes in Bezug auf das Bild

Die dominierende Funktion des Textes besteht darin, die Vieldeutigkeit des
Bildes zu reduzieren, im besten Fall eindeutig zu machen, zu *monosemieren*.

Chion (1994, 6f.) erzählt ein Beispiel, das man jederzeit nachvollziehen
kann: In einer Vorlesung zeigt er Ausschnitte aus einem Filmbericht über
eine Flugshow, in der in einer Einstellung drei kleine Flugzeuge über die
Berge fliegen, was der Over-Sprecher so kommentiert: „Hier sind drei
kleine Flugzeuge". Der Kommentar erzeugt Gelächter, weil er scheinbar
völlig redundant ist im Sinne von „überflüssig" („man sieht es ja!"). Der
Kommentator hätte aber genauso gut etwas anderes sagen können, indem er
andere, ebenso offensichtliche Elemente fokussiert hätte: „Das Wetter in
den Bergen ist strahlend schön" oder „Zwei Flugzeuge fliegen hinter dem
vordersten her". Wenn einmal der Text gesprochen ist, scheint die Deutung
des Bildes evident und nicht mehr korrigierbar.

Die Monosemierung kann verschiedene Ausprägungen haben:

– Der Text beschreibt, was im Bild zu sehen ist (vgl. die obigen Beispiele von redundanten Text-Bild-Relationen), ohne dass dies ausdrücklich gesagt wird.
– Der Text zeigt explizit auf die gesamte Situation, die im Bild zu sehen
  ist, oder auf Teile/Aspekte davon (Deixis), ohne dass sich die Textin-
  formation im Zeigen erschöpft:

S (off:) (*Zerbombte Häuser*) Getroffen wurde auch ein Wohngebiet bei Novi Sad. Nach Angaben aus Serbien wurde hier EIN Mensch getötet. Die hier eingeschlagene Rakete hatte ihr Ziel verfehlt – denn der Angriff galt auch hier einer Raffinerie, die ebenfalls schwer getroffen wurde, wie der Rauch im Hintergrund zeigt. – – – (4 sec) (*Kamera schwenkt auf dunkle Rauchwolke hinter den Häusern*)
(Tagesschau, SF DRS, 8.6.1999)

Das lokal-deiktische *hier* zeigt auf den Ort, der im Bild gezeigt wird. Beim *Rauch* wird sogar explizit gesagt, wo man ihn im Bild sieht.

S (off:) (IM HINTERGRUND STIMME EINES JUGOSLAWISCHEN KOMMENTATORS, *rauchendes Trümmerfeld*) Das Dorf Korischa heute morgen. Bilder des Grauens.
(Tagesschau, SF DRS, 15.5.1999)

Auch die temporale Deixis („heute morgen") macht klar, dass mit „das Dorf" das im Bild gezeigte Dorf gemeint ist.

Dass die Deixis auch zur Emotionalisierung dient, ist in deutschen Nachrichtensendungen kaum anzutreffen. Die französischen Moderatoren hingegen tendieren stärker dazu, den Zuschauer auf emotionale Weise auf die Bilder aufmerksam zu machen, wie in diesem durchaus alltäglichen Beispiel:

[M spricht selbst im Off/Over zu einem kurzen Film: auf dem Flughaften Chicago habe ein Flugzeug Feuer gefangen, aber glücklicherweise sei nichts passiert:]

Regardez ces images! – mais il n'y a PAS de blessés.
(Journal, TF 1, 18.8.1999)

Eine Funktion des Textes ist in den letzten 15 Jahren zunehmend wichtig geworden: die *metakommunikative* Kommentierung des Bildes. Seit dem zweiten Golfkrieg ist in der Kriegsberichterstattung der westlichen Fernsehsender oft ein metakommunikativer Umgang mit Bildern zu beobachten (vgl. 9.3.5). Im folgenden Beispiel (Tagesschau, SF DRS, 15.4.1999) berichtet der Moderator in der Anmoderation zunächst, dass die Nato die Bombardierung eines Flüchtlingskonvois bestätigt habe, und damit wird implizit gesagt, dass die zu sehenden Bilder tatsächlich die Bilder vom bombardierten Konvoi sind. Die Bilder zeigen also das Hauptobjekt, von dem im Text die Rede ist.

M'in (on:) (*BM im Studio*, <Beatrice Müller>) Guten Abend, meine Damen und Herren. Nun hat es die Nato bestätigt. (*Insertbild: Leichen und Fahrzeugteile auf einer Strasse*, <Bestätigung>) Sie habe gestern einen Teil eines Flüchtlingskonvois bombardiert. Ein Versehen, heißt es in der offiziellen Stellungnahme der Nato. Beim Flüchtlingskonvoi hat es sich offenbar um eine gemischte Kolonne gehandelt. Serbische Sicherheitskräfte haben Vertriebene mit ihren Traktoren zur Grenze gedrängt. Doch noch bestehen Fragen darüber, wie sich das Ganze WIRKlich abgespielt hat.

Der Bericht geht dann der Frage nach, wie es sich „wirklich" abgespielt habe, und jetzt beginnt der metakommunikative Umgang mit den Bildern:

JS	= Jamie Shea, Nato-Sprecher
P	= Pilot

S   (off:) (*Verletzte in einem Krankenhaus*) Bilder von Verletzten, ausgestrahlt heute vom serbischen Fernsehen. Nach Angaben der serbischen Medien – waren sie von einem Nato Flugzeug bombardiert worden. Fünfundzwanzig Menschen seien verwundet, fünfundsiebzig tot – meldet die jugoslawische Seite. – – – (2 sec)
(over:) (*Shea am Rednerpult*, <Jamie Shea, NATO-Sprecher>) Der Sprecher der Nato hat heute bestätigt, dass die Nato gestern offenbar ein ziviles Fahrzeug getroffen habe.

JS   (on): /which we now believe – to have been a civilian – vehicle. I again stress/

S   (over:) Die Nato bedauert es zutiefst, sie tue alles, um solche Unfälle zu vermeiden, ganz verhindern – könne man sie nicht.

S   (over:) (SEHR LEISE DIE STIMME DES PILOTEN AUF DEM TONBAND, *Karte mit dem genauen Ort des Zwischenfalls*, <Convoy Incident>) Auf einem Tonband berichtet der Pilot, er sei überzeugt gewesen, dass es ein militärischer Konvoi gewesen sei. Daher habe er das vorderste Fahrzeug zerstört.

P   (on): /destroying the lead vehicle.

S   (off:) (*Konvoi, zerstörtes Fahrzeug, Leichen*) Ein stehender Konvoi auf einer Asphaltstraße, daneben ein zerstörtes Fahrzeug und Menschen, die beim Angriff getötet wurden. Diese Bilder hat ATPN unter serbischer Kontrolle heute ausgestrahlt. Militärische Fahrzeuge sind nicht zu sehen.

S   (over:) (ORIGINALTON IM HINTERGRUND, *Verletzte werden auf einen Wagen gelegt, ein Junge weint*) Diese Bilder stammen von gestern Abend. Ebenfalls unter serbischer Aufsicht gedreht – von der amerikanischen Fernsehagentur APTN. Es gibt allerdings eine Konfusion. Es ist nämlich nicht klar, dass diese Bilder vom gleichen Ort stammen – (*Straße mit stehendem Konvoi*) obwohl sie angeblich den gleichen Angriff dokumentieren. Und es gibt auch Berichte, dass es ZWEI Angriffe auf Flüchtlinge gegeben habe, wobei einer – von Serben ausgeführt worden sei. – – – (4 sec)
(over:) (FRANZÖSISCHER ORIGINALTON IM HINTERGRUND, *Flüchtlinge im Dunkeln*) Diese Flüchtlinge kamen letzte Nacht über die Grenze. Nach Angaben des französischen Senders France Deux (*ein Mann wird interviewt*) gehörten sie zu einem Konvoi, der bombardiert wurde – wobei dieser Mann sagt, dass es serbische Flugzeuge gewesen seien.

Die Bilder illustrieren nicht einfach den Text, sondern es wird über sie gesprochen, sie sind Gegenstand metakommunikativer Reflexion. Man könnte auch sagen, es handle sich um Bild-Zitate (vgl. Zitat 4.2.2.5). Darauf deutet die Häufung von Zitatindikatoren hin wie „ausgestrahlt heute vom serbischen Fernsehen", „Nach Angaben der serbischen Medien", „Diese Bilder hat ATPN unter serbischer Kontrolle heute ausgestrahlt", „Diese Bil-

der stammen von gestern Abend. Ebenfalls unter serbischer Aufsicht gedreht – von der amerikanischen Fernsehagentur APTN", „Nach Angaben
des französischen Senders France Deux". Die Zitatindikatoren beantworten
Fragen wie: „Wann wurden die Bilder gemacht? Wer hat sie gemacht? Wurden sie unter Aufsicht einer der Parteien gemacht?" Während es sich in der
Mehrheit der Fälle nur um Bild-Zitate handelt, liegt in einer Szene („Diese
Bilder stammen von gestern Abend ...") ein Bild-/Ton-Zitat vor, da im Hintergrund auch O-Töne zu hören sind. Hinzu kommt schließlich noch ein
bloß verbal-akustisches Zitat: die Stimme des Piloten (auf Tonband), von
dem man – natürlich – kein Originalbild hat, so dass man auf die Visualisierung des Ortes (mittels Karte) ausweicht.

Eine ungewöhnliche Situation bietet der folgende Bericht, bei dem zwar
zwei Personen zu sehen – aber nicht zu hören – sind, die miteinander sprechen. Die Frage ist: was sprechen sie wohl miteinander? Bereits in der
Schlagzeile wird dies als offene Frage deklariert:

> M (off:) (MUSIK, *Rugova und Milosevic schütteln Hände*, <Verwirrendes
> Treffen>) Verwirrendes Treffen. Milosevic trifft Ibrahim Rugova – einen
> der Führer (*lächelnder Rugova*) der Kosovo Albaner. Rugova lächelt – viele
> Fragezeichen.

Die Anmoderation des Berichts konkretisiert diese „Fragezeichen".

> M (on:) (*Studio*) Meine Damen und Herren, guten Abend. (<Heinrich Mül-
> ler>) Milosevic trifft Rugova. Das Treffen der beiden in Belgrad hat Über-
> raschung ausgelöst. (*Insertbild: Rugova und Milosevic beim Händeschüt-
> teln*, <Treffen>) Der gemäßigte Führer der Kosovo Albaner, Rugova –
> verhandelt mit jenem Mann, der unter den Kosovo Albanern der meistge-
> hasste Politiker ist. Ein merkwürdiges Treffen. War Rugova freiwillig bei
> Milosevic? Nato Generalsekretär Solana – hat seine Zweifel. Das serbische
> Fernsehen war beim Treffen zur Stelle.

Da man keinen Ton zum Bild hat, kann über die „Bedeutung" des Treffens
und des Gesprächs nur spekuliert werden. Während das serbische Fernsehen mit der Interpretation zitiert wird, „man sei sich völlig einig, dass ...",
deutet „ein westlicher Diplomat" die Mimik Rugovas und das Treffen selber ganz anders.

> S (off:) (*Rugova und Milosevic schütteln sich die Hände*) Die Begrüßung. Ru-
> gova schaut an Milosevic vorbei ins Leere. (*Rugova und Milosevic sitzen
> nebeneinander und sprechen miteinander*) – – (2 sec) Die Bilder von einem
> Gespräch der beiden. Sie wurden vom jugoslawischen Fernsehen ohne Ton
> übermittelt. Es ist daher nicht bekannt, worüber die beiden sich unterhal-
> ten. Die Bilder lassen Fragen offen. Ist es möglich, dass zwei politische Füh-
> rer sich so gegenübersitzen, während ihre Völker derart verfeindet sind?
> Während im Kosovo Hunderttausende aus ihren Häusern getrieben – und
> in die Flucht geschlagen werden? (*Dokument in kyrillischer Schrift mit den
> Unterschriften Rugovas und Milosevic'*) – – – (2 sec) Das jugoslawische
> Fernsehen zeigte auch dieses Schreiben. Man sei sich völlig einig, dass die

Krise politisch und friedlich gelöst werden müsse, hieß es dazu. (*Rugova und Milosevic sitzen nebeneinander und sprechen miteinander*) – – – (2 sec) Ein westlicher Diplomat sagte, Rugovas Lächeln wirke sehr nervös. Es sei zu bezweifeln, dass er freiwillig (*Zoom auf Rugova*) zu diesem Treffen gekommen sei. Man müsse bedenken, dass Rugova in Jugoslawien zwei Söhne und eine junge Tochter habe. (*Rugova und Milosevic im Gespräch*, KEIN TON)
(Tagesschau, SF DRS, 1.4.1999)

2) Funktionen des Bildes in Bezug auf den Text

Hier geht es vor allem um die Fälle, bei denen Texte „bebildert" werden, bei denen Bilder den Text „illustrieren" sollen. Ich führe einige der von Brosius (1998, 217) genannten Funktionen an und ergänze sie um die der „Referenzsicherung" und „Veranschaulichung".

a) Referenzsicherung

An erster Stelle würde ich die Funktion nennen, mit der man unter funktionalem Gesichtspunkt die eher konvergenten Text-Bild-Relationen zusammenfassen kann: die „Referenzsicherung". Das Bild zeigt einen konstanten (wenn auch nicht statischen, sondern meist bewegten) Gegenstand, über den der Text mit verschiedenen sprachlichen Mitteln („diese Flüchtlinge" – „sie") und unter verschiedenen Perspektiven (z. B. eher konkret oder eher abstrakt) spricht. Es garantiert also visuell, dass immer von „demselben" die Rede ist. Das ist die am wenigsten anspruchsvolle Funktion. Bei den weiteren (die i. Allg. ebenfalls die konvergenten Relationen betreffen) kommen zusätzliche Aspekte hinzu.

b) Veranschaulichung

Unter dem Titel „Veranschaulichung" möchte ich denjenigen Typ von Bildern aufführen, der zum Zweck der besseren Verständlichkeit des Textes „generiert" wird: Grafiken, die einen abstrakten Zusammenhang visuell veranschaulichen sollen.

Text	Bild
M (on:) Die Bundesregierung hat heute ihr Konzept gegen die Finanzmisere vorgestellt. Wie Bundeskanzler Schröder und Finanzminister Eichel gestern nach der Koalitionsrunde ankündigten, sollen die Haushaltslöcher durch eine höhere Neuverschuldung in diesem und nächsten Jahr gestopft werden. Außerdem ist	Hintergrund links: Eichel und Schröder <Steuer- und Haushaltspolitik>

eine Pauschalsteuer auf Gewinne aus Aktienverkäufen und aus dem Verkauf nicht selbst genutzter Immobilien vorgesehen.	
AC (off:) Die Umfragewerte im Keller und zwei wichtige Landtagswahlen im Visier und fast täglich müssen Kanzler und Finanzminister neue Grausamkeiten ankündigen: schwache Konjunktur und Steuerausfälle in Milliardenhöhe haben das Regierungsschiff ins Schwanken gebracht. Gerhard Schröder wirkt angeschlagen und stimmt die Bevölkerung auf weitere harte Einschnitte ein.	Schröder entsteigt seinem Dienstwagen und eilt in Gebäude. <Bericht Andreas Clarysse> Eichel betritt das Gebäude Bundespressekonferenz
Schröder (on:) Die am letzten Freitag gefassten und am Mittwoch zu fassenden Beschlüsse sind nur der Beginn einer längeren und für Interessengruppen gelegentlich schmerzhaften Phase und eines Weges zur Neujustierung der äh des Sozialstaates.	<Gerhard Schröder, SPD Bundeskanzler>
AC (off:) In diesem Jahr sind die Staatsfinanzen deutlich aus dem Ruder gelaufen. Entgegen seiner Planung macht Hans Eichel	Eichel mit Dokumenten in der Hand
Nicht einundzwanzig Komma eins Milliarden Euro sondern dreizehn Komma fünf Milliarden Euro mehr Schulden, also vierunddreißig Komma sechs Milliarden Euro.	<u>Neuverschuldung 2002</u> 21,1 Mrd E + 13,5 Mrd E ─────── 34,6 Mrd E
Im nächsten Jahr reichen die geplanten fünfzehn Komma fünf Milliarden Schulden ebenfalls nicht aus, Eichel benötigt drei Komma vier Milliarden mehr, zusammen achtzehn Komma neun Milliarden Euro.	<u>Neuverschuldung 2003</u> 15,5 Mrd E + 3,4 Mrd E ─────── 18,9 Mrd E

(Tagesschau, ARD, 18.11.2002)

Nach einer Reihe von Standardnachrichtenbilder (Schröder steigt aus dem Auto usw.) und einem O-Bild/Ton von Schröder wird die Situation der Staatsfinanzen beschrieben. Da man bei bloßem Zuhören die Zahlen und ihre Relationen zueinander kaum realisieren kann, dient die Grafik dem Überblick über das gesamte Zahlenmaterial. Bemerkenswert – und wohl nicht unproblematisch – ist dabei die Tatsache, dass die beiden Grafiken in ihrer Struktur genau gleich aussehen (vgl. Angerer 2004). Dabei handelt es sich im ersten Fall um Wiedergabe der faktischen Situation, während der zweite Fall eine Prognose zeigt. Der Text situiert die Situation der zweiten Grafik zwar in der Zukunft („im nächsten Jahr"), macht aber nicht explizit, dass es sich nur um eine Schätzung handeln kann.

c) Authentizität

Das Bild ist Beleg für das, was im Text gesagt wird („das ist wirklich geschehen"). Diese Funktion gilt für (nahezu) alle Bilder in informierenden Sendungen und sie wird dem Rezipienten als solche nicht bewusst. Erst wenn sprachlich explizit daraufhin gewiesen wird, fällt sie ins Auge.

In einem Bericht über den „Ernteausfall im Piemont" infolge der Hitze und Trockenheit (Tagesschau, SF DRS, 18. 7. 2003) steht ein Bauer mitten in seinem Maisfeld und zeigt auf den ruinierten Mais, während er sagt, dass er „dieses Jahr nur halb so viel Mais ernten" kann wie letztes Jahr. Auch die Kameraführung kann dieses Aufmerksammachen leisten:
Beim Thema „Hagelschäden an Kulturen" (Tagesschau, SF DRS, 17. 7. 2003) nimmt ein Weinbauer zerstörte Trauben in die Hand und hält sie in die Kamera, bevor er sie wegwirft.

Authentizität ist nicht einfach gegeben, sondern wird inszeniert – wie es in den genannten Beispielen (vgl. auch das Beispiel aus „Meteo" in 13.3.2) klar erkennbar ist (vgl. auch Luginbühl 2004). In einem Beitrag „Waldbrände an Côte d'Azur" (RTL Aktuell, 19. 7. 2003) wird eine Familie von Betroffenen befragt, die auf ihr demoliertes Auto zugeht. Das Auto ,beweist' die Glaubwürdigkeit dessen, was sie über die Katastrophe berichten. Ein Mann erzählt im gleichen Beitrag von einem „einzigen Flammenmeer", „so groß wie der Berg". Er zeigt dabei mit dem Zeigefinger die ganze Zeit auf den Berg, wo der Waldbrand stattgefunden hat. Jeder soll sehen können, wie groß der Berg ist und wie groß das Feuer gewesen sein muss.

d) Aktualität

Das höchste Maß an Aktualität haben alle Bilder, die als „live" gekennzeichnet sind und vom Ort eines Geschehens stammen, also vor allem innerhalb von Reportagen gesendet werden. Aber es gibt viele andere Möglichkeiten, Aktualität zumindest zu inszenieren. In einem Beitrag (Tagesschau, SF DRS, 15. 7. 2003) zum Bergsturz am Matterhorn, bei dem Bergsteiger mit Helikopter gerettet wurden, spricht der Rettungschef Zermatt vor dem Hubschrauber in die Kamera. Einige Personen machen sich am

Hubschrauber zu schaffen und man gewinnt den Eindruck, er sei gerade erst gelandet – natürlich von der Rettungsexpedition zurückgekehrt.

e) Weckung von Interesse

Hier geht es vor allem um emotionalisierende Bilder, die das Interesse an dem im Text Gesagten wecken oder steigern können. So wäre im folgenden Beispiel der Text nicht besonders interessant, wenn man nicht die Mimik Schröders, die im Text thematisiert und mit der Wirtschaftslage in Verbindung gebracht wird, sehen würde:

Text	Bild
M (on:) Wir beginnen wieder einmal mit dem Thema der Staat braucht Geld. Finanzminister Eichel hat sich also durchgesetzt und nun kommt also NOCH eine neue Steuer. Wer in Zukunft Aktien oder andere Wertpapiere kauft muss beim Verkauf siebeneinhalb Prozent des Gewinns an den Staat abführen. Auch beim Verkauf von nicht selbst genutzten Immobilien hält der Fiskus ab nächstem Jahr die Hand auf. Der öffentliche Druck auf den Kanzler wird dadurch nicht geringer und er hat bei ihm auch schon Spuren hinterlassen. Aus Berlin Karsten Wielke.	Hintergrund rechts: Schröder, davor ein gefüllter Geldsack
K.W. (off:) Es gibt Gesichter, die gerbt nicht das Wetter, sondern die Wirtschaftslage. Der Kanzler im Herbst vor vier Jahren noch: als der Spaß begann, gingen Wirtschaft und Mundwinkel nach oben. Jetzt rutscht auch Schröder selber ab: nur noch Platz sieben auf der Rangliste deutscher Politiker.	Schröder mit heruntergezogenen Mundwinkeln. Schröder lachend. Schröder nachdenklich.

(RTL Aktuell, 18.11.2002)

3) Interdependenz von Text und Bild

Wenn im Verhältnis Text/Bild offensichtlich ein Kontrast hergestellt werden soll, ist es klar, dass hier ein interdependentes Verhältnis vorliegt. Dabei ist es in der Regel das Bild, das das im Text Gesagte in irgendeiner Weise in Frage stellt, relativiert, ironisiert.

Durch das oben beschriebene „Splitting" von Metaphern beispielsweise
kann ironisierende Bewertung erzeugt werden:
In einem Bericht über den Gemeindepräsidenten der Schweizer Berg-
gemeinde Leukerbad, der die Gemeinde mit aufwändigen Infrastrukturan-
lagen in den Bankrott getrieben hat, heißt es gegen Ende:

S   (off:) (...) Ansonsten heißt es am Fuß der Gemmi hauptsächlich – zeigt
       doch unsere schönen Seiten, unsere Infrastruktur. – – (3 sec) (*Sportan-
       lage*) Die Sportarena AG, zweiundzwanzig Millionen Franken Schulden –
       (*Parkhaus*) die Parkhaus AG, vierundvierzig Millionen – (*Hotel*) die Sour-
       ces des Alpes AG, zehn Millionen. – – (*Familienwappen der Loretans*) So
       schnell ist der Lack nicht ab vom Namen Loretan – schließlich heißen hier
       viele so. Und dann gilt ja auch (*Skifahrer vor der Talstation*) für Otto G.
       noch immer die Unschuldsvermutung. Touristisch läuft es trotz, oder viel-
       leicht gerade wegen der vielen Schlagzeilen bestens. (*Kasse der Seilbahn*)
       Auch wenn die Vorstellung, dass eine Gemeinde dieser Größe täglich etwa
       dreißigtausend Franken aufbringen muss, nur um ihre Schuldzinsen zu be-
       gleichen, doch etwas unheimlich ist. – – (*Thermalbad, sich in der Scheibe
       spiegelnde Berge*) Bis im März müssen die vom Kanton eingesetzten Kom-
       missäre einen Sanierungsplan vorlegen, wie der Schuldenberg von Leuker-
       bad abzutragen ist. Machen die Gläubiger dabei nicht mit, gehen dann in
       Leukerbad noch andere baden (*zwei Badende tauchen ab*) als nur die Tou-
       risten.
       (10 vor 10, SF DRS, 20.1.1999)

Zunächst illustrieren die Bilder den Text, der von Anfang an ein bisschen
ironisch ist („zeigt doch unsere schönen Seiten" – und das sind gerade die
Anlagen, deren Bau die Gemeinde ruiniert hat). Mit der metaphorisch-idiomatischen Formulierung „So schnell ist der Lack nicht ab ..." – zu der das
„Hochglanz"-Wappen der Familie gezeigt wird – verlagert sich der ironische Kontrast ins Verhältnis Text/Bild. Vom Thermalbad ist im Text nicht
mehr explizit die Rede, sondern vom „Schuldenberg", der u. a. durch das
Thermalbad erzeugt wurde, und am Ende gehen zwei Leute buchstäblich
„baden", während im Text das metaphorische Idiom „baden gehen" die düs-
teren Finanzperspektiven der Gemeinde evoziert.
   Das folgende Beispiel ist insofern ganz anders gelagert, als hier die Bilder die „wörtliche" Ebene zeigen, während der Text den Bildern eine metaphorische Lesart überlagert:

RH   = Rolli Huber

M   Rolli Huber hatte die außergewöhnliche Gelegenheit, im Innersten des
       Vatikans den Match Wolfgang Haas gegen die obersten Schweizer Bischöfe
       zu beobachten.

RH   (off, im Bild die Delegation der Schweizer Bischofskonferenz:) Fünfzehn
       stramme Schweizer *laufen* im Vatikan *ein*. Unsere *Nationalmannschaft*
       gegen den Unglauben. Sechs Bischöfe, fünf Hilfsbischöfe, zwei Äbte, ein
       Pressesprecher und der *wirbelige Coach*. Den zunehmenden Verlust der

katholischen Kirche am religiösen Markt will diese *Truppe* aufholen, darum treffen sich die Bischöfe alle fünf Jahre zur *Matchbesprechung* mit der römischen Kurie. (...) Vor jedem *Anpfiff* ein Stoßgebet. (...) Zurück in der Schweiz, der *Sieger nach Punkten.*
(10 vor 10, SF DRS, 9.9.1997)

Das ganze Unternehmen der Bischöfe wird im Bild des Fußballspiels gesehen, wobei am Schluss das Bild nicht mehr konsistent ist, sondern zu einer anderen Sportart – wohl dem Boxen – wechselt ("Sieger nach Punkten"). Damit erfolgt eine ironische Abwertung: aus Ernst wird Spiel, aus frommem Handeln wird Kommerz (in der Formulierung „am religiösen Markt" ist dieser Aspekt auch explizit angesprochen). Die Ironie entsteht einerseits aus dem Gegensatz von Text und Bild, insofern nur der Text von Fußball spricht, während das Bild die Bischöfe zeigt. Andererseits ergibt sie sich auch im Text selbst durch die unmittelbare Kontrastierung von Wörtern aus dem Sport-Vokabular mit solchen aus dem religiösen Bereich (z. B. „Nationalmannschaft gegen den Unglauben").

Auch Standardnachrichtenbilder können genutzt werden, um einen ironischen Effekt zu erzielen, wenn der Text entsprechend formuliert ist:

Text	*Bild*
M (on:) Die blauen Interregios waren die beliebtesten Züge der Bahn. Schnelle Städteverbindungen ohne Zuschlag, ohne Aufpreis. Jetzt sollen sie einfach umgespritzt und zu teuren Intercities umfunktioniert werden. Nur ein Kritikpunkt der Stiftung Warentest am neuen Preissystem der Bahn. Sie untersuchte alle Tarife und kam zu einem ernüchternden Ergebnis. Aus Berlin Merlin Kuhle und Martin Heller.	Hintergrund rechts ICE, \<Preisvergleich\>
Sprecher (off:) Nur im Lummerland seien die Tarife einfacher heißt es auf einem Werbeplakat der Deutsche Bahn AG. Die Stiftung Warentest sieht das anders: Lukas der Lokomotivführer und Jim Knopf müssten Tränen in den Augen stehen, so die Bahntester. Im Tarifdschungel verfährt man sich immer noch. Zudem werden viele Angebote teurer.	Interregio an trübem, regnerischem Morgen auf einer Fahrt durch eine Stadt

(Der Tag, Vox, 21.11.2002)

Irgend ein Interregio irgendwo – und vorher das Symbol ICE – das sind stereotype Bilder beim Thema Bahntarife. Aber der Text mit seiner (der Bahn-
Werbung entlehnten und als Zitat der Stiftung Warentest gekennzeichneten)
launigen Anspielung an das Kinderbuch „Jim Knopf und Lukas der Loko-
motivführer" kontrastiert ironisch mit dem Bild, insofern dort, wo der Interregio fährt, gerade nicht „Lummerland" ist.

14 Neue Medien (Martin Luginbühl)

14.1 „Massenmedien" in den „Neuen Medien"

Wer sich mit Massenmedien beschäftigt, kann spätestens seit Mitte der 90-er Jahre die so genannten „Neuen Medien" nicht mehr ignorieren. Die Sammelbezeichnung „Neue Medien" für neuartige Möglichkeiten der Speicherung und/oder Übermittlung von Informationen ist aber insofern problematisch, als natürlich jede Epoche ihre eigenen „neuen" Medien hat (vgl. Kap. 2). So galten etwa anfangs der 80-er Jahre der Videorekorder oder der Bildplattenspieler als Neue Medien. Wenn hier im folgenden von „Neuen Medien" die Rede sein wird, so sind damit diejenigen Medien gemeint, die anfangs des 21. Jahrhunderts als solche bezeichnet werden. Dabei handelt es sich in der Regel um Medien, welche Text, Grafik, Bild und Ton kombinieren können, Daten digital speichern bzw. übertragen, wobei die Übertragung über Datennetze läuft. Dazu gehören – um nur die prominentesten Neuen Medien zu nennen – das Internet (verstanden als ein globaler Verbund, ein Netz von Computern), das Digitalfernsehen oder das Handy.

Das World Wide Web (WWW) ist ein dem Internet aufgesetztes System, welches den Zugriff auf digital gespeicherte Dokumente auf vernetzten Computern erlaubt und ist damit ein weltumspannendes, sich ständig veränderndes Hypertextnetz (zum Hypertextbegriff s. weiter unten), das aus einer wachsenden Zahl von Teilnetzen und einer unüberschaubaren Menge von Hypertexten besteht. Zudem können über das WWW auch Dienste wie E-Mail, Chat oder Diskussionsforen genutzt werden.

Im Zusammenhang mit der Sprache der Massenmedien stellt sich zunächst einmal die Frage, welche der Neuen Medien als Massenmedien betrachtet werden können. Diese Frage lässt sich, so gestellt, gar nicht beantworten. Greifen wir beispielsweise das Medium Internet heraus, so zeigt sich, dass über das Internet zugängliche Kommunikationsformen – wie World Wide Web-Seiten, E-Mail, Chat etc. – unterschiedliche Kommunikations-Konfigurationen aufweisen. Ausgehend von der Definition von Massenmedien in Kap. 1, wonach Massenmedien sich u. a. dadurch auszeichnen, dass sie Inhalte gleichzeitig einem anonymen, dispersen Publikum anbieten, können nicht alle der erwähnten Kommunikationsformen zu den Massenmedien gerechnet werden. Während bei den „traditionellen" Medien wie Telefon oder Zeitung noch ziemlich klar ist, ob ein Kommunikationspartner mit einem anderen kommuniziert oder ob einer zu vielen kommuniziert, ob also eine so genannte Eins-zu-Eins- („one-to-one") bzw. eine Eins-zu-Viele („one-to-many")-Kommunikation stattfindet, bietet das Internet Dienste an, deren Kommunikationsformen das ganze Kontinuum von one-to-one (z. B. private E-Mail), one-to-many (WWW-Seiten) und many-to-many (z. B. Plauder-Chat) abdecken. Auch beim Mobiltelefon muss zwischen verschiedenen Kommunikationsformen – (Telefongespräche, SMS[1] etc.) – unterschieden werden. Und auch bei diesen verschiedenen Formen muss wiederum nach den darin realisierten Textsorten – Dürscheid (2005) spricht in bestimmten Fällen von „kommunikativen Gattungen" – gefragt werden, um zu entscheiden, ob im konkreten Fall Massenkommunikation vorliegt. So werden wohl die meisten E-Mails von einer Person an eine andere geschickt (Textsorte private E-Mail), es besteht im Falle der Textsorte Werbe-Mail aber auch die Möglichkeit, dass eine Mail von einer Person – oder einer Institution – an mehrere Personen geschickt wird. Ob also Individual- oder Massenkommunikation realisiert wird, hängt nicht vom Medium ab, sondern von der Auswahl einer Kommunikationsform in diesem Medium und der darin realisierten Textsorte.

Bei den Neuen Medien handelt es sich also nicht um Medien, die bereits mit einer bestimmten Kommunikationskonfiguration verbunden sind (wie etwa beim Fernsehen), sondern eher um Plattformen, auf denen bestimmte Kommunikationsformen angeboten werden, in denen wiederum unterschiedliche Textsorten mit je eigenen Kommunikationskonfigurationen realisiert werden können. Und erst auf dieser Ebene ist es sinnvoll, von Massenmedien zu sprechen – wobei damit dann eigentlich Kommunikationskonfigurationen gemeint sind, und nicht Medien im Sinne von Geräten zur Informationsspeicherung und -übermittlung.

Wenn von der Internetkommunikation gesagt wird, dass es „no limitations on the roles of communicators and participants" (Bucher 2002, o. S.) gibt, dass also jeder alle Rollen einnehmen könne, so gilt dies für das Internet als Plattform, nicht aber zwingend für die einzelnen Textsorten, wo durchaus auch Einwegkommunikation existieren kann. Deshalb schließen wir uns nicht der Meinung an, dass durch die vielfältigen Kommunikationskonfigurationen, welche die Neuen Medien bieten, die Trennung von Individual- und Massenkommunikation „verwischt und obsolet" (Schmitz 1997, 133) wird. Dass Individual- und Massenkommunikation verwischt werden, trifft in einem bestimmten Sinn zu. Man denke etwa an die Website – gemeint ist damit die Gesamtheit aller Webseiten, die unter einer Internet-Adresse zu finden sind – einer Zeitung, welche neben tagesaktuellen Informationen auch die Möglichkeit eines Chats zwischen Leserinnen und Lesern bietet sowie die Möglichkeit eröffnet, E-Mails an einzelne Mitglieder der Redaktion zu senden. Dass die Unterscheidung von Individual- und Massenkommunikation damit obsolet wird, scheint aus analytischer Sicht

---

1 Dazu einführend Androutsopoulos/Schmidt (2004), Döring (2002 a und b), Schlobinski (2002), Schwitalla (2002).

aber nicht gerechtfertigt: Die Merkmale der einzelnen Textsorten können ohne Rückgriff auf diese Unterscheidung wohl kaum zufrieden stellend analysiert werden.

Im Folgenden konzentrieren wir uns auf Angebote von Online-Zeitungen und Online-Zeitschriften im Internet; kurz werden wir auch die Angebote von Online-Radio und Online-Fernsehen diskutieren. Diese Schwerpunktsetzung erfolgt wiederum in Anschluss an die in Kap. 1 diskutierten Merkmale von Massenmedien, die sich neben dem Merkmal „Eins-zu-Viele" auch durch das Fehlen von Zugangsbeschränkungen[2], eine periodische Erzeugung und durch für den kurzfristigen Gebrauch bestimmte Inhalte auszeichnen. Da zum Online-Angebot vieler Zeitungen aber neben den eigentlichen Artikeln, Fotos und z. T. Filmen auch Dienste wie Chat, Diskussionsforum oder Leserbrief-E-Mail gehören, werden wir diese Dienste auch kurz streifen.

Nur erwähnt seien hier „weblogs", also eine Art Web-Logbuch, in dem in umgekehrt chronologischer Reihenfolge datierte Einträge zu finden sind. Weblogs haben sich vor allem im Zusammenhang mit Krisenkommunikation Aufmerksamkeit verschafft, wo sie – z. B. von Zivilisten im Kriegsgebiet verfasst – als Quelle einer kritischen Gegenöffentlichkeit dienten. Die Differenz zwischen professionell Schreibenden und Laien hebt sich hier partiell auf (dazu Dünne 2004, Bucher 2002).

14.2 Hypertexte

Bei den im Folgenden zu untersuchenden Texten von Online-Massenmedien handelt es sich um so genannte Hypertexte – wie sie etwa auch auf Lexikon-CDs zu finden sind. Dieser Begriff geht auf Theodor Holm Nelson zurück, der Mitte der 60-er Jahre die Idee von Vannevar Bush, Text- und Bildquellen assoziativ durch sog. „hypertrails" zu verknüpfen (Bush 2001, erstmals veröffentlicht 1945), auf den Schreibprozess übertrug. Er verstand unter einem Hypertext einen nicht-linearen Text, bei dem der Leser Wahlmöglichkeiten hat und der am besten an einem „interactive screen" gelesen werden kann (zur Geschichte des Internets und des WWWs s. Hess-Lüttich 1997, 133 f.; Storrer 2000, 224–227; Porombka 2001, 27–93).

---

2 Gemeint ist damit, dass es keine Beschränkungen gibt, welche über die Voraussetzungen, welche das Medium selbst stellt, hinausgehen. Um Online-Zeitungen rezipieren zu können, muss – und dies ist nicht selbstverständlich, was oft vergessen wird – die entsprechende Infrastruktur vorhanden sein, also ein vernetzter Computer, dieser muss bedient werden können etc.

Unter Hypertext wird gemeinhin ein Gebilde verstanden, worin die einzelnen informationellen Einheiten („units of information", „chunks", „nodes", Module) durch Verknüpfungen („links") netzwerkartig verbunden, also nicht-linear organisiert sind. Dies bedeutet, dass der Rezipient von irgendeinem Ort des Hypertextes aus die informationellen Einheiten in beliebiger Reihenfolge besuchen kann; er kann einzelne Einheiten auslassen und den Hypertext jederzeit verlassen. So können die Einheiten von verschiedenen Seiten her angesteuert und in immer wieder neue Kontexte gestellt werden. Für den Autor heißt dies, dass der Rezeptionspfad nicht vorhersehbar ist, was wiederum wichtige Konsequenzen für die Kohärenzplanung hat. Ein weiteres Merkmal von Hypertexten ist, dass sie Daten unterschiedlicher semiotischer Systeme (Text, Bild, Ton, Film) enthalten können und somit multimedial sind – gelegentlich werden hier die Begriffe „Hypertext" und „Hypermedia" synonym verwendet. Im Zusammenhang mit der Verflechtung unterschiedlicher semiotischer Systeme spricht man auch von „Synästhetisierung". Und schließlich sind Hypertexte computerverwaltete Größen; dies ermöglicht eine unendlich große Menge an Verknüpfungen zwischen den Einheiten. Computerverwaltet bedeutet auch, dass sowohl zur Herstellung als auch zur Rezeption Software benötigt wird – und dieses Merkmal unterscheidet Hypertexte auch von modular aufgebauten Printtexten einerseits und sog. „E-Texten" (Storrer 1999), die elektronisch eingebunden, aber linear organisiert sind, andererseits. E-Texte können ohne Wertverlust auf Papier ausgedruckt werden.[3]

Die Rezeption von Hypertexten hat einen spezifisch aktiven Charakter und wird deshalb oft als „Interaktion" bezeichnet – und demnach werden Hypertexte als „interaktiv" charakterisiert. Diese Bezeichnung stammt aus der Informationswissenschaft: Von Interaktion ist dort die Rede, wenn eine Maschine auf menschliche Eingaben reagiert. In der Linguistik aber wird unter Interaktion ein sozialer Prozess verstanden, bei dem Menschen wechselseitig ihre sprachlichen Handlungen aufeinander beziehen. Ein solcher Prozess liegt im Falle von E-Mail-Austausch oder Chat vor – nicht aber bei der Nutzung von Hypertexten. Allerdings beschränkt sich, wie Rezeptionsstudien gezeigt haben (Bucher 2001b), die Nutzung von nicht-linearen Medien auch nicht einfach auf die Selektion und Aktivierung von Verknüpfungen. Vielmehr wird bei der Aneignung von digitalen Kommunikationsangeboten eine dialogische Situation unterstellt, in der Sequenzmuster, strategische Prinzipien, Wissenskonstellationen, Wissensaufbau, thematische Zusammenhänge, Form und Gestaltung der Kommunikationsmittel etc. die

---

3 Vgl. zum Hypertext-Begriff Berk/Devlin (1991), Kuhlen (1997), Sager (2000), Storrer (2000), Landow (2001).

Aneignunsaktivitäten bestimmen. Die Nutzer tun so, „also ob sie mit dem Angebot interagieren" (Bucher 2001b, 167) und legen das Angebot darauf fest, „dass es ihnen in entsprechender Weise antwortet" (ebd.). Konstitutiv für nichtlineare Medienkommunikation ist deshalb laut Bucher eine „unterstellte" bzw. „virtuelle" Interaktion (2001b, 168).

Zusammenfassend kann der Begriff Hypertext wie folgt definiert werden (Sager 2000, 589): Hypertext ist „ein kohärenter, nichtlinearer, multimedialer, computerrealisierter, daher interaktiv rezipier- und manipulierbarer Symbolkomplex über einem jederzeit vom Rezipienten unterschiedlich nutzbaren Netz von vorprogrammierten Verknüpfungen".

Unter textlinguistischer Perspektive stellt sich die Frage, ob Hypertexte eine völlig neue Art von Texten darstellen und dementsprechend mit den herkömmlichen Beschreibungsinstrumenten der Textlinguistik nicht mehr adäquat erfasst werden können – oder ob hier vieles nur auf den ersten Blick als neu erscheint, was eigentlich in anderen Textsorten schon lange zu finden ist, wenn auch nicht in dieser spezifischen Kombination.

Die nicht-lineare Organisationsform in Hypertexten ist nur auf den ersten Blick etwas wirklich Neues. So können – und sollen – etwa Wörterbücher oder Lexika ebenfalls in beliebiger Reihenfolge gelesen werden, ohne dass die einzelnen, oft durch Verweise verbundenen Einträge deshalb nicht mehr verstanden würden; beide Textsorten sind konzeptionell nicht linear, also nicht auf eine lineare Lektüre angelegt. Die Geschichte der Entlinearisierung (dazu Freisler 1994) geht aber viel weiter zurück; so ist etwa die Einführung der Wortabstände im 8. Jahrhundert oder die Existenz von kleinen Zusammenfassungen oder Marginalien im 12. Jahrhundert bereits in diesem Zusammenhang zu sehen. Der Übergang vom linearen Text zum Hypertext ist in dieser Hinsicht – abgesehen vom Medium – fließend. Auch die Integration unterschiedlicher Zeichensysteme ist nichts Neues, werden doch schon in barocken Emblemen Text und Bild kombiniert, doch auch im „Textdesign" der heutigen Printmedien (dazu Kap. 8) werden Text, Bild, Grafik etc. verbunden. Und Verknüpfungen mit anderen Texten sind auch in Verweisen in Lexika oder in bibliografischen Verweisen in wissenschaftlichen Texten zu finden.

„Neu" – so resümiert etwa Kirsten Adamzik (2002, 178) „ist also tatsächlich nur die elektronische Verknüpfung, die das Herumspringen [...] nicht nur erleichtert, sondern die dazu einlädt bzw. dazu zwingt." Lediglich „relativ neu" (ebd.) sind die fehlenden Vorgaben für eine Lektüre-Reihenfolge. Die netzwerkartige Organisation von Hypertexten zwingt dazu, sich bei mehreren möglichen Verzweigungen des Hypertextes für eine zu entscheiden – eine lineare Lektüre im herkömmlichen Sinn ist also unter Umständen verunmöglicht. Auch erlaubt der computervermittelte Hypertext eine unmittelbare Verknüpfung mit einer neuen Einheit, was das Herumspringen ungemein erleichtert. Dies führt im World Wide Web dazu, dass man sich auf der Suche nach einer Information schnell in der ungeheuren Datenmenge verlieren kann („lost in cyberspace") – oder aber ganz zufällig auf eine ganz andere, aber dennoch wertvolle Information stößt („serendipity-effect").

Im Anschluss an derartige Überlegungen vertreten viele Arbeiten der Textlinguistik (z. B. Adamzik 2002, Eckkramer 2002, Möller 2002, Storrer 2000, Hess-Lüttich 1997 u. a.) die Haltung, dass herkömmliche linguistische Definitionen von Text durch die Existenz von Hypertexten nicht obsolet werden, dass Hypertexte keine grundsätzlich neuen Merkmale aufweisen, sondern dass bekannte Merkmale wie Linearität, Kohärenz, Leserführung (Navigationshilfen), Textdelimitation (also die Frage nach Textgrenzen) etc. neu differenziert und in ihrem Stellenwert neu bewertet werden müssen.

14.3 Online-Zeitungen und Online-Zeitschriften

Seit Mitte der 90-er Jahre sind die meisten deutschsprachigen Zeitungen im World Wide Web mit einem Angebot zu finden. Unter „http://www.zeitung.de" bzw. „http://www.zeitung.ch" sind 31 überregionale und 180 regionale Online-Versionen von Zeitungen aus Deutschland[4], 35 Online-Versionen von Zeitungen aus der Schweiz[5] und 22 aus Österreich[6] verzeichnet (Stand August 2004), auf der Website des Bundesverbandes deutscher Zeitungsverleger werden insgesamt sogar 633 deutschsprachige Online-Zeitungen aufgelistet (Stand September 2004)[7]. Die Online-Angebote der großen überregionalen Tageszeitungen und der Zeitschriften werden auch rege genutzt: So konnte die Online-Ausgabe der „Frankfurter Allgemeinen Zeitung" im Juli 2004 gut 3.8 Millionen „visits" – so werden zusammenhängende Nutzungsvorgänge (Besuche) eines WWW-Angebots genannt – verbuchen[8], die Online-Ausgabe der „Süddeutschen" 4.8 Millionen, diejenige der „Zeit" 2 Millionen – und diejenige der „Bild"-Zeitung gar 22.6 Millionen. In der Schweiz wies die Online-Ausgabe der „Neuen Zürcher Zeitung" 3.8 Millionen visits auf[9], ebenso viele in Österreich der „Stan-

---

4 Vgl. dazu die Angaben unter http://www.zeitung.de, abgerufen am 24. Aug. 2004, 23h30. Sämtliche Zeitangaben entsprechen der MESZ (mitteleuropäische Sommerzeit).

5 Vgl. dazu die Angaben unter http://www.zeitung.ch, abgerufen am 24. Aug. 2004, 23h30.

6 Vgl. dazu die Angaben unter http://www.zeitung.de, abgerufen am 24. Aug. 2004, 23h30.

7 Vgl. http://www.bdzv.de/online/zeitung.htm, abgerufen am 29. Sept. 2004, 16h43.

8 Die Daten für die Medien aus Deutschland sind abrufbar unter http://www.ivwonline.de/ausweisung/suchen.php, abgerufen am 25. Aug. 2004, 18h00.

9 Die Daten sind abrufbar unter http://netreport.wemf.ch/suche_alpha.html, abgerufen am 25. Aug. 2004, 17h54.

dard"[10]. Mehr visits als die meisten Tageszeitungen weisen die Online-Zeitschriften auf: „Focus online" hatte im erwähnten Zeitraum 10.5 Millionen visits, „Spiegel online" knapp 39 Millionen – also über eine Million pro Tag. Neben den Online-Versionen von gedruckten Medientiteln gibt es auch Online-Nachrichtenangebote ohne gedrucktes Pendant – etwa die „Netzeitung" (http://www.netzeitung.de), welche gut 1 Million visits pro Monat aufweist[11].

Allgemein lässt sich sagen, dass die meisten Online-Zeitungen Dienste anbieten, welche die Printversion nicht bietet bzw. nicht bieten kann: Archive und Dossiers, Links zu externen Seiten, Suchfunktionen oder interaktive Dienste wie Chat oder Diskussionsforen (dazu 14.3.3.). Ob in der Online-Ausgabe einer Zeitung oder einer Zeitschrift alle Texte des gedruckten Pendants zu finden sind, differiert von Titel zu Titel. Auf der Website der „Zeit" etwa ist zu lesen[12], dass „die meisten Artikel der aktuellen Zeit" im Netz zu finden sind, darüber hinaus aber auch „online-exklusive Kolumnen, Reportagen, Berichte und Analysen" sowie die „tägliche Kommentierung der wichtigsten Ereignisse". Hingewiesen wird auch auf eine „täglich mehrfache Aktualisierung". Auch bei der „FAZ" sind in der Internetausgabe Texte aus der Printversion zu finden – diese sind dann jeweils unten auf der entsprechenden Seite markiert mit der Angabe „Text: Frankfurter Allgemeine Zeitung, [Datum], [Nr.] / [Seite]". Texte, die für die Online-Version verfasst wurden, sind markiert mit „FAZ.NET", allenfalls ergänzt mit Angaben von Quellen, z. B. „mit Material von dpa, REUTERS".

Während es in den Anfängen der Online-Zeitungen üblich war, nur die Anfänge von Artikeln auf der Website zugänglich zu machen (Runkehl et al. 1998, 146), wird heute in den meisten Angeboten eine Auswahl der Artikel veröffentlicht, diese dafür vollständig. Und diese tagesaktuellen Online-Artikel werden in der Regel kostenlos angeboten – mindestens bei den hier untersuchten Online-Zeitungen: Süddeutsche, FAZ, Zeit, Spiegel, Focus, NZZ, Standard, Bild, Netzeitung. Einzig die „Zeit" hat neuerdings einen „Premium"-Bereich im Angebot, in dem gegen Gebühr zusätzliche Dienste angeboten werden, bei „Focus" müssen einzelne Dienste – etwa das Lesen von Biografien – bezahlt werden. Kostenpflichtig sind hingegen alle E-Paper-Ausgaben, also die elektronischen Versionen der Printausgaben.

---

10 Die Daten sind abrufbar unter http://www.oewa.at/cgi-bin/frameset.pl?3&1, abgerufen am 25. Aug. 2004, 17h54.
11 Die Daten können unter http://www.netzeitung.de/sales/index.html heruntergeladen werden; abgerufen am 25. Aug. 2004, 19h00.
12 Alle folgenden Zitate von: http://www.gwp.de/gwpwwwangebot/fn/gwp/sfn/buildpage/ cn/bp_show_page/page/A18B3C7/root/PAGE_31723/strucid/PAGE_31723/subnav/1/ ssubnav1/PAGE_31741/xstrucid/PAGE_31741/index.html, abgerufen am 31. Aug. 2004, 7h00.

Das Potenzial und die spezifischen Probleme der Online-Zeitungen und Online-Zeitschriften ergeben sich im Vergleich zu den Printversionen aus den Charakteristika, welche ein Hypertext aufweist. Online-Zeitungen sind Hypertexte auf dem WWW, sie sind somit – mindestens potenziell – multimedial, non-linear, interaktiv und virtuell.

14.3.1 Multimedialität: Text, Bild, Film und Ton

Online-Zeitungen bestehen nicht nur aus schriftlichem Text, sondern auch aus auditiven, filmischen, fotografischen und grafischen Elementen, sie sind also „Hörfunk, Fernsehen, Video, Zeitung, Bildband und Computeranimation in einem" (Bucher 1999b, 9).

Allerdings sind hier zwei Relativierungen zu machen. Auch die gedruckten Zeitungen und Zeitschriften bestehen nicht nur aus schriftlichem Text, sondern weisen Fotos und Grafiken auf. Die Multimedialität der Online-Zeitungen ist also nichts Neues, sie ist aber im Vergleich zu den Print-

Abb. 7: Homepage der „Tageszeitung", http://www.taz.de, abgerufen am 1. Sept. 2004, 18h44.

versionen intensiviert. Die zweite Relativierung betrifft die Frage, inwiefern die genannten hypertextspezifischen Möglichkeiten auch tatsächlich realisiert werden. Ein Blick auf die heutigen Angebote zeigt, dass die Online-Zeitungen vom schriftlichen Text dominiert werden, während die Fotografie eine je nach Layout unterschiedlich wichtige Stellung einnimmt.

Abb. 8: Homepage des „Standard", http://www.derstandard.at, abgerufen am 27. Aug. 2004, 23h05.

Während etwa der redaktionelle Teil der Homepage – also der Einstiegsseite – der „Tageszeitung" ganz ohne Fotos auskommt (s. Abb. 7), spielen Fotos in den meisten anderen Online-Zeitungen doch eine prominente Rolle. Auf der Homepage des „Standards" etwa wird beinahe jeder „Meldungsanreißer" (dazu weiter unten) mit einem Foto illustriert – und auch in der sog. Navigationsleiste oben fungieren Fotos als Blickfang und gleichzeitig als Links (s. Abb. 8).

Vermehrt wird von Online-Zeitungen auch zu ausgewählten Themen ein „Fotoalbum" oder eine „Fotostrecke" angeboten, wo mehrere Fotos zu einem Ereignis eingesehen werden können. Nur in wenigen Fällen sind Filme zu einzelnen Ereignissen zu finden. Im unten stehenden Beispiel aus

Focus online, welches einen Ausschnitt aus der Homepage vom 25. August
2004 zeigt, sind zu einem Ereignis Links sowohl zu „Horrorbilder[n]" in einer „Foto-Galerie", als auch zu einer Filmsequenz mit Aufnahmen des Un-
glücksortes zu finden. Die grafischen Darstellungen einer Fotokamera und
einer Filmkamera verweisen einerseits auf die Art des Zieldokuments (Fotos bzw. Film) und dienen gleichzeitig als Links.

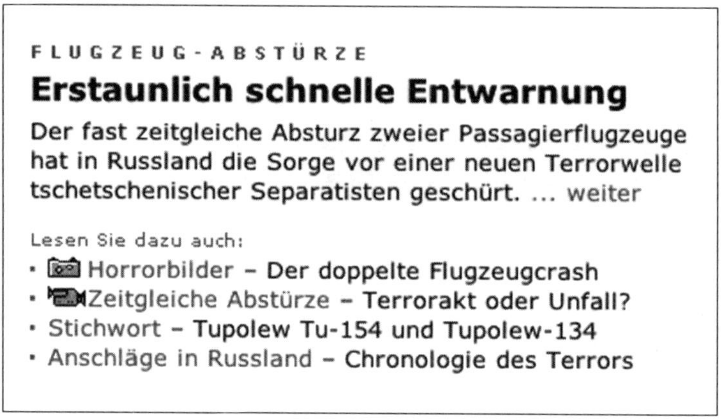

> **FLUGZEUG-ABSTÜRZE**
>
> ## Erstaunlich schnelle Entwarnung
>
> **Der fast zeitgleiche Absturz zweier Passagierflugzeuge
> hat in Russland die Sorge vor einer neuen Terrorwelle
> tschetschenischer Separatisten geschürt.** ... weiter
>
> Lesen Sie dazu auch:
> - Horrorbilder – **Der doppelte Flugzeugcrash**
> - Zeitgleiche Abstürze – **Terrorakt oder Unfall?**
> - Stichwort – **Tupolew Tu-154 und Tupolew-134**
> - Anschläge in Russland – **Chronologie des Terrors**

Abb. 9: Ausschnitt aus der Homepage von Focus online,
http://www.focusonline.de, abgerufen am 25. Aug. 2004, 20h44.

Ingesamt zeigt sich als Trend, dass Text-Bild-Konglomerate wichtiger werden (vgl. Bucher 2003). Reine Audiodokumente sind in Online-Zeitungen
kaum zu finden – das Angebot der „Zeit", im kostenpflichtigen „Premium"-
Bereich ausgewählte Beiträge, von Profis vorgelesen, als Audiodokumente
herunterzuladen, ist wohl eine große Ausnahme.

14.3.2 Non-Linearität: Cluster-Texte

Während bei Fernseh- und Radiobeiträgen die Rezeptionsabfolge vorgegeben ist, sind Online-Zeitungen nicht linear. Die Rezeptionsabfolge wird vom
Benutzer selbst bestimmt. Doch wie bereits erwähnt, sind auch die heutigen
Printmedien nicht zwingend linear: Zeitungen und Zeitschriften sind von einem Medium für den „Durchleser" (Bucher 1999b, 11) zu einem Medium für
den selektiven Leser geworden (dazu Kap. 8). Dennoch können sowohl
Texte in Printzeitungen als auch E-Texte in Online-Zeitungen gefunden werden, die linear sind. Dies ist vor allem bei kürzeren Texten der Fall.

Bei umfangreicherer Berichterstattung wird das entsprechende Thema
aufgefächert, ähnlich wie bei Cluster-Texten in Printzeitungen. Bei dieser
Segmentierung des Themas sind drei Formen zu unterscheiden (vgl. Blum/
Blum 2001, 38; Lilienthal 1998, 113): eine thematische Zerlegung, eine funk-

tionale und eine perspektivische. Bei der thematischen Segmentierung wird ein Thema in einzelne Teil- bzw. Unterthemen gegliedert, bei der funktionalen Segmentierung wird das Thema in unterschiedlichen Darstellungsformen (Korrespondentenbericht, Kommentar, Infografik etc.) vorgestellt und bei der perspektivischen Segmentierung wird das Thema den unterschiedlichen Sichtweisen gemäß aufgeteilt. Die thematische Segmentierung geht dabei meist mit einer funktionalen einher. In den Online-Zeitungen – wie in den Printzeitungen – ist die thematische Form der Clusterbildung die beliebteste. Im unten stehenden Beispiel aus dem „Focus" vom 1. September 2004 wird das Thema „Geiselnahme in Russland" wie folgt gegliedert:

TOP-NEWS VOM 01. SEPTEMBER 2004

GEISELDRAMA

Annan fordert sofortige Freilassung

Wegen des Geiseldramas in Russland ist eine Dringlichkeitssitzung des UN-Sicherheitsrates einberufen worden. Generalsekretär Kofi Annan verurteilte die Tat. ... weiter

GEISELNAHME

132 Kinder erleben die Hölle

Die Terroristen, die eine Schule im russischen Kaukasus überfallen haben, halten noch immer zahlreiche Kinder in ihrer Gewalt. Sie drohten, die Geiseln zu ermorden. Einsatzkräfte nahmen unterdessen Verhandlungen mit den Kidnappern auf. ... weiter

Dieser Junge entkam dem Horror

Lesen Sie dazu auch:
- Angst und Schrecken – **Das Geiseldrama im Video**
- Ossetien – **Kinder in Terroristen-Gewalt**
- Panik in Russland – **Soldaten sichern Atomanlagen**
- Hintergrund – **Wo Nordossetien liegt**
- Moskau – **Zehn Tote bei Bombenexplosion**
- Tschetschenien-Wahl – **Kopfschütteln über Schröder**
- Schröder-Biografie – **Vom Arbeiterkind zum Kanzler**

Abb. 10: Ausschnitt aus der Homepage von Focus online, http://www.focusonline.de, abgerufen am 1. Sept. 2004, 19h42.

Das Thema wird einerseits thematisch, andererseits auch funktional gegliedert: Thematisch kann – neben dem Bericht zur Geiselnahme selbst, der prominent mit Foto in der Mitte beginnt – zwischen Hintergrund, Einbettung und Vertiefung sowie Reaktionen unterschieden werden. Der Bericht über die Sondersitzung des UN-Sicherheitsrates gehört zu den Reaktionen auf das Ereignis. Da es sich um die aktuellste Nachricht zum Zeitpunkt der Abfrage handelte, aber auch um ein sehr gewichtiges Gremium, wird der Text ebenfalls stärker gewichtet als die anderen, indem er durch einen Meldungsanreißer angekündigt wird. Der Vertiefung im Sinne von zusätzlichen, detaillierteren Informationen dienen der Film und die Bildergalerie, der Artikel „Soldaten sichern Atomanlagen" handelt von Reaktionen. Die Einbettung der Ereignissen in größere, aktuelle Zusammenhänge erfolgt in den Artikeln über die Bombenexplosion am Vortag in Moskau, über die Diskussion um die Kommentare von Bundeskanzler Schröder zu den Wahlen in Tschetschenien und im Anschluss an diese Kommentare über die Biografie Schröders – hier wird der Zusammenhang zum eigentlichen Ereignis allerdings mehr als lose. Hintergründe werden – wie die Ober-Schlagzeile „Hintergrund" schon anzeigt – in einem Artikel mit Informationen über die Teilrepublik Nordossetien geliefert.

Bei den Modulen dieses Clusters, welche unter dem Meldungsanreißer des Hauptbeitrags zu finden sind, ist kaum eine Gewichtung zu finden – außer durch die Reihenfolge und die Hervorhebung des Filmes und der Fotogalerie durch „Icons", wie die bildliche Darstellung von Objekten auf der Benutzeroberfläche genannt wird. Die Hierarchie dieser Texte ist somit flacher als in den Cluster-Texten der Printmedien, weil die Größe der einzelnen Module nicht erkennbar ist, weil sie nicht durch Schriftgröße oder -breite gewichtet werden und weil nicht ersichtlich ist, ob sie aus reinem Text bestehen oder nicht.

Während die Segmente des Clusters auf der Einstiegsseite auf einen Blick ersichtlich werden, fehlt diese Übersicht dann bei den einzelnen Segmenten meistens. Nur im Text über die Geiselnahme selbst sind alle Links noch einmal eingefügt. Im Text über die Bombenexplosion findet sich ein Link zu einer „Chronologie des Terrors". In den anderen Segmenten sind keine Cluster-internen Links im Mittelfeld der Webseite zu finden. Jeweils in der rechten Navigationsleiste (dazu 14.4.1.) finden sich Links zu „Politik news", wo auch ein Link zum Text über die Geiselnahme zu finden ist. Beim Artikel über die Atomanlagen finden sich dort hingegen Links zum Thema „Alltag in Russland", und bei der Schröder-Biografie Links zu „Biographien der Woche". Um den Überblick zu bewahren, muss der Benutzer also immer wieder auf die Homepage oder zum zentralen Artikel über die Geiselnahme gehen. Hier wird ein Potenzial, welches der Hypertext hätte, nicht ausgenützt – was umso schwerer wiegt, als es hier um die zentrale kohärenzstiftende Hilfe geht, die den Cluster zusammenhält. Der Benutzer muss also in diesem Beispiel im Vergleich zu Cluster-Texten in Printzeitungen eine größere kognitive Leistung erbringen, um den Cluster zu rezipieren.

In der „Süddeutschen" Zeitung wird am selben Tag ebenfalls ein Cluster zu diesem Ereignis veröffentlicht. Hier findet sich eine ganz ähnliche Segmentierung wie in „Focus": Zu einem Artikel über die Geiselnahme selbst, verschiedenen Artikeln zur Einbettung und mit Hintergründen über Nordossetien kommt hier noch ein Kommentar. Im Gegensatz zu „Focus" wird hier aber auf beinahe allen Segmenten des Clusters ein Überblick über den Clustertext gegeben, wie Abb. 11 zeigt.

Abb. 11: Ausschnitt aus der „Süddeutschen",
http://www.sueddeutsche.de/deutschland/artikel/464/38426/,
abgerufen am 1. Sept. 2004, 20h46.

Allerdings wird auch hier nicht in jedem Segment eine umfassende Übersicht über *alle* Artikel zu diesem Thema wiedergegeben.

Fraglich bleibt, inwiefern die Segmentierung des Clusters wirklich von der jeweiligen Online-Redaktion vorgenommen wird. In der Berichterstattung über die Geiselnahme in Russland fällt auf, dass der Artikel über die verstärkten Schutzmassnahmen von Atomanlagen in verschiedenen Clustern zu finden ist – er geht auf eine Meldung der Agentur AP zurück. Die

Segmentierung der Cluster scheint also bis zu einem gewissen Grad durch die verwendeten Quellen vorstrukturiert zu sein.

Eine Möglichkeit, welche das Internet ebenfalls bieten würde, die aber von den hier untersuchten Online-Zeitungen kaum genutzt wird, ist das Anbringen von externen Links, welche also auf Seiten verweisen, die außerhalb der eigenen Website liegen.

Eine – laut Straßner (2001, 101) neue – Textsorte wurde mit den so genannten „Meldungsanreißern" entwickelt. Es handelt sich hierbei um den Anfang eines Artikels, wobei meist der zentrale Sachverhalt mitgeteilt wird und dann durch einen Link auf den gesamten Artikel verwiesen wird. Dort wiederholt sich dann meist zuerst der Text des Anreißers und bildet den Anfang des Artikels. Meldungsanreißer, die den Inhalt des Artikels eher andeuten oder ankündigen statt in zusammenfassender Form wiederzugeben, finden sich meist bei Interviews oder bei Meldungen aus dem Bereich der „soft news". So heißt es etwa in einem Meldungsanreißer der „Netzeitung" vom 31.8.04 (22h46): „Spears will ins Kloster – Änderung der Hochzeitspläne". Hier wird versucht, durch Andeutungen den Benutzer zum Weiterklicken zu animieren. Hinzu kommen Meldungsanreißer in Form von Schlagzeilen – sehr prominent etwa auf der Einstiegsseite von „Bild", wo es zum Beispiel heißt „Was ist dran? 5 Vorurteile über den Osten" (http://www.bild.de, 31. Aug. 2004, 22h59).

Während Brodde-Lange/Verhein-Jarren (2001) in den von ihnen untersuchten Meldungsanreißern noch Abbrüche mitten im Satz oder gar im Wort gefunden haben, ist dies bei den hier untersuchten Online-Zeitungen nicht (mehr) der Fall. Die Anreißermeldungen bestehen stets aus (für Schlagzeilen typische) Ellipsen und vollständigen Sätzen, welche einen kohärenten Sinn ergeben. Nur im „Newsticker" von „Focus" finden sich Abbrüche im Satz:

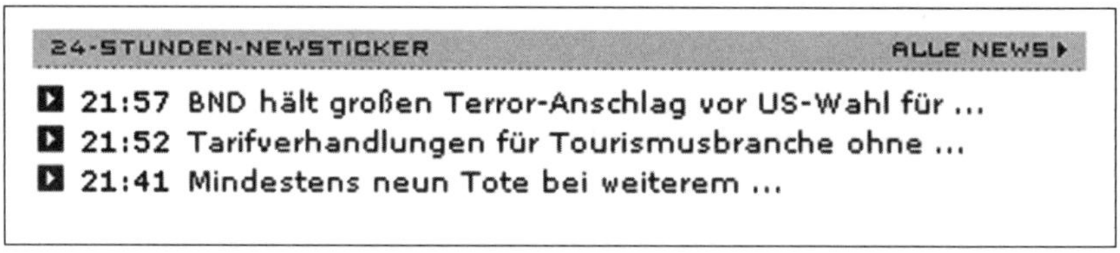

```
24-STUNDEN-NEWSTICKER                              ALLE NEWS ▶

 ▶ 21:57 BND hält großen Terror-Anschlag vor US-Wahl für ...
 ▶ 21:52 Tarifverhandlungen für Tourismusbranche ohne ...
 ▶ 21:41 Mindestens neun Tote bei weiterem ...
```

Abb. 12: Ausschnitt aus Focus online, http://www.focusonline.de, abgerufen am 31. Aug. 2004, 22h41.

14.3.3 Interaktivität/Interaktion: Leserbriefe, Diskussionsforen, Chat

Online-Zeitungen sind *informationswissenschaftlich* gesehen interaktiv, weil der Computer auf die Eingaben des Benutzers reagiert und der Benutzer so beeinflussen kann, welche Informationen auf einer Webseite angezeigt werden. Dabei geht diese Art von Interaktivität bei den meisten Online-Zeitungen heutzutage über die Ansteuerung bestimmter Webseiten hinaus. So können etwa über Suchfunktionen Ergebnislisten mit weiteren Links generiert werden. Auch führen die meisten Online-Zeitungen Umfragen zu tagesaktuellen Themen durch, bei denen sich der Benutzer meist für oder gegen etwas aussprechen kann und so das Resultat der Umfrage beeinflusst. Am weitesten geht die Interaktivität aber wohl bei den personalisierten Online-Zeitungen. Viele Online-Zeitungen bieten – meist gegen Entgelt – die Möglichkeit, eine personalisierte Version der Online-Zeitung einzurichten. Als Beispiel sei hier genannt, was in der personalisierten Version der „Netzeitung" alles vom Benutzer bestimmt werden kann: die Themen der Titelseite und der Randspalte; die Anzahl der Artikel auf der Titelseite; das Schriftbild; der Inhalt einer E-Mail-Zeitung, die mehrmals täglich zugestellt werden kann; das Versenden einer E-Mail, wenn ein Artikel mit einem zuvor festgelegten Stichwort erscheint; die Zustellung von SMS mit Breaking News; das Anlegen einer Sammelmappe etc.

Linguistisch gesehen sind Online-Zeitungen dann interaktiv, wenn sie Dienste anbieten, welche die Kommunikation mit anderen ermöglichen. Während es schon bei den Printmedien möglich war, der Redaktion einen Brief zu schreiben, werden die interaktiven Möglichkeiten in heutigen Online-Zeitungen erleichtert und vor allem erweitert. Jakobs (1998) nennt hier elektronische Zuschriften (Leserbriefe und Eintragungen in Gästebücher), Diskussionslisten und Chats.

Leserbriefe sind in Online-Zeitungen ohne Medienwechsel möglich, indem über ein elektronisches Formular an die Redaktion eine E-Mail versendet werden kann. Je nach Online-Zeitung unterschiedlich ist aber der Pfad, wie man auf dieses Formular gelangt und an wen man die E-Mail senden kann. Die Online-Ausgabe der „FAZ" (http://www.faz.net) etwa, die im August 2004 neu gestaltet wurde, bietet in einer Fußzeile auf jeder Seite verschiedene Links, wobei einer mit „Kontakt" benannt ist.

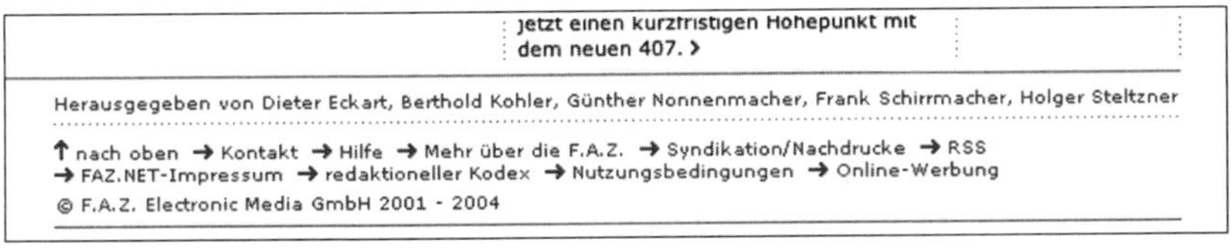

Abb. 13: Fußzeile der FAZ, http://www.faz.net/s/homepage.html, abgerufen am 26. Aug. 2004, 18h00.

Dieser Link ist zwar auf jeder Seite vorhanden, er ist allerdings mit seiner Anordnung in der Fußzeile nicht an einem prominenten Ort, zudem ist er, wie die anderen Links in der Fußzeile, in kleiner und schwer lesbarer Schrift gehalten. Und wer auf einer Seite nicht ganz nach unten scrollt, findet den Hinweis nicht. Dieses Problem bezeichnet Jakobs (1998, 99) als „Anordnungsproblem". Im entsprechenden elektronischen Formular kann der Benutzer dann auswählen, an welche Abteilung der „FAZ" er die E-Mail schreiben möchte: Werbung, Technik, Redaktion etc., oder eben „Leserbriefe an die FAZ". Ebenfalls in der Fußzeile findet sich der „Kontakt"-Link in der Online-Ausgabe des „Spiegels", der „NZZ", des „Bilds" und des „Standards" – dort aber in einer Fußzeile, die sich immer am unteren Rande des Browser-Fensters befindet, nicht unten auf der jeweiligen Seite, und die somit ohne scrollen immer ersichtlich ist. Allerdings ist hier die E-Mail-Adresse für Leserbriefe über den Link „Impressum" zugänglich – wo man sie nicht unbedingt erwartet. Einiges prominenter ist hier beispielsweise der „Kontakt"-Link in der Online-Ausgabe der „Süddeutschen": Er befindet sich auf jeder Seite in der Kopfzeile und noch einmal unter „Services" in der rechten Navigationsleiste – dort allerdings im unteren Teil, der meist erst ersichtlich wird, wenn man auf der einzelnen Seite nach unten gescrollt hat. In dieser Navigationsleiste befindet sich auch der entsprechende Link in der „Netzeitung", in der Online-Ausgabe von „Focus" und – hier rechts statt links – in der „Zeit".

Einige Online-Zeitungen – etwa die „Süddeutsche" oder der „Spiegel" – bieten auch die Möglichkeit, direkt einzelne Beiträge zu kommentieren. So kann etwa in der „Süddeutschen" der Name des Autors oder der Autorin angeklickt werden, was eine neue E-Mail an die entsprechende Redaktion öffnet.

Nur wenige der anderen hier untersuchten Online-Zeitungen veröffentlichen Leserbriefe. Entsprechende Links finden sich etwa im „Spiegel" und der „Netzeitung" – bei beiden in der linken Navigationsleiste.

Online-Zeitungen, so lässt sich zusammenfassen, bieten zwar alle die Möglichkeit, Leserbriefe an die Redaktion abzuschicken; bei einigen aber ist der entsprechende Link so angeordnet, dass er nur schwer zu finden ist. Zudem veröffentlichen die meisten Online-Zeitungen keine Leserbriefe.

Während Jakobs (1998, 100) Gästebücher noch in „vielen Online-Versionen" findet, ist dieses Angebot mindestens aus den hier untersuchten großen Online-Zeitungen verschwunden.

Während ein Gästebuch thematisch nicht festgelegt ist – und auch für Zwecke verwendet werden kann, die dem Textmuster ursprünglich nicht angehören, wie etwa Beschaffungsbitten oder Kontaktversuche, so bieten die meisten hier untersuchten Online-Zeitungen Diskussionsforen an. Diskussionsforen sind thematisch eingeschränkt, wobei das Thema von der Re-

daktion vorgegeben wird. Nur in einzelnen Fällen, etwa bei der „FAZ",
werden die Benutzer aufgefordert, Themen vorzuschlagen. Im Unterschied
zu E-Mails sind Beiträge in Diskussionsforen öffentlich einsehbar; im Unterschied zur Chat-Kommunikation müssen die an der Diskussion teilneh-
menden nicht gleichzeitig an einem Computer sitzen, sondern können ihre
Diskussionsbeiträge jederzeit platzieren – oder „posten".

Da die Teilnehmer der Diskussion nicht alle gleichzeitig anwesend sind,
dennoch aber zu jedem bereits realisierten Beitrag etwas beitragen können,
muss auf den entsprechenden Seiten klar gemacht werden, wer sich wann an
wen wendet; der Diskussionspfad muss transparent gemacht werden. Hier
sind unterschiedliche Konventionen zu finden. Im Forum des „Spiegel"
(s. Abb. 14) etwa gibt ein Verweis auf den Namen des Verfassers bzw. der
Verfasserin des Referenzbeitrags sowie dessen Nummer an, auf welchen Diskussionsbeitrag sich der aktuelle Beitrag bezieht. Zudem erscheinen in der
ersten Zeile Uhrzeit und Datum, die angeben, wann der Beitrag abgeschickt
wurde. Die einzelnen Beiträge werden dann in der Reihenfolge ihres Ein-
treffens aufgelistet, der neueste Beitrag zuerst. Diese Darstellung hat den
Vorteil, dass sofort ersichtlich wird, welches der neueste Diskussionsbeitrag
ist. Der Nachteil ist aber, dass erst nach Durchsicht aller Beiträge – und im
vorliegenden Beispiel sind das 1250 – klar wird, welche Beiträge sich direkt
aufeinander beziehen und so thematisch zusammengehören.

Ähnlich werden die Diskussionen im „Standard" dargestellt, dort aber
gibt es keine thematisch vorgegebenen Diskussionsforen, sondern unten an
jedem einzelnen Beitrag können Benutzer ihre Meinung hinterlassen.

Eine andere Art der Darstellung, die heute in den Online-Zeitungen
überwiegt, listet die sogenannten „threads" auf, also eigenständige Diskussionsbeiträge und die darauf reagierenden Beiträge. Eine solche Darstellung
ist etwa in der „FAZ" zu finden (s. Abb. 15). Hier ist schnell ersichtlich, wer
wann auf welchen Beitrag reagiert. Allerdings ist nicht auf den ersten Blick
ersichtlich, welches der neueste Diskussionsbeitrag ist. Denn die einzelnen
threads – man sieht hier zwei, einen ohne und einen mit Reaktionen – sind
chronologisch nach dem Eintreffen der eigenständigen Beiträge geordnet.
Der Beitrag, der hier zuoberst steht, ist nicht der aktuellste, er ist nur der
aktuellste eigenständige Beitrag.

In der „Netzeitung" findet sich eine Mischform der beiden Darstel-
lungsarten: Über den Link „speakers corner" gelangt man auf eine Seite, wo
zuerst Links zu den aktuellsten Diskussionsbeiträgen zu sehen sind, weiter
unten werden dann die einzelnen threads aufgelistet.

Die stilistische Gestaltung der einzelnen Diskussionsbeiträge ist sehr
unterschiedlich und hängt wohl von den Benutzern, dem Zeitungstitel und
dem Thema ab. Die unten abgedruckten Beiträge im „Standard" (s. Abb. 16)
zu einem Artikel über einen mitten in Chicago über einem Touristenschiff

entleerten Toilettentank sind umgangssprachlich und teilweise auch dialektal formuliert. Zudem zeigt sich in der Schreibweise von „uiii" mit der Vokalreduplikation oder im „Emoticon" „:-(" auch eine Zeichengebrauchsweise, die für einen Teil der elektronischen Kommunikation typisch ist (s. dazu weiter unten die Ausführungen zum Chat).

M. Herrmann - 05:40pm Aug 26, 2004 CEST (#1245 of 1250)

Mike Bartlett - #1237

> Mit meiner Replik auf Margret Popp bzgl. "ss" in
> der Schweiz bezog ich mich auf keinerlei
> grammatikalische Regeln sondern wollte lediglich
> die von ihr vertretene These [...] widerlegen

Ich war mit Ihren Aussagen (incl. Nachsatz) auch einverstanden, war aber der Meinung, daß Sie dazu ein unglückliches Beispiel gefunden hatten, denn "ss" nach langem Vokal ist eben nicht nur eine Frage der Gewöhnung sondern eine Regelwidrigkeit und z.T. auch eine Doppeldeutigkeit. Das verschwindet durch Gewöhnung nicht.

Meine nachfolgenden Gedanken zum "ß" wollte und will ich Ihnen nicht zur Last legen. Das war im Grunde ein anderes Thema, das ich nur aus gegebenem Anlaß angehängt hatte.

> Ihren ansonsten dargelegten Vorschlägen (Schohs
> etc) kann ich beim besten Willen nichts
> abgewinnen, da ich nun mal der Fraktion derer
> angehöre, die großen Wert auf ein harmonisches
> Schriftbild legen, welches sich im Laufe der
> Jahrzehnte ohne jegliches Zutun von Fachleuten
> organisch entwickelt hat

Da würde ich argumentieren, daß es das nicht gibt. Aber wir brauchen das nicht ausdiskutieren. Mir war schon klar, daß "Buhsse" & Co bei vielen auf wenig Gegenliebe stohssen würden. Ich habe in dieser Hinsicht keine Ambitionen.

> und zwar aus dem einfachen Grund, weil
> Schreibung und Sprache eben nicht zweierlei
> sind.

Sind Bäume und Birken zweierlei?

Antwort

Abb. 14: Beispiel aus dem Forum des Spiegel, http://forum.spiegel.de/cgi-bin/ WebX?13@@.ee7762a, abgerufen am 26. Aug. 2004, 23h03.

Abb. 15: Beispiel aus dem Forum der FAZ, http://www.faz.net/IN/INtemplates/faznet/
default.asp?tpl=forum/forum_show.asp&doc={163654A7-9E28-4964-A273-
A95EFD02A85C}&order=, abgerufen am 26. Aug. 2004, 23h44.

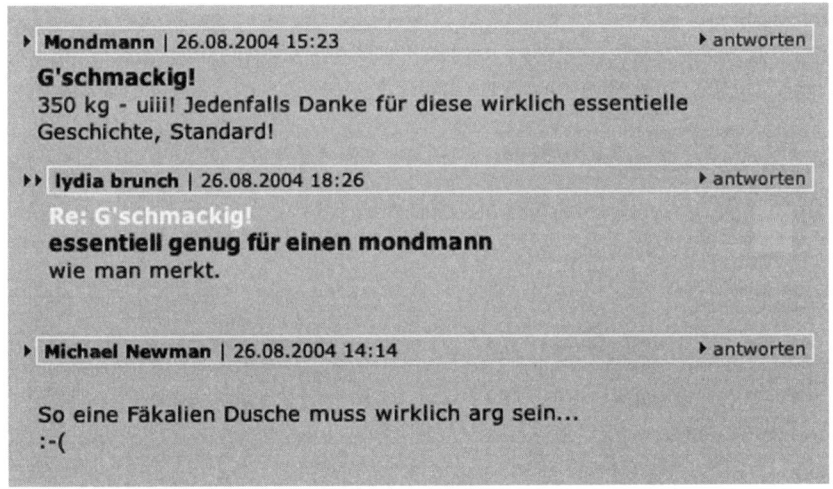

Abb. 16: Beispiel aus dem Forum des Standards, http://derstandard.at/, abgerufen am
27. Aug. 2004, 0h35.

Nebenbei illustriert das Beispiel vielleicht auch einen Grund, warum in den meisten großen Online-Zeitungen nicht zu einzelnen Beiträgen gleich alle Reaktionen öffentlich in einem Gästebuch oder einem Diskussionsforum veröffentlicht werden können: die Kritik der Benutzer am Produkt, die hier mittels Ironie realisiert wird.

Anders als in diesem Diskussionspfad werden die Beiträge beispielsweise bei vielen politischen Themen formuliert: Hier sind oft Beiträge zu finden, die mehrere Bildschirm-Seiten lang sind, schriftsprachlich formuliert sind und teilweise ausgefeilte Argumentationsstrukturen aufweisen.

Der letzte hier zu diskutierende Dienst, der unter linguistischer Perspektive als interaktiv bezeichnet werden kann, ist der Chat. Chat-Kommunikation (s. dazu Bittner 2003, Storrer 2001a und c, Beisswenger 2001) zeichnet sich dadurch aus, dass es sich hier um schriftlich realisierte Kommunikation handelt, welche (mindestens beinahe) synchron oder „quasi-synchron" (Dürscheid 2003, Bittner 2003) verläuft. Wie bei den Diskussionsbeiträgen ist kein einheitlicher Stil eruierbar – vielmehr sind auch innerhalb dieser Kommunikationsform verschiedene Textsorten zu finden, etwa „Plauder-Chat" oder „Politiker-Chat" (dazu Diekmannshenke 2001). Zwei Beispiele sollen dies kurz illustrieren. Das erste stammt aus dem Chat-Raum für 10–20jährige auf der Website von „Focus":

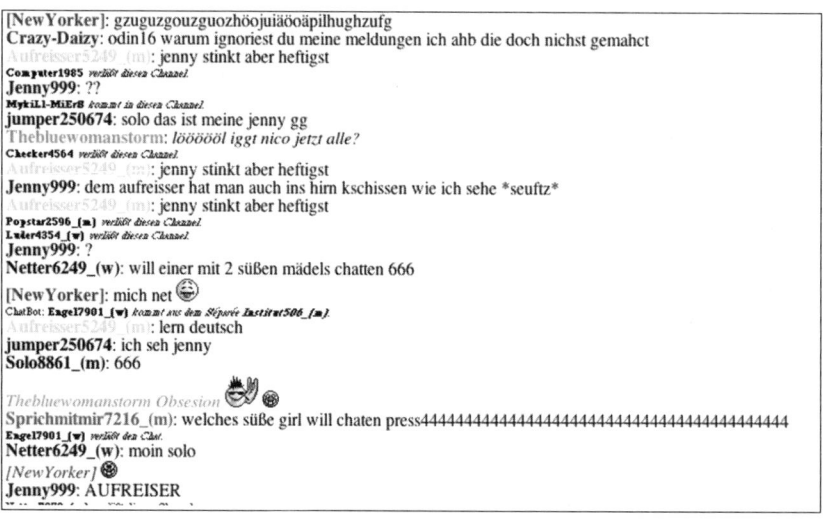

Abb. 17: Chat-Ausschnitt von Focus online, protokolliert am 27. Aug. 2004, 17h26.

Während die hier wiedergegebene Kommunikation grafisch realisiert ist, ist sie konzeptionell nahe einem mündlichen Gespräch, das primär phatische Funktionen (vgl. 10.2.1) erfüllt. Typische Merkmale dieser Art der Chat-

Kommunikation sind z. B. umgangssprachliche Ausdrücke („jenny stinkt aber heftigst", „moin"), unvollständige Sätze, Dialektgebrauch („mich net", „kschissen"), oft auch Gesprächpartikeln und Interjektionen. Zudem wird im Chat häufig mit grafischen Mitteln die Prosodie emuliert: Zeichenreduplikation („lööööööl") wird oft für die Markierung von Betonung verwendet, Grossbuchstaben („AUFREISER") für lautes Sprechen. Auf der situativen Ebene hinzu kommen Faktoren wie Vertrautheit (duzen), Emotionalität („warum ignorierst du meine meldungen ich ahb die doch nichst gemahct") und freie Themenentwicklung.

Im folgenden Beispiel ist von all diesen Merkmalen, die typisch sind für den „Plauder-Chat", nichts zu finden. Es handelt sich dabei um einen Ausschnitt aus einem „Polit-Chat", dessen Protokoll auf der Website der „Zeit" abgerufen werden kann. Die Teilnehmer des Chats konnten dem Präsidenten des Bundesverbandes der Deutschen Industrie (BDI) Fragen stellen, und zwar zum Thema „Bildung – ein Gut im Wandel". Dieser Text ist nicht nur grafisch realisiert, sondern auch konzeptionell eindeutig schriftlich.

> Verena F., Frankfurt: Ziel von Elite-Universitäten ist es doch, den Wissenschaftsstandort Deutschland auf internationaler Ebene wettbewerbsfähiger zu machen. Bedeutet das nicht auch, daß bestimmte Fachbereiche (z. B. Ingenieurwesen, Pharmazie u. ä.) gezielter gefördert werden als andere (Anglistik, Philosophie)?
> Hans-Olaf Henkel: Ich würde sie gar nicht versuchen zu definieren, sondern das auch dem Wettbewerb überlassen. Wenn in der neusten Hitparade der 500 besten Universitäten in der Welt nur 6 unter den ersten 100 auftauchen, dann mag das Ranking unfair sein, aber es gibt einen gewissen Konsens, dass es grosso modo doch der Realität entspricht. Harvard, MIT oder Rhodes sind Eliteuniversitäten, und kein Kommitee hat sie dazu gemacht, sondern ihre Kunden: Die Studierenden.
> http://hermes.zeit.de/chat/static/room_2.html, abgerufen am 27. Aug. 2004, 18h00.

Allerdings finden sich auch im „Plauder-Chat" eine ganze Reihe von Merkmalen, die nicht als konzeptionell mündlich betrachtet werden können – etwa die Aneinanderreihung von Buchstaben ohne Sinn („gzuguzgouzguozhöojuiääöäpilhughzufg"), die Verwendung von Akronymen („lööööööl" als Abwandlung von lol, laugh out loud), Gefühlsäusserungen („*seuftz*") oder die Verwendung von „Emoticons", wie die ikonischen Zeichen für Gesichter heißen. Hinzu kommt die Tatsache, dass Chat-Kommunikation – mindestens in der populärsten Form – eben nicht wirklich synchron ist. Beiträge erscheinen immer erst dann am Bildschirm, wenn sie bereits vollständig verfasst und vom Benutzer abgeschickt worden sind. Unterbrechungen (mindestens im engeren Sinne, vgl. Storrer 2001c) oder back-channel-behaviour sind deshalb nicht möglich. Zudem ist der zuerst auf dem Bildschirm erscheinende Beitrag nicht unbedingt derjenige, der zuerst abgeschickt wird,

sondern derjenige, der zuerst beim Server ankommt („Mühlen-Prinzip":
Wer zuerst kommt, mahlt zuerst, vgl. Wichter 1991, 78 f.). Ebenfalls nicht
konzeptionell mündlich ist etwa die Praxis, am Anfang eines Redebeitrags
die angesprochene Person zu nennen, damit klar ist, an wen sich der Beitrag
wendet. Chat kann daher wohl kaum einfach als geschriebenes Gespräch
verstanden werden – vielmehr handelt es sich um „emulierte Mündlichkeit",
in der bestimmte sprechsprachliche Elemente und Merkmale schriftlich rekonstruiert werden (Bittner 2003, 180).

Obwohl von den hier diskutierten interaktiven Kommunikationsformen, welche von Online-Zeitungen angeboten werden, der Chat wohl diejenige Form ist, die dem Gespräch am nächsten kommt, gehört sie nicht zum
Angebot aller großen Online-Zeitungen. In den hier untersuchten Angeboten kann etwa in der Hälfte aller Fälle gechattet werden.

Bei den Diskussionsforen und beim Chat – den Angeboten, welche die
Printvarianten nicht bieten – wird immer wieder der interaktive Charakter
der Angebote herausgestrichen und so das Durchbrechen der Einwegkommunikation betont. So heißt es etwa zum Diskussionsforum der „Netzeitung": „Hier reden Sie mit" (http://speakerscorner.netzeitung.de/forum/,
abgerufen am 26. Aug. 2004, 0h00). Und im Chat der Zeit kann man gar
„sabbeln[,] was das Zeug hält":

> Schnattern Sie mit
> Wer in „Tja …" und am „Stammtisch" noch nicht ausreichend zu Wort kam,
> kann jetzt in unserem neueröffneten Chat sabbeln was das Zeug hält.
> http://www.zeit.de, abgerufen am 26. Aug. 2004, 0h00.

Zudem sind bei fast allen Online-Zeitungen, die ein Diskussionsforum oder
Chats anbieten, die entsprechenden Links an einer prominenten Stelle platziert. Dies im Gegensatz zu den teilweise eher versteckten Links für Leserbriefe.

14.3.4 Virtualität

Online-Zeitungen sind virtuell und somit nicht an die Begrenzungen der
Printausgaben bezüglich Zeit, Menge und Raum gebunden. Die Online-
Ausgabe einer Zeitung bzw. einer Zeitschrift kann in kürzesten Intervallen
aktualisiert werden, sodass die abrufbaren Informationen aktueller sind als
diejenigen in der Printausgabe. In vielen Online-Zeitungen wird dies denn
auch betont, indem nicht nur das Erscheinungsdatum an einem prominenten Ort der Homepage angegeben wird, sondern auch die Uhrzeit der letzten Aktualisierung. Im Falle der „Netzeitung" wird sogar bei jedem einzelnen Artikel unterhalb der Schlagzeile die Uhrzeit der letzten Aktualisierung
angegeben. Auch führt die Option der jederzeit möglichen Aktualisierung
dazu, dass auch Online-Zeitschriften, die in der Printausgabe wöchentlich

erscheinen, ebenfalls tagesaktuelle Informationen anbieten. Die Grenze zwischen Tages- und Wochenzeitungen bzw. -zeitschriften wird somit im Internet unscharf.

Online-Zeitungen sind auch nicht auf Seitenzahlen oder Seitengrößen eingeschränkt – ob ein Text etwas länger oder kürzer ist, spielt keine Rolle mehr; zudem können auf einer Website unzählig viele Seiten angeboten werden – etwa in Archiven.

Während Printprodukte zweidimensional sind, kann man Hypertexte als dreidimensionale Größen bezeichnen (Skog-Södersved 2001, 237): Hinter den Informationsangeboten auf einer Seite sind weitere Angebote zu finden, die über Links zugänglich gemacht werden. Dies hat weitreichende Folgen für die Nutzung von Online-Zeitungen und deshalb auch für die Gestaltung der entsprechenden Angebote. Während man sich nämlich bei Printausgaben schnell einen Überblick über die angebotenen Informationen verschaffen kann, ist dies bei Online-Ausgaben ungleich schwieriger – oder, wenn eine Website auch umfangreiche Archivbestände anbietet – praktisch unmöglich. Zudem ist auf den meisten Webseiten heutiger Online-Zeitungen auf dem Bildschirm nur ein Ausschnitt der ganzen Seite zu sehen. Auch dies erschwert es dem Benutzer, sich einen Überblick zu verschaffen. Die damit verbundenen Probleme und die heute realisierten Lösungen sollen im Folgenden diskutiert werden.

14.4 Hypertext-typische Gestaltungsprobleme bei Online-Zeitungen

Bei den oben erwähnten Schwierigkeiten geht es letztlich um Probleme der Kohärenz eines Hypertextes. Denn um eine „kohärente Wissensstruktur" (Storrer 1999, 34) aufbauen zu können, muss für den Benutzer klar sein, wie einzelne Teiltexte zusammenhängen („lokale Kohärenz", Storrer 1999, 42), aber auch, wie der Text als gesamter zusammenhängt („globale Kohärenz"). Im Falle von Hypertexten unterscheidet Bucher (2001a, 47) zwischen einer textlichen Dimension der Kohärenz und einer operationalen. In der textlichen Dimension geht es um die gängigen sprachlichen Mittel zur Kohärenzsicherung wie Verweise, Wiederaufnahmen, Tempusabfolgen etc.; es geht hier um die Verständlichkeit eines Textes, um Informations- und Wissensvermittlung. In der operationalen Dimension geht es um das Navigieren in einem Wissensangebot, um die „Usability" bzw. Benutzungsqualität eines Hypertextes. In dieser Dimension soll ein Zeichensystem aus Typographie und Layout, Frames, Links, Navigationsleisten etc. für die Kohärenzsicherung sorgen.

Kohärenz im Hypertext – und hier folgen wir Storrer (1999) – ist nicht nur eine Eigenschaft des Textes, sondern sie „bildet sich während des Produktions- bzw. Rezeptionsprozesses erst heraus und ist damit ein durch Handeln, Wissen, Erfahrungen und Erwartungen der Kommunikationsbeteiligten gestifteter Zusammenhang" (ebd., 41). Zu unterscheiden ist dementsprechend zwischen Kohärenzplanung auf Seiten der Textproduzenten und Kohärenzbildung durch Rezipienten. Viel weniger als bei linearen Texten können im Falle von Hypertexten die Rezeptionspfade vorhergesehen werden, und viel mehr muss der Rezipient zwischen einzelnen Modulen Kohärenz selbst herstellen. „Kohärenz in Hypertexten" – so Kuhlen (1997, 358) – „ist also weitgehend eine sinnstiftende Leistung des Benutzers".[13]

Die Schwierigkeiten, sich in einer Online-Zeitung einen Überblick zu verschaffen, können auf fünf Problemkreise zurückgeführt werden: Orientierung, Einstieg, Navigation, Sequenzierung und Rahmung (Bucher 2001, 50–51; vgl. auch Kuhlen 1997, 363).

Beim Orientierungsproblem – Storrer (1999, 49) spricht von „Überblickshilfen" – geht es um die Frage, wie ein Benutzer einen Überblick über eine Website erhält. Während bei Printzeitungen seit langem etablierte Ordnungskriterien bestehen, ist dies bei Online-Zeitungen noch nicht in diesem Ausmaß der Fall. Eine wichtige Funktion hat im Zusammenhang mit der Orientierung natürlich die Einstiegsseite inne, welche meist das Gesamtangebot strukturiert, aber auch das Navigationssystem ist hier von großer Relevanz.

14.4.1 Die Einstiegsseite

Viele Homepages von Online-Zeitungen sind nach dem in Abb. 18 zu sehenden Schema oder einer Variante davon aufgebaut:

Diese Art von Homepage bezeichnet Bucher (1999b, 17) als „KombiForm" von Einstiegsseiten, welche einerseits die Struktur der Zeitung mittels Links zu den einzelnen Ressorts (Navigationsleiste links; Politik, Wirtschaft etc.) wiedergibt, andererseits auch zentrale Inhalte der jeweiligen Ausgabe enthält (Meldungsanreißer in der Mitte, Navigationsleiste oben und rechts). Grosse (2001, 117) nennt diese Art von Einstiegsseite „bipolar". Andere Formen von Einstiegsseiten – reine Strukturseiten oder reine Inhaltsseiten – sind heute kaum mehr zu finden. Die Einteilung der Einstiegseite in zwei Randspalten und eine breite Mittelspalte wird von Grosse (2001, 113) als „Basilika-Layout" bezeichnet und hat sich heute weitgehend durchgesetzt – auch bei den Online-Ausgaben der „New York Times" (http:

---

13 Dass ein Text – und somit auch dessen Kohärenz – erst durch den Rezipienten entsteht und so der Rezipient den Text (mit-)konstituiert, ist allerdings auch in der Literaturwissenschaft eine verbreitete Ansicht in Bezug auf traditionelle Texte.

//www.nytimes.com) oder von „The Times" (http://www.timesonline.co.
uk). Hier scheint sich eine Standardisierung des „screen designs" von Online-Zeitungen (dazu Weingarten 1997, 230 ff.) anzubahnen.

Abb. 18: Homepage der Süddeutschen, http://www.sueddeutsche.de, abgerufen am 30. Aug.
2004, 17h43.

Die oben abgebildete Homepage der „Süddeutschen Zeitung" übernimmt einen großen Teil der Orientierungsleistung. Aus der linken Struktur-Navigationsleiste, welche übrigens in einer Art Fußzeile auf jeder Seite wiederholt
wird, gehen die Einheiten hervor, aus welchen sich das gesamte Online-Angebot zusammensetzt. Diese Strukturlinks sind blau grundiert. Allerdings
finden sich hier auch unter dem Titel „Sonderthemen" zwei inhaltliche
Links: „golf spielen" und „wohl fühlen", ebenso sind ganz unten in dieser
Leiste inhaltliche Links zu finden. Die wichtigsten inhaltlichen Hinweise je-

doch können der oberen und der rechten Navigationsleiste sowie der mittleren Spalte der Einstiegsseite entnommen werden. Dabei sind die verschiedenen Themen inhaltlich und nach ihrer Wichtigkeit strukturiert. In der
mittleren Spalte befinden sich oben die wichtigsten Artikel des Tages (Kopfzeile „Topthema"), weiter unten dann die wichtigsten Themen zu den einzelnen Ressorts. Diese finden sich auch in der oberen Navigationsleiste, in
der vier Schlagzeilen und dazugehörige kleine Fotos zu sehen sind – ein Ge-
staltungsmittel, das im Fachjargon als „Mäusekino" bezeichnet wird. Gleich-
artig gestaltete Links in der rechten Navigationsleiste bieten einen Überblick
über thematische Dossiers mit nicht zwingend tagesaktuellen Artikeln. In
dieser Navigationsleiste finden sich auch verschiedene Service-Elemente, wie
etwa Wetterdaten, Marktdaten, „Spruch des Tages" etc.

Zu den Orientierungsmitteln gehört natürlich auch der Schriftzug
„sueddeutsche.de". Er erscheint auf jeder Seite oben links und fungiert auf
den der Einstiegsseite untergeordneten Seiten zugleich als Link auf diese
Einstiegsseite. Ebenfalls zur Orientierung dient die „Suche"-Funktion in
der linken Navigationsleiste sowie die „sitemap" (Link oben rechts), welche
einen separaten Überblick über die Struktur der Website gibt.

Viele der genannten Layout-Merkmale finden sich in der Printausgabe
der „Süddeutschen" – die als „e-paper"-Version ebenfalls über das Internet
eingesehen werden kann – wieder. In einer Spalte links ist ein Inhaltsver-
zeichnis zu finden, oben das Zeitungslogo, welches in derselben Schrift gestaltet ist wie das Online-Logo, und bei vielen Texten auf der Titelseite handelt es sich ebenfalls um Meldungsanreißer.

Einstiegswege bietet diese Seite mehrere: Zunächst kann der Benutzer
gemäß seinen inhaltlichen Interessen direkt einzelne Artikel auswählen.
Dabei werden die einzelnen Artikel in unterschiedlicher Detailtiefe angekündigt, wobei gilt: Je wichtiger der Artikel, desto ausführlicher. Dieser
Einstiegsweg ist vor allem für einen Nutzungstyp interessant, der als „Fla-
nierer" (Bucher 1999b, 16) bezeichnet werden kann, welcher eher zufällig
an attraktiven Inhalten hängen bleibt. Der Einstieg kann aber auch über das
Ansteuern einzelner Ressorts in der linken Navigationsleiste bzw. auf der
sitemap erfolgen oder über die Benutzung der „Suche"-Funktion. Diese
Einstiegswege sind wohl eher für den gezielten „Sucher" (ebd.) von Nutzen.

14.4.2 Navigation

Um in einer Online-Zeitung zum gewünschten Artikel zu gelangen, muss
der Benutzer im Hypertext navigieren können. Um dies erfolgreich zu tun,
muss der Benutzer wissen, a) welche Seiten er bereits besucht hat, b) wo im
Aufbau einer Website er sich im Moment befindet und c) wie er zu einer weiteren Webseite gelangen kann.

Bei der „Zurück-Orientierung" (Bucher 2000) bzw. bei „retrospek-
tive[n] Hilfen" (Storrer 1999, 50) (Was habe ich bereits besucht?) müssen
sich die Benutzer der hier untersuchten Online-Angebote auf die Naviga-
tionsmittel des Browsers beschränken. Einzig bei der Online-Ausgabe der
„NZZ" werden bereits einmal aktivierte Links von blau zu blaugrau eingefärbt, bei der „Netzeitung" verändert sich lediglich das Wort „ARTIKEL"
am Ende von Meldungsanreißern von blau auf grau.

Bei der „Jetzt-Orientierung" (Bucher 2000) bzw. den „Kontextualisie-
rungshilfen" (Storrer 1999, 50) sind bei der „Süddeutschen" vor allem zwei
Mittel zentral. Die Navigationsleiste mit der Ressort-Struktur erscheint auf
jeder Seite; sie ist standortsensitiv und zeigt dem Benutzer an, in welchem
Ressort er sich gerade befindet. Die obere Navigationsleiste zeigt zudem die
interne Ressortstruktur und den entsprechenden Ort eines Artikels auf. Im
unten stehenden Beispiel befindet sich der angewählte Text im Ressort „Politik", darin im Unterressort „Deutschland", darin wiederum im Dossier
„Umbau des Sozialstaates", und zwar beim Thema „Rente".

Abb. 19: Navigationsleiste in der Süddeutschen, http://www.sueddeutsche.de/deutschland/
schwerpunkt/689/11678/7/, abgerufen am 30. Aug. 2004, 22h36.

Ein verbreitetes Mittel ist in diesem Bereich die Auflistung des kürzesten
Pfades zur Einstiegsseite. Diese Hilfe zur Jetzt-Orientierung bietet beispielsweise der „Spiegel" an, etwa in der Form „Home > Sport > Formel 1 >
Formel 1: news". Ebenfalls häufig anzutreffen ist eine Darstellung in Form
eines Hängeregisters, wie sie etwa im „Standard" unterhalb des Titels zu finden ist.

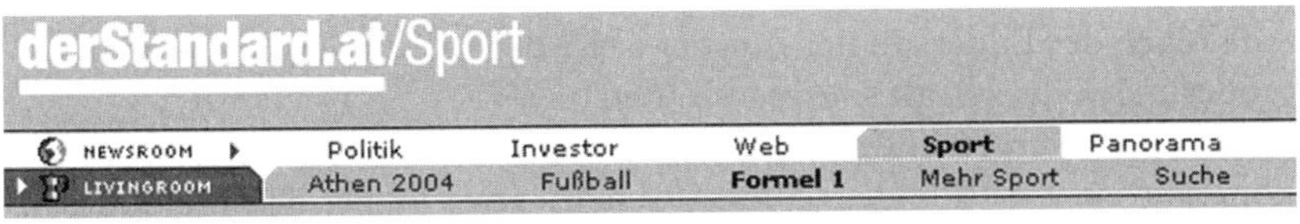

Abb. 20: Navigationsleiste im Standard, http://www.derstandard.at, abgerufen am 30. Aug.
2004, 22h52.

In diesem Beispiel zeigt sich noch ein weiteres Mittel, das fast in jeder Online-Zeitung zu finden ist: Die Nennung des Ressorts neben dem Zeitungslogo in der oberen Navigationsleiste (hier: „Sport") – ähnlich wie dies auch
in den Printversionen zu finden ist. Im „Spiegel" findet sich zudem ein so
genanntes „Farbleitsystem", in dem jedes Ressort seine eigene Farbe hat, mit
welcher jeweils die obere Navigationsleiste sowie die linke Struktur-Navigationsleiste eingefärbt ist. In der „Netzeitung" werden einzelne Ressorts
auch mit einem Signet gekennzeichnet – so ist etwa im Ressort „Ausland"
neben dem Ressorttitel eine Weltkarte zu sehen, im Ressort „Medien" neben dem Titel eine Abbildung von mehreren Zeitungen.

Ganz unterschiedlich sind die Hilfsmittel der Online-Zeitungen zur
„Vorwärts-Orientierung" gestaltet. Bci lokalen Navigationsentscheidungen
spielen vier Aspekte eine Rolle (Bucher 2001a, 59f.): Identifikation (Was ist
ein Link?), Ziel (Wohin führt mich der Link? Zur Einstiegsseite, zur sitemap, zu einer externen Seite etc.?), Gattung (Von welcher Art ist das Zieldokument? Text, Bild, Film etc.) und Typisierung (Wie verhält sich das
Zieldokument zum Ausgangsdokument; ist es eine Ergänzung, eine Fortsetzung, eine Illustration etc.?).

Grundsätzlich können alle Text-, Bild- und Grafik-Elemente eines Hypertextes gleichzeitig als Links funktionieren; Texte, Bilder und Grafiken
können „mehrfachkodiert" (Storrer 2000, 229) sein.

Zur Identifikation von Links dienen in den meisten Online-Zeitungen
zwei Mittel: Das Einfärben bzw. Unterstreichen von Text einerseits und die
Veränderung der Cursoranzeige von einem Pfeil zu einer Hand. Daneben
gibt es aber eine ganze Reihe anderer Formen, welche mit je nach Website
unterschiedlicher Intensität genutzt werden: Überschriften, Bilder, Grafiken, Logos, Icons (z. B. Fotokamera), Symbole (z. B. für einzelne Sportarten), Buttons (knopfartiges Bedienungsfeld, z. B. mit Aufschrift „Go"
oder „Suche") etc. Bei diesen Links tauchen Identifikationsprobleme eher
auf (s. Bucher 2001a, 60), weil nicht sofort erkennbar ist, ob es sich überhaupt um einen Link handelt oder nicht. Und auch deshalb, weil in den hier
untersuchten Online-Angeboten nur sehr begrenzt von einer Website auf
die andere übertragen werden kann. Während beispielsweise die Bilder auf
der Einstiegsseite der „Süddeutschen" keine Links sind, gelangt man auf der
Einstiegsseite der „NZZ" durch das Anklicken von Bildern direkt zum
entsprechenden Artikel – dieser dann allerdings ohne Bild. Und beim
Anklicken der Bilder auf der Einstiegsseite der „FAZ" gelangt man zu Ver-
größerungen der entsprechenden Bilder.

Probleme ergeben sich auch dann, wenn das Navigationssystem nicht
kohärent ist. Im Falle der „Süddeutschen" etwa ist bei den Meldungsanreißern in der Mittelspalte die fett gedruckte Schlagzeile ein Link zum entsprechenden Artikel, nicht aber der normal gedruckte Text darunter. Im

„Mäusekino" in der oberen Navigationsleiste aber ist die fett gedruckte Schlagzeile kein Link, sondern nur der normal gedruckte Untertitel. Auch die Kopfzeilen im „Mäusekino" sind uneinheitlich verlinkt: Das Wort „Bildergalerie" fungiert als Link, nicht aber die anderen Kopfzeilen im „Mäusekino".

Hinsichtlich des Zielproblems (Wohin führt mich der Link?) hat sich gezeigt, dass Textlinks oder ikonografische Links mit Beschriftung verlässlicher sind als rein ikonografische Links wie Bilder, Icons etc. (Bucher 2001, 61). Eine vielleicht nicht sehr originelle, aber effiziente Linkgestaltung liegt deshalb im oben erwähnten Link „ARTIKEL" der „Netzeitung" vor, da hier ohne weitere Erklärung klar ist, wohin der Link führt. Dasselbe gilt in der oben abgebildeten Einstiegsseite der „Süddeutschen" für den Link „Bildergalerie". Bei ikonografischen Links besteht eine Lösung auch in Link-Etiketten, also in Beschriftungen, die dann erscheinen, wenn man mit dem Cursor über den Link fährt, und welche das Ziel angeben. Im folgenden Beispiel aus dem „Spiegel" wird das Ziel- und gleichzeitig das Gattungsproblem gleich durch mehrere Mittel markiert. So beginnt der entsprechende Link mit „Video:", am Ende des Textes ist eine Filmkamera grafisch dargestellt und wenn man mit dem Cursor über den Link fährt, erscheint eine Unterstreichung (Identifikation) und zugleich die Link-Etikette „Video abspielen …".

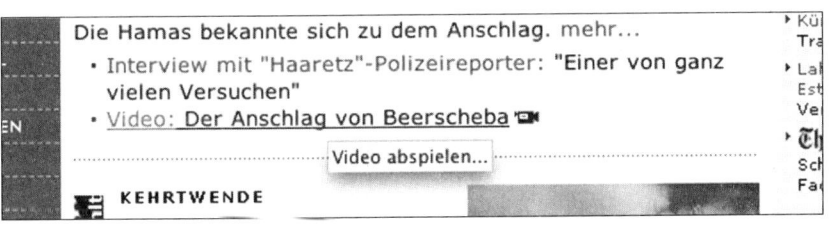

Abb. 21: Link-Etikette im Spiegel, http://www.spiegel.de, abgerufen am 31. Aug. 2004, 22h19.

Zu Problemen können auch unklare Benennungen von Links führen. So ist für Erstbenutzer nicht unbedingt klar, dass sich hinter dem Link „newsline" (Focus) eine Linkliste mit den „Top-News" des Tages verbirgt – oder unter „NZ mobil" (Netzeitung) ein Angebot für einen SMS-Nachrichtendienst. Hat der Benutzer die entsprechenden Links aber einmal angeklickt, so dürften die Benennungen einsichtig sein.

Die weiter oben erwähnten Links „ARTIKEL" und „Bildergalerie" lösen nicht nur das Zielproblem, sondern auch das Gattungsproblem: Man weiß, dass im ersten Fall das Zieldokument ein Text, im zweiten mehrere Bilder sind. Dasselbe gilt für den Link „mehr>", der am Ende der Meldungsanreißer in der „Süddeutschen" zu lesen ist: Der Benutzer kann annehmen, dass hier ‚mehr Text' angeklickt werden kann, was auch zutrifft. Explizit macht dieser Link auch, dass hier zusätzliche Informationen zu denjenigen im Meldungsanreißer zu finden sind; womit das Verhältnis zwischen Ausgangs- und Zieldokument geklärt und das Typisierungsproblem gelöst ist.

Das Gattungsproblem ist aber – um beim Beispiel der „Süddeutschen" zu bleiben – nur in diesen „mehr>"- und „Bildergalerie"-Links gelöst, weil hier metakommunikative Benennungen vorliegen. Da in der „Süddeutschen" allerdings Bilder nie als Links fungieren und auch keine Videodateien angeboten werden, kann bei den anderen Links immer davon ausgegangen werden, dass Text angeboten wird. In welchem Verhältnis dieser aber zum Ausgangsdokument steht, bleibt dann offen.

In der Online-Ausgabe von „Focus", wo neben Bildergalerien auch Filmdokumente angeboten werden, wird das Gattungsproblem gelöst, indem vor Links zu Bildern oder Filmen eine entsprechende grafische Darstellung einer Foto- bzw. einer Filmkamera abgebildet wird (vgl. Abb. 9). Das Typisierungsproblem wird durch die Angabe „Lesen Sie dazu auch", welche über Links zu Artikeln über dasselbe Thema steht, gelöst – allerdings insofern etwas irreführend, als bei diesen Links dann auch solche zu Bildergalerien und Filmsequenzen zu finden sind.

Probleme können sich auch hier mit ikonografischen Markierungen ergeben. So sind die Bilder auf der „FAZ"-Homepage, welche zu einer Vergrößerung des Bildes führen, mit einem roten Icon (das wohl eine Lupe darstellen soll) markiert, während Bilder, die zu einer Bildergalerie führen, mit den Worten „Bild für Bild >" markiert sind (s. Abb. 22). Während die Angabe für Bildergalerien wohl selbsterklärend ist, dürfte das ikonografische Zeichen für Bildvergrößerungen nicht auf Anhieb entzifferbar sein.

Zusammenfassend kann zur Link-Gestaltung gesagt werden:

– Die Zurückorientierung ist nur selten auf der Website selbst möglich.
– Die Jetzt-Orientierung ist meist gut möglich, sie wird durch standortsensitive Navigationsleisten, aber auch durch Auflistung des Pfades von der Homepage aus und durch grafisch komplexere Darstellungen, etwa durch die Simulierung eines Hängeregisters, garantiert. Zudem wird in der oberen Navigationsleiste oft das entsprechende Ressort genannt.
– Bezüglich der Vorwärtsorientierung kann festgestellt werden, dass die wichtigsten Links – also diejenigen zu Übersichtsseiten oder zu einzelnen Artikeln in vielen Fällen klar und selbsterklärend sind. Allerdings zeigten sich hier auch einige Probleme: Da fast alles ein Link sein kann, aber in den unterschiedlichen Angeboten jeweils

Mode in Japan
Erster Kimono aus zweiter Hand

Die Japaner sind wieder auf den Kimono
gekommen. In Schränken der Eltern und
Großeltern, in Second-Hand-Shops oder
in Internet-Tauschbörsen stöbern sie
nach der traditionellen Robe. >

→ Ein „Personal Shopper" hilft beim
Kleiderkauf

Bild für Bild >

Tradition trifft
Technik: Japanerin
mit Kimono und
Handy

Der "Personal
Shopper" weiß, was
paßt

Modeberatung
Der Taschenträger des Trends

Ob es um die Vorteile von Flanell oder
die Langweile der roten Krawatte geht -
Modefachmann Andreas Rose kennt sich
aus. Mit psychologischem Gespür berät
er als „Personal Shopper" beim
Kleiderkauf in Frankfurt. >

→ Modedesigner Harald Glööckler

Abb. 22: Ausschnitt aus der Homepage der FAZ,
http://www.faz.net/s/RubB62D23B6C6964CC9ABBFCB78BC047A8D/Tpl~Eaktuell~
Sdrehscheibe.html, abgerufen am 31. Aug. 2004, 5h51.

nicht alles ein Link ist, kann es leicht zu Identifikationsproblemen kommen.
Zudem ist die Navigation nicht auf allen Websites kohärent. Bezüglich des
Ziel-, Gattungs- und Typisierungsproblems zeigt sich, dass schriftliche bzw.
beschriftete Links einfacher zu verstehen sind, v. a. wenn sie metakommu-
nikativ formuliert sind („mehr>", „Hintergrund"). Bei den ikonografischen
Links hängt die Plausibilität ganz von der Eindeutigkeit des Icons ab.

14.4.3 Sequenzierung und Rahmung

Bei Online-Zeitungen müssen – wie bei allen Hypertexten – neben dem
Orientierungs-, dem Einstiegs- und dem Navigationsproblem auch das Se-
quenzierungs- und das Rahmungsproblem gelöst werden.

   Das Sequenzierungsproblem stellt sich insofern, als einzelne Webseiten
auch dann sinnvoll in eine Navigationssequenz eingeordnet werden können
sollen, wenn z. B. ein Online-Artikel direkt von einer Suchmaschine aus angeklickt wird und nicht über die Homepage der entsprechenden Online-
Zeitung. Dies hat zur Folge, dass die einzelne Webseite für sich selbst stehen können sollte, sie sollte also eine so genannte „stand-alone"-Seite sein
(Storrer 2001b, 191). Dies hat natürlich weitreichende Konsequenzen für die
möglichen Mittel der Kohärenz: Die einzige sinnvolle sprachliche Verbindung zwischen einzelnen Webseiten ist die Rekurrenz, also die Wiederaufnahme. Anaphorische Mittel wie Pronomina oder Ellipsen wären nicht interpretierbar (dazu Dürscheid 2000, 66, Weingarten 1997, 226). Doch nicht
nur inhaltliches Wissen ist davon betroffen, sondern auch formales Wissen
über die Struktur und das Navigationssystem der entsprechenden Website
kann nicht vorausgesetzt werden. Wird das Sequenzierungsproblem nicht
gelöst, so stellt sich das als „lost in cyberspace" (vgl. oben) bezeichnete
Kohärenzproblem ein. Dies kann zu Überforderungen und uneffektiven
Navigationsstrategien führen (Bucher 2000, 170).

   In den hier untersuchten Online-Angeboten kann sich das Sequenzierungsproblem kaum einstellen. Die einzelnen Seiten müssen nie in einer bestimmten Sequenz rezipiert werden, um überhaupt verstanden zu werden.
Hinzu kommen die heute üblichen Mittel der Jetzt-Orientierung (standortsensitive Ressortstruktur, Zeitungslogo) und inhaltliche Wissensvorausset-
zungen wie in den Printzeitungen.

   Beim Rahmungsproblem geht es darum, die Einheiten einer Webseite
(Artikel, Bilder, operationale Elemente wie Navigations-Frames oder Links,
Werbung) richtig einzuordnen. Auf jeder Seite muss zwischen Elementen
des aktuellen Moduls und Elementen des übergeordneten Navigationssys-
tems unterschieden werden. Dies hat auch Konsequenzen für die Interpretation von Links: So wird man einen Link in einer Struktur-Navigationsleiste anders interpretieren als im Mittelraum einer Seite, wo die Meldungsanreißer stehen; in der Struktur-Navigationsleiste wird man Links zu
Übersichtsseiten erwarten, im Mittelraum Links zu einzelnen Artikeln.
Rahmungsprobleme können ebenfalls zu ineffizienter Navigation und zu
Verwirrung führen.

   Rahmungsprobleme entstehen dann, wenn die Gestaltung des operationalen Systems nicht einheitlich oder nicht einleuchtend ist und/oder wenn
die einzelnen Seiten kein klares Layout aufweisen. Probleme mit der Ge-

staltung des operationalen Systems wurden oben bereits erwähnt (unein-
heitliche Linkgestaltung, problematische Linkerkennung, unklare Link-
bezeichnungen etc.). Layoutprobleme ergeben sich, wenn die einzelnen Elemente einer Seite nicht klar voneinander getrennt sind. In den meisten
Online-Zeitungen sind übergeordnete Navigationselemente und aktuelle
Elemente einer einzelnen Seite durch das „Basilika-Layout" und Varianten
davon gut voneinander unterscheidbar. Oft sind die Navigationselemente
farblich vom inhaltlich orientierten Mittelfeld abgehoben – sei es durch
Hintergrundfarbe oder Farbe der Schrift selbst. Hinzu kommen verschiedene Formen von Linien, welche die einzelnen Meldunganreißer voneinander trennen. Auch Anzeigen werden in der Regel metakommunikativ („Anzeige", „Werbung") als solche gekennzeichnet.

Insgesamt zeigt sich, dass Online-Zeitungen eine Vielzahl von Orientie-
rungshilfen bieten: Auf den Einstiegsseiten werden inhaltliche und strukturelle Informationen angeboten, wobei sich allmählich ein Standard nicht nur
dieser „Kombi-Form", sondern auch des „Basilika-Layouts" durchzusetzen
scheint. Hinzu kommen die „Suche"-Funktion und sitemaps und lokale Ori-
entierungshilfen wie standortsensitive Navigationsleisten, eine meist ausdif-
ferenzierte Linkgestaltung und – allerdings nur selten – die Markierung bereits besuchter Seiten. Dieser Ausbau der metatextuellen Informationen
entschärft das durch die Non-Linearität entstandene Orientierungsproblem
weitgehend. Natürlich müssen die spezifischen Merkmale einzelner Websites (z.B.: Ist ein Bild ein Link oder nicht?) häufig noch beim ersten Besuch
der Site gelernt werden. Doch meist sind die einzelnen Links, hat man sie einmal ausprobiert, einsichtig. Verwirrender sind hier schon inkohärente Navi-
gationssysteme, wie sie auch heute teilweise noch zu finden sind.

Die Befunde bezüglich der Orientierungsmittel in Online-Zeitungen
zeigen auch, dass für eine umfassende linguistische Beschreibung neben dem
sprachlichen Text an sich auch die operationale Dimension der Kohärenz,
also Elemente wie „screen design", Linkgestaltung, sitemaps etc., Bestandteil einer „Online-Rhetorik" (Bucher 1999b, 30) sein muss.

14.4.4 Online-Zeitung: Kopie oder Alternative zur Printversion?

Die einschlägige Literatur aus den späten 90er Jahren zu Online-Zeitungen
kommt meist zu einem negativen Fazit. So wurde vor allem beklagt, dass
Online-Zeitungen meist nur als „Textdatenbanken für gedruckte Zeitungen" (Bucher 1998, 100) verwendet werden und so die Potenziale des Hypertexts gar nicht ausnützen, insbesondere nicht die interaktiven Möglichkeiten.

Ein Blick auf eine Ausgabe der Online-Version des Spiegels aus dem
Jahre 1996 zeigt auch, dass diese Kritik damals durchaus berechtigt war. Die

Website umfasste etwa 40 Seiten, insgesamt sind ein Foto (es handelt sich
dabei um das Titelblatt einer „Spiegel Extra"-Ausgabe), eine Grafik, eine Tabelle und ein Cartoon zu finden. Ansonsten bestehen die einzelnen Seiten –
abgesehen von der Werbung – aus Text, wie das folgende Beispiel zeigt.

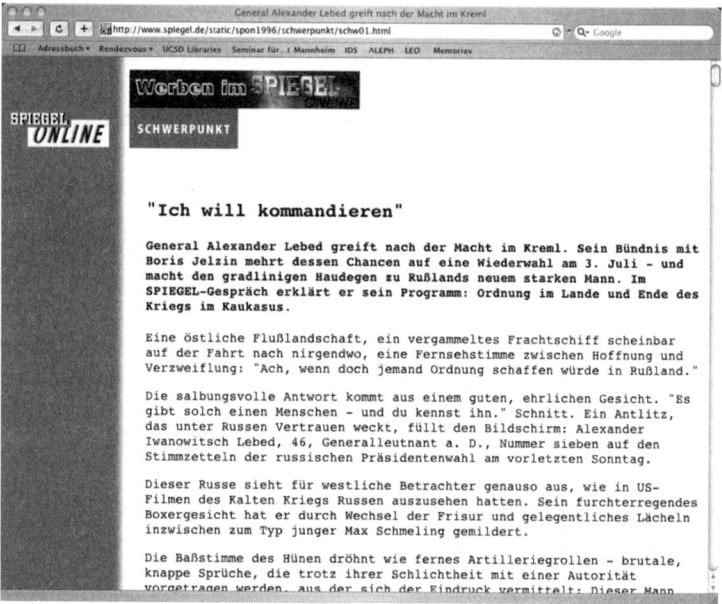

Abb. 23: Beitrag in einer Spiegel Online-Ausgabe von 1996, http://www.spiegel.
de/static/spon1996/schwerpunkt/schw01.html, abgerufen am 25. Aug. 2004, 19h38.

Auf einer Seite wird erklärt, welches Icon auf Audiodateien verweist und
mit welchen Programmen diese zu hören sind – angeboten werden aber
keine. Die Multimedialität hielt sich also in sehr engen Grenzen.

Auch um die Interaktivität ist es nicht viel besser bestellt: Neben einem
Formular für Leserbriefe – die dann übrigens auch online zu lesen waren –
findet sich eine „e-vote"-Seite („Wollen Sie die Europäische Währungs-
union?") und eine Seite, auf der sich der Benutzer „anmelden" kann („Wir
möchten Sie aber gerne kennenlernen."). Die Website verfügte zudem über
ein Archiv mit den Online-Ausgaben seit Oktober 1995 sowie in einem Ser-
viceteil verschiedene Linklisten mit externen Links zu Suchmaschinen, anderen Medien oder Live-Cams.

Besonders auffallend aus heutiger Sicht ist auch die weit kleinere Komplexität der Website und das massiv kleinere Repertoire an Navigations-
und Orientierungsmitteln. Auf der unten abgebildeten Übersichtsseite
(s. Abb. 24) finden sich ausschließlich schriftliche Links; diese führen in den

meisten Fällen auf eine Seite mit Text, auf der nur in der Fußzeile weiter-
geklickt werden kann – zurück zur Übersicht, zu den Ressorts dieser Übersicht oder zu einzelnen anderen Diensten wie „Leserbrief" oder „Archiv".
Die Orientierungsmittel beschränken sich auf die Ressortnennung oben auf
jeder Seite und auf Links, deren Farbe sich ändert, wenn man sie einmal
aktiviert hat (Zurück-Orientierung).

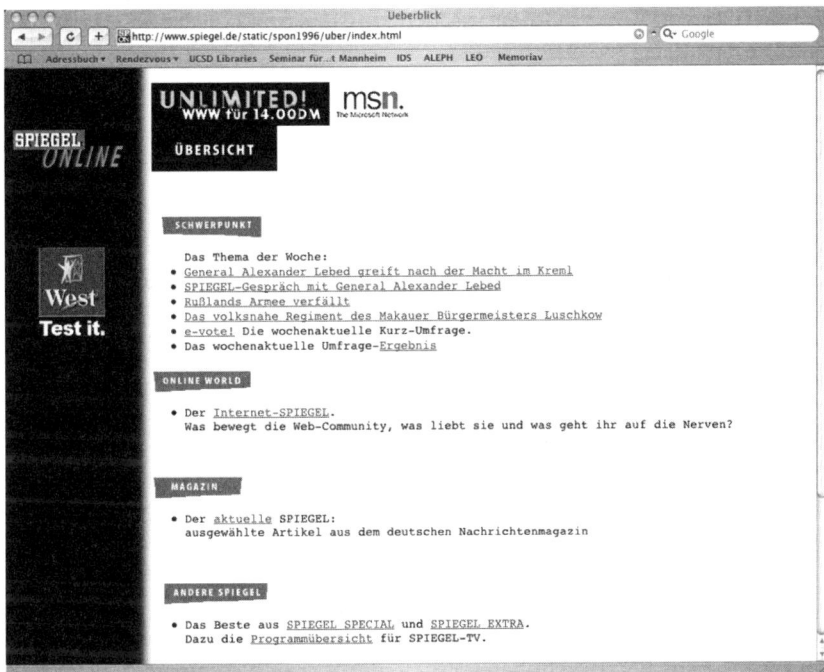

Abb. 24: Übersichtsseite in einer Spiegel Online-Ausgabe von 1996, http://www.spiegel.de/
static/spon1996/uber/index.html, abgerufen am 25. Aug. 2004, 19h35.

Vergleicht man dieses Angebot nun mit Online-Zeitungen aus dem Jahr
2004, so muss die oben zitierte Kritik wohl doch etwas entschärft werden.
Unterdessen haben sich viele Online-Zeitungen zu wirklich multimedialen
Angeboten gemausert, die hypertext-spezifischen Orientierungsmittel sind
vielfältiger und – meist – benutzerfreundlicher, die Möglichkeiten der Non-
Linearität besser ausgeschöpft und das Angebot von Printprodukten wird
ergänzt durch eine Vielzahl, auch interaktiver, Dienste.

Dennoch: Online-Zeitungen bleiben, trotz interaktiver Angebote,
schwerpunktmäßig Massenmedien, in denen die Einwegkommunikation
überwiegt. Der Benutzer kann nur sehr begrenzt aktiv eingreifen, von einer
Aufhebung der Rollen von Kommunikator und Rezipient kann – zumin-

dest heute – keine Rede sein. Online-Zeitungen sind immer noch primär Informationsmedien, nur sekundär Kommunikationsmedien.

Und natürlich sind immer noch nicht alle Möglichkeiten des Hypertexts ausgenutzt. So bemängelt Jost (2001) etwa zu Recht, dass sich die Visualisierung der Hypertext-Struktur oft noch auf die Ressortstruktur beschränke, eine Organisation nach Aktualität oder thematischen Clustern jedoch oft fehle. Allerdings kündigt sich auch hier durch die prominente Platzierung von Links zu thematischen Dossiers und von Newstickern eine Änderung an.

14.5 Online-Radio und Online-Fernsehen

Nur kurz kann im Folgenden noch auf die Angebote von Online-Radio und Online-Fernsehen eingegangen werden.[14] Dabei lassen wir Fragen nach der Gestaltung der Websites außer acht – im Großen und Ganzen lassen sich ähnliche Merkmale und Probleme finden wie bei den Online-Zeitungen und Online-Zeitschriften. Unterschiede zu diesen Angeboten bestehen vor allem im Angebot.

Bei den Homepages der großen Fernsehstationen (ARD, ZDF, RTL, Pro7, Sat1, ORF1, SF DRS[15]) stehen Programmhinweise im Zentrum, in einigen Fällen sind auch auf der Homepage Links zu tagesaktuellen Nachrichten zu finden, wie im unten stehenden Beispiel des Schweizer Fernsehens DRS (s. Abb. 25).

Die Homepage zeigt in der linken Navigationsleiste Links zu Sendungen, die zur Zeit der Abfrage – bzw. kurz vorher oder nachher – ausgestrahlt werden. Im Mittelfeld befinden sich Programmhinweise, welche durch Fotos bzw. Logos hervorgehoben werden, darüber und darunter Newsticker, welche mit Textmeldungen verlinkt sind. In der rechten Navigationsleiste finden sich dann Service-Elemente wie die „Suche"-Funktion, Wetteraussichten oder ein Link, um sich bei der Casting-Show „MusicStar" anzumelden. In der oberen Navigationsleiste sind Links zu Nachrichten, einzelnen Sendungen etc. zu finden. Auf den Websites der Privatsender sind meist mehr Service-Elemente zu finden. So gelangt man etwa auf der Homepage des Senders Pro7 über den Link „music & cd" auf eine Seite, auf der man Bilder von Popstars und Klingeltöne fürs Handy findet, unter „games & handy" beispielsweise Tests von Computerspielen oder ein Spiel zum Film

---

14 Vgl. dazu auch Runkehl et al. (1998, 135–144).
15 http://www.daserste.de, http://www.zdf.de, http://www.rtl.de, http://www.prosieben. de, http://www.sat1.de, http://www.sfdrs.ch, http://tv.orf.at, alle abgerufen am 3. Sept. 2004, 19h30–19h35.

„(T)Raumschiff Surprise – Periode 1" und unter „club & community" Ge-
winnspiele, Chats und Diskussionsforen.

Auf den einzelnen Websites sind, vor allem im Nachrichten-Bereich, oft
Sendungsausschnitte einsehbar, z. T. – etwa beim Schweizer Fernsehen DRS
– können sogar ganze Nachrichtensendungen eingesehen werden. Allerdings sind nirgends Angebote zu finden, wo das Programm eines Senders
live mitangesehen werden kann.

Dies im Gegensatz zu den Websites von großen Radiostationen (WDR-
Hörfunk, Ö1, DRS1), wo überall Liveradio angeboten wird. Ansonsten findet sich auf den Homepages der Radiostationen ebenfalls meist eine Mischung von Programmhinweisen und Nachrichten.

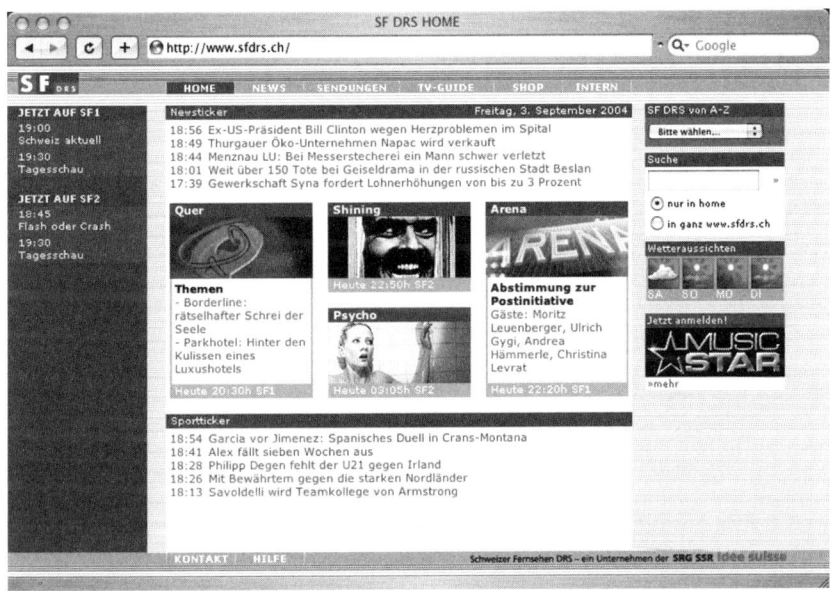

Abb. 25: Homepage des Schweizer Fernsehens DRS, http://www.sfdrs.ch, abgerufen
am 3. Sept. 2004, 19h33.

Bibliographie

(Es wird nur Literatur angegeben, die im Text erwähnt ist.)

Adamzik, Kirsten (2002): Zum Problem des Textbegriffs. Rückblick auf eine Diskussion. In: Fix u. a. (Hrsg.), 163–182.

Aitchison, Jean/Lewis, Diana M. (ed., 2003): New Media Language. London, New York.

Ammon, Ulrich (1995): Die deutsche Sprache in Deutschland, Österreich und der Schweiz. Berlin, New York.

Androutsopoulos, Jannis K./Schmidt, Gurly (2004): löbbe döch. Beziehungskommunikation mit SMS. In: Gesprächsforschung. Online-Zeitschrift zur verbalen Interaktion 5, 50–71. Download unter: http://www.gespraechsforschung-ozs.de/heft2004/ga-schmidt.pdf.

Becker, Andrea (2001): Populärmedizinische Vermittlungstexte: Studien zur Geschichte und Gegenwart fachexterner Vermittlungsvarietäten. Tübingen.

Beisswenger, Michael (Hrsg., 2001): Chat-Kommunikation: Sprache, Interaktion, Sozialität & Identität in synchroner computervermittelter Kommunikation: Perspektiven auf ein interdisziplinäres Forschungsfeld. Stuttgart.

Bell, Allen (1991): The Language of News Media. Oxford.

Berk, Emily/Devlin, Joseph (1991): What is Hypertext? In: Berk, Emily/Devlin, Joseph (Hrsg.): Hypertext/Hypermedia Handbook. New York, 3–7.

Biere, Bernd Ulrich/Hoberg, Rudolf (Hrsg., 1996): Mündlichkeit und Schriftlichkeit im Fernsehen. Tübingen.

Biere, Bernd Ulrich/Liebert, Wolf-Andreas (Hrsg., 1997): Metaphern, Medien, Wissenschaft. Zur Vermittlung der AIDS-Forschung in Presse und Rundfunk. Opladen.

Bischl, Katrin (1997): Künstliche Dialoge in Wissenschaftssendungen im Rundfunk. In: Biere/Liebert (Hrsg.), 102–131.

Bittner, Johannes (2003): Digitalität, Sprache, Kommunikation: Eine Untersuchung zur Medialität von digitalen Kommunikationsformen und Textsorten und deren varietätenlinguistischer Modellierung. Berlin.

Bloom-Schinnerl, Margareta (2002): Der gebaute Beitrag. Ein Leitfaden für Radiojournalisten. Konstanz.

Blum, Claudia/Blum, Joachim (2001): Vom Textmedium zum Multimedium. Deutsche Tageszeitungen im Wandel. In: Bucher/Püschel, 19–43.

Bondi Paganelli, Marina (1990): Off-air recordings: what interaction? The case of news and current affairs. In: Rossini Favretti, Rema. ed.: The Televised Text. Bologna, 37–68.

Brand, Wolfgang (1991): Zeitungssprache heute: Überschriften. Eine Stichprobe. In: Germanistische Linguistik 106–107, 213–244.

Breil, Michaela (1996): Die Augsburger „Allgemeine Zeitung" und die Pressepolitik Bayerns. Ein Verlagsunternehmen zwischen 1815 und 1848. Tübingen.

Breslauer, Christina (1996): Formen der Redewiedergabe im Deutschen und Italienischen. Heidelberg.

Breuer, Ulrich/Korhonen, Jarmo (Hrsg., 2001): Mediensprache – Medienkritik. Frankfurt a. M.

Brinker, Klaus (2001): Linguistische Textanalyse. Eine Einführung in Grundbegriffe und Methoden. 5. Aufl. Berlin.

Brinker, Klaus/Antos, Gerd/Heinemann, Wolfgang/Sager, Sven F. (Hrsg., 2001/2002): Text- und Gesprächslinguistik. Ein internationales Handbuch zeitgenössischer Forschung. Berlin, New York.

Broddcc-Lange, Kirsten/Verhein-Jarren, Annette (2001): News im Netz. Sprache in Online-Medien am Beispiel von Nachrichtentexten. In: Möhn, Dieter/Ross, Dieter/Tjarks-Sobhani, Marita (Hrsg.): Mediensprache und Medienlinguistik. Festschrift für Jörg Henning. Frankfurt a. M., 339–352.

Brosius, Hans-Bernd/Birk, Monika (1994): Text-Bild-Korrespondenz und Informationsvermittlung durch Fernsehnachrichten. In: Rundfunk und Fernsehen. 42. Jg., Heft 2, 171–183.

Brosius, Hans-Bernd (1998): Visualisierung von Fernsehnachrichten. Text-Bild-Beziehung und ihre Bedeutung für die Informationsleistung. In: Kamps/Meckel (Hrsg.), 213–224.

Brosius, Hans-Bernd (2003): Unterhaltung als isoliertes Medienverhalten? Psychologische und kommunikationswissenschaftliche Perspektiven. In: Früh/Stiehler (Hrsg.), 74–88.

Bruns, Thomas/Marcinkowski, Frank (1997): Politische Information im Fernsehen. Eine Längsschnittstudie zur Veränderung der Politikvermittlung in Nachrichten und politischen Informationssendungen. Opladen.

Bucher, Hans-Jürgen (1986): Pressekommunikation: Grundstrukturen einer öffentlichen Form der Kommunikation aus linguistischer Sicht. Tübingen.

Bucher, Hans-Jürgen (1993): Geladene Fragen: Zur Dialogdynamik in politischen Fernsehinterviews. In: Löffler, Heinrich (Hrsg.), Dialoganalyse IV. Teil 2. Tübingen, 97–109.

Bucher, Hans-Jürgen (1996): Textdesign – Zaubermittel der Verständlichkeit? Die Tageszeitung auf dem Weg zum interaktiven Medium. In: Hess-Lüttich, Ernest W.B./Holly, Werner/Püschel, Ulrich (Hrsg.): Textstrukturen im Medienwandel. Frankfurt a. M., 31–59.

Bucher, Hans-Jürgen (1998): Vom Textdesign zum Hypertext. Gedruckte und elektronische Zeitungen als nicht-lineare Medien. In: Holly/Biere (Hrsg.), 63–102.

Bucher, Hans-Jürgen (1999a): Sprachwissenschaftliche Methoden der Medienforschung. In: Leonhard/Schwarze/Straßner (Hrsg.), 213–231.

Bucher, Hans-Jürgen (1999b): Die Zeitung als Hypertext. Verstehensprobleme und Gestaltungsprinzipien für Online-Zeitungen. In: Lobin (Hrsg.), 9–32.

Bucher, Hans-Jürgen (2000): Publizistische Qualität im Internet. Rezeptionsforschung für die Praxis. In: Altmeppen, Klaus Dieter/Bucher, Hans-Jürgen/Löffelholz, Martin (Hrsg.): Online-Journalismus. Perspektiven für Wissenschaft und Praxis. Wiesbaden, 153–172.

Bucher, Hans-Jürgen (2001a): Von der Verständlichkeit zur Usability. In: Osnabrücker Beiträge zur Sprachtheorie 63, 45–66.

Bucher, Hans-Jürgen (2001b): Wie interaktiv sind die neuen Medien? Grundlagen einer Theorie der Rezeption nicht-linearer Medien. In: Bucher/Püschel (Hrsg.), 139–172.

Bucher, Hans-Jürgen (2002): Crisis Communication and the Internet: Risk and Trust in a Global Media. In: First Monday 7,4. Download unter: http://www.firstmonday.org/issues/issue7_4/bucher/index.html

Bucher, Hans-Jürgen/Püschel, Ulrich (Hrsg., 2001): Die Zeitung zwischen Print und Digitalisierung. Wiesbaden.

Burger, Harald (1989): Diskussion ohne Ritual oder: Der domestizierte Rezipient. In: Holly/Kühn/Püschel (Hrsg.), 116–141.

Burger, Harald (1990 [1984]): Sprache der Massenmedien. 2., durchgesehene und erweiterte Auflage. Berlin, New York.

Burger, Harald (1991): Das Gespräch in den Massenmedien. Berlin.

Burger, Harald (1996): Laien im Fernsehen. Was sie leisten – wie sie sprechen – wie man mit ihnen spricht. In: Biere/Hoberg (Hrsg.), 41–80.

Burger, Harald (1998): Lokalfernsehen – ein neues Medium? Nachrichtensendungen als Probe aufs Exempel. In: Holly/Biere (Hrsg.), 135–156.

Burger, Harald (1999a): Mediengespräche als Texte. In: Ammann, Daniel/Moser, Heinz/Vaissière, Roger (Hrsg.): Medien lesen – Der Textbegriff in der Medienwissenschaft. Zürich, 167–197.

Burger, Harald (1999b): Phraseologie in Fernsehnachrichten. In: Baur, Rupprecht S./Chlosta, Christoph/Piirainen, Elisabeth (Hrsg.): Wörter in Bildern – Bilder in Wörtern. Baltmannsweiler, 71–106.

Burger, Harald (2001a): Gespräche in den Massenmedien. In: Brinker/Antos/Heinemann/Sager (Hrsg.), 1492–1505.

Burger, Harald (2001b): Intertextualität in den Massenmedien. In: Breuer/Korhonen (Hrsg.), 13–43.

Burger, Harald (2001c): Psychologische Beratung am Fernsehen. In: Breuer/Korhonen (Hrsg.), 305–335.

Burger, Harald (2002): *Hallo Brigitte – du bist so süß!* Das Gästebuch zu „Lämmlelive". In: Schmitz/Wyss (Hrsg.), 161–186.

Burger, Harald (2004): Phraseologie (und Metaphorik) in intertextuellen Prozessen der Massenmedien. In: Palm Meister, Christine (Hrsg.): EUROPHRAS 2000. Internationale Tagung zur Phraseologie vom 15.–18. Juni 2000 in Aske/Schweden. Tübingen, 5–13.

Bush, Vannevar (2001): As We May Think. In: Trend, David (Hrsg.): Reading digital culture. Massachusetts, Oxford, 9–13. Erstveröffentlichung: Atlantic Monthly, Juli 1945.

Chion, Michel (1994): Audio-Vision. Sound on Screen. New York.

Cook, Guy (2001): The Discourse of Advertising. 2. Aufl. London.

Crisell, Andrew (1994): Understanding Radio. 2. Aufl. London.

Diekmannshenke, Hajo (1999): Elektronische Gästebücher – Wiederbelebung und Strukturwandel einer alten Textsorte. ZfAL 31, 49–75.

Diekmannshenke, Hajo (2000): Die Spur des Internetflaneurs – Elektronische Gästebücher als neue Kommunikationsform. In: Caja Thimm (Hrsg.): Soziales im Netz. Sprache, Beziehungen und Kommunikationskulturen im Internet. Wiesbaden, 131–155.

Diekmannshenke, Hajo (2001): „Das ist aktive Politik, Danke und Tschüß Franz". Politiker im Chatroom. In: Beisswenger, Michael (Hrsg.): Chat-Kommunikation: Sprache, Interaktion, Sozialität & Identität in synchroner computervermittelter Kommunikation: Perspektiven auf ein interdisziplinäres Forschungsfeld. Stuttgart, 227–254.

Doelker, Christian (1997): Ein Bild ist mehr als ein Bild. Visuelle Kompetenz in der Multimedia-Gesellschaft. Stuttgart.

Döring, Nicola (2002a): „Kurzm. wird gesendet" – Abkürzungen und Akronyme in der SMS-Kommunikation. In: Muttersprache H. 2., 97–114.

Döring, Nicola (2002b): 1×Brot, Wurst, 5 Sack Äpfel I.L.D. – Kommunikative Funktionen von Kurzmitteilungen (SMS). In: Zeitschrift für Medienpsychologie H. 3, 118–128.

Drewer, Petra (2003): Die kognitive Metapher als Werkzeug des Denkens. Zur Rolle der Analogie bei der Gewinnung und Vermittlung wissenschaftlicher Erkenntnisse. Tübingen.

Duden (1998). Grammatik der deutschen Gegenwartssprache. 6. Aufl. Mannheim.

Duden GW = Duden. Das große Wörterbuch der deutschen Sprache in 10 Bänden. Mannheim 2002.

Duden 11 = Duden Redewendungen. Wörterbuch der deutschen Idiomatik. 2., neu bearbeitete und aktualisierte Auflage. Mannheim 2002.

Dünne, Jörg (2004): Weblogs: Verdichtung durch Kommentar. In: Philologie im Netz (= PhiN) Beiheft 2, 35–65. Abrufbar unter: http://twoday.net/static/romblog/files/VerdichtungdurchKommentar5.rtf.

Dürscheid, Christa (2000): Sprachliche Merkmale von Webseiten. In: Deutsche Sprache 28, 60–73.

Dürscheid, Christa (2003): Medienkommunikation im Kontinuum von Mündlichkeit und Schriftlichkeit. Theoretische und empirische Probleme. In: Zeitschrift für Angewandte Linguistik 38, 37–56.

Dürscheid, Christa (2004): Einführung in die Schriftlinguistik. 2., überarbeitete Auflage. Wiesbaden.

Dürscheid, Christa (2005): Medien, Kommunikationsformen, kommunikative Gattungen. In: Linguistik online 22, 1/05, 3–16. Abrufbar unter: www.linguistik-online.de.

Eckkrammer, Eva Martha (2002): Brauchen wir einen neuen Textbegriff? In: Fix u. a. (Hrsg.), 31–58.

Eco, Umberto (1972 [Ital. Original 1968]): Einführung in die Semiotik. München.

Eisenberg, Peter (1999): Grundriss der deutschen Grammatik. Bd. 2: Der Satz. Stuttgart.

Fiske, John (1987): Television Culture. London, New York.

Fix, Ulla/Wellmann, Hans (Hrsg., 2000): Bild im Text – Text und Bild. Heidelberg.

Fix, Ulla/Adamzik, Kirsten/Antos, Gerd/Klemm, Michael (Hrsg., 2002): Brauchen wir einen neuen Textbegriff? Antworten auf eine Preisfrage. Frankfurt a. M.

Freisler, Stefan (1994): Hypertext – eine Begriffsbestimmung. In: Deutsche Sprache 22/1, 19–50.

Freund, Bärbel (1990): Verständlichkeit und Attraktivität von Wissenschaftssendungen im Fernsehen: Die subjektiven Theorien der Macher. In: Meutsch, Dietrich/Freund, Bärbel (Hrsg.): Fernsehjournalismus und die Wissenschaften. Opladen, 89–123.

Fritz, Gerd/Straßner, Erich (Hrsg., 1996): Die Sprache der ersten deutschen Wochenzeitungen im 17. Jahrhundert. Tübingen.

Früh, Werner/Stiehler, Hans-Jörg (Hrsg., 2003): Theorie der Unterhaltung. Ein interdisziplinärer Diskurs. Köln.

Garncarz, Joseph (1992): Filmfassungen. Eine Theorie signifikanter Filmvariation. Frankfurt a. M.

Giegler, Helmut/Wenger, Christian (2003): Unterhaltung als sozio-kulturelles Phänomen. In: Früh/Stiehler (Hrsg.), 105–135.

Grewenig, Adi (Hrsg., 1993): Inszenierte Information. Politik und strategische Kommunikation in den Medien. Opladen.

Große, Ernst Ulrich (2001): Frankreichs Tagespresse. Vom schwarzweissen „Blätterwald" zur bunten Vielfalt der Print- und Online-Angebote. In: Bucher/Püschel (Hrsg.), 103–127.

Große, Ernst Ulrich/Seibold, Ernst (1994): Typologie des Genres Journalistiques. In: Große, Ernst Ulrich/Seibold, Ernst (Hrsg.): Panorama de la presse parisienne. Histoire et actualité, genres et langages. Frankfurt a. M., 32–55.

Güde, Marei (2000): Nutzung und Bewertung von Nachrichtenagenturen durch ihre Kunden. In: Wilke (Hrsg.), 123–177.

Gugger, Franziska (im Druck): Phraseologie und Metaphorik in Literatur-Talk-Shows am Fernsehen. In: Häcki Buhofer, Annelies (Hrsg.): Europhras 2004. Basel.

Häcki Buhofer, Annelies/Burger, Harald (1998): Wie Deutschschweizer Kinder Hochdeutsch lernen. Der ungesteuerte Erwerb des gesprochenen Hochdeutschen durch Deutschschweizer Kinder zwischen sechs und acht Jahren. Zeitschrift für Dialektologie und Linguistik, Beihefte 98.

Häusermann, Jürg (1996): Im Dialog mit dem Akteur. In: Biere/Hoberg (Hrsg.), 81–100.

Häusermann, Jürg (1998): Radio. Tübingen.

Heinemann, Wolfgang/Viehweger, Dieter (1991): Textlinguistik – Eine Einführung. Tübingen.

Helmes, Günter/Köster, Werner (Hrsg., 2002): Texte zur Medientheorie. Reclam.

Henrich, Dieter/Iser, Wolfgang (Hrsg., 1983): Funktionen des Fiktiven. München.

Hepp, Andreas (1998): Fernsehaneignung und Alltagsgespräche. Fernsehnutzung aus der Perspektive der Cultural Studies. Opladen.

Herzog, Jacqueline (1993): Vom medialen Umgang mit den Texten anderer. Die Inszenierung von Information durch Reformulierungshandlungen in der französischen Presse. In: Grewenig (Hrsg.), 73–91.

Hess-Lüttich, Ernest W. B. (1993): Schau-Gespräche, Freitagnacht. Dialogsorten öffentlicher Kommunikation und das Exempel einer Talkshow. In: Löffler, Heinrich (Hrsg.): Dialoganalyse IV. Teil 2. Tübingen, 161–177.

Hess-Lüttich, Ernest W. B. (1997): Text, Intertext, Hyptertext – Zur Texttheorie der Hypertextualität. In: Klein, Josef/Fix, Ulla (Hrsg.): Textbeziehungen. Linguistische und literaturwissenschaftliche Beiträge zur Intertextualität. Tübingen, 125–148.

Hickethier, Knut/Bleicher, Joan (Hrsg., 1997): Trailer, Teaser, Appetizer. Hamburg.

Hickethier, Knut (1998): Narrative Navigation durchs Weltgeschehen. Erzählstrukturen in Fernsehnachrichten. In: Kamps/Meckel (Hrsg.), 185–202.

Hoffmann, Lothar/Kalverkämper, Hartwig/Wiegand, Herbert Ernst (Hrsg., 1998, 1999): Fachsprachen/Languages for Special Purposes. – Ein internationales Handbuch zur Fachsprachenforschung und Terminologiewissenschaft. 2 Bde. Berlin, New York.

Holicki, Sabine (1993): Pressefoto und Pressetext im Wirkungsvergleich: eine experimentelle Untersuchung am Beispiel von Politikerdarstellungen. München.

Holly, Werner (1990): Politikersprache: Inszenierungen und Rollenkonflikte im informellen Sprachverhalten eines Bundestagsabgeordneten. Berlin, New York.

Holly, Werner (1996): Zur inneren Logik der Mediengeschichte. In: Rüschoff, Bernd/Schmitz, Ulrich (Hrsg.): Kommunikation und Lernen mit alten und neuen Medien. Frankfurt a. M., 9–16.

Holly, Werner/Kühn, Peter/Püschel, Ulrich (Hrsg., 1989): Redeshows – Fernsehdiskussionen in der Diskussion. Tübingen.

Holly, Werner/Püschel, Ulrich (Hrsg., 1993): Medienrezeption als Aneignung: Methoden und Perspektiven qualitativer Medienforschung. Opladen.

Holly, Werner/Biere, Bernd Ulrich (Hrsg., 1998): Medien im Wandel. Opladen.

Holly, Werner/Püschel, Ulrich/Bergmann, Jörg (Hrsg., 2001): Der sprechende Zuschauer. Wie wir uns Fernsehen kommunikativ aneignen. Wiesbaden.

Hrbek, Anja (1995): Vier Jahrhunderte Zeitungsgeschichte in Oberitalien. Text-, sprach- und allgemeingeschichtliche Entwicklungen in der „Gazetta di Mantova" und vergleichbaren Zeitungen. Tübingen.

Inderbitzin, Stephan (1984): Die Geschichte der Telearena-Telebühne. Zürich.

Iser, Wolfgang (1983): Akte des Fingierens. Oder: Was ist das Fiktive im fiktionalen Text? In: Henrich/Iser (Hrsg.), 121–151.

Jakobs, Eva-Maria (1998): Online-Zeitungen: Potentiale und Prozesse. In: Strohner, Hans/Sichelschmidt, Lorenz/Hielscher, Martina (Hrsg.): Medium Sprache. Frankfurt a. M., 91–108.

Jakobs, Eva-Maria (1999): Textvernetzung in den Wissenschaften. Zitat und Verweis als Ergebnis rezeptiven, reproduktiven und produktiven Handelns. Tübingen (= Reihe germanistische Linguistik 210).

Janich, Nina (2003): Werbesprache: ein Arbeitsbuch. 3. Aufl. Tübingen.

Jarren, Otfried/Bonfadelli, Heinz (Hrsg., 2001): Einführung in die Publizistikwissenschaft. Bern.

Jost, Jörg (2001): ‚Don't imitate. Innovate!' Informationscluster als medienspezifische Optimierung von Online-Zeitungen. In: Osnabrücker Beiträge zur Sprachtheorie 63, 129–145.

Kallmeyer, Werner (Hrsg., 2000): Sprache und neue Medien. Berlin, New York.

Kalverkämper, Lothar (1998a): Fach und Fachwissen. In: Hoffmann/Kalverkämper/Wiegand (Hrsg.), 1–24.

Kalverkämper, Lothar (1998b): Rahmenbedingungen für die Fachkommunikation. In: Hoffmann/Kalverkämper/Wiegand (Hrsg.), 24–47.

Kamps, Klaus/Meckel, Miriam (Hrsg., 1998): Fernsehnachrichten. Prozesse, Strukturen, Funktionen. Opladen.

Keppler, Angela (1994): Wirklicher als die Wirklichkeit? Das neue Realitätsprinzip der Fernsehunterhaltung. Frankfurt a. M.

Kirchner, Petra (1994): Literatur-Shows. Die Präsentation von Literatur im Fernsehen. Wiesbaden.

Klemm, Michael (2000): Zuschauerkommunikation. Formen und Funktionen der alltäglichen kommunikativen Fernsehaneignung. Frankfurt a. M.

Kleinberger Günther, Ulla/Wagner, Franc (Hrsg., 2004): Neue Medien – Neue Kompetenzen? Texte produzieren und rezipieren im Zeitalter digitaler Medien. Frankfurt a. M.

Kloock, Daniela/Spahr, Angela (1997): Medientheorien. Eine Einführung. München.

Knipf-Komlósi/Barend, Nina (Hrsg., 2001): Regionale Standards. Budapest-Pécs.

Koch, Peter/Oesterreicher, Wulf (1994): Schriftlichkeit und Sprache. In: Günther, Hartmut/Ludwig, Otto (Hrsg.): Schrift und Schriftlichkeit. Ein interdisziplinäres Handbuch internationaler Forschung. 1. Halbband. Berlin, New York, 587–604.

Kress, Gunther/van Leeuwen, Theo (1996): Reading Images. The Grammar of Visual Design. London, New York.

Kuhlen, Rainer (1997): Hypertext. In: Buder, Marianne/Rehfeld, Werner/Seeger, Thomas/Strauch, Dietmar (Hrsg.): Grundlagen der praktischen Information und Dokumentation. Ein Handbuch zur Einführung in die fachliche Informationsarbeit. München, 355–369.

Kühn, Peter (1995): Mehrfachadressierung. Untersuchungen zur adressatenspezifischen Polyvalenz sprachlichen Handelns. Tübingen.

Kunczik, Michael/Zipfel, Astrid (2001): Publizistik. Ein Studienhandbuch. Köln.

Kurz, Josef/Müller, Daniel/Pötschke, Joachim/Pöttker, Horst (2000): Stilistik für Journalisten. Wiesbaden.

Lakoff, Robin Tolmach (2003): The new incivility. Threat or promise? In: Aitchison/Lewis, 36–44.

Landbeck, Hanne (1991): Medienkultur im nationalen Vergleich. Inszenierungsstrategien von Fernsehnachrichten am Beispiel der Bundesrepublik Deutschland und Frankreichs. Tübingen.

Landow, George P. (2001): Hypertext and Critical Theory. In: Trend, David (Hrsg.): Reading digital culture. Massachusetts, Oxford, 98–108.

von La Roche, Walther/Buchholz, Axel (Hrsg., 2000): Radio-Journalismus. Ein Handbuch für Ausbildung und Praxis im Hörfunk. 7. Aufl. München.

van Leeuwen, Theo/Jewitt, Carey (2001): Handbook of Visual Analysis. London.

Leonhard, Joachim-Felix/Schwarze, Hans-Werner Ludwig Dietrich/Straßner, Erich (1999, 2001, 2002): Medienwissenschaft. Ein Handbuch zur Entwicklung der Medien und Kommunikationsformen. 3 Teilbände. Berlin, New York.

Leschke, Rainer (2003): Einführung in die Medientheorie. München.

Linke, Angelika/Nussbaumer, Markus/Portmann, Paul R. (2004): Studienbuch Linguistik. 5., erweiterte Aufl. Tübingen.

Lobin, Henning (Hrsg., 1999): Text im digitalen Medium. Linguistische Aspekte von Textdesign, Texttechnologie und Hypertext Engineering. Opladen.

Löning, Petra (1994): Versprachlichung von Wissensstrukturen bei Patienten. In: Redder, Angelika/Wiese, Ingrid (Hrsg.): Medizinische Kommunikation: Diskurspraxis, Diskursethik, Diskursanalyse. Opladen, 97–114.

Lötscher, Andreas (1983): Schweizerdeutsch. Geschichte, Dialekte, Gebrauch. Frauenfeld.

Lücke, Stephanie (2002): Real Life Soaps. Ein neues Genre des Reality TV. Münster.

Ludes, Peter/Schütte, Georg (1993): Von der Nachricht zur News Show. Fernsehnachrichten aus der Sicht der Macher. München.

Lüger, Heinz-Helmut (1995): Pressesprache. 2. Aufl. Tübingen.

Luginbühl, Martin (1999): Gewalt im Gespräch. Verbale Gewalt in politischen Fernsehdiskussionen am Beispiel der „Arena". Bern.

Luginbühl, Martin (2004): Staged Authenticity in TV News. An Analysis of Swiss TV News from 1957 until today. In: Studies in Communication Sciences 4/1, 129–146.

Luginbühl, Martin/Baumberger, Thomas/Schwab, Kathrine/Burger, Harald (2002): Medientexte zwischen Autor und Publikum. Intertextualität in Presse, Radio und Fernsehen. Zürich.

Luginbühl, Martin/Schwab, Kathrine/Burger, Harald (2004): Geschichten über Fremde. Eine linguistische Narrationsanalyse von Schweizer Fernsehnachrichten von 1957 bis 1999. Bern.

Luhmann, Niklas (1996): Die Realität der Massenmedien. 2. Aufl. Opladen.

Marinos, Alexander (2001): „So habe ich das nicht gesagt!" Die Authentizität der Redewiedergabe im nachrichtlichen Zeitungstext. Berlin.

Mautner, Gerlinde (2003): Kommunikative Funktionen von Hörfunknachrichten. In: Leonhard et al. (Hrsg.), 2006–2019.

Meckel, Miriam (1998): Virtualisierung und Hybridisierung des Fernsehens. In: Kamps/Meckel (Hrsg.), 203–212.

Merten, Klaus/Schmidt, Siegfried J./Weischenberg, Siegfried (Hrsg., 1994): Die Wirklichkeit der Medien. Eine Einführung in die Kommunikationswissenschaft. Opladen.

Meyrowitz, Joshua (1985): No Sense of Place. The Impact of Electronic Media on Social Behavior. Oxford (deutsch: Die Fernseh-Gesellschaft. Wirklichkeit und Identität im Medienzeitalter. Weinheim, Basel 1987).

Mikos, Lothar (2002): Die spielerische Inszenierung von Alltag und Identität in Reality-Formaten. In: Schweer/Schicha/Nieland (Hrsg.), 30–50.

Moilanen, Markku/Tiittula, Liisa (1994): Überredung in der Presse. Texte, Strategien, Analysen. Berlin, New York.

Möller, Lioudmila (2002): Beitrag zur Diskussion: Brauchen wir einen neuen Textbegriff? In: Fix u. a. (Hrsg.), 93–96.

Muckenhaupt, Manfred (1981): Spielarten des Informierens in Nachrichtensendungen. In: Hermann, Ingo/Heygster, Anna-Luise (Hrsg.): Fernseh-Kritik. Sprache im Fernsehen: Spontan? – Konkret? – Korrekt? Annäherung an das Thema. Mainz, 211–245.

Muckenhaupt, Manfred (1986): Text und Bild – Grundfragen der Beschreibung von Text-Bild-Kommunikationen aus sprachwissenschaftlicher Sicht. Tübingen.

Muckenhaupt, Manfred (1994): Von der Tagesschau zur Infoshow. Sprache und journalistische Tendenzen in der Geschichte der Fernsehnachrichten. In: Heringer, Jürgen (Hrsg.): Tendenzen der deutschen Gegenwartssprache, Tübingen, 81–120.

Muckenhaupt, Manfred (2000): Fernsehnachrichten gestern und heute. Tübingen.

Muhr, Rudolf (2003): Language change via satellite. The influence of German television broadcasting on Austrian German. In: Journal of Historical Pragmatics 4/1, 103–127.

Muhr, Rudolf/Schrodt, Richard/Wiesinger, Peter (Hrsg., 1995): Österreichisches Deutsch. Linguistische, Sozialpsychologische und sprachpolitische Aspekte einer nationalen Variante des Deutschen. Wien.

Müller, Marlise (1989): Schweizer Pressereportagen. Eine linguistische Textsortenanalyse. Aarau.

Niederhauser, Jürg (1999): Wissenschaftssprache und populärwissenschaftliche Vermittlung. Tübingen.

Niederhauser, Jürg/Adamzik Kirsten (Hrsg., 1999): Wissenschaftssprache und Umgangssprache im Kontakt. Frankfurt a. M.

Nöth, Winfried (2000): Der Zusammenhang von Text und Bild. In: Brinker/Antos/Heinemann/Sager (Hrsg.), 489–496.

Oberhauser, Stephan (1993): „Nur noch 65 000 Tiefflugstunden" – Eine linguistische Beschreibung des Handlungspotentials von hard news-Überschriften in deutschen Tageszeitungen. Frankfurt a. M.

Ong, Walter J. (1982): Orality and Literacy. The Technologizing of the Word. London (deutsch: Oralität und Literalität. Die Technologisierung des Wortes. Opladen).

Perrin, Daniel (1999): Woher die Textbrüche kommen. Der Einfluß des Schreibprozesses auf die Sprache im Gebrauchstext. In: Zeitschrift für deutsche Sprache, 2, 134–155.

Petter-Zimmer, Yvonne (1990): Politische Fernsehdiskussionen und ihre Adressaten. Tübingen.

Porombka, Stephan (2001): Hypertext. Zur Kritik eines digitalen Mythos. München.

Postman, Neil (1983): Das Verschwinden der Kindheit [Engl. Original New York 1982]. Frankfurt a. M.

Püschel, Ulrich (1993): Zwischen Modernität und Tradition. Die Anfänge der Leserbriefkommunikation in der Zeitung. In: Heringer, Hans Jürgen/Stötzel, Georg (Hrsg.): Sprachgeschichte und Sprachkritik. Berlin, New York, 69–88.

Püschel, Ulrich (1994): Räsonnement und Schulrhetorik im öffentlichen Diskurs. Zum Zeitungsdeutsch vor der Märzrevolution 1848. In: Moilanen/Tiittula, 163–174.

Ramge, Hans/Schuster, Britt-Marie (2001): Kommunikative Funktionen des Zeitungskommentars. In: Leonhard et al. (Hrsg.), 1702–1712.

Ramseier, Markus (1988): Mundart und Standardsprache im Radio der deutschen und rätoromanischen Schweiz. Aarau.

Rash, Felicity (2002): Die deutsche Sprache in der Schweiz – Mehrsprachigkeit, Diglossie und Veränderung. Bern.

Rath, Corinna (1996): Zitieren in Zeitungen – dargestellt am Beispiel portugiesischer und brasilianischer Zeitungstexte. Frankfurt a. M.

Rauh, Reinhold (1987): Sprache im Film. Die Kombination von Wort und Bild im Spielfilm. Münster.

Reichertz, Jo (1993): „Ist schon ein tolles Erlebnis!" Motive für die Teilnahme an der Sendung ‚Traumhochzeit'. In: Rundfunk und Fernsehen H. 3, 359–377.

Reichertz, Jo (1995): Nur die Liebe zählt – Zum Verhältnis von Fernsehen und Kandidaten. In: Müller-Doohm, Stefan/Neumann-Braun, Klaus (Hrsg.): Kulturinszenierungen. Frankfurt a. M., 114–140.

Runkehl, Jens/Schlobinski, Peter/Siever, Torsten (Hrsg., 1998): Sprache und Kommunikation im Internet: Überblick und Analysen. Opladen.

Rusch, Gebhard (1993): Fernsehgattungen in der Bundesrepublik Deutschland. Kognitive Strukturen im Handeln in Medien. In: Hickethier, Knut (Hrsg.): Institution, Technik und Programm. Rahmenaspekte der Programmgeschichte des Fernsehens. München, 289–321.

Sager, Sven F. (2000): Hypertext und Hypermedia. In: Brinker/Antos/Heinemann/Sager (Hrsg.), 587–603.

Sandig, Barbara (1971): Syntaktische Typologie der Schlagzeile. Möglichkeiten und Grenzen der Sprachökonomie im Zeitungsdeutsch. München.

Sandig, Barbara (1996): Sprachliche Perspektivierung und perspektivierende Stile. In: Zeitschrift für Literaturwissenschaft und Linguistik 26, 36–63.

Sandig, Barbara (2000): Textmerkmale und Sprache-Bild-Texte. In: Fix/Wellmann (Hrsg.), 3–30.

Schanze, Helmut (Hrsg., 2002): Metzler Lexikon Medientheorie – Medienwissenschaft. Ansätze – Personen – Grundbegriffe. Stuttgart.

Schlickau, Stephan (1996): Moderation im Rundfunk. Diskursanalytische Untersuchungen zu kommunikativen Strategien deutscher und britischer Moderatoren. Frankfurt a. M.

Schlobinski, Peter (2002): Sprachliche Aspekte der SMS-Kommunikation. In: Wermke, Jutta (Hrsg.): Literatur und Medien. Jahrbuch Medien im Deutschunterricht 2002. München, 187–198.

Schmidt, Siegfried J./Weischenberg, Siegfried (1994): Mediengattungen, Berichterstattungsmuster, Darstellungsformen. In: Merten/Schmidt/Weischenberg (Hrsg.), 212–236.

Schmitt, Christian (1998): Nachrichtenproduktion im Internet. Eine Untersuchung von MSNBC Interactive. In: Wilke, Jürgen (Hrsg.): Nachrichtenproduktion im Mediensystem: von den Sport- und Bilderdiensten bis zum Internet. Köln, 293–330.

Schmitz, Ulrich (1990): Postmoderne Concierge. Die „Tagesschau". Wortwelt und Weltbild der Fernsehnachrichten. Opladen.

Schmitz, Ulrich (1997): Schriftliche Texte in multimedialen Kontexten. In: Weingarten, Rüdiger (Hrsg.): Sprachwandel durch Computer. Opladen, 131–158.

Schmitz, Ulrich (2003): Blind für Bilder. Warum sogar Sprachwissenschaftler auch Bilder betrachten müssen. LAUD Essen.

Schmitz, Ulrich (2004): Sprache in modernen Medien. Einführung in Tatsachen und Theorien, Themen und Thesen. Berlin.

Schmitz, Ulrich/Wyss, Eva Lia (Hrsg., 2002): Briefkommunikation im 20. Jahrhundert. In: Osnabrücker Beiträge zur Sprachtheorie 64, 161–186.

Schröder, Thomas (1995): Die ersten Zeitungen. Textgestaltung und Nachrichtenauswahl. Tübingen.

Schröder, Thomas (2001): Kommunikative Funktionen des Zeitungsinterviews. In: Leonhard et al. (Hrsg.), 1720–1724.

Schult, Gerhard/Buchholz, Axel (Hrsg., 2002): Fernseh-Journalismus. 6. Aufl. München.

Schweer, Martin K. W./Schicha, Christian/Nieland, Jörg-Uwe (Hrsg., 2002).: Das Private in der öffentlichen Kommunikation. ‚Big Brother‘ und die Folgen. Köln.

Schwitalla, Johannes (2002): Kleine Botschaften – Telegramm- und SMS-Texte. In: Schmitz/Wyss (Hrsg.), 33–56.

Seibert, Peter (Hrsg., 1990): „… und heute ins Theater?" Fernsehtheater in der Diskussion (1953–1989). Siegen.

Seibold, Ernst (1994): „D'un coup d'oeil". Essai de classification des illustrations dans les quotidiens. In: Große, Ernst Ulrich/Seibold, Ernst (Hrsg.): Panorama de la presse parisienne. Histoire et actualité, genres et langages. Frankfurt a. M., 56–74.

Skog-Södersved, Mariann (2001): Einige inhaltliche und sprachliche Beobachtungen zu ‚Top-News‘ in ‚Focus-Online‘. In: Breuer/Korhonen (Hrsg.), 237–251.

Snoddy, Raymond (2003): Modern media myths. In: Aitchison/Lewis (eds.), 18–26.

Spieß, Brigitte (1992): Wirtschaft im Fernsehen. Eine empirische Studie zur Produktion und Rezeption des Wirtschaftsmagazins PLUSMINUS. Tübingen.

Stegu, Martin (2000): Text oder Kontext: zur Rolle von Fotos in Tageszeitungen. In: Fix/Wellmann (Hrsg.), 307–323.

Steyer, Kathrin (1997): Reformulierungen: sprachliche Relationen zwischen Äußerungen und Texten im öffentlichen Diskurs. Tübingen.

Stickel, Gerhard (Hrsg., 1997): Varietäten des Deutschen. Regional- und Umgangssprachen. Berlin, New York.

Stieler, Kaspar (1969 [1695]): Zeitungs Lust und Nutz. Neudruck, hrsg. von G. Hagelweide. Bremen.

Stöber, Rudolf (2000): Deutsche Pressegeschichte. Einführung, Systematik, Glossar. Konstanz.

Stöckl, Hartmut (2004): Die Sprache im Bild – Das Bild in der Sprache. Zur Verknüpfung von Sprache und Bild im massenmedialen Text. Berlin.

Storrer, Angelika (1999): Kohärenz in Text und Hypertext. In: Lobin (Hrsg.), 33–65.

Storrer, Angelika (2000): Was ist ‚hyper‘ am Hypertext. In: Kallmeyer (Hrsg.), 222–249.

Storrer, Angelika (2001a): Getippte Gespräche oder dialogische Texte? Zur kommunikationstheoretischen Einordnung der Chat-Kommunikation. In: Lehr, Andrea (Hrsg.): Sprache im Alltag. Beiträge zu neuen Perspektiven der Linguistik. Berlin, New York, 439–465.

Storrer, Angelika (2001b): Schreiben, um besucht zu werden. Textgestaltung fürs World Wide Web. In: Bucher/Püschel (Hrsg.), 173–206.

Storrer, Angelika (2001c): Sprachliche Besonderheiten getippter Gespräche: Sprecherwechsel und sprachliches Zeigen in der Chat-Kommunikation. In: Beisswenger, Michael (Hrsg.): Chat-Kommunikation: Sprache, Interaktion, Sozialität & Identität in synchroner computervermittelter Kommunikation: Perspektiven auf ein interdisziplinäres Forschungsfeld. Stuttgart, 3–24.

Straßner, Erich (1982): Fernsehnachrichten. Eine Produktions-, Produkt- und Rezeptionsanalyse. Tübingen (= Medien in Forschung + Unterricht A/8).

Straßner, Erich (1983): Rolle und Ausmaß dialektalen Sprachgebrauchs in den Massenmedien und in der Werbung. In: Besch, Werner, et al. (Hrsg.): Dialektologie. Bd. 1.2. Berlin, New York, 1509–1525.

Straßner, Erich (1991): Mit ‚Bild' fing es an. Mediensprache im Abwind. In: Bucher, Hans-Jürgen/Straßner, Erich (1991): Mediensprache, Medienkommunikation, Medienkritik. Tübingen, 111–240.

Straßner, Erich (1997a): Zeitung. Tübingen.

Straßner, Erich (1997b): Zeitschrift. Tübingen.

Straßner, Erich (2000): Journalistische Texte. Tübingen.

Straßner, Erich (2001): Von der Korrespondenz zum Hypertext. Zeitungssssprache im Wandel. In: Breuer/Korhonen (Hrsg.), 87–102.

Struk, Thomas (2000): Redigierpraxis von Tageszeitungen bei Agenturnachrichten. In: Wilke (Hrsg.), 179–239.

Süss, Daniel/Bonfadelli, Heinz (2001): Mediennutzungsforschung. In: Jarren/Bonfadelli (Hrsg.), 311–336.

Thimm, Caja (Hrsg., 2000): Soziales im Netz. Sprache, Beziehungen und Kommunikationsstrukturen im Internet. Opladen.

Tischer, Bernd (1994): Zum Einfluss der Text-Bild-Korrespondenz und der Schnittposition auf das Erinnern von Fernsehnachrichten. In: Medienpsychologie 3, 168–198.

Volkmer, Peter (2000): Charakteristika der Radiokommunikation. Eine medienlinguistische Analyse. Marburg.

Warning, Rainer (1983): Der inszenierte Diskurs. Bemerkungen zur pragmatischen Relation der Fiktion. In: Henrich/Iser (Hrsg.), 183–206.

Weber, Stefan (Hrsg., 2003): Theorien der Medien. Von der Kulturkritik bis zum Konstruktivismus. Konstanz.

Weingarten, Rüdiger (1997): Textstrukturen in neuen Medien: Clustering und Aggregation. In: Weingarten, Rüdiger (Hrsg.): Sprachwandel durch Computer. Opladen, 215–237.

Weischenberg, Siegfried (1995): Journalistik. Bd. 2: Medientechnik, Medienfunktionen, Medienakteure. Opladen.

Weischenberg, Siegfried/Scholl, Armin (1998): Die Wahr-Sager – Wirklichkeiten des Nachrichtenjournalismus im Fernsehen. In: Kamps/Meckel (Hrsg.), 137–146.

Wichter, Sigurd (1991): Zur Computerwortschatz-Ausbreitung in der Gemeinsprache. Frankfurt am Main.

Wichter, Sigurd (1994): Experten- und Laienwortschätze. Umriß einer Lexikologie der Vertikalität. Tübingen.

Wiesinger, Peter (1988): Zur Frage aktueller bundesdeutscher Spracheinflüsse in Österreich. In: Wiesinger, Peter (Hrsg.): Das österreichische Deutsch. Wien, 225–245.

Wilhelm, Reto (1995): Ohne Vorstellung keine Vorstellung. Das Vorstellungsgespräch in der Unterhaltungssendung „Traumpaar" des Schweizer Fernsehens DRS. Bern.

Wilke, Jürgen (1984): Nachrichtenauswahl und Medienrealität in vier Jahrhunderten. Eine Modellstudie zur Verbindung von historischer und empirischer Publizistikwissenschaft. Berlin, New York.

Wilke, Jürgen (Hrsg., 2000): Von der Agentur zur Redaktion. Wie Nachrichten gemacht, bewertet und verwendet werden. Köln.

Winterhoff-Spurk, Peter/Heidinger, Veronika/Schwab, Frank (1994): Reality-TV. Formate und Inhalte eines neuen Programmgenre. Saarbrücken.

Wittwen, Andreas (1995): Infotainment. Fernsehnachrichten zwischen Information und Unterhaltung. Bern.

Wuttke, Heinrich (1875): Die deutschen Zeitschriften und die Entstehung der öffentlichen Meinung. Leipzig.

Wyss, Eva Lia (1998): Werbespot als Fernsehtext. Mimikry, Adaptation und kulturelle Variation. Tübingen.

Zipfel, Frank (2001): Fiktion, Fiktivität, Fiktionalität. Analysen zur Fiktion in der Literatur und zum Fiktionsbegriff in der Literaturwissenschaft. Berlin.

Züger, Katrin (1998): *Säg öppis!* – Phatische Sprachverwendung. Eine linguistische Untersuchung anhand von schweizerdeutschen Gesprächen in öffentlichen Verkehrsmitteln. Bern.

Unveröffentlichte Lizentiatsarbeiten

Angerer, Florian Andreas (2004): Wirtschaftsmeldungen in den Nachrichtensendungen der Sender ARD, ZDF, RTL und VOX. Lizentiatsarbeit Universität Zürich.

Gerber, Katharina (2002): Die Schweizer Filmwochenschau. Betrachtungen zum Medium und zu den Technikbeiträgen der 50er und 60er Jahre. Lizentiatsarbeit Universität Zürich.

Huber, Monika (2003): Die Redewiedergabe in der Deutschschweizer Sonntagspresse. Lizentiatsarbeit Universität Zürich.

Lerch, Silvan (2003): Wenn Eigenwerbung zum Programm wird. Zur On-Air-Promotion im dualen Rundfunksystem Deutschlands. Lizentiatsarbeit Universität Zürich

Zogg, Beatrice (1998): Zürcher Zeitungen im 17. und 18. Jahrhundert. Text(sorten) und allgemeingeschichtliche Entwicklung. Lizentiatsarbeit Universität Zürich.

Anhang

1) Transkriptionsrichtlinien

Bei der Transkription der Texte geht es mir vorrangig um eine gute Lesbarkeit. Spezifische Phänomene der gesprochenen Sprache versuche ich möglichst einfach darzustellen. Im Wesentlichen halte ich mich an das Schriftbild der Standardsprache. Kommas und Punkte werden um der besseren Lesbarkeit willen (sparsam) gesetzt. Intonation wird nicht notiert.

Simultansprechen wird mit partieller Partiturnotation wiedergegeben, je nach Dichte des Vorkommens in den folgenden Ausprägungen:

Zwischen senkrechte Striche gesetzt:

M (on:) da drunter liegt der Magen, | interessanterweise|
L (on:) | Hm (+) |

oder:

senkrechter Strich vor den betreffenden Zeilen:

| M: ja der Auseinandersetzung stellen sich diese jungen Menschen nich
| H: nein nein ich fands sehr mutig

Zustimmendes *Hörersignal*:   hm (+)

Satz- und Wortabbruch: Schrägstrich

Pausen:

kurze Pause –
längere Pause – –
ab 2 sec Sekundenangabe: (2 sec)

Betonungen:

Nur auffällige Betonungen werden markiert, mit Großbuchstaben bei der betonten Silbe oder dem ganzen Wort.

Kommentare stehen in Klammern mit Majuskeln: (GEDEHNT)
Kommentar zu einer ganzen Textpassage steht zwischen zwei *:

M (off:) *Durch das Ausatmen, im Grunde genommen, wenn man die Luft in die Lunge pumpt, dann geht das Zwerchfell RUNTER, und durch das andere, durch die Bauchmuskeln kann mans wieder HOCH drücken. Kann man die Luft praktisch rausdrücken. Das heißt, man trainiert in diesem Fall unter anderem das Zwerch/Zwerchfell, aber auch die Bauchmuskulatur* (*SCHNELL GESPROCHEN, PARALLEL ZUR ATEMÜBUNG VON L*).

Die *Bildbeschreibung* beschränkt sich auf die wesentlichen Bildinhalte und die Einstellungsgrößen. Die Beschreibung findet sich entweder in einer eigenen Spalte oder wird kursiv in den verbalen Text eingefügt.

Einstellungsgrößen (nur teilweise notiert):

Totale: Person(en), umgeben von viel Raum
Halbtotale: Person füllt das Bildformat
Amerikanisch: Person von Kopf bis Oberschenkel
Nah: Person mit Kopf und Oberkörper
Groß: Kopf der Person
Detail: Auge, Nase oder Finger einer Person; Detail eines Gegenstandes etc.

Schrift-Inserts beim Fernsehen sind mit < > markiert

2) Abkürzungen für Medien

Neben den im deutschsprachigen Raum vermutlich allgemein bekannten Abkürzungen ARD, ZDF, ORF usw. werden die folgenden abgekürzten Schreibweisen verwendet:

FAZ	Frankfurter Allgemeine Zeitung
NZZ	Neue Zürcher Zeitung
SZ	Süddeutsche Zeitung, München
Krone	Kronen Zeitung, Wien
SF DRS	Schweizer Fernsehen der deutschen und rätomanischen Schweiz
RADIO DRS	Radio der deutschen und rätoromanischen Schweiz
Tele 24	Schweizer Privat-Fernsehsender

Bei BLICK handelt es sich um das Schweizer Äquivalent zu BILD.
„Tages-Anzeiger" ist eine in Zürich erscheinende Tageszeitung, „20 minuten" eine in Zürich erscheinende Gratis-Zeitung.
„NZZ am Sonntag", „SonntagsZeitung" und „SonntagsBlick" sind Schweizer Sonntagszeitungen.

Sachregister